ŒUVRES

DE

WALTER SCOTT.

TOME XIV.

IMPRIMERIE DE LACHEVARDIERE,
Rue du Colombier, n° 30.

KENILWORTH.

(𝔎𝔢𝔫𝔦𝔩𝔴𝔬𝔯𝔱𝔥.)

TRADUCTION

DE M. DEFAUCONPRET,

AVEC DES ÉCLAIRCISSEMENS ET DES NOTES
HISTORIQUES.

« Point de mauvais propos sur la reine Elisabeth, j'espère. »
SHÉRIDAN, *le Critique*.

PARIS.
FURNE, LIBRAIRE-ÉDITEUR,
QUAI DES AUGUSTINS, N° 39.

M DCCC XXX.

KENILWORTH.

(𝔎𝔢𝔫𝔦𝔩𝔴𝔬𝔯𝔱𝔥.)

CHAPITRE PREMIER.

> « Je suis maître d'auberge, et connais mon métier :
> « Je l'étudie encore, et veux, franc hôtelier,
> « Qu'on apporte chez moi de joyeux caractères.
> « Je prétends qu'en chantant on laboure mes terres;
> « Que toujours la gaîté préside à la moisson :
> « Sans elle des fléaux je déteste le son. »
>
> BEN JOHNSON, *la Nouvelle Auberge.*

C'EST le privilége des romanciers de placer le début de leur histoire dans une auberge, rendez-vous de tous les voyageurs, où règne la liberté, et où chacun déploie son humeur sans cérémonie et sans contrainte. Cette manière d'entrer en scène est surtout convenable quand l'action se passe dans le bon vieux temps de la joyeuse Angleterre, où ceux qui se trouvaient dans une hôtellerie étaient en quelque sorte, non seulement les hôtes, mais les commensaux de mon hôte[1], qui était ordinairement un personnage jouissant du privilége de la familiarité, bon compagnon et d'une joyeuse humeur. Sous son patronage, les divers membres de la société ne tardaient pas à se mettre en contraste; et, après avoir vidé un pot de six pintes, les uns et les autres s'étaient dépouillés de toute contrainte, et se montraient entre eux et devant leur hôte avec la franchise d'anciennes connaissances.

(1) *Mine host.* Nous avons déjà fait observer que ces mots sont habituellement employés comme la désignation générique d'un maître d'auberge. — ED.

Dans la dix-huitième année du règne d'Elisabeth, le village de Cumnor, situé à trois ou quatre milles d'Oxford, avait l'avantage de posséder une excellente auberge du bon vieux style, conduite ou plutôt gouvernée par Giles Gosling, homme de bonne mine, au ventre arrondi, comptant cinquante et quelques années, modéré dans ses écots, exact dans ses paiemens, prompt à la repartie, ayant une bonne cave et une jolie fille. Depuis le temps du vieux Harry Baillie, à l'enseigne de la *Cotte d'armes de Southwark*, nul aubergiste n'avait possédé à un plus haut degré que Giles Gosling le talent de plaire à tous ses hôtes ; et sa renommée était si grande, qu'avouer qu'on avait été à Cumnor sans se rafraîchir à l'*Ours-Noir*, c'eût été se déclarer indifférent à la réputation d'un vrai voyageur. Autant aurait valu qu'un provincial revînt de Londres sans avoir vu Sa Majesté. Les habitans de Cumnor étaient fiers de Giles Gosling, et Giles Gosling était fier de son auberge, de sa fille et de lui-même.

Ce fut dans la cour de l'auberge tenue par ce brave et digne hôtellier qu'un voyageur descendit à la chute du jour, et remettant son cheval, qui semblait avoir fait un long voyage, au garçon d'écurie, lui fit quelques questions qui donnèrent lieu au dialogue suivant entre les mirmidons du bon *Ours-Noir*.

— Holà ! hé ! John Tapster [1] !

— Me voilà, Will Hostler, répondit l'homme du robinet, se montrant en jaquette large, en culottes de toile et en tablier vert, à une porte entr'ouverte qui paraissait conduire dans un cellier extérieur.

— Voilà un voyageur qui demande si vous tirez de la bonne *ale*, continua le garçon d'écurie.

(1) C'est-à-dire Jean-met-en-perce ; le tapster est le garçon chargé de tirer la bière du tonneau. Le titre de son emploi remplace vulgairement son nom propre, comme *hostler*, palefrenier, devient le nom du garçon chargé de l'écurie. — Éd.

— Malepeste de mon cœur [1], sans cela, répondit le garçon du cellier, car il n'y a que quatre milles d'ici à Oxford, et si mon ale ne persuadait pas tous les étudians, ils convaincraient bientôt ma caboche avec le pot d'étain.

— Est-ce là ce que vous appelez la logique d'Oxford? dit l'étranger en s'avançant vers la porte de l'auberge. Au même instant Giles Gosling se présenta en personne devant lui.

— Vous parlez de logique? dit l'hôte. Écoutez donc une bonne conséquence :

> Quand le cheval est à son râtelier,
> Il faut donner du vin au cavalier.

— Amen! de tout mon cœur, mon cher hôte, dit l'étranger; donnez-moi donc un flacon de votre meilleur vin des Canaries, et aidez-moi à le vider.

— Vous n'en êtes encore qu'à votre mineure, monsieur le voyageur, s'il vous faut le secours de votre hôte pour avaler une telle gorgée. Si vous parliez d'un gallon, vous pourriez avoir besoin de l'aide d'un voisin, et vous donner encore pour un bon biberon.

— Ne craignez rien, mon hôte; je ferai mon devoir en homme qui se trouve à quatre milles d'Oxford. Je n'arrive pas des champs de Mars pour me perdre de réputation parmi les sectateurs de Minerve.

---

[1] Le lecteur doit s'attendre à une certaine étrangeté d'expression dans quelques uns des dialogues de cet ouvrage : l'épigraphe du premier chapitre est empruntée à une des comédies de Ben Johnson, auteur pédant jusque dans ses intermèdes (*masks*) et ses scènes les plus vulgaires, quoique d'ailleurs d'un comique franc et fécond en ingénieuses saillies. Le romancier s'est nourri, avant de prendre la plume, des écrivains du siècle qu'il veut peindre, et surtout des auteurs dramatiques, qui travaillaient à la fois pour le peuple et pour la cour, et transportaient dans leurs dialogues l'*euphémisme* des beaux esprits courtisans, les pointilleuses arguties des *controversistes*, et la prétention plus grossière du style des tavernes. Nous sommes ici surtout dans le voisinage d'Oxford, dans l'atmosphère *classique* de l'Université; les garçons d'auberge singent les arguties de l'école, et aiguisent volontiers leur langage de réminiscences du collége. — Ed.

Tandis qu'ils parlaient ainsi, l'aubergiste, avec l'air du meilleur accueil, le fit entrer dans une grande salle au rez-de-chaussée, où plusieurs compagnies se trouvaient déjà. Les uns buvaient, les autres jouaient aux cartes, quelques uns causaient; et d'autres, dont les affaires exigeaient qu'ils se levassent le lendemain de grand matin, finissaient de souper, et disaient déjà au garçon de préparer leurs chambres.

L'arrivée de l'étranger fixa sur lui cette espèce d'attention indifférente qu'on accorde généralement en pareil cas à un nouveau venu, et voici quel fut le résultat de cet examen. — C'était un de ces hommes qui, quoique bien faits et d'un extérieur qui n'a rien de désagréable en lui-même, sont cependant si loin d'avoir une physionomie qui prévienne en leur faveur, que, soit à cause de l'expression de leurs traits, du son de leur voix, ou par suite de leur tournure et de leurs manières, on éprouve en somme une sorte de répugnance à se trouver en leur société. Il avait un air de hardiesse sans franchise, et semblait annoncer au premier abord de grandes prétentions aux égards et aux déférences, comme s'il eût craint de ne pas en trouver s'il ne faisait valoir à l'instant ses droits pour en obtenir. Son manteau de voyage[1] entr'ouvert laissait voir un beau justaucorps galonné, et un ceinturon de buffle qui soutenait un sabre et une paire de pistolets.

— Vous voyagez bien pourvu, monsieur, dit Giles Gosling en jetant un coup d'œil sur ces armes, tandis qu'il plaçait sur la table le vin que le voyageur avait demandé.

— Oui, mon hôte; j'ai reconnu leur utilité dans le moment du danger, et je n'imite pas vos grands du jour, qui congédient leur suite du moment qu'ils croient n'en plus avoir besoin.

---

(1) Riding-coat.

— Oui-dà, monsieur, vous venez donc des Pays-Bas, du sol natal de la pique et de la coulevrine?

— J'ai été *haut* et *bas*, mon ami, d'un côté et puis d'un autre, près et loin ; mais je bois à votre santé un verre de votre vin. Emplissez-en un autre, et videz-le à la mienne. S'il n'est pas bon au superlatif, buvez-le encore tel que vous l'avez versé.

— S'il n'est pas bon au superlatif, répéta Gosling après avoir vidé son verre, en passant la langue sur ses lèvres avec l'air de satisfaction d'un gourmet, je ne sais ce que c'est que le superlatif. Vous ne trouverez pas de pareil vin aux *Trois-Grues*, dans le Vintry [1]; et si vous en trouvez de meilleur, même aux Canaries ou à Xérès, je consens à ne toucher de ma vie ni pot ni argent. Levez votre verre entre vos yeux et le jour, et vous verrez les atomes s'agiter dans cette liqueur dorée comme la poussière dans un rayon de soleil ; mais j'aimerais mieux servir du vin à dix paysans qu'à un voyageur. J'espère que Votre Honneur le trouve bon?

— Il est propre et confortable, mon hôte ; mais, pour avoir d'excellent vin, il faut le boire sur le lieu même où croît la vigne. Croyez-moi, l'Espagnol est trop habile pour vous envoyer la quintessence de la grappe. Celui-ci, que vous regardez comme vin d'élite, ne passerait que pour de la piquette à la Groyne ou au Port Sainte-Marie. Il faut voyager, mon hôte, si vous voulez être profondément versé dans les mystères du flacon et du tonneau.

— En vérité, signor hôte, si je ne voyageais que pour me trouver ensuite mécontent de ce que je puis avoir dans mon pays, il me semble que je ferais le voyage d'un fou ; et je vous assure qu'il y a plus d'un fou en état de flairer le bon vin sans être jamais sorti des brouillards de la vieille

---

(1) On appelle *vintry* le lieu où l'on vend le vin. Les *Trois-Grues* étaient un cabaret en renom, et probablement dans le quartier des celliers. — Ed.

Angleterre. Ainsi donc grand merci toujours à mon coin du feu.

— Ce n'est pas là penser noblement, mon hôte, et je garantis que tous vos concitoyens ne sont pas de votre avis. Je parie qu'il y a parmi vous des braves qui ont fait un voyage en Virginie, ou du moins une tournée dans les Pays-Bas. Allons, interrogez votre mémoire. N'avez-vous en pays étranger aucun ami dont vous seriez charmé d'avoir des nouvelles?

— Non, en vérité. Il n'en existe aucun depuis que cet écervelé de Robin de Drysandford s'est fait tuer au siége de la Brille. Au diable soit la coulevrine dont le boulet l'a emporté, car jamais meilleur vivant n'a rempli et vidé son verre du soir au lendemain. Mais il est mort, et je ne connais ni soldat ni voyageur dont je donnerais la pelure d'une pomme cuite.

— Par ma foi, voilà qui est étrange. Quoi! tandis qu'il y a tant de braves Anglais en pays étrangers, vous qui semblez être un homme comme il faut, vous n'avez parmi eux ni ami ni parent?

— Si vous parlez de parens, j'ai bien un mauvais brin de neveu qui est parti d'Angleterre la dernière année du règne de la reine Marie; mais mieux le vaut perdu que retrouvé.

— Ne parlez pas ainsi, mon cher hôte, à moins que vous n'ayez appris de ses tours depuis peu. Plus d'un poulain fougueux est devenu un noble coursier. Comment le nommez-vous?

— Michel Lambourne; un fils de ma sœur. On n'a pas grand plaisir à se rappeler ce nom ni cette parenté.

— Michel Lambourne! dit l'étranger feignant d'être frappé de ce nom. Quoi! serait-ce le vaillant cavalier qui se comporta avec tant de bravoure au siége de Venloo que le comte Maurice lui fit des remerciemens à la tête de l'armée? On le disait Anglais, et d'une naissance peu relevée.

— Ce ne peut pas être mon neveu, dit Gosling, car il n'avait pas plus de courage qu'une poule, à moins que ce ne fût pour le mal.

— La guerre fait trouver du courage, répliqua l'étranger.

— Je crois plutôt qu'elle lui aurait fait perdre le peu qu'il en avait.

— Le Michel Lambourne que j'ai connu était un garçon bien fait ; il aimait à être mis avec élégance, et avait l'œil d'un faucon pour découvrir une jolie fille.

— Notre Michel avait l'air d'un chien avec une bouteille pendue à la queue, et il portait un habit dont chaque haillon semblait dire adieu aux autres.

— Oh ! mais dans la guerre on ne manque pas de bons habits.

— Notre Michel en aurait plutôt escroqué un à la friperie, tandis que le marchand aurait eu le dos tourné; et, quant à son œil de faucon, il était toujours fixé sur mes cuillères d'argent égarées. Il a passé trois mois dans cette pauvre maison; il était chargé, en sous-ordre, du soin de la cave, et, grâce à ses erreurs et à ses mécomptes, à ce qu'il a bu et à ce qu'il a laissé perdre, s'il était resté trois mois de plus... j'aurais pu abattre l'enseigne, fermer la maison, et donner au diable la clef à garder.

— Et, malgré tout cela, mon cher hôte, vous seriez fâché d'apprendre que le pauvre Michel Lambourne eût été tué à la tête de son régiment, en attaquant une redoute près de Maëstricht ?

— Fâché ! Ce serait la meilleure nouvelle que j'en pourrais apprendre, puisqu'elle m'assurerait qu'il n'a pas été pendu : mais n'en parlons plus. Je crains bien que sa mort ne fasse jamais honneur à sa famille. Dans tous les cas, ajouta-t-il en se versant un verre de vin des Canaries, de tout mon cœur, que Dieu lui fasse paix !

— Pas si vite, mon hôte; pas si vite. Ne craignez rien,

votre neveu vous fera encore honneur, surtout si c'est le Michel Lambourne que j'ai connu, et que j'aime presque autant... ma foi, tout autant que moi-même. Ne pourriez-vous m'indiquer aucune marque qui pût me faire reconnaître si nos deux Michel sont la même personne?

— Ma foi, aucune qu'il me souvienne, si ce n'est pourtant que mon Michel a été marqué sur l'épaule gauche pour avoir volé un gobelet d'argent à dame Snort d'Hogsditch.

— Pour le coup, vous mentez comme un coquin, mon oncle, dit l'étranger déboutonnaut son gilet, entr'ouvrant sa chemise, et faisant sortir son épaule; — de par Dieu! ma peau est aussi saine et aussi entière que la vôtre.

—Quoi! Michel! s'écria l'hôte, est-ce véritablement toi? Oh! oui, je devais m'en douter depuis une demi-heure; je ne connais personne qui puisse prendre la moitié tant d'intérêt à toi. Mais, Michel, si ta peau est saine et entière comme tu le dis, il faut que Goodman Thong, le bourreau, ait été bien indulgent, et qu'il ne t'ait touché qu'avec un fer froid.

— Allons, mon oncle, allons, trêve de plaisanteries. Gardez-les pour faire passer votre ale tournée, et voyons quel accueil cordial vous allez faire à un neveu qui a roulé dans le monde pendant dix-huit ans, qui a vu le soleil se lever où il se couche, et qui a voyagé jusqu'à ce que l'occident devînt l'orient pour lui.

— A ce que je vois, Michel, tu en as rapporté un des talens du voyageur, et bien certainement tu n'avais pas besoin de faire tant de chemin pour l'acquérir. Je me souviens qu'entre toutes tes bonnes qualités, tu avais celle de ne jamais dire un mot de vérité.

— Voyez-vous ce païen de mécréant, messieurs, dit Michel Lambourne en s'adressant à ceux qui étaient témoins de cette étrange entrevue de l'oncle et du neveu, et dont quelques uns, nés dans le village même, n'ignoraient pas les hauts faits de sa jeunesse ; c'est sans doute là ce qu'on appelle à Cumnor tuer le veau gras. Mais sachez, mon oncle, que je ne viens pas de garder les pourceaux. Je me soucie fort peu de votre accueil bon ou mauvais. Je porte avec moi de quoi me faire bien recevoir partout.

En parlant ainsi il tira une bourse assez bien remplie de pièces d'or dont la vue produisit un effet remarquable sur la compagnie. Quelques uns secouèrent la tête, et chuchotèrent entre eux ; deux ou trois des moins scrupuleux commencèrent à le reconnaître comme concitoyen et camarade d'école, tandis que d'autres personnages plus graves se levèrent, et sortirent de l'auberge en disant entre eux à demi-voix que, si Giles Gosling voulait continuer à prospérer, il fallait qu'il chassât de chez lui le plus tôt possible son vaurien de neveu. Gosling se conduisit lui-même comme s'il partageait cette opinion, et même la vue de l'or fit sur le brave homme moins d'impression qu'elle n'en produit ordinairement sur un homme de sa profession.

— Mon neveu Michel, lui dit-il, mets ta bourse dans ta poche ; le fils de ma sœur n'a point d'écot à payer chez moi pour y souper ni pour y coucher une nuit ; car je suppose que tu n'as pas envie de rester plus long-temps dans un endroit où tu n'es que trop connu.

— Quant à cela, mon oncle, répondit le voyageur, je consulterai mon inclination et mes affaires. En attendant, je désire donner à souper à mes braves concitoyens, qui ne sont pas trop fiers pour se souvenir de Michel Lambourne. Si vous voulez me fournir un souper pour mon argent, soit ; sinon, il n'y a que deux minutes de chemin d'ici au *Lièvre qui bat du tambour,* et je me flatte que mes bons voisins voudront bien m'y accompagner.

— Non, Michel, non, lui dit son oncle ; comme dix-huit ans ont passé sur ta tête, et que je me flatte que tu as un peu amendé ta vie, tu ne quitteras pas ma maison à l'heure qu'il est, et tu auras tout ce que tu voudras raisonnablement demander; mais je voudrais être sûr que cette bourse que tu viens d'étaler a été aussi légitimement gagnée qu'elle semble bien remplie.

— Entendez-vous l'infidèle, mes bons voisins? dit Lambourne en s'adressant de nouveau à l'auditoire. Voilà un vieux coquin d'oncle qui veut remettre au jour les folies de son neveu, après qu'elles ont une vingtaine d'années de date. Quant à cet or, messieurs, j'ai été dans le pays où il croît, où l'on n'a que la peine de le ramasser; j'ai été dans le Nouveau-Monde, mes amis, dans l'Eldorado, où les enfans jouent à la fossette avec des diamans, où les paysannes portent des colliers de rubis, et où les maisons sont couvertes de tuiles d'or, et les rues pavées en argent.

— Sur mon crédit, ami Michel, dit Laurent Goldthred, qui figurait au premier rang parmi les merciers d'Abingdon, ce serait un excellent pays pour y trafiquer. Combien rapporteraient les toiles, les rubans et les soieries, dans une contrée où l'or est si commun?

— Un profit incalculable, répondit Lambourne, surtout si un jeune marchand bien tourné y portait sa pacotille lui-même; car les dames de ce pays sont des égrillardes, et, comme elles sont un peu brûlées par le soleil, elles prennent feu comme de l'amadou quand elles voient un teint frais comme le tien, avec des cheveux tournant un peu sur le roux.

— Je voudrais bien pouvoir y commercer, dit le mercier avec un gros rire.

— Rien n'est plus facile, si tu le veux, dit Michel, et si tu es encore le gaillard déterminé qui m'aidas autrefois à voler des pommes dans le jardin de l'abbaye. Il ne faut qu'un procédé chimique fort simple pour transmuter ta maison et tes terres en argent comptant, et faire ensuite de cet argent un grand navire garni de voiles, d'ancres, de cordages et de tous ses agrès. Alors tu emmagasines toutes tes marchandises à fond de cale, tu mets à bord cinquante bons garçons, j'en prends le commandement; nous mettons à la voile, et vogue la galère ! nous voilà en chemin pour le Nouveau-Monde.

— Tu lui apprends là un secret, mon neveu, dit Giles Gosling, pour transmuter, si c'est là le mot, ses livres en sous et ses toiles en fils. Ecoutez l'avis d'un fou, voisin Golthred. Ne tentez pas la mer, car c'est un élément qui dévore volontiers tout ce qui le cherche. Que les cartes et les femmes fassent de leur pire, les balles de votre père dureront un an ou deux avant que vous alliez à l'hôpital, mais la mer a un appétit insatiable ; en une matinée elle avalerait toutes les richesses de Lombard-Street[1] aussi aisément que j'avalerais un œuf poché ou un verre de bordeaux. Quant à l'Eldorado de Michel, ne vous fiez jamais à moi, s'il n'est pas vrai qu'il l'ait trouvé dans les poches de quelque oison de votre espèce. Allons, ne bourre pas ton nez de tabac pour cela; assieds-toi, tu es le bienvenu : aussi bien, voilà le souper qui arrive, et j'y invite tous ceux qui voudront en prendre leur part, en l'honneur du retour d'un neveu si promettant, et dans l'espoir qu'il revient tout autre qu'il n'est parti. En conscience, mon neveu, tu ressembles à ma pauvre sœur, comme jamais fils n'a ressemblé à sa mère.

— Il ne ressemble pas tant au vieux Benoît Lambourne son mari, dit le mercier. Vous souvenez-vous, Michel, de ce que vous dîtes à votre maître d'école un jour qu'il levait sur vous la férule, parce que vous aviez fait tomber les béquilles sur lesquelles votre père s'appuyait? — C'est un enfant bien habile, dîtes-vous, que celui qui peut connaître

---

(1) Rue de Londres, habitée presque entièrement par de riches banquiers.
Éd.

son père. Le docteur Bricham rit tant qu'il en pleura, et ses pleurs vous empêchèrent d'en verser d'autres.

— C'était reculer pour mieux sauter, dit Lambourne, il me l'a bien fait payer depuis ce temps. Et comment se porte le digne pédagogue?

—Mort, répondit Giles Gosling, et il y a déjà bien du temps.

— Mort, répéta le sacristain de la paroisse; j'étais près de son lit quand il mourut, et il mourut comme il avait vécu. — *Morior*, — *mortuus sum vel fui*, — *mori*, — telles furent ses dernières paroles; et il eut à peine la force d'ajouter : Voilà mon dernier verbe conjugué.

—Eh bien, que la paix soit faite avec lui, dit Michel ; il ne me doit rien.

—Non vraiment, dit Goldthred, et il avait coutume de dire que chaque coup de lanière qu'il te donnait était autant de besogne qu'il épargnait au bourreau.

— On aurait cru, reprit le sacristain, qu'il ne voulait lui laisser rien à faire, et cependant on sait que Goodman Thong n'a pas eu une sinécure avec notre ami.

La patience sembla échapper à Lambourne. Il prit son chapeau sur la table, et l'enfonça sur ses sourcils de manière que l'ombre de son large bord donnait à des traits et à des yeux qui naturellement ne promettaient rien de bon, l'expression de physionomie sinistre d'un spadassin espagnol. — *Voto à Dios* [1], messieurs, s'écria-t-il, tout est permis entre amis et entre soi, et je vous ai déjà laissés tous, ainsi que mon digne oncle, vous divertir aux dépens des espiègleries de ma jeunesse; mais songez pourtant que je porte le sabre et le poignard, et que j'ai la main légère dans l'occasion. Depuis que j'ai servi en Espagne, je suis devenu chatouilleux sur le point d'honneur ; et je serais fâché que vos provocations me portassent à quelque extrémité.

(1) Je jure à Dieu. — Tr.

— Et que feriez-vous? demanda le sacristain.

— Oui, monsieur, que feriez-vous? dit le mercier en se rengorgeant de l'autre côté de la table.

— Je vous couperais le sifflet, monsieur le sacristain, ce qui vous gênerait pour faire des cadences à l'église le dimanche. Et vous, mon digne marchand de toiles, de rubans et de soieries, je vous bâtonnerais de manière à vous empaqueter dans une de vos balles.

— Allons, allons, dit l'hôte jugeant à propos d'intervenir, point de bruit dans ma maison. Mon neveu, il ne faut pas être si prompt à vous offenser, et vous, messieurs, vous feriez bien de songer que, si vous êtes dans une auberge, vous êtes en ce moment les convives de l'aubergiste; par conséquent vous devez épargner l'honneur de sa famille. Diable! tout ce tapage me fait perdre la tête à moi-même. J'oublie mon hôte silencieux, comme je l'appelle, car voilà deux jours qu'il est ici, et il n'a pas encore ouvert la bouche, si ce n'est pour demander ce qu'il lui faut et ce qu'il doit payer. Il ne donne pas plus d'embarras que si c'était un paysan, et cependant il paie comme un prince du sang royal. Il ne regarde que le total de sa carte, et il ne sait pas quand il partira. C'est un bijou qu'un tel hôte. Et moi, en vrai chien à pendre, je le laisse assis là-bas dans un coin, comme une brebis galeuse, sans lui faire la politesse de lui demander s'il veut souper ou boire un coup avec nous. Il ne me traiterait que comme je le mérite s'il s'en allait au *Lièvre* avant que la nuit soit plus avancée.

Arrangeant avec grâce une serviette blanche sous son bras gauche, et tenant de la main droite son plus beau flacon d'argent, il ôta un instant son bonnet de velours, et s'avança vers l'individu solitaire dont il venait de parler, et sur qui les yeux de toute la compagnie se fixèrent à l'instant.

C'était un homme de vingt-cinq à trente ans, d'une

taille au-dessus de la moyenne, vêtu avec simplicité mais avec décence, ayant un air d'aisance qui tenait de la dignité, et qui semblait prouver que ses vêtemens n'étaient pas ceux qui auraient convenu à son rang. Il avait l'air pensif et réservé, les cheveux bruns, et des yeux noirs qui brillaient d'un éclat peu commun lorsqu'une vive émotion l'animait momentanément, mais qui, en toute autre occasion, annonçaient, comme tous ses autres traits, un homme tranquille et réfléchi. Les curieux du village avaient travaillé de leur mieux à découvrir son nom, sa qualité, et l'affaire qui l'avait amené à Cumnor, sans que rien eût transpiré qui pût les satisfaire. Giles Gosling, qui était le coq de l'endroit, zélé partisan de la reine Elisabeth et de la religion protestante, fut d'abord tenté de soupçonner son hôte d'être un jésuite, un prêtre, tel qu'il en venait alors un assez grand nombre de Rome et d'Espagne pour figurer sur un gibet en Angleterre; mais il ne lui était guère possible de conserver une telle prévention contre un hôte qui donnait si peu d'embarras, qui payait son écot avec tant de régularité, et qui semblait se proposer de faire quelque séjour à l'auberge de l'*Ours-Noir*.

—Tous les papistes, pensa Giles Gosling, sont unis comme les cinq doigts de la main. Si cet homme en était un, il aurait trouvé à se loger chez le riche squire de Bessellsley, ou chez le vieux chevalier à Wooton, ou dans quelque antre de leurs cavernes romaines, au lieu de venir dans une maison publique, en honnête homme et en bon chrétien. D'ailleurs, vendredi dernier, il mangea du bœuf aux carottes, quoiqu'il y eût sur la table des anguilles grillées aussi bonnes qu'on en pêcha jamais dans l'Isis[1].

L'honnête Giles Gosling, qui s'était convaincu par de semblables raisonnemens que son hôte n'était pas catho-

---

(1) Rivière qui coule dans le comté d'Oxford. — Ed.

lique, s'avança donc vers lui avec toute la courtoisie possible, et le pria de lui faire l'honneur de boire un verre de vin frais, et d'assister à une petite collation qu'il donnait à son neveu en l'honneur de son retour, et, comme il s'en flattait, de sa réformation. L'étranger fit d'abord un signe de tête comme pour refuser son invitation ; mais l'hôte insista en employant des argumens fondés sur l'honneur de sa maison et sur les soupçons que pourrait faire naître dans l'esprit des habitans de Cumnor une humeur si peu sociable.

— Sur ma foi, monsieur, lui dit-il, il y va de mon honneur que chacun soit joyeux dans mon auberge. D'ailleurs, nous avons parmi nous, à Cumnor, de mauvaises langues; et où n'y en a-t-il pas? On n'y voit pas de bon œil les gens qui enfoncent leur chapeau sur leur front, comme s'ils regrettaient le temps passé, au lieu de jouir du bonheur que la faveur du ciel nous a accordé en nous donnant pour maîtresse la bonne reine Élisabeth, que Dieu bénisse et conserve.

— Eh quoi, mon hôte! répondit l'étranger, un homme doit-il paraître suspect parce qu'il se livre à ses pensées sous l'ombre de son bonnet? Vous qui avez passé dans le monde deux fois autant de temps que moi, vous devez savoir qu'il existe certaines idées qui s'attachent à nous en dépit de nous-mêmes, et que c'est en vain qu'on se dit : Chassons-les, et soyons joyeux.

— Sur ma foi ! si telles sont les pensées qui vous tourmentent l'esprit, et que le bon anglais ne suffise pas pour les faire déguerpir, je ferai venir d'Oxford un des élèves du père Bacon, qui les en chassera à force de logique et d'hébreu. Mais que n'essayez-vous plutôt de les noyer dans une mer de bon vin des Canaries? Excusez ma liberté, monsieur, je suis un vieil aubergiste, et il faut que j'aie mon franc-parler. Cette humeur mélancolique ne vous sied point. Elle ne s'accorde pas avec une botte luisante, un chapeau de fin castor, un habit de bon drap, et une bourse bien garnie. Qu'elle aille au diable! Envoyez-là à ceux qui ont les jambes entourées de paille, la tête couverte d'un vieux feutre, un justaucorps mince comme une toile d'araignée, et une poche où il n'y a pas une seule pièce de métal pour empêcher le démon de la tristesse de s'y loger. De la gaieté, monsieur, de la gaieté, ou, de par cette bonne liqueur, nous vous bannirons de l'allégresse d'une joyeuse compagnie, pour vous condamner aux brouillards de la mélancolie, dans le pays du malaise. Voilà une troupe de bons vivans qui ne songent qu'à s'égayer; ne froncez pas le sourcil en les voyant, comme le diable qui regarde au-dessus de Lincoln [1].

— Vous parlez bien, mon digne hôte, dit l'étranger avec un sourire qui, tout mélancolique qu'il était, donnait une expression très agréable à sa physionomie; vous parlez bien, mon jovial ami, et ceux dont l'esprit se trouve dans la situation du mien ne doivent pas troubler par leur mélancolie la gaieté de ceux qui sont plus heureux. Je prendrai place de tout mon cœur avec vos convives plutôt que de passer pour un trouble-fête.

A ces mots il se leva pour joindre la compagnie, qui, encouragée par les préceptes et l'exemple de Michel Lambourne, et composée, pour la majeure partie, de gens disposés à profiter de l'occasion de faire un bon repas aux dépens de l'hôte, avait déjà fait une excursion hors des limites de la tempérance, comme on pouvait le voir d'après le ton avec lequel Michel demandait des nouvelles de ses anciennes connaissances, et d'après les éclats de rire qui suivaient chaque réponse. Giles Gosling lui-même se trouva un peu scandalisé de leurs bruyans ébats, d'autant plus qu'il sentait involontairement un certain res-

---

(1) Ce langage figuré dans la bouche de l'aubergiste est en quelque sorte calqué sur celui du temps, du moins tel que les comédies nous l'ont transmis. L'*allégorie* était dans les tavernes comme dans les poésies de Spencer. — Éd.

pect pour son hôte inconnu. Il s'arrêta donc à quelque distance de la table autour de laquelle étaient assis ces joyeux convives, et commença une espèce d'apologie de leur conduite.

— A les entendre parler, dit-il, vous croiriez qu'il n'y en a pas un qui n'ait été habitué à faire le métier de *la bourse ou la vie;* et cependant vous verrez demain que ce sont des artisans laborieux, des marchands aussi honnêtes qu'on peut l'être en mesurant une aune de drap trop courte d'un pouce, ou en payant sur un comptoir une lettre de change en couronnes un peu légères de poids. Celui que vous voyez avec son chapeau de travers sur des cheveux hérissés comme les poils d'un barbet, qui a son justaucorps débraillé, qui porte son habit tout d'un côté, et qui veut se donner l'air d'un vrai garnement, eh bien ! c'est un mercier d'Abingdon, qui, dans sa boutique, est, depuis la tête jusqu'aux pieds, aussi soigné dans sa mise que si c'était un lord-maire. Il parle de battre le grand chemin et de forcer la grille d'un parc, de manière à faire croire qu'il passe toutes les nuits sur la grande route de Hounslow à Londres [1], tandis qu'il dort paisiblement sur un lit de plumes, une chandelle d'un côté et une Bible de l'autre pour chasser les esprits.

— Et votre neveu, mon hôte, ce Michel Lambourne qui est le roi de la fête, a-t-il aussi le désir de passer pour un tapageur?

— Vous me serrez le bouton d'un peu près, monsieur; mon neveu est mon neveu, et, quoiqu'il ait été un vrai enragé dans sa jeunesse, il peut s'être amendé comme tant d'autres, n'est-il pas vrai? Je ne voudrais pas même que vous crussiez que tout ce que j'en disais tout à l'heure fût paroles d'Évangile. J'avais reconnu le gaillard, et je

---

(1) Il y avait dans les mœurs du temps une singulière fanfaronnade de vices, qui passait des hautes classes aux bonnes gens de province. On a vu en France des princes voler les manteaux sur le Pont-Neuf. — Ed.

voulais mortifier un peu sa vanité. Mais à présent, sous quel nom dois-je présenter mon respectable hôte à la compagnie?

— Sous le nom de Tressilian, s'il vous plaît.

— Tressilian? c'est un nom qui sonne bien et qui vient, à ce que je crois, du comté de Cornouailles; vous connaissez le proverbe :

> *By Pol, Tre and Pen*
> *You may know the Cornish men.*
>
> Lorsque devant un nom on trouve *Pol, Pen, Tré*,
> Qu'il vient de Cornouaille on peut être assuré.

Ainsi donc, dirai-je M. Tressilian de Cornouailles?

— Ne dites que ce que je vous ai autorisé à dire, mon cher hôte, et vous serez sûr de ne dire que la vérité. Un homme peut avoir son nom précédé d'une de ces syllabes honorifiques, et être né bien loin du mont Saint-Michel[1].

Giles Gosling ne poussa pas plus loin la curiosité, et présenta l'étranger, sous le nom de M. Tressilian, à son neveu et à ses amis; et ceux-ci, après avoir bu à la santé du nouveau convive, reprirent la conversation assaisonnée de maintes rasades.

CHAPITRE II.

« Parlez-vous du jeune Lancelot? »
SHAKSPEARE, *le Marchand de Venise.*

Après un léger intervalle, le mercier Goldthred, à la prière de l'hôte, appuyée par ses joyeux convives, régala la société des couplets suivans :

> De tous les oiseaux de la terre
> Le hibou seul me plaît, à moi !
> Ce sage oiseau que je révère
> Des francs ivrognes suit la loi.

(1) En Cornouailles. — ÉD.

Aussitôt que le jour s'efface
On l'entend sortir de son trou,
Et chanter quelque temps qu'il fasse.
Buvons, amis, à l'honneur du hibou.

Que la paresseuse alouette
Ne s'éveille que le matin !
Mon ami le hibou répète
Toute la nuit son vieux refrain.
Buvons avec persévérance,
Et chantons le sage hibou !
Si quelqu'un imposait silence,
Couvrons sa voix par le bruit des glou-glou.

— Parlez-moi de cela, camarades, s'écria Michel quand le marchand eut cessé de chanter ; voilà une chanson, et je vois qu'il reste encore du bon parmi vous ; mais quel chapelet vous m'avez défilé de tous mes anciens camarades ! je n'en trouve pas un au nom duquel ne s'attache quelque histoire de mauvais augure. Ainsi donc Swashing Will de Wallingford nous a souhaité le bonsoir.

— Oui, dit un de ses amis, il est mort, comme un daim, d'un coup d'arbalète que lui a tiré Thatcham, le vieux garde-chasse du duc, dans le parc de Donnington.

— Il avait toujours aimé la venaison, dit Michel, et il n'aimait pas moins la bouteille : c'est une raison de plus pour boire un coup à sa mémoire. Allons, mes amis, faites-moi raison.

Lorsqu'on eut rendu hommage au défunt, le verre à la main, Lambourne demanda ce qu'était devenu Prance de Padworth.

— Absent. — Immortel depuis dix ans, répondit le mercier. — Demandez pourquoi et comment à Goodman Thong, qui l'a décoré au château d'Oxford avec dix sous de corde.

— Quoi ! le pauvre Prance est mort en plein air, entre ciel et terre ! Voilà ce que c'est que d'aimer les promenades au clair de lune. Allons, à sa mémoire, camarades ! tous les bons vivans aiment le clair de lune. Et quelles nouvelles me donnerez-vous de Hal au long plumet, celui qui demeurait près d'Yattenden...? J'oublie son nom.

— Quoi? Hal Hempseed? demanda le mercier. Vous devez vous rappeler qu'il se donnait des airs de *gentilhomme*, et qu'il voulait se mêler des affaires de l'État. Il s'est mis dans le bourbier avec le duc de Norfolk [1], il y a deux ou trois ans, s'est enfui du pays ayant un mandat d'arrêt sur les talons, et depuis ce temps on n'en a point entendu parler.

— Après de tels désastres, dit Michel Lambourne, c'est tout au plus si j'ose prononcer le nom de Tony Foster. Au milieu d'une telle pluie de cordes, d'arbalètes et de mandats d'arrêt, il n'est guère possible qu'il se soit échappé.

— De quel Tony Foster veux-tu parler? demanda l'aubergiste.

— Parbleu! de celui qu'on appelait Tony Allume-Fagots [2], parce qu'il avait apporté une lumière pour allumer le bûcher de Latimer et de Ridley [3], quand, le vent ayant éteint la torche de Jack Thong [4], personne ne voulait lui donner de feu pour la rallumer, ni pour amour ni pour argent.

— Ce Tony Foster vit et prospère, dit l'aubergiste. Mais, mon neveu, ne t'avise plus de le nommer Tony Allume-Fagots, je t'en avertis, à moins que tu ne veuilles faire connaissance avec sa dague.

— Comment! il est honteux de ce surnom? Je me souviens qu'il s'en faisait gloire. Il disait que voir rôtir un hérétique ou un bœuf, c'était la même chose pour lui.

— Sans doute, mon neveu, mais c'était bon du temps

---

(1) Ce seigneur avait trahi Élisabeth pour Marie Stuart, dont il avait espéré de devenir l'époux, et par ce moyen roi d'Écosse. Il eut la tête tranchée à Londres. — Éd.

(2) *Fire-the-Faggot.*

(3) Célèbres martyrs du protestantisme anglican sous la reine Marie. — Éd.

(4) Ce prénom de *Jack* est donné généralement au bourreau. — Éd.

de la reine Marie, quand le père de Tony était ici l'intendant de l'abbé d'Abingdon; mais depuis il a épousé une
pure précisienne[1], et je vous le garantis aussi bon protestant que personne au monde.

— Et il a pris un air important, dit Goldthred; il
marche la tête bien haute, et méprise ses anciens compagnons.

— Cela prouve assez qu'il a prospéré, dit Lambourne.
Quand on a une fois de l'argent à soi, on ne se trouve pas
volontiers sur le chemin de ceux dont la recette est dans
la bourse des autres.

— Prospéré! Vous souvenez-vous de Cumnor-Place, ce
vieux manoir près du cimetière?

— Si je m'en souviens! à telles enseignes que j'ai volé
trois fois tous les fruits du verger. Mais qu'importe! c'é-
tait la résidence de l'abbé toutes les fois qu'il régnait une
maladie épidémique à Abingdon.

— Oui, dit l'aubergiste, mais aujourd'hui c'est la demeure de Tony Foster, en vertu de la concession qui lui
en a été faite par un grand de la cour à qui la couronne
avait octroyé tous les biens de l'abbaye. C'est son château,
et il ne fait pas plus d'attention aux pauvres habitans de
Cumnor que s'il était devenu chevalier.

— Il ne faut pas croire, dit le mercier, que ce soit tout-
à-fait par orgueil. Il y a une belle dame dans cette affaire, et Tony permet à peine à la lumière du jour de
l'entrevoir.

— Comment, dit Tressilian, qui pour la première fois
prit alors part à la conversation, ne venez-vous pas de
nous dire que ce Foster était marié, et marié à une précisienne?

— Sans doute, et à une précisienne rigoriste comme
on n'en vit jamais. Tony et elle vivaient comme chien et

---

[1] Nom d'une secte puritaine. — Éd.

chat, à ce qu'on dit. Mais elle est morte, laissons-la en paix; et comme Tony n'a qu'un petit brin de fille, on pense qu'il a dessein d'épouser cette inconnue qui fait ici tant de bruit.

— Et pourquoi? demanda Tressilian. Je veux dire pourquoi fait-elle tant de bruit?

— Parce qu'on dit qu'elle est belle comme un ange, répondit Gosling; parce que personne ne sait d'où elle vient, et qu'on voudrait savoir pourquoi elle est si étroitement renfermée. Quant à moi, je ne l'ai jamais aperçue; mais je crois que vous l'avez vue, M. Goldthred?

— Oui, mon vieux garçon; c'était un jour que je venais à cheval d'Abingdon ici. Je passai sous la fenêtre cintrée du manoir, sur les vitraux de laquelle on a peint je ne sais combien de saints et de légendes. Je n'avais pas pris la route ordinaire, car j'avais traversé le parc. Trouvant que la porte n'en était fermée qu'au loquet, j'avais cru pouvoir user du privilége d'un ancien camarade, et passer par l'avenue, tant pour profiter de l'ombre des arbres, attendu qu'il faisait bien chaud, que pour éviter la poussière, parce que j'avais mon pourpoint couleur de pêche avec des galons d'or.

— Et que vous n'étiez pas fâché, dit Michel, de faire briller aux yeux d'une belle dame. Mauvais garnement, ne renoncerez-vous donc jamais à vos anciens tours?

— Ce n'est pas cela, Michel, ce n'est pas cela, dit le mercier en souriant d'un air content de lui-même. C'était la curiosité, un mouvement de compassion intérieure; car la pauvre dame ne voit du matin au soir que Tony Foster avec ses gros sourcils, sa tête de bœuf et ses jambes cagneuses.

— Et vous lui auriez montré volontiers un gaillard bien bâti, un justaucorps de soie, une jambe bien tournée dans une botte de Cordouan, une figure ronde, souriant sans trop savoir pourquoi, et semblant dire: — Que vous faut-il? un beau bonnet de velours, une plume de Turquie, et une épingle d'argent doré. — Ah! mercier, mon ami, ceux qui ont de belles marchandises aiment à en faire étalage. Eh bien! messieurs, allons donc, que les verres ne chôment point! je bois aux longs éperons et aux bottes courtes, aux bonnets bien remplis et aux têtes vides.

— Je vois bien que vous êtes jaloux, Michel, dit Goldthred; mais si le hasard m'a favorisé, il n'a fait pour moi que ce qu'il aurait pu faire pour vous ou pour tout autre.

— Ah! s'écria Lambourne, que le ciel confonde ton impudence! Oses-tu bien comparer ta face de pouding et tes manières de boutiquier avec l'air guerrier et le ton comme il faut d'un homme tel que moi?

— Mon cher monsieur, dit Tressilian, permettez-moi de vous prier de ne pas interrompre ce brave marchand. Il raconte une histoire si agréablement, que je l'écouterais volontiers jusqu'à minuit.

— C'est de votre part plus de faveur que je n'en mérite, dit Goldthred; mais puisque mon récit vous amuse, digne M. Tressilian, je le continuerai, en dépit des railleries et des sarcasmes de ce vaillant soldat, qui a peut-être gagné plus de coups que de couronnes dans les Pays-Bas. Ainsi donc, monsieur, comme je passais sous cette grande fenêtre, ayant laissé les rênes sur le cou de mon palefroi, tant pour être plus à l'aise qu'afin d'être plus libre pour regarder autour de moi, j'entendis ouvrir la croisée; et ne me croyez jamais, monsieur, s'il n'est pas vrai que j'y vis la plus belle femme qui se fût jamais offerte à mes yeux. Or, je crois que j'ai vu autant de jolies filles que qui que ce soit, et je suis fait pour en juger aussi bien qu'un autre.

— Pourriez-vous nous en faire la description? demanda Tressilian.

— Oh! monsieur, je vous assure qu'elle était mise en femme comme il faut. Sa toilette était riche et recherchée, et aurait pu convenir à une reine. Sa robe, son corsage et ses manches étaient de satin couleur de gingembre; à mon jugement, cette robe pouvait coûter trente shillings l'aune; elle était doublée de taffetas moiré, et garnie de deux larges galons d'or et d'argent. Et son chapeau, monsieur, c'est ce que j'ai vu de meilleur goût dans nos environs; il était de soie jaune, bordé d'une frange d'or avec une broderie de scorpions de Venise. Je vous assure, monsieur, qu'il était magnifique, et qu'il surpassait tout ce qu'on peut en dire. Quant au bas de sa robe, il était taillé à l'ancienne mode de *Pas-devant*.

— Je ne vous demandais pas quel était son costume, dit Tressilian, qui avait montré quelque impatience pendant que le marchand entrait dans tous ces détails. Parlez-nous de son teint, de ses traits, de la couleur de ses cheveux.

— Quant à son teint, je ne puis en rien dire de bien positif; mais j'ai remarqué qu'elle tenait un éventail monté sur un manche d'ivoire curieusement damasquiné; et, pour la couleur de ses cheveux, je puis vous garantir que, brune ou blonde, elle portait par-dessus un réseau de soie verte, tissé avec de l'or.

—Voilà bien une mémoire de mercier, dit Lambourne. On lui demande des détails sur la figure d'une femme, et il vous parle de sa parure.

— Je vous dis, répliqua Goldthred un peu déconcerté, que j'ai à peine eu le temps de la regarder; car, comme j'allais lui souhaiter le bonjour en me préparant à un sourire...

— Semblable à celui d'un singe qui convoite une châtaigne, dit Lambourne.

— Tout-à-coup, continua le mercier sans s'inquiéter de cette interruption, Tony Foster parut lui-même, un bâton à la main...

— J'espère, dit l'aubergiste, qu'il t'en fendit la tête pour te récompenser de ton impertinence.

— Cela est plus facile à dire qu'à faire, répondit Goldthred d'un ton d'indignation. Non, non, il n'y eut rien de semblable. Il est vrai qu'il s'avança vers moi le bâton en l'air et qu'il me dit quelques gros mots, me demandant pourquoi je ne suivais pas la grande route, et d'autres choses semblables : de sorte que je me sentis tellement courroucé, que je lui aurais brisé le crâne du manche de mon fouet sans la présence de la dame, que je craignais de voir s'évanouir de frayeur.

— Fi! cœur de poule, fi! dit Lambourne; quel brave chevalier a jamais songé à la frayeur d'une dame quand, pour la délivrer, il va combattre en sa présence géant, magicien ou dragon? Mais pourquoi parler de dragon à un homme qui se laisserait chasser par un hanneton? Tu as manqué l'occasion la plus belle.

— Eh bien, tâche d'en mieux profiter, fanfaron. Voilà le château enchanté; le dragon et la dame sont à ton service, si tu oses t'y présenter.

— Je le ferais pour une pinte de vin des Canaries. Mais un instant. J'ai besoin de linge : veux-tu gager une pièce de toile de Hollande contre ces cinq angelots d'or? et demain matin je vais chez Tony Foster, et je le force à me présenter à sa belle.

— J'accepte la gageure; et, quoique tu aies l'impudence du diable, je réponds que je la gagnerai. Notre hôte gardera les enjeux, et je déposerai cinq angelots d'or entre ses mains, en attendant que je lui envoie la pièce de toile.

— Je ne veux pas tenir les enjeux d'une telle gageure, dit Gosling. Mon neveu, buvez tranquillement votre vin, et ne cherchez pas de pareilles aventures. Je vous réponds que M. Foster a assez de crédit pour vous faire recevoir au château d'Oxford, et décorer vos jambes avec les ceps de la ville.

— Michel ne ferait que renouveler une vieille connaissance, dit Goldthred; ce ne serait pas la première fois qu'il se verrait au château. Mais il ne peut plus reculer, à moins qu'il ne convienne qu'il a perdu la gageure.

— Perdu! s'écria Lambourne; non, sur ma foi! Je ne me soucie pas plus de la colère de Tony que d'une cosse de pois; et qu'il le veuille ou non, par saint Georges! je verrai son Hélène.

— Je serais volontiers de moitié avec vous dans la gageure, dit Tressilian, si vous vouliez me permettre de vous accompagner dans cette aventure.

— Et quel avantage y trouveriez-vous? lui demanda Lambourne.

— Aucun, monsieur, si ce n'est le plaisir d'admirer l'adresse et le courage que vous montrerez dans cette entreprise. Je suis un voyageur qui cherche les rencontres extraordinaires et les hasards bizarres, avec autant d'empressement que les anciens chevaliers cherchaient les aventures et les prouesses.

— Si vous trouvez du plaisir à voir harponner une truite, je consens bien volontiers que vous soyez témoin de mon adresse. Et maintenant je bois au succès de mon entreprise; et si quelqu'un refuse de me faire raison, je le tiens pour un coquin, et je lui coupe les jambes à la hauteur des jarretières.

Le verre que Michel Lambourne vida en cette occasion avait déjà été précédé par tant d'autres, que sa raison chancela sur son trône. Il jura deux ou trois fois, en s'emportant contre le mercier, qui soutint assez raisonnablement qu'il ne pouvait boire à la perte de sa gageure.

— Est-ce que tu veux faire de la logique avec moi? s'écria Michel; toi dans la tête duquel il n'y a pas plus de cervelle que dans un écheveau de soie mêlé. De par le ciel! je ferai de ton corps cinquante aunes de ruban.

Mais à l'instant où il tirait son sabre pour exécuter sa menace, le garçon chargé de la cave et celui à qui était confié le soin des lits le saisirent, le conduisirent dans sa chambre, et le mirent au lit pour qu'il y cuvât son vin à loisir.

Chacun alors se leva de table, et la compagnie se sépara à la grande satisfaction de l'hôte, mais non pas à celle de toute la société, dont quelques individus n'avaient pas envie de renoncer au bon vin qui ne leur coûtait rien, tant qu'il leur restait la force de lever le coude. Ils se trouvèrent pourtant obligés de se retirer, et ils partirent enfin, laissant Gosling et Tressilian en possession de l'appartement.

— Par ma foi, dit le premier, je ne sais quel plaisir trouvent nos grands seigneurs à donner des fêtes et des dîners, et à jouer le rôle de Mon Hôte, sans avoir ensuite l'avantage de présenter sa carte à chacun des convives. C'est ce qui m'arrive rarement, et, par saint Julien, à contre-cœur. Chacun de ces pots que mon neveu et les ivrognes ses camarades viennent de vider devait rapporter un profit à un homme de mon état, et les voilà dans mes comptes à pure perte. Je ne conçois pas quel plaisir on peut trouver au bruit, au tapage, à l'ivrognerie, aux querelles qui s'ensuivent, à la débauche et aux blasphèmes, quand on ne peut qu'y perdre au lieu d'y gagner : et cependant c'est comme cela qu'on a inutilement mangé plus d'un beau domaine, au grand détriment des aubergistes ; car qui diable voudra venir payer son écot à l'*Ours-Noir*, quand il peut s'asseoir *gratis* à la table de Milord ou à celle du Squire ?

La déclamation de notre hôte contre l'ivrognerie prouva à Tressilian que le vin avait fait quelque impression même sur le cerveau aguerri du digne Giles Gosling. Comme il s'était ménagé lui-même, il voulut profiter de la franchise qu'inspire le vin, pour tirer de l'aubergiste quelques nouveaux renseignemens relativement à Tony Foster et à la dame que le mercier avait vue chez lui ; mais ses questions n'aboutirent qu'à produire une nouvelle déclamation contre les ruses du beau sexe, dans laquelle Gosling appela toute la sagesse de Salomon au secours de la sienne. Enfin l'aubergiste dirigea son attention vers ses garçons, qui s'occupaient à desservir, leur donna des ordres, gronda; et, voulant joindre l'exemple au précepte, ne réussit qu'à briser un plateau et une demi-douzaine de verres, en cherchant à leur montrer comment le service se faisait aux *Trois-Grues*, dans le Vintry, qui était alors la plus fameuse taverne de Londres. Cet accident le rappela si bien à lui-même, qu'il gagna sa chambre sur-le-champ, se mit au lit, dormit profondément, et se réveilla un nouvel homme le lendemain matin.

CHAPITRE III.

« Non, vous prêchez en vain; je tiendrai la gageure;
« Je ne recule point en pareille aventure.
« J'étais, en la faisant, dites-vous, un peu gris?
« N'importe! on fait à jeun ce qu'ivre on a promis. »
La Table de jeu.

— Et comment va votre neveu, mon bon hôte? dit Tressilian le lendemain matin, quand Giles Gosling descendit dans la grand'salle, théâtre de l'orgie de la veille. Est-il bien portant? tient-il encore sa gageure?

— Bien portant! oh! oui. Il a déjà couru pendant deux heures, monsieur, et visité je ne sais quels repaires de ses anciens camarades. Il vient de rentrer, et déjeune avec des œufs frais et du vin muscat. Quant à sa gageure, je vous conseille en ami de ne pas vous en mêler, ni de toute autre chose que puisse proposer Michel. Ainsi donc, vous ferez bien de prendre pour votre déjeuner un coulis chaud, qui donnera du ton à votre estomac, et de laisser mon neveu et M. Goldthred se tirer de leur gageure comme ils l'entendront.

— Il me semble, mon hôte, que vous ne savez trop comment vous devez parler de ce neveu, et que vous ne pouvez ni le blâmer ni le louer sans quelque reproche de conscience.

— Vous dites vrai, M. Tressilian. L'affection naturelle me dit à une oreille: Giles! Giles! pourquoi nuire à la réputation du fils de ta sœur? pourquoi diffamer ton neveu? pourquoi salir ton propre nid? pourquoi déshonorer ton sang? Mais arrive ensuite la justice qui me crie à l'autre oreille : Voici un hôte aussi respectable qu'il en vint jamais à l'*Ours-Noir,* un homme qui n'a jamais disputé sur son écot; je le dis devant vous, M. Tressilian, et ce n'est pas que vous ayez jamais eu lieu de le faire ; — un voyageur qui, autant qu'on peut en juger, ne sait ni pourquoi il est venu, ni quand il s'en ira; et toi qui es aubergiste; toi qui, depuis trente ans, paies les taxes à Cumnor; toi qui es en ce moment Headborough [1], souffriras-tu que ce phénix des hôtes, des hommes et des voyageurs, tombe dans les filets de ton neveu, connu pour un vaurien, un chenapan, un brigand, qui vit grâce aux cartes et aux dés, un professeur des sept sciences damnables, si jamais personne y a pris ses degrés? Non, de par le ciel! Tu peux fermer les yeux quand il tend ses rets pour attraper une mouche comme Goldthred; mais, pour le voyageur, il doit être prévenu, et, armé de tes conseils, s'il veut t'écouter, toi, son hôte fidèle...

— Eh bien! mon bon hôte, vos avis ne seront pas méprisés; mais je dois tenir dans cette gageure, puisque je me suis avancé jusque là. Donnez-moi pourtant, je vous prie, quelques renseignemens. Qui est ce Foster? Que fait-il? Pourquoi garde-t-il une femme avec tant de mystère?

— En vérité, je ne puis ajouter que bien peu de choses

---

(1) C'est-à-dire Constable du bourg. — ED.

à ce que vous avez appris hier. C'était un des Papistes de la reine Marie; et aujourd'hui c'est un des Protestans de la reine Élisabeth. Il était vassal de l'abbé d'Abingdon, et maintenant il est maître d'un beau domaine qui appartenait à l'abbaye. Enfin il était pauvre, et il est devenu riche. On dit qu'il y a dans cette vieille maison des appartemens assez bien meublés pour être occupés par la reine; que Dieu la protège! Les uns pensent qu'il a trouvé un trésor dans le verger, les autres qu'il s'est donné au diable pour obtenir des richesses, quelques uns prétendent qu'il a volé toute l'argenterie cachée par le prieur dans la vieille abbaye lors de la réformation. Quoi qu'il en soit, il est riche, et Dieu, sa conscience et le diable peut-être, savent seuls comment il l'est devenu. Il a l'humeur sombre, et il a rompu toute liaison avec les habitans de la ville, comme s'il avait quelque étrange secret à garder, ou comme s'il se croyait pétri d'une autre argile que nous. Si Michel prétend renouer connaissance avec lui, je regarde comme très probable qu'ils auront une querelle, et je suis fâché que vous, mon digne M. Tressilian, vous songiez à accompagner mon neveu dans cette visite.

Tressilian lui répondit qu'il agirait avec la plus grande prudence, et qu'il ne fallait avoir aucune inquiétude relativement à lui. En un mot, il lui donna toutes ces assurances que ne manquent jamais de prodiguer ceux qui sont décidés à faire un acte de témérité en dépit des conseils de leurs amis.

Cependant il accepta l'invitation de son hôte, et il venait de finir l'excellent déjeuner qui lui avait été servi ainsi qu'à Gosling par la gentille Cicily, la beauté du comptoir, quand le héros de la soirée précédente, Michel Lambourne, entra dans l'appartement. Il avait donné quelques soins à sa toilette, car il avait quitté ses habits de voyage pour en prendre d'autres taillés d'après la mode la plus nouvelle; et l'on remarquait une sorte de recherche dans tout son extérieur.

— Sur ma foi, mon oncle, dit-il, vous nous avez bien arrosés la nuit dernière; mais je trouve le matin bien sec. Je vous ferai volontiers raison le verre à la main. Comment! voilà ma jolie cousine Cicily! je vous ai laissée au berceau, et je vous retrouve en corset de velours, aussi fraîche qu'aucune fille d'Angleterre. Reconnaissez un ami et un parent, Cicily, et approchez-vous pour que je vous embrasse et que je vous donne ma bénédiction.

— Un moment, un moment, mon neveu, dit Giles Gosling; ne vous inquiétez pas de Cicily, et laissez-la songer à ses affaires; quoique votre mère fût ma sœur, il ne s'ensuit pas que vous deviez être cousins.

— Quoi, mon oncle! me prenez-vous pour un mécréant? Croyez-vous que je voudrais oublier ce que je dois à ma famille?

— Je ne dis rien de tout cela, Michel, mais j'aime à prendre mes précautions; c'est mon humeur. Il est vrai que vous voilà aussi bien doré qu'un serpent qui vient de changer de peau au printemps; mais, malgré cela, vous ne vous glisserez pas dans mon Eden; je veillerai sur mon Ève; comptez sur cela, Michel. Mais comme vous voilà brave! en vous regardant, et en vous comparant avec M. Tressilian que voici, on croirait que vous êtes le gentilhomme, et que c'est lui qui est le neveu de l'aubergiste.

— Il n'y a que des gens de votre village, mon oncle, qui puissent parler ainsi, parce qu'ils n'en savent pas davantage. Je vous dirai, et peu m'importe qui m'entende, qu'il y a dans le véritable gentilhomme quelque chose qui n'appartient qu'à lui, et qu'on ne peut atteindre sans être né dans cette condition. Je ne saurais dire en quoi cela consiste; mais quoique je sache entrer dans une table d'hôte d'un air effronté, appeler les garçons en grondant, boire sec, jurer rondement, et jeter mon argent par les fenêtres, tout aussi bien qu'aucun des gentilshommes à éperons dorés et à plumet blanc qui s'y trouvent, du diable si je puis me donner leur tournure, quoique je l'aie essayé cent fois. Le maître de la maison me place au bas bout de la table, et me sert le dernier ; et le garçon me répond : On y va, l'ami, sans me témoigner ni égards ni respect. Mais que m'importe? Je m'en moque, laissons les chats mourir de chagrin. J'ai l'air assez noble pour damer le pion à Tony Foster, et assurément c'est tout ce qu'il me faut aujourd'hui.

— Vous tenez donc à votre projet d'aller rendre visite à votre ancienne connaissance? dit Tressilian.

— Oui sans doute, répondit l'aventurier. Quand une gageure est faite, il faut la tenir jusqu'au bout. C'est une loi reconnue dans tout l'univers. Mais vous, monsieur, à moins que ma mémoire ne me trompe, et je conviens que je l'ai hier presque noyée dans le vin des Canaries, il me semble que vous risquez aussi quelque chose dans cette aventure.

— Je me propose de vous accompagner dans cette visite, répondit Tressilian, si vous consentez à m'accorder cette faveur, et j'ai déjà déposé entre les mains de notre digne hôte la moitié du montant de la gageure.

— C'est la vérité, dit Giles Gosling, et en nobles d'or dignes d'être échangés contre un excellent vin. Ainsi donc je vous souhaite beaucoup de succès dans votre entreprise, puisque vous êtes déterminés à faire une visite à Tony Foster. Mais, croyez-moi, buvez encore un coup avant de partir, car je crois que vous aurez chez lui une réception un peu sèche ; et si vous vous trouvez exposés à quelque danger, n'ayez pas recours à vos armes, mais faites-m'en avertir, moi Giles Gosling, le constable de Cumnor : tout fier qu'est Tony, je puis encore être en état de le mettre à la raison.

Michel, en neveu soumis, obéit à son oncle en buvant une seconde rasade, et dit qu'il ne se trouvait jamais l'esprit si ouvert qu'après s'être bien rincé le gosier dans la matinée; après quoi il partit avec Tressilian pour se rendre chez Tony Foster.

Le village de Cumnor est agréablement situé sur une colline; dans un parc bien boisé qui en était voisin se trouvait l'ancien édifice qu'habitait alors Tony Foster, et dont les ruines existent peut-être encore. Ce parc était, à cette époque, rempli de grands arbres, et surtout de vieux chênes dont les rameaux gigantesques s'étendaient au-dessus des hautes murailles qui entouraient cette habitation, ce qui lui donnait un air sombre, retiré et monastique. On y entrait par une porte à deux battans, de forme antique, en bois de chêne très épais, et garnie de clous à grosses têtes, comme la porte d'une ville.

—Il ne sera pas très facile de prendre la place d'assaut, dit Lambourne en examinant la force de la porte, si l'humeur soupçonneuse du coquin refuse de nous l'ouvrir, comme cela est très possible si la sotte visite de notre mercier sans cervelle lui a donné de l'inquiétude. Mais non, ajouta-t-il en poussant la porte, qui céda au premier effort, elle nous invite à entrer, et nous voilà sur le terrain défendu, sans autres obstacles à vaincre que la résistance passive d'une lourde porte de bois de chêne, qui tourne sur des gonds rouillés.

Ils étaient alors dans une avenue ombragée par de grands arbres, semblables à ceux dont nous venons de parler, et qui avait été autrefois bordée des deux côtés par une haie d'ifs et de houx. Mais ces arbustes, n'ayant pas été taillés depuis nombre d'années, avaient formé de grands buissons d'arbres nains dont les rameaux noirs et mélancoliques usurpaient alors le terrain de l'avenue qu'ils avaient jadis protégée comme un rideau. L'herbe y croissait partout, et dans deux ou trois endroits on y trouvait des amas de menu bois coupé dans le parc, et qu'on y avait placé pour le laisser sécher. Cette avenue était traversée par d'autres allées également obstruées par des broussailles, des ronces et de mauvaises herbes. Outre le sentiment pénible qu'on éprouve toujours quand on voit les nobles ouvrages de l'homme se détruire par suite de la négligence, et les marques de la vie sociale s'effacer graduellement par l'influence d'une végétation que l'art ne dirige plus, la taille immense des arbres et leurs branches touffues répandaient un air sombre sur cette scène, même quand le soleil était à son plus haut point, et produisaient une impression proportionnée sur l'esprit de ceux qui la voyaient. Michel Lambourne lui-même n'en fut pas exempt, quoiqu'il ne fût pas dans l'habitude de se laisser émouvoir par autre chose que ce qui s'adressait directement à ses passions.

— Ce bois est noir comme la gueule d'un loup, dit-il à Tressilian en s'avançant dans cette avenue solitaire, d'où l'on apercevait la façade de l'édifice monastique, avec ses fenêtres cintrées, ses murailles de briques, couvertes de lierre et d'autres plantes grimpantes, et ses hautes cheminées de pierre. — Et cependant, continua-t-il, je ne puis trop blâmer Foster; car puisqu'il ne veut voir personne, il a raison de tenir son habitation en tel état qu'elle ne puisse inspirer l'envie d'y entrer à qui que ce soit. Mais, s'il était encore ce que je l'ai connu autrefois, il y a longtemps que ces grands chênes auraient garni les chantiers de quelque honnête marchand de bois; les matériaux de cette maison auraient servi à en bâtir d'autres, tandis que Foster en aurait étalé le prix sur un vieux tapis vert, dans quelque recoin obscur des environs de White-Friars [1].

— Était-il donc alors si dissipateur? demanda Tressilian.

---

(1) Quartier de Londres. — Ed.

— Il n'était que ce que nous étions tous, ni saint ni économe. Mais ce qui me déplaisait le plus en lui, c'était qu'il n'aimait point à partager ses plaisirs. Il regrettait, comme on dit, chaque goutte d'eau qui ne passait point par son moulin. Il avalait solitairement des mesures de vin que je ne me serais pas engagé à boire avec l'aide du meilleur biberon du comté de Berks. Cette circonstance, jointe à un certain penchant qu'il avait naturellement pour la superstition, le rendait indigne de la société d'un bon compagnon. Aussi voyez-vous qu'il s'est enterré ici dans une tanière qui est précisément ce qu'il faut à un renard si sournois.

— Mais puisque l'humeur de votre ancien compagnon est si peu d'accord avec la vôtre, M. Lambourne, pourrais-je vous demander pourquoi vous semblez désirer de renouer connaissance avec lui?

— Et puis-je vous demander en retour, M. Tressilian, quel motif vous a fait désirer de m'accompagner dans cette visite?

— Je vous l'ai dit, lorsque j'ai pris part à la gageure, la curiosité...

— Vraiment! et voilà comment vous autres gens civils et discrets vous nous traitez, nous qui vivons des ressources de notre génie. Si j'avais répondu à votre question en vous disant que je n'avais d'autres raisons que la curiosité pour aller voir mon ancien camarade Tony Foster, je suis sûr que vous auriez regardé ma réponse comme évasive, comme un tour de mon métier. Mais je suppose qu'il faut que je me contente de la vôtre.

— Et pourquoi la simple curiosité n'aurait-elle pas suffi pour me décider à faire cette promenade avec vous?

— Satisfaites-vous, monsieur, satisfaites-vous; mais ne croyez pas me donner le change si facilement. J'ai vécu trop long-temps avec les habiles du siècle pour qu'on me fasse avaler du son en place de farine. Vous avez de la naissance et de l'éducation, votre tournure le prouve ; vous avez l'habitude de la politesse, et vous jouissez d'une réputation honorable, vos manières l'attestent, et mon oncle en est garant. Cependant vous vous associez à une espèce de vaurien, comme on m'appelle ; et, me connaissant pour tel, vous devenez mon compagnon pour aller voir un autre garnement que vous ne connaissez pas ; et tout cela par curiosité. Allons donc ! si ce motif était pesé dans une bonne balance, on trouverait qu'il s'en faut de quelque chose qu'il n'ait le poids convenable.

— Si vos soupçons étaient justes, répondit Tressilian, vous ne m'avez pas montré assez de confiance pour attirer la mienne, ou pour la mériter.

— S'il ne s'agit que de cela, mes motifs sont à fleur d'eau. Tant que cet or durera, dit-il en tirant sa bourse de sa poche, la jetant en l'air, et la retenant avec la main dans sa chute, le plaisir ne me manquera pas ; mais quand il sera parti, il m'en faudra d'autre. Or si la dame mystérieuse de ce manoir, cette belle invisible de Tony Allume-Fagots, est un morceau aussi friand qu'on le dit, il n'est pas impossible qu'elle m'aide à changer mes nobles d'or en sous de cuivre ; et si Tony est un drôle aussi riche qu'on le prétend, le hasard peut faire aussi qu'il devienne pour moi la pierre philosophale, et qu'il change mes sous de cuivre en nobles d'or.

— Le double projet est bien imaginé, dit Tressilian ; mais je ne vois pas où est le moyen de l'accomplir.

— Ce ne sera pas aujourd'hui, peut-être pas même demain. Je ne m'attends pas à prendre le vieux routier dans mes piéges avant d'avoir préparé convenablement quelque appât. Mais je connais ses affaires ce matin un peu mieux que je ne les connaissais hier soir, et je ferai usage de ce que je sais, de manière à lui faire croire que j'en sais encore davantage. Si je n'avais espéré plaisir ou profit, peut-être l'un et l'autre, je vous réponds que je n'aurais pas fait un pas pour venir ici, car je ne regarde pas cette visite comme tout-à-fait sans risque. Mais nous y sommes, et il faut aller jusqu'au bout.

Tandis qu'il parlait ainsi, ils étaient entrés dans un grand verger qui entourait la maison de deux côtés, mais dont les arbres négligés étaient couverts de mousse, chargés de branches parasites, et paraissaient porter peu de fruits. Ceux qui avaient été plantés en espalier avaient repris leur croissance naturelle, et offraient des formes grotesques qui tenaient en même temps de celle que l'art leur avait donnée et de celle qu'ils avaient reçue de la nature. La plus grande partie de ce terrain, jadis cultivée en parterre et ornée de fleurs, était en friche, excepté quelques petites portions où l'on avait planté des légumes. Quelques statues, qui avaient paré le jardin dans ses jours de splendeur, étaient renversées près de leurs piédestaux et brisées. Enfin une grande serre chaude, dont la façade en pierre était ornée de bas-reliefs représentant la vie et les exploits de Samson, était dans le même état de dégradation.

Ils venaient de traverser ce jardin de *la Paresse*, et ils n'étaient qu'à quelques pas de la porte de la maison, quand Lambourne cessa de parler. Cette circonstance fut très agréable à Tressilian, parcequ'elle lui épargna l'embarras de répondre à l'aveu que son compagnon venait de lui faire avec franchise des vues qui l'amenaient en cet endroit. Lambourne frappa hardiment à la porte à grands coups, disant en même temps qu'il en avait vu de moins solides à plus d'une prison. Ce ne fut qu'après avoir entendu frapper plusieurs fois qu'un domestique, à figure rechignée, vint faire une reconnaissance à travers un petit carré coupé dans la porte, et garni de barreaux de fer; il leur demanda ce qu'ils désiraient.

— Parler à M. Foster sur-le-champ, pour affaires d'état très pressantes, répondit Michel Lambourne d'un air assuré.

— Je crains que vous ne trouviez quelque difficulté à prouver ce que vous venez d'avancer, dit Tressilian à voix basse à son compagnon pendant que le domestique portait ce message à son maître.

— Bon! bon! répliqua l'aventurier; nul soldat ne marcherait en avant s'il fallait qu'il réfléchît de quelle manière il fera sa retraite. Le premier point est d'entrer; après quoi tout ira bien.

Le domestique ne tarda pas à revenir. Il tira de gros verrous, ouvrit la porte, et les fit entrer par un passage voûté dans une cour carrée, entourée de bâtimens de toutes parts. Le domestique, ayant ouvert une autre porte en face de la première, au bout de cette cour, les introduisit dans une salle pavée en pierre, où l'on ne voyait que très peu de meubles, antiques et en mauvais état. Des fenêtres, aussi hautes qu'elles étaient larges, montaient presque jusqu'au plafond de l'appartement, boisé en chêne noir. Ces croisées s'ouvrant sur la cour, la hauteur des bâtimens empêchait que le soleil n'y pénétrât jamais; et comme toutes les vitres étaient séparées les unes des autres par des compartimens en pierre, et chargées de peintures représentant différens traits de l'histoire sainte, ces fenêtres étaient loin d'admettre la lumière en proportion de leur grandeur, et le peu de jour qui y pénétrait se chargeait des nuances sombres et mélancoliques des vitraux.

Tressilian et son guide eurent le loisir d'examiner tous ces détails, car le maître du logis se fit attendre quelque temps. Enfin il parut, et quelque préparé que fût Tressilian à lui voir un extérieur désagréable et repoussant, sa laideur était au-dessus de tout ce qu'il s'était imaginé. Tony Foster était de moyenne taille, de formes athlétiques; mais si lourd qu'il en paraissait difforme, et que dans tous ses mouvemens il avait la gaucherie d'un homme à la fois manchot et boiteux. Ses cheveux (alors comme aujourd'hui on entretenait les cheveux avec beaucoup de soin), ses cheveux, au lieu d'être bien lisses, et disposés en petits crochets, ou dressés sur leurs racines, comme on le voit dans les anciens tableaux, d'une manière assez semblable à celle qu'adoptent les petits-maîtres de nos jours, s'échappaient malproprement d'un bonnet fourré, et, mêlés ensemble comme s'ils n'avaient jamais connu le peigne, pendaient sur son front et autour de son cou, et formaient un accompagnement convenable à sa figure sinistre. Ses yeux noirs et vifs, enfoncés sous deux gros sourcils, et toujours baissés vers la terre, semblaient être honteux de l'expression qui leur était naturelle, et chercher à la cacher aux observations des hommes. Quelquefois cependant, quand, voulant lui-même observer les autres, il les levait tout-à-coup et les fixait sur ceux à qui il parlait, ils semblaient doués en même temps de la faculté d'exprimer les plus ardentes passions, et de les dissimuler à leur gré. Tous ses autres traits étaient irréguliers, et d'un caractère à rester gravés pour jamais dans le souvenir de quiconque avait vu cet homme une seule fois. Au total, comme Tressilian ne put s'empêcher de se l'avouer à lui-même, l'Anthony Foster, en présence duquel il se trouvait, était la dernière personne à qui il aurait fait volontiers une visite inattendue.

Il portait un pourpoint à manches de cuir roux, semblable à ceux qui servaient alors de vêtement aux paysans tant soit peu aisés; son ceinturon de cuir soutenait du côté droit une espèce de poignard, et de l'autre un grand coutelas. Foster leva les yeux en entrant, jeta un regard pénétrant sur les deux étrangers, et les baissa comme s'il eût compté ses pas en avançant vers le milieu de la salle ; il leur dit en même temps d'une voix basse et comme retenue : — Permettez-moi, messieurs, de vous demander le motif de votre visite.

Il semblait adresser cette demande à Tressilian, et attendre de lui une réponse, tant était vraie l'observation de Lambourne, que l'air de supériorité qui est dû à la naissance et à l'éducation perce à travers les vêtemens les plus simples; mais ce fut Michel qui lui répondit avec l'aisance et la familiarité d'un ancien ami, et du ton d'un homme qui ne pouvait douter de l'accueil cordial qu'il allait recevoir.

— Mon bon ami, mon ancien compagnon, mon cher Tony Foster, s'écria-t-il en lui saisissant la main presque malgré lui et en la secouant de manière à lui ébranler tout le corps, comment vous êtes-vous porté depuis tant d'années? Eh quoi! avez-vous tout-à-fait oublié votre ancien ami, votre camarade, Michel Lambourne?

— Michel Lambourne? répéta Foster en levant les yeux sur lui, et en les baissant aussitôt. Et retirant sa main sans cérémonie : Êtes-vous donc Michel Lambourne? lui demanda-t-il.

— Oui, sans doute, aussi sûr que vous êtes Tony Foster.

— Fort bien, dit Foster en fronçant le sourcil ; et quel motif a pu amener ici Michel Lambourne?

— *Voto a Dios!* s'écria Michel, je croyais trouver un meilleur accueil que celui qui m'y attend, à ce qu'il paraît,

— Quoi! gibier de potence, rat de prison, pratique de bourreau, oses-tu te flatter de recevoir bon accueil de quiconque n'a rien à craindre de Tyburn[1]?

— Tout cela peut être vrai; je veux bien même supposer que cela le soit. Je n'en suis pas moins encore assez bonne compagnie pour Tony Allume-Fagots, quoiqu'il soit en ce moment, je ne conçois pas trop à quel titre, maître de Cumnor-Place.

— Écoutez-moi, Michel Lambourne ; vous êtes un joueur, vous devez connaître le calcul des chances. Calculez celles que vous avez pour que je ne vous jette pas par cette fenêtre dans le fossé là-bas.

---

(1) Lieu des exécutions à Londres. La Grève, dirions-nous en France. Éd.

— Il y a vingt contre un que vous n'en ferez rien.

— Et pourquoi, s'il vous plaît? demanda Foster les dents serrées et les lèvres tremblantes, comme un homme agité par une profonde émotion.

— Parce que, pour votre vie, répondit Lambourne avec le plus grand sang-froid, vous n'oseriez me toucher du bout du doigt. Je suis plus jeune et plus vigoureux que vous, et j'ai en moi une double portion de l'esprit du diable des batailles, quoique je ne sois pas autant possédé du diable de l'astuce, qui se creuse un chemin sous terre pour arriver à son but, et, comme on le dit au théâtre, cache un licou sous l'oreille des autres, ou met de la mort-aux-rats dans leur potage.

Foster leva encore les yeux sur lui, les détourna, et fit deux tours dans la salle d'un pas aussi ferme et aussi tranquille que lorsqu'il y était entré. Se retournant alors tout-à-coup, il dit à Lambourne en lui présentant la main : — N'aie pas de rancune contre moi, mon bon Michel, je n'ai voulu que m'assurer si tu avais conservé ton ancienne et honorable franchise, que les envieux et les méchans appellent effronterie impudente.

— Qu'ils en disent tout ce qu'ils voudront; c'est une qualité qui nous est indispensable dans le monde. Mille diables! je te dis, Tony, que ma pacotille d'assurance n'était pas assez considérable pour mon commerce; aussi ai-je augmenté ma cargaison de quelques tonneaux dans tous les ports où j'ai touché dans le voyage de la vie; et, pour leur faire place, j'ai jeté par-dessus le bord le peu de modestie et de scrupules qui me restaient.

— Allons, allons, répliqua Foster, quant à la modestie et aux scrupules, vous étiez parti d'Angleterre sur votre lest. Mais quel est votre compagnon, honnête Michel? Est-ce un Corinthien, un coupeur de bourse [1]?

---

(1) Terme plus en usage que jamais en Angleterre pour désigner un fat du *premier ordre*, et ici un coquin reconnu. — Éd.

— Je vous présente M. Tressilian, brave Foster, dit Lambourne pour répondre à la question de son ami : apprenez à le connaître et à le respecter, car c'est un gentilhomme plein de qualités admirables ; et, quoiqu'il ne trafique pas dans le même genre que moi, du moins que je sache, il honore et il admire convenablement les artistes de notre classe. Il y viendra avec le temps, car cela manque rarement ; mais ce n'est encore qu'un néophyte, un prosélyte, qui recherche la société des grands maîtres, comme ceux qui apprennent à faire des armes fréquentent les salles d'escrime pour voir comme on doit manier le fleuret.

— Si telles sont ses qualités, honnête Michel, tu vas passer avec moi dans un autre appartement, car ce que j'ai à te dire ne doit passer que par tes oreilles. Quant à vous, monsieur, je vous prie de nous attendre dans cet appartement, et de n'en pas sortir, attendu qu'il se trouve dans cette maison des personnes que la vue d'un étranger pourrait alarmer.

Tressilian témoigna par une inclination de tête qu'il y consentait, et les deux dignes amis quittèrent ensemble la salle, dans laquelle il resta pour attendre leur retour.

CHAPITRE IV.

« On ne peut pas servir deux maîtres à la fois.
« C'est pourtant ce qu'ici veut faire ce grivois :
« Il veut, en servant Dieu, servir aussi le diable ;
« S'agit-il de commettre un crime abominable,
« Par quelques oraisons il y préludera :
« Ce coup fait, c'est le ciel qu'il en remerciera. »
Ancienne comédie.

La chambre dans laquelle le maître de Cumnor-Place conduisit son digne visiteur était plus grande que celle dans laquelle ils avaient commencé leur entretien ; mais les traces de dilapidation y étaient encore plus évidentes. De larges traverses en chêne, supportant des rayons de même bois, en garnissaient les murs et avaient servi à ranger une nombreuse bibliothèque. On y voyait encore plusieurs livres couverts de poussière, les uns déchirés, les autres privés de leurs agrafes d'argent et de leur riche reliure, entassés pêle-mêle sur les tablettes comme des objets qui ne méritent aucun soin, et livrés à la merci du premier spoliateur. Les corps de bibliothèque eux-mêmes semblaient avoir encouru le déplaisir des ennemis de la science qui avaient détruit la plus grande partie des volumes : ils étaient brisés d'un côté, de l'autre dépouillés de leurs rayons, et des toiles d'araignée en formaient les seuls rideaux.

— Les auteurs qui ont écrit ces ouvrages, dit Lambourne en jetant un coup d'œil autour de lui, ne se doutaient guère entre les mains de qui ils tomberaient.

— Ni à quel usage ils seraient bons, ajouta Foster. Ma cuisinière ne se sert pas d'autre chose pour écurer ses ustensiles, et mon domestique pour allumer du feu.

— Et cependant, reprit Lambourne, j'ai vu bien des villes où on les aurait trop estimés pour en faire un pareil usage.

— Bah, bah ! répondit Foster, depuis le premier jusqu'au dernier, ils ne contiennent que du fatras papiste. C'était la bibliothèque de ce vieux radoteur l'abbé d'Abingdon. La dix-neuvième partie du sermon d'un prédicateur du véritable Évangile vaut mieux que toute une charretée de ces ordures du chenil de Rome.

— Tudieu ! s'écria Lambourne, M. Tony Allume-Fagots !

— Écoutez-moi, l'ami Michel ! s'écria Foster en lui lançant un regard sinistre, oubliez ce sobriquet et la circonstance qu'il rappelle, si vous ne voulez que notre ancienne connaissance, qui vient de renaître, meure d'une mort subite et violente.

—Comment donc! j'ai vu le temps où vous vous faisiez gloire d'avoir contribué à la mort de deux vieux évêques hérétiques.

— C'était lorsque j'étais chargé des liens de l'iniquité, et plongé dans une mer d'amertume; mais cela ne me va plus depuis que je suis appelé dans les rangs des élus. Le digne Melchisedech Maultext a comparé mon malheur en cette affaire à celui de l'apôtre saint Paul, qui gardait les habits de ceux qui lapidaient saint Etienne. Il a prêché sur ce sujet il y a trois semaines, a cité l'exemple d'un de ses honorables auditeurs, et c'était moi qu'il avait en vue.

— Paix, Foster! paix! vos discours me font venir la chair de poule, ce qui m'arrive toujours, je ne sais trop pourquoi, quand j'entends le diable citer l'Ecriture sainte. Mais comment avez-vous pu renoncer à votre ancienne religion, si commode que vous en agissiez avec elle comme avec un gant, qu'on ôte et remet quand on veut? Ai-je oublié que vous alliez porter exactement chaque mois votre conscience au confessionnal? Mais à peine le prêtre l'avait-il bien lavée, vous étiez prêt à faire la plus infâme coquinerie qu'on puisse imaginer, comme l'enfant qui n'est jamais plus tenté de se rouler dans la boue que quand on vient de lui mettre sa belle jaquette des dimanches.

— Ne t'inquiète pas de ma conscience; c'est une chose que tu ne peux comprendre, puisque tu n'en as jamais eu une à toi. Arrivons au fait, et apprends-moi, en un mot, quelle affaire tu as avec moi, et quel espoir t'a amené ici.

— L'espoir de me faire du bien, comme disait une vieille femme en se jetant par-dessus le pont de Kingston. Voyez cette bourse; c'est tout ce qui me reste d'une somme ronde. Je vous trouve ici bien établi, à ce qu'il paraît, et bien appuyé, à ce que je pense; car on sait que vous êtes sous une protection. Oui, on le sait, vous ne pouvez fretiller dans un filet sans qu'on vous voie à travers les mailles. Or, je sais qu'une telle protection ne s'accorde pas pour rien. Vous devez la payer par quelques services, et je viens vous offrir de vous aider à les rendre.

— Mais si je n'ai pas besoin de ton aide, Michel? Il me semble que ta modestie doit regarder ce cas comme possible.

— C'est-à-dire que tu veux te charger de toute la besogne, afin de ne pas avoir à partager le salaire. Mais prends garde d'être trop avide; la cupidité, en voulant amasser trop de grain dans un sac, le fait crever, et perd tout. Examine un chasseur qui veut tuer un cerf; il prend avec lui non seulement le limier pour suivre la trace de la bête fauve, mais le chien courant pour l'atteindre. Ton patron doit avoir besoin des deux, et je puis lui devenir utile. Tu as une profonde sagacité, une ténacité infatigable et une malignité naturelle bien exercée qui surpasse la mienne. Mais moi, je suis le plus hardi et le plus vif dans les expédiens et dans l'action. Séparés l'un de l'autre, il manque quelque chose à l'un de nous; réunis, rien ne peut nous résister. Eh bien! qu'en dis-tu, chasserons-nous de compagnie?

— C'est la proposition d'un chien hargneux que de vouloir se mêler de mes propres affaires. Mais tu as toujours été un chien mal dressé.

— A moins que tu ne refuses mon offre, tu n'auras pas lieu de parler ainsi. Au surplus fais ce que tu voudras; mais songe que je t'aiderai dans tes entreprises ou que je les traverserai, car il me faut de la besogne, et j'en trouverai pour ou contre toi.

— Eh bien, puisque tu me laisses le choix, j'aime mieux être ton ami que ton ennemi. Tu ne te trompes pas; je puis te procurer un patron assez puissant pour nous servir tous deux et une centaine d'autres; et, pour dire la vérité, tu as tout ce qu'il faut pour lui être utile. Son service exige hardiesse et dextérité : les registres de la justice rendent témoignage en ta faveur. — Il ne faut pas être arrêté par des scrupules : qui jamais t'a soupçonné d'avoir une conscience? L'assurance est nécessaire pour suivre un courtisan : ton front est aussi impénétrable que s'il était couvert d'un casque de Milan. — Je ne voudrais de changement en toi que pour un seul point.

— Et quel est ce point, mon digne ami Tony? parle, car je te jure par l'oreiller des sept dormans que je te donnerai satisfaction.

— En voilà effectivement une bonne preuve! Je vous dirai que vos discours ne sont plus de mode. Vous les entrelardez à chaque instant de sermens qui sentent le papisme. D'ailleurs vous avez l'air trop débauché, trop mondain pour paraître à la suite d'un seigneur qui a une réputation à conserver aux yeux du monde. Il faut prendre un air plus grave et plus composé, porter des vêtemens moins brillans, un collet sans plis et bien empesé, un chapeau à bords plus larges, des pantalons plus étroits; aller à l'église au moins une fois par mois; ne faire de protestations que sur votre foi et votre conscience; renoncer à cette tournure de spadassin; enfin ne jamais toucher à la poignée de votre sabre que lorsqu'il s'agit sérieusement d'employer cette arme terrestre.

— De par le jour qui nous éclaire, Tony, tu es devenu fou! Tu viens de faire le portrait du valet de chambre d'une vieille puritaine, plutôt que celui d'un brave au service d'un courtisan ambitieux. Un homme tel que tu voudrais que je devinsse devrait porter à sa ceinture une Bible au lieu de poignard, et avoir tout juste assez de valeur pour suivre quelque orgueilleuse bourgeoise de la cité au prêche, et prendre sa défense contre tout courtaud de boutique qui voudrait lui disputer la muraille. Ce n'est pas ainsi que doit se montrer celui qui va à la cour à la suite d'un grand seigneur.

— Mais sache donc que depuis que tu as quitté l'Angleterre tout est changé, et que tel homme qui en secret marche à son but d'un pas déterminé sans que rien puisse l'arrêter, ne se permet, dans la conversation, ni une menace, ni un serment, ni un mot profane.

— C'est-à-dire qu'on fait commerce pour le diable sans mentionner son nom dans la raison de commerce. Eh bien! soit; je prendrai sur moi de me contrefaire plutôt que de perdre du terrain dans ce nouveau monde, puisque tu prétends qu'il est devenu si rigide. — Mais, Tony, quel est le nom du seigneur au service duquel je dois faire un apprentissage?

— Ah! ah! M. Michel, s'écria Foster avec un sourire forcé, est-ce ainsi que vous prétendez connaître mes affaires? Que savez-vous s'il existe un pareil homme dans le monde, et si je n'ai pas voulu m'amuser à vos dépens?

— Toi t'amuser à mes dépens, pauvre oison! dit Lambourne sans s'intimider; apprends que, quelque bien caché que tu te croies sous la boue dans laquelle tu es enfoncé, je ne demande que vingt-quatre heures pour voir aussi clair dans toutes tes affaires qu'à travers la sale corne d'une lanterne d'écurie.

Un cri perçant interrompit en ce moment leur conversation.

— Par la sainte croix d'Abingdon! s'écria Foster, oubliant son protestantisme dans son effroi; je suis un homme ruiné!

A ces mots il courut dans l'appartement d'où ce cri était parti, et Michel Lambourne l'y suivit. Mais pour expliquer la cause de cette interruption, il est nécessaire de rétrograder un peu dans notre récit.

On sait que lorsque Lambourne accompagna Foster dans la bibliothèque, Tressilian fut laissé seul dans le vieux salon. Son œil sévère leur lança un regard de mépris dont il se reprocha de mériter une bonne part pour s'être abaissé jusqu'à se trouver en pareille compagnie. — Tels sont, Amy, se disait-il en lui-même, les compagnons que votre injustice, votre légèreté, votre cruauté irréfléchie, m'ont obligé de chercher; moi sur qui mes amis fondaient tant d'espérance ! moi qui me méprise aujourd'hui autant que je serai méprisé par les autres, pour l'avilissement auquel je me soumets par amour pour vous ! Mais jamais je ne cesserai de vous poursuivre, vous autrefois l'objet de la plus pure et de la plus tendre affection ! et quoique vous ne puissiez être pour moi désormais qu'un sujet de larmes et de regrets, je vous arracherai à l'auteur de votre ruine ! je vous sauverai de vous-même ; je vous rendrai à vos parens, à votre Dieu ! Je ne verrai plus ce bel astre briller dans la sphère d'où il est descendu ; mais...

—Un léger bruit qu'il entendit dans l'appartement interrompit sa rêverie. Il se retourna, et dans la femme aussi belle que richement vêtue qui se présenta à ses yeux, et qui entrait par une porte latérale, il reconnut celle qu'il cherchait. Son premier mouvement, après cette découverte, fut de se cacher le visage avec son manteau jusqu'à ce qu'il trouvât un moment favorable pour se faire connaître ; mais la jeune dame, car elle n'avait pas plus de dix-huit ans, déconcerta ce projet. Courant à lui d'un air de gaieté, elle le tira par l'habit, et lui dit avec enjouement :

— Après vous être fait attendre si long-temps, mon bon ami, croyez-vous venir ici comme dans un bal masqué ? Vous êtes accusé de trahison au tribunal de l'amour ; il faut que vous comparaissiez à sa barre, et que vous y répondiez à visage découvert. Voyons, que direz-vous ? êtes-vous innocent ou coupable ?

—Hélas ! Amy..., dit Tressilian d'une voix basse et mélancolique, en lui laissant écarter son manteau..

Le son de cette voix et la présence inattendue de Tressilian mirent fin à l'enjouement de la jeune dame. Elle fit un pas en arrière, devint pâle comme la mort, et se couvrit le visage des deux mains. Tressilian fut un moment trop ému pour parler; mais, se rappelant tout-à-coup la nécessité de saisir une occasion qui pouvait ne plus se présenter, il lui dit : — Amy, ne me craignez point.

— Et pourquoi vous craindrais-je? répondit-elle en montrant son beau visage coloré d'une vive rougeur; pourquoi vous craindrais-je, M. Tressilian? et pourquoi vous présentez-vous chez moi sans y être invité, sans y être désiré?

— Chez vous, Amy! répondit Tressilian; une prison est-elle donc votre demeure? une prison gardée par le plus infâme des hommes, si j'en excepte celui qui l'emploie?

— Je suis chez moi, reprit Amy; cette maison est la mienne tant qu'il me plaira de l'habiter. Si c'est mon bon plaisir de vivre dans la retraite, qui a le droit de s'y opposer?

— Votre père, jeune fille! votre père au désespoir, qui m'a chargé de vous chercher partout, et qui m'a confié une autorité qu'il lui est impossible d'exercer en personne! Lisez cette lettre, qu'il a écrite tandis qu'il bénissait les souffrances qui lui faisaient oublier un instant les angoisses du cœur.

— Les souffrances! Mon père est-il donc malade?

— Tellement malade qu'il est douteux que votre présence, quelque hâte que vous y mettiez, puisse lui rendre la santé. — Un instant suffit pour les préparatifs de votre départ si vous consentez à me suivre.

— Tressilian, je ne puis quitter cette maison; je n'ose et je ne dois pas le faire. — Retournez chez mon père, et dites-lui que j'obtiendrai la permission de le voir avant que douze heures se soient écoulées; dites-lui que je me porte bien, que je suis heureuse, que je le serais du moins si je pouvais penser qu'il fût heureux lui-même; dites-lui de ne pas douter que je n'aille le voir, et que je n'y aille de manière à lui faire oublier tout le chagrin que je lui ai causé. — La pauvre Amy se trouve aujourd'hui dans un rang bien plus élevé qu'elle n'ose le dire. — Allez, bon Tressilian : j'ai été coupable d'injustice envers vous; mais, croyez-moi, j'ai le pouvoir de vous dédommager de la blessure que je vous ai faite : je vous ai refusé un cœur qui n'était pas digne du vôtre; je puis vous indemniser de cette perte par des honneurs et par votre avancement dans le monde.

— Est-ce à moi que s'adresse un tel langage, Amy? M'offrez-vous les jouets d'une ambition frivole en remplacement de la paix et de la tranquillité dont vous m'avez privé? Mais soit, je ne viens pas pour vous faire des reproches; je viens pour vous servir et pour vous délivrer. — Vous ne pouvez me le cacher, vous êtes prisonnière en ces lieux : sans quoi votre bon cœur, car votre cœur fut bon autrefois, désirerait être déjà près du lit de votre père. Venez, pauvre fille, malheureuse et abusée, venez; tout sera oublié, tout sera pardonné. — Ne craignez aucune importunité de ma part; je faisais un rêve, je suis éveillé. — Mais hâtez-vous; votre père vit encore : venez; un mot de tendresse, une larme de repentir, effaceront le souvenir de tout ce qui s'est passé.

— Ne vous ai-je pas déjà dit, Tressilian, que je me rendrai chez mon père sans autre délai que celui qui m'est nécessaire pour remplir d'autres devoirs sacrés? Allez lui porter cette nouvelle. Le jour qui nous éclaire m'est témoin que je partirai aussitôt que j'en aurai obtenu la permission.

— La permission! répéta Tressilian d'un ton d'impatience; la permission d'aller voir un père malade! — peut-être au lit de la mort! Et à qui demanderez-vous cette permission? au misérable qui, sous le masque de l'amitié, a violé tous les droits de l'hospitalité, et vous a dérobée à la tendresse de votre père!

— Ne parlez pas de lui sur ce ton, Tressilian : celui que vous traitez ainsi porte un glaive aussi bien affilé que le vôtre, mieux affilé peut-être. Homme vain! les actions les plus glorieuses que tu aies faites en temps de paix ou de guerre sont aussi peu dignes d'êtres citées après les siennes, que ton rang dans le monde est obscur auprès de la sphère dans laquelle il est placé. — Laisse-moi; acquitte-toi de mon message pour mon père; et, quand il aura quelqu'un à m'envoyer, qu'il choisisse un messager qui me soit plus agréable!

— Amy, répondit Tressilian d'un ton calme, vos reproches ne peuvent m'émouvoir. Dites-moi un seul mot, afin que je puisse au moins faire luire un rayon de consolation aux yeux de mon vieil ami. — Le rang de celui que vous vantez ainsi, le partagez-vous avec lui? a-t-il le titre et les priviléges d'époux, pour décider de ce que vous devez faire?

— Arrêtez votre langue insolente! s'écria-t-elle; je dédaigne de répondre aux questions qui offensent mon honneur.

— En refusant de me répondre, Amy, vous m'en dites assez. Mais écoutez-moi, fille infortunée! Je viens armé de toute l'autorité de votre père pour vous ordonner d'obéir, et je vous délivrerai de l'esclavage de la honte et du crime, en dépit de vous-même s'il le faut!

— Ne me menacez pas ainsi de violence! s'écria la jeune dame en reculant de quelques pas, alarmée de son air déterminé. Ne me menacez pas, Tressilian; j'ai les moyens de résister à la force.

— Mais vous n'avez pas, j'espère, la volonté d'y avoir recours dans une si mauvaise cause. Il est impossible, Amy, que, librement et de votre plein gré, vous consentiez à vivre dans le déshonneur et l'esclavage. Ou vous êtes retenue par quelque talisman, ou vous êtes le jouet de perfides artifices, ou vous vous croyez liée par quelques vœux forcés... Mais c'est par ces mots que je romps le charme : — Amy, au nom de votre digne père, de votre père réduit au désespoir, je vous ordonne de me suivre à l'instant.

A ces mots, il s'avança vers elle le bras étendu comme pour la saisir, et ce fut alors que, dans son effroi, elle poussa le cri qui attira dans cet appartement Lambourne et Foster.

— Flammes et fagots! s'écria le dernier en entrant, que se passe-t-il donc ici? Et s'adressant à la jeune dame d'un ton qui tenait le milieu entre l'ordre et la prière : — Madame, lui dit-il, par quel hasard vous trouvez-vous hors des limites? Retirez-vous; il y va de la vie et de la mort dans cette affaire. — Et vous, l'ami, qui que vous soyez, sortez de cette maison! partez bien vite avant que la pointe de mon poignard ait le temps de faire connaissance avec votre justaucorps! — L'épée à la main, Michel; débarrasse-nous de ce misérable!

— Non, dit Lambourne, non, sur mon âme! Il est venu ici en ma compagnie, et, d'après mes principes, il n'a rien à craindre de moi, du moins jusqu'à ce que nous nous rencontrions de nouveau. — Mais écoutez-moi, mon camarade de Cornouailles : vous avez apporté ici un temps de votre pays, un ouragan, comme on l'appelle dans les Indes. Evanouissez-vous, disparaissez, ou bien nous vous enverrons devant le maire d'Halgaver, et cela avant que Dudman et Ramhead se rencontrent [1].

— Silence, être misérable! dit Tressilian. — Adieu, madame : le peu de vie qui reste à votre père aura peine à résister à la nouvelle que je vais lui porter.

(1) Deux promontoires sur la côte de Cornouailles. — Ed.

A ces mots il se retira, tandis que la jeune dame lui dit d'une voix faible : — Tressilian, point d'imprudence! ne me calomniez pas!

— Voilà de la belle besogne, dit Foster; milady, retirez-vous dans votre appartement, je vous prie, et laissez-nous réfléchir à ce que nous avons à faire. Allons, retirez-vous.

— Je ne suis point à vos ordres, monsieur, répondit-elle.

— C'est vrai, milady; mais il faut pourtant..... excucusez ma liberté, milady; mais, sang et ongles, ce n'est pas l'instant de faire des politesses, et il faut que vous regagniez votre appartement. Michel, si tu désires..... tu m'entends?—Suis cet impudent coquin, et fais-le déguerpir, tandis que je mettrai cette dame à la raison. —Allons, dégaîne, et suis-le à la piste!

— Je le suivrai, dit Lambourne, jusqu'à ce qu'il ait évacué la Flandre; mais pour lever la main contre un homme avec qui j'ai bu aujourd'hui le coup du matin, non, c'est contre ma conscience. Et il sortit de l'appartement.

Cependant Tressilian avait pris d'un pas rapide la première allée qui lui paraissait devoir le conduire à la porte par où il était entré; mais les réflexions qui l'agitaient, l'empressement qu'il mettait à s'éloigner, firent qu'il se trompa d'avenue, et au lieu d'entrer dans celle qui le menait au village, il en prit une qui, après qu'il l'eut parcourue quelque temps à grands pas, le conduisit d'un autre côté de ce domaine. Il se trouva vis-à-vis une petite porte percée dans la muraille, et qui donnait sur les champs.

Il s'arrêta un instant. Peu lui importait par où il sortirait d'un séjour qui ne lui offrait que des souvenirs pénibles; mais il était probable que cette porte était fermée, et qu'il ne pourrait faire sa retraite de ce côté.

— Il faut pourtant l'essayer, pensa-t-il. Le seul moyen de sauver cette malheureuse fille, cette fille toujours si intéressante, c'est que son père en appelle aux lois outragées de son pays; il faut donc que je lui apprenne sans délai une nouvelle qui va lui percer le cœur.

Tout en s'entretenant ainsi avec lui-même, il s'approcha de la porte, et tandis qu'il examinait s'il était possible soit de l'ouvrir, soit d'escalader la muraille, il entendit qu'on plaçait à l'intérieur une clef dans la serrure. Elle s'ouvrit; la porte roula sur ses gonds, et un cavalier enloppé d'un grand manteau et portant un chapeau rabattu, surmonté d'un panache, s'arrêta à quatre pas de celui qui cherchait à sortir. Tous deux s'écrièrent en même temps d'un ton de ressentiment et de surprise, l'un:—Varney!... l'autre: — Tressilian !

— Que faites-vous ici? demanda brusquement le nouveau venu après le premier moment de surprise; que faites-vous dans un lieu où vous n'êtes ni attendu ni désiré?

— Et qu'y faites-vous vous-même, Varney? répondit Tressilian. Y venez-vous pour triompher de l'innocence que vous avez sacrifiée, comme le vautour s'engraisse de la chair de l'agneau auquel il a d'abord arraché les yeux, ou pour recevoir de la main d'un galant homme le châtiment qui vous est dû? Tirez votre épée, scélérat, et défendez-vous!

Tressilian avait mis l'épée à la main en lui parlant ainsi; mais Varney se contenta de porter la main sur la poignée de la sienne. — Es-tu fou, Tressilian? lui dit-il : je conviens que les apparences sont contre moi ; mais je te jure par tous les sermens qu'un prêtre puisse dicter, et qu'un homme puisse faire, qu'Amy Robsart n'a rien à me reprocher. J'avoue que je serais fâché de lever la main contre toi en cette circonstance : tu n'ignores pas que je sais me battre.

— Je te l'ai entendu dire, Varney, dit Tressilian; mais

en ce moment j'en désire d'autres preuves que ta parole.

— Tu n'en manqueras point, répondit Varney, si ma lame et sa poignée me sont fidèles. Et à l'instant, tirant son épée de la main droite, et s'enveloppant la gauche de son manteau, il attaqua Tressilian avec une vigueur qui sembla lui donner l'avantage ; il ne le conserva pas longtemps. La soif de la vengeance animait Tressilian ; mais il avait de plus un bras habitué à manier les armes, et un œil exercé à toutes les manœuvres de l'escrime. Varney, à son tour serré de près, résolut de profiter de sa force pour attaquer son ennemi corps à corps. Dans ce dessein, il se hasarda à recevoir une des passes de Tressilian dans son manteau, et avant que celui-ci eût pu retirer son arme, il se précipita sur lui, et, tenant son épée de court, il se préparait à la lui passer à travers le corps. Mais son adversaire était sur ses gardes : tirant de l'autre main son poignard, il para avec la lame de cette arme le coup qui aurait terminé le combat, et déploya tant d'adresse dans la lutte qui s'ensuivit, que Giles Gosling, s'il eût été témoin de ce combat, eût été confirmé dans son opinion qu'il était né dans le Cornouailles, les habitans de ce comté étant si habiles dans cet exercice, que, si les jeux de l'antiquité venaient à renaître, ils pourraient défier le reste de l'Europe. Varney, dans sa tentative malavisée, fut renversé d'une manière si violente et si soudaine, que son épée tomba à quelques pas de lui ; et, avant qu'il eût pu se relever, la pointe de celle de son antagoniste était appuyée sur sa poitrine.

— Donne-moi à l'instant le moyen de sauver la victime de ta trahison, s'écria Tressilian, ou prépare-toi à faire tes adieux au jour qui nous éclaire.

Varney, trop confus et trop courroucé pour lui répondre, fit un nouvel effort pour se relever, et son ennemi, levant son épée, allait lui porter le coup mortel, quand il sentit son bras retenu par-derrière. Il se retourna, et vit

Michel Lambourne, qui, dirigé par le cliquetis des armes, était arrivé fort à propos pour sauver la vie de Varney.

— Allons, allons, camarade, dit Lambourne, voilà bien assez de besogne pour un jour, si ce n'en est déjà trop; rengaînez votre flamberge, et allons-nous-en; l'Ours-Noir hurle après nous.

— Retire-toi, vil misérable! s'écria Tressilian en secouant le bras de manière à forcer Michel à lâcher prise; oses-tu bien venir te placer entre moi et mon ennemi?

— Vil misérable! répéta Lambourne; c'est ce dont le fer me fera raison dès qu'une bouteille de vin des Canaries aura chassé de ma mémoire le souvenir du coup du matin que nous avons bu ensemble. En attendant, point de façon; jouez des jambes; partez, décampez; nous sommes deux contre un maintenant.

Il disait vrai, car Varney profitait de cet instant pour ramasser son épée; Tressilian vit que ce serait un acte de folle témérité que de soutenir un combat si inégal. Prenant deux nobles d'or dans sa bourse, il les jeta à Lambourne : — Tiens, pendard, lui dit-il, voilà le salaire de ta matinée! Il ne sera pas dit que tu m'as servi de guide sans être payé! Adieu, Varney; nous nous reverrons dans quelque lieu où personne ne pourra te dérober à ma vengeance. Et, à ces mots, il sortit du parc, dont la porte était restée ouverte.

Varney ne parut point avoir envie de troubler la retraite de son ennemi; peut-être même n'en avait-il pas la force, car sa chute l'avait étourdi. Cependant, fronçant le sourcil en le voyant disparaître, il se tourna vers Lambourne : — Mon brave, lui dit-il, es-tu un camarade de Foster?

— Son ami juré, comme la lame l'est de la poignée.

— Prends cette pièce d'or, et suis-moi cet homme-là; sache où il s'arrêtera, et viens m'en informer ici; mais surtout, silence et discrétion si tu aimes la vie.

— Il suffit. Vous verrez que vous n'avez pas choisi un mauvais limier, et je vous en rendrai bon compte.

— Fais diligence, dit Varney en remettant sa rapière dans le fourreau; et, tournant le dos à Michel, il prit le chemin de la maison. Lambourne ne s'arrêta qu'un instant pour ramasser les deux nobles d'or que Tressilian lui avait jetés avec si peu de cérémonie; et, les mettant dans sa bourse avec celui qu'il tenait de la libéralité de Varney :

— Je parlais hier de l'Eldorado à ces imbéciles, se dit-il à lui-même; de par saint Antoine! il n'existe pas, pour un homme comme moi, d'Eldorado comparable à la vieille Angleterre. Il y pleut des nobles d'or, de par le ciel! Ils couvrent la terre comme des gouttes d'eau; on n'a que la peine de les ramasser; et, si je n'ai pas ma part de cette précieuse rosée, puisse la lame de mon sabre se fondre comme un glaçon!

CHAPITRE V.

« Aussi bien qu'un pilote il avait sa boussole :
« L'intérêt personnel était toujours le pole
« Vers lequel en tout temps l'aiguille se tournait;
« Sa voile, qu'avec art chaque jour il tendait,
« Se gonflait par le vent des passions des autres. »
Le Trompeur, tragédie.

Foster était encore à discuter avec la jeune dame, qui ne répondait qu'avec mépris et dédain aux prières qu'il lui faisait pour qu'elle rentrât dans son appartement, quand un coup de sifflet se fit entendre à la porte de la maison.

— Nous voilà dans une belle passe! dit-il, c'est le signal de milord : que lui dire du désordre qui vient d'avoir lieu ici? Sur ma conscience, je n'en sais rien. Il faut que le guignon soit toujours sur les talons de ce coquin de Lambourne, et il n'a échappé à la potence que pour venir me porter malheur.

— Paix, monsieur! dit la dame, et hâtez-vous d'ouvrir à votre maître. Milord, mon cher lord! s'écria-t-elle en courant avec empressement vers la porte de l'appartement. Ah! ajouta-t-elle d'un ton qui exprimait le regret qu'elle éprouvait d'être trompée dans son espoir, ce n'est que Richard Varney.

— Oui, madame, dit Varney en la saluant d'un air respectueux, salut qu'elle lui rendit avec un mélange d'insouciance et de déplaisir ; oui, ce n'est que Richard Varney. Mais on voit avec joie un nuage doré paraître le matin du côté de l'est, parce qu'il annonce le soleil.

— Milord viendra donc aujourd'hui? demanda-t-elle avec une joie mêlée d'agitation. Et Foster répéta la même question. Varney répondit à la dame qu'elle recevrait la visite de milord dans la journée, et il commençait à lui débiter quelques complimens lorsque, courant à la porte de la salle, elle cria à haute voix : — Jeannette! Jeannette! vite, vite! venez dans mon cabinet de toilette. Se retournant alors vers Varney : — Milord vous a-t-il chargé de quelques ordres pour moi? lui demanda-t-elle.

— Voici, madame, une lettre qu'il vous envoie, et elle contient un gage de son affection pour celle qui règne souverainement dans son cœur. En même temps il lui présenta un paquet soigneusement fermé par un fil de soie écarlate. Elle chercha avec vivacité à en dénouer le nœud, et, ne pouvant y réussir, elle cria de nouveau : — Jeannette! Jeannette! des ciseaux, un couteau, n'importe quoi ; que je puisse couper ce nœud qui met obstacle à mon bonheur.

— Cet instrument ne peut-il vous servir, madame? dit Varney en lui présentant un petit poignard d'un travail précieux, qu'il portait à sa ceinture dans une gaîne de cuir de Turquie.

— Non, monsieur, répondit-elle en faisant un geste dédaigneux ; votre poignard ne coupera pas mon nœud d'amour.

— Il en a pourtant coupé plus d'un, dit à part Tony Foster en jetant un coup d'œil sur Varney.

Cependant le nœud fut dénoué sans autre secours que les doigts déliés de Jeannette, jeune et jolie personne, simplement vêtue, fille de Foster, qui, s'entendant appeler par sa maîtresse, s'était empressée d'accourir. Un collier de perles orientales se trouvait dans le paquet. La jeune dame le remit à sa suivante en y jetant à peine un coup d'œil, et se mit à lire ou plutôt à dévorer le contenu d'un billet parfumé dont il était accompagné.

— Sûrement, madame, dit Jeannette regardant le collier avec admiration, les filles de Tyr n'avaient pas de plus beaux joyaux. Et l'inscription... *Pour parer un cou plus blanc encore!* Certainement chacune de ces perles vaut un domaine.

— Et chaque mot de ce cher billet vaut tout le collier, mon enfant. Mais passons dans notre cabinet de toilette ; il faut nous faire belle, Jeannette. Milord vient ici ce soir ; il m'engage à vous faire bon accueil, M. Varney, et ses désirs sont une loi pour moi. Je vous invite à une collation ce soir dans mon appartement, et vous aussi, M. Foster. Donnez les ordres nécessaires pour qu'on fasse tous les préparatifs convenables pour la réception de milord. A ces mots elle sortit.

— Elle le prend déjà sur un ton, dit Varney, et elle admet en sa présence à titre de faveur, comme si elle partageait le haut rang de milord. Elle a raison ; il est prudent de répéter d'avance le rôle que la fortune peut nous destiner à jouer. Il faut que le jeune aigle apprenne à regarder le soleil avant de prendre son essor pour s'élever vers lui.

— S'il ne s'agit, dit Foster, que de lever la tête bien

haut pour ne pas avoir les yeux éblouis, je vous réponds qu'elle ne baissera pas la crête. C'est un faucon que mon sifflet ne pourra bientôt plus rappeler, M. Varney. Si vous saviez avec quel ton de mépris elle me parle déjà.

— C'est ta faute, imbécile sans génie et sans invention, qui ne connais d'autre moyen de répression qu'une force brutale. Ne peux-tu, pour lui rendre agréable l'intérieur de la maison, employer la musique et d'autres amusemens; et, pour lui ôter la fantaisie d'en sortir, lui faire quelques contes de revenans? Le cimetière touche aux murs de ce parc, et tu n'as pas assez de génie pour évoquer un fantôme afin de mettre à la raison les femmes qui demeurent chez toi?

— Ne parlez pas ainsi, M. Varney. Je ne crains âme qui vive, mais je ne veux point badiner avec les morts, mes voisins. Je vous assure qu'il ne faut pas être sans courage pour vivre si près d'eux. Le digne M. Holdforth, le prédicateur de Sainte-Antholine, eut une belle frayeur la dernière fois qu'il vint me voir.

— Tais-toi, fou superstitieux! ou plutôt, puisque tu parles de ceux qui viennent te voir, dis-moi, fourbe, comment il se fait que j'aie rencontré Tressilian dans le parc.

— Tressilian! qui est Tressilian? je ne connais pas même son nom.

— Quoi, misérable! tu ne sais pas que c'est le choucas de Cornouailles à qui le vieux sir Hugh Robsart avait destiné sa jolie Amy! et il venait ici pour rattraper la belle fugitive. Il faut prendre des précautions, car il se croit outragé, et il n'est pas homme à dévorer paisiblement un affront. Heureusement il ne soupçonne pas milord; il croit n'avoir affaire qu'à moi. Mais, au nom du diable, comment s'est-il trouvé ici?

— Il faut qu'il soit venu avec Michel Lambourne.

— Et qui est ce Michel Lambourne? De par le ciel! tu

devrais mettre une enseigne à ta porte, et inviter tous les vagabonds à y entrer, afin qu'ils puissent voir ce que tu devrais cacher même à l'air et au soleil.

— Voilà comme les courtisans remercient des services qu'on leur rend! Ne m'avez-vous pas chargé, M. Richard Varney, de vous chercher un homme ayant une bonne lame et une conscience à toute épreuve? Ne devais-je pas m'occuper de vous le trouver? Et cela n'était pas facile; car, grâce au ciel, je ne fais pas ma société de gens de cette trempe. Mais le ciel a voulu que ce grand drôle, qui est, sous tous les rapports, le coquin déterminé que vous désirez, soit arrivé ici pour réclamer impudemment les droits d'une ancienne connaissance, et j'ai admis ses prétentions uniquement pour vous faire plaisir. Voilà comme vous me remerciez de m'être dégradé pour vous jusqu'à converser avec lui!

— Mais si c'est un drôle qui te ressemble, et à qui il ne manque que le vernis d'hypocrisie qui pare ton âme, à peu près aussi bien que les restes de dorure qu'on voit sur une vieille arme rongée par la rouille, comment se fait-il que le religieux, le langoureux Tressilian soit venu ici avec lui?

— Je n'en sais rien; mais ils sont venus ensemble, de par le ciel! Et pour vous dire la vérité, ce Tressilian, puisque c'est son nom, a eu un moment de conversation avec notre jolie poupée, tandis que je causais avec Lambourne dans la bibliothèque pour votre affaire.

— Misérable imprudent! tu nous as perdus tous deux. Elle a déjà plus d'une fois jeté un regard en arrière vers la maison de son père en l'absence de milord. Si les sermons de ce nigaud l'ont décidée à retourner à son ancien perchoir, nous sommes perdus.

— Ne craignez rien, M. Varney, il prêcherait en vain. Dès qu'elle l'a aperçu, elle a poussé un cri comme si un aspic l'avait piquée.

— Tant mieux. Mais, mon bon Foster, ne pourrais-tu sonder ta fille pour savoir ce qui s'est passé entre eux?

— Je vous dis clairement, M. Varney, que ma fille n'entrera pour rien dans nos projets; je ne veux pas qu'elle se chauffe du même bois que nous. Je puis vous aider, moi, parce que je sais comment me repentir de mes fautes; mais je ne veux pas mettre en danger l'âme de mon enfant pour votre bon plaisir ou celui de milord. Je puis marcher entre les piéges et les précipices, parce que je suis armé de prudence; mais je ne veux pas y risquer ma pauvre fille.

— Sot méfiant, je n'ai pas plus envie que toi que ta morveuse de fille soit admise dans nos secrets, ni qu'elle aille au diable sur les talons de son père; mais tu peux indirectement apprendre d'elle quelque chose.

— Oh! c'est ce que j'ai déjà fait, M. Varney : sa maîtresse s'est écriée que son père était malade.

— Malade! cela est bon à savoir, et j'en tirerai parti. Mais il faut débarrasser le pays de ce Tressilian. Je n'aurais eu besoin de personne pour cette affaire, car je le hais comme le poison; sa présence est pour moi une coupe de ciguë; et j'ai vu le moment où nous n'aurions plus eu à le craindre; mais le pied m'a glissé, et pour dire la vérité, si ton camarade ne fût arrivé à propos pour lui arrêter le bras, je saurais à présent si toi et moi nous avons pris le chemin du ciel ou celui de l'enfer.

— Et vous parlez si légèrement d'un tel risque, M. Varney! eh bien, vous avez du courage. Quant à moi, si je n'espérais vivre encore bien des années, et avoir le temps de travailler au grand ouvrage du salut par le repentir, je ne vous suivrais pas dans votre carrière.

— Tu vivras autant que Mathusalem, Foster; tu amasseras autant de richesses que Salomon, et alors tu te repentiras si dévotement que tu deviendras plus fameux par ta pénitence que tu ne l'auras été par ta coquinerie; et ce n'est pas peu dire. Mais, quant à présent, il faut prendre garde à Tressilian. Ton pendard de camarade est à ses trousses; il y va de notre fortune, Tony.

— Je le sais, je le sais, répondit Foster d'un air sombre; voilà ce que c'est que d'être ligué avec un homme qui ne connaît pas même assez les Ecritures pour savoir que le journalier mérite son salaire! C'est pour moi, suivant l'usage, que seront toutes les peines et tous les risques.

— Les risques? et où sont ces grands risques? Ce drôle vient rôder aux environs de ton parc et de ta maison; tu le prends pour un voleur ou un braconnier; tu emploies contre lui le fer ou le plomb; quoi de plus naturel? Un chien à la chaîne mord celui qui s'approche trop de sa loge. Qui pourrait l'en blâmer?

— Oui; et en me donnant une besogne de chien, vous me récompensez comme un chien. Vous, M. Varney, vous vous êtes fait une belle et bonne propriété de tous les biens de l'abbaye d'Abingdon, et moi je n'ai que la pauvre jouissance de ce petit domaine; jouissance bien précaire, puisqu'elle est révocable à votre bon plaisir.

— J'entends; tu voudrais que cette jouissance se convertît en propriété. C'est ce qui peut encore arriver, Tony, si tu le mérites. Mais bride en main, mon bon Foster; ce n'est pas en prêtant une chambre ou deux de cette vieille maison pour servir de volière à la jolie perruche de milord, ce n'est pas en fermant tes portes et tes fenêtres pour l'empêcher de s'envoler, que tu t'en montreras digne. Souviens-toi que le revenu net de ce manoir est évalué soixante-dix-neuf livres sterling cinq shillings cinq pences et demi, sans y comprendre les bois. Tu dois avoir de la conscience, et convenir qu'il faut de grands services, des services secrets, pour mériter une telle récompense, et quelque chose de mieux. Maintenant fais venir ton domestique pour qu'il me tire mes bottes; fais-moi servir à dîner, donne-moi une bouteille de ton meilleur vin; et ensuite j'irai voir cette grive avec un costume soigné, un air serein et un cœur gai.

Ils se séparèrent, et se rejoignirent à midi, qui était alors l'heure du dîner, Varney élégamment vêtu en courtisan de cette époque, et Foster même ayant fait une espèce de toilette qui ne faisait que mieux ressortir un extérieur difforme.

Ce changement n'échappa point aux yeux de Varney. Quand ils eurent fini leur repas, et que le domestique se fut retiré : — Comment diable! Tony, lui dit-il en le toisant des pieds à la tête, te voilà beau comme un chardonneret; je crois qu'à présent tu pourrais siffler une gigue. Mais je vous demande excuse, cet acte profane vous ferait rejeter du sein de la congrégation des zélés bouchers, des purs tisserands et des saints boulangers d'Abingdon, qui laissent refroidir leur four tandis que leur tête s'échauffe.

— Vous répondre par de saints discours, M. Varney, ce serait, excusez la parabole, ce serait jeter des perles aux pourceaux. Ainsi je vous parlerai le langage du monde, le langage que celui qui est le roi du monde vous a donné la faculté de comprendre, et dont vous avez appris à tirer parti d'une manière peu commune.

— Dis tout ce que tu voudras, honnête Tony; car, soit que tu prennes pour base de tes discours ta foi absurde ou ta pratique criminelle, rien ne peut être plus propre à relever la saveur de ce vin d'Alicante. Ta conversation a un piquant qui l'emporte sur le caviar [1], sur les langues salées, en un mot sur tout ce qu'on peut imaginer de meilleur pour disposer le palais à savourer le bon vin.

— Eh bien donc, dites-moi, M. Varney, milord notre maître ne serait-il pas mieux servi si son antichambre était remplie de gens honnêtes et craignant Dieu, qui exécute-

(1) Caviar ou cavial, œufs d'esturgeon salés. — Ed.

raient ses ordres et songeraient à leur profit tranquillement, sans bruit et sans scandale, au lieu de n'y placer que des fiers à bras comme Tisdesly, Killigrew, ce coquin de Lambourne que vous m'avez donné la peine de vous chercher, et tant d'autres qui portent la potence sur le front et le meurtre dans la main, qui sont la terreur de tous les gens paisibles, et un véritable scandale dans la maison de milord?

— Vous devez savoir, honnête Tony, que celui qui chasse au poil et à la plume doit avoir des chiens et des faucons. La route que suit milord est hérissée de difficultés; il a besoin de gens de toute espèce qui lui soient dévoués, et sur qui il puisse compter. Il lui faut des courtisans parfaits, tels que moi, qui puissent lui faire honneur en le suivant à la cour, qui sachent porter la main à leur épée au moindre mot qu'ils entendent contre son honneur, et qui...

— Qui veuillent bien dire un mot pour lui à l'oreille d'une belle dame, quand il ne peut pas en approcher lui-même.

— Il lui faut encore, continua Varney sans paraître faire attention à cette interruption, des procureurs, pionniers subtils, pour dresser des contrats qui garrottent les autres sans trop le gêner lui-même, et pour lui faciliter les moyens de tirer le meilleur parti des concessions de terres de l'Eglise et de toute autre espèce de grâces; des apothicaires pour assaisonner convenablement au besoin un bouillon ou un chaudeau; des spadassins intrépides qui combattraient le diable s'il se présentait à eux; mais surtout, et sans préjudice des autres, il lui faut des âmes saintes, innocentes, puritaines, comme la tienne, honnête Foster, et capables d'accomplir les œuvres de Satan tout en défiant son pouvoir.

— Vous ne voudriez pas dire, M. Varney, que notre maître, que je regarde comme l'homme du royaume ayant les sentimens les plus nobles, ait recours, pour s'élever, à des moyens tels que ceux dont vous venez de parler, et qu'on ne pourrait employer sans péché.

— Ce n'est pas à moi qu'il faut parler sur ce ton, l'ami Foster. Ne t'y méprends pas; je ne suis pas en ton pouvoir, comme ta faible cervelle se l'imagine, parce que je te fais connaître sans me gêner les instrumens, les ressorts, les vis, les leviers, les crampons dont les grands hommes se servent pour s'élever dans des temps difficiles. Ne disais-tu pas que notre bon lord est le plus noble des hommes? Soit, il n'en a que plus besoin d'avoir à son service des gens peu scrupuleux, et qui, sachant que sa chute les écraserait, suent sang et eau et risquent corps et âme pour le soutenir : je te le dis parce que peu m'importe qui le sache.

— Ce que vous dites là sont des paroles de vérité, M. Varney. Celui qui est chef d'un parti n'est autre chose qu'une barque sur les flots; elle ne s'élève pas d'elle-même, mais elle doit son élévation aux vagues sur lesquelles elle est portée.

— Tu ne parles que par métaphores, Tony; cette veste de velours a fait de toi un oracle. Il faudra que nous t'envoyions à Oxford pour y prendre tes degrés. Mais en attendant as-tu employé tout ce qu'on t'a envoyé de Londres? As-tu préparé un appartement digne de milord?

— Il serait digne d'un roi le jour de ses noces; et je vous réponds que madame Amy s'y donne des airs comme si elle était la reine de Saba.

— Tant mieux, mon bon Foster; il faut qu'elle soit contente de nous; notre fortune dépend de son caprice.

— En ce cas nous bâtissons sur le sable; car, en supposant qu'elle partage à la cour le rang et l'autorité de son mari, comment me regardera-t-elle, moi qui suis en quelque sorte son geôlier, la gardant ici, bon gré mal gré, comme une chenille sur un espalier, tandis qu'elle voudrait être un papillon bariolé dans le jardin d'une cour?

— Ne crains pas qu'elle soit mécontente; je lui ferai sentir que tout ce que tu as fait dans cette affaire a été pour rendre service à milord ainsi qu'à elle-même. Quand elle sortira de la coquille de l'œuf où elle est encore enfermée, elle conviendra que nous avons fait éclore sa grandeur.

— Prenez-y garde, M. Varney; vous pouvez compter sans votre hôte dans cette affaire. Elle vous a fait un accueil à la glace ce matin, et je crois qu'elle vous regarde comme moi, de mauvais œil.

— Tu te trompes, Foster; tu te trompes complètement: elle tient à moi par tous les liens qui peuvent l'attacher à un homme grâce auquel elle a pu satisfaire son amour et son ambition. Qui a arraché à son humble destinée l'obscure Amy Robsart, la fille d'un vieux radoteur, d'un chevalier sans fortune, l'épouse future d'un fou, d'un enthousiaste comme Edmond Tressilian? Qui a fait luire à ses yeux la perspective de la plus belle fortune d'Angleterre et peut-être de l'Europe? n'est-ce pas moi? C'est moi qui, comme je te l'ai déjà dit, leur ménageais des entrevues secrètes; qui veillais autour du bois, tandis qu'on y poursuivait le gibier; c'est moi que ses parens encore aujourd'hui accusent d'être le compagnon de sa fuite, et qui, si j'étais dans leur voisinage, ferais bien de porter sur ma peau autre chose qu'une chemise de toile de Hollande, de crainte qu'elle ne fît connaissance avec l'acier d'Espagne. Qui portait leur correspondance? qui amusait le vieux chevalier et Tressilian? qui imagina le plan de sa fuite? moi. Ce fut moi en un mot qui tirai cette jolie petite marguerite du champ inconnu où elle fleurissait, pour l'attacher sur le front le plus fier de toute l'Angleterre.

— Fort bien, M. Varney; mais elle pense peut-être que, si cela n'eût dépendu que de vous, la fleur aurait été attachée si légèrement au bonnet, que le premier souffle du vent toujours variable de la passion aurait pu jeter à bas la pauvre marguerite.

— Elle doit faire attention, dit Varney en souriant, que la fidélité que je devais à milord a dû m'empêcher d'abord de lui conseiller le mariage; cependant je lui en ai donné le conseil quand j'ai vu que rien ne pouvait la satisfaire sans... dirai-je le sacrement ou la cérémonie, Foster?...

— Mais elle a encore une autre dent contre vous, et je vous en avertis pour que vous preniez garde à vous. Elle n'aime pas à cacher sa splendeur dans la lanterne d'un vieux bâtiment monastique : elle voudrait briller comme comtesse parmi les comtesses.

— Elle a raison; cela est tout naturel. Mais quel rapport ce désir a-t-il avec moi? Elle peut briller à travers la corne et le cristal, suivant le bon plaisir de milord; je n'ai rien à dire à tout cela.

— Elle pense que vous tenez le gouvernail de la barque, et qu'il dépend de vous de la diriger à votre gré. En un mot elle attribue l'obscurité dans laquelle elle vit aux conseils que vous donnez en secret à milord et au soin avec lequel j'exécute vos ordres; ainsi elle nous aime à peu près comme un condamné aime son juge et son geôlier.

— Il faudra pourtant qu'elle nous aime davantage pour sortir d'ici, Tony. Si, pour d'importantes raisons, j'ai donné le conseil de la garder pendant un certain temps, je puis donner celui de la faire briller de tout son éclat; avec la place que j'occupe près de la personne de milord, je serais fou de le faire si elle était mon ennemie. Fais-lui sentir cette vérité quand l'occasion s'en présentera, et repose-toi sur moi pour lui parler en ta faveur et te faire valoir auprès d'elle. Gratte-moi, je te gratterai : c'est un proverbe reçu dans tout l'univers. Il faut qu'elle connaisse ses amis, et qu'elle puisse juger du pouvoir qu'ils ont de devenir ses ennemis. En attendant, surveille-la de près, mais avec tout le respect dont ton naturel grossier est susceptible. C'est une excellente chose que ton air renfrogné et ton humeur boule-dogue ; et tu dois remercier Dieu de t'avoir fait ce présent, qui n'est pas même inutile pour milord, car, quand il s'agit d'avoir recours à quelque acte de sévérité, cela semble couler de source chez toi : elle n'en accuse pas des ordres secrets, elle ne l'attribue qu'à ta brutalité naturelle ; et milord esquive le reproche. Mais chut ! on frappe à la porte ; regarde à la fenêtre : ce n'est pas aujourd'hui qu'il faut qu'on nous interrompe.

— C'est Michel Lambourne, dit Foster après s'être approché de la croisée ; celui dont je vous parlais avant le dîner.

— Oh ! qu'il entre, dit le courtisan ; il vient nous apporter des nouvelles de Tressilian, et il nous importe d'être informés de tous ses mouvemens. Fais-le entrer, te dis-je, mais ne l'amène pas ici ; j'irai vous joindre dans la bibliothèque.

Foster sortit. Varney, les bras croisés sur sa poitrine, fit plus d'une fois le tour de l'appartement, enseveli dans de profondes réflexions, et laissant échapper de temps en temps quelques paroles interrompues, que nous avons cherché à lier ensemble, afin de rendre ce soliloque intelligible pour nos lecteurs.

— Cela n'est que trop vrai, dit-il en s'arrêtant tout-à-coup, et en appuyant la main droite sur la table sur laquelle il venait de dîner avec Foster. Ce vieux coquin a sondé la profondeur de mes craintes ; et je n'ai pas été en état de les lui déguiser. Elle ne m'aime pas, et plût au ciel qu'il fût aussi vrai que je ne l'eusse pas aimée ! Insensé que je fus de lui parler pour moi, quand la prudence m'ordonnait de n'être que le fidèle agent de milord ! Ce moment fatal d'oubli m'a mis à sa discrétion, et jamais homme sage ne doit se mettre à la merci de la meilleure des copies de notre mère Ève. Depuis l'instant où ma politique a fait ce faux pas dangereux, je ne puis la voir sans éprouver un si singulier mélange de crainte, de haine et de tendresse, que je ne sais si j'aurais plus de plaisir à la posséder qu'à la perdre si j'en avais le choix. Mais il ne faut pas qu'elle sorte d'ici avant que je sache parfaitement comment nous sommes ensemble. L'intérêt de milord exige que cet obscur mariage reste caché; mon intérêt l'exige aussi, car, s'il vient à tomber, je suis entraîné dans sa chute. D'ailleurs je ne lui offrirai pas la main pour l'aider à monter sur son fauteuil de parade, pour qu'une fois qu'elle y sera bien assise elle puisse tout à son aise me mettre le pied sur la gorge. Il faut que l'amour ou la crainte lui parle en ma faveur. Qui sait si je ne puis encore goûter la plus douce vengeance de ses anciens mépris. Ce serait le coup de maître d'un courtisan. Que je sois admis dans ses conseils, qu'elle me confie un secret, ne fût-il question que de dérober un nid de linottes, et, belle comtesse, tu es à moi.

Il fit encore quelques tours dans la chambre, s'arrêta, se versa un verre de vin, le but, comme s'il eût espéré par là calmer l'agitation de son esprit : — Maintenant armons-nous d'un front serein et d'un cœur impénétrable, ajouta-t-il; et il sortit de l'appartement.

CHAPITRE VI.

« La nuit répandait sa rosée ;
« La reine paisible des cieux
« De Cumnor-Hall argentait la croisée
« Et les rameaux du parc silencieux. »
J. Mickle.

Quatre pièces formant le côté occidental de l'ancien bâtiment carré de Cumnor-Place avaient été meublées avec une magnificence extraordinaire. On s'en était occupé pendant plusieurs jours avant celui où commence notre histoire. Des ouvriers envoyés de Londres, et auxquels il n'avait pas été permis de sortir de l'enceinte de ce lieu avant d'avoir terminé leurs travaux, avaient changé en résidence royale des appartemens où tout annonçait naguère un vieil édifice monastique en ruines. On avait apporté le plus grand mystère dans tous ces arrangemens. Les ouvriers, venus pendant la nuit, étaient partis de même; et l'on avait pris toutes les mesures possibles pour empêcher la curiosité indiscrète des villageois de rien savoir, ou de gloser sur les changemens qui se faisaient dans la demeure de leur voisin enrichi, Anthony Foster. Le secret fut donc assez bien gardé pour ne donner lieu qu'à quelques bruits vagues et incertains qu'on écouta et qu'on répéta sans y accorder trop de confiance.

Le soir du jour dont nous parlons, ces appartemens décorés furent illuminés pour la première fois avec un éclat qu'on aurait aperçu d'environ six milles à la ronde si des volets de chêne bien fermés par des barres de fer et des cadenas, avec de longs rideaux de soie et de velours garnis de franges d'or, suspendus devant toutes les croisées, n'eussent empêché le moindre rayon de lumière de se répandre au dehors.

L'appartement principal, comme nous l'avons dit, était composé de quatre pièces donnant l'une dans l'autre; on y arrivait par un grand escalier aboutissant à la porte d'une antichambre qui ressemblait à peu près à une galerie. L'abbé avait quelquefois tenu chapitre dans cette pièce, maintenant lambrissée avec un bois étranger de couleur brune, qui venait, disait-on, à grands frais des Indes occidentales; on lui avait donné le poli à Londres, ce qui n'avait pu se faire sans difficulté, tant il était dur. La teinte sombre de ce poli était relevée par le grand nombre de lumières placées dans les candélabres d'argent fixés aux murailles, et par six grands tableaux richement encadrés, ouvrage des premiers maîtres de ce siècle. A une extrémité de cette pièce, une table massive en chêne servait au jeu alors à la mode du galet [1], et à l'extrémité opposée régnait une galerie pour les musiciens ou les ménestrels qu'on pouvait inviter à venir augmenter les plaisirs de la soirée.

De cette première salle on entrait dans une salle à manger de grandeur moyenne, mais assez brillante pour éblouir les yeux des spectateurs par la richesse de l'ameublement. Les murs, naguère si nus et si tristes, étaient tapissés d'une tenture de velours bleu de ciel brodé en argent; les chaises étaient en ébène richement sculpté, et garnies de coussins semblables à la tapisserie; et au lieu des bras d'argent qui éclairaient l'antichambre, on y voyait un lustre immense de même métal. Le plancher était couvert d'un tapis d'Espagne, où des fleurs et des fruits étaient représentés avec des couleurs si vives et si naturelles qu'on hésitait à mettre le pied sur un travail si précieux. La table, de vieux chêne d'Angleterre, était couverte du plus beau linge; et un grand buffet portatif, dont les deux portes étaient ouvertes, offrait des tablettes chargées de porcelaine et d'argenterie. Au milieu de la table était une salière faite par un artiste italien [2], superbe pièce d'argenterie de deux pieds de hauteur, représentant le géant Briarée, dont les cent mains offraient aux convives des épices de toute espèce, et tout ce qui pouvait servir à l'assaisonnement des mets.

La troisième pièce était le salon. Il était orné d'une superbe tapisserie représentant la chute de Phaéton, car les métiers de Flandre s'occupaient beaucoup alors de sujets classiques. Le siége principal de cet appartement était un fauteuil de parade, élevé d'une marche au-dessus du plan-

---

(1) *Shovel board.*

(2) Les orfèvres de Florence et de l'Italie en général avaient alors une grande réputation d'habileté et de goû'. — Ed.

cher, et assez large pour que deux personnes pussent s'y asseoir. Il était surmonté d'un dais qui, comme les coussins, les draperies et même le tapis de pied, était de velours cramoisi, brodé de perles. Sur le haut du dais étaient deux couronnes de comte et de comtesse. Des tabourets en velours et quelques coussins arrangés à la mauresque, chargés d'ornemens arabesques brodés à l'aiguille, tenaient lieu de chaises dans cet appartement où se trouvaient des instrumens de musique, des métiers à broder, et d'autres objets servant alors de passe-temps aux dames. Ce salon était principalement éclairé par quatre grandes bougies de cire vierge que soutenaient autant de statues représentant des chevaliers maures armés, tenant dans la main gauche un bouclier d'argent supérieurement poli, qui, placé entre leur poitrine et la lumière, en réfléchissait l'éclat aussi bien qu'un miroir de cristal.

La chambre à coucher, qui terminait ce magnifique appartement, était décorée dans un goût moins somptueux, mais non moins riche que les autres. Deux lampes d'argent remplies d'huile parfumée y répandaient une odeur suave et ne produisaient qu'un demi-jour douteux. Le tapis en était si épais que le pas le plus lourd n'aurait pu s'y faire entendre, et le lit de duvet était orné d'une courtepointe d'or et de soie. Les draps en étaient de la plus belle batiste, et les couvertures avaient la blancheur des jeunes agneaux dont la toison avait servi à les faire. Les rideaux étaient de velours bleu brodé de soie cramoisie, festonnés en or, avec une broderie représentant les amours de Cupidon et Psyché. Sur la toilette était un beau miroir de Venise, dont le cadre était un filigrane d'argent; et l'on voyait à côté une belle coupe d'or destinée à servir le *posset*[1], breuvage qu'on avait coutume alors de prendre avant de se coucher. Un poignard et une paire

---

(1) Espèce de punch composé de vin sec, de sucre, de crème, de macis et d'œufs battus. — Ed.

de pistolets montés en or étaient placés près du chevet du lit, armes qu'on présentait pour la nuit aux hôtes de distinction, plutôt, comme on doit le présumer, par cérémonie que par crainte d'un danger véritable. Nous ne devons pas omettre une circonstance qui fait plus d'honneur aux mœurs de ce temps. Dans une espèce de boudoir éclairé par un cierge, deux carreaux couverts en velours et en or, et assortis aux rideaux du lit, étaient placés devant un prie-dieu d'ébène supérieurement sculpté. C'était autrefois l'oratoire particulier de l'abbé, mais on en avait retiré le crucifix, pour y substituer deux livres de prières richement reliés, et garnis en argent. A cette chambre à coucher, dans laquelle nul bruit ne pouvait pénétrer que le murmure des vents qui agitaient les branches des chênes du parc, et que Morphée aurait pu choisir pour y goûter le repos, étaient attenantes deux garde-robes, ou cabinets de toilette comme on les appelle aujourd'hui, meublées avec la même magnificence que les pièces principales.

Les bâtimens composant l'aile située au midi contenaient les cuisines, les offices et autres logemens nécessaires pour la suite du riche et noble seigneur qui avait ordonné ces apprêts somptueux.

La divinité pour qui ce temple avait été décoré était bien digne de toutes les peines et de tout l'or qu'il avait coûté. Assise dans cette dernière chambre, elle examinait avec l'œil satisfait d'une vanité aussi naturelle qu'innocente la magnificence déployée tout-à-coup en son honneur. Son séjour à Cumnor-Place étant la seule cause du mystère qu'on avait observé en meublant cet appartement, on avait eu soin que, jusqu'à ce qu'elle en prît possession, elle ne pût savoir qu'on travaillait dans cette partie de l'ancien bâtiment, et qu'elle ne vît aucun des ouvriers. Elle était entrée ce soir, pour la première fois, dans cet appartement si différent du reste de l'édifice, qu'elle le regardait en comparaison comme un palais enchanté. Eblouie de tant de richesses, elle se livra librement à la joie vive d'une jeune fille élevée à la campagne, qui, transportée soudain au milieu d'une splendeur à laquelle ses désirs les plus extravagans n'avaient jamais osé aspirer, éprouve la tendre émotion d'un cœur affectueux qui sait que tous les prestiges dont elle est environnée sont l'ouvrage du plus grand des magiciens, l'Amour.

La comtesse Amy [1], car c'était à ce rang que l'avait élevée son mariage secret, mais légitime, avec le seigneur le plus puissant de l'Angleterre, avait couru pendant quelque temps de chambre en chambre, admirant tout ce qui frappait ses yeux, et y attachant d'autant plus de prix qu'elle regardait toutes les preuves du goût de son époux bien-aimé comme autant de marques de son inépuisable tendresse.

— Que ces tapisseries sont belles! s'écriait-elle; quel naturel dans ces tableaux, qui semblent doués de la vie! Que cette argenterie est richement travaillée! on croirait que pour la faire on s'est emparé sur mer de tous les galions d'Espagne. Mais, Jeannette, répétait-elle souvent à la fille de Foster, qui la suivait avec autant de curiosité, mais avec une joie moins vive, combien n'est-il pas encore plus délicieux de songer que toutes ces belles choses ont été rassemblées ici par amour pour moi, et que ce soir, dans quelques instans peut-être, je pourrai le remercier lui-même de la tendresse qui a créé ce paradis inimaginable, bien plus encore que des merveilles qu'il contient!

— C'est le Seigneur, milady, dit la jolie puritaine, qu'il faut remercier d'abord de vous avoir donné un époux dont la tendresse a fait tant de choses pour vous. Et moi aussi j'ai travaillé à vous parer de mon mieux; mais si vous continuez à courir ainsi de chambre en chambre, pas une des

---

(1) Amy, Amelia. — Ed.

épingles de vos boucles ne tiendra, et tout ce que j'ai fait va disparaître, comme les dessins que la gelée trace sur les vitres s'évanouissent au premier rayon du soleil.

— Tu as raison, Jeannette, dit la jeune et belle comtesse sortant tout-à-coup de son ravissement ; et puis se plaçant devant une grande glace comme elle n'en avait jamais vu auparavant, et dont on n'aurait pu trouver la pareille que dans les appartemens de la reine ; — tu as raison, Jeannette, répéta-t-elle en voyant avec une satisfaction intérieure bien pardonnable, ce beau miroir réfléchir des charmes tels qu'il s'en était rarement présenté devant sa surface polie. Je ressemble plus à une laitière qu'à une comtesse, avec ces joues rouges et échauffées, et ces boucles de cheveux que tu avais arrangées avec tant de symétrie, mais qui s'échappent en désordre comme les tendrons d'une vigne non taillée. Mon tour de gorge ne se soutient plus, et découvre ma poitrine et mon cou plus que la décence ne le permet. Viens, Jeannette, il faut nous habituer à l'apparat. Passons dans le salon, ma bonne fille ; tu remettras en ordre ces cheveux rebelles, et tu emprisonneras sous la batiste et la dentelle ce sein trop agité.

Elles entrèrent donc dans le salon, où la comtesse, négligemment appuyée sur les coussins mauresques, tantôt se livrait à ses réflexions, tantôt écoutait avec enjouement le babil de sa jeune suivante.

Dans cette attitude, et avec cette expression de physionomie qui tient le milieu entre la distraction et l'impatience de l'attente, elle était telle qu'on aurait inutilement parcouru les terres et les mers pour trouver rien de plus séduisant. La guirlande de brillans placée sur ses cheveux n'avait point autant d'éclat que ses yeux, rendus plus doux par l'ombre de ses noirs sourcils dessinés avec une délicatesse infinie, et de ses longs cils de la même teinte. L'exercice qu'elle venait de prendre, sa vanité satisfaite, l'impatience qu'elle éprouvait de voir arriver le comte, répandaient un coloris vermeil sur des traits auxquels on n'avait jamais reproché qu'un peu de pâleur. Le collier de perles, blanches comme le lait, nouveau gage d'amour qu'elle venait de recevoir de son époux, n'était pas comparable à la blancheur de ses dents, et aurait de même cédé la palme à celle de sa peau si le plaisir et l'espérance ne l'avaient nuancée d'un léger incarnat.

— Eh bien, Jeannette, ces doigts si officieux auront-ils bientôt fini leur tâche? demanda-t-elle à sa jeune suivante, qui s'empressait de réparer le désordre de sa toilette. Assez, Jeannette, assez! Il faut que je voie ton père avant que milord arrive, et même M. Richard Varney, qui est si avant dans les bonnes grâces du comte. Je pourrais pourtant dire quelque chose qui les lui ferait perdre.

— Oh! n'en faites rien, ma bonne maîtresse, s'écria Jeannette. Abandonnez-le à Dieu, qui punit le méchant quand il lui plaît. Ne vous mettez point en opposition avec Varney. Il a l'oreille de son maître, et quiconque l'a contrarié dans ses projets a prospéré rarement.

— Et qui vous en a tant appris, ma petite Jeannette? Pourquoi serais-je obligée de garder tant de ménagemens avec un homme d'une condition si inférieure, moi qui suis l'épouse de son maître?

— Milady sait mieux que moi ce qu'elle doit faire; mais j'ai entendu mon père dire qu'il aimerait mieux rencontrer un loup affamé que de déranger Richard Varney dans le moindre de ses projets. Il m'a bien souvent recommandé de n'avoir aucune liaison avec lui.

— Ton père a eu raison de te parler ainsi, mon enfant, et je puis te répondre qu'il l'a fait pour ton bien. C'est dommage que ses traits et ses manières ne soient pas d'accord avec ses intentions, car ses intentions peuvent être pures.

— N'en doutez pas, milady, n'en doutez pas; les intentions de mon père sont bonnes, malgré le démenti que son air grossier semble donner à son cœur.

— Je le crois, mon enfant. Je veux le croire, quand ce ne serait que pour l'amour de toi ; et cependant il a une de ces physionomies qu'on ne peut voir sans frémir. Je crois même que ta mère... Eh bien, auras-tu bientôt fini avec ce fer à friser ?... que ta mère pouvait à peine la regarder sans trembler.

— Si cela eût été, madame, ma mère avait des parens qui auraient su la soutenir. Mais vous-même, milady, je vous ai vue rougir et trembler quand Varney vous a remis cette lettre de milord.

— Vous êtes trop libre, Jeannette, dit la comtesse en quittant les coussins sur lesquels elle était assise, la tête appuyée sur l'épaule de sa suivante ; mais, reprenant aussitôt le ton de bonté familière qui lui était naturel :
— Tu ne sais pas, dit-elle, qu'en certaines occasions on peut trembler sans éprouver aucune crainte. Quant à ton père, je tâcherai d'avoir de lui la meilleure opinion possible, surtout parce que tu es sa fille, ma chère enfant.
— hélas ! ajouta-t-elle, et un nuage de tristesse couvrit tout-à-coup son front, et ses yeux se remplirent de larmes ;
— hélas ! je dois ouvrir l'oreille aux accens de l'amour filial, moi dont le propre père ne connaît pas la destinée, moi qui viens d'apprendre qu'il est malade et plongé dans l'inquiétude sur mon sort ! Mais je le reverrai, et la nouvelle de mon bonheur le rajeunira. Je lui rendrai la gaieté. Mais pour cela, continua-t-elle en s'essuyant les yeux, il ne faut pas que je pleure. D'ailleurs, milord ne doit pas me trouver insensible à ses bontés ; il ne faut pas qu'il me voie dans le chagrin quand il vient faire une visite à la dérobée à sa recluse après une si longue absence. De la gaieté, Jeannette : la nuit approche ; milord arrivera bientôt. Fais venir ton père et Varney ; je n'ai de ressentiment contre aucun d'eux ; et, quoique j'aie à me

plaindre de l'un et de l'autre, ce sera bien leur faute si j'adresse jamais une plainte au comte contre eux. Va, Jeannette; va les appeler.

Jeannette Foster obéit à sa maîtresse, et, quelques minutes après, Varney entra dans le salon avec l'aisance, la grâce et l'effronterie d'un courtisan habile à déguiser ses sentimens sous le voile de la politesse pour découvrir plus facilement ceux des autres. Tony Foster le suivait, et son air sombre et commun n'était que plus remarquable par les efforts maladroits qu'il faisait pour cacher son humeur et l'inquiétude avec laquelle il voyait celle sur qui jusqu'alors il avait exercé le despotisme d'un geôlier, superbement vêtue et entourée de tant de gages brillans de l'affection de son époux. La révérence gauche qu'il lui adressa était un aveu de ses sentimens secrets. Elle ressemblait à celle que fait le criminel à son juge quand il veut en même temps lui confesser son crime et en implorer la merci.

Varney, entré le premier par le droit de la noblesse, savait mieux que lui ce qu'il avait à dire, et le dit avec plus d'assurance et de meilleure grâce.

La comtesse le salua avec un air de cordialité qui semblait lui promettre une amnistie complète pour toutes ses fautes passées; elle se leva, s'avança vers lui, et lui dit en lui présentant la main : — M. Varney, vous m'avez apporté ce matin de si bonnes nouvelles, que je crains que la surprise et la joie ne m'aient fait oublier l'ordre que m'a donné milord de vous recevoir avec distinction. Je vous offre ma main en signe de réconciliation.

— Je ne suis digne de la toucher, répondit Varney en fléchissant le genou, que comme un sujet touche celle de son prince. Il porta alors à ses lèvres ces doigts charmans chargés de brillans et d'autres bijoux ; et, se levant ensuite avec un air de galanterie, il fit quelques pas pour la conduire vers le fauteuil de parade.

— Non, M. Varney, dit-elle, non, je n'y prendrai place que lorsque milord m'y conduira lui-même. Je ne suis encore qu'une comtesse déguisée, et je ne m'en attribuerai les droits qu'après y avoir été autorisée par celui de qui je les tiens.

— Je me flatte, milady, dit Foster, qu'en exécutant les ordres de milord, votre mari, de vous tenir renfermée, je n'ai pas encouru votre déplaisir, puisque je n'ai fait que remplir mon devoir envers mon maître et le vôtre, car le ciel, comme le dit le livre saint, a donné autorité et suprématie au mari sur la femme. Ce sont, je crois, les propres paroles du texte, ou quelque chose d'approchant.

— La surprise que j'ai éprouvée en entrant dans ces appartemens, M. Foster, a été si agréable, que je ne puis qu'excuser la sévérité rigide avec laquelle vous m'en avez écartée jusqu'à ce qu'ils fussent décorés d'une manière si splendide.

— Oui, milady, et il en a coûté plus d'une couronne; mais, afin de n'en pas faire dépenser plus qu'il n'est nécessaire, je vais voir si tout est en ordre; et je vous laisse avec M. Varney jusqu'à ce que milord arrive, car je crois qu'il a quelque chose à vous dire de la part de votre noble mari. Allons, Jeannette, viens avec moi.

— Non, M. Foster, non; votre fille restera avec moi. Seulement elle se tiendra au bout du salon, si ce que M. Varney peut avoir à me dire de la part de milord n'est pas destiné pour son oreille.

Foster se retira avec son salut gauche, et en jetant sur l'ameublement du salon un regard qui semblait regretter les sommes prodiguées pour faire un palais asiatique des décombres d'un vieux manoir. Quand il fut parti, sa fille prit son métier à broder, et alla se placer près de la porte de la salle à manger, tandis que Varney, choisissant humblement le tabouret le plus bas, s'assit près des coussins sur lesquels la comtesse s'était de nouveau inclinée ; et il y resta quelques instans sans rien dire et baissant les yeux.

— Je croyais, M. Varney, dit la comtesse en voyant qu'il ne paraissait pas vouloir entamer la conversation, que vous aviez quelque chose à me communiquer de la part de milord ; du moins je me l'étais imaginé d'après ce que Foster vient de dire, et c'est pourquoi j'ai éloigné ma suivante. Si je me suis trompée, je la rappellerai près de moi, car son aiguille n'est point parfaitement exercée, et elle a encore besoin d'un œil de surveillance.

— Foster m'a mal compris, milady, répondit Varney. C'est de votre noble époux, de mon respectable seigneur, que je désire vous parler, mais ce n'est pas de sa part.

— Soit que vous me parliez de milord ou de sa part, monsieur, ce sujet d'entretien ne peut que m'être agréable. Mais soyez bref, car il peut arriver d'un instant à l'autre.

— Je vous parlerai donc, madame, avec autant de brièveté que de courage, car le sujet dont j'ai à vous entretenir exige l'un et l'autre. Vous avez vu Tressilian aujourd'hui ?

— Oui, monsieur. Quelles conclusions en tirez-vous ?

— Aucune, madame. Mais croyez-vous que milord l'apprenne avec la même tranquillité d'âme ?

— Et pourquoi non ? Ce n'est que pour moi que la visite de Tressilian a été embarrassante et pénible, car il m'a appris la maladie de mon père.

— De votre père, madame ! Cette maladie a donc été bien subite, car le messager que je lui ai dépêché par ordre de milord a trouvé le digne chevalier occupé à chasser, monté sur son palefroi, et animant ses chiens par ses cris joyeux, suivant son usage. Je suis convaincu que Tressilian a inventé cette nouvelle. Vous savez qu'il a ses raisons pour vouloir troubler le bonheur dont vous jouissez.

— Vous lui faites injustice, M. Varney, répondit la comtesse avec vivacité. C'est l'homme le plus franc, le plus vrai, le plus loyal qui soit au monde. A l'exception de mon honorable époux, je ne connais personne qui ne soit plus ennemi du mensonge que Tressilian.

— Pardon, madame, je n'avais pas dessein d'être injuste envers lui. Je ne savais pas que vous preniez à lui un intérêt si vif. On peut, en certaines circonstances, farder un peu la vérité, dans une vue honnête et légitime; car, s'il fallait la dire toujours et en toute occasion, il n'y aurait pas moyen de vivre dans ce monde.

— Vous avez la conscience d'un courtisan, M. Varney, et je crois qu'un excès de véracité ne nuira jamais à votre avancement dans le monde, tel qu'il est. Mais, quant à Tressilian, je dois lui rendre justice, car j'ai eu des torts envers lui, et personne ne le sait mieux que vous. Sa conscience est d'une autre trempe que la vôtre. Le monde dont vous parlez n'offre aucun attrait capable de le détourner du chemin de la vérité et de l'honneur; et quand on l'y verra porter une renommée souillée, la noble hermine ira se tapir dans la tanière du sale putois. C'est pour cela que mon père l'aimait, que je l'aurais aimé si je l'avais pu. Cependant, n'étant instruit ni de mon mariage ni du nom de mon époux, il croyait avoir de si puissantes raisons pour me tirer d'ici, que je me flatte qu'il a beaucoup exagéré l'indisposition de mon père, et j'aime à croire aux nouvelles que vous m'en donnez.

— Soyez certaine qu'elles sont vraies, madame. Je ne prétends pas être le champion à outrance de cette vertu toute nue qu'on appelle vérité. Je consens qu'on voile un peu ses charmes, quand ce ne serait que par amour pour la décence. Mais vous avez une opinion un peu trop désavantageuse de la tête et du cœur d'un homme que votre noble époux honore du titre de son ami, si vous supposez que je viens volontairement et sans nécessité vous faire un mensonge qui serait sitôt découvert sur un sujet dans lequel votre bonheur est intéressé.

— Je sais que milord vous estime, M. Varney, et qu'il vous regarde comme un pilote fidèle et expérimenté dans ces mers sur lesquelles il se hasarde avec tant de hardiesse et de courage. Mais tout en justifiant Tressilian, je ne veux pas que vous supposiez que je pense mal de vous. Je suis simple comme toute fille élevée à la campagne, vous le savez; je préfère la vérité à tous les complimens du monde : mais, en changeant de condition, il faudra que je change d'habitudes, je présume.

— Cela est vrai, madame, dit Varney en souriant ; et quoique vous parliez maintenant en plaisantant, il ne serait pas mal de faire une application sérieuse de ce que vous venez de dire. Une dame de la cour, supposez la plus noble, la plus vertueuse, la plus irréprochable de toutes celles qui entourent le trône de notre reine; une dame de la cour, dis-je, se serait bien gardée, par exemple, de dire la vérité, ou ce qu'elle aurait cru la vérité, pour faire l'éloge d'un amant congédié devant le serviteur et le confident de son noble époux.

— Et pourquoi, dit la comtesse rougissant d'impatience, pourquoi ne rendrais-je pas justice au mérite de Tressilian devant l'ami de mon époux, devant mon époux lui-même, devant le monde entier?

— Et cette milady, avec la même franchise, dira ce soir à milord que Tressilian a découvert sa retraite, qu'on a cherché avec tant de soin à cacher à tous les yeux, et qu'il a eu un entretien avec elle?

— Sans doute. Ce sera la première chose que je lui dirai, en lui répétant jusqu'au dernier mot tout ce que Tressilian m'a dit, et tout ce que je lui ai répondu. Ce sera à ma honte que je parlerai ainsi; car les reproches de Tressilian, quoique moins justes qu'il ne les croyait, n'étaient pas tout-à-fait sans fondement. Je souffrirai donc en lui faisant ce récit, mais je le lui ferai tout entier.

— Milady fera ce qu'elle jugera convenable : mais il me semble que, puisque rien n'exige ce franc aveu, il vaudrait autant vous épargner ce que vous appelez une honte et des souffrances, sauver des inquiétudes à milord, et épargner à M. Tressilian, puisque son nom doit être prononcé dans cette affaire, le danger qui en est la conséquence probable.

— Admettre cette conséquence, dit la comtesse avec sang-froid, ce serait supposer à milord des sentimens indignes de son noble cœur.

— Loin de moi une telle pensée, dit Varney; et après un moment de silence, il ajouta avec un air de franchise en partie réel et en partie affecté, mais tout différent de sa manière ordinaire : — Eh bien, madame, je vous prouverai qu'un courtisan ose dire la vérité comme un autre, quand il s'agit de l'intérêt de ceux qu'il honore et qu'il respecte, et quoiqu'il puisse en résulter quelque péril pour lui-même.

A ces mots il se tut, comme s'il eût attendu l'ordre ou du moins la permission de continuer; mais la comtesse gardant le silence, il reprit la parole, en employant un véritable détour.

— Jetez les yeux autour de vous, madame, dit-il; voyez les barrières dont cette place est entourée, le profond mystère avec lequel le joyau le plus brillant que possède l'Angleterre est soustrait à tous les regards; songez avec quelle rigueur vos promenades sont circonscrites, tous vos mouvemens restreints au gré de la volonté d'un bourru, de ce grossier Foster; réfléchissez à tout cela, et cherchez quelle peut en être la cause.

— Le bon plaisir de milord, dit la comtesse, et il est de mon devoir de ne pas en chercher d'autre.

— Son bon plaisir, il est vrai; et ce bon plaisir a pour cause un amour digne de l'objet qui l'inspire. Mais celui qui possède un trésor et qui en connaît la valeur désire souvent, en proportion du prix qu'il y attache, le mettre à l'abri de l'atteinte des autres.

— Que signifie tout cela, M. Varney? Voudriez-vous me faire croire que milord est jaloux? Quand cela serait vrai, je connais un remède infaillible contre la jalousie.

— En vérité, madame!

— Sans doute. C'est de lui dire toujours la vérité, de lui ouvrir mon âme, et de lui faire connaître toutes mes pensées aussi fidèlement que cette glace réfléchit les objets, de sorte que lorsqu'il regardera dans mon cœur il n'y trouvera que sa propre image.

— Je n'ai plus rien à dire, madame; et comme je n'ai nulle raison pour prendre un intérêt bien vif à Tressilian, qui m'arracherait volontiers la vie s'il le pouvait, je me consolerai facilement de ce qui pourra lui arriver d'après la franchise avec laquelle vous avez l'intention d'avouer qu'il a eu la hardiesse de se présenter en ces lieux, et de vous y parler. Vous qui connaissez sans doute milord beaucoup mieux que moi, vous jugerez s'il est homme à souffrir cette insulte sans la punir.

— Si je croyais, s'écria la comtesse, que je pusse causer quelque malheur à Tressilian, moi qui lui ai déjà occasioné tant de chagrins, bien certainement je pourrais me laisser déterminer à garder le silence. — Mais à quoi cela servirait-il, puisqu'il a été vu par Foster et par une autre personne? Non, non, Varney, ne m'en parlez plus; je dirai tout à milord, et je saurai excuser la folie de Tressilian de manière à disposer le cœur généreux de mon époux à le servir plutôt qu'à lui nuire.

— Votre jugement, milady, est de beaucoup supérieur au mien. D'ailleurs, vous pouvez essayer la glace avant de risquer d'y marcher. En nommant Tressilian devant milord, vous verrez quel effet ce nom produira sur lui. Quant à Foster et à son ami, ils ne connaissent Tressilian ni de vue ni de nom, et je puis aisément leur suggérer une excuse raisonnable pour justifier la présence d'un inconnu dans cette maison.

La comtesse réfléchit un instant. — S'il est vrai, dit-elle ensuite, que Foster ne sache pas que l'étranger qu'il a vu est Tressilian, j'avoue que je serais fâchée qu'il apprît ce qui ne le regarde en aucune manière. Il se comporte déjà avec assez d'autorité, et je ne me soucie de l'avoir ni pour juge ni pour conseiller privé de mes affaires.

— Quel droit a ce grossier valet d'être informé de ce qui vous concerne, milady? il n'en a pas plus que le chien à la chaîne dans sa basse-cour. Mais s'il vous déplaît le moins du monde, j'ai assez de crédit pour le faire remplacer par un sénéchal qui vous soit plus agréable.

— Changeons d'entretien, M. Varney; quand j'aurai quelque plainte à porter contre quelqu'un de ceux que milord a placés près moi, ce sera à lui-même que je les adresserai. Chut! j'entends un bruit de chevaux. — C'est lui! c'est lui! s'écria-t-elle en se levant d'un air transporté de joie.

— Je ne puis croire qu'il soit encore arrivé, dit Varney, et nul bruit ne peut pénétrer à travers des croisées si soigneusement fermées.

— Ne me retenez pas, Varney. Mon ouïe vaut mieux que la vôtre; je suis sûre que c'est lui!

— Mais, milady; mais, milady, s'écria Varney d'un ton inquiet en se plaçant entre elle et la porte, je me flatte que ce que je vous ai dit pour vous rendre service et par un humble sentiment de mes devoirs ne sera pas tourné contre moi! J'espère que mes fidèles avis ne contribueront pas à ma ruine; je vous supplie de...

— Soyez tranquille; mais lâchez le pan de ma robe: vous êtes bien hardi de me retenir! Soyez tranquille; je ne pense pas à vous.

En ce moment la porte du salon s'ouvrit, et un homme

d'un port majestueux, enveloppé dans les plis d'un long manteau de voyage, entra dans l'appartement.

CHAPITRE VII.

« La cour est une mer dont il paraît le maître.
« Les vents et la marée à sa voix sont soumis ;
« Rocs, écueils, tourbillons lui semblent asservis !
« Tout navire à son gré prospère ou fait naufrage.
« Tel que cet arc brillant que nous montre un nuage,
« Il étale à nos yeux un éclat séducteur,
« Peut-être, comme lui, passager et trompeur. »
Ancienne comédie.

L'ASSAUT que la comtesse avait eu à soutenir contre l'obstination de Varney avait chargé son front d'un nuage de déplaisir et de confusion ; mais il se dissipa pour faire place à l'expression de la joie et de l'affection la plus pure quand, se précipitant dans les bras de l'étranger, et le pressant contre son cœur, elle s'écria : — Enfin... enfin... te voilà arrivé !

Varney se retira discrètement en voyant entrer son maître. Jeannette allait en faire autant quand Amy lui fit signe de demeurer ; elle se retira au fond de l'appartement, et y resta debout, prête à exécuter les ordres qu'on pourrait lui donner.

Cependant le comte, comblé des caresses de son épouse, les lui rendait avec une égale tendresse ; mais il affecta de résister quand elle voulut lui retirer son manteau.

— Tu es comme tout le monde, Amy, dit le comte en se laissant vaincre dans cette lutte enjouée ; la soie, les plumes et les joyaux sont plus que l'homme qui en est paré. Que de lames ne tirent leur valeur que d'un fourreau de velours !

— C'est ce qu'on ne dira jamais de vous, répondit a

comtesse, tandis que le manteau tombant à ses pieds lui montra le comte couvert de vêtemens qu'un prince aurait jugés assez brillans pour se présenter à la cour ; vous êtes l'acier bien trempé qui mérite mais dédaigne les ornemens extérieurs. Ne croyez pas qu'Amy puisse vous aimer mieux sous ce costume magnifique que sous le vêtement brun que vous portiez quand elle vous donna son cœur dans les bois du Devon.

— Et toi aussi, dit le comte en conduisant avec autant de grâce que de majesté la belle comtesse vers le fauteuil d'apparat qui lui avait été préparé; et toi aussi, ma bien-aimée, tu as un costume convenable à ton rang, quoiqu'il ne puisse ajouter à tes charmes. Que penses-tu du goût des dames de notre cour ?

— Je n'en sais rien, répondit-elle jetant un coup d'œil de côté sur la grande glace en passant vis-à-vis. Je ne puis songer à moi quand je vois tes traits réfléchis dans ce miroir. Assieds-toi là, ajouta-t-elle en approchant du fauteuil, assieds-toi comme un être que chacun doit admirer et honorer.

— Mais tu vas y prendre à mon côté la place qui t'appartient.

— Non, non ; je vais m'asseoir à tes pieds sur ce tabouret, afin d'étudier en détail toute ta splendeur, et de connaître comment sont vêtus les princes.

Et avec une curiosité enfantine que sa jeunesse et sa vie retirée rendaient non seulement naturelle, mais charmante, — curiosité mêlée de l'expression délicate de l'amour conjugal le plus tendre, elle se mit à examiner et à admirer le costume de celui qui faisait le plus bel ornement de la cour renommée d'Angleterre, où la reine-vierge ne manquait ni de galans courtisans ni de sages conseillers. Le comte regardait avec affection son aimable épouse, jouissait de son ravissement, et ses nobles traits exprimaient alors des passions plus douces que celles qu'annonçaient souvent un front élevé et un œil noir et perçant. Il sourit plus d'une fois de la naïveté avec laquelle elle lui faisait quelques questions sur différentes parties de son costume.

— Cette bande brodée, comme tu l'appelles, qui entoure mon genou, lui dit-il, c'est la Jarretière d'Angleterre, ornement que les rois sont fiers de porter. Voici l'étoile qui lui appartient, et le diamant Georges qui est le joyau de l'ordre. Tu sais que le roi Édouard et la comtesse de Salisbury...

— Je connais cette histoire, dit la comtesse en rougissant un peu, je sais que la jarretière d'une dame est devenue l'emblème de l'ordre le plus illustre de la chevalerie d'Angleterre.

— J'eus le bonheur de recevoir cet ordre en même temps que trois des plus nobles chevaliers, le duc de Norfolk, le marquis de Northampton et le comte de Rutland. J'étais alors le moins élevé en dignité des quatre : mais qu'importe? celui qui veut parvenir au haut d'une échelle doit mettre d'abord le pied sur l'échelon le plus bas.

— Et cet autre collier si richement travaillé, au milieu duquel est suspendu un bijou qui ressemble à un agneau? Que signifie cet emblème?

— C'est l'ordre de la Toison-d'Or, institué jadis par la maison de Bourgogne. De grands priviléges y sont attachés, car le roi d'Espagne lui-même, qui a succédé aux honneurs et aux domaines de cette maison, ne peut juger un chevalier de la Toison-d'Or sans le consentement et le concours du grand chapitre de cet ordre.

— C'est donc un ordre appartenant au cruel roi d'Espagne? Hélas! milord, n'est-ce pas déshonorer un noble cœur anglais que d'en approcher un tel emblème? Rappelez-vous les temps malheureux de la reine Marie, où ce même Philippe régnait avec elle sur l'Angleterre, et où des bûchers furent allumés pour les plus nobles, les plus sages et les plus saints de nos prélats! Et vous, qu'on appelle le champion de la foi protestante, pouvez-vous vous résoudre à porter l'ordre d'un roi tel que celui d'Espagne, d'un tyran attaché à l'Eglise romaine?

— Vous ne savez pas encore, mon amour, que nous autres qui voulons voir nos voiles enflées par le vent de la faveur des cours, nous ne pouvons, ni toujours déployer le drapeau qui nous plaît davantage, ni refuser de voguer quelquefois sous un pavillon qui nous déplaît. Croyez que je n'en suis pas moins bon protestant pour avoir accepté, par politique, l'honneur que m'a fait l'Espagne en me conférant son premier ordre de chevalier. D'ailleurs, à proprement parler, il appartient à la Flandre : d'Egmont, Orange, et plusieurs autres, sont fiers de le voir sur le cœur d'un Anglais.

— Vous savez ce que vous devez faire, milord. Et cet autre collier, ce beau bijou, à quel pays appartient-il?

— Au plus pauvre de tous : c'est l'ordre de Saint-André d'Ecosse, rétabli par le feu roi Jacques ; il me fut donné quand on croyait que la jeune veuve Marie, reine d'Ecosse, épouserait avec plaisir un baron anglais ; mais la couronne[1] d'un baron libre, d'un baron anglais, vaut mieux qu'une couronne matrimoniale qu'on tiendrait de l'humeur fantasque d'une femme qui ne règne que sur les rochers et les marais de l'Ecosse.

La comtesse garda le silence, comme si ce que le comte venait de dire eût éveillé en elle quelques idées pénibles. Son époux reprit la parole :

— Maintenant, mon amour, vos désirs sont satisfaits. Vous avez vu votre vassal sous le costume le plus brillant qu'il pouvait prendre en voyage, car les robes d'apparat ne peuvent se porter qu'à la cour et en cérémonie.

---

(1) Il y a dans le texte une sorte d'opposition entre les mots *crown*, couronne de roi, et *coronet*, couronne de comte. — Ed.

— Eh bien, dit la comtesse, suivant l'usage, un désir satisfait en fait naître un autre.

— Et que pourrais-tu désirer que je ne sois disposé à t'accorder? lui demanda le comte en la regardant avec tendresse.

— Je désirais voir mon époux venir dans cette retraite obscure, revêtu de toute sa splendeur; maintenant je voudrais me trouver dans un de ses plus beaux palais, et l'y voir entrer couvert de la redingote brune qu'il portait quand il gagna le cœur de la pauvre Amy Robsart.

— C'est un désir facile à satisfaire; demain je reprendrai la redingote brune.

— Mais irai-je avec vous dans un de vos châteaux pour voir comment la magnificence de votre demeure s'accordera avec de si simples vêtemens?

— Comment! Amy, dit le comte en jetant les yeux autour de lui, ces appartemens ne sont-ils donc pas décorés avec assez de splendeur? J'avais donné ordre qu'ils le fussent d'une manière digne de vous et de moi; il me semble effectivement qu'on aurait pu mieux faire; mais dites-moi quels changemens vous désirez, et ils seront effectués sur-le-champ.

— Vous voulez rire, milord; la magnificence de cet appartement est au-dessus de mon imagination comme de mon mérite. Mais votre épouse ne sera-t-elle pas un jour revêtue de l'éclat qui ne résulte ni du travail des ouvriers qui décorent ces appartemens, ni des riches étoffes et des joyaux dont votre libéralité se plaît à la parer? Je veux parler de celui qui s'attache au rang qu'elle doit tenir parmi les dames anglaises, comme épouse du plus noble comte du royaume.

— Un jour, oui, Amy; oui, mon amour! ce jour arrivera bien certainement, et tu ne peux désirer ce jour plus ardemment que moi. Avec quel plaisir j'abandonnerais les soins de l'état, les soucis et les inquiétudes de l'ambition, pour passer honorablement ma vie dans mes domaines, avec toi pour amie et pour compagne! Mais, Amy, cela est impossible, et ces entrevues dérobées, ces instans si précieux, sont tout ce que je puis donner à la femme la plus aimable et la plus aimée.

— Mais pourquoi cela est-il impossible? dit la comtesse du ton le plus persuasif; pourquoi cette union plus parfaite, cette union non interrompue que vous prétendez désirer, union prescrite par la loi de Dieu et par celles des hommes, ne peut-elle avoir lieu sur-le-champ? Ah! si vous le désiriez seulement la moitié autant que vous le dites, avec la puissance et le crédit dont vous jouissez, quel motif, quelle personne pourraient vous empêcher de vous satisfaire?

Le front du comte se rembrunit.

— Amy, dit-il, vous parlez de ce que vous ne pouvez comprendre. Nous autres qui vivons à la cour, nous ressemblons à un voyageur qui gravit une montagne de sable mouvant. Nous n'osons nous arrêter que lorsque quelque pointe de rocher nous offre un terrain solide; si nous voulons faire une pause plus tôt, nous tombons entraînés par notre poids, et nous devenons l'objet d'une dérision universelle. Je suis arrivé à un point élevé; mais je n'y suis pas encore assez fermement établi pour n'écouter que mon inclination. Déclarer mon mariage, ce serait travailler à ma ruine. Mais, croyez-moi, j'atteindrai un lieu de sûreté; je l'atteindrai promptement, et je ferai alors ce qu'exige la justice pour vous comme pour moi. En attendant, n'empoisonnez pas le bonheur dont nous jouissons, en désirant ce qui est impossible encore. Dites-moi plutôt si tout se passe ici au gré de vos désirs. Comment Foster se conduit-il envers vous? J'espère qu'il vous témoigne tout le respect qu'il vous doit; sans quoi le drôle le paierait bien cher!

— Il me rappelle quelquefois la nécessité de ma solitude, répondit la comtesse en soupirant ; mais c'est me rappeler vos désirs, et je suis plus portée à lui en savoir gré qu'à l'en blâmer.

— Je vous ai informée de cette nécessité indispensable. J'avoue que je trouve à Foster une humeur bourrue ; mais Varney me garantit sa fidélité et son dévouement. Si pourtant vous avez à vous plaindre le moins du monde de la manière dont il remplit ses devoirs, il en sera puni.

— Oh ! je n'aurai jamais à m'en plaindre tant qu'il s'acquittera fidèlement de vos ordres. D'ailleurs sa fille Jeannette est la compagne de ma solitude, et je l'aime infiniment. Son petit air de *précision* lui sied à ravir.

— Vraiment ? Celle qui peut vous plaire ne doit pas rester sans récompense. Approchez, Jeannette.

— Approche donc de milord, répéta la comtesse.

Jeannette, qui, comme nous l'avons dit, s'était retirée par discrétion à quelque distance, pour ne pas gêner le comte et la comtesse dans leur conversation, s'approcha alors en faisant sa révérence respectueuse, et le comte ne put s'empêcher de sourire du contraste que l'extrême simplicité de ses vêtemens et son air sérieux offraient avec une jolie figure et deux yeux noirs qui pétillaient de vivacité en dépit de tous ses efforts pour paraître grave.

— Je vous dois de la reconnaissance, ma belle enfant, lui dit-il, puisque cette dame est contente de vos services. Et, ôtant de son doigt une bague de quelque prix, il la lui présenta, en ajoutant : — Portez ceci pour l'amour d'elle et de moi.

— Je suis charmée, milord, répondit Jeannette d'un air froid, que le peu que je puis faire ait satisfait une dame dont personne ne peut approcher sans désirer de lui plaire ; mais dans la congrégation du digne M. Holdforth nous ne nous permettons pas, comme les filles du monde, de porter de l'or autour de nos doigts, ni de parer notre cou de pierres précieuses comme les filles de Tyr et de Sidon.

— Ah! ah! vous appartenez donc à la grave confrérie des Précisiens, et je crois bien sincèrement que votre père est membre de la même congrégation. Je ne vous en aime que mieux l'un et l'autre; car je sais qu'on a prié pour moi dans vos assemblées, et que vous me voulez du bien. D'ailleurs, miss Jeannette, vous pouvez fort bien vous passer de ces ornemens, parce que vos doigts sont déliés et votre cou blanc comme le lis. Mais je vous donnerai en place ce que ni Papiste, ni Protestant, ni Latitudinaire, ni Précisien n'a jamais refusé.

Et en même temps il lui mit en main cinq pièces d'or au coin de Philippe et de Marie.

— Je n'accepterais pas davantage cet or, répondit Jeannette, si je n'espérais pouvoir m'en servir de manière à attirer la bénédiction du ciel sur vous, sur milady et sur moi.

— Faites-en ce qu'il vous plaira, Jeannette, ce sont vos affaires. Mais faites-nous servir notre collation.

— J'ai engagé M. Varney et Foster à souper avec nous, milord, dit la comtesse tandis que Jeannette sortait pour exécuter les ordres du comte; daignerez-vous m'approuver?

— J'approuve tout ce que vous faites, Amy, et je suis même charmé que vous leur ayez accordé cette marque d'égards, attendu que Richard Varney m'est tout dévoué; c'est l'âme de mes conseils secrets : et quant à Foster, ce qu'il fait pour moi en ce moment exige qu'il ait ma confiance.

— Maintenant, milord, j'ai... j'ai une grâce à vous demander, et... et un secret à vous dire, dit la comtesse en hésitant.

— Gardez-les tous deux pour demain matin, mon amour, répondit le comte. J'entends ouvrir la porte de la salle à manger, et comme j'ai fait très vite une assez longue course, un verre de vin ne me sera pas inutile.

A ces mots il conduisit son épouse dans l'appartement voisin, où Varney et Foster les reçurent avec les plus profondes révérences, que le premier fit en courtisan, et le second avec la gravité d'un Précisien. Le comte leur rendit leurs politesses avec la nonchalance d'un homme accoutumé depuis long-temps à recevoir de pareils hommages, et la comtesse avec un air de cérémonie qui prouvait qu'elle n'y était pas encore aussi habituée.

Le festin répondait à la magnificence de l'appartement dans lequel il était servi ; mais aucun domestique ne parut, et Jeannette servit seule les quatre convives. D'ailleurs la table était si abondamment garnie de tout ce qui leur était nécessaire que sa peine ne fut pas bien grande. Le comte et son épouse occupèrent le haut bout de la table, tandis que Varney et Foster se placèrent en-dessous de la salière, côté toujours destiné aux personnes d'un rang inférieur. Foster, intimidé peut-être par une société à laquelle il était si peu accoutumé, ne prononça pas un seul mot pendant tout le repas. Varney, avec non moins de tact que de discernement, prit part à la conversation autant qu'il le fallait pour l'empêcher de languir, sans avoir l'air de vouloir s'en mêler, et entretint la bonne humeur du comte au plus haut degré. La nature l'avait véritablement doué de toutes les qualités nécessaires pour jouer le rôle auquel il se trouvait appelé, étant d'une part discret et prudent, et ayant de l'autre un esprit subtil et inventif. La comtesse même, quoique prévenue contre lui pour plusieurs raisons, ne put s'empêcher de trouver sa conversation agréable, et fut plus disposée qu'elle ne l'avait encore été à joindre son suffrage aux éloges que le comte prodiguait à son favori. Le repas terminé, le comte et la comtesse se retirèrent dans leur appartement, et le plus profond silence régna dans le château pendant tout le reste de la nuit.

Le lendemain, de bonne heure, Varney remplit auprès

du comte les fonctions de chambellan et d'écuyer, quoiqu'il n'occupât que cette dernière place dans sa maison, où des gentilshommes de bonne famille étaient revêtus des mêmes grades que les premiers nobles du royaume dans celle du souverain. Les devoirs de chacune de ces charges étaient familiers à Varney, qui, descendu d'une famille ancienne, mais ruinée, avait été page du comte quand celui-ci avait commencé sa carrière. Il lui avait été fidèle dans l'adversité, avait su se rendre utile quand le comte avait marché à grands pas vers la fortune, et s'était ainsi établi un crédit fondé sur les services déjà rendus et sur ceux qu'il rendait encore, de sorte qu'il était devenu pour son maître un confident presque indispensable.

— Donnez-moi un habit plus simple, Varney, dit le comte en quittant sa robe de chambre de soie à fleurs, doublée d'hermine ; et chargez-vous de ces chaînes, ajouta-t-il en lui montrant ses différens ordres qui étaient sur une table : hier soir leur poids me rompait presque le cou. Je suis à demi résolu à ne plus m'en charger ; ce sont des fers inventés par de rusés coquins pour enchaîner les fous et les dupes. Qu'en pensez-vous, Varney?

— En vérité, milord, je pense que des chaînes d'or ne ressemblent nullement aux autres, et que plus elles sont lourdes, plus le poids en paraît agréable.

— Cependant, Varney, j'ai presque pris la résolution qu'elles ne m'enchaîneront pas plus long-temps à la cour. Que puis-je gagner par de nouveaux services ? Quelle nouvelle faveur puis-je obtenir au-delà du rang et de la fortune dont je suis déjà assuré ? Quelle cause a fait tomber la tête de mon père ? N'est-ce point parce qu'il n'a pas su borner ses désirs? Vous savez que j'ai moi-même couru bien des risques, que j'ai glissé bien des fois sur le bord du précipice : j'ai presque résolu de ne plus me confier à la mer, et de m'asseoir tranquillement sur le rivage.

— Et d'y ramasser des coquillages de compagnie avec don Cupidon, dit Varney.

— Que voulez-vous dire, Varney? demanda le comte avec un mouvement de vivacité.

— Ne vous irritez pas contre votre serviteur, milord. Si la société d'une épouse qui offre une réunion de qualités si rares a pour vous tant de charmes que, pour en jouir avec plus de liberté, vous vouliez renoncer à tout ce qui a été jusqu'ici l'objet de vos désirs, quelques pauvres gentilshommes qui sont à votre service pourront en souffrir; mais ce ne sera pas Richard Varney; grâce à vos bontés, il aura toujours de quoi se soutenir d'une manière digne du poste distingué qu'il a rempli dans votre maison.

— Et vous sembliez mécontent quand je parlais de quitter une partie dangereuse, qui peut finir par nous ruiner tous deux.

— Moi, milord! bien certainement je n'aurais aucune raison de regretter la retraite de Votre Seigneurie. Ce ne sera pas Richard Varney qui encourra le déplaisir de Sa Majesté et qui sera la fable de la cour, quand l'édifice le plus élevé qui ait jamais été fondé sur la faveur d'un prince s'évanouira comme la vapeur du matin. Tout ce que je désire, milord, c'est qu'avant de faire une démarche sur laquelle vous ne pourriez revenir, vous consultiez votre bonheur et votre réputation.

— Parlez, Varney; continuez, dit le comte, voyant que son favori semblait craindre d'en dire davantage. Je vous ai avoué que je n'ai pas encore pris un parti définitif, et je veux peser avec soin le pour et le contre.

— Eh bien! milord, supposons donc la démarche faite; qu'il ne soit plus question du mécontentement du trône, des sarcasmes des courtisans, des gémissemens de vos amis. Vous êtes retiré dans un de vos châteaux les plus éloignés, si loin de la cour que vous n'entendez ni les plaintes de ceux qui vous sont attachés, ni la joie de vos ennemis. Supposons aussi que votre heureux rival voudra bien se contenter, chose au moins fort douteuse, d'ébranler le grand arbre qui lui a si long-temps caché le soleil, au lieu de l'abattre et de le déraciner. Eh bien! l'ancien favori de la reine d'Angleterre, celui à qui était confié le commandement de ses armées, celui qui gouvernait à son gré les parlemens, est maintenant un gentilhomme campagnard, content de chasser sur ses terres, de boire son ale avec ses voisins, et de faire la revue de ses vassaux au premier ordre du grand shériff [1].

— Varney! dit le comte en fronçant le sourcil.

— Vous m'avez ordonné de parler, milord, et il faut que vous me permettiez de terminer mon tableau... Sussex gouverne l'Angleterre; la santé de la reine chancelle; il s'agit de régler sa succession; l'ambition voit s'ouvrir une plus belle route qu'elle n'a jamais pu le désirer; vous apprenez tout cela à la campagne au coin de votre feu. Vous commencez alors à songer à vos espérances déçues, à la nullité à laquelle vous êtes condamné. Et pourquoi? pour pouvoir admirer les yeux d'une épouse charmante plus d'une fois par quinzaine.

— C'en est assez, Varney; je ne vous ai pas dit que je prendrais avec précipitation, et sans considérer ce qu'exige le bien public, le parti auquel me portait mon goût pour le repos et pour le bonheur privé. Vous serez témoin, Varney, que si je triomphe de mes désirs pour la retraite, ce n'est point par des vues d'ambition; c'est pour me maintenir dans le poste où je pourrai servir ma patrie au moment du besoin. Maintenant ordonnez nos chevaux. Je prendrai, comme autrefois, un habit de livrée, et mon cheval portera la valise. Tu seras le maître aujourd'hui, Varney; ne néglige aucune des précautions qui peuvent endormir le soupçon. Nous serons à cheval dans quelques

---

(1) Premier fonctionnaire d'un comté. — Ed.

instans; je ne veux que prendre congé de milady, et je suis prêt. J'impose à mon cœur une cruelle tâche, j'en blesse un qui m'est plus cher que le mien ; mais l'amour de la patrie doit l'emporter sur l'amour conjugal.

Ayant ainsi parlé d'une voix ferme, mais avec un accent mélancolique, il quitta l'appartement dans lequel il venait de s'habiller.

— Je suis charmé que tu sois parti, pensa Varney; car, quelque habitué que je sois aux folies des hommes, je n'aurais pu m'empêcher de rire de la tienne en ta présence. Tu peux te lasser bien vite de ton nouveau joujou, de cette jolie poupée digne fille d'Ève; peu m'importe. Mais il ne faut pas que tu te lasses si vite de ton ancien hochet, l'ambition; car, en gravissant la montagne, milord, vous traînez Richard Varney à votre suite; et, comme il espère profiter de votre élévation, il n'épargnera ni le fouet ni l'éperon pour vous faire arriver le plus haut possible. Quant à vous, ma jolie dame, qui voulez être tout de bon comtesse, je vous conseille de ne pas me gêner dans ma marche, ou nous aurons un ancien compte à régler. Vous serez le maître aujourd'hui, me disait-il : sur ma foi, il pourra se faire qu'il ait parlé plus vrai qu'il ne le pensait. Et ainsi lui, que tant d'hommes doués de bon sens et de jugement regardent comme un politique aussi profond que Burleigh et Walsingham, comme un guerrier aussi habile que Sussex, le voilà qui devient soumis à un de ses serviteurs, et tout cela pour un œil noir, pour une peau nuancée de rouge et de blanc. La belle chute pour l'ambition ! Cependant si les charmes d'une femme peuvent servir d'excuse à l'égarement d'une tête politique, milord avait cette excuse à sa droite dans la charmante soirée d'hier. Eh bien, laissons aller les choses; il travaillera à ma grandeur, ou je travaillerai à ma félicité; et quant à cette charmante comtesse, si elle ne parle pas de son entrevue avec Tressilian, et elle n'osera en parler, il faudra qu'elle fasse cause commune avec moi, que nous ayons nos secrets, et que nous nous soutenions mutuellement, en dépit du mépris qu'elle me témoigne. Allons à l'écurie. Je vais ordonner vos chevaux, milord; le temps viendra peut-être bientôt où mon écuyer ordonnera les miens.

A ces mots il sortit de l'appartement.

Cependant le comte était rentré dans la chambre à coucher pour prendre congé à la hâte de l'aimable comtesse, quoique osant à peine s'exposer à entendre de nouveau une demande qu'il lui coûtait de refuser, mais que la conversation qu'il venait d'avoir avec son premier écuyer l'avait déterminé à ne pas accepter.

Il la trouva revêtue d'une simarre de soie blanche doublée de fourrure, son petit pied introduit à la hâte dans d'élégantes pantoufles, sans s'être donné le temps de mettre ses bas, ses longs cheveux s'échappant de sa coiffe de nuit, et presque sans autre parure que ses charmes, que semblait rehausser encore le chagrin d'une séparation prochaine.

— Adieu, Amy, adieu, mon amour, lui dit le comte pouvant à peine s'arracher à ses embrassemens, et revenant à elle à plusieurs reprises pour la serrer de nouveau dans ses bras. Le soleil se montre sur l'horizon; je n'ose rester davantage. — Je devrais déjà être à dix milles d'ici.

C'est par ces mots qu'il voulut enfin annoncer le moment des adieux.

— Vous ne m'accorderez donc pas ma demande? lui dit la comtesse en souriant. Ah! chevalier déloyal, quel chevalier courtois a jamais refusé d'octroyer à sa dame le don qu'elle lui demande, les pieds nus dans ses pantoufles?

— Demandez-moi tout ce que vous voudrez, Amy, et je vous l'accorderai. Je n'en excepte que ce qui pourrait nous perdre tous deux.

— Eh bien, je ne vous demande plus de me reconnaître

sur-le-champ pour ce qui me rendrait l'envie de toute l'Angleterre, pour l'épouse du plus noble, du plus brave, du plus tendrement chéri des barons anglais ; mais permettez-moi de partager ce secret avec mon père, et de mettre fin à la douleur que je lui ai causée. On dit qu'il est dangereusement malade.

— *On dit?* répéta vivement le comte : qui vous a dit cela? Varney n'a-t-il pas fait dire à votre père tout ce dont nous pouvons l'instruire en ce moment, c'est-à-dire que vous êtes heureuse et bien portante? Ne vous a-t-il pas dit qu'on avait trouvé le bon vieillard se livrant avec gaieté à son exercice favori? Qui a osé faire naître d'autres idées dans votre esprit?

— Personne, milord, personne, répondit la comtesse alarmée du ton dont il faisait cette question. Cependant, milord, je désirerais beaucoup m'assurer par mes propres yeux que mon père est en bonne santé.

— Cela est impossible, Amy. Vous ne pouvez avoir en ce moment aucune communication avec votre père ni avec sa maison. Ce serait un beau trait de politique que de prendre pour confidens d'un pareil secret plus de personnes qu'il n'est indispensable d'en avoir! D'ailleurs cet homme de Cornouailles, ce Trevaillon, Tressilian, n'importe son nom, n'est-il pas sans cesse chez votre père, et ne doit-il pas savoir tout ce qu'on y fait?

—Mon père, milord, est connu depuis long-temps pour un homme prudent et respectable ; et quant à Tressilian, je gagerais la couronne de comtesse que je dois porter un jour publiquement, que, si nous pouvons nous pardonner le mal que nous lui avons fait, il est incapable de rendre le mal pour le mal.

— Je ne m'y fierai pourtant point, Amy : je ne me fierai point à lui. J'aimerais mieux que le diable se mêlât de nos affaires que ce Tressilian.

—Et pourquoi, milord? lui demanda la comtesse, quoi-

qu'elle tremblât intérieurement du ton déterminé avec lequel il s'exprimait ; pourquoi avez-vous de Tressilian une opinion si défavorable?

— Madame, répondit le comte, ma volonté doit être pour vous une raison suffisante. Mais si vous désirez en savoir davantage, considérez avec qui ce Tressilian est ligué : il est l'ami, le protégé de ce Ratcliffe, de ce Sussex, contre lequel ce n'est pas sans peine que je maintiens mon terrain dans les bonnes grâces d'une maîtresse soupçonneuse. S'il obtenait sur moi l'avantage d'être instruit de notre mariage avant qu'Elisabeth fût convenablement disposée à l'apprendre, je serais à jamais disgracié ; peut-être même deviendrais-je victime de son ressentiment, car elle a quelque chose du caractère de son père Henry.

— Mais pourquoi, milord, avez-vous conçu une opinion si injurieuse d'un homme que vous connaissez si peu? Vous ne connaissez Tressilian que par moi, et c'est moi qui vous assure que pour rien au monde il ne trahirait notre secret. Si je l'ai offensé par amour pour vous, je n'en dois que plus désirer de vous voir lui rendre justice. S'il suffit de vous parler de lui pour vous offenser, que diriez-vous donc si je l'avais vu?

— Si vous l'aviez vu! répéta le comte en fronçant le sourcil, vous feriez bien de tenir cette entrevue aussi secrète que ce dont on parle dans le confessionnal. Je ne désire la ruine de personne ; mais quiconque voudra pénétrer mes secrets, fera bien de prendre garde à lui. Le sanglier ne souffre pas qu'on le traverse dans sa course terrible.

— Terrible en effet! dit la comtesse à demi-voix, en pâlissant.

— Qu'avez-vous, mon amour? lui dit le comte en la soutenant dans ses bras; remettez-vous au lit; vous l'avez quitté trop matin. Avez-vous quelque chose à me demander qui ne puisse compromettre ma fortune, ma vie et mon honneur?

— Rien, milord, rien, répondit-elle d'une voix faible. Je désirais vous parler de quelque chose, mais votre colère me l'a fait oublier.

—Vous vous le rappellerez quand nous nous reverrons, mon amour, lui dit le comte en l'embrassant avec tendresse ; et excepté ces demandes que je ne puis ni n'ose vous accorder, il faudra que vos désirs soient au-dessus de tout ce que l'Angleterre et toutes ses dépendances peuvent fournir, s'ils ne sont pas accomplis à la lettre.

Il partit en prononçant ces mots. Au bas de l'escalier Varney lui donna un grand manteau de livrée et un chapeau rabattu, déguisement qui le rendait méconnaissable. Les chevaux étaient prêts dans la cour pour lui et pour Varney; car deux domestiques, initiés jusqu'à un certain point dans le secret, c'est-à-dire croyant que leur maître avait en cet endroit une intrigue avec une belle dame, dont le nom et la qualité leur étaient inconnus, étaient déjà partis pendant la nuit.

Tony Foster lui-même tenait la bride du palefroi du comte, coursier aussi vigoureux qu'agile, tandis que son domestique présentait un cheval plus brillant et plus richement harnaché à Richard Varney, qui devait jouer le rôle de maître sur la route.

Cependant, en voyant le comte s'approcher, Varney s'avança pour tenir les rênes du cheval de son maître, et empêcha Foster de remplir cette fonction, la regardant sans doute comme un des priviléges de sa place. Foster parut mécontent de perdre l'occasion de faire sa cour à son patron ; mais il céda à Varney, sans oser lui faire aucune observation. Le comte monta à cheval d'un air distrait ; et, oubliant que son rôle de domestique devait le faire marcher derrière son prétendu maître, il sortit de la cour sans penser à Varney, faisant un signe de la main à la comtesse, qui lui adressait ses derniers adieux en agitant un mouchoir à une croisée.

Tandis que sa taille imposante s'effaçait sous la voûte sombre qui conduisait hors de la cour : — Voilà de la plus fine politique, dit Varney, le domestique qui passe avant le maître ! Et saisissant ce moment pour dire un mot à Foster : — Tu as l'air de me regarder avec humeur, Tony, lui dit-il ; si je t'ai privé d'un regard gracieux de milord, je l'ai engagé à te laisser une récompense de tes fidèles services qui ne te sera pas moins agréable. Voici une bourse d'aussi bon or que le pouce d'un avare en ait jamais compté. Prends cela, ajouta-t-il tandis que la figure de Foster s'épanouissait, et ajoute cet or à celui qu'il a donné la nuit dernière à Jeannette.

— Comment ! que dites-vous ? Il a donné de l'or à Jeannette ?

— Sans doute. Et pourquoi non ? Les services qu'elle rend à la comtesse ne méritent-ils pas une récompense ?

— Elle n'y touchera point ! Il faudra qu'elle le rende ! Je connais milord, il aime les nouveaux visages. Ses affections changent aussi souvent que la lune.

— As-tu perdu l'esprit, Foster ? Te flattes-tu d'avoir assez de bonheur pour que milord ait une fantaisie pour ta fille ? Qui diable s'amuse à écouter l'alouette tandis que le rossignol chante ?

— Alouette ou rossignol, tout est bon pour l'oiseleur ; et je sais, M. Varney, que vous savez parfaitement siffler avec l'appeau pour faire tomber les oiseaux dans ses filets. Du diable si je prétends que vous fassiez de Jeannette ce que vous avez fait de tant de pauvres filles ! Vous riez ! Je vous répète que je veux au moins sauver un membre de ma famille des griffes de Satan, et vous pouvez y compter. Elle rendra cet or.

— Ou elle te le donnera à garder, Tony, ce qui sera la même chose. Mais j'ai à te parler de quelque chose de plus sérieux. Notre maître part dans des dispositions fâcheuses pour nous.

— Que voulez-vous dire? Est-il déjà las de son joujou, de sa poupée? Il a dépensé pour elle de quoi payer la rançon d'un roi, et il a sans doute regret à son marché.

— Point du tout, Tony ; il en est fou plus que jamais, et il veut quitter la cour pour elle. Alors, adieu nos espérances, nos possessions et nos sûretés. On nous reprend nos biens d'Eglise, et nous serons bien heureux si l'on ne nous en fait pas restituer les revenus.

— Ce serait une ruine! s'écria Foster le front ridé par la crainte; et tout cela pour une femme! Si c'eût été pour le bien de son âme, à la bonne heure. Moi-même je voudrais quelquefois me retirer du monde auquel je suis comme englué, et être comme un des plus pauvres de notre congrégation.

— C'est ce qui pourra bien t'arriver, Tony ; mais je crois que le diable ne perdra rien à ta pauvreté forcée ; ainsi tu n'y gagneras d'aucun côté. Mais suis mes conseils, et tu peux encore obtenir la propriété de Cumnor-Place. Ne parle à personne de la visite de ce Tressilian. N'en ouvre pas la bouche, à moins que je ne te le dise.

— Et pourquoi, s'il vous plaît? demanda Foster d'un air soupçonneux.

— Sotte bête! dans l'humeur où se trouve milord, ce serait le moyen de le confirmer dans son projet de retraite. S'il savait qu'un tel spectre est apparu à la comtesse en son absence, il voudrait être le dragon veillant sur ses pommes d'or. Et alors, Tony, que te reste-t-il à faire? Le sage entend à demi-mot. Adieu, il faut que je le suive.

A ces mots il fit sentir l'éperon à son cheval, et partit au grand galop pour rejoindre le comte.

— Puisses-tu te rompre le cou, maudit païen! dit Foster en le regardant s'éloigner. Il faut pourtant exécuter ses ordres, car nous avons tous deux le même intérêt. Mais Jeannette me remettra ces pièces d'or; je les emploierai de manière ou d'autre pour le service de Dieu, et je les garderai à part dans mon coffre-fort jusqu'à ce que j'en trouve l'occasion ; autrement il en pourrait sortir une vapeur contagieuse qui se répandrait sur Jeannette. Non, il faut qu'elle reste pure comme un esprit bienheureux, quand ce ne serait que pour qu'elle puisse prier Dieu pour son père. J'ai besoin de ses prières, car je suis dans une passe dangereuse. On fait courir d'étranges bruits sur ma manière de vivre. La congrégation me regarde avec froideur; et quand Holdforth, dans son dernier sermon, comparait les hypocrites à un sépulcre blanchi dont l'intérieur est rempli d'ossemens, il me sembla qu'il avait les yeux fixés sur moi. Ces puritains sont d'une sévérité... Mais j'essaierai... Je vais lire ma Bible pendant une heure avant d'ouvrir mon coffre-fort.

Cependant Varney eut bientôt rejoint le comte, qui l'attendait à la petite porte du parc.

— Vous perdez le temps, Varney, lui dit le comte, et les instans sont chers. Il faut que j'arrive à Woodstock pour quitter mon déguisement, et jusque là je ne voyage pas sans danger.

— Ce n'est qu'une course de deux heures, milord. Je me suis arrêté un instant pour recommander de nouveau à Foster d'apporter tous ses soins pour que notre secret soit bien gardé, et pour lui demander l'adresse d'un homme que je destine à remplacer Trevors au service de Votre Seigneurie.

— Croyez-vous qu'il soit parfaitement propre à cette place?

— Il paraît promettre beaucoup, milord. Mais si vous vouliez continuer votre route sans moi, je retournerais à Cumnor, et je vous l'amènerais à Woodstock avant que vous soyez sorti du lit.

— Vous savez que j'y suis profondément endormi en ce moment; mais n'épargnez pas votre cheval, afin de vous y trouver à mon lever.

A ces mots, il partit à toute bride, tandis que Varney retourna à Cumnor par la grande route, évitant de passer près du parc. Il descendit à la porte de l'*Ours-Noir*, et demanda à parler à Michel Lambourne. Le respectable neveu de l'aubergiste ne fit pas attendre son nouveau patron; mais il semblait avoir l'oreille basse.

— Tu as perdu la piste de ton camarade Tressilian, dit Varney; je le vois à ta mine de pendard. Est-ce là ton adresse si vantée, effronté fripon?

— Par la mort! dit Lambourne, jamais on n'a si bien suivi les traces d'un renard. Je l'ai vu se terrer ici chez mon oncle, je l'ai vu souper, je l'ai vu entrer dans sa chambre, en un mot je me suis attaché à lui comme son ombre : et *presto*, avant le jour il était parti, sans que personne l'eût vu, pas même le valet d'écurie.

— Je serais tenté de croire que tu veux me tromper; mais si je viens à le découvrir, sur mon âme, tu t'en repentiras.

— Le meilleur chien peut se trouver en défaut. Avais-je quelque intérêt à le faire disparaître? Demandez à Giles Gosling mon oncle, à ses garçons, au valet d'écurie, à Cicily, à toute la maison, si je l'ai perdu de vue un instant de toute la soirée. Diable! je ne pouvais pas m'établir dans sa chambre comme un garde-malade après l'y avoir vu entrer. Vous en conviendrez, j'espère.

Varney prit quelques informations dans la maison, et elles confirmèrent ce que Lambourne venait de lui dire. On déclara unanimement que Tressilian était parti pendant la nuit, sans en avoir prévenu personne.

— Mais il est juste de dire, ajouta l'hôte, qu'il a laissé sur la table de quoi payer complètement son écot, et un pour-boire aux garçons, ce qui était d'autant moins nécessaire qu'il paraît qu'il n'a donné à personne la peine de seller son cheval.

Convaincu que Lambourne ne l'avait pas trompé, Varney commença à lui parler de ses projets pour l'avenir, lui disant que Foster lui avait appris qu'il n'aurait pas d'aversion à entrer au service d'un seigneur.

— Avez-vous jamais été à la cour? lui demanda-t-il.

— Non, répondit Lambourne; mais depuis l'âge de dix ans j'ai rêvé une fois par semaine que je m'y trouvais et que j'y faisais fortune.

— Ce sera votre faute si votre rêve ne s'accomplit pas. Avez-vous besoin d'argent?

— On n'en a jamais trop quand on aime le plaisir.

— Cette réponse suffit; elle est honnête. Maintenant savez-vous quelles qualités on exige de celui qui est au service d'un courtisan?

— Je crois qu'il doit avoir l'œil ouvert, la bouche fermée, la main prête à tout, l'esprit subtil, et une conscience intrépide.

— Et il y a sans doute long-temps que la tienne ne connaît plus la crainte?

— Je ne me souviens pas qu'elle l'ait jamais connue; dans ma première jeunesse, j'ai eu quelques scrupules; mais le tumulte de la guerre en a dispersé une partie, et j'ai noyé le reste dans les vagues de l'Atlantique.

— Tu as donc servi dans les Indes?

— Orientales et occidentales, sur terre et sur mer. J'ai servi le Portugal et l'Espagne, la Hollande et la France, et j'ai fait la guerre pour mon propre compte avec une troupe de braves, sur un brick fin voilier, qui au-delà de la ligne n'était en paix avec personne.

— Eh bien, tu peux te rendre utile à milord, ainsi qu'à moi-même. Mais prends-y garde, je connais le monde; peux-tu être fidèle?

— Si vous ne connaissiez pas le monde, je devrais répondre affirmativement, sans hésiter, et le jurer sur ma vie, sur mon honneur ; mais comme Votre Honneur paraît désirer une réponse dictée par la vérité plutôt que par la politique, je vous dirai que je puis vous être fidèle jusqu'au pied d'une potence; fidèle jusqu'au nœud coulant de la corde, si je suis bien traité, bien payé : sinon, non.

— Et à toutes tes autres vertus, dit Varney d'un ton ironique, tu ajoutes sûrement l'heureuse faculté de pouvoir paraître grave et religieux au besoin ?

— Il ne m'en coûterait rien de vous le laisser croire ; mais pour vous répondre rondement, je dois vous dire non. S'il vous faut un hypocrite, adressez-vous à Tony Foster, qui depuis sa jeunesse est tourmenté par les visites de ce fantôme qu'on nomme religion, quoiqu'au bout du compte le diable n'y perde rien. Non, je ne suis pas de cette humeur.

— Eh bien ! si tu n'as pas d'hypocrisie, as-tu un bon cheval à l'écurie ?

— Je vous en réponds, un cheval qui franchira les haies et les fossés comme le meilleur cheval de chasse de Milord Duc. Quand je fis une petite escapade à Shoosters-Hill, en disant quelques mots sur la grande route à un fermier dont la poche était mieux garnie que le cerveau, il me tira d'affaire en quelques instants, en dépit de tous ceux qui me poursuivaient.

— Eh bien ! vite en selle, et suis-moi. Laisse ici tout ton bagage, et je vais te faire entrer au service d'un homme où si tu ne prospères pas ce ne sera pas la faute de la fortune, mais la tienne.

— On ne peut mieux ; de tout mon cœur : je suis prêt dans un instant. Holà ! hé, palefrenier ! qu'on selle mon cheval au plus vite, ou gare ta caboche ! Cicily, gentille Cicily ! viens me faire tes adieux, et que je te donne la moitié de ma bourse pour te consoler de mon absence.

— Par le nom de Gog [1], s'écria Giles Gosling qui venait d'entendre ces préparatifs de départ, Cicily n'a que faire de tes présens. Bon voyage, et puisses-tu trouver la grâce quelque part, quoique, à dire vrai, je ne pense pas que tu ailles au pays où elle pousse.

— Fais-moi donc voir ta Cicily, mon hôte. On prétend que c'est une beauté, dit Varney.

— Une beauté brûlée par le soleil, en état de résister à la pluie et au vent, mais qui n'a rien qui puisse plaire à des galans comme vous, monsieur ; elle garde sa chambre, et ne s'expose pas aux regards des courtisans.

— A la bonne heure, mon cher hôte ; que la paix soit avec elle. Mais nos chevaux s'impatientent ; nous vous souhaitons le bonjour.

— Mon neveu s'en va donc avec vous, monsieur?

— Telle est son intention, répondit Varney.

— Tu as raison, Michel, reprit Gosling, parfaitement raison. Tu as un bon cheval, maintenant prends garde au licou. Ou, si de toutes les manières de finir tes jours la corde est celle qui te convient le mieux, comme cela me paraît vraisemblable d'après le parti que tu prends, fais-moi le plaisir de choisir une potence le plus loin de Cumnor qu'il te sera possible.

Sans s'inquiéter des adieux de mauvais augure de Giles Gosling, l'écuyer du comte et Lambourne montèrent à cheval, et coururent avec tant de rapidité qu'ils ne purent reprendre leur conversation que lorsqu'ils eurent à gravir une montagne escarpée.

— Tu consens donc, dit Varney, à entrer au service d'un seigneur de la cour ?

— Oui, monsieur, si mes conditions vous conviennent.

— Et quelles sont ces conditions ?

---

(1) *Gogsnouns!* Nous hasardons la traduction de cette interjection ; on trouve dans les anciennes comédies de fréquentes allusions à Gog et à Magog, ces deux géans dont les statues sont encore à Guild-Hall, à Londres. — Ed.

— Si je dois avoir les yeux ouverts sur les intérêts de mon maître, il faut qu'il les ferme sur mes défauts.

— Pourvu qu'ils ne soient pas de nature à nuire à son service.

— C'est justice : ensuite si j'abats du gibier, je dois avoir les os à ronger.

— Rien de plus raisonnable. Pourvu que tes supérieurs soient servis avant toi.

— Fort bien. Il me reste à vous dire que, si j'ai quelque querelle avec la justice, mon maître doit m'aider à en sortir les mains nettes. C'est un point capital.

— C'est encore juste, pourvu que cette querelle ait eu pour cause le service de ton maître.

— Quant aux gages, dit Lambourne d'un air indifférent, je n'en parle point, parce que je compte vivre sur les profits secrets.

— Ne crains rien ; tu ne manqueras ni d'argent ni de moyens de te divertir. Tu vas dans une maison où l'or sort par les yeux, comme on dit.

— Cela me convient à ravir ; il ne s'agit plus que de m'apprendre le nom de mon maître.

— Je me nomme Richard Varney.

— Mais je veux dire le nom du noble lord au service duquel vous devez me faire entrer.

— Comment, misérable ! te crois-tu trop grand seigneur pour m'appeler ton maître ? Je te permets d'être impudent avec les autres ; mais songe bien qu'avec moi...

— Je demande pardon à Votre Honneur ; mais je vous ai vu si familier avec Tony Foster, avec lequel je suis si familier moi-même, que...

— Je vois que tu es un rusé coquin : écoute-moi. Il est vrai que je me propose de te faire entrer dans la maison d'un grand seigneur ; mais c'est moi qui te donnerai tous les ordres, c'est de moi que tu dépendras. Je suis son premier écuyer. Tu sauras bientôt son nom. C'est un homme qui gouverne l'Etat, qui porte tout le poids de l'administration.

— De par le ciel! c'est un excellent talisman pour découvrir les trésors cachés.

— Quand on sait l'employer avec discrétion. Mais prends-y garde, car tu pourrais évoquer un démon qui te réduirait en atomes.

— Suffit. Je me renfermerai dans des bornes convenables.

Les deux voyageurs reprirent alors le galop, et arrivèrent bientôt au parc royal de Woodstock. Cet ancien domaine de la couronne était alors bien différent de ce qu'il avait été quand, résidence de la belle Rosemonde, il était le théâtre des amours secrètes et illicites de Henri II, et bien plus différent encore de ce qu'il est aujourd'hui que Blenheim-House retrace les victoires de Marlborough, et atteste le génie de Vanburgh, quoique décrié de son temps par des hommes d'un goût fort inférieur au sien. C'était, sous le règne d'Elisabeth, un vieux palais tombant en ruines, qui, depuis bien long-temps, n'avait pas été honoré de la présence du souverain, ce qui avait considérablement appauvri le village voisin. Cependant les habitans avaient présenté plusieurs pétitions à la reine pour la supplier de jeter parfois sur eux un regard de protection et de bonté, et tel était le motif ostensible qui avait conduit le comte à Woodstock.

Varney et Lambourne entrèrent sans cérémonie dans la cour du vieux château, qui offrait ce matin un air animé qu'on n'y avait pas vu depuis deux règnes. Les officiers de la maison du comte, ses domestiques en livrée, ses gardes, allaient et venaient avec tout le bruit ordinaire à leur profession. On entendait les hennissemens des chevaux et les aboiemens des chiens; car le comte, chargé d'examiner l'état actuel de ce domaine, s'était fait suivre de tout ce qui lui était nécessaire pour goûter le plaisir de la chasse dans le parc, qu'on disait être le premier qui eût été entouré de murs en Angleterre, et dans lequel il se trouvait un grand nombre de daims, qui, depuis long-temps, y vivaient sans être troublés. Un grand nombre d'habitans, espérant que cette visite extraordinaire produirait un résultat favorable à leurs désirs, s'étaient rassemblés dans la cour, et attendaient que le grand homme fût visible. L'arrivée de Varney excita leur attention ; le bruit se répandit bientôt parmi eux que c'était le premier écuyer du comte, et ils cherchèrent à mériter ses bonnes grâces en se découvrant la tête, et en s'approchant avec empressement pour tenir la bride et l'étrier de son cheval et de celui de son compagnon.

— Éloignez-vous un peu, mes maîtres, leur dit Varney avec hauteur, et n'empêchez pas les domestiques de faire leur devoir.

Les villageois mortifiés se retirèrent, tandis que Lambourne, voulant copier les airs du premier écuyer, repoussait encore plus durement ceux qui l'entouraient. — Bas les mains, paysans ! Au diable ! croyez-vous que nous manquions de domestiques pour nous servir ?

Ils donnèrent leurs chevaux à des gens en livrée, et entrèrent dans le château avec un air de supériorité que sa naissance et une longue habitude rendaient naturel à Varney, et que Lambourne tâchait d'imiter aussi bien qu'il lui était possible, tandis que les pauvres habitans de Woodstock se disaient bas les uns aux autres : — Que Dieu nous délivre de ces impudens ! Si le maître ressemble aux valets, que le diable les emporte tous ; il ne prendra que ce qui lui appartient.

— Silence, voisins ! dit le bailli, et mordez-vous la langue pour qu'elle ne dise pas de sottises. Avec le temps nous saurons tout. Personne ne sera jamais reçu à Woodstock avec autant de plaisir que l'était le fier roi Henry. Si par hasard il donnait à un paysan une volée de coups de houssine, il lui jetait ensuite à la tête une poignée de pièces d'argent à son effigie, et c'était le moyen de faire tout oublier.

— Puisse son âme être en paix! dirent les paysans. Il se passera du temps avant que la reine Élisabeth nous distribue des coups de houssine.

— C'est ce qu'on ne peut savoir, répondit le bailli : patience, mes bons voisins ; et consolons-nous en songeant que nous méritons de recevoir de semblables faveurs de Sa Majesté.

Cependant Varney, suivi de son nouveau serviteur, entra dans l'antichambre, où des gens plus importans que ceux qui remplissaient la cour attendaient l'instant où se montrerait le comte. Tous firent la cour à Varney avec plus ou moins de déférence, suivant leur rang ou l'affaire qui les amenait au lever de son maître. A la question générale : — Quand milord paraîtra-t-il, M. Varney? il répondit en peu de mots : — Ne voyez-vous pas mes bottes? J'arrive d'Oxford; je n'en sais rien. La même demande lui ayant été faite par un homme d'un rang plus élevé : — Je vais m'en informer du chambellan, sir Thomas Copely, répondit-il. Le chambellan, distingué par sa clef d'argent, dit que le comte n'attendait que l'arrivée de M. Varney pour descendre, mais qu'il voulait d'abord lui parler en particulier. Varney salua donc la compagnie, et en prit congé pour entrer dans l'appartement de son maître.

Il y eut pendant quelques minutes un murmure produit par l'attente, qui fit place au plus profond silence quand on vit s'ouvrir une porte à deux battans située au fond de l'appartement, et que le comte arriva, précédé de son chambellan et de son majordome, et suivi de Richard Varney. Ses traits nobles et majestueux n'avaient rien de cette insolence qu'on lisait sur le front des courtisans qui composaient sa suite. Il proportionnait ses politesses au rang de ceux à qui il les adressait ; mais l'individu le plus obscur obtenait de lui un regard gracieux. Les questions qu'il fit sur l'état du château et de ses dépendances, sur les avantages qui pouvaient résulter pour le village et les environs des voyages que la reine y ferait de temps en temps, semblaient prouver qu'il avait lu avec attention la pétition des habitans, et qu'il désirait leur être favorable.

— Maintenant, que le Seigneur le protège! dit à demi-voix le bailli, qui était entré à la tête d'une députation des habitans; voyez comme il a l'air pâle : je parierais qu'il a passé la nuit à lire notre mémoire. Maître Toughyarn, qui a été six mois à le rédiger, disait qu'il faudrait une semaine pour bien le comprendre, et il n'a pas fallu vingt-quatre heures au comte pour en extraire la quintessence.

Le comte les assura alors qu'il engagerait la reine à honorer quelquefois de sa présence son château royal de Woodstock, afin de faire jouir les habitans des environs des mêmes avantages qu'ils avaient eus sous le règne de ses prédécesseurs. En attendant, il était charmé d'être l'interprète de ses intentions favorables, et d'avoir à les informer que Sa Majesté, pour donner de l'encouragement et de l'activité au commerce de Woodstock, avait résolu d'y établir un marché pour la laine.

Cette bonne nouvelle produisit des transports de joie, non seulement parmi les membres de la députation qui se trouvaient dans l'appartement, mais encore parmi les paysans rassemblés dans la cour, où elle ne tarda point à arriver. Les magistrats présentèrent au comte, en fléchissant le genou, les libertés et franchises de Woodstock, avec une bourse pleine de pièces d'or, qu'il donna sur-le-champ à Varney; et celui-ci en remit une partie à Lambourne comme un avant-goût des profits que lui vaudrait son nouveau service.

Le comte et sa suite ne tardèrent pas à monter à cheval

pour retourner à la cour, au milieu des cris d'allégresse de tous les habitans de Woodstock. On entendait de toutes parts : *Vive la reine Elisabeth! Vive le noble comte de Leicester!* L'urbanité du comte couvrait même d'un vernis de popularité les gens de sa suite, dont l'air hautain avait d'abord jeté du discrédit sur leur maître, et le cri de *Vivent le comte et tous ceux qui lui sont attachés!* frappa les les oreilles de Varney et de Lambourne, qui suivaient leur maître chacun à son rang.

CHAPITRE VIII.

L'HÔTE. — « Donnez-moi vos conseils, on les écoutera,
« Monsieur Fenton, et même on s'y conformera. »
SHAKSPEARE, *les Femmes de Windsor.*

Il devient indispensable de remonter au détail des circonstances qui accompagnèrent, ou pour mieux dire qui occasionèrent la disparition soudaine de Tressilian de l'auberge de l'*Ours Noir*. Après sa rencontre avec Varney, il était retourné au caravanserai de Giles Gosling, où il s'était enfermé dans sa chambre, avait demandé papier, plumes et encre, et annoncé qu'il passerait la journée dans son appartement. Il reparut pourtant dans la soirée dans la grande salle, où Michel, qui avait surveillé avec soin tous ses mouvemens, suivant l'engagement qu'il en avait pris, tâcha de renouer connaissance avec lui en lui disant qu'il espérait qu'il ne conservait pas de rancune de l'affaire de la matinée.

Mais Tressilian repoussa fortement ses avances, quoique avec civilité. — M. Lambourne, lui dit-il, je crois que vous devez être satisfait de la manière dont je vous ai indemnisé du temps que je vous ai occupé. Sous le masque de simplicité grossière dont vous vous couvrez, je sais que vous avez assez de sens pour me comprendre quand je vous dis franchement que, l'objet que j'avais en vue se trouvant rempli, nous devons être désormais étrangers l'un pour l'autre.

— *Voto a Dios!* s'écria Lambourne en relevant d'une main ses moustaches, et en portant l'autre sur la poignée de son sabre; si je croyais que vous eussiez dessein de m'insulter...

— Vous auriez assez de discrétion pour le souffrir, comme c'est votre devoir dans tous les cas, répondit tranquillement Tressilian. Vous connaissez trop bien la distance qui nous sépare pour me demander une plus ample explication. Je vous souhaite le bonsoir.

A ces mots il lui tourna le dos, et se mit à causer avec l'aubergiste. Lambourne mourait d'envie de faire le rodomont, mais sa colère se borna à jurer entre les dents, et céda à l'influence qu'un homme d'un rang et d'un mérite supérieurs possède toujours sur des êtres de l'espèce d'un tel misérable. Il s'assit en silence d'un air boudeur dans un coin de la salle, occupé d'une manière marquée à suivre des yeux tous les mouvemens de Tressilian, contre qui il commençait à nourrir des projets de vengeance pour son propre compte, et il espérait pouvoir les accomplir en exécutant les ordres de Varney. L'heure du souper arriva, et quand il fut terminé, Tressilian se retira dans son appartement, et chacun en fit autant.

Il n'était pas couché depuis bien long-temps, quand le cours des réflexions qui l'occupaient, et qui remplaçaient pour lui le sommeil, fut interrompu tout-à-coup par le bruit que fit sa porte en roulant sur ses gonds, et par un faible rayon de lumière qui se répandit dans sa chambre. Brave comme l'acier, il sauta à bas de son lit, saisit son épée, et allait la tirer quand une voix lui dit : — Tout doux, M. Tressilian, tout doux ; c'est moi, c'est votre hôte, Giles Gosling.

Et en même temps, ouvrant la lanterne sourde, qui n'avait répandu jusqu'alors qu'une faible lueur, il fit reconnaître ses traits et sa figure de bonne humeur à Tressilian étonné.

— Que signifie ceci, M. Gosling? Avez-vous aussi bien soupé que la nuit dernière? Vous méprenez-vous de chambre, ou croyez-vous que celle d'un de vos hôtes soit un lieu convenable pour venir faire vos tours à minuit?

— Je ne me trompe ni de lieu ni d'heure, M. Tressilian; je connais l'un et l'autre aussi bien qu'aucun aubergiste d'Angleterre. Mais il y a d'une part mon pendard de neveu qui vous a guetté toute la soirée mieux que jamais chat n'a guetté une souris; d'une autre vous avez eu une querelle, vous vous êtes battu, soit avec lui, soit avec quelque autre, et je crains qu'il n'en résulte quelque danger pour vous.

— Vous êtes fou, mon cher hôte; votre neveu est au-dessous de mon ressentiment; d'ailleurs, quelle raison avez-vous de croire que j'aie eu une querelle avec qui que ce soit?

— Je l'ai vu à la couleur de vos joues quand vous êtes rentré, monsieur; c'est un indice aussi sûr qu'il est certain que la conjonction de Mars avec Saturne porte malheur. Ensuite les boucles de votre ceinturon étaient placées de travers; vous aviez l'air agité, vous marchiez d'un pas rapide : enfin, tout annonçait que votre main et la poignée de votre épée s'étaient caressées depuis peu.

— Hé bien, mon bon hôte, quand il serait vrai que j'eusse été obligé de tirer l'épée, pourquoi cette circonstance vous fait-elle sortir d'un lit bien chaud à une pareille heure? vous voyez qu'aucun malheur n'en est résulté.

— Non, mais qui sait ce qui en résultera? Tony Foster est un homme dangereux; il a à la cour de puissantes protections qui l'ont tiré d'affaire en plus d'une occasion. Et mon neveu... je vous ai dit ce qu'il est. Si deux coquins ont renoué connaissance, je ne voudrais pas, mon digne hôte, que ce fût à vos dépens. Michel a questionné le garçon d'écurie pour savoir quand vous partiez, et quel chemin vous deviez prendre. Or, je voudrais que vous réfléchissiez si vous n'avez rien fait ou rien dit qui pût faire méditer quelque trahison contre vous.

— Vous êtes un honnête homme, Gosling, dit Tressilian après un moment de réflexion, et je vous parlerai avec franchise. Si ces deux coquins ont de mauvais desseins contre moi, et je ne nie pas que cela soit possible, c'est parce qu'ils sont les agens subalternes d'un scélérat plus puissant.

— Vous voulez dire M. Richard Varney, n'est-ce pas? il était hier à Cumnor-Place, et, malgré ses précautions, il a été aperçu par quelqu'un qui me l'a dit.

— C'est lui dont je veux parler, mon hôte.

— Hé bien, pour l'amour du ciel, M. Tressilian, prenez garde à vous; ce Varney est le protecteur et le patron de Foster, qui a obtenu de lui la jouissance de Cumnor-Place et du parc. Varney a obtenu les biens de l'abbaye d'Abingdon, dont ce domaine fait partie, de son maître le comte de Leicester. On dit qu'il a tout pouvoir sur l'esprit du comte, quoique j'aie trop bonne opinion de ce dernier pour croire qu'il emploie Varney comme certaines gens le prétendent; or, le comte peut tout sur l'esprit de la reine (j'entends tout ce qui est juste et convenable). Vous voyez donc quel ennemi vous vous êtes fait.

— Eh bien, c'est une affaire finie; je ne saurais y remédier.

— Mais il faut y remédier de manière ou d'autre. Richard Varney, grâce à son influence sur l'esprit du comte, et à de vieilles prétentions vexatoires qu'il fait valoir comme héritier de tous les droits de l'abbaye; Richard Varney inspire tant de terreur qu'on ose à peine prononcer son nom, encore moins le contrecarrer dans ses sourdes menées. Vous en pouvez juger par la conversation d'hier soir. On ne s'est pas gêné pour parler de Tony Foster, mais on n'a pas dit un mot de Varney; et cependant chacun est convaincu que c'est lui qui fait garder avec tant de mystère une belle dame à Cumnor-Place. Mais vous en savez à ce sujet plus que moi, car, quoique les dames ne portent pas d'épée, elles ont fait sortir plus d'une lame du fourreau.

— Oui, brave Gosling, je sais sur cette infortunée bien des détails que vous ne pouvez savoir, et, ayant en ce moment besoin d'avis et de conseils, je prendrai volontiers les vôtres. Je vous apprendrai donc toute son histoire, d'autant plus qu'après vous l'avoir racontée j'aurai un service à vous demander.

— Je ne suis qu'un pauvre aubergiste, M. Tressilian, et peu capable de faire agréer mes avis à un homme comme vous; mais, aussi sûr que j'ai fait honnêtement mon chemin dans ce monde en donnant bonne mesure et en ne faisant payer qu'un écot raisonnable, je suis un honnête homme, et s'il arrive que je ne puisse vous aider, du moins je suis incapable de trahir votre confiance. Parlez-moi donc à cœur ouvert, comme si vous parliez à votre père, et soyez certain que ma curiosité, car c'est une des vertus de mon état, est accompagnée d'une dose raisonnable de discrétion.

— Je n'en doute pas, Gosling, répondit Tressilian; et tandis que son auditeur se préparait à lui donner toute son attention, il réfléchit un instant comment il commencerait son récit. — Pour me rendre intelligible, dit-il enfin, il faut que je remonte un peu haut. Vous avez entendu parler de la bataille de Stoke, et peut-être de sir Roger Robsart, qui embrassa vaillamment le parti de Henry VII, aïeul de la reine, et qui mit en déroute le comte de Lincoln, lord Géraldin, avec ses Irlandais, et les Flamands que la duchesse de Bourgogne avait envoyés au secours de Lambert Simnel.

— Je me rappelle tout cela, dit Gosling. On en chante la ballade douze fois par semaine dans ma grande salle. Sir Roger Robsart de Devon !... c'est en parlant de lui que les ménestrels chantent encore aujourd'hui :

> De nos guerriers c'était la fleur
> Au milieu du carnage.
> Tel un roc brave la fureur
> Des vents et de l'orage.

Oui, oui, je m'en souviens ; et j'ai aussi entendu parler de Martin Swart et des braves Allemands qu'il commandait, avec leurs justaucorps à festons, et leurs drôles de hauts-de-chausses, tout froncés avec des rubans. Il y a aussi une ballade sur Martin Swart, et je crois me la rappeler.

> Martin Swart et ses soldats,
> Sanglez, sanglez bien la selle.
> Martin Swart et ses soldats,
> Sanglez, sanglez bien la selle.

— Si vous chantez ainsi, mon bon hôte, vous éveillerez toute la maison, et nous aurons plus d'auditeurs que je ne voudrais avoir de confidens.

— Pardon, M. Tressilian, je m'oubliais. Mais c'est que lorsqu'une vieille ballade nous passe par la tête, à nous autres chevaliers du robinet, il faut qu'elle nous échappe.

— Mon aïeul, comme beaucoup d'autres habitans de Cornouailles, était attaché à la maison d'York, et suivit le parti de ce Simnel, qui prenait le titre de comte de Warwick, comme depuis presque tout ce comté embrassa la cause de Perkin Warbeck, qui se donnait le nom de duc d'York. Mon aïeul joignit les étendards de Simnel, et, après des prodiges de valeur, fut fait prisonnier à la bataille de Stoke, où la plupart des chefs de cette malheureuse armée périrent les armes à la main. Le brave chevalier auquel il se rendit, sir Roger Robsart, le mit à l'abri de la vengeance du roi, lui rendit la liberté sans rançon, mais il ne put le garantir des autres suites de sa démarche imprudente, c'est-à-dire des amendes considérables qui furent prononcées contre lui, moyen favori de Henry pour affaiblir ses ennemis. Le bon chevalier fit pourtant tout ce qu'il put pour alléger l'infortune de mon aïeul, et leur amitié devint si intime que mon père fut élevé comme le frère et le compagnon de sir Hugh Robsart, fils unique de sir Roger, et tenant de lui son caractère généreux, bienveillant et hospitalier, quoiqu'il n'ait pas ses qualités guerrières.

— J'ai entendu parler du bon sir Robsart, dit l'hôte, et souvent : son premier piqueur, son fidèle serviteur, William Badger, en a fait l'éloge plus de cent fois dans cette maison. C'est un chevalier aimant la joie, pratiquant l'hospitalité, et tenant table ouverte plus qu'on ne fait à présent, où l'on met en galons d'or sur le dos d'un valet de quoi fournir du bœuf et de l'ale pendant toute une année à une douzaine de gaillards, et leur donner le moyen de passer dans une taverne une soirée par semaine, à la satisfaction de nous autres publicains.

— Si vous connaissez Badger, mon cher hôte, vous avez entendu parler de sir Hugh Robsart; c'est pourquoi je me bornerai à vous dire qu'il a porté si loin l'hospitalité dont vous parlez, que sa fortune en a souffert, ce qui est peut-être d'autant moins important, qu'il n'a qu'une fille pour en hériter. C'est ici que je commence à figurer dans cette histoire. A la mort de mon père, il y a plusieurs années, le bon sir Hugh aurait voulu que je ne le quittasse jamais. Il y avait pourtant des momens où je sentais que sa passion excessive pour la chasse m'empêchait de me livrer à des études qui m'auraient été plus utiles; mais je cessai bientôt de regretter le temps que la reconnaissance et une amitié héréditaire me forçaient d'accorder à ces plaisirs. La beauté parfaite de sa fille Amy, qui se développait à mesure qu'elle avançait en âge, ne pouvait manquer de faire impression sur un jeune homme qui était constamment près d'elle. En un mot, je l'aimai, et son père s'en aperçut.

— Et il n'approuva pas votre amour. Cela va sans dire. C'est l'usage en pareil cas; et le soupir que vous venez de pousser est une preuve qu'il ne s'en est point écarté.

— Tout au contraire. Le généreux sir Hugh Robsart approuva mon attachement pour sa fille, et ce fut elle dont le cœur refusa de le partager. Elle m'accorda pourtant son estime, et me permit d'espérer qu'un sentiment plus tendre pourrait y succéder. Notre contrat de mariage fut rédigé et signé à la demande de son père; mais la célébration en fut remise à un an, d'après le désir qu'il en témoigna. Pendant ce temps, Richard Varney arriva dans les environs. Se prévalant d'une parenté éloignée avec sir Hugh, il lui fit des visites fréquentes, et finit par passer chez lui presque toutes les journées.

— Mauvais augure pour le lieu qu'il honorait de sa présence! dit Giles Gosling.

— Cela n'est que trop vrai, et il n'en résulta que des malheurs. Cependant ce fut d'une manière si étrange que je ne sais encore comment retracer les gradations par lesquelles ils ont fondu sur une famille jusqu'alors si heureuse. Pendant quelque temps Amy parut recevoir les soins de Varney avec cette indifférence dont on paie généralement des attentions qui n'ont pas un but sérieux. Bientôt elle sembla le voir avec déplaisir et même avec répugnance. Enfin il s'établit entre eux une liaison d'une nature bien extraordinaire: Varney renonça à l'air de prétentions et de galanterie qu'il avait d'abord pris auprès d'elle; Amy ne lui témoigna plus cette froideur glaciale avec laquelle elle avait repoussé ses premières avances; et une intelligence secrète, fondée sur la confiance, sembla régner entre eux. J'étais mécontent; j'en vins même à soupçonner qu'ils avaient des rendez-vous secrets pour pouvoir s'expliquer sans être gênés par notre présence. Je croyais pourtant encore le cœur d'Amy aussi franc, aussi ouvert que l'annonçaient ses traits célestes ; cependant une foule de circonstances qui se sont représentées à ma mémoire depuis ce temps auraient dû me convaincre de leur liaison secrète. Mais à quoi bon le détailler? Le fait parle de lui-même. Elle disparut de la maison de son père ; Varney s'en éloigna le même jour. Hier j'ai trouvé Amy Robsart dans la maison du vil Foster, et j'ai vu Varney y arriver par une porte de derrière, enveloppé d'un grand manteau.

— Et voilà la cause de votre querelle? Il me semble, M. Tressilian, qu'avant de prendre si chaudement le parti de cette dame vous auriez dû vous assurer qu'elle le désirait ou qu'elle le méritait.

— Quoi! tandis que mon père, car c'est ainsi que je considèrerai toujours sir Hugh Robsart, lutte chez lui contre le désespoir, ou s'efforce vainement, en se livrant à son passe-temps habituel, de bannir de son cœur le souvenir d'une fille qui ne s'y présente que pour le déchirer! Je ne pus supporter l'idée de voir vivre le père dans la douleur, et la fille dans l'infamie ; et j'entrepris de la chercher, dans l'espoir de la déterminer à retourner dans sa famille. Je l'ai trouvée, et, quand j'aurai réussi dans mon projet, ou que j'en aurai reconnu l'impossibilité, mon dessein est de partir pour la Virginie.

— Ne prenez pas un parti si violent, M. Tressilian ; et ne renoncez pas ainsi à votre pays parce qu'une femme... est une femme; qu'elle change d'amans comme de rubans, sans autre motif que sa fantaisie. Mais, avant d'examiner l'affaire plus à fond, permettez-moi de vous demander ce qui a pu vous mettre si bien sur la voie de la résidence de cette jeune dame, ou, pour mieux dire, de l'endroit où elle est cachée ?

— Je savais que Varney avait obtenu les domaines de l'abbaye d'Abingdon, et cette circonstance m'avait fait soupçonner qu'elle pouvait être dans ces environs. Mes soupçons ont redoublé quand j'ai entendu parler avant-hier d'une dame vivant avec tant de mystère à Cumnor-Place, et la visite que j'y ai faite avec votre neveu m'a prouvé qu'ils étaient bien fondés.

— Et quels sont vos projets maintenant? Excusez la liberté que je prends en vous faisant cette question.

— Mon dessein est de retourner aujourd'hui chez Foster, et de tâcher d'avoir avec Amy une conversation plus détaillée que celle que j'ai eue avec elle hier. Il faudra qu'elle soit bien changée si mes paroles ne peuvent faire impression sur elle.

— Avec votre permission, M. Tressilian, vous ne ferez pas une telle démarche. Si je vous ai bien compris, la jeune dame a déjà refusé de vous écouter.

— Cela n'est que trop vrai; je ne puis le nier.

— Et comment espérez-vous réussir à la forcer à agir contre son inclination, quelque honteuse que soit sa conduite pour elle-même et pour sa famille? Quand vous seriez son père ou son frère, ceux entre les mains de qui elle s'est livrée n'hésiteraient pas à vous fermer la porte au nez; mais étant un amant qu'elle a rebuté, vous vous exposez à ce qu'ils vous fassent un mauvais parti. A quel magistrat vous adresserez-vous pour en obtenir aide et protection? Excusez ma franchise; mais vous voulez vous jeter à l'eau pour attraper une ombre, et vous ne pouvez qu'en sortir bien mouillé, si vous êtes assez heureux pour ne pas vous noyer.

— Je me plaindrai au comte de Leicester de l'infamie de son favori. Il cherche à s'appuyer de la secte rigide et scrupuleuse des Puritains; il n'osera, par égard pour lui-même, refuser de me rendre justice, quand même il n'aurait aucun des principes d'honneur et de noblesse qu'on lui accorde. J'en appellerai à la reine elle-même !

— Leicester pourrait bien être disposé à protéger son confident, car Varney se vante d'être tout-puissant auprès de lui. Mais il est possible qu'un appel à la reine les mette tous à la raison. Sa Majesté est stricte en pareilles affaires, et l'on dit qu'elle pardonnera plus volontiers à une douzaine de courtisans d'être amoureux d'elle qu'à un seul d'entre eux de lui préférer une autre femme. Courage donc, tenez-vous-en à cette idée ; portez au pied du trône une pétition de sir Hugh, avec le détail de l'insulte qui vous a été faite ; le comte se jetterait la tête la première dans la Tamise plutôt que d'oser protéger son favori dans une affaire de cette nature. Mais pour le faire avec quelque espoir de succès, il faut vous mettre sérieusement à l'ouvrage. Au lieu de vous amuser ici à tirer des bottes avec le premier écuyer de Leicester, et de vous exposer aux poignards de ses camarades, courez dans le Devonshire, faites signer une pétition à sir Hugh, et cherchez des amis qui puissent vous protéger à la cour.

— Vous avez raison, Gosling : je suivrai votre avis ; je partirai demain à la pointe du jour.

— Faites mieux, M. Tressilian ; cette nuit même. Je n'ai jamais désiré voir arriver un voyageur autant que je désire vous voir partir. Mon neveu sera pendu un jour ou l'autre, c'est sa destinée ; mais je ne voudrais pas qu'il le fût pour avoir assassiné un de mes plus honorables hôtes. Il vaut mieux voyager seul la nuit, dit le proverbe, que le jour à côté d'un assassin. Partez, monsieur, partez sur-le-champ, pour votre sûreté. Votre cheval est prêt, je l'ai sellé et bridé moi-même ; et voici votre compte.

— Il ne monte pas à un noble, dit Tressilian en lui donnant une pièce d'or. Vous remettrez le reste à la gentille Cicily, votre fille, et aux domestiques de l'auberge.

— Ils profiteront de votre libéralité, monsieur, et vous recevriez les remerciemens de ma fille de sa propre bouche si ce n'était que l'heure s'y oppose.

— Ne souffrez pas que les voyageurs prennent trop de libertés avec votre fille, mon cher Gosling.

— Oh! que j'ai soin d'y avoir l'œil! Cependant je ne suis pas surpris que vous me fassiez cette observation. Mais dites-moi donc de quel œil la belle dame vous a regardé hier.

— Elle paraissait plus irritée que confuse, et je crains bien qu'elle ne soit encore dans le délire d'une fatale illusion.

— Mais en ce cas, monsieur, pourquoi vous faire le champion d'une femme qui ne se soucie pas de vous? Pourquoi vous exposer au ressentiment du favori d'un favori? C'est le monstre le plus dangereux qu'ait jamais rencontré chevalier cherchant les aventures.

— Vous vous trompez, Gosling, vous ne me comprenez pas : je ne désire pas qu'Amy m'accorde une seule pensée; que je la voie rendue à son père, et tout ce que j'ai à faire en Europe et peut-être dans le monde est complètement fini.

— Une résolution plus sage serait de boire un verre de vin et de tout oublier. Mais vingt-cinq ans et cinquante ne voient pas ces sortes d'affaires avec les mêmes yeux, surtout quand ces yeux se trouvent dans la tête d'un jeune homme de qualité ou d'un vieil aubergiste. J'ai compassion de vous, M. Tressilian ; mais je ne vois pas en quoi je puis vous servir.

— Le voici, répondit Tressilian : il ne s'agit que d'avoir l'œil sur ce qui pourra se passer à Cumnor-Place, ce que vous pouvez faire sans donner lieu à aucun soupçon, attendu le grand nombre de personnes qui fréquentent votre auberge, et de m'en informer par écrit, par le moyen de la personne qui vous présentera cette bague de ma part. Regardez-la bien pour la reconnaître ; elle a quelque valeur, et je vous prierai de la conserver alors comme une marque de mon souvenir.

— Je ne désire aucune récompense, monsieur ; mais il me semble qu'il serait malavisé à moi, dont l'état dépend du public, de me mêler d'une affaire de cette nature, d'une affaire à laquelle je n'ai aucun intérêt.

— Aucun intérêt, Gosling ! N'êtes-vous pas père ? ne s'agit-il pas de faire rentrer dans le chemin de la vertu une fille égarée dans les sentiers de la honte et du vice ? Quel plus grand intérêt la terre peut-elle offrir à un père ?

— C'est pourtant vrai, et j'ai pitié de tout mon cœur du pauvre vieillard qui a écorné sa fortune en tenant table ouverte pour l'honneur de son pays, et qui maintenant voit un épervier comme Varney lui ravir une fille qui devait faire la consolation de ses vieux jours. Ce que vous voulez faire est une véritable équipée ; mais n'importe, j'apprendrai à hurler avec les loups, et je vous aiderai dans votre honorable projet de rendre sa fille à un malheureux vieillard en tant qu'il ne s'agira que de vous faire passer fidèlement les nouvelles. Vous pouvez donc compter sur moi ; mais, de votre côté, soyez discret et gardez bien mon secret, car si l'on savait que l'aubergiste de l'*Ours-Noir* se mêle de pareilles affaires, adieu mes pratiques ! Varney aurait assez de crédit auprès des magistrats pour abattre mon enseigne, faire révoquer ma licence, et me ruiner de la cave au grenier.

— Ne doutez pas de ma discrétion, Gosling, ni de la reconnaissance que je conserverai du service que vous m'aurez rendu et du risque auquel vous vous serez exposé. Souvenez-vous bien de cette bague, et ne remettez ce que vous aurez à me transmettre qu'à celui qui vous la présentera. Maintenant, d'après votre avis prudent, je vais songer à mon départ.

— Suivez-moi, M. Tressilian, et marchez aussi légèrement que si vous aviez sous les pieds des œufs au lieu de planches. Il faut que personne ne sache ni quand ni comment vous êtes parti.

A l'aide de sa lanterne sourde, il conduisit Tressilian, dès qu'il fut habillé, par une petite cour où il avait placé son cheval dans une écurie qui ne servait que quand les écuries ordinaires étaient remplies. Il l'aida à attacher à la selle son porte-manteau, ouvrit la porte de derrière, lui serra la main, et lui ayant renouvelé la promesse de l'instruire de ce qui se passerait à Cumnor-Place, le laissa commencer son voyage solitaire.

CHAPITRE IX.

« C'est en ce lieu qu'il a placé sa forge :
« Son bras nerveux, avant le jour,
« Bat le fer chaud que soutient son enclume.
« De fumée un épais volume
« Rend plus obscur ce ténébreux séjour :
« Le feu pétille, et perce ce nuage. »
GAY.

COMME il avait été jugé prudent par Tressilian lui-même, aussi bien que par Giles Gosling, que notre voyageur évitât d'être vu dans les environs de Cumnor par ceux que le hasard aurait pu faire sortir de grand matin, l'aubergiste lui avait indiqué un itinéraire de sentiers et de chemins de traverse qu'il devait suivre avec exactitude pour rejoindre la grande route de Marlborough.

Mais, comme tant d'autres conseils, ces instructions étaient plus faciles à donner qu'à observer. Les fréquens détours du chemin, l'obscurité de la nuit, le peu de connaissance qu'il avait du pays, et ses tristes réflexions, retardèrent tellement Tressilian, que l'aurore le trouva seulement, quand elle parut, dans la vallée de White-Horse, endroit mémorable par une victoire remportée autrefois sur les Danois. Là il s'aperçut que son cheval était déferré d'un pied de devant, accident qui le menaçait de l'arrêter en rendant l'animal boiteux. Son premier soin fut de demander à deux paysans qui se rendaient à leurs travaux où il pourrait trouver un maréchal ; mais ces gens-là, soit stupidité, soit mauvaise grâce, ne lui firent que de courtes réponses qui ne lui apprirent rien. Voulant soulager son coursier autant qu'il le pouvait, il mit pied à terre, et le conduisit par la bride vers un hameau où il espérait qu'on lui indiquerait la demeure de l'ouvrier dont le secours lui était devenu indispensable. Il y arriva par un chemin étroit, plein de boue et d'ornières, et n'y vit que quelques misérables huttes, à la porte desquelles deux ou trois paysans, dont l'extérieur répondait à celui de leurs habitations, se disposaient à commencer leurs travaux. Une de ces chaumières paraissait pourtant en meilleur état que les autres, et la vieille femme qui en balayait la porte avait l'air moins repoussant que ses voisins. Tressilian s'approcha d'elle, et lui répéta la question qu'il avait déjà faite inutilement plusieurs fois.

— Un maréchal ! s'écria la vieille femme en le regardant avec une expression de physionomie singulière ; s'il y a ici un maréchal ! oui sûrement. Mais que lui voulez-vous ?

— Qu'il ferre mon cheval, ma bonne femme ; vous voyez qu'il a perdu un fer.

— Maître Holyday, s'écria-t-elle sans lui répondre ; maître Erasme Holyday ! venez, venez vite, s'il vous plaît, et parlez à monsieur.

— *Favete linguis*[1], répondit une voix partant de l'intérieur ; je ne puis y aller maintenant, je suis dans le

(1) Taisez-vous. — Tr.

moment le plus intéressant de mes études du matin.

— Mais il faut que vous veniez, bon maître Holyday; c'est un voyageur qui demande la demeure de Wayland le maréchal[1], et ce n'est pas moi qui enseignerai la route pour aller au diable. Son cheval est déferré.

— *Quid mihi cum caballo*[2]*?* répondit la même voix. Je crois qu'il n'y a qu'un homme instruit dans tout le canton, et l'on ne peut ferrer un cheval sans lui !

A ces mots parut l'honnête pédagogue, car ses vêtemens suffisaient pour le faire reconnaître en cette qualité. Son corps long, maigre et voûté, se terminait dans la partie supérieure par une tête couverte de longs cheveux noirs commençant à grisonner. Ses traits exprimaient cette habitude de l'autorité que Denys porta sans doute du trône dans la chaire de maître d'école, et qui passa, à titre de legs, à tous ses successeurs dans cette dernière profession. A la ceinture de sa longue robe de bougran noir était suspendue, en place d'épée, une grande écritoire de cuir; sa férule figurait de l'autre côté comme la batte d'arlequin, et il tenait en main le volume en mauvais état qu'il venait de lire.

En voyant un homme de l'air de Tressilian, que le pédagogue était plus en état d'apprécier que les autres habitans de ce hameau, il ôta son bonnet, et lui dit en le saluant : *Salve, domine. Intelligisne linguam latinam*[3]*?*

Tressilian voulut faire preuve de savoir, et lui répondit: *Latinæ linguæ haud penitùs ignarus, veniâ tuâ, domine eruditissime, vernaculam libentiùs loquar*[4].

Cette réponse en latin produisit sur le maître d'école le

---

(1) Wayland-*Smith*. Ce nom de Smith (maréchal, forgeron) fait comme partie du nom de Wayland, selon l'usage des basses classes en Angleterre, qui joignent au nom d'un individu celui de la profession. Nous avons déjà vu *hoster* et *tapster*, désignations d'état, devenir des espèces de noms propres. — Éd.

(2) Que m'importe un cheval? — Tr.

(3) Salut, monsieur. Entendez-vous la langue latine? — Tr.

(4) Peu familier avec l'idiome latin, très érudit monsieur, je parlerais plus volontiers dans l'idiome vulgaire. — Tr.

même effet que le signe des maçons produit, dit-on, sur les frères de la truelle. Il s'intéressa sur-le-champ au voyageur instruit, écouta avec intérêt l'histoire de son cheval déferré, et lui dit d'un ton solennel : — Il pourrait paraître tout simple, *doctissime domine*, de vous dire qu'à environ un mille *ab hoc tugurio* [1] se trouve le meilleur *faber ferrarius*, le plus habile maréchal qui ait jamais ferré un cheval. Or, si je vous tenais un tel langage, j'ose dire que vous seriez *voti compos*, ou, comme le dit le vulgaire, au comble de vos vœux.

— Du moins, dit Tressilian, j'aurais une réponse directe à ma question, ce qui ne paraît pas une chose facile en ce pays.

— Vraiment! dit la vieille femme, c'est envoyer une âme pécheresse à Satan que d'envoyer une créature vivante à Wayland le maréchal.

— Paix, Gammer Sludge! dit le pédagogue, *pauca verba*; veillez au furmity [2]! *curetur jentaculum*. Songez que ce gentilhomme n'est pas une de vos commères! Se retournant alors vers Tressilian : — Ainsi donc, monsieur, lui dit-il, vous vous trouveriez *bis terque felix* [3] si je vous indiquais la demeure de ce maréchal.

— J'aurais du moins, monsieur, répondit Tressilian, tout ce qui me manque à présent; un cheval en état de me conduire à la fin de mon voyage, — et hors de portée de votre érudition, murmura-t-il entre ses dents.

— *O cæca mens mortalium!* s'écria le docteur de village. Savez-vous bien ce que vous me demandez? Junius Juvenalis a eu bien raison de dire :

Numinibus vota exaudita malignis [4].

---

(1) De cette maison. — Tr.
(2) Farine bouillie au lait et au sucre. — *Curetur jentaculum*. Le magister met *furmity* en latin. — Ed.
(3) Deux et trois fois heureux. — Tr.
(4) Vœux exaucés par des divinités ennemies. — Ed.

— Savant magister, dit Tressilian, votre érudition est tellement au-dessus de mes pauvres facultés intellectuelles que je vous prie de m'excuser si je vais chercher ailleurs des renseignemens que je puisse comprendre.

— Voilà comme sont les hommes! fuyant qui veut les instruire. Quintilien a dit avec vérité....

— Je vous en supplie, monsieur, laissez Quintilien pour le moment, et si votre érudition peut s'abaisser jusque là, dites-moi en deux mots, en anglais, où je pourrai trouver quelque auberge pour rafraîchir mon cheval en attendant qu'il soit ferré.

— C'est ce qui sera fort facile, monsieur; car, quoiqu'il n'existe pas d'*hospitium* [1] en forme dans ce petit hameau, *nostra paupera regna* [2], cependant, comme vous avez quelque connaissance, ou du moins quelque teinture des lettres, j'emploierai mon crédit auprès de la maîtresse du logis pour vous faire fournir une assiette d'excellent furmity, nourriture très saine, dont je n'ai pu trouver le nom latin. On mettra votre cheval dans l'étable, et on lui donnera une botte du meilleur foin dont la bonne femme Sludge a une telle provision qu'on peut dire que sa vache y est enterrée jusqu'aux cornes, *fænum habet in cornu* [3]. Et s'il vous plaît de m'accorder l'honneur de votre compagnie pour déjeuner, le banquet ne vous coûtera rien, *ne semissem quidem* [4], car Gammer Sludge m'est grandement redevable pour tous les soins que j'ai mis à former son unique héritier Dick, ou Richard, enfant qui promet beaucoup, et que j'ai fait heureusement voyager à travers les *accidens* [5].

— Que Dieu vous en récompense, maître Holyday, dit

---

(1) D'hospice, d'auberge. — Tr.

(2) Nos pauvres domaines. — Tr.

(3) Elle a du foin dans les cornes. Avec sa manie de *latiniser*, le pédagogue traduit ici sa pensée par un vrai jeu de mots classique. — Ed.

(4) Pas un liard. — Tr.

(5) On appelle en anglais *accidences* les élémens de la grammaire et l'expli-

la bonne Gammer; Dieu fasse que le petit Dick sorte meilleur de ses accidens [1]; quant au reste, si le monsieur veut l'accepter, notre déjeuner sera sur la table dans un tour de main. Mais demander un seul penny pour la nourriture de l'homme et celle du cheval! non, non, je n'ai pas l'âme si sordide.

Vu l'état où se trouvait son cheval, Tressilian crut ne pouvoir mieux faire que d'accepter l'invitation qui lui était faite d'une manière si savante d'une part, et si hospitalière de l'autre; et il se flatta que quand le bon pédagogue aurait épuisé tous les sujets de conversation, il daignerait enfin lui dire où il pourrait trouver le maréchal en question. Il entra donc dans la chaumière, se mit à table avec Erasme Holyday, prit sa part du furmity, et écouta pendant une bonne demi-heure la relation savante que le magister lui fit de toute sa vie, sans trouver l'occasion de ramener l'entretien sur le sujet qui l'intéressait. Le lecteur nous excusera si nous ne suivons pas ce docte personnage dans tous les détails dont il favorisa Tressilian; nous nous bornerons à l'esquisse suivante.

Il était né à Hogsnorton, où, suivant un proverbe populaire, les pourceaux jouent de l'orgue, proverbe qu'il interprétait allégoriquement comme ayant rapport aux pourceaux d'Epicure, au nombre desquels Horace faisait gloire de se compter. Son nom d'Erasme lui venait en partie de ce que son père était le fils d'une célèbre blanchisseuse qui avait entretenu cet illustre savant en linge blanc pendant tout le temps qu'il avait passé à Oxford, tâche qui n'était pas sans difficulté, attendu qu'il ne possédait que deux chemises, dont l'une, disait-elle, attendait le blanchissage de l'autre. M. Holyday était fier d'avoir encore en sa possession les restes d'une de ses *camiciæ* que sa

---

cation des huit parties du discours. Le magister a la manie des mots techniques: celui-ci est dérivé du latin *accidentia*. — Eᴅ.

(1) Jeu de mots trivial, mais qui est de rigueur dans l'occasion. — Eᴅ.

grand'mère avait heureusement retenue pour faire la balance de son dernier mémoire. Mais il pensait qu'une cause plus puissante et plus importante avait présidé au choix de son nom d'Erasme; c'était un secret pressentiment qu'avait sa mère que dans l'enfant qu'on allait baptiser il se trouvait un génie secret qui élèverait un jour sa renommée au niveau de celle du savant d'Amsterdam.

Le surnom du maître d'école l'entraîna dans une dissertation aussi longue que son nom de baptême. Il était porté à croire qu'il portait le nom d'Holyday, *quasi lucus à non lucendo*, parce qu'il donnait peu de jours de congé dans son école [1]. — C'est ainsi, dit-il, que le maître d'école est nommé par les auteurs classiques *ludi magister,* parce qu'il ne laisse pas jouer les enfans. Cependant, d'une part, il pensait qu'on pouvait donner à ce nom une autre interprétation, et supposer qu'il avait rapport au talent supérieur qu'il avait pour arranger les jeux scéniques, les danses et tous les amusemens d'un jour de fête [2], talent qui l'avait fait connaître de bien des personnages du plus haut rang, tant en province qu'à la cour, et notamment du noble comte de Leicester. — Quoiqu'il semble maintenant m'oublier, ajouta-t-il, attendu la multitude des affaires d'État dont il est chargé, je n'en suis pas moins assuré que, s'il avait quelque fête à arranger pour l'amusement de Sa Majesté la reine, on verrait un messager à cheval accourir vers l'humble chaumière d'Erasme Holyday. En attendant, *contentus parvo*, content de peu, j'écoute mes élèves décliner et conjuguer, et je passe le temps avec le secours des muses. Au surplus, j'ai toujours signé ma correspondance avec les savans étrangers, *Erasmus ab Die Fausto* [3], et j'ai joui sous ce titre de la considération due aux savans; car

---

(1) *Holyday* signifie en anglais jour de congé, vacances. — Ed.
(2) *Holyday* signifie aussi jour de fête. — Ed.
(3) Traduction du nom d'Holy Day jour de fête. C'est ainsi que *Dupuis* fait De Puteo, etc. — Ed.

l'érudit Diedrich Buckerschockius m'a dédié sous ce nom son Traité sur la lettre grecque *Tau.* Enfin, monsieur, j'ai été un homme heureux et distingué.

— Puissiez-vous jouir long-temps du même bonheur, monsieur, dit Tressilian ; mais permettez-moi de vous demander dans votre langage savant *quid hoc ad Iphycli boves,* quel rapport a tout cela avec un cheval déferré?

—*Festina lentè.* Nous y viendrons dans un instant. Il faut que vous sachiez qu'il y a deux ou trois ans il vint dans ces environs un homme qui se donnait le nom de docteur Doboobie, quoiqu'il n'eût peut-être jamais été seulement *magister artium* [2], à moins que ce ne fût par la grâce d'un ventre affamé ; ou, s'il avait quelques degrés dans les sciences, le diable les lui avait donnés, car c'était un homme rusé et qui pratiquait ce que le vulgaire appelle la magie blanche. Je m'aperçois, monsieur, que vous vous impatientez ; vous devenez *impatiens moræ :* mais si un homme ne conte pas son histoire à sa manière, quelle garantie avez-vous qu'il puisse la conter à la vôtre?

— Eh bien donc, mon savant monsieur, répondit Tressilian, contez à votre manière, mais un peu plus vite, s'il vous plaît, car mon temps est court.

— En ce cas, monsieur, reprit Erasme Holyday avec une persévérance vraiment désespérante, je ne vous dirai pas que ce Démétrius, car c'était le nom qu'il se donnait en pays étranger, fût précisément un magicien ; mais il est certain qu'il se disait initié à l'ordre mystique des Rose-Croix, un disciple de Geber, *ex nomine cujus venit verbum vernaculum* gabeur [1]. Il guérissait les blessures en mettant son onguent sur l'instrument qui les avait faites ; disait la bonne fortune par le moyen de la chiromancie ; n'avait besoin que d'un crible pour découvrir les choses volées ; savait recueillir la graine de fougère mâle qui rend invi-

(1) Maître ès-arts. — Ed.
(2) Du nom duquel est venu le nom vulgaire de *gabeur,* menteur. — Ed.

sible; prétendait être sur le point de trouver la panacée ou élixir universel, et savait convertir le plomb en mauvais argent.

— En d'autres termes, dit Tressilian, c'était un charlatan et un imposteur. Mais qu'est-ce que tout cela a de commun avec mon cheval et le fer qui lui manque?

— Avec de la patience vous le saurez tout à l'heure, répondit le savant diffus. *Patientia* donc, lequel mot, suivant Tullius Cicéron, signifie *difficilium rerum diurna perpessio* [1]. Or donc ledit Démétrius Doboobie, après avoir ébloui le peuple, commença à briller *inter magnates*, parmi les grands, et il est vraisemblable qu'il aurait atteint une véritable grandeur, si, d'après un bruit vulgaire dont je ne puis garantir la certitude, le diable ne fût venu un jour réclamer son bien, et n'eût emporté Démétrius, dont on n'entendit jamais parler depuis ce temps. Maintenant voici la *medulla*, la véritable moelle, la crème de mon histoire. Ce docteur Doboobie avait un domestique, un pauvre diable, qu'il employait à allumer ses fourneaux, à mesurer ses drogues, à en faire la mixtion, à tracer ses cercles, à cajoler ses pratiques, *et sic de cæteris*. Eh bien! le docteur ayant disparu d'une manière qui remplit de terreur tout le pays, ce bouffon secondaire s'imagina de s'écrier avec notre ami Virgile Maron :

... *Uno avulso, non deficit alter* [2].

Et de même que le commis d'un marchand s'établit dans la boutique de son maître après la mort de celui-ci, ou quand il s'est retiré du commerce, ainsi Wayland prit le dangereux métier du docteur qu'il avait servi. Mais quoique le monde soit toujours porté à ajouter foi aux discours à prétention des gens qui, prenant le titre de docteur en médecine, et en affichant la science, ne sont au fond que

---

(1) L'art de supporter des tribulations journalières. — Eᴅ.

(2) Au rameau qu'on arrache il en succède un autre. — Eᴅ.

des saltimbanques et des charlatans, ce pauvre Wayland n'était pas en état de jeter ainsi de la poudre aux yeux, et il n'y avait pas un paysan qui ne lui adressât ces deux vers de Perse, quoique travestis dans son langage grossier :

> *Diluis helleborum, certo compescere puncto,*
> *Nescius examen? Vetat hoc natura medendi.*

Voici, monsieur, la modeste paraphrase que j'ai faite moi-même de ces vers :

> Toi qui veux aujourd'hui préparer l'ellébore,
> En connais-tu la dose, et le dieu d'Epidaure
> T'a-t-il jamais appris, dis-moi, son art divin?
> —Non. — Eh bien, laisse faire alors le médecin.

D'ailleurs, monsieur, le mauvais renom du maître, sa fin étrange et suspecte, ou du moins sa disparition soudaine, faisaient que personne, si ce n'est gens ne craignant rien ni en ce monde ni en l'autre, personne n'allait demander des avis à son successeur. Il serait probablement mort de faim si le diable, qui le sert depuis la mort, l'enlèvement ou le départ du docteur, ne lui eût inspiré un nouveau projet. Soit qu'il doive ce talent au démon, soit qu'il y ait été instruit dans sa jeunesse, il ferre les chevaux mieux qu'aucun maréchal d'Angleterre, de sorte que, renonçant à traiter les bipèdes sans plumes, vulgairement appelés le genre humain, il se borne à présent au métier de maréchal.

— En vérité ! s'écria Tressilian ; et ferre-t-il vraiment bien les chevaux ? Où loge-t-il ? indiquez-moi sa demeure sur-le-champ.

— *O cæca mens hominum !* j'ai déjà employé cette citation, mais je voudrais trouver dans tous les auteurs classiques un passage capable d'arrêter celui qui veut courir à sa perte. Ecoutez d'abord les conditions que cet homme met à son travail, avant de vous décider à courir le risque de vous fier à lui.

— Il ne prend pas d'argent pour son ouvrage, s'écria la vieille femme, qui, la bouche ouverte, et les yeux fixés sur le magister, écoutait avec admiration chaque parole qu'il prononçait. Mais cette interruption ne fut pas plus du goût du docte Holyday, que celles que le voyageur lui avait fait essuyer.

— Paix, Gammer Sludge! s'écria-t-il; *sufflamina*. C'est à moi d'expliquer cette affaire à notre digne hôte. Cette bonne femme vous a dit la vérité dans son grossier langage, monsieur; ce *faber ferrarius*, autrement dit ce maréchal ferrant, ne reçoit certainement d'argent de personne.

— Et c'est une preuve qu'il est ligué avec Satan, dit Gammer Sludge; car jamais bon chrétien n'a refusé le salaire de son labeur.

— La bonne femme a encore touché le point, dit le pédagogue; elle l'a touché avec son aiguille; *rem acu tetigit*. Il est très vrai que ce Wayland ne prend point d'argent; il ne se montre même à personne.

— Et se peut-il, s'écria Tressilian, que ce fou, car je le regarde comme tel, soit entendu dans son métier?

— Quant à cela, monsieur, il faut rendre au diable ce qui lui est dû. Mulciber et tous ses cyclopes ne pourraient mieux faire, mais assurément il serait peu sage de demander aide ou conseil à un homme qui n'est que trop évidemment ligué avec l'auteur du mal.

— J'en courrai le risque, M. Holyday; et comme mon cheval doit avoir maintenant mangé sa provende, je vous remercie de votre bon accueil, et vous prie de m'indiquer la demeure de cet homme, afin que je puisse continuer mon voyage.

— *Do manus*. J'y consens, prenant l'univers à témoin que je vous ai pleinement averti du danger que court votre âme si vous vous jouez ainsi à Satan. Je ne vous y conduirai pas moi-même, mais je vous donnerai pour guide mon élève, le petit Richard. *Ricarde! adsis, nebulo* [1].

— Avec votre permission, il n'en sera rien, s'écria la vieille femme. Mettez votre âme en péril si bon vous semble; mais mon petit Dick ne se chargera pas d'une telle besogne. Est-il bien possible, *domine doctor*, que vous pensiez à lui donner une pareille commission?

— Faites attention, Gammer Sludge, que Ricardus n'ira qu'au haut de la colline, et ne fera qu'indiquer du doigt à ce digne étranger l'endroit où il doit se rendre. D'ailleurs il ne peut lui arriver aucun accident, puisqu'il a lu ce matin à jeun un chapitre des Septante, et récité sa leçon du Nouveau Testament grec.

—D'ailleurs, ajouta sa mère, j'ai cousu dans le collet de sa veste une petite branche de l'orme de la sorcière, depuis que ce mauvais garnement a commencé à opérer ici sur les bêtes et les gens.

— Et comme il va souvent le voir pour son plaisir, à ce que je soupçonne au moins, il peut bien pour une fois approcher de son logis pour rendre service à un voyageur : ainsi donc *heus! Ricarde, adsis, quæso, mi didascule*.

Le disciple, appelé sur ce ton d'affection, parut alors dans la chambre. A sa taille, on ne lui aurait guère donné que douze à treize ans, quoique probablement il en eût un ou deux de plus. Sa démarche était gauche, il était laid et mal fait, et cependant avait un air spirituel ou plutôt malin. Ses cheveux roux étaient mal peignés, son visage tout couvert de taches de rousseur, son menton pointu, et son nez camard. Ses petits yeux gris n'étaient pas précisément louches, mais ils avaient une bizarre obliquité de vision. Il était impossible de regarder ce petit bonhomme sans quelque envie de rire, surtout quand

---

[1] Viens ici, Richard, petit drôle. — Tr.

Gammer Sludge le serra entre ses bras en l'appelant sa perle de beauté, et en l'accablant de caresses auxquelles il ne répondit qu'en cherchant à s'y soustraire en trépignant.

— *Ricarde*, dit le précepteur, il faut que vous alliez sur-le-champ, c'est-à-dire *protinùs*, sur le haut de la colline, pour montrer à cet honorable monsieur la forge de Wayland.

—Voilà une belle commission ! dit l'enfant s'exprimant en meilleurs termes que Tressilian ne s'y serait attendu. Et qui sait si je reviendrai ? qui sait si le diable ne m'emportera pas ?

—Oui, sans doute, s'écria Gammer Sludge ; et vous auriez dû y penser à deux fois, maître Domine, avant de donner une telle commission à mon favori. Est-ce ainsi que vous me récompensez de vous donner la vie et l'habit ?

— *Nugæ*, bagatelle ! Gammer Sludge, je vous garantis que Satan, si Satan se mêle de notre affaire, ne touchera pas un seul de ses cheveux. Il est en état de répéter son *pater* aussi bien que qui que ce soit, et il peut conjurer le démon *Eumenidum Stygiumque nefas*.

— Et j'ai cousu aussi dans le col de sa veste des feuilles du frêne des montagnes, ce qui est plus sûr que tout votre latin ; mais, avec tout cela, il ne faut pas chercher le diable ni ses associés.

— Mon brave garçon, dit Tressilian, qui vit à la physionomie du petit drôle qu'il agirait à sa volonté plutôt que d'après les conseils des autres, je vous donnerai un groat d'argent si vous voulez me conduire à la forge du maréchal.

Richard lui fit un signe de l'œil qui semblait le lui promettre, et s'écria en même temps : — Moi vous conduire chez Wayland ! ne vous ai-je pas dit que le diable pourrait m'emporter... comme voilà le chat qui emporte un des poulets de ma grand'mère? ajouta-t-il en regardant par la fenêtre.

— Au chat! au chat! s'écria la vieille : et ne songeant plus qu'à son poulet, elle courut dans sa basse-cour aussi vite que ses jambes purent l'y traîner.

— Vite à présent, dit Richard à Tressilian, prenez votre chapeau, faites sortir votre cheval, et préparez le groat d'argent que vous m'avez promis.

— Un instant, un instant, s'écria le magister : *sufflamina, Ricarde*.

— Ne vous occupez pas de moi, répondit Richard, et pensez à ce que vous direz à ma grand'mère pour vous excuser de m'envoyer en poste au diable.

Le pédagogue, connaissant tout le poids de la responsabilité dont il allait se trouver chargé, voulut joindre le geste aux préceptes, et s'avança vers lui pour l'empêcher de partir. Mais Richard était leste; il s'élança hors de la chaumière, et gagna avec la légèreté d'un faon une hauteur voisine; tandis qu'Holyday, sachant par expérience qu'il ne pourrait jamais lutter à la course contre son élève, avait recours à toutes les épithètes les plus mielleuses que le vocabulaire latin pouvait lui fournir, pour le déterminer à revenir. Mais les *mi anime, corculum meum,* et autres expressions du même genre, ne produisirent aucun effet; le disciple rebelle fit la sourde oreille, et, continuant à sautiller sur la hauteur, comme un lutin au clair de la lune, il faisait signe à sa nouvelle connaissance de venir le joindre promptement.

Tressilian ne perdit pas de temps pour aller prendre son cheval dans l'étable, afin de suivre son petit conducteur. Il remercia le pédagogue de son hospitalité, et le força presque à en recevoir une récompense qui parut pourtant calmer un peu la terreur que lui inspirait le retour de sa vieille hôtesse. Elle ne fut pas long-temps sans reparaître, car le voyageur et son guide n'étaient encore qu'à peu de distance quand ils entendirent les cris aigres d'une voix de femme qui se mêlaient aux remontrances classiques du docte Erasme Holyday. Mais Richard, également sourd à la voix de la tendresse maternelle comme à celle de l'autorité magistrale, n'en marchait pas moins d'un pas assuré devant Tressilian, se contentant de dire que, s'ils s'enrouaient, ils pourraient lécher le pot au miel, attendu qu'il avait mangé la veille tout ce qu'il contenait.

CHAPITRE X.

« Ils trouvent en entrant le pauvre homme lui-même ;
« Il était absorbé dans l'œuvre du démon.
« C'était un nain difforme, aux yeux creux, au teint blême,
« Comme s'il eût long-temps gémi dans sa prison. »
SPENCER, *la Reine des Fées.*

— Sommes-nous encore bien loin de la demeure de ce maréchal, mon gentil garçon ? demanda Tressilian à son jeune guide après quelques minutes de marche.

— Comment m'appelez-vous ? dit l'enfant en fixant sur lui de petits yeux gris et perçans.

— Je vous appelle mon gentil garçon. Cela vous offense-t-il ?

— Pas le moins du monde : mais si vous étiez encore avec ma grand'mère et Domine Holyday, vous pourriez chanter en chœur avec eux la vieille chanson :

Nous sommes trois fous, etc.

— Et pourquoi cela, mon petit homme ?

— Parce qu'il n'y a que vous trois qui m'ayez jamais appelé gentil garçon. Or ma grand'mère m'appelle ainsi, parce que l'âge l'empêche d'y bien voir, et que la parenté l'aveugle tout-à-fait ; M. Holyday, parce qu'il veut lui faire plaisir, et s'assurer ainsi la meilleure place au feu et la plus grande assiette de furmity ; quant à vous, vous devez savoir quels sont vos motifs.

— Tu es du moins un petit malin, si tu n'es pas un gentil garçon. Comment tes camarades t'appellent-ils?

— Lutin. Mais avec tout cela j'aime mieux avoir mon laid visage que leur tête sans cervelle.

— Vous ne craignez donc pas ce maréchal que nous allons voir ?

— Moi le craindre ! quand il serait aussi diable que ces imbéciles le croient, je ne le craindrais pas. Mais quoiqu'il y ait en lui quelque chose de singulier, il n'est pas plus diable que vous; et c'est ce que je ne dirais pas à tout le monde.

— Et pourquoi donc me le dites-vous, mon enfant?

— Parce que vous n'êtes pas un homme comme nous en voyons tous les jours; et, quoique je sois laid comme le péché, je ne voudrais pas que vous me prissiez pour un âne, d'autant plus que je puis avoir un jour une grâce à vous demander.

— Et quelle est cette grâce, mon garçon, puisque je ne dois pas t'appeler mon gentil garçon?

— Si je vous le disais à présent, vous me la refuseriez. J'attendrai, pour vous faire cette demande, que nous nous rencontrions à la cour.

— A la cour, Richard ! comptez-vous donc aller à la cour?

— Ah ! vous êtes comme tous les autres. Parce que vous me voyez si laid, vous vous demandez : Qu'irait-il faire à la cour? Mais fiez-vous à Richard Sludge. Ce n'est pas pour rien que j'ai été ici le coq du poulailler, et je ferai oublier ma laideur par mon esprit.

— Mais que dira Gammer Sludge? Que dira M. Erasme Holyday, votre précepteur?

— Tout ce qu'ils voudront. L'une a ses poulets à compter, et l'autre ses enfans à fouetter. Il y a long-temps que je les aurais laissés garder leurs moutons, et que j'aurais montré les talons à ce vilain village, si M. Holyday ne m'eût promis de me donner un rôle à jouer dans la première fête dont il sera l'ordonnateur; et l'on dit qu'il y en aura une grande incessamment.

— Et où doit-elle avoir lieu, mon petit ami?

— Dans un château du côté du nord, bien loin du comté de Berks; et Domine prétend qu'on ne pourra se passer de lui. Il est possible qu'il ait raison, car il a déjà ordonné plus d'une belle fête. Il n'est pas à moitié aussi sot qu'il le paraît, quand il entreprend une besogne à laquelle il s'entend. Il est en état de débiter des vers aussi bien qu'un acteur, et cependant Dieu sait que si vous le chargez de dérober un œuf sous une oie, il se laissera battre par la couveuse.

— Et vous devez jouer un rôle dans la prochaine fête? dit Tressilian, qui commençait à être intéressé par la conversation hardie du petit garçon, et par son art de juger les hommes.

— Oui vraiment, répondit Richard; il me l'a promis, et s'il manque à sa parole, gare à lui; car si je prends le mors aux dents et tourne le dos au village, je lui donnerai une telle saccade qu'il ne pourra rester en selle et qu'il se brisera les os. Je ne voudrais pas pourtant lui faire mal; le vieux fou s'est donné bien de la peine pour m'apprendre tout ce qu'il a pu. Mais en voilà assez de dit là-dessus; nous voici à la forge du maréchal Wayland.

— Vous badinez, mon petit ami; je ne vois qu'une colline sur laquelle sont de grosses pierres rangées en cercle, et au milieu desquelles en est une plus grosse que les autres, ce qui ressemble beaucoup à une butte de Cornouailles.

— Eh bien, cette grosse pierre au milieu des autres est le comptoir du maréchal : c'est là qu'il faut déposer votre argent.

— Que veut dire cette folie? demanda Tressilian commençant à s'impatienter, et soupçonnant l'enfant de vouloir s'amuser à ses dépens.

— Il faut, continua Richard en faisant une grimace, que vous attachiez votre cheval à cette pierre où vous voyez un anneau en fer, et que vous placiez un groat d'argent sur celle du milieu ; après quoi vous sifflerez trois fois, vous sortirez du cercle, et vous irez vous asseoir derrière ce buisson, sans regarder à droite ni à gauche tant que vous entendrez battre le marteau. Alors dites vos prières pendant le temps que vous mettriez à compter jusqu'à cent, ou comptez jusqu'à cent, ce qui sera la même chose ; vous rentrerez ensuite dans le cercle, vous trouverez votre argent parti et votre cheval ferré.

— Mon argent parti, c'est ce dont je ne doute nullement ; mais quant au reste... Ecoutez-moi, Richard : je ne suis pas votre précepteur ; mais si vous prétendez me jouer un tour de votre façon, je me chargerai de le remplacer, et je vous châtierai d'importance.

— Quand vous pourrez m'attraper, répondit l'enfant ; et il joua des jambes avec tant de vitesse qu'il ne put être atteint par Tressilian, dont la course était retardée par la pesanteur de ses bottes. Ce qui redoublait son dépit, c'était que l'espiègle ne semblait pas fuir avec précipitation, comme s'il eût été en danger ou effrayé. Il s'arrêtait à une distance pour engager Tressilian à le poursuivre, et quand il le voyait s'approcher, il partait avec la rapidité du vent, en faisant des détours de manière à ne pas s'écarter de l'endroit autour duquel il tournait.

Tressilian fatigué s'arrêta enfin, et il était sur le point de renoncer à sa poursuite, en maudissant de bon cœur le marmot difforme qui lui jouait un si mauvais tour, quand Richard, placé sur une petite hauteur en face de lui, se mit à battre des mains, à le montrer au doigt, et à faire toutes les grimaces d'un enfant qui se moque de celui qui le poursuit. Il ne savait trop s'il devait rire ou se fâcher; mais enfin, voulant l'intimider, il remonta à cheval, croyant bien par ce moyen le poursuivre avec plus d'avantage.

Dès que Richard s'aperçut de son dessein : — Un moment! s'écria-t-il, un moment! Plutôt que de vous voir blesser votre beau cheval aux pieds blancs, je vais revenir à vous si vous me promettez de ne pas me toucher.

— Je ne ferai pas de conditions avec toi, petit drôle, dit Tressilian, et dans un moment tu seras à ma discrétion!

— Oui-dà, monsieur le voyageur! répondit l'enfant; vous ne savez donc pas qu'il y a ici près un marécage qui avalerait tous les chevaux des gardes de la reine? Je vais y aller, et nous verrons si vous m'y suivrez. Vous entendrez long-temps crier le butor et le canard sauvage avant que vous me mettiez la main dessus sans mon consentement.

Tressilian vit effectivement à la nature du terrain que Richard ne le trompait pas sur ce point, il résolut de conclure la paix avec un ennemi si leste et si bien déterminé.
— Viens, lui dit-il, viens, malin espiègle; je te promets, foi de gentilhomme, que je ne te ferai aucun mal.

L'enfant répondit à cette invitation sans balancer un seul instant, et descendit de son poste élevé d'un pas délibéré, les yeux fixés sur Tressilian, qui, descendu de cheval, et tenant la bride à la main, était encore hors d'haleine de la course qu'il avait faite, tandis que le front du marmot n'était pas couvert d'une seule goutte de sueur. Sa peau ressemblait à du parchemin sec et jauni.

— Me direz-vous maintenant, malicieux espiègle, lui dit-il, pourquoi vous me traitez ainsi? Quel était votre dessein en débitant le conte absurde que vous vouliez me faire croire? Conduisez-moi enfin à la forge de ce maréchal, et je vous donnerai de quoi acheter des pommes pendant tout l'hiver.

— Vous me donneriez toutes les pommes d'un verger, que je ne pourrais vous guider mieux que je n'ai fait. Attachez votre cheval à cet anneau, déposez votre argent sur cette pierre, sifflez trois fois, et allez vous asseoir derrière le petit bois. Je ne vous quitterai pas, et je vous permets de me tordre le cou si vous n'entendez pas le maréchal travailler deux minutes après que nous serons assis.

— Prends-y garde; car si tu me fais jouer un rôle ridicule pour te divertir, je puis être tenté de te prendre au mot. Au surplus je vais éprouver ton talisman. Voilà mon cheval attaché à cette pierre, voici un groat d'argent sur cette autre; maintenant il faut siffler trois fois, dis-tu?

— Oui, mais un hibou sans plumes sifflerait mieux dans son nid; il faut siffler plus fort pour que le maréchal vous entende: qui sait où il se trouve en ce moment? il est peut-être dans les écuries du roi de France.

— Mais tu m'as dit que ce n'était point un diable, reprit Tressilian, qui se sentait presque honteux de ce qu'on lui faisait faire.

— Homme ou diable, je vois qu'il faut que je l'appelle pour vous. En même temps il siffla trois fois avec un bruit si aigu que Tressilian se boucha les oreilles. Voilà ce que j'appelle siffler, ajouta-t-il; maintenant allons derrière ces arbres, ou Pieds-Blancs ne sera pas ferré aujourd'hui.

Tressilian, curieux de voir à quoi aboutirait tout ce cérémonial, et tenté de croire qu'il aurait un résultat sérieux, attendu l'assurance que montrait l'enfant, qui ne semblait nullement songer à vouloir s'échapper, se laissa conduire derrière le buisson; et, réfléchissant que ce pouvait être une ruse pour lui voler son cheval, il continua de tenir la main sur le collet de Richard, résolu d'en faire un otage pour la sûreté de son coursier.

— Chut! dit Richard, écoutez: vous allez entendre le bruit d'un marteau qui n'est pas de fer forgé par la main des hommes, car il a été fait avec un métal tombé de la lune. En effet, presque au même instant Tressilian entendit le bruit que fait un maréchal en ferrant un cheval. La singularité d'un tel bruit, dans un endroit éloigné en apparence de toute habitation, le fit tressaillir involontairement. Mais regardant l'enfant, et voyant, à l'expression maligne de sa physionomie, qu'il jouissait de son étonnement, il fut convaincu que c'était un stratagème concerté d'avance, et il résolut de savoir par qui et dans quel dessein cette comédie était jouée.

Il resta donc fort tranquille tant qu'il entendit le bruit du marteau, ce qui dura à peu près le temps dont un bon ouvrier a besoin pour ferrer un cheval; mais, dès que le bruit cessa, au lieu d'attendre l'intervalle que l'enfant lui avait prescrit d'observer, il s'élança l'épée à la main vers le lieu de la scène; et, dès qu'il eut fait le tour du buisson, il aperçut un homme portant le tablier de cuir d'un maréchal, mais dont tout le reste du costume était bizarre; il avait sur le dos une peau d'ours dont le poil était en dehors, et sa tête était enfoncée sous un bonnet semblable qui cachait en partie ses traits enfumés.

— Revenez! revenez! cria l'enfant à Tressilian, ou il vous déchirera en pièces. Personne ne peut le voir sans périr. Et dans le fait l'invisible maréchal, maintenant devenu visible, levant son marteau, semblait se préparer à l'attaque ou du moins à la défense.

Quand l'enfant s'aperçut que ni ses cris ni l'air menaçant du maréchal n'avaient le pouvoir d'arrêter Tressilian, qui s'avançait toujours l'épée à la main, il s'adressa à l'artisan à son tour : — Wayland, s'écria-t-il, ne le touchez pas; c'est un gentilhomme, un vrai gentilhomme, et il ne se laisse pas effrayer.

— Ainsi donc, tu m'as trahi, Flibbertigibbet[1]! dit le maréchal; tu en seras le mauvais marchand.

(1) C'est le nom d'un des lutins invoqués par les sorcières de Macbeth. — Ed.

— Qui que tu sois, dit Tressilian, tu ne cours aucun danger avec moi; mais il faut que tu me dises pourquoi tu exerces ton métier d'une manière si mystérieuse.

Le maréchal, se tournant vers Tressilian, lui répondit d'un air menaçant : — Qui ose questionner le gardien du château de cristal de la Lumière, le seigneur du Lion-Vert, le maître du Dragon-Rouge? Retire-toi, éloigne-toi avant que j'évoque Talpack avec sa lance de feu, pour t'écraser et t'anéantir! Il accompagna ces paroles de gestes violens, et brandit son marteau d'un air formidable.

— Paix, vil fourbe! dit Tressilian : crois-tu m'en imposer par un tel jargon? Suis-moi à l'instant chez un magistrat, ou je te pourfends la tête.

— Paix, bon Wayland! dit Richard; les grands mots ne réussiront pas aujourd'hui, et il faut le prendre sur un autre ton.

— Je crois, monsieur, dit le maréchal d'un air soumis, et en baissant son marteau, que quand un pauvre homme fait bien sa besogne, il lui est permis de la faire de la manière qui lui convient. Votre cheval est ferré, votre maréchal est payé; avez-vous rien de mieux à faire que de vous mettre en selle et de continuer votre route?

— Oui, répondit Tressilian; car c'est un devoir pour tout homme honnête que de démasquer les charlatans et les imposteurs; et ta manière de vivre fait que je te soupçonne d'être l'un et l'autre.

— Si vous y êtes déterminé, monsieur, je ne puis me sauver que par la force, et je ne voudrais pas l'employer contre vous, M. Tressilian; non que je craigne votre arme, mais parce que je sais que vous êtes généreux et compatissant, et que vous auriez plus de plaisir à tirer d'embarras un pauvre homme qu'à lui en causer davantage.

— C'est bien parlé, Wayland, dit l'enfant qui attendait d'un air inquiet le résultat de leur conférence. Mais descendons dans votre antre, car vous savez que le grand air est contraire à votre santé.

— Tu as raison, Lutin, répondit le maréchal; et, s'avançant du côté le plus voisin du cercle de pierres, et opposé à celui où Richard avait conduit Tressilian pendant l'opération mystérieuse, il découvrit une trappe soigneusement cachée dans les broussailles, la leva, et, descendant sous terre, disparut à leurs yeux. Tressilian, malgré sa curiosité, balança un instant à le suivre dans ce qui pouvait être une caverne de voleurs, surtout quand il entendit la voix du maréchal, sortant des entrailles de la terre, crier :

— Flibbertigibbet, aie soin de passer le dernier et de bien fermer la trappe.

— Ce que vous avez vu du maréchal Wayland vous suffit-il? demanda l'espiègle à Tressilian avec un sourire malin, comme s'il eût remarqué que son compagnon hésitait.

— Pas tout-à-fait, répondit Tressilian avec fermeté; prenant son parti, il descendit l'escalier étroit auquel la trappe conduisait, et fut suivi par Richard Sludge, qui, fermant ensuite la trappe, fit succéder à un faible crépuscule de profondes ténèbres. L'escalier n'avait qu'un petit nombre de marches, et il aboutissait à un passage d'une vingtaine de pas, au bout duquel on apercevait le reflet d'une lumière rougeâtre. Arrivé en cet endroit, Tressilian, qui marchait toujours l'épée à la main, trouva un détour sur la gauche, et arriva, ainsi que l'enfant qui le suivait pas à pas, sous une petite voûte où était une forge de maréchal pleine de charbon de bois embrasé, dont la vapeur aurait pu suffoquer si elle ne s'était échappée par quelques ouvertures ménagées artistement. La clarté que répandaient le charbon allumé et une lampe suspendue par une chaîne de fer, montrait qu'indépendamment de l'enclume, du soufflet, des tenailles, du marteau, d'une assez grande quantité de fers prêts à être employés, et de tous les outils nécessaires à la profession de maréchal, il s'y trouvait aussi des creusets, des alambics, des cornues et d'autres instrumens de chimie. La figure grotesque du maréchal, et les traits difformes mais spirituels de l'enfant, vus à la lumière de ce feu de charbon et d'une lampe mourante, s'accordaient parfaitement avec cet appareil mystique, et, dans ce siècle de superstition, auraient fait quelque impression sur le courage de bien des gens.

Mais la nature avait doué Tressilian d'une grande fermeté; et son esprit, cultivé par une bonne éducation première et les études d'un âge plus mûr, était incapable de céder à de vaines terreurs. Jetant un coup d'œil autour de lui, il demanda de nouveau à l'artiste qui il était, et comment il se faisait qu'il connût son nom.

— Votre Honneur doit se rappeler, dit le maréchal, qu'il y a environ trois ans, la veille de sainte Lucie, un jongleur ambulant se présenta dans un certain château du Devonshire, et y exerça son savoir-faire en présence d'un digne chevalier et de sa respectable société. Je vois sur votre figure, malgré le peu de clarté qui règne ici, que vous ne l'avez pas oublié.

— Tu m'en as dit assez, dit Tressilian en se détournant, comme s'il eût voulu lui cacher les souvenirs pénibles qu'il venait de réveiller en lui.

— Le jongleur, continua le maréchal, joua si bien son rôle que les paysans et les gentilshommes campagnards crurent presque qu'il employait la magie. Mais il y avait une jeune demoiselle de quinze ans ou environ, la plus belle que j'aie jamais vue, dont les joues de rose pâlirent, et qui ne put sans crainte être témoin des merveilles que le jongleur opérait.

— Silence, dit Tressilian, silence; c'en est déjà trop!

— Je ne voudrais pas offenser Votre Honneur; mais ne croyez pas que j'aie oublié que, pour calmer les craintes de la jeune demoiselle, vous lui expliquâtes la manière dont ces illusions étaient produites, et que vous déconcertâtes le pauvre jongleur en mettant au grand jour les mystères de son art, aussi bien que si vous eussiez été un frère de son ordre. Il est certain qu'elle était si belle que, pour en obtenir un seul sourire, on aurait...

— N'en parle plus, je t'en conjure! s'écria Tressilian : je n'ai pas oublié la soirée dont tu parles; elle est du petit nombre des soirées heureuses que j'aie jamais connues.

— Elle a donc cessé de vivre? dit le maréchal, interprétant à sa manière le soupir dont ces mots furent accompagnés; elle a cessé de vivre, toute jeune, toute belle, toute chérie qu'elle était! Mais je demande pardon à Votre Honneur; j'aurais dû battre un autre fer, et je vois que j'ai enfoncé le clou jusqu'au vif.

Il prononça ces mots d'un ton qui annonçait qu'il éprouvait un véritable sentiment de regret, quoique grossièrement exprimé, et Tressilian en conçut une opinion plus favorable du pauvre artisan, qu'il avait d'abord jugé avec un peu de sévérité : mais rien ne gagne le cœur d'un infortuné comme l'intérêt qu'on témoigne à ses malheurs.

— Je crois, dit-il après un moment de silence, que tu étais alors un joyeux compagnon, en état d'amuser une société, non seulement par tes tours, mais par des contes et des ballades; comment es-tu devenu artisan laborieux, exerçant ton métier d'une manière si extraordinaire, et dans une demeure si étrange?

— Mon histoire n'est pas longue, répondit Wayland, et si Votre Honneur veut s'asseoir, je la lui raconterai. En parlant ainsi, il approcha du feu un tabouret à trois pieds, et en prit un autre pour lui; Richard Sludge ou Flibbertigibbet, comme il l'appelait, s'assit sur une escabelle aux pieds du maréchal, les yeux fixés sur lui; sa figure, éclairée par le feu de la forge, exprimait la plus vive curiosité.

— Et toi aussi, lui dit le maréchal, tu sauras l'histoire de ma vie : tu m'as rendu assez de services pour mériter ma confiance. D'ailleurs, autant vaut-il te la dire que te la laisser deviner, car jamais la nature n'a caché esprit plus fin sous une enveloppe moins prévenante. Eh bien, monsieur, me voici à vos ordres, et je vais commencer mon récit. Mais n'accepterez-vous pas un verre d'ale? Malgré la pauvreté de ma demeure, je n'en suis pas dépourvu.

— Je te remercie, dit Tressilian ; mais voyons ton histoire, car j'ai peu de temps à te donner.

— Vous ne regretterez pas ce délai, dit le maréchal, car pendant ce temps votre cheval fera un meilleur repas que celui qu'il a eu ce matin, et il en voyagera mieux ensuite.

Il quitta un instant sa demeure souterraine, et y étant rentré au bout de quelques minutes, il commença son histoire. Mais nous aussi nous ferons une pause en remettant le récit au chapitre qui va suivre.

CHAPITRE XI.

> « Oui, milord, tel est son savoir-faire :
> « Mais est-ce à moi de vous le raconter?
> « Lui seul pourrait vous dire ce mystère.
> « Mais je le dis, son pouvoir est si grand
> « Qu'un geste, un mot, lui suffiraient pour faire
> « De ces pavés lingots d'or et d'argent. »
> *Le prologue du Yeoman du Chanoine, contes de Cantorbéry.* CHAUCER.

L'ARTISTE reprit son récit dans les termes suivans :

— J'appris dans ma jeunesse l'art du maréchal, et je connaissais ce noble métier autant qu'aucun compagnon ceint du tablier de cuir et au visage noirci ; mais je me lassai de chanter en battant le fer, et j'allai courir le monde, où je fis la connaissance d'un célèbre jongleur, qui, reconnaissant que ses doigts n'étaient plus assez souples pour les mystères de son art, désirait avoir un apprenti pour aide. Je le servis pendant six ans, et je devins passé maître dans ce nouvel état. J'en appelle à Votre Honneur, au jugement duquel on peut s'en rapporter; ne m'acquittais-je point passablement de mon rôle?

— On ne peut mieux, dit Tressilian; mais sois bref.

— Peu de temps après avoir étonné par ma dextérité la société de sir Hugh Robsart, en votre présence, je pris le parti du théâtre, et je me suis pavané sur les planches avec les plus fameux artistes du *Taureau-Noir*, de *la Fortune-du-Globe* et des autres salles [1]. Mais les pommes étaient à si bon marché cette année que les spectateurs n'en mangeaient jamais qu'une bouchée ou deux, et jetaient le reste à la tête des acteurs à mesure qu'ils paraissaient sur le théâtre. Cela me dégoûta de la profession. Je renonçai à la demi-part que j'avais dans la compagnie; je laissai les pommes à mes camarades, les brodequins au directeur, et je tournai les talons au théâtre.

— Et quel nouvel état pris-tu alors? demanda Tressilian.

— Je devins moitié associé, moitié domestique d'un homme ayant beaucoup de science et peu d'argent, qui faisait le métier de médecin.

— Ce qui veut dire, dit Tressilian, que tu étais le paillasse [2] d'un charlatan.

— Quelque chose de plus, mon bon M. Tressilian, permettez-moi de le dire. Et cependant, pour parler vrai, notre pratique était un peu hasardeuse; et ce que j'avais appris dans mes premières études pour me rendre utile aux chevaux servit plus d'une fois à l'espèce humaine. Mais les germes de toutes les maladies sont les mêmes; et

---

(1) Salles de spectacle à Londres du temps d'Élisabeth. — Éd.
(2) En anglais, *the Jack pudding*. — Éd.

si la térébenthine, le goudron, la poix, et la graisse de bœuf avec un mélange de gomme, de résine et une gousse d'ail, peuvent guérir le cheval blessé par un clou, je ne vois pas pourquoi la même recette ne serait pas aussi utile à l'homme qui a été percé d'un coup d'épée. Mais la science de mon maître allait plus loin que la mienne, et s'étendait sur d'autres branches. Non seulement il était hardi praticien en médecine, mais c'était encore un adepte au besoin. Il lisait dans les astres, et vous prédisait ce qui devait arriver, par la généthliologie, comme il le disait, ou de toute autre manière. Il était encore profond chimiste, savait distiller les simples, avait fait plusieurs tentatives pour fixer le mercure, et se croyait bien près de trouver la pierre philosophale. J'ai encore des vers qu'il conservait à ce sujet, et si Votre Honneur les comprend, vous êtes plus savant que tous ceux qui les ont lus, et probablement que celui qui les a faits.

En même temps il remit à Tressilian une feuille de parchemin, au haut, au bas, et sur les marges de laquelle étaient les signes du zodiaque avec des caractères grecs, hébreux et talismaniques. Au milieu étaient quatre vers de la composition d'un auteur cabalistique, en lettres si nettes que l'obscurité qui régnait en ce lieu n'empêcha pas Tressilian de les lire facilement. Voici ce chef-d'œuvre poétique :

Si fixum solvas, faciasque volare solutum,
Et volucrem figas, facient te vivere tutum ;
Si pariat ventum, valet auri pondere centum.
Ventus ubi vult spirat. — Capiat qui capere potest[1].

— Tout ce que j'y comprends, dit Tressilian, c'est que

(1) Contentons-nous donc d'un *à-peu-près*.
Si tu dissous un corps fixe, et si tu fais évaporer un corps dissous; si tu fixes un corps volatilisé, tu vivras long-temps bien portant : si le composé engendre du vent, cela vaut cent pièces d'or. Le vent respire où il veut. Comprenne qui pourra. — Ed.

la dernière ligne n'est pas un vers, et que les quatre derniers mots semblent signifier, *me comprenne qui pourra.*

— C'est précisément d'après ce principe qu'agissait toujours mon digne maître et ami le docteur Doboobius. Mais enfin, dupe de sa propre imagination, et infatué de son savoir en chimie, il dépensa en se trompant lui-même l'argent qu'il avait gagné en trompant les autres. Jamais je n'ai pu savoir s'il avait découvert par hasard ou fait construire en secret ce laboratoire. C'est ici qu'il venait souvent se renfermer loin de ses malades et de ses disciples ; et l'on pensa que ses longues et mystérieuses absences de la ville de Faringdon, où il faisait sa demeure ordinaire, étaient occasionées par ses études dans les sciences mystiques et par son commerce avec le monde invisible. Il essaya de me tromper moi-même ; je voulais bien paraître sa dupe, mais il vit que je connaissais trop bien ses secrets pour que ma compagnie lui fût plus long-temps agréable. Cependant son nom devint fameux, et la plupart de ceux qui venaient le consulter le faisaient dans la persuasion qu'il était sorcier. La réputation qu'il avait d'être initié dans les sciences occultes attira à lui en secret des gens trop puissans pour être nommés, et dont les projets étaient trop dangereux pour être mentionnés. On finit par le maudire et le menacer ; et moi, aide innocent de ses études, on me surnomma le *Messager du diable*, ce qui me valait une volée de pierres chaque fois que je me montrais dans un des villages voisins. Enfin mon maître disparut tout-à-coup en me disant qu'il allait travailler dans son laboratoire secret et me défendant d'aller l'y troubler avant deux jours. Cet intervalle passé, je conçus des inquiétudes, je vins ici, et je trouvai le feu éteint, et tous les ustensiles de chimie en désordre, avec un billet du docte Doboobius, comme il se nommait lui-même, m'informant que nous ne nous reverrions plus, me léguant son appareil chimique et le parchemin que je viens de vous montrer, et me conseillant de suivre exactement les instructions qui y étaient contenues, attendu que c'était le moyen infaillible de parvenir à la découverte du grand œuvre.

— Et as-tu suivi ce sage conseil? demanda Tressilian.

— Non, monsieur. Naturellement prudent et soupçonneux, parce que je savais à qui j'avais affaire, je fis une recherche exacte partout, même avant d'allumer du feu, et je découvris enfin un petit baril de poudre soigneusement caché sous l'âtre du foyer, sans doute dans l'intention charitable de me faire trouver ici mort et sépulture, aussitôt que je commencerais à travailler à la transmutation des métaux. Cette découverte me dégoûta de l'alchimie, et j'aurais bien voulu retourner honnêtement à l'enclume et au marteau; mais qui amènerait un cheval à ferrer au messager du diable? Cependant j'avais gagné l'amitié du brave Flibbertigibbet que voici, en lui apprenant quelques secrets de nature à plaire à son âge pendant qu'il était à Faringdon avec son précepteur, le savant Érasme Holyday. Nous tînmes conseil ensemble, et nous décidâmes que puisque je ne pouvais espérer de me procurer des pratiques par les voies ordinaires, j'essaierais d'en attirer en profitant de la crédulité des villageois, et, grâce à Flibbertigibbet, qui m'a fait une réputation, je n'en ai pas manqué. Mais je sens que je joue un trop gros jeu : je crains qu'on ne finisse par me prendre pour un sorcier, et je ne désire rien tant que de trouver l'occasion d'abandonner ma forge, lorsque je pourrai obtenir la protection de quelque homme honorable contre la fureur de la populace, si elle venait à me reconnaître.

— Connais-tu parfaitement les routes de ce pays? lui demanda Tressilian.

— Il n'en est pas une que je ne puisse reconnaître par la nuit la plus noire, répondit Wayland-Smith ou le maréchal, comme notre adepte s'appelait lui-même.

— Tu n'as sans doute point de cheval?

— Pardonnez-moi. J'ai oublié de vous en parler, mais c'est le meilleur effet de la succession du docteur, à l'exception de deux ou trois de ses secrets de médecine que je me suis appropriés bien contre son gré.

— Eh bien, va te laver la figure et les mains, jette cette peau ridicule, habille-toi le plus décemment que tu le pourras, et si tu es fidèle et discret, tu pourras me suivre quelque temps jusqu'à ce qu'on ait oublié tes tours de passe-passe. Je crois que tu ne manques ni d'adresse ni de courage, et j'ai des affaires qui peuvent exiger l'un et l'autre.

Wayland accepta cette proposition avec empressement, et assura son nouveau maître de tout son dévouement. En quelques minutes il opéra un tel changement dans tout son extérieur quand il eut revêtu de nouveaux habits et arrangé sa barbe et ses cheveux, que Tressilian ne put s'empêcher de lui dire qu'il n'avait guère besoin de protecteur, attendu qu'aucune de ses anciennes connaissances ne pourrait maintenant le reconnaître.

— Mes débiteurs ne voudraient pas me payer, dit Wayland en secouant la tête, mais mes créanciers de tout genre ne seraient pas si faciles à aveugler; non vraiment! je ne me croirais pas en sûreté si je n'étais sous la protection d'un homme de votre naissance et de votre réputation.

A ces mots il prit les devans pour sortir de la caverne, et quand il fut dehors il appela le lutin à haute voix. Celui-ci, qui tarda quelques instans à les rejoindre, parut bientôt chargé de tous les harnais d'un cheval. Wayland ferma la trappe, et la recouvrit avec soin. — Qui sait, dit-il, si je n'aurai pas encore besoin de cet antre? D'ailleurs les outils ont toujours quelque valeur. Il siffla, et un cheval qui paissait dans une prairie voisine accourut à ce signal, auquel il était accoutumé. Tandis qu'il s'occupait à lui mettre ses harnais, Tressilian monta sur le sien après en avoir resserré la sangle.

Comme Wayland montait à cheval : — Vous allez donc me quitter, mon ancien camarade, lui dit Richard, et je n'aurai plus le plaisir de rire aux dépens de ces imbéciles qui tremblaient de tous leurs membres quand je les amenais ici pour faire ferrer leurs chevaux par le diable et ses agens.

— Il faut que les meilleurs amis se quittent tôt ou tard, Flibbertigibbet, répondit Wayland; mais je t'assure, mon cher enfant, que tu es la seule chose que je regrette dans la vallée de White-Horse.

— Oh! je ne vous dis pas adieu. Vous serez sans doute à ces belles fêtes, et j'y serai aussi; car si M. Hoylday ne m'y mène point, par la lumière du soleil, qui n'a pas encore éclairé votre forge, j'irai tout seul.

— A la bonne heure, dit Wayland; mais ne fais rien sans y bien réfléchir.

— Vous voudriez faire de moi un enfant, un enfant comme on en voit tant, et me faire sentir quel risque on court en marchant sans lisières. Mais avant que vous soyez à un mille de ces pierres, vous saurez qu'il y a en moi du lutin plus que vous ne le croyez, et vous verrez que j'ai arrangé les choses pour votre avantage, si vous savez en profiter.

— Que veux-tu dire? lui demanda Tressilian. Mais l'enfant ne lui répondit que par une grimace et une cabriole, et, les exhortant à partir sans perdre de temps, il leur en donna l'exemple en prenant à toutes jambes le chemin de son hameau, déployant la même vitesse dont il avait donné des preuves quand Tressilian avait en vain essayé de l'atteindre.

— Il serait inutile de le poursuivre, dit Wayland; autant vaudrait prétendre suivre une alouette dans les airs.

Et d'ailleurs à quoi bon? ce que nous avons de mieux à faire est de suivre son avis et de partir.

Tressilian lui expliqua dans quelle direction il désirait marcher, et ils se mirent en route.

A peine avaient-ils fait un mille, que Tressilian remarqua que son cheval avait plus d'ardeur que lorsqu'il l'avait monté le matin. Il en fit l'observation à son compagnon.

— Vous en êtes-vous aperçu? dit Wayland; c'est l'effet d'un de mes secrets joint à un picotin d'avoine. D'ici à six heures au moins, Votre Honneur n'aura pas besoin de faire jouer ses éperons. Croyez-vous que j'aie étudié pour rien la médecine et la pharmacie?

— J'espère que vous n'avez rien donné à mon cheval qui puisse lui nuire?

— Pas plus que le lait de la jument qui l'a nourri.

Et il commençait à s'étendre sur l'excellence de son secret quand il fut interrompu par une explosion dont le bruit fut aussi violent que celui d'une mine qui fait sauter les remparts d'une ville assiégée. Les deux chevaux tressaillirent, et les cavaliers ne furent pas moins surpris. Ils se retournèrent du côté d'où partait cette espèce de coup de tonnerre, et virent, précisément à l'endroit qu'ils venaient de quitter, une épaisse colonne de fumée qui s'élevait vers l'azur du ciel.

— C'est pour le coup que ma forge est au diable! s'écria Wayland, qui devina sur-le-champ la cause de l'explosion. J'ai été fou de parler des intentions charitables du docteur Doboobius pour ma maison devant cet espiègle de Flibbertigibbet. Je devais me douter qu'il n'aurait pas de repos avant d'avoir fait un pareil coup. Mais doublons le pas, car la détonation va attirer tout le pays.

A ces mots, il pressa légèrement les flancs de son cheval; Tressilian en fit autant, et ils s'éloignèrent au grand trot.

— Voilà donc ce qu'il voulait nous dire en nous quittant, dit Tressilian. Ceci n'est pas une espièglerie, car pour peu que nous eussions tardé à partir, nous aurions été...

— Il nous aurait avertis, dit Wayland. Je l'ai vu se retourner plusieurs fois pour voir si nous partions. C'est un vrai diable pour la malice, mais ce n'est pas un méchant diable. Il serait trop long de vous raconter comment j'ai fait sa connaissance et combien de tours il m'a joués. Mais il m'a rendu aussi bien des services, surtout en m'amenant des pratiques. Son grand plaisir était de les voir trembler d'effroi derrière le buisson, tandis qu'ils entendaient le bruit de mon marteau. Je crois que dame nature, en plaçant dans cette tête difforme une double quantité de cervelle, lui a donné la faculté de s'amuser aux dépens des autres hommes, en compensation du rire qu'excite la laideur de ses traits.

— Cela peut être, dit Tressilian. Ceux qui se trouvent en quelque sorte séparés de la société par la bizarrerie de leur extérieur, s'ils ne haïssent pas le reste du genre humain, sont du moins enclins à se divertir des travers et même des malheurs d'autrui.

— Mais Flibbertigibbet, répondit Wayland, a des qualités qui doivent lui faire pardonner sa malice. S'il aime à jouer quelques tours à ceux qui lui sont étrangers, il est d'une fidélité à toute épreuve pour ceux à qui il est attaché; et, comme je vous l'ai dit, j'ai de bonnes raisons pour parler ainsi.

Tressilian ne poussa pas plus loin cette conversation, et ils continuèrent leur route sans accident et sans aventures jusqu'à Marlborough, ville devenue célèbre depuis ce temps pour avoir donné son nom au plus grand général, un seul excepté [1], que l'Angleterre ait jamais produit. Là

---

[1] Allusion au héros moderne (Wellington), que l'orgueil anglais ne cesse de mettre à côté des plus grands capitaines. — ED.

nos deux voyageurs reconnurent en même temps la vérité de deux vieux proverbes, l'un que les mauvaises nouvelles ont des ailes, l'autre que ceux qui écoutent aux portes entendent rarement dire du bien d'eux.

La cour de l'auberge où ils descendirent était dans une sorte de confusion. A peine purent-ils y trouver quelqu'un pour prendre soin de leurs chevaux, tant chacun était occupé d'une nouvelle qu'on y débitait, et qui volait de bouche en bouche. Ils furent quelque temps sans pouvoir découvrir de quoi il s'agissait : enfin ils trouvèrent qu'il était question d'une chose qui les concernait de très près.

— On y va, messieurs, on y va, répondit enfin un garçon d'écurie aux cris répétés de Tressilian. En vérité, c'est tout au plus si j'ai la tête à moi. Il vient de passer par ici tout à l'heure un voyageur qui dit que le diable a enlevé, ce matin même, avec un bruit épouvantable, et dans un immense tourbillon de feu et de fumée, celui qu'on nommait Wayland-Smith ; il demeurait à quelques milles de la vallée de Withe-Horse. On ajoute que Belzébuth a renversé la colline sur laquelle on voyait un cercle de grosses pierres, et sous laquelle il paraît qu'était l'habitation de ce Wayland.

— Eh bien ! j'en suis fâché, dit un vieux fermier, car ce Wayland, n'importe qu'il fût l'associé du diable ou non, avait d'excellens remèdes pour les maladies des chevaux ; et malheur à ceux qui auront le farcin, si Satan ne lui a pas donné le temps de laisser son secret à quelqu'un.

— Vous pouvez bien le dire, Gaffer Grimesby, dit le garçon d'écurie. Je lui ai conduit un cheval moi-même, et il n'y avait pas dans tout le pays un maréchal aussi savant que lui.

— L'avez-vous vu, Jack ? lui demanda Alison La Grue, maîtresse de l'auberge, qui portait une grue pour enseigne, et daignant honorer du titre d'époux le propriétaire de la maison, personnage insignifiant, dont la taille de travers, la démarche boiteuse, le long cou et le visage niais ont donné lieu, assure-t-on, à l'air fameux de

> Madame a pour époux
> Une vieille grue, etc.

Il se hasarda pourtant en cette question à répéter la question de sa femme. — Avez-vous vu le diable, Jack !

— Et quand je l'aurais vu? répondit-il; car l'exemple de leur maîtresse n'inspirait pas aux domestiques beaucoup de respect pour leur maître.

— C'est que si vous l'aviez vu, repondit le pacifique La Grue, on serait bien aise de savoir comment il est fait.

— Vous le saurez de reste un jour, lui répondit sa douce moitié, si vous ne changez de vie pour vous occuper de vos affaires, au lieu de perdre le temps en vaines paroles. Mais voyons, Jack, je ne serais pas fâchée de savoir comment était fait ce Wayland.

— C'est ce que je ne puis vous dire, mistress Alison, répondit Jack d'un air plus respectueux, car je ne l'ai jamais vu.

— Mais si tu ne l'as pas vu, dit Gaffer Grimesby, comment as-tu pu lui dire quelle était la maladie de ton cheval?

— Je l'avais fait écrire par le maître d'école, répondit Jack, et j'eus pour guide le plus vilain brin d'enfant qu'on ait jamais vu.

— Et quel remède a-t-il ordonné? le cheval a-t-il guéri? lui demanda-t-on de toutes parts.

— Je ne saurais trop dire quel était le remède qu'il a laissé sur une grosse pierre. J'ai pourtant été assez hardi pour en mettre dans ma bouche gros comme une tête d'épingle. Au goût et à l'odeur, on aurait dit que c'était de la corne de cerf et de la sabine mêlées avec du vinaigre ; mais jamais pareille drogue n'a guéri un cheval si promptement. Oui, oui, je crois bien qu'il sera plus difficile à présent de guérir des moraines nos chevaux et nos bêtes !

L'amour-propre du métier, qui n'est pas le moins puissant de tous les amours-propres, agit sur Wayland au point de lui faire oublier le danger qu'il courait s'il était reconnu, et il ne put s'empêcher de lancer un coup d'œil à la dérobée à Tressilian en souriant d'un air mystérieux et semblant lui dire :—Vous l'entendez : voilà des preuves irrécusables de ma science vétérinaire !

Cependant la conversation continuait.

— N'importe ! dit un grave personnage vêtu en noir qui était avec Gaffer Grimesby ; il vaut mieux que nos chevaux meurent du mal que Dieu leur envoie que de leur donner le diable pour médecin.

— C'est vrai, dit dame Alison, et je suis surprise que Jack ait voulu exposer le salut de son âme pour guérir une haridelle.

— Fort bien, maîtresse, répondit Jack, mais cette haridelle appartenait à mon maître ; et si elle eût été à vous, qu'auriez-vous dit si la peur du diable m'avait empêché de la conduire au docteur ? Du reste, c'est l'affaire du clergé. Chacun à sa besogne, comme dit le proverbe : le ministre à son évangile, et le palefrenier à son étrille.

— Je proteste, dit dame Alison, que Jack parle en bon chrétien et en fidèle serviteur, qui n'épargne ni corps ni âme pour le service de son maître. Au surplus, le diable l'a enlevé à temps, car un constable du hundred est venu ici ce matin chercher le vieux Pinniewinks, qui a jugé tant de sorcières, pour aller ensemble dans la vallée de White-Horse arrêter ce Wayland, afin de voir s'il est vraiment sorcier. J'ai aidé moi-même Pinniewinks à aiguiser ses pinces et son poinçon, et j'ai vu le mandat d'arrêt décerné par le juge de paix Blindas.

— Bah ! bah ! dit la dame Crank, vieille blanchisseuse

papiste, le diable se moquerait de Blindas et de son mandat; il se moquerait du constable chercheur de sorcières; la chair de Wayland ne s'inquiéterait pas plus du poinçon qu'une fraise de batiste ne s'inquiète du fer à repasser. Mais dites-moi, braves gens, si le diable avait le pouvoir de vous enlever ainsi vos maréchaux et vos artisans, quand les abbés d'Abingdon étaient seigneurs du pays. Non, de par Notre-Dame! ils avaient leurs cierges, leur eau bénite, leurs reliques, et je ne sais quoi encore, pour faire décamper les mauvais esprits. Dites à un curé hérétique d'en faire autant. Mais les nôtres étaient bons à quelque chose.

— C'est vrai, dame Crank, dit le palefrenier. Voilà ce que disait Simpkius de Rimonbrun quand le curé consolait sa femme. — Oui, répétait-il, ils sont bons à quelque chose!

— Silence, serpent à langue venimeuse! reprit dame Crank; est-ce bien à toi, palefrenier hérétique, de gloser sur le clergé catholique?

— Ma foi, non! dame, répondit l'homme au picotin d'avoine; et comme vous n'êtes plus vous-même, si vous le fûtes jamais, bonne à être consolée, je crois que nous avons bien fait de les planter là.

A ce dernier sarcasme, dame Crank pensa étouffer de colère, et commença une horrible exclamation contre Jack le palefrenier. Tressilian et son guide profitèrent de la discussion pour se réfugier dans la maison.

Ils furent introduits par Goodman La Grue lui-même dans une chambre particulière, et à peine leur hôte officieux fut-il sorti pour aller chercher du vin et des restaurans, que le maréchal se mit à donner carrière à son amour-propre.

— Vous voyez, monsieur, dit-il, vous voyez que je ne vous ai pas trompé en vous disant que j'étais complètement initié dans tous les mystères de l'art du maréchal, nom honorable que les Français ont donné à cette profession. Ces chiens de garçons d'écurie, qui, après tout, sont les meilleurs juges en pareille chose, savent quel cas on doit faire des médicamens. Je vous prends à témoin, M. Tressilian, que ce n'est que la voix de la calomnie et la main de la violence qui m'ont fait renoncer à des fonctions utiles et honorées.

— J'en suis témoin; mon cher ami; mais nous parlerons de cet objet en temps plus convenable, à moins que tu ne juges nécessaire à ta réputation de faire connaissance avec les pinces du docte M. Pinniewinks; car tu vois que tes meilleurs amis te regardent comme un sorcier.

— Que le ciel leur pardonne de confondre la science avec la magie! Je me flatte qu'un homme peut être aussi habile et même plus habile que le meilleur chirurgien qui ait jamais tâté le pouls d'un cheval, sans être sorcier.

— A Dieu ne plaise! lui dit Tressilian; mais tais-toi, car voici notre hôte, et il n'a pas l'air d'en être un.

Chacun dans l'auberge, sans en excepter dame La Grue elle-même, était tellement occupé de l'enlèvement de Wayland par le diable, et des variantes de plus en plus merveilleuses qui arrivaient à chaque instant de différens côtés, que Goodman n'avait pu se procurer l'assistance que du plus jeune de ses garçons, enfant d'environ douze ans, qu'on appelait Samson.

— Je voudrais, dit-il en s'excusant auprès de ses hôtes de les faire attendre, et en mettant une bouteille de vin des Canaries sur la table, que le diable eût enlevé ma femme et tous mes garçons au lieu de ce Wayland, qui, tout bien considéré, ne méritait pas autant qu'eux la distinction que Satan vient de lui accorder.

— Je pense comme vous, brave homme, dit Wayland; et nous boirons un coup ensemble à ce souhait.

— Ce n'est pas que je justifie personne de trafiquer avec le diable, dit Goodman après avoir bu rasade ; mais c'est que... — Avez-vous jamais bu de meilleur vin des Canaries, mes maîtres? — C'est qu'on aimerait mieux avoir affaire à une douzaine de drôles comme ce Wayland qu'à un diable incarné qu'on trouve sans cesse et partout, à table et au lit. Je voudrais...

Les lamentations du pauvre homme furent interrompues par la voix aigre de sa chère moitié, qui l'appelait de sa cuisine; et, demandant pardon à ses hôtes, il y courut sans perdre un instant.

Il ne fut pas plus tôt parti, que Wayland exprima, par toutes les épithètes de mépris que le vocabulaire de sa langue put lui fournir, ce qu'il pensait d'une telle poule mouillée, qui se cachait la tête sous le tablier de sa femme, et dit que, si les chevaux n'avaient besoin de repos et de nourriture, il engagerait M. Tressilian à pousser en avant encore quelques milles pour n'avoir point d'écot à payer à un homme qui était la honte de son sexe.

Cependant l'arrivée d'un bon plat de jarrets de bœuf au lard adoucit un peu l'humeur de l'artiste vétérinaire, qui s'apaisa tout-à-fait devant un superbe chapon, rôti bien à point, et dont le lard dont il était bardé moussait, dit Wayland, comme la rosée de mai sur un lis. Goodman et Alison devinrent alors à ses yeux de braves gens, laborieux, obligeans, et méritant d'être encouragés.

Conformément aux mœurs du temps, le maître et le domestique s'assirent à la même table; mais le dernier vit avec regret que Tressilian faisait peu d'honneur au repas. Il se rappela combien il avait paru ému en entendant parler de la jeune fille dans la société de laquelle il l'avait vu pour la première fois, et, craignant de toucher de nouveau à une blessure qui paraissait si sensible, il préféra attribuer l'absence de son appétit à toute autre chose.

— Ces mets ne sont peut-être pas assez délicats pour

Votre Honneur, lui dit-il en faisant disparaître le troisième membre du chapon dont Tressilian s'était borné à prendre une aile ; mais si vous aviez demeuré aussi long-temps que moi dans le souterrain que Flibbertigibbet vient d'ouvrir au grand jour, et où j'osais à peine faire cuire mes alimens, de peur que la fumée ne me trahît, vous trouveriez comme moi qu'un chapon est une chère exquise.

— Je suis charmé que le repas soit de ton goût, dit Tressilian ; mais dépêche-toi, cet endroit n'est pas sûr pour toi, et mes affaires exigent de la célérité.

Ils ne s'arrêtèrent donc qu'autant qu'il le fallait pour donner le repos nécessaire à leurs montures, et ils firent une marche forcée jusqu'à Bradfort, où ils passèrent la nuit.

Ils en partirent le lendemain à la pointe du jour; mais, pour ne pas fatiguer le lecteur de détails inutiles, nous nous bornerons à dire qu'ils traversèrent sans aventures les comtés de Wilt et de Sommerset, et le troisième jour après le départ de Tressilian de Cumnor, ils arrivèrent vers midi au château de sir Hugh Robsart, nommé Lidcote-Hall, sur les frontières du Devonshire.

CHAPITRE XII.

« Quel vent a donc flétri l'aimable et jeune fleur,
« Jadis de ce séjour et l'orgueil et l'honneur? »
JOANNA BAILLIE, *la Légende écossaise*.

L'ANCIEN château de Lidcote-Hall était situé près du village qui porte le même nom, et touchait à la grande forêt d'Exmoor, bien peuplée de toute espèce de gibier, et où d'anciens priviléges appartenans à la famille Robsart donnaient à sir Hugh le droit de se livrer à la chasse, son amusement favori. Ce château antique et peu élevé occupait un espace de terrain considérable, et était entouré d'un fossé profond. Une tour octogone en défendait les approches et le pont-levis. Cette petite citadelle avait été construite en briques ; mais les murs en étaient tellement couverts de lierre et d'autres plantes grimpantes qu'il était fort difficile de reconnaître les matériaux employés pour la construction. Chaque angle de cette tour était décoré d'une tourelle, et pas une ne ressemblait à l'autre, ce qui valait bien la monotonie régulière de l'architecture gothique moderne. Une de ces tourelles était carrée, et contenait une horloge; mais le mouvement était arrêté, ce qui frappa d'autant plus Tressilian que le bon chevalier, parmi quelques autres manies fort innocentes, avait celle de vouloir connaître de la manière la plus exacte le cours du temps, fantaisie assez commune à ceux qui ne savent qu'en faire; comme nous voyons des marchands s'amuser à faire l'inventaire de leurs marchandises dans la saison où ils trouvent le moins d'occasions d'en vendre.

L'entrée de la cour du château était un passage voûté surmonté par la tour de l'horloge ; le pont-levis était baissé, et un des battans de la porte doublée en fer était négligemment ouvert. Tressilian traversa précipitamment le pont, et commença à appeler tous les domestiques à haute voix par leurs noms. D'abord, il n'obtint de réponse que des échos qui répétaient sa voix, et des chiens de chasse qui aboyaient dans leur chenil, situé non loin du château, dans l'enceinte tracée par le fossé. Enfin il vit arriver William Badger, vieux favori de son maître, son premier piqueur, surintendant de ses plaisirs et son fidèle garde-du-corps. Le front du vieillard s'épanouit en reconnaissant Tressilian.

— Que le ciel vous protège, M. Edmond ! s'écria-t-il; est-ce bien vous en chair et en os? il y a donc encore quelque espoir pour sir Hugh? car personne ne sait plus que faire avec lui, c'est-à-dire ni le vicaire, ni M. Mumblazen, ni moi.

— Sir Hugh est-il donc plus mal que quand je suis parti?

— Plus mal?... non. Il est même mieux; mais il a, dirait-on, l'esprit dérangé. Il boit et mange comme à son ordinaire, mais il ne dort point, ou, si vous le voulez, il ne s'éveille jamais; car il est toujours dans une sorte d'engourdissement dont on ne peut dire que ce soit veiller ni dormir. Dame Swineford pensait que c'était une sorte de paralysie; mais non, lui dis-je, non; c'est le cœur, le cœur seul qui est malade.

— Et ne pouvez-vous le distraire par quelques uns de ses amusemens ordinaires?

— Il n'a plus de goût à rien. Il ne veut toucher ni au trictrac ni au galet; il n'a pas regardé une seule fois le gros livre de blason de M. Mumblazen. Je m'étais avisé d'arrêter l'horloge, pensant que lorsqu'il n'entendrait plus sonner les heures cela lui donnerait une secousse; car vous savez, M. Edmond, qu'il ne manquait jamais de les compter; eh bien, il n'y a point fait attention; de sorte que je crois que je puis remonter le vieux carillon. J'ai osé une fois marcher sur la queue de Bungay, dans l'espoir de le mettre en colère, et vous savez ce que cela m'aurait valu autrefois; eh bien, il n'a pas plus fait attention aux cris du pauvre chien que si c'eût été une chouette perchée sur une cheminée. En un mot, j'en perds l'esprit.

— Tu me diras le reste dans la maison, William; mais fais conduire cet homme à l'office, et qu'on le traite avec tous les égards convenables : c'est un artiste.

— Je voudrais que ce fût un artiste en magie noire ou blanche, et qu'il eût quelque secret pour soulager mon pauvre maître. — Hé, Tom! cria-t-il au sommelier qui se montra à une fenêtre basse, prends soin de cet artiste, et prends garde, ajouta-t-il à voix basse, à tes cuillères d'argent, car j'ai connu des gens à mine aussi honnête qui avaient assez d'*art* pour les escamoter.

Il fit entrer Tressilian dans une salle au rez-de-chaussée, et alla voir comment se trouvait son maître, de crainte que le retour inattendu de celui qu'il avait toujours aimé comme son fils, et dont il avait voulu faire son gendre, ne lui causât trop d'impression. Il revint presque au même instant, et dit que sir Hugh semblait comme assoupi dans son fauteuil; mais que dès qu'il s'éveillerait, M. Mumblazen viendrait en avertir M. Tressilian.

— Ce sera un grand hasard s'il vous reconnaît, ajouta le piqueur en chef; car il ne se rappelle pas le nom d'un seul des chiens de sa meute. Il y a huit jours, je crus qu'il allait se mieux trouver. Demain matin, me dit-il après avoir bu son coup du soir dans son grand gobelet d'argent, tu me selleras le vieux Sorrel, et nous irons chasser sur la colline d'Hazelhurst. Nous étions tous ravis de joie, nous fûmes prêts de grand matin; il monta à cheval et se mit en chasse à l'ordinaire, mais il ne dit pas un mot, si ce n'est que le vent était au sud et que les chiens prendraient le change; et, avant qu'on eût découplé les chiens, il s'arrêta tout-à-coup, regarda autour de lui comme un homme qui s'éveille subitement; et, tournant la bride de son cheval, il retourna au château, nous laissant les maîtres de chasser sans lui si bon nous semblait.

— Vous me faites un triste récit, William, dit Tressilian; mais espérons en Dieu : — les hommes n'y peuvent rien.

— Vous ne nous apportez donc pas des nouvelles de notre jeune maîtresse Amy? Mais qu'ai-je besoin de vous faire cette question? votre air en dit bien assez. J'avais toujours espéré que si quelqu'un pouvait la dépister, ce serait vous : c'en est donc fait, le mal est sans remède. Mais si jamais je rencontre ce Varney à portée de mon arbalète, je lui enverrai une bonne flèche; j'en jure par le pain et le sel.

La porte s'ouvrit en ce moment, et l'on vit entrer M. Mumblazen. C'était un vieillard maigre et ridé, dont les joues ressemblaient à deux pommes qui ont passé tout l'hiver ; ses cheveux gris étaient cachés en partie par un petit chapeau semblable aux paniers dans lesquels on vend les fraises à Londres, c'est-à-dire en forme de cône. Trop sentencieux pour faire une dépense inutile de paroles uniquement pour saluer quelqu'un, M. Mumblazen témoigna à Tressilian le plaisir qu'il avait à le revoir, par une inclination de tête et en lui serrant la main ; et il l'invita à le suivre dans la chambre de sir Hugh. William Badger les accompagna sans que personne le lui eût ordonné, curieux de voir si la présence de Tressilian tirerait son maître de son état d'apathie.

Sir Hugh Robsart de Lidcote était assis sur un grand fauteuil à bras, dans une grande salle plus longue que large, dont les murs étaient décorés de bois de cerfs et de tous les instrumens nécessaires à la chasse dans le meilleur état possible, près d'une grande cheminée, au-dessus de laquelle on voyait une épée et quelques autres armes à l'usage des chevaliers, et que la rouille n'avait pas tout-à-fait respectées. C'était un homme corpulent, et dont l'embonpoint ne s'était arrêté dans certaines bornes que grâce à l'exercice de la chasse qu'il prenait constamment. Tressilian crut remarquer que l'espèce de léthargie dont son vieil ami était attaqué lui avait encore épaissi la taille pendant le peu de semaines qu'avait duré son absence. Du moins, elle avait évidemment obscurci la vivacité de ses yeux, qui suivirent d'abord M. Mumblazen jusqu'à un grand pupitre de chêne sur lequel était ouvert un gros volume in-folio ; ils se fixèrent ensuite d'un air d'incertitude sur l'étranger nouvellement arrivé. Le ministre, vieillard qui avait été persécuté du temps de la reine Marie, était assis dans un autre coin de l'appartement, un livre à la main. Il salua Tressilian d'un air mélancolique;

et fermant le volume qu'il tenait, il examina quel effet sa présence produirait sur le père affligé.

A mesure que Tressilian, les yeux baignés de larmes, s'approchait du vieillard qui avait désiré le nommer son gendre, la raison semblait vouloir reprendre son empire dans l'esprit de sir Hugh. Il poussa un profond soupir, comme un homme qui sort d'un état de stupeur; une légère convulsion agita ses traits; il ouvrit les bras sans prononcer un seul mot; et quand Tressilian s'y précipita, il le serra tendrement sur son cœur.

— Je n'ai donc pas encore tout perdu! s'écria-t-il; et, en prononçant ces paroles, la nature se soulagea par un déluge de larmes qui coulèrent avec abondance sur ses joues et sur sa barbe blanche.

— Je n'aurais jamais cru, dit William Bagder, devoir remercier Dieu de voir mon maître pleurer; mais à présent je le fais de bon cœur, quoique je sois prêt à pleurer avec lui.

— Je ne te ferai pas de questions, dit le vieux chevalier, pas une seule, Edmond. Tu ne l'as pas trouvée ou tu l'as trouvée telle qu'il vaudrait mieux l'avoir perdue.

Tressilian ne put répondre qu'en se couvrant le visage des deux mains.

— C'en est assez! c'en est assez! ne pleure pas pour elle, Edmond! J'ai raison de pleurer, puisqu'elle était ma fille; mais tu dois te réjouir, puisqu'elle n'était pas encore ta femme. Dieu tout-puissant, tu sais mieux que nous ce que tu dois nous accorder! Ma prière de chaque soir était de voir Edmond époux d'Amy; si elle eût été exaucée, combien ma douleur n'eût-elle pas été plus amère!

— Consolez-vous, mon digne ami, lui dit le ministre; il est impossible que la fille de nos espérances et de nos affections soit devenue méprisable comme vous vous le figurez.

— Sans doute, s'écria sir Hugh d'un ton d'impatience;

j'aurais tort de lui donner franchement le nom qu'elle mérite de porter. On en aura inventé quelque autre à la cour ; l'infamie sait s'y couvrir d'un vernis brillant. La fille d'un gentilhomme campagnard, d'un vieux paysan du Devonshire, n'est-elle pas trop honorée d'être devenue la maîtresse d'un courtisan... et d'un Varney ! de Varney, dont l'aïeul reçut les secours de mon père quand ses biens furent confisqués après la bataille de... de... Au diable ma mémoire ! Et je réponds que personne de vous ne m'aidera.

— Après la bataille de Bosworth, dit M. Mumblazen, entre Richard-le-Bossu[1] et Henry Tudor, grand-père de la reine actuelle, *primo Henrici Septimi*, en l'année 1485 *post Christum natum*.

— C'est cela, dit sir Hugh ; il n'y a pas un enfant qui ne le sache. Ma pauvre tête oublie tout ce que je voudrais me rappeler, et se souvient de tout ce qu'elle devrait oublier. Mon cerveau a été en défaut depuis ton départ, Tressilian, et même encore en ce moment il chasse contre le vent.

— Votre Honneur ferait bien de se mettre au lit, dit le ministre, et de tâcher de goûter quelques heures de repos. Le docteur a laissé une potion calmante, et le grand médecin nous a ordonné d'employer tous les moyens terrestres pour nous mettre en état de supporter les épreuves qu'il nous envoie.

— C'est la vérité, mon vieil ami, répondit sir Hugh, et je tâcherai de les supporter en homme. Ce n'est qu'une femme que nous avons perdue. Vois, Tressilian, dit-il en tirant de son sein une boucle de cheveux blonds ; le soir qui précéda son départ elle m'embrassa en me comblant de caresses encore plus tendres qu'à l'ordinaire ; et moi, comme un vieux fou, je la retenais par cette boucle. Elle prit ses

---

(1) Richard III, dont la difformité est souvent citée *proverbialement*. — **Ed.**

ciseaux, la détacha de sa chevelure, et me la laissa entre les mains, comme tout ce qui devait désormais me rester d'elle.

Tressilian ne put répondre ; il jugeait trop bien quelles sensations douloureuses avaient dû déchirer en ce moment le cœur de la malheureuse fugitive. Le ministre ouvrait la bouche pour parler, mais sir Hugh l'interrompit.

— Je sais ce que vous voulez me dire. Ce n'est qu'une boucle de cheveux d'une femme, et c'est par une femme que la honte, la mort et le péché sont entrés dans le monde. Et le docteur M. Mumblazen pourrait de même citer bien des autorités pour prouver leur infériorité.

— Un célèbre auteur français, reprit Mumblazen, dit que *c'est l'homme qui se bast et qui conseille.*

— Eh bien, dit sir Hugh, tâchons de nous comporter en hommes, c'est-à-dire avec courage et sagesse. Edmond, je te revois avec autant de plaisir que si tu m'eusses apporté de meilleures nouvelles. Mais nous avons trop parlé pour ne pas avoir les lèvres sèches. — Amy, fais-nous donner du vin. Alors, se rappelant à l'instant que la fille qu'il avait tant chérie ne pouvait plus l'entendre, il secoua la tête ; et se tournant vers le ministre : Le chagrin est à mon esprit égaré, lui dit-il, ce que l'église de Lidcote est à mon parc. On peut s'y perdre un instant dans les bosquets et les taillis, mais au bout de chaque allée on voit le clocher qui indique le lieu de la sépulture de mes ancêtres. Plût au ciel que je pusse prendre cette route dès demain !

Tressilian et le ministre firent de nouvelles instances au vieillard pour l'engager à se mettre au lit, et ils réussirent enfin à l'y décider. On le conduisit dans sa chambre à coucher ; Tressilian resta près de lui jusqu'à ce qu'il eût vu le sommeil lui fermer les yeux ; et il alla ensuite rejoindre le ministre pour se concerter avec lui sur les démarches qu'ils devaient faire dans cette malheureuse circonstance.

Ils ne pouvaient exclure M. Mumblazen de cette conférence, et ils l'y admirent d'autant plus volontiers qu'indépendamment du secours qu'ils pouvaient espérer de sa sagacité, ils savaient qu'il était tellement ami de la taciturnité qu'on pouvait toujours compter sur sa discrétion. C'était un vieux célibataire de bonne famille, mais ayant peu de fortune, et parent éloigné de la maison de Robsart. En vertu de cette parenté, Lidcote-Hall avait été honoré de sa présence depuis vingt ans. Sa compagnie était agréable au vieux chevalier, principalement à cause de sa science profonde, quoiqu'elle ne s'étendît pas plus loin que l'art héraldique et les généalogies, avec les dates historiques qui pouvaient y avoir rapport; mais c'était précisément le genre fait pour plaire à sir Hugh. Il trouvait commode d'avoir sous la main un ami à qui il pût s'adresser au besoin quand la mémoire lui manquait, ou quand elle l'induisait en erreur sur les noms et les dates, ce qui lui arrivait souvent; alors Michel Mumblazen était toujours prêt à lui fournir avec précision et brièveté tous les renseignemens qu'il pouvait désirer; et dans le cours des affaires ordinaires du monde, il s'exprimait souvent dans un style énigmatique et entremêlé de termes puisés dans l'art héraldique. Il n'en donnait pas moins des avis dignes d'attention; et, comme le disait William Badger, il faisait partir le gibier tandis que les autres battaient les buissons.

— Nous avons eu bien à souffrir avec le bon chevalier, M. Edmond, dit le ministre. J'ai été arraché à mon troupeau chéri, et forcé de l'abandonner à des loups papistes.

— *In anno tertio* du règne de Marie, dit M. Mumblazen.

— Au nom du ciel! M. Edmond, continua le ministre, dites-nous si votre temps a été mieux employé que le nôtre, et si vous avez obtenu quelques nouvelles de cette malheureuse fille, qui, après avoir fait pendant dix-huit ans la joie de cette maison aujourd'hui désolée, en cause maintenant la honte et le désespoir. Avez-vous découvert le lieu de sa résidence?

— Connaissez-vous Cumnor-Place? demanda Tressilian.

— Sans doute, répondit le ministre; c'était une espèce de maison de campagne des abbés d'Abingdon.

— Dont j'y ai vu les armes, dit Mumblazen, sur une cheminée en pierre dans la grande salle du rez-de-chaussée, une croix surmontée d'une mitre entre quatre merlettes.

— C'est là, dit Tressilian, que l'infortunée demeure avec le scélérat Varney, que mon épée aurait puni de tous ses crimes, si un incident fortuit ne l'eût arraché à ma fureur.

— Béni soit Dieu d'avoir empêché votre main de se tremper dans le sang, jeune téméraire, dit le ministre. *C'est à moi qu'appartient la vengeance*, dit le Seigneur. Il vaudrait mieux chercher à la délivrer des liens d'infamie dans lesquels ce misérable la retient.

— Et qu'on nomme, en termes héraldiques, dit Mumblazen, *laquei amoris*, lacs d'amour.

— C'est sur quoi je vous demande vos conseils, mes amis, reprit Tressilian. J'ai dessein d'aller me jeter au pied du trône, et d'y accuser ce scélérat de perfidie, de séduction, d'avoir enfreint toutes les lois de l'hospitalité. La reine ne refusera pas de m'écouter, quand même le comte de Leicester, protecteur de ce traître, serait à sa droite.

— La reine, dit le ministre, a donné un bel exemple de continence à tous ses sujets, et elle fera certainement justice de ce ravisseur par qui les lois de l'hospitalité ont été violées. Mais ne feriez-vous pas mieux de vous adresser d'abord au comte de Leicester, puisqu'il est à son service? S'il vous rend justice, vous éviterez de vous faire un ennemi puissant, ce qui ne peut manquer d'arriver si vous commencez par accuser devant la reine son premier écuyer, son favori.

— Mon âme se révolte contre cet avis, répondit Tressilian. Je ne puis supporter l'idée d'avoir à plaider la cause de cette malheureuse fille, de ce père non moins malheureux, devant tout autre que ma souveraine légitime. Leiceister, me direz-vous, occupe un rang élevé, j'en conviens; mais il est sujet comme nous, et ce n'est point à lui que je porterai mes plaintes si je puis faire mieux. Cependant je réfléchirai à ce que vous me proposez. Mais il faut que vous m'aidiez à déterminer sir Hugh à me charger de pouvoirs légaux et ostensibles, car c'est en son nom et non au mien que je dois parler. Puisqu'elle est assez changée pour être éprise de cet être méprisable, il faut du moins qu'il lui rende en l'épousant la seule justice qu'il puisse encore lui rendre.

— Il vaudrait mieux, s'écria Mumblazen avec une chaleur qui ne lui était pas ordinaire, qu'elle mourût *cœlebs et sine prole*[1], que d'écarteler les nobles armoiries de la maison de Robsart avec celles d'un tel mécréant.

— Si votre but, comme je n'en puis douter, dit le ministre, est de sauver autant qu'il est possible l'honneur de cette malheureuse fille, je vous répète que vous devez commencer par vous adresser au comte de Leicester. Il est aussi absolu dans sa maison que la reine l'est dans son royaume; et s'il dit à Varney que tel est son bon plaisir, la faute d'Amy acquerra moins de publicité.

— Vous avez raison, dit vivement Tressilian; oui, vous avez raison, et je vous remercie de m'avoir fait sentir ce que le trouble de mon esprit m'empêchait d'apercevoir. Je ne pensais guère avoir une grâce à demander à Leicester; mais je fléchirais le genou devant cet orgueilleux

---

(1) Célibataire, et sans postérité. — Tr.

Dudley, si je pouvais par là diminuer le moins du monde la honte de l'infortunée Amy. Vous m'aiderez donc à obtenir de sir Hugh Robsart les pouvoirs nécessaires.

— Sans aucun doute, répondit le ministre tandis que Mumblazen faisait un signe de tête affirmatif.

— Il faut aussi vous tenir prêt à rendre témoignage en cas de besoin de la manière hospitalière dont le bon sir Hugh a accueilli ce traître, et de la perfidie avec laquelle celui-ci a travaillé à séduire sa malheureuse fille.

— Dans le premier temps, dit le ministre, elle ne semblait pas goûter beaucoup sa société; mais par la suite je les ai vus ensemble assez souvent.

— *Séant* dans le salon, dit Mumblazen, et *passant* dans le jardin.

— Dans une soirée du printemps dernier, ajouta le ministre, je les ai rencontrés dans le bois du sud. Varney s'enveloppait d'un manteau brun, et je ne vis pas sa figure. Ils se séparèrent à la hâte dès qu'ils m'entendirent, et je remarquai qu'elle tourna la tête pour le regarder.

— Les têtes *en regard*, dit Mumblazen. Et le jour de sa fuite, je vis le laquais de Varney, que je reconnus à sa livrée, tenir le cheval de son maître et le palefroi de miss Amy, sellés et bridés, derrière le mur du cimetière.

— Et maintenant, dit Tressilian, on la trouve enfermée dans une retraite obscure. Le scélérat est donc pris sur le fait. Je voudrais qu'il essayât de nier son crime pour pouvoir l'en convaincre l'épée à la main. Mais il faut que je me prépare à me mettre en route; et vous, mes amis, disposez sir Hugh à me donner le droit d'agir en son nom.

A ces mots Tressilian quitta l'appartement.

— Il est trop ardent, dit le ministre, et j'offre à Dieu mes prières pour qu'il lui accorde la patience dont il faut qu'il s'arme pour traiter avec Varney.

— Patience et Varney, dit Mumblazen, sont deux mots

qui ne vont pas mieux ensemble que métal sur métal en blason. Il est plus faux qu'une sirène, plus venimeux qu'une vipère, plus rapace qu'un griffon, plus cruel qu'un lion *rampant*.

— Je ne sais trop, dit le ministre, si nous pouvons demander à sir Hugh de déléguer son autorité paternelle à qui que ce soit, dans l'état où il se trouve.

— Votre Révérence n'en doit faire nul doute, dit William Badger qui venait d'entrer en ce moment, car je gagerais ma vie qu'en s'éveillant il va se trouver tout autre qu'il n'a été depuis trente jours.

— Tu as donc une bien grande confiance dans la potion du docteur Diddleum? dit le ministre.

— Pas la moindre, répondit Badger; car il n'en a pas bu une goutte, attendu qu'on avait cassé la fiole. Mais M. Tressilian a amené ici un artiste qui a composé pour sir Hugh un breuvage qui vaut vingt potions du docteur Diddleum. J'ai causé avec lui, et je puis garantir qu'il n'existe pas un meilleur maréchal, un homme qui connaisse mieux les maladies des chevaux, et certainement ce n'est pas lui qui voudrait faire mal à un chrétien.

— Un maréchal, misérable! s'écria le ministre; avoir donné à sir Hugh un breuvage préparé par un maréchal! et en vertu de quelle autorité? et qui répondra des suites?

— A l'égard de l'autorité, Votre Révérence, c'est en vertu de la mienne; et quant à la responsabilité, je n'ai pas vécu vingt-cinq ans dans le château sans avoir acquis le droit de donner un breuvage au besoin à un homme ou à un cheval. Que de médecines n'ai-je pas distribuées dans l'écurie! Combien de fois n'y ai-je pas même saigné, cautérisé, ventousé!

Les deux conseillers privés crurent ne pas devoir perdre un instant pour porter cette nouvelle à Tressilian, qui manda sur-le-champ Wayland en sa présence, et lui demanda, mais en particulier, de quel droit il s'était avisé de préparer un breuvage pour sir Hugh Robsart.

— Votre Honneur doit se rappeler, répondit Wayland, que je lui ai dit que j'avais pénétré dans les secrets de l'art de mon maître, je veux dire du docteur Doboobie, plus avant qu'il ne l'aurait voulu ; et véritablement s'il avait conçu de l'animosité contre moi, c'était parce que bien des personnes douées de discernement, et notamment une jeune et jolie veuve d'Abingdon, préféraient mes ordonnances aux siennes.

— Il ne s'agit pas ici de plaisanter, dit Tressilian. Je te jure que si la médecine de cheval que tu as fait prendre à sir Hugh nuit le moins du monde à sa santé, tu trouveras ton tombeau dans le fond d'une mine d'étain.

— Je ne suis pas encore assez avancé dans le grand *arcanum* de la transmutation des métaux, pour changer l'étain en or, répondit Wayland sans se déconcerter : mais ne craignez rien, M. Tressilian ; William Badger m'a bien expliqué la situation du digne chevalier, et je me flatte que je suis en état d'administrer une dose de mandragore capable de procurer un sommeil doux et tranquille, ce qui ne peut manquer de rétablir le calme dans l'esprit agité de sir Hugh.

— J'espère, Wayland, que je n'éprouverai pas de trahison de ta part ?

— L'évènement vous le prouvera. Quel motif pourrais-je avoir pour nuire à un pauvre vieillard à qui vous vous intéressez ? Si Gaffer Pinniewinks ne m'enfonce pas son poinçon dans la chair en ce moment, et ne la déchire pas avec ses maudites pinces partout où il découvrirait quelque marque sur mon corps, pour voir si ce n'est pas celle du diable, n'est-ce pas à vous que je le dois ? Mon plus grand désir est que vous me regardiez comme le plus fidèle de vos serviteurs ; et vous jugerez de ma bonne foi par le résultat du sommeil du bon chevalier.

Wayland ne s'était pas trompé dans ses conjectures. La potion calmante que son expérience avait préparée et que la confiance de William Badger avait administrée, produisit les plus heureux effets. Le baronnet dormit d'un sommeil long et paisible, et il s'éveilla le cœur bien triste à la vérité, le corps très faible, mais l'esprit plus en état de juger ce qu'on pouvait lui proposer, qu'il ne l'avait été depuis quelque temps. Il n'adopta pas sur-le-champ le projet de Tressilian, de se rendre à la cour pour obtenir, autant que la chose était possible, réparation de l'injure faite à Amy. Il faut l'abandonner, dit-il ; c'est un faucon qui suit le vent et qui ne vaut pas le coup de sifflet qu'on donne pour le rappeler. On parvint pourtant à le convaincre qu'il était de son devoir de céder à la voix de la tendresse paternelle qui lui parlait tout bas malgré lui, et de consentir que Tressilian fît pour sa fille tout ce qu'il serait possible de faire. Il signa donc un pouvoir que le ministre rédigea ; car, dans ce siècle, le troupeau d'un pasteur trouvait souvent en lui non seulement un guide spirituel, mais un conseiller dans les affaires confiées aujourd'hui aux hommes de loi.

Vingt-quatre heures après le retour de Tressilian à Lidcote-Hall, tout était prêt pour son second départ, mais on avait oublié un point important, et ce fut M. Mumblazen qui y fit songer. — Vous allez à la cour, M. Tressilian, lui dit-il ; souvenez-vous que les couleurs de vos armoiries doivent être *or* et *argent*. Ce sont les seules qui puissent y avoir cours. La remarque n'était pas moins juste qu'embarrassante. Il n'était pas plus possible sous le règne d'Elisabeth qu'il ne l'a été depuis ce temps, à quelque époque que ce soit, de suivre une affaire à la cour sans argent comptant ; et c'était une denrée qui n'était pas très commune à Lidcote-Hall. Tressilian n'était pas riche, et les revenus de sir Hugh Robsart étaient toujours mangés d'avance, grâce à la manière hospitalière dont il vivait. Celui qui avait indiqué la difficulté se chargea de la lever. M. Michel Mumblazen présenta un sac de cuir contenant près de 300 liv. sterling, en monnaie d'or et d'argent de toute espèce, fruit d'une économie de plus de vingt ans, et qu'il abandonna sans prononcer un seul mot au service de celui qui, en l'accueillant dans sa maison, lui avait fourni le moyen d'accumuler ce petit trésor. Tressilian l'accepta sans avoir l'air d'hésiter un instant; et ce ne fut qu'en se serrant la main qu'ils se témoignèrent réciproquement le plaisir qu'ils éprouvaient tous deux, l'un en consacrant tout ce qu'il possédait à un projet si louable, l'autre en voyant s'évanouir d'une manière si soudaine et si peu attendue un obstacle qu'il avait craint de trouver insurmontable.

Tandis que Tressilian faisait ses préparatifs pour partir le lendemain matin, Wayland demanda à lui parler. Il lui dit qu'il espérait qu'il n'était pas mécontent de la manière dont avait opéré la potion qu'il avait donnée à sir Hugh, et il lui demanda la permission de l'accompagner à la cour. Tressilian avait lui-même déjà pensé plusieurs fois à l'amener avec lui; car l'adresse, l'intelligence et le génie inventif dont son compagnon de voyage lui avait donné plus d'une preuve depuis le peu de temps qu'il le connaissait, l'avaient porté à croire qu'il pourrait lui être d'une grande utilité. Mais il existait un mandat d'arrêt contre Wayland, et Tressilian le lui rappela, sans oublier les pinces et le poinçon de Pinniewinks.

Wayland ne fit qu'en rire. — On n'ira pas chercher le maréchal, dit-il, sous le costume de votre serviteur. D'ailleurs, voyez mes moustaches et mes cheveux; il ne s'agit que de retrousser les unes et de teindre les autres avec une composition dont j'ai le secret, et je défierais le diable de me reconnaître.

Il effectua cette nouvelle métamorphose, et au bout de quelques minutes il se présenta à Tressilian sous des traits tout différens. Tressilian hésitait pourtant encore à accepter ses services ; mais les instances de Wayland n'en devinrent que plus pressantes.

— Je vous dois la vie, lui dit-il, et je désire d'autant plus vous payer une partie de cette dette, que j'ai appris de Badger que l'affaire qui vous appelle à la cour peut n'être pas sans danger. Je n'ai pas la prétention d'être un spadassin, un de ces fiers-à-bras toujours prêts à soutenir les querelles de leur maître le sabre à la main. Au contraire, je suis du nombre de ces gens qui aiment mieux la fin d'un repas que le commencement d'une dispute. Mais je sais aussi que je puis servir Votre Honneur, dans une affaire semblable, mieux que ces braves qui ne connaissent que le mousqueton et le poignard, et que ma tête vous vaudra une centaine de leurs bras.

Tressilian hésitait encore ; il y avait bien peu de temps qu'il connaissait cet étrange personnage, et il ne savait trop jusqu'à quel point il pouvait lui accorder la confiance nécessaire pour le rendre utile à ses projets. Avant qu'il eût pris une détermination, il entendit un cheval dans la cour, et presque au même instant M. Mumblazen et William Badger entrèrent précipitamment dans sa chambre.

— Il vient d'arriver, dit Badger, un domestique monté sur la plus belle jument grise que j'aie vue de ma vie...

— Portant sur le bras, dit Mumblazen, une plaque d'argent sur laquelle on voit un dragon tenant dans sa gueule un fragment de brique, et surmonté d'une couronne de comte. Il m'a remis une lettre pour vous, scellée des mêmes armes.

Tressilian prit la lettre, dont l'adresse était ainsi conçue : *A l'honorable Edmond Tressilian, notre cher parent;* et au bas, on voit écrit : « A cheval ! à cheval ! Il y va de la vie ! il y va de la vie ! » Il l'ouvrit, et y lut ce qui suit :

« M. TRESSILIAN, NOTRE BON AMI ET CHER COUSIN,

« Nous sommes en ce moment en si mauvaise santé, et
« nous nous trouvons d'ailleurs dans des circonstances si
« fâcheuses, que nous désirons réunir près de nous ceux
« de nos amis sur l'affection desquels nous pouvons le
« plus particulièrement compter; nous vous mettons au
« premier rang, M. Tressilian, tant à cause de l'amitié que
« nous vous connaissons pour nous que par le mérite de
« vos autres qualités. Nous vous prions donc de venir
« nous trouver le plus promptement qu'il vous sera pos-
« sible, au château de Say's-Court, près de Deptford, où
« nous vous parlerons d'affaires que nous ne jugeons pas
« à propos de confier au papier. Dans l'espérance de vous
« voir bientôt, nous sommes votre affectionné parent.

« Ratcliffe, comte de Sussex. »

— William Badger, s'écria Tressilian, faites monter le messager à l'instant; et dès que celui-ci arriva : Ah! Stevens, lui dit-il, c'est vous! comment se porte donc milord?

— Mal, M. Tressilian, mal; et il n'en a que plus besoin d'avoir de bons amis autour de lui.

— Mais quelle est donc sa maladie? je n'en avais pas entendu parler.

— Je ne saurais vous le dire, monsieur, mais il semble fort mal. Les médecins ne savent que dire. Bien des gens de la maison soupçonnent qu'il y a de la trahison, de la sorcellerie, peut-être quelque chose de pire.

— Quels sont les symptômes? demanda Wayland s'avançant hardiment.

— Comment? dit Stevens ne comprenant pas cette demande.

— Qu'éprouve-t-il? dit Wayland. Où est le siège de son mal?

Stevens se tourna vers Tressilian comme pour lui demander s'il devait répondre aux questions d'un étranger;

et, en ayant reçu un signe affirmatif, il fit l'énumération des symptômes de la maladie de son maître : perte graduelle de forces, transpirations nocturnes, défaut d'appétit, faiblesse, etc.

— Tout cela joint à une douleur aiguë dans l'estomac, dit Wayland, et à une fièvre lente.

— C'est cela même, dit Stevens d'un air un peu surpris.

— Je connais cette maladie, ajouta Wayland. J'en connais la cause. Votre maître a mangé de la manne de saint Nicolas ; mais j'en connais aussi le remède. Le docteur ne dira pas que j'ai étudié pour rien dans son laboratoire.

— Que voulez-vous dire? reprit Tressilian en fronçant le sourcil ; songez que nous parlons d'un des premiers seigneurs de l'Angleterre. Ce n'est point ici le moment de jouer le rôle de bouffon.

— A Dieu ne plaise ! répondit Wayland. Je dis que je connais cette maladie, et que je la guérirai. Avez-vous déjà oublié ce que j'ai fait pour sir Hugh Robsart?

— Nous partirons à l'instant, s'écria Tressilian. C'est Dieu qui nous appelle.

Annonçant le nouveau motif qu'il avait pour quitter le château sur-le-champ, quoique sans parler des soupçons de Stevens et des assurances de Wayland, il dit adieu à sir Hugh, et, suivi de Wayland et du domestique du comte de Sussex, il prit en toute hâte la route de Londres.

CHAPITRE XIII.

« Je sais que vous avez cinabre et vitriol,
« Alcali, sel de tartre, arsenic, alcohol.
« Ce drôle est, sur mon âme, un habile alchimiste,
« Et ce n'est pas à tort qu'on l'appelle un artiste.
« Il ira loin. Peut-être un jour il parviendra
« Jusqu'au grand œuvre. Au moins il en approchera.»
L'Alchimiste. BEN JOHNSON.

TRESSILIAN et sa suite, composée de deux personnes, mirent la plus grande célérité dans leur voyage. A l'instant de son départ, il avait demandé à Wayland s'il ne voudrait pas éviter le comté de Berks, dans lequel il avait joué un rôle si brillant. Mais Wayland lui avait répondu qu'il n'avait pas la moindre crainte ; et dans le fait il avait employé le peu de temps qu'il avait passé au château de Lidcote-Hall à se métamorphoser complètement. Sa barbe touffue avait été réduite à deux petites moustaches sur la lèvre supérieure, retroussées à la mode militaire, et un tailleur du village, bien payé, avait si bien exercé ses talens, en se conformant aux instructions de Wayland lui-même, qu'il avait changé chez lui *l'homme extérieur*, de manière à le rajeunir de vingt ans. Avec un visage et des mains noircies par la fumée et par le charbon, des cheveux en désordre, une barbe longue et malpropre, une taille courbée par la nature de son travail, et une peau d'ours pour vêtement, on aurait pu lui donner cinquante ans ; mais alors, portant la livrée de Tressilian, l'épée au côté, un écu sur l'épaule, il ne paraissait avoir que son âge véritable, c'est-à-dire une trentaine d'années. Au lieu d'avoir l'air d'un sauvage échappé des bois, il semblait un gaillard alerte, éveillé, et hardi jusqu'à l'effronterie.

Tressilian lui ayant demandé la cause d'une métamorphose si complète et si singulière, il ne lui répondit qu'en chantant deux vers d'une comédie alors toute nouvelle, et qui faisait juger favorablement du génie de l'auteur. Nous sommes charmés de pouvoir les citer :

> Ban, ban ça, Caliban,
> A nouveau seigneur
> Nouveau serviteur[1].

Ces vers, dont Tressilian ne se souvenait nullement, lui rappelèrent pourtant que Wayland avait été comédien; circonstance qui expliquait comment il pouvait si facilement changer son extérieur. Wayland se trouvait lui-même si bien déguisé, qu'il regrettait de n'avoir point à passer près de son ancienne demeure.

— Sous mon costume actuel, dit-il, et à la suite de Votre Honneur, je me hasarderais à faire face au juge Blindas le jour des sessions, et je voudrais savoir ce qu'est devenu Flibbertigibbet, qui fera le diable dans le monde s'il peut rompre ses lisières et échapper à sa grand'mère et à son magister. Je serais bien aise aussi de voir le dégât qu'a fait l'explosion parmi les fioles et les creusets du docteur Démétrius Dobcobius. Je réponds que ma renommée vivra dans la vallée de White-Horse long-temps après que mon corps aura disparu de ce monde; plus d'un paysan viendra encore attacher son cheval à l'anneau, déposer son groat d'argent sur la pierre du centre, et siffler comme un marin pendant le calme, pour appeler le maréchal du diable; mais les chevaux auront le temps de gagner la morve avant que je m'amuse à leur attacher un fer.

A cet égard, Wayland ne fut pas un faux prophète : les fables s'accréditent si facilement que la tradition de ses talens dans l'art vétérinaire s'est propagée jusqu'à nos jours dans la vallée de White-Horse, et, quoique couverte d'un peu d'obscurité, la mémoire des faits et gestes du maréchal Wayland ne s'est pas moins conservée dans le

---

() *La Tempête.* Shakspeare.

comté de Berks que celle du célèbre Pusey-Horn [1] et celle de la victoire d'Alfred.

L'empressement qu'avait Tressilian d'arriver au but de son voyage faisait qu'ils ne s'arrêtaient que le temps nécessaire pour rafraîchir leurs chevaux ; et comme le comte de Leicester, ou les gens qui étaient sous sa dépendance immédiate, avait une grande influence dans la plupart des endroits par où ils passaient, ils jugèrent à propos de cacher leurs noms et le motif de leur voyage. Lancelot Wayland, car tel était son véritable nom, semblait prendre plaisir à déjouer la curiosité des aubergistes et des garçons d'écurie, et à leur donner le change ; pendant ce court et rapide voyage, il fit courir sur le compte de son maître trois bruits différens et contradictoires. Ici Tressilian était le lord député [2] d'Irlande, venu incognito pour prendre les ordres de la reine relativement au fameux rebelle Rory Og Mac-Carthy Mac-Mahon ; là c'était un agent de *Monsieur*, envoyé pour solliciter la main d'Elisabeth ; ailleurs c'était le duc de Médine, déguisé, arrivé pour arranger le différend qui existait entre la reine et Philippe, roi d'Espagne.

Tressilian n'était pas très content de toutes ces fictions, et il se plaignit plusieurs fois à Wayland qu'il en résultait plusieurs inconvéniens, et notamment celui de fixer l'attention sur lui d'une manière trop particulière. Mais son écuyer l'apaisa par un argument irrésistible : — Chacun reconnaît en vous, lui dit-il, un homme d'importance ; il est donc indispensable de donner quelque raison extraordinaire pour justifier la rapidité et le secret de notre voyage.

A mesure qu'ils approchaient de Londres, l'affluence des étrangers devenant plus grande, leur présence ne pro-

---

(1) Roi du pays de Galles.
(2) Lord vice-roi. — Ed.

voqua plus ni curiosité ni questions; enfin ils entrèrent dans cette ville.

Tressilian avait dessein de se rendre sur-le-champ à Say's-Court, près de Deptford, ou lord Sussex résidait alors, afin de se trouver plus près de Greenwich, séjour favori d'Elisabeth, et où était née cette princesse. Il était pourtant nécessaire de faire une courte halte à Londres, et elle fut prolongée par les instances que fit Wayland pour qu'il lui fût permis de faire une course dans la Cité.

— Prends donc ton épée et ton écu, lui dit Tressilian, et suis-moi. J'ai dessein moi-même de me promener, et nous irons ensemble.

Il avait un motif secret pour agir ainsi. Il n'était pas encore assez sûr de la fidélité de son nouveau serviteur pour le perdre de vue dans un moment où deux factions rivales étaient en présence à la cour d'Elisabeth. Wayland consentit à cet arrangement, mais il stipula qu'il lui serait permis d'entrer dans telle boutique de droguiste ou d'apothicaire qu'il jugerait à propos, et d'y acheter des drogues dont il avait besoin. Tressilian ne lui fit aucune objection; et, en parcourant les rues de la Cité, ils entrèrent successivement dans quatre ou cinq boutiques, dans chacune desquelles Tressilian remarqua que son compagnon ne prit qu'une seule drogue en diverses doses. Celles qu'il demanda d'abord se trouvèrent aisément, mais il eut plus de difficulté à se procurer les autres. Ce ne fut pas sans suprise que Tressilian le vit plusieurs fois refuser la drogue ou la plante qu'on lui offrait, et l'aller chercher ailleurs s'il n'était pas servi selon son désir. Il y eut pourtant une drogue qu'il parut presque impossible de trouver. Ici on ne la connaissait pas; là on prétendait qu'elle n'existait que dans le cerveau dérangé de quelques alchimistes; ailleurs on offrait d'y substituer quelque autre ingrédient qui, disait-on, avait la même vertu, et dans un degré supérieur; presque partout on montrait un certain degré de curiosité sur l'usage qu'il en voulait faire. Enfin un vieil apothicaire lui répondit franchement qu'il chercherait inutilement cette drogue dans tout Londres, à moins qu'il n'en trouvât par hasard chez le juif Yoglan.

— Je m'en doutais, dit Wayland à Tressilian en sortant de cette boutique. Je vous demande pardon, monsieur, mais le meilleur ouvrier ne peut travailler sans outils. Il faut que j'aille chez ce juif, et si cette course retarde votre départ de quelques instans, vous en serez bien dédommagé par l'usage que je ferai de cette drogue rare et précieuse. Mais permettez-moi de marcher devant vous, car nous allons quitter la grande rue, et nous irons plus vite si je vous montre le chemin.

Tressilian y consentit, et suivit son guide, qui prouva qu'il connaissait parfaitement ce quartier de la Cité, en le conduisant à grands pas et sans hésiter à travers un véritable labyrinthe de petites rues, d'allées et de passages. Enfin il s'arrêta au milieu d'une rue étroite, au bout de laquelle on apercevait la Tamise, et les mâts de deux bâtimens qui attendaient la marée pour partir. La boutique où ils s'arrêtèrent n'était pas fermée par des croisées vitrées comme celles de nos jours; elle était protégée par une espèce d'auvent en grosse toile, et le devant en était entièrement ouvert, comme le sont encore aujourd'hui celles des marchands de poissons. Un petit vieillard dont l'extérieur n'annonçait pas un juif, car il avait les cheveux blonds et le menton rasé, se présenta à eux, et leur demanda ce dont ils avaient besoin. Wayland ne lui eut pas plus tôt nommé la drogue qu'il cherchait, que le juif fit un mouvement de surprise.

— Et quel besoin, mon Dieu! peut avoir Votre Honneur d'une drogue que personne ne m'a encore demandée depuis quarante ans que je suis apothicaire dans cette rue? répondit le juif dans son jargon.

— Je n'ai pas à répondre à ces questions, dit Wayland; je désire seulement savoir si vous avez la drogue que je vous demande, et si vous voulez m'en vendre.

— Si j'ai cette drogue, Dieu de Moïse ! oui, sans doute, je l'ai. Pour ce qui est de la vendre, ne suis-je pas marchand? A ces mots il lui présenta une poudre. Mais elle est bien chère, continua-t-il, je l'ai payée son pesant d'or, et de l'or le plus pur; elle vient du mont Sinaï, où notre bienheureuse loi nous fut donnée, et c'est une plante qui ne fleurit qu'une fois par siècle.

— Peu m'importe tout ce verbiage, dit Wayland en regardant d'un air de défiance dédaigneuse la poudre que le juif lui offrait; mais ce que je sais fort bien, c'est que la méchante drogue que vous me présentez en place de celle que je vous demande se trouve dans les fossés d'Alep, et qu'elle ne coûte que la peine de l'y ramasser.

— Eh bien, répondit le juif d'un air encore plus surpris, je n'en ai pas de meilleure; et quand j'en aurais, je ne vous en voudrais pas donner sans un ordre du médecin, ou sans savoir l'usage que vous en voulez faire.

Wayland fit une courte réponse dans une langue que Tressilian ne put comprendre. L'étonnement du juif parut redoubler. Il ouvrit de grands yeux, et les fixa sur Wayland de l'air d'un homme qui, dans un étranger en apparence humble et ignoré, reconnaîtrait tout-à-coup un héros illustre, un potentat redoutable.

— Saint prophète Elie! s'écria-t-il après s'être remis des premiers effets d'une surprise qui l'avait comme étourdi. Et passant rapidement de ses manières bourrues et soupçonneuses à l'air le plus soumis et le plus servile : — Ne me ferez-vous pas l'honneur, lui dit-il, d'entrer dans mon humble demeure, et de lui porter bonheur en y posant vos pieds? Refuserez-vous de boire un verre de vin avec le pauvre juif Zacharie Yoglan? Voulez-vous du vin d'Allemagne... du Tokai... du Lacryma?

— Vos politesses sont hors de saison, dit Wayland; donnez-moi ce que je vous demande, et trêve à vos longs discours.

L'Israélite prit son trousseau de clefs, et ouvrant avec circonspection une armoire qui paraissait fermée avec plus de soin que toutes les autres de la boutique, il poussa un ressort qui fit sortir un tiroir secret, couvert d'une glace, et dans lequel se trouvait une petite quantité d'une poudre noire. Il l'offrit à Wayland d'une manière qui semblait annoncer qu'il ne pouvait rien lui refuser; mais que c'était à contre-cœur et avec regret qu'il cédait un seul grain de ce trésor; ces deux sentimens semblaient se combattre sur sa physionomie.

— Avez-vous des balances? lui demanda Wayland.

Le juif lui montra celles dont il se servait habituellement dans sa boutique, mais avec une expression de doute et de crainte si prononcée, qu'elle ne put échapper aux yeux pénétrans de Wayland.

— Il m'en faut d'autres, lui dit-il d'un ton sévère. Ne savez-vous pas que les choses saintes perdent de leur vertu, si on les pèse dans une balance qui n'est pas juste?

Le juif baissa la tête, et tira d'une petite cassette garnie en acier une paire de balances richement montées. — Ce sont celles dont je me sers pour mes expériences de chimie, dit-il en les présentant à Wayland; un poil de la barbe du Grand-Prêtre, mis dans un des plateaux, suffirait pour le faire pencher.

— Il suffit, répondit Wayland; et, prenant les balances, il y pesa lui-même deux dragmes de la poudre noire, les enveloppa soigneusement dans du papier, les mit dans sa poche, et en demanda le prix.

— Rien, rien du tout pour un homme comme vous. Mais vous viendrez revoir le pauvre juif. Vous jetterez un coup d'œil sur son laboratoire, où, à force de travail, il s'est desséché comme la gourde du saint prophète Jonas.

Vous aurez pitié de lui. Vous l'aiderez à faire quelques pas sur la noble route...

— Paix ! dit Wayland en posant mystérieusement un doigt sur ses lèvres. Il est possible que nous nous revoyions. Vous avez déjà le *Scah-majm*, comme vos rabbins l'appellent,... la création générale. Veillez donc et priez, car il faut que vous arriviez à la connaissance de l'élixir Alchabest Samech avant que je puisse communiquer avec vous.

A ces mots il répondit par un léger signe de tête au salut respectueux du petit juif, et sortit gravement de la boutique, suivi par son maître, dont la première observation sur la scène dont il venait d'être témoin fut que Wayland aurait dû, en toute justice, payer au marchand la drogue qu'il avait fournie, quelle que pût en être la valeur.

— Moi le payer! s'écria Wayland; que le diable me paie moi-même si j'en fais rien. Si je n'avais craint de déplaire à Votre Honneur, j'aurais tiré de lui une once ou deux de l'or le plus pur, en échange de pareil poids de poussière de brique.

— Je vous conseille de ne pas faire de telles friponneries, tant que vous serez à mon service.

— Ne vous ai-je pas dit que c'est cette raison qui m'a empêché de le faire? Friponnerie, dites-vous? Quoi! voilà un squelette ambulant, qui, assez riche pour paver en dollars la rue dans laquelle il demeure, en tire à peine un seul de son coffre-fort, et, comme un fou, court après la pierre philosophale! D'ailleurs ne voulait-il pas lui-même tromper un ignorant, comme il me supposait d'abord, en me vendant au poids de l'or une drogue qui ne valait pas un sou? Fin contre fin, dit le diable au charbonnier[1]; si sa mauvaise poudre valait mes couronnes d'or, ma poussière de brique pourrait bien valoir les siennes.

(1) *The Collier of Croydon*, le Charbonnier de Croydon, ancienne farce anglaise. — Ed.

— Il est possible que ce raisonnement soit fort bon en traitant avec des juifs et des apothicaires, M. Wayland; mais songez bien que je ne puis permettre de pareils tours de passe-passe à quelqu'un qui est à mon service. Je me flatte que vous avez fini vos acquisitions.

— Oui, monsieur; et avec toutes ces drogues, je composerai aujourd'hui même le véritable orviétan, précieux médicament, si rare, si difficile à trouver en Europe, faute de cette poudre qu'Yoglan vient de me fournir.

— Mais pourquoi n'avoir pas acheté toutes vos drogues dans la même boutique? Nous avons perdu près d'une heure à courir d'un marchand chez l'autre.

— Vous allez le savoir, monsieur. Je ne veux apprendre mon secret à personne, et il cesserait bientôt d'en être un si j'achetais tous mes ingrédiens du même apothicaire.

Ils retournèrent à leur auberge (la fameuse auberge de la Belle-Sauvage[1]), et tandis que Stevens préparait leurs chevaux, Wayland, ayant emprunté un mortier et s'enfermant dans une chambre, pulvérisa, tritura, amalgama, en proportions convenables, les drogues dont il venait de faire emplette, avec une promptitude et une dextérité qui prouvaient qu'il n'était pas novice dans les opérations manuelles de la pharmacie.

Dès qu'il eut composé son électuaire, ils montèrent à cheval, et une course d'une heure les conduisit à la résidence actuelle du comte de Sussex, ancienne habitation appelée Say's-Court, près de Deptford, qui avait autrefois appartenu à une famille du nom de Say, mais qui, depuis plus d'un siècle, avait passé dans l'ancienne et honorable famille d'Evelyn. Le représentant actuel de cette noble maison prenait un vif intérêt à lord Sussex, et l'avait accueilli dans sa demeure ainsi qu'une suite nombreuse.

---

[1] *Bell savage*, avec l'orthographe moderne, ce serait *cloche sauvage*. Éd.

Say's-Court fut depuis la résidence du célèbre M. Evelyn, dont l'ouvrage intitulé *Sylva* est encore le Manuel de tous ceux qui plantent des bois en Angleterre, et dont la vie, les mœurs et les principes, tels que ses Mémoires les font connaître, devraient être également le *Manuel* de tous les gentilshommes anglais[1].

CHAPITRE XIV.

> « Vraiment, l'ami, vraiment, voilà bien du nouveau !
> « Deux taureaux, dites-vous, au milieu du troupeau,
> « Se battent pour l'amour d'une belle génisse,
> « Noble prix du vainqueur, du combat spectatrice ?
> « Mon Dieu, laissez-les faire. Un d'eux étant à bas,
> « Le reste du troupeau sera hors d'embarras. »
> *Ancienne comédie.*

SAY's-COURT était gardé comme un fort assiégé, et les soupçons étaient alors portés à un tel point, que, lorsque Tressilian en approcha, il fut arrêté et questionné plusieurs fois par des sentinelles avancées à pied et à cheval. La place distinguée que Sussex occupait dans les bonnes grâces de la reine et sa rivalité connue et avouée avec le comte de Leicester faisaient attacher la plus haute importance à sa conservation; car, à l'époque dont nous parlons, chacun doutait encore lequel des deux parviendrait à supplanter l'autre dans la faveur d'Elisabeth.

Elisabeth, comme la plupart des femmes, aimait à gouverner par le moyen de factions, de manière à balancer deux intérêts opposés, et à se réserver le pouvoir d'accorder la prépondérance à l'une ou à l'autre, suivant que pourrait l'exiger la raison d'état, ou son caprice, car elle n'était pas au-dessus de cette faiblesse de son sexe. User de

---

(1) Voyez sur Say's-Court et Evelyn le tome premier du *Voyage hist. et littér. en Angleterre et en Ecosse.* — ED.

finesse, cacher son jeu, opposer un parti à l'autre, tenir en bride celui qui se croyait au plus haut rang dans son estime par la crainte que devait lui inspirer un concurrent auquel elle accordait la même confiance, sinon la même affection, telles furent les manœuvres qu'elle employa pendant tout le cours de son règne; et ce fut ainsi que, quoique souvent assez faible pour avoir un favori, elle parvint à prévenir la plupart des fâcheux effets que ce système aurait pu avoir pour son royaume et pour son gouvernement.

Les deux nobles qui se disputaient alors ses bonnes grâces y avaient des prétentions différentes. Cependant on pouvait dire en général que le comte de Sussex avait rendu plus de services à la reine, et que Leicester était plus agréable aux yeux de la femme. Sussex était un homme de guerre; il avait servi avec succès en Irlande et en Écosse, et surtout dans la grande révolte du nord, en 1569, qui fut étouffée en grande partie par ses talens militaires. Il avait donc naturellement pour amis et pour partisans tous ceux qui voulaient parvenir à la fortune par la gloire des armes. Il était d'ailleurs d'une famille plus ancienne et plus honorable que son rival, représentant en sa personne les deux nobles maisons des Fitz-Walter et des Ratcliffe; tandis que les armoiries de celle de Leicester étaient entachées par la dégradation de son aïeul, ministre oppresseur de Henry VII, tache qui n'avait pas été effacée par son malheureux père Dudley, duc de Northumberland, exécuté à Tower-Hill le 22 août 1553. Mais par les agrémens de sa personne et son adroite galanterie, armes si formidables à la cour d'une reine, Leiceister avait un avantage plus que suffisant pour contrebalancer les services militaires, le sang illustre et la loyauté franche du comte de Sussex; aussi, aux yeux de la cour et du royaume, passait-il pour tenir le premier rang dans les bonnes grâces d'Élisabeth, quoique, par suite du système uniforme de la politique de cette princesse, cette préférence ne fût pas assez fortement prononcée pour qu'il pût se regarder comme certain de triompher des prétentions de son rival.

La maladie de Sussex était arrivée si à propos pour Leicester qu'elle avait donné lieu à d'étranges soupçons répandus dans le public ; et les suites qu'elle pouvait avoir remplissaient de consternation les amis de l'un, tandis qu'elles faisaient naître les plus grandes espérances dans le cœur des partisans de l'autre. Cependant comme dans ce bon vieux temps on n'oubliait jamais la possibilité qu'une affaire se décidât à la pointe de l'épée, les amis de ces deux seigneurs se réunissaient autour de chacun d'eux, se montraient en armes jusque dans le voisinage de la cour, et laissaient souvent arriver aux oreilles de la reine le bruit des querelles qu'ils avaient aux portes mêmes du palais. Ce détail préliminaire était indispensable pour rendre ce qui suit intelligible au lecteur.

Tressilian, à son arrivée à Say's-Court, trouva le château rempli des gens du comte de Sussex et des gentilshommes ses partisans, que la maladie de leur chef avait fait accourir autour de lui. Tous les bras étaient armés, et toutes les figures rembrunies comme si l'on eût redouté une attaque immédiate et violente de la part de la faction opposée. Cependant Tressilian ne trouva que deux gentilshommes dans l'antichambre, où un officier du comte le fit entrer, tandis qu'un autre alla informer son maître de l'arrivée de son parent. Il y avait un contraste remarquable entre le costume, l'air et les manières de ces deux personnages. Le plus âgé, qui paraissait un homme de qualité, et encore dans la fleur de la jeunesse, était vêtu en militaire et avec beaucoup de simplicité; ses traits annonçaient le bon sens, mais pas la moindre dose d'imagination ou de vivacité. Le plus jeune, à qui l'on n'aurait guère donné plus de vingt ans, portait le costume le plus à la mode à cette époque, un habit de velours cramoisi orné de galons et brodé en or, et une toque de même étoffe, dont une chaîne d'or fermée par un médaillon faisait trois fois le tour. Ses cheveux étaient arrangés à peu près comme ceux des jeunes élégans de nos jours, c'est-à-dire relevés sur leurs racines, et il portait des boucles d'oreilles d'argent ornées d'une très belle perle. Il était bien fait, d'une grande taille, et ses traits réguliers et agréables étaient si animés et si expressifs, qu'on y reconnaissait sur-le-champ un caractère ferme, le feu d'une âme entreprenante, l'habitude de réfléchir et la promptitude à prendre un parti.

Ils étaient assis sur le même banc l'un près de l'autre; mais chacun d'eux, occupé de ses réflexions, avait les yeux fixés sur le mur en face, et ne songeait point à parler à son compagnon. Les regards du plus âgé annonçaient qu'en regardant la muraille il ne voyait qu'une vieille boiserie en chêne à laquelle on avait suspendu, suivant l'usage, des boucliers, des pertuisanes, des bois de cerf, et des armes de toute espèce anciennes et modernes. Les yeux du plus jeune brillaient du feu de l'imagination; on aurait dit que l'espace vide qui le séparait de la muraille était un théâtre sur lequel il mettait en action divers personnages qui lui offraient un spectacle bien différent de celui que la réalité lui aurait présenté.

Dès que Tressilian entra, tous deux se levèrent pour le saluer, et le plus jeune surtout l'aborda de l'air le plus cordial.

— Soyez le bienvenu, Tressilian, lui dit-il; votre philosophie nous a privés de vous quand cette maison pouvait offrir des attraits à l'ambition; mais c'est une philosophie désintéressée, puisque vous y revenez quand il n'y a plus que des dangers à partager avec eux.

— Milord est-il donc si sérieusement indisposé? demanda Tressilian.

— Nous craignons que sa situation ne soit sans espoir, répondit le plus âgé, et tout porte à croire que c'est le fruit de la trahison.

— Fi donc! dit Tressilian; lord Leicester est homme d'honneur.

— Et pourquoi donc a-t-il une suite composée de vrais brigands? s'écria le plus jeune. Celui qui évoque le diable peut être honnête; mais il est responsable de tous les maux que fait le malin esprit.

— Mais, messieurs, dit Tressilian, êtes-vous donc les seuls amis de milord qui vous soyez rendus près de lui dans ce moment de crise?

— Oh! non vraiment, répondit le plus âgé. Nous avons ici Tracy, Markham et bien d'autres; mais nous faisons le service deux à deux, et il y en a quelques uns qui sont fatigués, et qui dorment dans la galerie là-haut.

— Et quelques autres, dit le plus jeune, qui sont allés à Deptford, ayant boursillé pour acheter quelque vieille carcasse de bâtiment, parce que, lorsque tout sera dit et que notre noble lord aura été déposé dans sa noble sépulture, ils donneront de leurs nouvelles aux coquins qui l'y ont précipité, et s'embarqueront pour les Indes le cœur aussi léger que la bourse.

— Et il est possible que je sois du voyage, dit Tressilian, dès que j'aurai terminé une affaire que j'ai à la cour.

— Vous, une affaire à la cour! s'écrièrent-ils tous deux en même temps; vous, faire le voyage des Indes!

— Comment, Tressilian! continua le plus jeune; et n'êtes-vous pas en quelque sorte marié? n'êtes-vous pas à l'abri de ces coups de fortune qui forcent un homme à se mettre en mer, quand sa barque voudrait rester tranquillement dans le port? Qu'avez-vous donc fait de votre belle Indamira, qui devait être l'égale de mon Amorette par sa constance comme par ses charmes?

— Ne m'en parlez pas, dit Tressilian en se détournant.

— En êtes-vous donc là, mon pauvre ami? dit le jeune homme en lui prenant la main avec affection. Ne craignez pas que je touche une seconde fois à une blessure si cruelle; mais c'est une nouvelle aussi étrange que triste. Aucun de nos joyeux compagnons, dans cette saison de tempêtes, ne verra-t-il donc sa fortune ou son bonheur échapper au naufrage? J'espérais que vous, du moins, mon cher Edmond, vous étiez dans le port. Mais un autre ami, qui porte votre nom [1], a dit la vérité :

> Sous sa roue écrasant le chaume et le palais,
> Nous avons vu cent fois la Fortune infidèle
> Nous abuser un jour pour nous fuir à jamais !
> Ne cesserons-nous pas d'être surpris par elle?

Pendant que le jeune homme déclamait ces vers avec une expression de sensibilité, son compagnon, moins enthousiaste, s'était levé de son siége, et se promenait d'un air d'impatience. S'enveloppant ensuite dans son manteau et se rasseyant sur le siége : — Je suis surpris, Tressilian, dit-il, que vous nourrissiez la folie de ce jeune homme en écoutant ses rapsodies. Si quelque chose pouvait faire juger défavorablement d'une maison honorable et vertueuse comme celle de milord, ce serait d'y entendre ce jargon, ce galimatias poétique apporté parmi nous par Walter le beau diseur et ses camarades, qui mettent à la torture de mille manières le bon anglais qu'il avait plu à Dieu de nous accorder.

— Blount s'imagine, dit le jeune homme, que le démon a fait la cour en vers à notre mère Ève, et que le sens mystique de l'arbre de la science du bien et du mal n'a rapport qu'à l'art d'assembler des rimes et de scander un hexamètre.

En ce moment, le chambellan du comte vint annoncer à Tressilian que Sa Seigneurie désirait le voir.

---

[1] Edmond Spencer, auteur de *la Reine des Fées*. — Ed.

Il trouva lord Sussex en robe de chambre, mais couché sur son lit, et il fut alarmé en voyant le changement que la maladie avait produit sur lui. Le comte le reçut de l'air le plus amical, et lui demanda des nouvelles de ses amours. Tressilian éluda la réponse en faisant tomber l'entretien sur la maladie du comte ; et il vit avec surprise que les symptômes étaient exactement tels que Wayland les avait décrits, d'après le peu qu'il avait appris de Stevens. Il n'hésita donc pas à raconter à Sussex toute l'histoire de son nouveau serviteur, et l'assurance avec laquelle il prétendait pouvoir le guérir. Le comte l'écouta avec attention, mais d'un air d'incrédulité, jusqu'à ce que le nom de Démétrius eût été prononcé. Il appela sur-le-champ son secrétaire, et lui ordonna de lui apporter une cassette qui contenait quelques papiers importans.

— Cherchez-y, lui dit-il, la déclaration du coquin de cuisinier à qui nous avons fait subir un interrogatoire, et voyez avec soin si le nom de Démétrius n'y est pas mentionné.

Le secrétaire trouva tout d'abord le passage en question, et lut ce qui suit :

« Et ledit comparant déclare qu'il se souvient d'avoir fait la sauce dudit esturgeon, après avoir mangé duquel mondit noble lord s'est trouvé indisposé ; qu'il y a employé les herbes et ingrédiens ordinaires, savoir... »

— Passez tout ce bavardage, dit le comte, et voyez si les ingrédiens dont il parle n'ont pas été achetés chez un herboriste nommé Démétrius.

— Précisément, dit le secrétaire, et il ajoute qu'il n'a pas revu depuis ce temps ledit Démétrius.

— Cela s'accorde avec l'histoire de ton drôle, Tressilian, dit le comte. Qu'on le fasse venir.

Wayland, amené devant le comte, répéta toute son histoire avec fermeté, et sans varier dans une seule circonstance.

— Il peut se faire, dit le comte, que ceux qui ont commencé l'ouvrage t'envoient ici pour le terminer; mais prends-y garde, car si ton remède a des suites fâcheuses, tu pourras t'en trouver fort mal.

— Ce serait agir avec rigueur, dit Wayland, car la guérison est entre les mains de Dieu comme la mort. Cependant je consens à en courir le risque. J'ai vécu assez long-temps sous la terre pour ne pas craindre d'y rentrer.

— Puisque tu as tant de confiance, dit le comte, et que les savans ne peuvent me soulager, je dis comme toi, j'en courrai le risque : donne-moi ton médicament.

— Permettez-moi d'abord, dit Wayland, puisque vous me rendez responsable du traitement, d'y mettre pour condition qu'il ne sera permis à aucun médecin d'y intervenir.

— C'est justice, dit le comte. Maintenant voyons ton remède.

Pendant que Wayland le préparait, on déshabilla le comte et on le mit au lit.

— Je vous avertis, dit Wayland, que le premier effet de ce médicament sera de vous procurer un sommeil profond, et pendant ce temps il faut que le plus grand silence règne dans la chambre, ou il en pourrait résulter des suites funestes. Je veillerai moi-même sur le comte avec un ou deux des gentilshommes de sa chambre.

— Que tout le monde se retire, dit le comte, excepté Stanley et ce brave homme.

— Et moi, dit Tressilian; je suis trop intéressé à l'effet de ce remède.

— Soit, dit le comte, mais avant tout qu'on fasse venir mon secrétaire et mon chambellan.

— Messieurs, leur dit-il dès qu'ils furent arrivés, je vous prends à témoin que notre honorable ami Tressilian n'est aucunement responsable des suites du médicament que je vais prendre. Je m'y suis déterminé de ma propre volonté, attendu que je le regarde comme une faveur que Dieu m'accorde pour me guérir de ma maladie par des moyens inattendus. S'il ne réussit pas, rappelez-moi au souvenir de ma noble maîtresse, et dites-lui que je suis mort comme j'ai vécu, son fidèle serviteur. Je souhaite que tous ceux qui entourent son trône aient la même pureté de cœur, et la servent avec plus de talent que Thomas Ratcliffe.

Il croisa ses bras sur sa poitrine, et sembla se recueillir un instant. Prenant alors la potion des mains de Wayland, il fixa sur lui des yeux qui semblaient vouloir lire jusqu'au fond de son âme; mais il n'aperçut sur son visage ni trouble ni inquiétude.

— Il n'y a rien à craindre, dit-il à Tressilian; et il avala le breuvage sans hésiter.

— Je prie Votre Seigneurie, dit Wayland, de se disposer le plus commodément possible pour dormir, et vous, messieurs, soyez immobiles et silencieux comme si vous étiez près du lit de mort de votre mère.

Le chambellan et le secrétaire se retirèrent, donnèrent ordre qu'on fermât les portes, et que le silence le plus profond régnât dans toute la maison. Il ne resta dans la chambre que Stanley, Tressilian et Wayland; mais plusieurs personnes gardèrent l'antichambre pour se trouver à portée en cas de besoin.

La prédiction de Wayland ne tarda pas à s'accomplir. Le comte s'endormit d'un sommeil si profond que Tressilian et Stanley craignirent que ce ne fût une léthargie dont il ne se réveillerait jamais. Wayland lui-même paraissait inquiet. Il portait souvent la main sur les tempes du malade, et faisait surtout attention à sa respiration, qui était forte et fréquente, mais facile et non interrompue.

CHAPITRE XV.

« Et voilà donc comment, messieurs les étourdis,
« Le service se fait, les devoirs sont remplis?
« Qu'est devenu le sot envoyé par mon ordre? »
SHAKSPEARE, *la Méchante femme mise à la raison.*

LE moment où les hommes paraissent le plus désavantageusement aux yeux les uns des autres, et où ils se trouvent le moins à l'aise, est celui où le premier rayon de l'aurore les surprend à veiller. Même une beauté du premier ordre, quand la naissance du jour vient mettre fin aux plaisirs d'un bal, ferait bien de se soustraire aux regards de ses admirateurs les plus dévoués et les plus passionnés. Telle était la lueur pâle et défavorable qui commençait à se répandre sur ceux qui avaient veillé toute la nuit dans l'antichambre du comte de Sussex, et qui mêlait une teinte bleuâtre à la flamme presque livide des lampes et des torches mourantes. Le jeune homme dont nous avons parlé dans le chapitre précédent avait quitté l'appartement pour aller voir qui frappait à la porte du château, et, en y rentrant, il fut si frappé de l'air pâle et défait de ses compagnons de veille qu'il s'écria : — Sur mon âme! mes maîtres, on vous prendrait pour des hibous. Quand le soleil va se lever, je présume que je vous verrai vous envoler, les yeux éblouis, pour aller vous cacher dans le tronc pourri d'un vieil arbre, ou dans quelque mur tombant en ruines.

— Tais-toi, tête sans cervelle, dit Blount. Est-ce le moment de plaisanter quand l'honneur de l'Angleterre rend peut-être le dernier soupir dans la chambre voisine?

— Tu mens, répliqua Walter.

— Je mens, répéta Blount en se levant, je mens! Et c'est à moi que tu parles ainsi!

— Oui, brave Blount, tu mens. Mais ne prends pas la mouche ainsi pour un mot. J'aime et j'honore milord autant qu'aucun de vous; mais, s'il plaisait au ciel de l'appeler à lui, je ne dirais pas pour cela que tout l'honneur de l'Angleterre mourrait avec lui.

— Sans doute, et une bonne part en survivrait chez toi, reprit Blount.

— Oui, et une bonne part aussi avec toi-même, Blount, et avec Markham, Tracy, et nous tous. Mais c'est moi qui ferai valoir le talent que Dieu nous a confié.

— Et voudras-tu nous faire part de ton secret?

— Pourquoi non? Vous êtes comme un terrain qui ne produit rien parce qu'on croit qu'il n'a pas besoin d'engrais. Moi, je suis un sol peut-être moins fertile par lui-même, mais où l'ambition entretient sans cesse une fermentation qui le rendra productif.

— Je prie le ciel qu'elle ne te rende pas fou. Quant à moi, si nous perdons le noble comte, je dis adieu à la cour et aux camps. J'ai cinq cents acres de terre dans le comté de Norfolk ; je vais m'y enterrer, et je change la cuirasse pour la bêche.

— Vile métamorphose! Mais tu as vraiment déjà la tournure du laboureur; tes épaules sont courbées comme si tu te baissais pour tenir la charrue, et tu as une odeur terreuse au lieu d'être parfumé comme devrait l'être un galant courtisan. En vérité, on dirait que tu viens de sortir du milieu d'une meule de foin. Ta seule excuse sera de dire que le fermier avait une jolie fille.

— Trêve de plaisanteries, Walter, dit Tracy; ni le temps ni le lieu ne les permettent. Dites-nous plutôt qui était à la porte tout à l'heure.

— Le docteur Masters, médecin de la reine, qui venait par ordre exprès d'Élisabeth pour s'informer de la santé du comte.

— Ah! s'écria Tracy, ce n'est pas une petite marque de faveur. Si le comte recouvre la santé, Leicester pourra encore trouver en lui un adversaire redoutable. Et où est le docteur?

— Sur la route de Greenwich, répondit Walter, et de fort mauvaise humeur.

— Comment! s'écria Tracy; j'espère que tu ne lui as pas refusé la porte!

— Tu n'as sûrement pas fait un pareil coup de tête? ajouta Blount.

— Sur ma foi, je l'ai congédié aussi net que vous congédieriez, toi, Blount, un mendiant; et toi, Tracy, un créancier.

— De par tous les diables! pourquoi as-tu laissé aller Walter à la porte? demanda Blount à Tracy.

— Parce que cela convenait mieux à son âge qu'au mien. Mais ce trait d'étourderie nous perd tous. Que milord vive ou qu'il meure, il n'obtiendra plus un regard favorable de la reine.

— Et il n'aura plus le moyen de faire la fortune de ses partisans, dit Walter en souriant d'un air de mépris. Voilà la plaie secrète, délicate à toucher. Messieurs, j'ai fait sonner moins haut que quelques uns de vous mes lamentations sur la maladie de milord; mais quand il s'agit de lui rendre service, je ne le cède à personne. Si j'eusse permis à ce savant docteur de pénétrer dans la chambre du comte, ne voyez-vous pas qu'il y aurait eu entre lui et le médecin venu avec Tressilian un bruit capable d'éveiller non seulement le malade, mais les morts mêmes? La cloche d'alarme fait moins de tapage qu'une querelle entre deux docteurs.

— Et qui supportera le blâme d'avoir contrevenu aux ordres de la reine? demanda Tracy; car sans aucun doute le docteur Masters venait donner des soins au comte par ordre exprès de Sa Majesté.

— Moi, messieurs, dit Walter ; et si j'ai fait une faute, je consens à en être puni.

— Dis donc adieu à tes beaux rêves, dit Blount, et renonce aux faveurs de la cour. Ton ambition aura beau fermenter, le Devonshire ne verra jamais en toi qu'un cadet de famille, bon à placer au bas bout d'une table, découpant tour à tour avec le chapelain, veillant à ce que les chiens soient bien nourris, et serrant la sangle du cheval de son maître, quand il part pour la chasse.

— Non, dit le jeune homme en rougissant, non, il n'en sera rien tant qu'on fera la guerre en Irlande et dans les Pays-Bas, tant que les vagues de la mer ouvriront un chemin aux dangers, à la gloire et à la fortune. Le riche Occident a encore des terres inconnues, et il se trouve en Angleterre des âmes assez hardies pour en tenter la découverte. Je vous quitte pour un instant, messieurs ; je vais faire une ronde, et voir si les sentinelles sont à leur poste.

— Il a du vif-argent dans les veines, dit Blount en regardant Markham, c'est une chose indubitable.

— Il a dans le sang et dans la tête, répondit Markham, de quoi s'élever bien haut ou se perdre à jamais. Mais en fermant la porte à Masters, il a eu la hardiesse de rendre au comte un service signalé, car le compagnon de Tressilian a déclaré qu'éveiller milord ce serait le tuer ; et Masters éveillerait les Sept-Dormans si leur sommeil n'avait pas été prescrit par une ordonnance de la faculté en bonne forme.

La matinée commençait à s'avancer, et Tressilian apporta dans l'antichambre l'heureuse nouvelle que le comte de Sussex s'était éveillé de lui-même ; que ses souffrances internes étaient diminuées ; qu'il parlait avec enjouement, et que ses yeux brillaient d'une vivacité qui annonçait qu'un changement favorable avait eu lieu dans sa situation. Il demandait qu'on vînt lui faire rapport de ce qui pouvait s'être passé pendant la nuit.

Lorsque le comte apprit la manière dont le jeune Walter avait reçu le médecin que la reine avait daigné lui envoyer, il sourit d'abord ; mais, après un instant de réflexion, il ordonna à Blount, son premier écuyer, de se mettre sur-le-champ dans une barque et de se rendre au palais de Greenwich, en prenant avec lui Walter et Tracy, pour présenter à la reine ses humbles respects, l'assurer de toute sa reconnaissance, et lui expliquer le motif qui l'avait empêché de prendre les avis du savant docteur Masters.

— Peste soit d'un pareil ordre! dit Blount en rentrant dans l'antichambre. S'il m'avait envoyé porter un cartel à Leicester, je crois que je me serais acquitté passablement d'un tel message. Mais me présenter devant notre gracieuse souveraine, en présence de qui toutes les paroles doivent être sucrées et miellées comme si elles sortaient de la boutique d'un confiseur, c'est ce qui ne me convient guère. Allons, partons, Tracy ; suis-moi, Walter, toi qui es la cause de toute cette besogne ; voyons si ton cerveau si fertile en feux d'artifice pourra venir au secours d'un homme qui ne sait parler que le franc et bon anglais.

— Ne craignez rien, s'écria Walter ; je vous tirerai d'embarras. Donnez-moi seulement le temps d'aller chercher mon manteau.

— Ton manteau ! tu l'as sur les épaules. Je crois qu'il a perdu la tête, s'il en a jamais eu une.

— Eh non ! c'est un vieux manteau de Tracy. Crois-tu que je veuille me montrer à la cour sans être vêtu comme il convient à un gentilhomme?

— Bah! tes beaux habits te serviront tout au plus à éblouir les yeux du portier et de quelques pauvres valets.

— N'importe, je veux mettre mon manteau, et donner

un coup de brosse à mon pourpoint avant de partir.

— Voilà bien du bruit pour un manteau et un pourpoint. Allons, dépêche-toi, au nom du ciel !

Ils voguèrent bientôt sur le sein de la superbe Tamise, dont les ondes réfléchissaient alors le soleil dans tout l'éclat de ses feux.

— Voilà deux choses qui n'ont rien qui les égale dans tout l'univers, dit Walter à Blount ; le soleil dans les cieux, et la Tamise sur la terre.

— Les rayons de l'un nous éclaireront pour aller à Greenwich, répondit Blount, et les eaux de l'autre nous y conduiraient plus vite si c'était l'heure de la marée.

— Et voilà tout ce que tu penses, tout ce dont tu t'inquiètes ! Tu ne vois d'autre utilité dans le roi des élémens, dans la reine des fleuves, que d'aider de pauvres diables comme toi, Tracy et moi, à aller faire à la cour une visite de pur cérémonial.

— C'est une visite dont je me souciais fort peu, sur ma foi ; j'épargnerais de bon cœur au soleil et à la Tamise la peine de me conduire où je n'avais nulle envie d'aller ; et je m'attends, pour toute récompense, à être reçu fort mal. Et sur mon honneur, ajouta-t-il en jetant les yeux sur Greenwich dont ils approchaient, je crois que nous aurons fait une course inutile, car je vois la barque de la reine près des degrés du parc, comme si Sa Majesté allait faire une promenade sur l'eau.

Il ne se trompait pas. Le pavillon anglais flottait sur la barque royale, où se trouvaient déjà les bateliers de la reine, vêtus de leurs riches livrées ; et on l'avait approchée de l'escalier conduisant dans le parc de Greenwich. Deux ou trois autres barques étaient destinées pour les personnes de la suite d'Elisabeth qui ne devaient pas être admises dans la première. Ses gardes-du-corps, les plus beaux hommes de l'Angleterre, formaient une double haie depuis la porte du palais jusqu'au bord de l'eau, et l'on semblait attendre l'arrivée de la reine, quoiqu'il fût encore de très bonne heure.

— Sur ma foi, cela ne nous présage rien de bon, dit Blount ; il faut que la reine ait de puissantes raisons pour se mettre en route de si grand matin. Nous ferions mieux de retourner à Say's-Court, pour rendre compte à milord de ce que nous avons vu.

— De ce que nous avons vu ! répéta Walter ; et qu'avons-nous vu ? Une barque, des rameurs, et quelques soldats en habits d'écarlate, armés de hallebardes. Exécutons la mission dont le comte nous a chargés, et nous lui rendrons compte de la manière dont la reine nous aura reçus.

A ces mots il ordonna aux bateliers d'approcher la barque d'un endroit où ils pourraient débarquer, pensant que le respect ne leur permettait pas de se servir en ce moment de l'escalier du parc. Il sauta légèrement sur le rivage, suivi du prudent et circonspect Blount, qui semblait l'accompagner à regret. En se présentant à la porte du palais, ils apprirent qu'ils ne pouvaient y entrer, parce que la reine allait sortir. Ils employèrent le nom du comte de Sussex ; mais ce talisman ne produisit aucun effet sur l'officier de garde, qui répondit qu'il ne pouvait s'écarter en rien de sa consigne.

— Ne te l'avais-je pas dit ? s'écria Blount. Allons, mon cher Walter, regagnons notre barque, et retournons à Say's-Court.

— Pas avant que j'aie vu la reine, répondit-il d'un ton déterminé.

— Tu es donc fou, archifou !

— Et toi, tu es donc devenu tout-à-coup poule mouillée ? Je t'ai vu faire face à une douzaine de kernes[1] irlandais, sans te laisser effrayer par le nombre, et maintenant tu

---

(1) Kernes, fantassins irlandais armés à la légère. — Ed.

trembles qu'une belle dame ne jette sur toi un regard de mauvaise humeur.

Comme il finissait de parler, les portes s'ouvrirent, et les huissiers du palais commencèrent à s'avancer en cérémonie, précédés par les gentilshommes pensionnaires [1]. Bientôt Elisabeth parut au milieu des dames et des seigneurs de sa cour, rangés de manière à ce qu'elle pouvait être vue de toutes parts. Elle était encore jeune, et brillait de tout l'éclat de ce qu'on appelle beauté dans une souveraine, mais de ce qu'on appellerait dans tous les rangs noblesse et dignité. Elle s'appuyait sur le bras de lord Hunsdon, qui, étant son parent du côté de sa mère, en recevait souvent de semblables marques de faveur et de distinction.

Walter n'avait probablement jamais approché de si près la personne de sa souveraine, et il s'avança jusqu'à la haie que formaient les gardes, afin de profiter de cette occasion pour bien la voir. Son compagnon, au contraire, maudissant ce qu'il appelait son imprudence, cherchait à le retenir; mais Walter parvint à s'en débarrasser, et, laissant son manteau flotter négligemment sur une épaule, déploya par là sa belle taille avec plus d'avantage. Otant alors sa toque, il fixa les yeux sur la reine avec un mélange de curiosité respectueuse et d'admiration à la fois expressive et modeste. Enfin les gardes, frappés de sa bonne mine et de la richesse de ses vêtemens, souffrirent qu'il se plaçât parmi eux, ce qu'ils ne permettaient pas aux spectateurs d'un rang ordinaire, et le jeune homme intrépide se trouva ainsi exposé en plein aux regards d'Elisabeth, qui n'était jamais indifférente ni à l'admiration qu'elle excitait à juste titre, ni aux avantages extérieurs qu'elle remarquait dans ses courtisans. Quand elle fut près de ce jeune homme, elle jeta un coup d'œil sur lui, d'un

---

(1) Gardes nobles des souverains en Angleterre. Ils ne sont plus de service de nos jours que dans les grandes cérémonies. — Éd

air qui annonçait quelque surprise de sa hardiesse sans mélange de ressentiment. Mais un incident fixa plus particulièrement son attention sur lui. Il avait plu toute la nuit ; et précisément devant la place où se tenait notre jeune homme, un peu de boue se trouvait sur le passage de la reine. Elle hésita un instant, et Walter, détachant son manteau en un clin d'œil, l'étendit par terre pour qu'elle pût passer à pied sec, accompagnant cet acte de dévouement d'un salut respectueux, tandis que son visage se couvrait de la plus vive rougeur. La reine leva de nouveau les yeux sur lui, éprouva un moment de confusion, rougit à son tour, lui fit un signe de tête, passa à la hâte, et monta sur sa barque sans dire un seul mot.

— Eh bien, maître fat, lui dit Blount, c'est à présent que tu auras le plaisir de faire jouer la brosse pour nettoyer ton manteau. Si tu avais dessein d'en faire un tapis de pied, autant valait garder celui de Tracy ; la bure ne craint pas les taches.

— Ce manteau, dit Walter en le pliant de manière à pouvoir le porter sur le bras, ne sera jamais brossé tant qu'il m'appartiendra.

— Et cela ne sera pas long, dit son compagnon, si tu ne le ménages davantage. Nous te verrons bientôt *in cuerpo*, comme disent les Espagnols.

Ici leur conversation fut interrompue par un garde-du-corps des gentilshommes pensionnaires.

— Je cherche, dit-il en les regardant avec attention, un jeune homme sans manteau, ou avec un manteau couvert de boue. C'est vous sans doute, dit-il à Walter : vous allez avoir la bonté de me suivre.

— Il est à ma suite, dit Blount ; je suis premier écuyer du noble comte de Sussex.

— Cela est possible, répondit le messager ; mais je suis porteur des ordres directs de Sa Majesté, et ils ne s'adressent qu'à ce gentilhomme.

A ces mots il s'éloigna en faisant signe à Walter de le suivre, laissant Blount, à qui les yeux sortaient de la tête dans l'excès de son étonnement. — Qui diable aurait imaginé pareille chose ! s'écria-t-il enfin ; et, secouant la tête d'un air mystérieux, il regagna sa barque, et retourna à Say's-Court.

Cependant le gentilhomme pensionnaire conduisit Walter vers la Tamise, par le grand escalier, en le traitant de la manière la plus respectueuse, ce qui, en pareille circonstance, n'était pas de mauvais augure. Il le fit entrer dans une des petites barques prêtes à suivre celle de la reine, qui était déjà au milieu du fleuve, où elle voguait rapidement, favorisée par la marée, avantage dont Blount s'était plaint de manquer en se rendant à Greenwich.

Les deux rameurs, obéissant à un signal du gentilhomme pensionnaire, firent tellement force de rames, qu'ils eurent rejoint en quelques minutes la barque de la reine, où elle était assise sous un pavillon avec deux ou trois dames de sa suite et quelques uns des grands-officiers de sa maison. Elle jeta les yeux plus d'une fois sur la petite barque qui s'avançait et sur le beau jeune homme qui s'y trouvait, et dit quelques mots en riant aux personnes qui l'environnaient. Enfin un seigneur, sans doute par son ordre, fit signe aux bateliers de faire approcher leur barque, et dit à Walter de passer sur celle de la reine, ce qu'il fit avec autant d'agilité que de grâce. La barque qui l'avait amené se retira. Walter, conduit devant Elisabeth, soutint les regards de Sa Majesté avec une assurance modeste, et le léger embarras qu'il éprouvait ne faisait que lui donner une nouvelle grâce. Il portait toujours sur son bras le manteau couvert de boue, et ce fut naturellement le sujet par lequel la reine entama la conversation.

— Vous avez gâté aujourd'hui un riche manteau, jeune homme ; nous vous remercions du service que vous nous avez rendu, quoiqu'il ne soit pas dans les formes ordinaires, et que vous y ayez mis un peu de hardiesse.

— La hardiesse est un devoir pour un sujet, répondit Walter, quand il s'agit de servir son souverain.

— Merci de Dieu, c'est bien répondu, milord, dit la reine en se tournant vers un grave personnage qui était près d'elle, et qui ne lui répondit qu'en baissant gravement la tête d'un air d'approbation. Eh bien, jeune homme, ta galanterie ne sera pas sans récompense ! tu iras trouver le maître de notre garde-robe, et il aura ordre de remplacer le manteau que tu as gâté pour notre service : tu en auras un des plus riches et des plus à la mode ; je te le promets, foi de princesse !

— N'en déplaise à Votre Grâce, dit Walter en hésitant, il n'appartient pas à un humble serviteur de Votre Majesté[1] comme moi de peser vos bontés, mais s'il m'était permis de choisir...

— Tu préférerais avoir de l'or, je le devine, dit Elisabeth en l'interrompant. Fi ! jeune homme ! fi ! J'ai honte de le dire, mais il y a dans notre capitale tant de moyens de dépenser l'argent en folies, qu'en donner aux jeunes gens, c'est jeter de l'huile sur le feu, c'est leur fournir des armes contre eux-mêmes. Si le ciel prolonge ma vie, je mettrai des bornes à ces désordres. Cependant tu n'es peut-être pas riche, tes parens sont peut-être pauvres... Eh bien, oui, tu auras de l'or ! mais il faut que tu me rendes compte de l'usage que tu veux en faire.

Walter attendit patiemment que la reine eût cessé de parler, et l'assura alors, d'un air modeste, que l'or était

---

(1) Nous trouvons dans cette phrase le double emploi des mots Votre Grâce et Votre Majesté adressés à la souveraine. L'un et l'autre se disaient alors indifféremment ; mais *Votre Grâce* était la plus ancienne de ces deux locutions d'étiquette. *Votre Grâce* est aujourd'hui exclusivement réservé en Angleterre aux ducs et aux archevêques. Sous Henry VIII, le père d'Elisabeth, *Votre Majesté* était devenu déjà communément en usage : avant ce prince, on s'en servait rarement. Les anciens auteurs font remonter *Votre Majesté* jusqu'aux rois danois. — Ed.

encore bien moins l'objet de ses désirs que le manteau qu'elle avait eu la bonté de lui offrir.

— Quoi! s'écria la reine, ni notre or ni un manteau ne peuvent te contenter! Que désires-tu donc de nous?

— Seulement, madame, si ce n'est pas porter mes prétentions trop haut, la permission de porter le manteau qui vous a rendu ce léger service.

— La permission de porter ton manteau! y penses-tu bien, jeune homme?

— Il ne m'appartient plus. Le pied de Votre Majesté l'ayant touché, il est devenu digne d'un prince; il est trop riche pour un homme de ma condition.

La reine rougit de nouveau, et tâcha de couvrir, en affectant de rire, un léger mouvement de surprise et de confusion qui ne lui était pas désagréable.

—Avez-vous jamais entendu rien de semblable, milords? La lecture des romans a tourné la tête de ce pauvre jeune homme. Il faut que je sache qui il est, afin de le renvoyer en sûreté à ses parens. Qui êtes-vous, jeune homme?

— Gentilhomme de la maison du comte de Sussex, qui m'avait envoyé ici avec son premier écuyer porter un message à Votre Majesté.

Dès que ce nom eut été prononcé, l'air gracieux avec lequel la reine avait jusqu'alors regardé Walter s'évanouit, et fit place à une expression de hauteur et de sévérité.

—Lord Sussex, dit-elle, nous a enseigné le prix que nous devons mettre à ses messages par la valeur qu'il attache aux nôtres. Ce matin même, et à une heure qui n'est pas ordinaire, nous lui avions envoyé notre médecin, ayant appris que sa maladie était plus sérieuse que nous ne l'avions pensé d'abord. Dans aucune cour de l'Europe y a-t-il un homme plus savant que le docteur Masters? Il se présentait de notre part chez un de nos sujets; cependant il a trouvé la porte de Say's-Court défendue par des hommes armés et des couleuvrines, comme si c'eût été un château situé sur les frontières d'Ecosse, et non dans le voisinage de notre cour; et, quand il a demandé, en notre nom, qu'on la lui ouvrît, il a essuyé l'affront d'un refus. Nous ne recevrons, au moins quant à présent, aucunes excuses du mépris dont milord a payé une marque de bonté qui n'était que trop grande ; car je présume que l'objet de votre mission était de nous en offrir.

Ces mots furent prononcés d'un ton et avec des gestes qui firent frémir les amis du comte de Sussex à portée de les entendre. Mais celui à qui elle les adressait n'en fut point intimidé. Dès que la reine eut cessé de parler, il leva les yeux vers elle, et lui dit d'un air humble et respectueux : — Je supplie Votre Majesté de me permettre de lui dire que je n'étais chargé d'aucune excuse de la part du comte de Sussex.

— Et de quoi vous a-t-il donc chargé? s'écria la reine avec cette impétuosité qui, mêlée à de plus nobles qualités, faisait le fond de son caractère. Est-ce de le justifier, ou, par la mort de Dieu, serait-ce de me braver?

— Le comte de Sussex, madame, répondit Walter, connaissait toute la grandeur du crime, et il n'a pensé qu'à s'assurer du coupable, et à vous l'envoyer pour le livrer à votre merci. Il dormait profondément quand le docteur Masters est arrivé, son médecin lui ayant fait prendre une potion à cet effet; il n'a appris que ce matin, en s'éveillant, le message plein de bonté de Votre Majesté, et le refus qu'on avait fait au docteur de le laisser entrer.

— Ceci change la thèse, dit la reine d'un ton adouci. Mais quel est celui de ses serviteurs assez hardi pour avoir refusé l'entrée du château à mon propre médecin, qui venait de ma part donner des soins à son maître?

— Le coupable est devant vos yeux, madame, répondit Walter en s'inclinant profondément. C'est sur moi seul que tout le blâme doit tomber, et milord a eu raison de m'envoyer devant vous pour subir les conséquences d'une faute dont il est aussi innocent que les rêves d'un homme endormi le sont des actions d'un homme éveillé.

— Toi, jeune homme ! c'est toi qui as refusé la porte de Say's-Court à mon médecin que j'y envoyais ! Quel motif a pu inspirer tant d'audace à un jeune homme si dévoué,... c'est-à-dire dont la conduite extérieure annonce tant de dévouement à sa souveraine?

— Madame, dit Walter, qui, malgré l'air de sévérité dont la reine affectait encore de se couvrir, entrevoyait dans sa physionomie qu'elle ne regardait pas son crime comme impardonnable, on dit dans mon pays qu'un médecin est pour un certain temps le souverain de son malade. Or, mon noble maître était alors soumis à un docteur dont les avis lui ont été fort utiles, et qui avait déclaré que si on l'éveillait il y allait de sa vie.

— Ton maître aura donné sa confiance à quelque misérable empirique.

— Je l'ignore, madame; mais le fait est qu'il s'est éveillé ce matin beaucoup mieux portant qu'il ne l'avait été depuis plusieurs jours.

Ici les seigneurs de la suite de la reine se regardèrent les uns les autres, non pour se communiquer par les yeux quelques remarques sur cette nouvelle, mais pour tâcher de découvrir réciproquement l'effet qu'elle produisait sur chacun d'eux. La reine répondit sur-le-champ sans chercher à déguiser sa satisfaction : — Sur ma foi, je suis charmée d'apprendre qu'il se trouve mieux. Mais tu as été bien audacieux de refuser la porte au docteur que j'envoyais ! Ne sais-tu pas que l'Ecriture sainte dit que c'est dans la multitude des avis que gît la sûreté ?

— Je ne sais, madame; mais j'ai entendu des savans prétendre que la sûreté dont parle ce passage concerne le médecin et non le malade.

— Par ma foi, dit la reine, je n'ai rien à lui répondre, car mon hébreu ne vient pas à volonté. Qu'en dites-vous, milord de Lincoln, ce jeune homme interprète-t-il convenablement le texte?

— Le mot *sûreté*, madame, dit l'évêque de Lincoln, paraît avoir été adopté un peu à la hâte, car le mot hébreu auquel il sert de traduction…

— Je vous ai dit, milord, que j'ai oublié mon hébreu. Mais dites-moi, jeune homme, quel est votre nom, quelle est votre famille?

— Je me nomme Walter Raleigh, madame; je suis un des fils cadets d'une famille nombreuse, mais honorable, du Devonshire.

— Raleigh! dit Elisabeth après un moment de réflexion. N'avez-vous pas servi en Irlande?

— Oui, madame; mais je ne crois pas avoir été assez heureux pour avoir fait quelque chose qui ait mérité d'arriver jusqu'aux oreilles de Votre Majesté.

— Elles entendent de plus loin que vous ne le pensez, Raleigh. Je me rappelle fort bien un jeune homme qui, dans le comté de Shannon, défendit le passage d'une rivière contre une troupe d'Irlandais révoltés, et qui en teignit les eaux de leur sang et du sien.

— Si mon sang a été versé en cette occasion, dit Walter en baissant les yeux, je n'ai fait que m'acquitter d'une partie de mon devoir, puisque tout le sang qui coule dans mes veines est dû au service de Votre Majesté.

— Tu es bien jeune, dit la reine, pour avoir si bien combattu et pour parler si bien. Mais il faut que je t'impose une pénitence pour avoir fermé la porte à mon pauvre Masters. Le digne homme a gagné un rhume sur la Tamise. Il arrivait de Londres, où il avait été faire quelques visites, quand mon ordre lui est parvenu, et il s'est fait un devoir, une affaire de conscience, de partir sur-le-champ pour Say's-Court. Ainsi, Raleigh, je te condamne à porter ton manteau couvert de boue jusqu'à ce qu'il me plaise d'en ordonner autrement. Et voici, ajouta-t-elle en lui remettant un joyau en or ressemblant à un pion d'échecs, ce que je te donne pour porter à ton cou.

Walter Raleigh, à qui la nature avait appris l'art que bien des courtisans n'acquièrent qu'après une longue expérience, fléchit un genou en terre et baisa la main qui lui donna ce présent. Il savait peut-être mieux qu'aucun de ceux qui l'entouraient comment concilier le dévouement respectueux dû à la reine avec l'hommage de galanterie que réclamait sa beauté ; et il réussit si bien dans cette première tentative, qu'il satisfit en même temps la vanité personnelle d'Elisabeth et son amour pour la domination.

Mais si la reine fut contente de sa première entrevue avec Walter Raleigh, le comte de Sussex ne tarda pas à en recueillir le fruit.

— Milords et mesdames, dit la reine en s'adressant à la suite qui l'environnait, puisque nous voici sur la Tamise, il me semble que nous ferions aussi bien de renoncer à notre projet d'aller à Londres, et de surprendre ce pauvre comte de Sussex en lui faisant une visite. Il est malade ; il souffre sans doute doublement par la crainte où il est de nous avoir déplu ; et le franc aveu de ce jeune étourdi l'a complètement justifié. Qu'en pensez-vous ? ne serait-ce pas un acte de charité que de lui porter une consolation telle que celle que peut lui procurer la présence d'une reine à laquelle il a rendu de si grands services ?

On juge bien qu'aucun de ceux à qui ce discours s'adressait ne songea à ouvrir un avis contraire.

— Votre Majesté, dit l'évêque de Lincoln, est l'air que nous respirons.

Les militaires dirent que la présence du souverain était la pierre qui donnait le fil au glaive du soldat.

Les hommes d'État pensèrent que la vue de la reine était une lumière qui éclairait la marche des conseillers.

Enfin toutes les dames convinrent unanimement qu'aucun seigneur d'Angleterre ne méritait les bonnes grâces de sa souveraine mieux que le comte de Sussex, sans préjudice des droits du comte de Leicester, ajoutèrent les plus politiques; mais la reine n'eut pas l'air de faire attention à cette exception.

Les bateliers eurent donc ordre d'arrêter la barque à Deptford, dans l'endroit le plus voisin de Say's-Court, afin que la reine pût satisfaire sa sollicitude royale et maternelle en allant chercher elle-même des nouvelles de la santé du comte de Sussex.

Walter, dont l'esprit délié prévoyait les conséquences importantes qui pouvaient résulter des évènemens les plus simples en apparence, s'empressa de demander à la reine la permission de la précéder dans une barque légère, pour aller annoncer sa visite à son maître, en donnant pour motif, avec adresse, que l'excès de la surprise pourrait être funeste au comte dans l'état fâcheux où se trouvait sa santé, de même que le cordial le plus puissant devenait quelquefois fatal au malade épuisé par une longue maladie.

Mais soit que la reine trouvât qu'un jeune homme montrait trop de présomption en donnant ainsi son opinion sans qu'on la lui demandât, soit plutôt qu'elle voulût vérifier par elle-même s'il était vrai, comme on le lui avait dit, que le château de Say's-Court fût rempli d'hommes armés comme une place de guerre, elle répondit à Raleigh d'un ton assez brusque de garder ses conseils pour le moment où on les lui demanderait. Elle ordonna de nouveau qu'on abordât à Deptford, et ajouta : — Nous verrons quelle espèce de maison tient le comte.

— Maintenant que le ciel jette sur nous un regard de pitié, pensa Raleigh : les bons cœurs ne manquent pas autour du comte, mais les bonnes têtes y sont plus rares, et il est trop mal pour donner des ordres. Tout le monde sera à déjeuner quand nous arriverons ; Blount ; avec ses harengs d'Yarmouth et un pot d'ale ; Tracy, avec ses boudins noirs et du vin du Rhin ; ces misérables Gallois, Thomas Ap Rice et Evan Evans, avec leur soupe aux poireaux et leur fromage fondu, toutes choses qui ne sentent ni la rose ni le jasmin ; et l'on dit que la reine déteste les odeurs fortes. S'ils pouvaient seulement songer à brûler du romarin dans l'antichambre... Mais *vogue la galère !* il faut tout confier à la fortune ; elle ne m'a pas trop maltraité ce matin. Il m'en coûte un beau manteau, mais j'espère que j'ai fait mon chemin à la cour. Puisse-t-elle être aussi favorable à notre brave comte !

La barque arriva bientôt à Deptford ; et la reine ayant débarqué au milieu des acclamations que sa présence ne manquait jamais d'exciter, se rendit à pied à Say's-Court, conduite sous un dais, et accompagnée de toute sa suite.

Les cris de joie du peuple donnèrent au château la première annonce de l'arrivée de la reine. Sussex tenait conseil avec Tressilian sur ce qu'il avait à faire pour regagner les bonnes grâces d'Elisabeth, qu'il craignait d'avoir perdues, quand, à sa grande surprise, il apprit qu'elle arrivait. Ce n'était pas qu'il ignorât que la reine allait souvent visiter les premiers seigneurs de sa cour, tant en santé qu'en maladie ; mais son arrivée inattendue ne lui laissait pas le temps de faire, pour la recevoir, des préparatifs dont il savait que la vanité d'Elisabeth était flattée ; et la confusion qui régnait dans un château rempli de militaires, et que sa maladie avait contribué à augmenter, en rendait le séjour peu propre à être honoré en ce moment par la présence royale.

Maudissant intérieurement le hasard qui lui procurait cette gracieuse visite si à l'improviste, il se prépara à la hâte à descendre avec Tressilian, qui venait de lui raconter l'histoire d'Amy.

— Mon cher ami, lui dit-il, vous pouvez être sûr que,

par justice et par affection, je vous soutiendrai de tout mon pouvoir dans cette affaire. Probablement nous allons voir dans peu d'instants si je puis me flatter d'avoir encore quelque crédit près de la reine, ou si, en appuyant votre demande, je ne vous nuirais pas au lieu de vous être utile.

Tout en parlant ainsi, il passait promptement une espèce de longue robe en fourrure, et mettait à sa toilette tout le soin que lui permettait le peu d'instants qu'il avait pour se préparer à paraître devant sa souveraine. Mais toute l'attention qu'il aurait pu donner à sa parure n'eût jamais effacé les traces qu'avait laissées une maladie dangereuse sur des traits plus fortement prononcés qu'agréables. D'ailleurs il était de petite taille, et, quoique robuste, large des épaules, et propre à tous les exercices militaires, son entrée dans un salon n'était pas celle d'un homme sur lequel les yeux des dames aiment à se fixer. Aussi supposait-on que cet extérieur défavorable donnait à Sussex, malgré l'estime que lui accordait Elisabeth, un grand désavantage dans l'esprit de la reine quand elle le comparait à Leicester, l'homme de sa cour le mieux fait, et celui qui avait le plus de grâces.

Tout l'empressement du comte ne lui permit d'arriver qu'à l'instant où la reine entrait dans le salon, et il s'aperçut sur-le-champ qu'elle avait le front couvert d'un nuage. Elle avait vu le château gardé avec autant de soin qu'en temps de guerre, et rempli de soldats et de gentilshommes armés; aussi les premiers mots qu'elle prononça exprimèrent son mécontentement.

— Sommes-nous dans une place assiégée, milord, ou avons-nous par hasard passé le château de Say's-Court, et débarqué à notre Tour de Londres?

Lord Sussex commença à balbutier quelques mots d'excuses.

— Il n'en faut point, milord, lui dit la reine. Nous

n'ignorons pas la querelle qui existe entre vous et un autre seigneur de notre maison ; nous avons dessein d'en faire notre affaire incessamment, et de réprimer la liberté que vous prenez tous deux de vous entourer de gens armés, je pourrais dire de spadassins stipendiés, comme si, dans le voisinage de notre capitale et près de notre résidence royale, vous vous prépariez à une guerre civile l'un contre l'autre. Nous nous réjouissons de vous trouver mieux portant, quoique ce soit sans le secours du savant médecin que nous vous avions envoyé. Point d'excuses, milord ; je sais tout ce qui s'est passé à ce sujet, et j'ai réprimandé comme il convenait ce jeune étourdi, Walter Raleigh, dont, soit dit en passant, je compte débarrasser incessamment votre maison pour le prendre dans la mienne. Il a des qualités qui s'y développeront mieux que parmi les gens armés dont vous êtes environné.

Sussex, sans trop comprendre le motif de la soudaine faveur de Raleigh, ne répondit qu'en donnant son assentiment par un salut respectueux. Ensuite il supplia Sa Majesté d'accepter quelques rafraîchissemens ; mais Elisabeth ne voulut pas y consentir. Après quelques lieux communs de complimens beaucoup plus froids qu'on n'aurait dû l'attendre d'une démarche si flatteuse de sa part, la reine partit de Say's-Court, où son arrivée avait jeté la confusion, et où son départ laissa le doute, l'inquiétude et la crainte [1].

(1) L'épisode du manteau, qui est le sujet de ce chapitre, eut lieu dans une autre circonstance ; mais c'était un fait assez peu important d'ailleurs pour que l'auteur pût le faire entrer dans son cadre en le plaçant où bon lui semblait.

Ed.

CHAPITRE XVI.

« Qu'on les fasse tous deux paraître en ma présence :
« Je veux voir ces rivaux altérés de vengeance,
« Entendre l'accusé comme l'accusateur...
« On pourrait comparer leur aveugle fureur
« A l'orageuse mer qu'un léger souffle irrite;
« Au feu qu'en un moment une étincelle excite. »
SHAKSPEARE, *Richard II.*

— J'AI reçu ordre de me rendre demain à la cour, dit Leicester à Varney, pour m'y trouver, à ce qu'on présume, avec lord Sussex. La reine a dessein d'intervenir entre nous, et voilà le résultat de sa visite à Say's-Court, qu'il vous plaît de traiter si légèrement.

— Je soutiens qu'elle n'a pas la moindre importance, répondit Varney; et j'ai appris d'une personne qui était à portée d'entendre une bonne partie de ce qui s'y est dit que Sussex y a perdu au lieu d'y gagner. La reine, en rentrant dans sa barque, a dit que Say's-Court avait l'air d'un corps-de-garde et l'odeur d'un hôpital : — Ou plutôt celle d'une cuisine de Ram's-Alley[1], a répondu la comtesse de Rutland, qui est toujours l'amie zélée de Votre Seigneurie. L'évêque de Lincoln ayant voulu ajouter son mot, et dire qu'on devait excuser la manière dont lord Sussex tenait sa maison, attendu qu'il n'était pas marié....

— Et comment lui répondit la reine? demanda Leicester avec intérêt.

— Fort vertement : elle lui demanda quel besoin avait lord Sussex d'avoir une femme, et l'évêque de Lincoln de parler d'un tel sujet. Si le mariage est permis, ajouta-t-elle, je ne vois nulle part qu'on en ait fait un devoir.

— Elle n'aime pas, dit Leicester, à entendre parler de

(1) *L'allée ou ruelle du Bélier.* Quartier de Londres. — ED.

mariage par les ecclésiastiques, ni à les voir se marier.

— Elle n'aime pas davantage les courtisans mariés, ajouta Varney. Mais, observant que le comte changeait de visage, il ajouta sur-le-champ que toutes les dames avaient fait chorus pour ridiculiser la manière dont Sussex tenait sa maison, et avaient dit que ce n'était pas ainsi que Sa Grâce aurait été reçue chez le comte de Leicester.

— Vous avez recueilli bien des nouvelles, dit Leicester; mais vous avez oublié la plus importante de toutes, si vous ne l'omettez à dessein; elle a ajouté un nouveau satellite à tous ceux dont elle aime à voir les évolutions autour d'elle.

— Votre Seigneurie veut parler de Raleigh, de ce jeune homme du Devonshire, du chevalier du manteau, comme on le nomme à la cour.

— Et qui pourra l'être un jour de la jarretière, car il fait des progrès rapides dans les bonnes grâces de la reine. Elle a déclamé des vers avec lui, et elle l'admet déjà dans son intimité. Pour moi, je renoncerais bien volontiers à la part que je possède de ses inconstantes faveurs; mais je ne prétends pas que Sussex ou ce nouveau parvenu me fassent donner mon congé. Ce Tressilian est aussi on ne peut mieux avec Sussex. Je voudrais le ménager par considération pour...; mais il veut courir lui-même au-devant de sa perte. Et ce Sussex! on dit que sa santé est à présent presque aussi bonne qu'elle l'a jamais été.

— La plus belle route offre des obstacles, milord, surtout quand elle conduit à une haute élévation. La maladie de Sussex était pour nous une faveur du ciel, et j'en espérais beaucoup : il en a triomphé ; mais il n'en est pas devenu pour cela plus redoutable pour Votre Seigneurie, qui, en luttant contre lui, l'a déjà terrassé plusieurs fois. Que le cœur ne vous manque pas, milord, et tout ira bien.

— Le cœur ne m'a jamais manqué, Varney.

— Non, mais il vous a plus d'une fois trahi. Celui qui veut monter à un arbre ne doit pas s'attacher aux fleurs qu'il porte : il faut qu'il ne songe qu'à saisir les maîtresses branches.

— Bien, bien! dit Leicester d'un ton d'impatience, je comprends ce que tu veux dire ; mais je serai ferme, et mon cœur ne saurait me manquer ni m'abuser. Mets ma suite en bon ordre, et aie soin qu'elle soit assez splendide pour éclipser non seulement le cortége mesquin de Ratcliffe, mais celui des plus nobles courtisans. Que chacun soit bien armé, sans faire parade de ses armes, et en ayant l'air de les porter plutôt parce que tel est l'usage que dans le dessein de s'en servir. Quant à toi, tu te tiendras toujours près de moi ; ta présence peut m'être nécessaire.

Sussex et son parti faisaient de leur côté de semblables préparatifs.

— Votre mémoire contre Varney, dit le comte à Tressilian, est en ce moment entre les mains de la reine : je le lui ai envoyé par une voie sûre. Je crois que vous réussirez ; votre demande est fondée sur la justice et l'honneur, et Élisabeth possède au plus haut degré ces deux qualités. Mais il faut convenir que l'Égyptien (nom qu'il donnait à Leicester à cause de son teint un peu brun) a tout loisir de lui parler dans ce temps de paix. Si la guerre était à nos portes, je serais un de ses enfans chéris ; mais les soldats, comme leurs boucliers et leurs lances, sont hors de mode pendant la paix ; les habits de satin et les couteaux de chasse obtiennent la préférence. Eh bien! puisque telle est la mode, nous y sacrifierons. — Blount, as-tu veillé à ce que toute ma maison fût équipée à neuf? Mais tu ne t'entends guère plus que moi à toutes ces fadaises; tu aimerais mieux avoir à poster un piquet de lanciers.

— Raleigh s'est chargé de ce soin, milord, répondit

Blount. Morbleu! votre cortége sera aussi brillant qu'une matinée du mois de mai. Quant à la dépense, c'est autre chose : on entretiendrait un hôpital de vieux soldats avec ce qu'il en coûte aujourd'hui pour habiller dix laquais!

— Il ne faut pas songer à la dépense en ce moment, Nicolas. Je suis obligé à Walter du soin qu'il a pris; je me flatte pourtant qu'il n'aura pas oublié que je suis un vieux soldat, et que je ne voudrais pas de ces fanfreluches plus qu'il n'en est besoin.

— Je n'entends rien à tout cela, milord; mais vos parens et vos amis arrivent par vingtaines pour vous accompagner à la cour; et quoi que fasse Leicester, j'espère que nous y ferons aussi bonne figure que lui.

— Qu'on recommande strictement à chacun de se conduire de la manière la plus pacifique : point de querelle, à moins que nos ennemis n'en viennent à une violence ouverte. Je sais qu'il se trouve dans ma suite plus d'une tête chaude, et je ne veux pas que leur imprudence donne à Leicester quelque avantage sur moi.

Sussex était si occupé à donner ces différens ordres, que ce ne fut pas sans peine que Tressilian trouva le moment de lui dire qu'il était surpris qu'il eût si promptement envoyé à la reine le mémoire rédigé au nom de sir Hugh Robsart. — L'avis des amis de sir Hugh, lui dit-il, était qu'on appelât d'abord à la justice de Leicester, le coupable étant un des officiers de sa maison, et je vous en avais informé.

— C'est ce qu'on pouvait faire sans s'adresser à moi, répondit Sussex avec un peu de hauteur. Du moins, ce n'est pas moi qu'on devait prendre pour conseiller quand il s'agissait de faire une démarche humiliante devant Leicester; et je suis surpris que vous, Tressilian, vous, homme d'honneur et mon ami, vous ayez pu penser à vous y soumettre! Si vous me l'avez dit, je ne vous ai pas compris, parce que je ne pouvais attendre de vous un tel projet.

— Ce n'est pas moi qui l'ai conçu, milord : la marche que j'aurais préférée est précisément celle que vous avez adoptée ; mais les amis de ce malheureux père...

— Oh ! les amis ! les amis ! ils doivent nous laisser conduire cette affaire comme nous le jugeons convenable. C'est le vrai moment d'accumuler toutes les plaintes contre Leicester et ses affidés, et la reine regardera la vôtre comme une des plus graves. Au surplus, c'est une affaire faite ; elle l'a maintenant sous les yeux.

Tressilian ne put s'empêcher de soupçonner que Sussex, voulant se fortifier contre son rival par tous les moyens possibles, s'était empressé de faire cette démarche pour jeter de l'odieux sur Leicester, sans examiner beaucoup s'il était probable qu'elle réussît ; mais elle était irrévocable, et le comte mit fin à la discussion en congédiant tous ceux qui étaient près de lui. — Que chacun soit prêt à onze heures, dit-il, car il faut qu'à midi précis je sois à la cour et dans la salle de présence [1].

Tandis que les deux hommes d'Etat rivaux se préparaient ainsi à leur entrevue sous les yeux de la reine, Élisabeth elle-même n'était pas sans quelque appréhension de ce qui pourrait résulter du choc de deux esprits si ardens, soutenus l'un et l'autre par de nombreux partisans, et qui partageaient entre eux, ouvertement ou en secret, tous les vœux et toutes les espérances de sa cour. Le corps des gentilshommes pensionnaires fut mis sous les armes, et un renfort des *Yeomen* [2] était venu de Londres par la Tamise. Élisabeth fit publier une proclamation portant

---

(1) C'est ainsi qu'on appelait la salle d'audience ou de réception. — Ed.

(2) Dans l'origine, ce titre de *Yeoman* était donné aux petits propriétaires non gentilshommes ; on l'appliqua à cette même classe enrégimentée en milice et servant à cheval ; enfin on le donna comme titre honorifique aux soldats ; et déjà sous Elisabeth c'était un corps de gardes à cheval qu'on appelait comme aujourd'hui les *Yeomen* de la garde. — Ed.

défense à toute la noblesse d'approcher du palais avec une suite portant des armes à feu, ou ce qu'on appelait des armes longues [1]. On disait même tout bas que le grand shériff du comté de Kent avait reçu des ordres secrets pour tenir sa milice prête à marcher au moindre signal.

L'heure fixée pour l'audience à laquelle on s'était préparé de part et d'autre avec tant d'inquiétude arriva enfin, et les deux comtes, chacun accompagné d'une suite nombreuse, entrèrent en même temps dans la cour du palais de Greenwich lorsque midi sonnait.

Comme si c'eût été un arrangement concerté d'avance, ou peut-être parce que la reine leur avait secrètement intimé que tel était son bon plaisir, Sussex arriva de Deptford par eau, et Leicester vint de Londres par terre, de sorte qu'ils entrèrent dans la cour par deux portes opposées. Cette circonstance, de peu d'importance en elle-même, donna pourtant une sorte d'ascendant à ce dernier dans l'esprit du peuple : le cortége de ses courtisans, montés sur de superbes coursiers, avait l'air bien plus nombreux que la suite de Sussex, qui nécessairement était à pied. Les deux comtes se regardèrent, mais sans se saluer, chacun attendant peut-être que l'autre lui donnât une marque de politesse qu'il ne voulait pas lui accorder le premier. Presqu'à l'instant de leur arrivée la cloche du château sonna midi : les portes du palais s'ouvrirent, et les deux comtes y entrèrent avec les personnes de leur suite à qui leur rang en donnait le droit ; les autres restèrent dans la cour, chaque parti jetant sur l'autre des regards de haine et de mépris, et semblant ne désirer qu'un prétexte pour en venir aux mains ; mais ils furent retenus par les ordres précis de leurs chefs, et peut-être encore plus par la présence d'une garde sous les armes, d'une force supérieure à la leur.

(1) Piques et hallebardes. — Ed.

Cependant les hommes les plus distingués de chaque cortége avaient suivi les deux comtes jusque dans la grande antichambre, semblables à deux rivières dont les eaux, forcées à entrer dans le même lit, semblent ne se réunir qu'avec peine. Ils se rangèrent, comme par instinct, chacun d'un côté différent de l'appartement, et semblèrent empressés de tracer entre eux la ligne de séparation qui, lors de leur entrée, s'était trouvée momentanément effacée. Deux portes battantes au fond de l'antichambre, qui était une longue galerie, ne tardèrent pas à s'ouvrir, et un huissier annonça que la reine était dans la salle d'audience. Les deux comtes s'avancèrent à pas lents et d'un air majestueux vers la porte; Sussex suivi de Tressilian, de Blount et de Raleigh, et Leicester n'ayant avec lui que Varney. L'orgueil de Leicester fut obligé de céder à l'étiquette de la cour, et, saluant son rival d'un air grave et solennel, il s'arrêta pour le laisser passer avant lui comme pair de plus ancienne création. Sussex lui rendit sa politesse avec la même gravité cérémonieuse, et entra dans la salle d'audience. Tressilian et Blount voulurent l'y suivre; mais l'huissier leur en refusa l'entrée en leur disant qu'il ne pouvait laisser passer que ceux dont la liste lui avait été donnée. Raleigh, voyant le refus essuyé par ses deux compagnons, restait en arrière; mais l'huissier l'apercevant lui dit : — Quant à vous, monsieur, vous pouvez entrer; et il suivit le comte de Sussex.

— Suis-moi, Varney, dit le comte de Leicester, qui s'était tenu un peu à l'écart pour voir entrer Sussex; et s'avançant vers la porte, il allait entrer, quand Varney, qui le suivait pas à pas, et qui était revêtu du costume le plus à la mode à cette époque, fut arrêté par l'huissier, comme Tressilian et Blount l'avaient été avant lui.

— Que veut dire ceci, maître Bowyer? dit le comte de Leicester; savez-vous qui je suis, et ignorez-vous que ce gentilhomme est de ma maison et mon ami?

— Votre Seigneurie me pardonnera, répliqua l'huissier avec fermeté; mais mes ordres sont précis, et il est de mon devoir de les exécuter.

— Tu es un drôle, s'écria Leicester, le sang lui montant au visage, et tu agis avec partialité! Tu oses me faire cet affront quand tu viens de laisser entrer un homme de la suite du comte de Sussex.

— Milord, répondit Bowyer, M. Raleigh est maintenant au service de Sa Majesté, et mes ordres ne s'appliquent pas à lui.

— Tu es un misérable! un ingrat! s'écria Leicester; mais celui qui t'a mis en place peut t'en faire sortir; tu n'abuseras pas long-temps de ton autorité.

Oubliant sa discrétion et sa politique ordinaire, il prononça ces mots à voix haute, après quoi, entrant dans la salle d'audience, il salua respectueusement la reine, qui, vêtue avec encore plus de magnificence que de coutume, et entourée de ces guerriers et de ces hommes d'Etat dont le courage et la sagesse ont immortalisé son règne, était prête à recevoir les hommages de ses sujets. Elle rendit d'un air gracieux le salut du comte son favori, et, portant les yeux alternativement sur lui et sur Sussex, elle semblait se disposer à leur adresser la parole, quand Bowyer, ne pouvant digérer l'insulte que Leicester lui avait faite publiquement dans l'exercice de ses fonctions, s'avança, sa verge noire à la main, et s'agenouilla devant elle.

— Eh bien, Bowyer, dit Elisabeth, de quoi s'agit-il? Il me semble que tu prends mal ton temps pour me donner cette marque de respect.

— Gracieuse souveraine, répondit-il tandis que tous les courtisans tremblaient de son audace, je viens vous demander si, dans l'exercice de mes fonctions, je dois obéir aux ordres de Votre Majesté ou à ceux du comte de Leicester, qui vient de me menacer publiquement de son déplaisir, et qui m'a adressé des expressions insultantes, parce que j'ai refusé de laisser entrer un homme de sa suite, conformément à l'ordre précis de Votre Majesté.

L'âme de Henry VIII s'éveilla dans le sein de sa fille, et elle se tourna vers Leicester avec un air de sévérité qui le fit pâlir ainsi que tous les amis qu'il avait dans la salle d'audience.

— Par la mort de Dieu! milord, s'écria-t-elle, car c'était son exclamation ordinaire, que veut dire ceci? Nous avions une grande opinion de vous, et c'est pourquoi nous vous avons approché de notre personne; mais ce n'est pas pour que vous cachiez le soleil à nos autres fidèles sujets. Qui vous a donné le droit de contredire nos ordres, et de contrôler les officiers de notre maison? Il n'existe dans cette cour, dans ce royaume, qu'une seule maîtresse! et je n'y souffrirai pas de maître! Voyez à ce que Bowyer ne souffre en rien pour s'être fidèlement acquitté de ses devoirs, car je vous en rendrai responsable.... Allez, Bowyer, et ne craignez rien; vous avez agi en homme honnête et en sujet fidèle. Nous n'avons pas ici de maire du palais.

Bowyer baisa la main que la reine étendit vers lui, et retourna à son poste, surpris lui-même du succès de son audace. Un sourire de triomphe dilata la physionomie des partisans de Sussex, tandis que ceux de Leicester baissaient les yeux avec confusion; et lui-même, prenant l'air de la plus profonde humilité, n'essaya pas même de dire un seul mot pour sa justification.

Il agit en cela fort sagement; la politique d'Élisabeth voulait l'humilier, mais non le disgracier, et il était prudent de la laisser se satisfaire en déployant son autorité sans s'y opposer et sans lui répliquer. La reine ayant joué le rôle qu'exigeait sa dignité offensée, la femme ne tarda pas à avoir pitié du favori qu'elle venait de mortifier. Son œil pénétrant avait aperçu les regards de félicitation que s'adressaient mutuellement ceux qui favorisaient Sussex, et il n'entrait pas dans sa politique d'accorder les honneurs d'un triomphe décidé à aucun des deux partis.

— Ce que je dis à lord Leicester, ajouta-t-elle après un moment de silence, je vous le dis aussi, lord Sussex : vous aussi vous vous montrez à la cour d'Angleterre à la tête d'une faction...

— C'est à la tête de ces amis, gracieuse souveraine, dit Sussex, que j'ai combattu pour soutenir votre cause en Irlande, en Écosse et contre les révoltés du nord ; mais j'ignore en quoi...

— Silence, milord, dit la reine en l'interrompant. Avez-vous dessein de faire assaut de paroles avec moi? La modestie de Leicester aurait dû vous apprendre à vous taire quand je vous adresse un reproche. Je vous dis, milord, que la sagesse de mon aïeul et de mon père a défendu aux nobles de ce pays civilisé de marcher avec de pareils cortéges armés! Croyez-vous que, parce que je porte une jupe, le sceptre soit devenu entre mes mains une quenouille? Je vous déclare qu'aucun roi de la chrétienté n'est moins disposé que celle qui vous parle à souffrir que son peuple soit opprimé, son autorité méconnue, la paix de son royaume troublée par l'arrogance d'un seigneur devenu trop puissant. Lord Leicester, lord Sussex, je vous ordonne d'être amis, ou, par la couronne que je porte, vous vous ferez un ennemi que vous trouverez trop fort pour vous.

— Madame, dit le comte de Leicester, vous êtes la source de tout honneur, et vous devez savoir ce qu'exige le mien ; je le place à votre disposition ; je me permettrai seulement d'ajouter que la discorde qui existe entre lord Sussex et moi n'est pas mon ouvrage, et qu'il n'a lieu de me regarder comme son ennemi qu'après m'avoir outragé.

— Quant à moi, madame, dit le comte de Sussex, je suis prêt à me conformer à vos ordres souverains ; mais je serais charmé que lord Leicester voulût bien dire en quoi je l'ai outragé, pour me servir de ses propres termes, attendu que ma bouche n'a jamais prononcé un seul mot que je ne sois prêt à soutenir à pied ou à cheval.

— Et moi, dit Leicester, toujours sous le bon plaisir de ma gracieuse souveraine, mon bras n'est pas moins prêt à justifier mes paroles que celui de quiconque porte le nom de Ratcliffe.

— Milords, dit la reine, de pareils discours ne doivent pas se tenir en notre présence; et si vous ne pouvez réprimer votre animosité, vous éprouverez que nous saurons trouver les moyens pour vous empêcher de vous y livrer! que je vous voie vous donner la main, milords, et promettez-moi d'oublier vos dissensions.

Les deux ennemis se regardèrent d'un air d'irrésolution, et il semblait qu'aucun d'eux ne voulait faire le premier pas pour obéir à la reine.

— Sussex, dit Elisabeth, je vous en prie; Leicester, je vous l'ordonne.

Et cependant l'accent avec lequel elle prononça ces paroles donnait à la prière le ton d'un ordre, et à l'ordre celui d'une prière. Ils restaient pourtant encore immobiles. La reine alors, levant la voix de manière à montrer son impatience et une volonté absolue, appela un officier de sa suite.

— Sir Henri Lee, lui dit-elle, faites préparer un piquet de mes gardes, et qu'une barque se dispose à partir à l'instant. Lord Sussex, lord Leicester, je vous ordonne encore une fois de vous donner la main; et, par la mort de Dieu! celui qui hésitera à m'obéir tâtera du genre de vie de ma Tour de Londres avant de reparaître en ma présence! J'abaisserai votre orgueil avant que nous nous séparions, je vous en donne ma parole de reine!

— La prison pourrait se supporter, dit Leicester; mais être banni de la présence de Votre Majesté ce serait perdre en même temps la lumière et la vie. Sussex, voici ma main.

— Et voici la mienne, dit Sussex; je vous l'offre franchement et loyalement; mais...

— Vous n'en direz pas davantage, dit la reine. Fort bien, voilà où je voulais arriver, ajouta-t-elle en les regardant d'un œil plus favorable. Quand les bergers sont unis, le troupeau s'en trouve mieux. Je vous le dirai tout net, milords, vos dissensions ont causé d'étranges désordres parmi les gens qui vous sont attachés! Lord Leicester, n'avez-vous pas à votre service un nommé Varney?

— Oui, madame; je l'ai présenté à Votre Majesté, et il a eu l'honneur de baiser votre main à votre dernier voyage à Nonsuch.

— Je m'en souviens. Son extérieur n'est pas mal, mais je n'y ai rien trouvé d'assez frappant pour décider une fille d'honorable naissance à lui sacrifier son honneur et à devenir sa maîtresse : c'est pourtant ce qui est arrivé; cet officier à votre service a séduit la fille d'un bon vieux chevalier du Devonshire, de sir Hugh Robsart de Lidcote-Hall, et elle a déserté pour lui la maison paternelle comme une fille abandonnée. — Qu'avez-vous donc, lord Leicester? vous trouveriez-vous mal? votre visage se couvre d'une pâleur mortelle.

— Non, madame, répondit Leicester. Et il eut besoin de faire de grands efforts sur lui-même pour pouvoir prononcer ces deux mots.

— Certainement vous vous trouvez mal, continua Élisabeth en s'approchant de lui de l'air du plus vif intérêt. Qu'on cherche Masters; qu'on appelle le chirurgien de service; où sont-ils donc tous deux? Leur négligence nous fera perdre celui qui fait l'orgueil de notre cour. Serait-il possible, Leicester, ajouta-t-elle en le regardant de l'air le plus doux, que la crainte d'avoir encouru notre déplaisir ait produit un tel effet sur vous?

Rassurez-vous, noble Dudley, nous n'entendons pas vous rendre responsable des fautes d'un homme qui est à votre service ; nous savons, milord, que vos pensées sont occupées bien différemment ! Celui qui veut gravir jusqu'à l'aire de l'aigle n'aperçoit pas ceux qui cherchent des linottes au pied du rocher.

— L'entendez-vous ? dit Sussex à l'oreille de Raleigh : il faut que le diable lui prête son secours ; ce qui suffirait pour enfoncer tout autre à cent brasses dans la mer ne fait que le mettre mieux à flot. Si l'un de mes officiers en eût fait autant...

— Silence, milord ! dit Raleigh ; pour l'amour du ciel, silence ! Attendez que la marée change ; je crois que l'instant n'en est pas éloigné.

La pénétration de Raleigh n'était pas en défaut, car la confusion de Leicester était si grande en ce moment, et il en paraissait si accablé, qu'Élisabeth, après l'avoir regardé d'un air surpris, et voyant qu'elle ne recevait aucune réponse aux expressions de bonté qui venaient de lui échapper, jeta un coup d'œil rapide sur les courtisans qui l'entouraient, et, apercevant sans doute sur leur physionomie quelque chose qui confirmait les soupçons qu'elle commençait à concevoir, elle ajouta tout-à-coup : — Ou y aurait-il dans cette affaire plus que ce qui paraît aux yeux, milord, plus que vous désireriez que nous ne vissions ? Où est ce Varney ? quelqu'un l'a-t-il vu ?

— S'il plaît à Votre Majesté, dit Bowyer, qui était à la porte, c'est à lui que je viens de refuser l'entrée de la salle d'audience.

— S'il me plaît ! répéta Élisabeth avec aigreur, n'étant pas en ce moment d'humeur à trouver rien qui lui plût ; il ne me plaît ni que personne se montre sans ordre en ma présence, ni qu'on éloigne de moi un homme qui a à répondre sur une accusation.

— S'il plaît à Votre Majesté, dit encore l'huissier interdit, si je savais en pareil cas comment me conduire, j'aurais grand soin...

— Vous deviez nous faire part de sa demande et prendre nos ordres. Vous vous croyez un grand homme, monsieur l'huissier, parce que nous venons de gourmander pour vous un des premiers seigneurs de notre cour; mais après tout vous n'êtes que la serrure qui tient la porte fermée. Faites venir sur-le-champ ce Varney. Il est aussi question d'un Tressilian dans cette pétition; qu'on les cherche tous deux.

On obéit, et Tressilian ainsi que Varney comparurent. Le premier coup d'œil de celui-ci fut pour Leicester, et le second pour la reine: il vit sur le front d'Élisabeth un orage prêt à éclater, et dans les regards consternés et abattus du comte il n'aperçut rien qui lui indiquât comment il devait manœuvrer son navire pour se disposer à résister à l'abordage; car la présence de Tressilian, mandé en même temps que lui en présence de la reine, lui avait fait sentir le danger de sa situation. Mais Varney était aussi effronté que peu scrupuleux, aussi adroit que fécond en expédiens; pilote habile dans le danger, il comprit tous les avantages qu'il y aurait pour lui à tirer Leicester d'embarras, et tout le risque qu'il courrait lui-même s'il ne pouvait y réussir.

— Est-il vrai, lui demanda la reine avec un de ces regards pénétrans auxquels peu de personnes pouvaient résister, est-il vrai que tu as eu l'audace de séduire et de déshonorer une jeune personne bien née et bien élevée, la fille de sir Hugh Robsart de Lidcote?

Varney fléchit un genou devant elle, et, prenant un air de contrition et d'humilité, dit qu'il ne pouvait nier qu'il n'y eût quelques liaisons d'amour entre lui et miss Amy Robsart.

Leicester frémit d'indignation en l'entendant s'exprimer

ainsi, et pour un moment il se sentit le courage de dire adieu à la cour et aux faveurs de la reine, et d'avouer son mariage secret; mais il jeta les yeux sur Sussex, et l'idée du plaisir avec lequel il entendrait cet aveu lui ferma la bouche. Pas à présent du moins, pensa-t-il; ce n'est pas en ce moment que je lui assurerai un tel triomphe. Et serrant les lèvres l'une contre l'autre, il resta ferme et immobile, attentif à chaque mot que prononçait Varney, et déterminé à cacher jusqu'au dernier moment le secret dont semblait dépendre sa faveur à la cour.

Cependant la reine continuait à interroger Varney.

— Des liaisons d'amour! et de quel genre étaient ces liaisons? Si ton amour pour elle était honnête, pourquoi ne pas avoir demandé sa main à son père?

— Je n'osais faire cette demande, répondit Varney toujours agenouillé, parce que je savais que son père la destinait à un gentilhomme plein d'honneur (car je lui rendrai justice, quoique je sache qu'il est indisposé contre moi), à M. Edmond Tressilian, que je vois en présence de Votre Majesté.

— Et de quel droit engageâtes-vous une jeune personne, sans doute simple et naïve, à contrevenir aux volontés de son père par des liaisons d'amour, comme vous avez l'assurance de nommer vos criminelles liaisons?

— Madame, répondit Varney, il est inutile de plaider la cause de la fragilité humaine devant un juge à qui elle est inconnue, et celle de l'amour devant une personne qui n'a jamais cédé à cette passion.... qu'elle inspire à tous ceux qui l'approchent, ajouta-t-il d'une voix basse et timide après un moment d'intervalle.

Elisabeth essaya de froncer le sourcil; mais elle sourit malgré elle. — Tu es un coquin merveilleusement impudent! lui dit-elle. As-tu épousé cette fille?

A cette demande Leicester frissonna de nouveau, et son cœur fut en proie à tant de sentimens si variés qu'il lui semblait que sa vie dépendait de la réponse qu'allait faire Varney, qui, après avoir hésité véritablement un instant, répondit : — Oui.

— Misérable scélérat ! s'écria Leicester écumant de rage. Mais l'excès de son indignation, et la reine qui l'interrompit sur-le-champ, ne lui permirent pas d'ajouter un seul mot à cette exclamation.

— Milord, lui dit-elle, avec votre permission ce sera nous qui instruirons cette affaire ; nous n'avons pas encore fini avec votre officier. — Ton maître, lord Leicester, était-il instruit de cette belle œuvre? Dis-moi la vérité, je te l'ordonne, et je te garantirai de tout danger de la part de qui que ce puisse être.

— Gracieuse souveraine, dit Varney, pour vous dire la vérité en face du ciel, mon maître seul en a été cause.

— Scélérat ! qu'oses-tu dire ? s'écria Leicester.

— Continue ! dit la reine, les joues enflammées et les yeux étincelans ; nul ne doit écouter ici d'autres ordres que les miens.

— Ils sont tout-puissans, madame, répondit Varney, et je ne puis avoir de secrets pour Votre Majesté ; mais je ne voudrais pas confier les affaires de mon maître à d'autres oreilles que les vôtres.

— Eloignez-vous, milords, dit Elisabeth à ceux qui l'entouraient, et qui se retirèrent au bout de la salle. Et toi, parle, qu'a de commun le comte avec cette intrigue criminelle? Prends bien garde de le calomnier.

— Loin de moi une pareille intention, madame ! Cependant je dois avouer que, depuis quelque temps, mon noble maître est comme absorbé par un sentiment profond, mais secret, qui l'occupe tout entier, et qui l'empêche de surveiller la conduite des gens de sa maison, parmi lesquels il avait maintenu jusqu'alors l'ordre le plus sévère ; négligence qui nous a conduits à faire des folies, dont la cause, par conséquent, comme dans l'affaire dont il s'agit, doit lui être attribuée au moins en partie. Sans cela je n'aurais eu ni les moyens ni le loisir de commettre la faute qui a attiré sur moi son déplaisir, peine la plus sévère qui pût m'être infligée, si j'en excepte le ressentiment de votre gracieuse majesté.

— Ce n'est que de cette manière que ton maître a pris part à ta faute?

— De cette manière seule, madame; mais, depuis certain évènement qui lui est arrivé, on ne le prendrait plus pour le même homme. Regardez-le, madame; voyez comme il est pâle et tremblant! Quelle différence avec l'air de dignité qu'on lui voyait autrefois! Et cependant, qu'a-t-il à craindre de tout ce que je puis dire à Votre Majesté? Ah, madame! depuis qu'il a reçu ce fatal paquet...

— Quel paquet? demanda la reine avec vivacité; qui le lui envoyait?

— C'est ce que j'ignore, madame; mais je l'approche de si près que je sais que, depuis cette époque, il a toujours porté autour de son cou une tresse de cheveux à laquelle est suspendu un petit joyau en or en forme de cœur : il lui adresse la parole quand il est seul; il ne le quitte ni jour ni nuit; jamais païen n'a adoré son idole avec plus de ferveur.

— Il faut que tu sois un drôle bien hardi pour épier ton maître de si près, et un bavard bien indiscret pour me raconter ainsi ses folies, dit la reine en rougissant, mais sans colère. Et de quelle couleur est la tresse dont tu parles?

— Un poète, madame, dirait qu'elle a été coupée d'une toile d'or travaillée par les mains de Minerve; mais, à mon avis, la couleur en est plus pâle que celle de l'or le plus pur, elle ressemble davantage au dernier rayon de soleil d'un beau jour de printemps.

— Vraiment, monsieur Varney, vous êtes poète vous-même, dit la reine en souriant; mais je n'ai pas l'esprit assez subtil pour suivre vos métaphores. Regardez toutes ces dames; y en a-t-il une…. et ici elle tâcha d'affecter un air de grande indifférence, y en a-t-il une dont les cheveux vous rappellent la couleur de cette tresse? Je serais charmée de savoir quels cheveux ressemblent à la toile de Minerve, ou…. comment avez-vous dit? au dernier rayon de soleil d'un jour de printemps.

Varney jeta les yeux successivement sur toutes les dames qui se trouvaient dans la salle d'audience, et les porta ensuite sur la reine, mais avec l'air du plus profond respect.

—Je ne vois ici, dit-il alors, aucune chevelure digne de semblables comparaisons, à moins que mes yeux ne se portent sur ce qu'ils n'osent regarder.

— Comment! drôle, dit la reine, oserais-tu donner à entendre…?

— Pardon, madame, répliqua Varney en mettant une main devant ses yeux; c'est un rayon du soleil de mai qui m'a ébloui.

— Retire-toi! dit la reine; il faut assurément que tu sois fou; et, se détournant de lui, elle s'avança vers Leicester.

Une vive curiosité, mêlée aux craintes, aux espérances et aux diverses passions qui agitent les factions à la cour, avait rempli le cœur de tous ceux qui assistaient à cette audience pendant la conférence secrète de la reine avec Varney. Personne ne se permettait le plus léger mouvement, et l'on aurait même cessé de respirer si la nature ne se fût opposée à une telle interruption des fonctions de la vie. Cette atmosphère était contagieuse; et Leicester, voyant tout ce qui l'entourait désirer ou craindre son élévation ou sa chute, oublia tout ce que l'amour lui avait d'abord inspiré; il ne fut plus sensible, pour l'instant, qu'à la faveur ou à la disgrâce qui dépendaient d'un signe d'Elisabeth et de la fidélité de Varney. Il se recueillit, et se prépara à jouer son rôle dans la scène qui semblait devoir avoir lieu ensuite ; mais d'après quelques regards que la reine jeta de son côté, il put juger que, quel que fût le sujet de sa conversation avec Varney, le résultat ne lui en était pas défavorable. Son incertitude ne dura pas long-temps, car la manière plus que gracieuse dont Elisabeth l'aborda annonça son triomphe à son rival et à toute la cour.

— Vous avez en Varney, milord, lui dit-elle, un serviteur bien indiscret ; vous faites bien de ne lui rien confier qui puisse vous faire tort dans mon opinion, car ce ne serait pas long-temps un secret.

— Il serait coupable, dit Leicester en fléchissant un genou, s'il cachait quelque chose à Votre Majesté. Je voudrais que mon cœur fût ouvert au point que vous y pussiez lire sans l'aide d'aucun de mes serviteurs.

— Quoi, milord ! dit Elisabeth en le regardant avec bonté, ne s'y trouve-t-il pas quelque petit coin sur lequel vous voudriez jeter un voile? Je vois que cette question vous embarrasse ; mais votre reine sait qu'elle ne doit pas examiner de trop près les motifs d'après lesquels ses plus fidèles serviteurs s'acquittent de leurs devoirs, de peur d'y trouver quelque chose qui pourrait, ou du moins qui devrait lui déplaire.

Soulagé par ces derniers mots, Leicester lui peignit avec volubilité tout l'excès d'un dévouement sans bornes, et peut-être ses discours étaient-ils en ce moment d'accord avec les sentimens de son cœur : les diverses émotions qui l'avaient d'abord agité avaient fait place à l'énergique résolution de maintenir son rang dans les bonnes grâces de la reine ; jamais il n'avait paru à Elisabeth plus éloquent, plus beau, plus intéressant que lorsque, agenouillé devant elle, il la conjura de le dépouiller de tout son pouvoir, mais de lui laisser le nom de son serviteur. — Retirez au pauvre Dudley tout ce que vous lui avez donné, lui dit-il; rejetez-le dans la situation obscure d'où vous l'avez tiré; ne lui laissez que son manteau et son épée; mais souffrez qu'il jouisse encore de ce qu'il n'a pas mérité de perdre, de l'estime d'une souveraine adorée.

— Non, Dudley, répondit Elisabeth en lui faisant signe de se relever d'une main, et en lui présentant l'autre à baiser; Elisabeth n'a point oublié que lorsque vous étiez un pauvre gentilhomme dépouillé de votre rang héréditaire, elle était une princesse non moins pauvre, et que vous hasardâtes pour elle tout ce que l'oppression vous avait laissé, votre vie et votre honneur. Levez-vous, milord, vous dis-je, et rendez-moi ma main; levez-vous et continuez à être ce que vous avez toujours été, l'ornement de notre cour, le soutien de notre trône. Votre maîtresse peut avoir quelques torts à vous reprocher; mais elle reconnaîtra toujours vos services. Je prends Dieu à témoin, dit-elle en se tournant vers les courtisans qui étaient présens à cette scène intéressante, que je ne crois pas qu'aucun souverain ait jamais eu un serviteur plus fidèle que celui que j'ai trouvé dans le noble comte.

Un murmure d'approbation s'éleva parmi les seigneurs du parti de Leicester, et les amis de Sussex n'osèrent y opposer qu'un silence respectueux. Les yeux baissés, ils restèrent mortifiés et déconcertés par le triomphe complet et public de leurs antagonistes.

Le premier usage que fit Leicester de sa rentrée en faveur fut de demander à la reine ses ordres relativement à Varney. Quoiqu'il ne mérite que mon courroux, dit-il, si pourtant il m'était permis d'intercéder...

— J'avais oublié cette affaire, dit la reine, et je me le reproche. Nous devons rendre justice au plus humble comme au plus élevé de nos sujets. Nous vous remercions, milord, de nous en avoir rappelé le souvenir. Où est Tressilian? où est l'accusateur? Qu'il se présente devant nous.

Tressilian s'avança, et la salua respectueusement. Sa tournure, comme nous l'avons déjà dit, était pleine de grâce et de noblesse, ce qui n'échappa point aux observations critiques d'Elisabeth. Elle le regarda avec attention, tandis qu'il était debout devant elle, d'un air calme et ferme, mais profondément affligé.

—Je ne puis m'empêcher de plaindre ce gentilhomme, dit-elle à Leicester; j'ai pris ce matin des renseignemens sur lui; j'ai su que c'est un homme instruit, un brave soldat, et il suffit de le voir pour en être convaincu. Nous autres femmes, milord, nous sommes capricieuses dans notre choix. J'aurais dit tout à l'heure, à en juger par les yeux, qu'il n'y avait pas de comparaison à faire entre lui et votre écuyer; mais ce Varney a la langue dorée, et l'amour s'est introduit dans le cœur de plus d'une femme par les oreilles. — M. Tressilian, la perte d'une flèche n'est pas un arc rompu. Votre tendresse véritable, comme je dois le croire, paraît avoir été mal récompensée; mais vous êtes un homme instruit, et vous n'ignorez pas que depuis la guerre de Troie jusqu'à nos jours il s'est trouvé plus d'une Cressida trompeuse. Oubliez cette infidèle, et que votre affection ait des yeux plus clairvoyans. Nous vous parlons ainsi plutôt d'après les écrits des doctes auteurs que d'après nos connaissances personnelles, notre rang et notre volonté ayant écarté bien loin de nous les lumières de l'expérience sur cette frivole passion. Quant au père de cette dame, nous adoucirons son chagrin en accordant à son gendre quelque place qui le mettra en état de soutenir honorablement son épouse. Et vous-même, Tressilian, nous ne vous oublierons pas. Suivez notre cour, et vous verrez qu'un vrai Troïlus peut compter sur nos bonnes grâces. Songez à ce que dit cet original de Shakspeare à ce sujet : Ses drôleries me viennent à l'esprit quand je devrais penser à autre chose. Ne sont-ce pas là ses vers?

Cresside était à vous par le décret du ciel ;
Mais Cresside a brisé ce lien solennel.
Pourquoi porteriez-vous envie à Diomède?
Les fragmens de ces nœuds sont tout ce qu'il possède [1].

Vous souriez, lord Southampton? peut-être ma mauvaise mémoire estropie les vers de votre favori. Mais c'en est assez ; qu'il ne soit plus question de cette sotte affaire.

Tressilian était toujours devant elle, dans l'attitude d'un homme qui voudrait être entendu, mais à qui le respect ferme la bouche. — Eh bien! ajouta la reine avec quelque impatience, que voulez-vous de plus? cette fille ne peut vous épouser tous deux. Elle a fait son choix. Ce n'était peut-être pas le meilleur qu'elle pût faire ; mais enfin elle est épouse de Varney.

— Si cela était, gracieuse souveraine, dit Tressilian, je n'aurais plus rien à réclamer de votre justice, et toute idée de vengeance s'évanouirait ; mais je voudrais en avoir de meilleures preuves que la parole de Varney.

— Partout ailleurs où un pareil doute m'insulterait, dit Varney, mon épée...

— Ton épée ! interrompit Tressilian en jetant sur lui un regard de mépris ; sans le respect que je dois à Sa Majesté, la mienne...

— Insolens! s'écria la reine ; silence ! Oubliez-vous tous deux où vous êtes? Voilà le résultat de vos dissensions, milords, dit-elle en regardant tour à tour Leicester et Sussex ; les gens qui vous sont attachés prennent vos sentimens et votre humeur, et jusque dans ma cour, en ma propre présence, ils se bravent et se défient comme de vrais matamores. Messieurs, quiconque parlera de tirer l'épée pour toute autre cause que la mienne, portera aux poignets

---

(1) *Troïlus et Cressida*, acte v. Cette pièce de Shakspeare devait être alors très populaire : c'était une singulière transformation des âges héroïques de la Grèce tout-à-fait conforme au goût de la cour. Troïlus est un amant trahi, Cressida une femme légère. — Ed.

des bracelets de fer dont il sentira le poids, je vous le garantis [1]. Elle garda le silence un instant, et prenant un ton plus doux : — Ma justice, ajouta-t-elle, doit pourtant intervenir entre ces deux mutins audacieux. Lord Leicester, garantissez-vous sur votre honneur, c'est-à-dire autant que vous pouvez le savoir, que votre écuyer dit la vérité en assurant qu'il a épousé Amy Robsart?

L'attaque était directe, le coup difficile à parer. Il renversa presque Leicester. Mais il était trop avancé pour reculer, et il répondit après avoir hésité un moment : — Autant que je puis le savoir, madame... je dois même dire, à ma pleine et entière connaissance... Amy Robsart est mariée.

— Gracieuse souveraine, dit Tressilian, m'est-il permis de demander à quelle époque et dans quel lieu ce prétendu mariage...

— Ce prétendu mariage! s'écria la reine; la parole du noble comte ne vous garantit-elle pas la véracité de son serviteur? Mais vous êtes le perdant; vous croyez l'être au moins... et je vous traiterai avec indulgence. J'examinerai cette affaire à fond plus à loisir. Lord Leicester, je compte aller vous faire une visite dans votre château de Kenilworth la semaine prochaine. Je désire que vous invitiez notre bon et estimable ami le comte de Sussex à nous y tenir compagnie.

— Si le noble comte de Sussex, dit Leicester en saluant son rival avec autant de politesse que d'aisance, veut bien me faire cet honneur, je regarderai sa visite comme une preuve de l'estime et de l'amitié que Votre Majesté désire que nous ayons l'un pour l'autre.

Sussex montra plus d'embarras. — La maladie dont je souffre encore, madame, dit-il, ne me rend guère propre à contribuer à l'agrément d'une fête.

(1) C'était bien là cette reine qui fit couper la main à l'auteur d'un pamphlet qui n'avait pas parlé d'elle assez respectueusement. — ÉD.

— Avez-vous donc été si sérieusement malade? dit Elisabeth en le regardant avec plus d'attention. Il est vrai que vous êtes bien changé, et je le vois avec beaucoup de chagrin. Mais soyez tranquille, nous veillerons nous-même à la santé d'un serviteur si précieux, et auquel nous avons tant d'obligations! Masters ordonnera votre régime, et nous ferons exécuter ses ordonnances; mais il faut que vous soyez du voyage de Kenilworth.

Elle prononça ces mots d'un ton si absolu, et en même temps si plein de bonté, que Sussex, quelque répugnance qu'il eût à recevoir l'hospitalité chez son rival, se vit dans la nécessité de s'incliner profondément pour exprimer à la reine qu'il obéirait à ses ordres, et il dit à Leicester, avec une politesse forcée, qu'il acceptait son invitation. Tandis que les deux comtes faisaient un échange de complimens à ce sujet, la reine dit à demi-voix à son grand-trésorier : — Il me semble, milord, que les physionomies de ces deux nobles pairs ressemblent à ces deux fameuses rivières classiques, l'une si noire et si mélancolique, l'autre si noble et si limpide. Mon ancien maître Ascham me gronderait pour avoir oublié le nom de l'auteur qui en parle. Je crois que c'est César. Voyez quel calme majestueux règne sur le front de Leicester, et de quel air contraint Sussex lui adresse quelques mots de politesse, par déférence pour nos ordres.

— Le doute de la faveur de Votre Majesté, répondit le lord trésorier, suffit pour faire naître cette jalouse mésintelligence qui n'échappe pas aux yeux de Votre Grâce; et vos yeux ne voient-ils pas tout?

— Un tel doute nous serait injurieux, milord, répliqua la reine. Tous deux nous sont également chers, et nous les emploierons l'un et l'autre avec impartialité pour le bien de notre royaume. Mais leur conférence a duré assez long-temps. Lord Sussex, lord Leicester, nous avons encore un mot à vous dire. Tressilian et Varney font partie de votre maison ; vous aurez soin qu'ils vous accompagnent à Kenilworth. Et comme nous aurons alors Pâris et Ménélas à notre portée, nous voulons y voir aussi cette belle Hélène dont l'inconstance a fait tant de bruit. Varney, tu amèneras ta femme à Kenilworth, et qu'elle soit prête à paraître devant moi. Lord Leicester, vous veillerez à l'exécution de cet ordre.

Le comte et son écuyer s'inclinèrent, et quand ils relevèrent la tête, ce fut sans oser arrêter les yeux sur la reine ni se regarder l'un l'autre ; car tous deux en ce moment crurent voir les filets de mensonge qu'ils venaient de tendre prêts à se fermer pour les envelopper. La reine ne fit pourtant pas attention à leur confusion. — Milords, dit-elle à Sussex et à Leicester, nous requérons votre présence au conseil privé que nous allons tenir, et où il s'agira d'affaires importantes. Nous ferons ensuite une promenade sur l'eau, et vous nous y accompagnerez. Et cela nous rappelle une circonstance. Sire chevalier du manteau, dit-elle à Raleigh en souriant, songez que vous devez me suivre dans toutes mes excursions, et faites-vous donner un costume convenable. On vous fournira les moyens de monter votre garde-robe.

Ainsi se termina cette audience mémorable, dans laquelle, ainsi que dans tout le cours de sa vie, Élisabeth réunit les caprices qui sont le plus souvent l'apanage de son sexe, au bon sens et à l'adroite politique par laquelle la fille de Henry VIII égala les plus grands rois.

CHAPITRE XVII.

« Notre route est choisie; il faut tendre les voiles,
« Lever l'ancre, marcher toujours la sonde en main;
« Veiller au gouvernail. Il n'est que trop certain
« Que des écueils cachés hérissent ce rivage;
« Ces rochers dangereux ont vu plus d'un naufrage. »
FALCONER, *le Naufrage.*

PENDANT le court intervalle qui s'écoula entre la fin de l'audience et la séance du conseil privé, Leicester eut le temps de réfléchir qu'il venait de mettre lui-même le sceau à sa destinée. — Il était impossible, pensait-il, qu'après avoir, en face de tout ce que l'Angleterre avait de plus honorable, attesté, quoique en termes ambigus, la vérité de la déclaration de Varney, il se permît de le contredire ou de le désavouer, sans s'exposer non seulement à perdre la faveur dont il jouissait à la cour, mais à encourir le ressentiment personnel de la reine, qui ne lui pardonnerait pas de l'avoir trompée, et sans devenir l'objet du mépris et de la dérision de son rival et de tous ses partisans. La certitude de tous ces dangers frappa en même temps son esprit, tandis qu'il était d'une autre part effrayé de la difficulté de garder un secret qui ne pouvait plus se divulguer sans renverser son pouvoir et sans nuire à son honneur. Il était dans la situation de cet homme qui, exposé sur une glace prête à se briser autour de lui, n'a d'autre moyen de salut que de marcher en avant d'un pas ferme. Il lui fallait s'assurer, à tout risque, la faveur de la reine, pour laquelle il avait fait tant de sacrifices; c'était son unique planche de salut dans la tempête. Tous ses efforts devaient tendre non seulement à se maintenir dans les bonnes grâces d'Élisabeth, mais encore à augmenter la partialité que lui témoignait cette princesse.

Il fallait qu'il fût son favori, ou qu'il souscrivît à la ruine de sa fortune et de son honneur. Toute autre considération devait être écartée pour le moment, et il chercha à bannir de son souvenir l'image importune d'Amy, en se disant qu'il aurait tout le temps d'aviser aux moyens de sortir du labyrinthe dans lequel il s'était engagé. Le pilote qui voit Scylla menacer sa proue, disait-il, ne songe qu'à l'éviter, sans penser au danger plus éloigné de Charybde.

Ce fut dans cette disposition d'esprit que Leicester alla prendre sa place accoutumée au conseil privé d'Élisabeth, et qu'il l'accompagna ensuite pendant sa promenade sur la Tamise; jamais il n'avait déployé plus avantageusement ses talens, soit comme politique du premier ordre, soit comme courtisan accompli.

Il arriva qu'il fut question, dans le conseil, des affaires de l'infortunée Marie, reine d'Écosse, qui était alors dans la septième année de sa captivité en Angleterre. Sussex et quelques autres parlèrent avec force en faveur de cette malheureuse princesse; ils firent valoir la loi des nations et les droits de l'hospitalité avec une chaleur qui, quoique respectueuse et modérée, n'était pas tout-à-fait agréable aux oreilles de la reine. Leicester embrassa l'opinion contraire avec chaleur; il prétendit que la détention prolongée de la reine d'Écosse était une mesure nécessaire à la sûreté du royaume, et notamment à la personne sacrée d'Élisabeth. — Le moindre cheveu de la tête de notre souveraine, dit-il, doit être un objet plus précieux et plus intéressant que la vie et la fortune d'une rivale qui, après avoir élevé des prétentions aussi vaines qu'injustes au trône d'Angleterre, est encore, dans sa prison, la base constante sur laquelle reposent toutes les espérances des ennemis d'Élisabeth, soit au dedans, soit au dehors. Il finit par prier qu'on l'excusât si le zèle l'avait emporté trop loin; mais la sûreté de la reine était un sujet qui l'entraînait toujours au-delà des bornes de sa modération ordinaire.

Elisabeth le réprimanda, mais avec beaucoup de douceur, sur le trop d'importance qu'il attachait à ce qui la concernait personnellement. Elle avoua pourtant que, puisqu'il avait plu au ciel d'unir ses intérêts à ceux de ses sujets, elle croyait ne faire que son devoir quand les circonstances l'obligeaient à prendre des mesures dictées par le soin de sa propre sûreté. Elle se flattait que, si le conseil était d'avis que la prudence exigeât de priver sa malheureuse sœur d'Écosse de la liberté, il ne la blâmerait pas si elle priait la comtesse de Shreswsbury de la traiter avec tous les égards qui pouvaient s'accorder avec la nécessité de veiller sur sa personne. Et après avoir ainsi annoncé son bon plaisir, elle leva la séance.

Jamais on n'avait mis plus d'empressement à se ranger pour laisser passer le comte de Leicester que lorsqu'en sortant du conseil privé il traversa les antichambres remplies d'une foule de courtisans; jamais les huissiers n'avaient crié à plus haute voix : Place! place au noble comte! jamais on n'avait obéi à ce signal plus promptement et avec plus de respect; jamais tant de regards ne s'étaient tournés vers lui dans l'espoir d'en obtenir un sourire de protection, un simple signe qu'ils n'étaient pas méconnus; tandis que le cœur de plusieurs de ses humbles partisans battait entre le désir de lui offrir des félicitations et la crainte de paraître trop hardis en s'adressant en public à un homme de son rang. Toute la cour jugeait que l'issue de l'audience de ce jour, attendue avec tant de doutes et d'inquiétudes, était un triomphe décisif pour Leicester. On regardait comme indubitable que son rival, s'il n'était pas entièrement obscurci par son éclat, roulerait à l'avenir comme un astre secondaire dans une sphère plus éloignée du soleil. Ainsi pensait la cour, et les courtisans, du premier au dernier, agissaient en conséquence.

D'une autre part, jamais Leicester n'avait rendu avec plus de condescendance et d'un air plus agréable les saluts qui lui étaient adressés de tous côtés ; jamais (pour employer l'expression d'un poète qui, en ce moment, n'était pas bien loin de lui) il n'avait su recueillir « tant d'opinions dorées sur son compte [1]. »

Il avait pour chacun un salut, un sourire, un mot agréable ; il les distribuait en grande partie à des courtisans dont les noms ont disparu depuis long-temps dans le fleuve d'oubli, mais il les adressait aussi quelquefois à des êtres dont le nom sonne d'une manière étrange à nos oreilles, quand on se les représente comme occupés des affaires journalières de la vie, attendu la prodigieuse élévation à laquelle les a portés la reconnaissance de la postérité. Voici quelques unes des phrases qu'il débitait en passant.

— Vous voilà, Poynings ! Comment se portent votre femme et votre charmante fille ? pourquoi ne viennent-elle pas à la cour ? — Votre demande ne peut réussir, Adams; la reine ne veut plus accorder de priviléges exclusifs ; mais je pourrai vous servir dans une autre occasion. — Mon cher alderman Aylford, le procès de la cité, relativement à Queenhithe, marchera aussi vite que mon crédit pourra y contribuer. — M. Edmond Spencer, je voudrais pouvoir appuyer votre pétition, d'après mon amour pour les muses ; mais vous avez lancé de furieux sarcasmes contre le lord trésorier.

— Milord, répondit le poète, s'il m'était permis de m'expliquer...

— Venez me voir chez moi, Edmond; pas demain ni après-demain, mais le plus tôt possible. — Ah! William Shakspeare ! fou de William ! il faut que tu aies donné à mon neveu, Philippe Sydney, de la poudre de sympathie,

---

(1) Edmond Spencer. — Éd.

car il ne peut se coucher sans avoir sous son oreiller ton poème de *Vénus et Adonis*. Je te ferai pendre comme le plus grand sorcier d'Europe. A propos, plaisant original, je n'ai pas oublié ton affaire avec les ours [1]; j'y veillerai.

Le *comédien* s'inclina, le comte lui fit un signe de tête, et passa son chemin. C'est ainsi qu'on aurait parlé dans ce siècle : dans le nôtre, on pourrait dire que l'immortel avait rendu hommage au mortel.

Celui à qui le favori adressa ensuite la parole était un de ses plus zélés partisans, qui le salua, le sourire sur les lèvres, et d'un air de triomphe : — Sir Francis Denning, lui dit-il, cet air de bonne humeur vous rend la figure d'un tiers moins longue que lorsque je vous ai vu ce matin. — Eh bien, M. Bowyer! pourquoi vous tenez-vous à l'écart? croyez-vous que j'aie de la rancune contre vous? Vous n'avez fait que votre devoir ce matin; et si je me rappelle jamais notre petite altercation, ce sera pour vous en savoir gré.

Le comte vit alors s'avancer vers lui, avec des révérences grotesques, un personnage bizarrement vêtu d'un pourpoint de velours noir festonné, et garni de satin cramoisi. Une plume de coq surmontait la toque de velours qu'il tenait à la main, et l'on remarquait son énorme fraise empesée, selon l'absurde mode du temps. Il y avait dans l'expression de sa physionomie la suffisance d'un fat présomptueux sans esprit; la verge qu'il portait et son air d'importance annonçaient qu'il était revêtu de quelque dignité officielle dont il n'était pas peu vain. Une perpétuelle rougeur qui occupait, non ses joues maigres et creuses, mais toute la protubérance d'un nez effilé, paraissait annoncer l'habitude de la bonne vie, comme on disait alors, plutôt que celle de la modestie, et la manière

---

[1] Altercation qui existait entre les comédiens et des gens qui donnaient un spectacle de combat d'ours, et dont il sera question plus tard. — Éd.

dont il aborda le comte eût prouvé que ce soupçon n'était pas mal fondé.

— Bonjour, M. Robert Laneham, dit le comte sans s'arrêter, et désirant évidemment l'éviter.

— J'ai une demande à présenter à Votre Seigneurie, dit Laneham le suivant hardiment.

— Et quelle est-elle, maître gardien de la porte de la chambre du conseil?

— C'est-à-dire *clerc* de la porte de la chambre du conseil, dit Laneham avec emphase.

— Donne à tes fonctions tel titre que tu voudras; mais que me veux-tu?

— Simplement que Votre Seigneurie daigne me permettre d'être du voyage qui va avoir lieu à son superbe château de Kenilworth.

— Et pourquoi cela, Laneham? Songes-tu que je dois y avoir compagnie nombreuse?

— Pas assez nombreuse pour que Votre Seigneurie ne puisse y accorder une petite place à son ancien serviteur. D'ailleurs, milord, réfléchissez qu'il est possible qu'il s'y tienne quelque conseil, et que cette verge est nécessaire pour écarter ces écouteurs aux portes qui appliqueraient l'œil au trou de la serrure, et l'oreille à toutes les fentes qu'ils pourraient trouver. Ma verge est aussi indispensable au conseil qu'un chasse-mouches à un étal de boucher.

— Ta comparaison est honorable pour le conseil; mais ne cherche pas à la justifier. Soit, j'y consens, viens à Kenilworth si bon te semble. Je n'y manquerai pas de fous, et tu trouveras à qui parler.

— Et s'il s'y trouve des fous, milord, je n'en aurai que plus de plaisir. J'aime à me divertir aux dépens d'un fou autant qu'un lévrier à poursuivre un lièvre. Mais j'ai une autre faveur à solliciter de Votre Seigneurie.

— Explique-toi vite: il faut que je parte; la reine va sortir.

— Je voudrais, milord, y amener avec moi une compagne de lit.

— Que veut dire ceci? N'as-tu pas honte...?

— Milord, ma demande n'a rien qui soit contre les canons. J'ai une femme aussi curieuse que sa grand'mère qui a mangé la pomme : or, je ne puis régulièrement la prendre avec moi, les ordres de Sa Majesté défendant rigoureusement à tout officier d'amener son épouse dans les voyages de la cour, afin de ne pas encombrer de femmes les équipages. Mais ce que je voudrais obtenir de Votre Seigneurie, ce serait que vous voulussiez bien lui donner quelque rôle à jouer dans quelque pantomime ou autre représentation histrionique, de manière qu'elle y parût sous quelque déguisement sans qu'on pût se douter qu'elle est ma femme.

— Que le diable vous emporte tous deux! s'écria Leicester en perdant patience par suite des souvenirs que ce discours faisait naître en lui. Pourquoi m'arrêtes-tu pour me débiter de telles sornettes?

Le clerc de la porte de la chambre du conseil, effrayé de cet accès subit de colère, laissa tomber sa verge officielle, et fixa sur le comte ses gros yeux hébétés exprimant l'étonnement et la terreur, ce qui rappela Leicester à lui-même sur-le-champ.

— Je ne voulais que voir si tu avais la hardiesse qui convient à ta place, lui dit-il d'un ton adouci : viens à Kenilworth, et amènes-y le diable si tu veux.

— Ma femme a joué le rôle du diable dans un mystère, milord, du temps de la reine Marie; mais il nous manquerait une bagatelle pour le costume.

— Voici une couronne; mais débarrasse-moi de ta présence : j'entends sonner la grosse cloche.

Robert Lancham le regarda encore un moment d'un air de surprise; et, se baissant pour ramasser le signe de sa dignité, il se dit à lui-même : — Le noble comte est dans une singulière humeur aujourd'hui ; mais ceux qui donnent des couronnes ont le droit d'exiger que nous autres gens d'esprit nous fermions les yeux sur leurs lubies, car, par ma foi ! s'ils ne payaient pas pour obtenir merci, nous ne les ménagerions guère.

Cependant Leicester traversait les appartemens du palais, négligeant alors les politesses dont il avait été si prodigue ; et, fendant à pas pressés la foule des courtisans, il gagna un petit salon où il s'arrêta pour se reposer un moment et se livrer à ses réflexions solitaires.

— Que suis-je donc devenu, se dit-il à lui-même, pour que les vains discours d'un fou, d'une vraie cervelle d'oison, fassent sur moi une telle impression? Conscience, tu es comme le limier que le bruit d'une souris éveille aussi bien que le rugissement d'un lion ! Ne puis-je donc, par une démarche hardie, me tirer d'un état si embarrassant, si pénible? Si j'allais me jeter aux pieds d'Elisabeth, lui tout avouer, implorer sa merci?

Tandis qu'il réfléchissait à cette dernière idée, la porte s'ouvrit, et Varney entra avec précipitation.

— Grâce à Dieu, milord, s'écria-t-il, je vous trouve enfin !

— Dis plutôt grâce au diable, dont tu es l'agent.

— Grâce à qui vous voudrez, milord; mais ne perdons pas un instant : la reine est à bord, et demande où vous êtes.

— Va lui dire que je me suis trouvé mal tout-à-coup ; car, de par le ciel! ma tête ne peut résister plus long-temps.

— Rien de plus facile, dit Varney avec un sourire amer, car ni vous, ni moi, qui, comme votre premier écuyer, devais vous suivre, n'avons déjà plus de places dans la barque de la reine. Comme je m'empressais d'accourir au palais pour vous chercher, j'ai entendu qu'on appelait le nouveau favori Walter Raleigh et notre ancienne connaissance Tressilian pour les leur donner.

—Tu es un vrai démon, Varney, répondit Leicester en se levant à la hâte; mais tu l'emportes en ce moment : je te suis.

Varney ne répondit rien, et lui montrant le chemin, passa devant lui sans cérémonie, sortit du palais et prit le chemin de la Tamise, son maître le suivant à quelques pas comme machinalement. S'étant retourné, il s'arrêta, et lui dit d'un ton qui sentait la familiarité et presque l'autorité : — Que veut dire ceci, milord? votre manteau tombe d'un côté, votre pourpoint est déboutonné; permettez-moi...

— Varney, tu es quelquefois bien sot malgré toute ton astuce, dit Leicester en refusant son officieuse assistance. Nous sommes fort bien ainsi : quand nous vous demanderons d'avoir soin de notre personne, à la bonne heure; mais pour le présent vous nous êtes inutile.

En parlant ainsi, le comte reprit son sang-froid et son air d'autorité. — Il affecta de mettre encore plus de désordre dans ses vêtemens, — passa devant Varney avec le regard altier d'un supérieur, et à son tour il le précéda pour se diriger vers le rivage.

La barque de la reine était à l'instant de partir; les places réservées pour Leicester sur la poupe, et pour son écuyer sur la proue, étaient occupées par d'autres. Mais, à l'arrivée du comte, les rames, prêtes à battre l'eau, restèrent suspendues, comme si les bateliers eussent prévu qu'il y aurait quelque changement dans les rangs de la compagnie. La rougeur de la reine annonçait le mécontentement; et, de ce ton froid auquel a recours un supérieur pour cacher l'agitation intérieure qu'il éprouve à ceux devant qui il ne pourrait la laisser apercevoir sans déroger à sa dignité, elle lui adressa ces paroles glaciales:
— Nous vous avons attendu, milord de Leicester[1].

---

[1] On se rappelle le mot de Louis XIV : *J'ai failli attendre.* — Éd.

— Gracieuse souveraine, répondit Leicester, vous qui pouvez pardonner tant de faiblesses qui vous sont inconnues, n'accorderez-vous pas un peu de pitié aux émotions d'un cœur dont l'agitation se communique au corps et à l'esprit? Je me suis présenté devant vous ce matin suspect, accusé; votre bonté a pénétré à travers les nuages de la calomnie, m'a rendu mon honneur, et, ce qui m'est encore plus précieux, vos bonnes grâces : est-il étonnant, quelque malheureuse que soit pour moi cette circonstance, que mon écuyer m'ait trouvé dans un état qui me laissait à peine la force de me traîner jusqu'ici, où un regard de Votre Majesté, quoique, hélas! un regard irrité, a eu le pouvoir de faire pour moi ce qu'Esculape aurait tenté vainement?

— Comment! s'écria Elisabeth en jetant les yeux sur Varney, milord s'est-il trouvé mal?

— Il a éprouvé une espèce de faiblesse, répondit l'adroit Varney, comme Votre Majesté peut l'apercevoir au désordre de ses vêtemens. Milord était si empressé de se rendre auprès d'elle qu'il n'a pas même voulu me donner le temps de le réparer.

— Peu importe, dit Elisabeth en jetant un regard sur les traits nobles du comte, auxquels le mélange étrange des passions qui venaient de l'agiter donnait un nouvel intérêt. Entrez, milord, entrez, nous vous trouverons une place. Quant à la vôtre, M. Varney, nous en avons disposé, vous vous placerez dans une autre barque.

Varney salua et se retira.

— Et vous aussi, ajouta-t-elle en regardant Raleigh, notre jeune chevalier du manteau, il faut que vous vous retiriez. Vous prendrez place dans la barque de nos dames d'honneur; car pour Tressilian, il a déjà eu trop à souffrir du caprice des femmes pour que nous voulions qu'il ait encore à se plaindre d'un nouvel arrangement.

Leicester entra dans la barque de la reine, qui, changeant quelque chose à la distribution des places, lui en donna une à côté d'elle. Raleigh se leva, et Tressilian aurait été assez maladroitement poli pour offrir la sienne à son ami si un coup d'œil significatif de Walter lui-même, qui semblait à la cour dans son élément naturel, ne lui eût fait sentir que la reine se trouverait peut-être offensée qu'il montrât si peu d'empressement à profiter de la première faveur qu'elle lui avait accordée. Il resta donc assis en silence, tandis que Raleigh, saluant profondément Elisabeth, se disposait d'un air mortifié à sortir de la barque.

Un jeune courtisan, le galant lord Willoughby, crut voir sur la figure de la reine quelque chose qui annonçait de la pitié pour l'air de mortification, véritable ou affectée, du jeune Walter.

— Ce n'est pas nous, vieux courtisans, dit-il avec gaieté, qui devons cacher aux jeunes l'éclat du soleil. Sous le bon plaisir de Sa Majesté, je me priverai pour une heure de ce que ses sujets ont de plus cher, du bonheur de jouir de sa présence ; et je me mortifierai en me réduisant à la clarté des étoiles, tandis que je perdrai, pour quelques instans, la vue de Diane dans toute sa gloire. Je prendrai donc place dans la barque des dames d'honneur, et je céderai à ce jeune cavalier une heure de félicité.

— Si vous consentez à nous quitter, milord, lui dit la reine d'un ton moitié sérieux moitié badin, c'est une mortification à laquelle il faudra nous résoudre. Mais, quoique vous vous disiez un vieux courtisan, nous ne vous confierons pas le soin de nos dames d'honneur. Votre âge vénérable, ajouta-t-elle avec un sourire malin, sera mieux assorti avec celui de notre grand-trésorier, qui nous suit dans la troisième barque, et dont l'expérience peut encore profiter de la vôtre.

Lord Willoughby tâcha de cacher sous un sourire la contrariété qu'il éprouvait, salua la reine, et alla se placer dans la barque de lord Burleigh. Cette circonstance n'échappa point au comte de Leicester, qui cherchait à distraire son esprit de tout retour sur lui-même en s'occupant de ce qui se passait autour de lui. Mais quand la barque se fut éloignée du rivage, quand les musiciens, placés sur une autre, eurent commencé à faire résonner leurs instrumens, quand on entendit les acclamations du peuple qui couvrait les deux rives de la Tamise, et que tout lui rappela la situation dans laquelle il se trouvait, le comte fit un effort sur lui-même pour ne plus songer qu'à se maintenir dans la faveur de la reine, et il déploya avec tant de succès les moyens de plaire qu'il avait reçus de la nature, qu'Elisabeth, charmée de sa conversation, mais alarmée pour sa santé, lui ordonna enfin, d'un air enjoué, de se taire quelques instans, de crainte qu'une conversation trop animée ne l'épuisât.

— Milords, dit-elle alors, — ayant rendu contre Leicester un édit de silence, nous vous demanderons vos conseils sur une affaire qu'il convient mieux de discuter au milieu de la gaieté et des instrumens de musique qu'avec la gravité de nos délibérations ordinaires. Quelqu'un de vous connaît-il une pétition qui nous a été présentée par Orson Pinnit, gardien, comme il se qualifie, de nos ours royaux? Qui de vous appuiera sa requête?

— Oh! certes, dit le comte de Sussex, avec la permission de Votre Majesté, ce sera moi. Orson Pinnit était un brave soldat avant que les épées du clan de Mac-Donough l'eussent mis hors de combat en Irlande, et je me flatte que Votre Majesté continuera d'être ce qu'elle a toujours été, la protectrice de ses fidèles et loyaux serviteurs.

— C'est bien notre intention, dit la reine, et surtout quand il s'agit de nos pauvres soldats ou marins, qui hasardent leur vie pour une paye bien modique. Nous donnerions notre palais, ajouta-t-elle les yeux étincelans, pour en faire un hospice à leur usage, plutôt que de souffrir qu'ils me regardassent comme une maîtresse ingrate [1] ; mais ce n'est pas ce dont il s'agit. Et, après s'être livrée à cette effusion de patriotisme, reprenant le ton d'une conversation enjouée : — La requête d'Orson Pinnit, dit-elle, va un peu plus loin ; il se plaint de ce que, grâce au goût que le public commence à prendre pour les spectacles, et surtout à l'espèce de fureur avec laquelle on se porte à celui où se jouent les pièces d'un William Sakspeare, dont je présume que le nom ne vous est pas tout-à-fait inconnu, milord, le mâle amusement du combat de l'ours tombe comparativement en discrédit, parce qu'on aime mieux voir ces coquins de comédiens faire semblant de se tuer, que nos chiens et nos ours royaux se déchirer sérieusement. Que dites-vous à cela, lord Sussex?

— Sur ma foi, madame, répondit le comte, vous ne pouvez croire qu'un vieux soldat comme moi ait grand'chose à dire en faveur des combats simulés, quand il s'agit de les comparer à des combats sérieux ; et cependant je ne veux pas de mal à Shakspeare. C'est un gaillard vigoureux : quoiqu'on dise qu'il est boiteux [2], il joue à ravir du bâton à deux bouts, et il s'est bravement battu contre les garde-chasses du vieux sir Thomas Lucy de Charlecot, lorsqu'il s'est introduit dans son parc pour chasser les daims du maître et embrasser la fille du concierge.

— Je vous demande pardon, milord, dit Elisabeth ; il a été question de cette affaire dans le conseil, et la fille du concierge n'y était pour rien. Nous ne voulons pas qu'on exagère la faute de ce pauvre hère. Mais que dites-vous de son jeu, de ses pièces, de son théâtre? car c'est là le point

---

(1) Le palais de Greenwich a été effectivement converti en *Hôtel des Invalides* pour les marins, mais sous le règne de Guillaume et Marie. — Ed.

(2) On pourrait remarquer que l'auteur de *Kenilworth*, boiteux lui-même, s'est empressé d'adopter la nouvelle tradition d'après laquelle Shakspeare aurait été boiteux ; circonstance encore récemment controversée. — Ed.

de la question, et il ne s'agit nullement de ses anciennes erreurs, de ses chasses dans un parc, et des autres folies dont vous parlez.

— En vérité, madame, je ne veux pas de mal à ce fou. J'ai entendu quelques uns de ses vers de paillard (je demande pardon de l'expression à Votre Majesté[1]), et il m'a même semblé qu'il s'y trouvait quelque chose de guerrier. Mais ce n'est que de la crème fouettée; point de substance, rien de sérieux, comme Votre Majesté l'a fort bien remarqué. Quel intérêt puis-je prendre à une demi-douzaine de coquins armés de fleurets rouillés et de boucliers de fer-blanc, qui ne donnent que la parodie d'une bataille, en comparaison du noble spectacle du combat de l'ours? Ce dernier spectacle a été honoré de la présence de Votre Majesté et de celle de vos illustres prédécesseurs dans ce beau royaume, fameux dans toute la chrétienté par ses mâtins incomparables et par le talent des gens qui font leur métier d'instruire des ours au combat. Il est grandement à craindre que ces deux races ne dégénèrent si l'on préfère aller écouter les fadaises ampoulées d'un histrion, au lieu d'encourager la plus belle image de la guerre qu'on puisse offrir en temps de paix, c'est-à-dire le combat de l'ours. Là vous voyez l'ours se tenant en garde, l'œil rouge et enflammé, comme un capitaine rusé qui reste sur la défensive pour engager son ennemi à venir l'attaquer dans son camp. Alors messire Mâtin s'élance dans la carrière, et saisit messire Bruin[2] à la gorge; mais celui-ci lui apprend quelle est la récompense de ceux qui, en temps de guerre, négligent, par excès de courage, les précautions de la prudence : il le serre entre ses bras, et le presse contre son sein, en vigoureux lutteur, jusqu'à ce qu'on

---

[1] Lord Sussex se sert d'une expression plus libre (*whoreson*) : mais de son temps les oreilles étaient moins chatouilleuses que du nôtre, et Shakspeare ne fait pas toujours tenir à ses héros un langage très chaste. — Éd.

[2] Nom générique de l'ours. — Éd.

entende toutes ses côtes se brisant craquer l'une après l'autre avec un bruit semblable à un coup de pistolet. Mais en ce moment arrive un autre Mâtin, non moins brave, mais ayant plus de jugement; il saisit messire Bruin par la lèvre inférieure, et y reste suspendu, tandis que celui-ci, perdant son sang et poussant des hurlemens, cherche en vain à se débarrasser de son ennemi. Alors....

— Sur mon honneur, dit la reine, j'ai vu plus d'une fois le combat de l'ours, et j'espère bien le voir encore; mais vous en faites une description si admirable que, si je ne l'avais jamais vu, elle suffirait pour me le mettre sous les yeux. Mais voyons, qui nous parlera maintenant sur ce sujet? Leicester, avez-vous quelque chose à nous dire?

— Votre Majesté permet donc que je me considère comme démuselé?

— Sans doute, pourvu que vous parliez sans vous fatiguer. Cependant, quand je pense que l'ours et le bâton se trouvent dans vos anciennes armoiries, je crois que je ferai mieux d'entendre un orateur moins partial.

— Sur ma parole, madame, quoique mon frère Ambroise de Warwick et moi nous portions dans nos armoiries les emblèmes que vous daignez rappeler, nous n'en sommes pas moins amis de l'impartialité. Je vous dirai donc, en faveur des comédiens, que ce sont des drôles spirituels qui occupent l'esprit du peuple par leurs bouffonneries, et qui l'empêchent de se mêler des affaires publiques, d'écouter de faux bruits, des insinuations déloyales, des discours perfides. Quand on s'occupe à voir la manière dont Marlow[1] et Shakspeare dénoueront leurs intrigues imaginaires, ainsi qu'ils les appellent, on ne songe pas à examiner la conduite de ceux qui gouvernent.

(1) Contemporain de Shakspeare, et auteur entre autres d'un *Faust* en cinq actes. — Éd.

— Mais je n'entends pas empêcher mon peuple d'examiner ma conduite, milord, parce que plus il l'examinera de près, et mieux il en appréciera les véritables motifs.

— On prétend, madame, dit le doyen de Saint-Asaph, puritain à toute outrance, que non seulement ces comédiens débitent dans leurs pièces des expressions profanes et licencieuses tendant à engendrer le péché et la débauche, mais qu'ils y introduisent aussi des réflexions sur le gouvernement, sur son origine, sur son objet, propres à rendre le peuple mécontent et à ébranler les fondations de la société civile ; et je dirai, sous le bon plaisir de Votre Majesté, qu'il ne paraît pas prudent de permettre à ces bouches impures de ridiculiser la gravité des hommes pieux, de blasphémer le ciel, de calomnier ceux qui gouvernent la terre, et de braver ainsi les lois divines et humaines.

— Si nous pouvions croire qu'ils le fissent, milord, nous aurions bientôt réprimé une telle licence : mais il n'est pas juste de défendre l'usage d'une chose, parce qu'il est possible d'en abuser ; et quant à ce Shakspeare, nous pensons qu'il se trouve dans ses pièces des choses qui valent vingt combats d'ours, et que ce qu'il appelle ses chroniques[1] peut fournir un divertissement honnête et une instruction utile non seulement à nos sujets, mais aux générations qui nous succèderont.

— Le règne de Votre Majesté, dit Leicester, n'aura pas besoin d'un si faible appui pour passer à la postérité ; et cependant Shakspeare a touché à sa manière divers incidens du gouvernement de Votre Majesté, de façon à contre-balancer tout ce que vient de dire sa révérence le doyen de Saint-Asaph. Il y a, par exemple, quelques vers... Je voudrais que mon neveu Philippe

---

[1] C'était ainsi que Shakspeare nommait ses tragédies tirées de l'histoire d'Angleterre. — Ed.

Sidney fût ici, car ils sont constamment dans sa bouche. C'est une espèce de conte de fée : il est question d'amour, de traits, de... Mais, quelque beaux qu'ils soient, ils sont bien loin d'approcher du sujet auquel ils font allusion. Je crois que Sidney les répète même en dormant.

— Vous nous faites subir le supplice de Tantale, milord. Nous savons que Philippe Sidney est un favori des muses, et nous nous en réjouissons. La valeur ne brille jamais plus que lorsqu'elle est unie au goût et à l'amour des lettres. Mais sûrement il se trouvera quelqu'un de nos jeunes courtisans dont la mémoire se rappellera ce que des affaires plus importantes ont effacé de la vôtre. M. Tressilian, vous qu'on m'a représenté comme un adorateur de Minerve, vous souvenez-vous de ces vers ?

Le cœur de Tressilian était trop accablé de tristesse, ses plus douces espérances venaient d'être trop cruellement déçues pour qu'il voulût profiter de cette occasion de fixer sur lui l'attention de la reine; mais il résolut de faire jouir de cet avantage un jeune ami plus ambitieux. S'excusant donc sur un prétendu défaut de mémoire, il ajouta qu'il croyait que Walter Raleigh savait les vers auxquels le comte de Leicester venait de faire allusion.

Par l'ordre de la reine, Raleigh se leva, et déclama avec autant de goût que de grâce la célèbre vision d'Obéron [1], de manière à en faire sentir la délicatesse et à y ajouter un nouveau charme.

> Je vis alors, mais tu ne pus le voir,
> Le jeune Amour, tout fier de son pouvoir,
> Qui dans les airs planait à tire-d'aile.
> De son carquois une flèche fidèle
> Fut à son arc ajustée à l'instant.
> Le trait partit, et Cupidon content,

---

(1) Dans la scène II du second acte du *Songe d'une nuit d'été*, pièce de Shakspeare. — Ed.

> Crut que sa main, jusqu'alors toujours sûre,
> Perçait le cœur battant sous la ceinture
> D'une beauté reine dans l'Occident.
> Trop vain espoir! projet trop imprudent!
> Un seul rayon de la chaste Cynthie
> Sut émousser la flèche trop hardie;
> Et la vestale, au front plein de pudeur,
> Brava l'Amour, et conserva son cœur.

La voix de Raleigh, en débitant ces vers, était un peu tremblante, comme s'il eût douté que cet hommage plût à la souveraine à qui il était adressé. Si cette inquiétude était affectée, c'était une bonne politique; si elle était véritable, elle n'était pas nécessaire. Ces vers n'étaient probablement pas une nouveauté pour la reine, car jamais une élégante flatterie n'a tardé à parvenir à l'oreille du souverain à qui elle est destinée. Mais elle n'en fut pas moins bien reçue en passant par la bouche de Raleigh. Egalement charmée des vers, de la manière dont ils étaient déclamés, et des traits gracieux et animés de celui qui les récitait, Elisabeth, les yeux fixés sur Walter, marquait de la main le repos, la césure de chaque vers, comme s'il se fût agi de marquer les temps d'un morceau de musique. Lorsqu'il eut cessé de parler, elle répéta, comme par distraction, le dernier vers,

> Brava l'Amour, et conserva son cœur.

En même temps sa main laissa échapper dans la Tamise la pétition du gardien des ours royaux, que les flots portèrent peut-être jusqu'à Sheerness, où elle reçut un plus favorable accueil.

Le succès que venait d'obtenir le jeune courtisan piqua Leicester d'émulation, à peu près comme le vieux cheval de course redouble ses efforts quand il voit un jeune coursier le devancer dans la carrière. Il fit tomber la conversation sur les jeux, les banquets, les fêtes, et sur le caractère de ceux qu'on y voyait figurer. Il mêla des observations fines à une critique légère, tenant ce juste milieu qui évite également l'insipidité de l'éloge et l'amertume de la satire. Il imita avec beaucoup de naturel le ton de l'affectation et de la rusticité, et celui qui lui était naturel n'en parut que doublement gracieux quand il y revint. Les pays étrangers, leurs mœurs, leurs coutumes, l'étiquette des différentes cours, les modes, même la parure des dames, lui servirent successivement de texte, et rarement il passait d'un sujet à l'autre sans trouver le moyen de faire quelque compliment, exprimé avec délicatesse et sans avoir l'air de le chercher, à la reine vierge, à sa cour et à son gouvernement. Tel fut l'entretien pendant le reste de la promenade, et il fut varié par la gaieté des jeunes courtisans, orné par les remarques de quelques savans sur les auteurs anciens et modernes, et enrichi des maximes de profonde politique et de saine morale par les hommes d'Etat qui faisaient entendre le langage de la sagesse au milieu des propos plus légers de la galanterie.

En retournant au palais, Elisabeth accepta, ou pour mieux dire choisit le bras de Leicester pour se rendre du grand escalier donnant sur la Tamise jusqu'à la porte du palais. Il crut même sentir, quoique ce ne fût peut-être qu'une illusion flatteuse de son imagination, que, pendant ce court trajet, elle s'appuyait sur lui plus qu'elle n'aurait eu besoin de le faire. Certainement, les actions et les discours d'Elisabeth s'étaient accordés, pendant toute la matinée, pour lui indiquer qu'il était arrivé à un degré de faveur auquel il n'était pas encore parvenu jusqu'alors. La reine, il est vrai, adressa souvent la parole à son rival avec bonté ; mais ce qu'elle lui disait semblait moins lui être inspiré par son cœur que lui être arraché par le mérite qu'elle ne pouvait s'empêcher de reconnaître en lui. Enfin tout ce qu'elle lui dit de flatteur fut contre-balancé dans l'opinion des courtisans les plus déliés par un mot qu'elle avait dit à l'oreille de lady Derby, que la maladie était plus habile alchimiste qu'elle ne le supposait, puisqu'elle avait changé en or le nez de cuivre du comte de Sussex.

Cette plaisanterie transpira, et le comte de Leicester, jouissant de son triomphe en homme dont le premier, l'unique mobile avait été de s'assurer la faveur de sa souveraine, oublia, dans l'ivresse du moment, l'embarras et le danger de sa situation. Quelque étrange qu'on puisse le trouver, il pensait moins alors aux périls auxquels son mariage secret l'exposait qu'aux marques de bonté qu'Elisabeth accordait de temps en temps au jeune Raleigh. Elles étaient passagères, momentanées, mais elles tombaient sur un jeune homme qui aurait pu servir de modèle à un sculpteur, dont l'esprit avait été soigneusement cultivé, et qui joignait à la valeur les grâces et la galanterie.

Les courtisans qui avaient accompagné la reine à la promenade furent invités à un splendide banquet. Il est vrai que le festin ne fut pas honoré de la présence de la souveraine; Elisabeth pensait que sa modestie et sa dignité ne lui permettaient pas d'y paraître; et son usage, en pareil cas, était de prendre en particulier un repas léger et frugal avec une ou deux de ses favorites. Après le dîner toute la cour se réunit de nouveau dans les superbes jardins du palais, et ce fut en s'y promenant que la reine demanda tout-à-coup à une dame qui était près d'elle ce qu'était devenu le jeune chevalier du manteau.

Lady Paget répondit qu'elle avait vu M. Raleigh, il n'y avait que quelques minutes, debout devant la fenêtre d'un pavillon donnant sur la Tamise, et écrivant quelque chose sur une vitre avec la pointe d'un diamant enchâssé dans une bague.

—C'est moi qui la lui ai donnée, dit la reine, comme une indemnité de la perte de son manteau. Mais allons de ce côté, Paget; je suis curieuse de voir ce qu'il a écrit. Je commence déjà à le connaître ; il a l'esprit merveilleusement subtil.

Elles se rendirent au pavillon. Le jeune homme en était encore à quelque distance, comme l'oiseleur qui veille sur le filet qu'il a tendu. La reine s'approcha de la fenêtre, sur une vitre de laquelle Raleigh s'était servi du présent qu'il avait reçu d'elle pour écrire le vers suivant :

> Je voudrais bien monter, mais la chute est à craindre.

La reine sourit, et lut ce vers une première fois tout haut à lady Paget, et une seconde tout bas pour elle-même. — C'est un fort bon commencement, dit-elle après une minute ou deux de réflexion ; mais on dirait que sa muse a abandonné le jeune bel-esprit dès le premier pas dans sa carrière. Ce serait un acte de charité que d'achever le distique ; ne le pensez-vous pas, lady Paget ? Donnez une preuve de vos talens poétiques.

Lady Paget, prosaïque, depuis son berceau, comme l'a jamais été la dame d'honneur d'une reine, se déclara dans l'impossibilité absolue d'aider le jeune poète.

— Il faudra donc que je sacrifie moi-même aux muses, dit Élisabeth.

— Nul encens ne peut leur être plus agréable, dit lady Paget, et ce sera faire trop d'honneur aux divinités du Parnasse que de...

— Paix ! Paget, dit la reine, paix ! vous commettez un sacrilége contre les neuf immortelles. Vierges elles-mêmes, elles devraient être favorables à une reine vierge, et c'est pourquoi... mais relisons son vers :

> Je voudrais bien monter, mais la chute est à craindre.

Ne pourrait-on pas lui faire cette réponse, faute de meilleure :

> Si tu crains, reste à terre et cesse de te plaindre.

La dame d'honneur poussa une exclamation de joie et

de surprise en entendant une rime si heureuse, et certainement on en a applaudi de plus mauvaises, quoique leurs auteurs fussent d'un rang moins distingué.

Encouragée par le suffrage de lady Paget, la reine prit une bague de diamant, et disant, — Notre jeune poète sera bien surpris quand il trouvera son distique achevé sans qu'il s'en soit mêlé, elle écrivit le second vers au-dessous du premier.

La reine quitta le pavillon ; mais en se retirant à pas lents, elle tourna plusieurs fois la tête en arrière, et vit le jeune Walter courir avec le vol d'un vanneau vers le lieu qu'elle venait de quitter. — Ma traînée de poudre a pris feu, dit-elle alors, c'est tout ce que je voulais voir. Et riant de cet incident avec lady Paget, elle regagna le palais en lui recommandant de ne parler à personne de l'aide qu'elle avait accordée au jeune poète. La dame d'honneur lui promit un secret inviolable ; mais on doit supposer qu'elle fit une réserve mentale en faveur de Leicester, à qui elle conta sans délai une anecdote si peu propre à lui faire plaisir.

Cependant Raleigh, s'étant approché de la fenêtre, lut avec un transport qui approchait de l'ivresse l'encouragement que la reine venait de donner elle-même à son ambition ; et, le cœur plein de joie et d'espérance, il alla rejoindre le comte de Sussex, sur le point de s'embarquer avec sa suite.

Le respect dû à la personne du comte empêcha qu'on s'entretînt de l'accueil qu'il avait reçu à la cour avant qu'on fût arrivé à Say's-Court ; et alors Sussex, épuisé, tant par la maladie que par les fatigues de cette journée, se retira dans sa chambre, et demanda à voir Wayland, qui l'avait traité avec tant de succès : mais Wayland ne se trouvait nulle part ; et, tandis que quelques officiers du comte le cherchaient de tous côtés avec cette impatience qui caractérise les militaires, et en maudissant son absence, les autres se groupèrent autour de Raleigh pour le féliciter sur la perspective brillante qui s'ouvrait devant lui.

Il eut pourtant assez de discrétion et de jugement pour ne point parler de la circonstance décisive du vers qu'Élisabeth avait daigné ajouter au sien; mais d'autres circonstances avaient transpiré, et elles annonçaient clairement qu'il avait fait quelque progrès dans la faveur de la reine. Tous s'empressèrent de le complimenter sur la tournure avantageuse que prenait sa fortune, les uns par intérêt véritable, les autres dans l'espoir que son avancement pourrait accélérer le leur, la plupart par un mélange de ces deux sentimens, et tous parce qu'une faveur accordée à un officier de la maison du comte de Sussex était un triomphe pour son parti. Raleigh les remercia tous de l'affection qu'ils lui témoignaient, ajoutant, avec une modestie convenable, que le bon accueil d'un jour ne faisait pas plus un favori qu'une seule hirondelle ne faisait le printemps. Mais il remarqua que Blount ne joignait pas ses félicitations à celles de ses autres camarades, et, s'en trouvant un peu blessé, il lui en demanda franchement la raison.

— Mon cher Walter, lui répondit Blount avec la même franchise, je te veux autant de bien qu'aucun de ces bavards empressés qui t'étourdissent de complimens parce qu'un bon vent semble vouloir te pousser; mais je crains pour toi; je crains pour toi, répéta-t-il en portant la main sur ses yeux. Ces intrigues de cour, ces jeux frivoles, ces éclairs de la faveur des dames, réduisent souvent les plus brillantes fortunes à rien, et conduisent de beaux garçons et de beaux esprits au fatal billot.

A ces mots, il sortit de l'appartement, tandis que Raleigh le suivait des yeux avec une expression de physionomie qui annonçait que cet avis n'était pas perdu.

Stanley entra en ce moment, et dit à Tressilian : — Milord demande Wayland à chaque instant, et Wayland vient enfin d'arriver; mais il ne veut pas voir le comte avant de vous avoir parlé. On dirait qu'il a l'esprit égaré; voudriez-vous bien le voir sur-le-champ?

Tressilian sortit à l'instant même, et, ayant fait venir Wayland dans un autre appartement, il fut surpris de lui trouver la figure toute décomposée.

— Qu'avez-vous donc? lui demanda-t-il; avez-vous vu le diable?

— Pire, monsieur! cent fois pire! J'ai vu un basilic; grâce à Dieu, je l'ai vu le premier, et l'ayant vu sans qu'il me vît, il m'en fera moins de mal.

— Au nom du ciel, expliquez-vous; je ne vous comprends pas.

— J'ai vu mon ancien maître. Ce soir, un nouvel ami que j'ai fait m'a mené à l'horloge du palais, jugeant que je serais curieux d'examiner un pareil ouvrage, et à la fenêtre d'une tourelle voisine de l'horloge j'ai reconnu le vieux docteur.

— Mais êtes-vous bien sûr de ne pas vous être trompé?

— M'être trompé! non, non! Celui qui a une fois ses traits dans la tête le reconnaîtrait parmi un million d'hommes. Il portait un costume singulier; mais il ne peut se déguiser à mes yeux aussi bien, Dieu merci! que je puis me déguiser aux siens. Cependant, je ne tenterai pas la Providence en restant à sa portée; Tarleton le comédien ne pourrait lui-même se déguiser assez bien pour être sûr que Doboobie ne le reconnaîtrait pas tôt ou tard. Il faut que je parte demain matin. D'après la manière dont nous nous sommes quittés, je serais un homme mort si je respirais le même air que lui.

— Mais le comte de Sussex...

— Il ne court plus aucun danger, pourvu que, pendant un certain temps, il continue à prendre tous les matins, à jeun, gros comme une fève d'orviétan ; mais qu'il prenne garde à une rechute !

— Et comment s'en garantir ?

— Par les mêmes précautions qu'on emploierait contre le diable en personne. Qu'il ne mange que des viandes tuées et apprêtées par son propre cuisinier, et que celui-ci n'achète ses épices que chez des personnes connues et sûres. Que le maître-d'hôtel place lui-même tous les plats sur la table, et que le surintendant de la maison de milord fasse faire l'essai de tous les mets par le cuisinier quand il les a préparés, et par le maître-d'hôtel quand il les a servis. Que le comte ne se serve ni de parfums, ni d'onguens, ni de pommades ; qu'il ne boive ni ne mange avec des étrangers. Surtout qu'il redouble de précautions s'il va à Kenilworth. Qu'il fasse valoir sa maladie et l'ordonnance de son médecin pour excuser la singularité de son régime.

— Et vous-même, Wayland, que comptez-vous faire ?

— Je n'en sais rien : me retirer dans une autre province d'Angleterre ; passer en France, en Espagne, aux Indes : tout me conviendra, pourvu que je m'éloigne de Doboobie, de Démétrius, de ce misérable enfin, n'importe quel nom il lui ait plu de prendre aujourd'hui.

— Eh bien ! cela n'arrive pas trop mal à propos ; j'ai une mission à vous donner dans le comté de Berks, mais dans un autre canton que celui où vous êtes connu ; et, avant que vous eussiez cette raison pour partir d'ici, j'avais déjà formé le projet de vous y envoyer en secret.

Wayland lui déclara qu'il était prêt à recevoir ses ordres, et Tressilian, sachant qu'il connaissait en partie l'affaire qui l'avait amené à la cour, la lui expliqua entièrement, lui fit part de ce qui avait été convenu entre Giles Gosling et lui, et lui dit ce qui avait été avancé le matin à l'audience par Varney et confirmé par Leicester.

— Vous voyez, ajouta-t-il, que, dans les circonstances où je me trouve, il est important que je surveille de près les mouvemens de ces hommes sans principes, Varney et ses complices, Foster et Lambourne, ou même ceux du comte de Leicester, que je soupçonne d'être plutôt trompeur que trompé dans cette affaire. Voici une bague que vous remettrez à Giles Gosling pour preuve que vous vous présentez à lui de ma part, et voici de l'or qui sera triplé si vous me servez fidèlement. Ainsi donc partez pour Cumnor, et voyez ce qui s'y passe.

— Je le ferai avec un double plaisir, répondit Wayland; d'abord parce que je servirai Votre Honneur, qui a eu tant de bontés pour moi, et ensuite parce que je m'éloignerai de mon vieux maître, qui, s'il n'est pas précisément un diable incarné, réunit en lui toutes les qualités diaboliques qui aient jamais déshonoré l'humanité. Cependant qu'il prenne garde à moi : je cherche à l'éviter ; mais s'il me poursuit jamais, je me retournerai contre lui avec la fureur des taureaux sauvages d'Ecosse. Je vais partir sur-le-champ. Votre Honneur veut-il bien donner ordre qu'on selle mon cheval? Je vais remettre à milord de l'orviétan divisé en doses convenables, lui donner quelques avis ; après quoi sa sûreté dépendra des soins de ses amis et de ses domestiques. Il n'a plus rien à craindre du passé ; mais qu'il prenne garde à l'avenir!

En quittant Tressilian, Wayland alla faire sa dernière visite au comte de Sussex, lui donna des instructions sur le régime qu'il devait suivre et sur les précautions qu'il devait prendre, et partit de Say's-Court sans attendre le lendemain matin.

CHAPITRE XVIII.

« Le moment est venu.
« Prends la plume à l'instant, et, d'une main hardie,
« Trace le grand total des comptes de ta vie.
« Les constellations qui protègent tes jours
« Ont enfin triomphé, triompheront toujours.
« Dans leur conjonction les astres favorables
« Vont répandre sur toi des faveurs innombrables;
« C'est leur voix qui te dit : Le moment est venu. »
Wallenstein de Schiller, traduit par Coleridge.

Quand Leicester eut regagné sa demeure, après une journée si importante et à la fois si pénible, dans laquelle sa barque, après avoir lutté contre plus d'un vent contraire et touché sur plus d'un écueil, était néanmoins entrée dans le port, pavillon déployé, il parut éprouver autant de fatigue qu'un matelot après une tempête dangereuse. Il ne proféra pas une parole pendant que son chambellan remplaçait son riche manteau de cour par une robe de chambre garnie de fourrures; et quand cet officier lui annonça que Varney demandait à parler à Sa Seigneurie, il ne lui répondit qu'en secouant la tête d'un air de mauvaise humeur. Varney entra cependant, prenant ce signe pour une permission tacite, et le chambellan se retira.

Le comte demeura sur son siége en silence et sans faire aucun mouvement, la tête appuyée sur sa main et le coude fixé sur la table qu'il avait à côté de lui, sans paraître s'apercevoir de la présence de son confident. Varney attendit quelques instans qu'il commençât la conversation. Il voulait savoir dans quelle disposition d'esprit se trouvait un homme qui, dans le même jour, avait éprouvé coup sur coup tant de vives émotions. Mais il attendit en vain; Leicester continua de garder le silence, et le confident se vit obligé de parler le premier.

— Puis-je féliciter Votre Seigneurie, dit-il, du juste triomphe que vous avez obtenu aujourd'hui sur votre plus redoutable rival?

Leicester leva la tête, et répondit tristement, mais sans colère : — Toi, Varney, dont l'esprit intrigant m'a enveloppé dans ce dangereux tissu de lâches mensonges, tu sais mieux que moi quelles raisons je dois avoir de me féliciter.

— Me blâmez-vous, milord, dit Varney, de ne point avoir trahi, à la première difficulté, le secret dont dépend votre fortune, et que vous avez tant de fois et avec tant d'instances recommandé à ma discrétion? Votre Seigneurie était présente, vous pouviez me contredire et vous perdre en avouant la vérité. Mais certes il ne convenait pas à un fidèle serviteur de la déclarer sans vos ordres.

— Je ne puis le nier, Varney, dit le comte, qui se leva et traversa la chambre à grands pas ; c'est mon ambition qui a trahi mon amour.

— Dites plutôt, milord, que votre amour a trahi votre élévation, et vous a ravi une perspective de puissance et d'honneur telle que le monde n'en peut offrir à nul autre que vous. Pour avoir fait comtesse mon honorable maîtresse, vous avez perdu la chance d'être vous-même....

Il s'arrêta, et il semblait répugner à finir sa phrase.

— D'être moi-même *quoi?* demanda Leicester. Parle clairement, Varney.

— D'être vous-même un ROI, répliqua Varney, et roi d'Angleterre, qui plus est. Ce n'est point trahir la reine que de parler ainsi. Cela serait arrivé si elle eût voulu, comme tous ses fidèles sujets le désirent, se choisir un époux noble, brave et bien fait.

— Tu es fou, Varney, répondit Leicester : d'ailleurs, n'en avons-nous pas vu assez dans notre temps pour faire détester aux hommes la couronne qu'ils reçoivent de leur femme? On a vu Darnley en Ecosse.

— Lui! dit Varney, un sot, un imbécile, un âne trois fois bâté, qui se laissa paisiblement lancer en l'air comme une fusée tirée un jour de fête. Si Marie avait eu le bonheur d'épouser le noble comte jadis destiné à partager son trône, elle aurait eu affaire à un mari d'une autre trempe, et il eût trouvé en elle une femme aussi docile et aussi affectionnée que la tendre moitié du moindre hobereau qui suit à cheval la meute de son mari et lui tient la bride pendant qu'il met le pied à l'étrier.

— Varney! ce que tu dis aurait pu fort bien être, répliqua Leicester, et un léger sourire d'amour-propre satisfait éclaircit son air soucieux. Henry Darnley connaissait peu les femmes. Avec Marie, un homme qui eût eu quelque connaissance de ce sexe aurait pu facilement maintenir le rang du sien. Il n'en est pas de même d'Elisabeth, Varney : je pense que Dieu, en lui donnant un cœur de femme, lui a donné une tête d'homme pour en réprimer les folies. Non, je la connais; elle acceptera des gages d'amour, et en donnera elle-même : elle met des sonnets mielleux dans son sein, bien plus, elle y répond, et pousse la galanterie jusqu'au terme où elle va devenir un échange de tendresse; mais elle met *nil ultrà* à tout ce qui doit suivre, et ne troquerait pas le moindre *iota* de son pouvoir suprême pour tout l'alphabet de l'amour et de l'hymen.

— Tant mieux pour vous, milord, dit Varney; tant mieux pour vous, c'est-à-dire dans la supposition que vous venez de la dépeindre telle qu'elle est, puisque vous pensez ne pouvoir plus aspirer à devenir son époux. Vous êtes son favori, et vous pouvez l'être tant que la dame de Cumnor-Place restera dans l'obscurité qui la dérobe à tous les yeux.

— Pauvre Amy! dit Leicester avec un profond soupir, elle désire si ardemment être reconnue devant Dieu et devant les hommes!

— Oui, milord; mais son désir est-il raisonnable? Voilà

la question. Ses scrupules religieux sont satisfaits. Elle est épouse légitime, honorée, chérie ; elle jouit de la société de son mari toutes les fois qu'il peut se dérober à ses devoirs indispensables : que peut-elle désirer de plus? Je suis parfaitement convaincu qu'une dame si douce et si aimante consentirait à passer toute sa vie dans l'obscurité où elle languit maintenant (obscurité qui, après tout, n'est pas plus triste que celle où elle vivait dans le château de Lidcote), plutôt que de porter la moindre atteinte aux honneurs et à la grandeur de son époux, en voulant les partager prématurément.

— Il y a quelque raison dans ce que tu dis, Varney, et tout serait perdu si elle paraissait ici. Cependant, il faut qu'on la voie à Kenilworth ; Elisabeth n'oubliera pas les ordres qu'elle a donnés à ce sujet.

— Permettez-moi de dormir sur cette difficulté, milord : je ne puis sans cela mettre la dernière main à un projet dont je m'occupe maintenant. Ce projet, j'espère, satisfera la reine, plaira à ma maîtresse, et laissera cependant ce fatal secret enseveli où il est maintenant. Votre Seigneurie a-t-elle d'autres ordres à me donner ce soir ?

— Je désire être seul, répondit Leicester ; laissez-moi. Mettez sur ma table ma cassette d'acier, et restez à portée de m'entendre si j'appelle.

Varney se retira, et le comte, ouvrant la fenêtre de son appartement, passa assez long-temps à regarder fixement la brillante armée des étoiles qui ornaient une des plus belles nuits de l'été, et il laissa échapper ces mots presque à son insu :

— Jamais je n'eus un plus grand besoin de l'assistance des constellations du ciel, car mon chemin sur la terre est obscur et embarrassé.

On sait que ce siècle avait une grande confiance dans les vaines prédictions de l'astrologie judiciaire ; et Leicester, quoique généralement exempt de toute autre superstition, n'était pas, sous ce rapport, supérieur à son siècle; au contraire, on remarquait les encouragemens donnés par lui aux professeurs de cette prétendue science. En effet, le désir de connaître l'avenir, désir si général chez les hommes de tous les pays, se trouve surtout dans toute sa force parmi ceux qui s'occupent des mystères d'État, et qui passent leur vie au milieu des intrigues et des cabales des cours.

Après avoir bien examiné si sa cassette d'acier n'avait point été ouverte, ou si personne n'avait essayé d'en forcer la serrure, Leicester y introduisit la clef. Il en tira d'abord une certaine quantité de pièces d'or qu'il mit dans une bourse de soie, ensuite un parchemin sur lequel étaient tracés les signes planétaires avec les lignes et les calculs d'usage pour tirer un horoscope. Après les avoir regardés attentivement pendant quelque temps, il prit dans sa cassette une grosse clef, puis soulevant la tapisserie, l'appliqua à une petite porte cachée dans un coin de la chambre, et qui ouvrait sur un escalier pratiqué dans l'épaisseur du mur.

— Alasco! dit le comte en élevant la voix, mais de manière à n'être entendu que de l'habitant de la petite tour à laquelle conduisait l'escalier. — Alasco! répéta-t-il, descends.

— Je viens, milord, répondit une voix. Le pas lent d'un vieillard se fit entendre le long de l'escalier tortueux, et Alasco parut dans l'appartement du comte. L'astrologue était un homme d'une petite taille; il paraissait très avancé en âge; sa barbe blanche descendait sur son manteau noir jusqu'à sa ceinture de soie. Ses cheveux étaient de la même couleur; mais ses sourcils étaient aussi noirs que les yeux vifs et perçans qu'ils ombrageaient, et cette singularité donnait à la physionomie du vieillard un air bizarre. Son teint était encore frais, ses joues colorées; et ses yeux, dont nous avons parlé, ressemblaient à ceux d'un rat, par leur expression maligne et farouche. Ses manières ne manquaient pas d'une espèce de dignité, et l'interprète des astres, quoique respectueux, semblait cependant être parfaitement à son aise; il prenait même un ton d'autorité en conversant avec le premier favori d'Elisabeth.

— Vous vous êtes trompé dans vos pronostics, Alasco, dit le comte après lui avoir rendu son salut; il est convalescent.

— Mon fils, répondit l'astrologue, permettez-moi de vous rappeler que je n'ai point garanti sa mort. On ne peut tirer des corps célestes, de leur forme et de leurs conjonctions, aucun pronostic qui ne dépende encore de la volonté du ciel.

Astra regunt homines, sed regit astra Deus [1].

— Et quelle est donc l'utilité de votre science? demanda le comte.

— Elle est grande, mon fils, répliqua le vieillard, puisqu'elle peut dévoiler le cours naturel et probable des évènemens, quoique ce cours soit subordonné à un pouvoir supérieur. Ainsi en examinant l'horoscope que Votre Seigneurie a soumis à mon art, vous observerez que Saturne étant dans la sixième maison en opposition à Mars rétrograde dans la maison de la vie, on ne peut s'empêcher d'y voir une maladie longue et dangereuse dont l'issue est entre les mains de la Providence, quoique la mort en soit le résultat probable. Cependant, si je savais le nom de la personne en question, je tirerais un autre horoscope.

— Son nom est un secret, dit le comte; cependant je suis forcé d'avouer que la prédiction n'a pas été entièrement fausse. Il a été malade, dangereusement malade,

---

(1) Les astres gouvernent les hommes, mais Dieu gouverne les astres. — Tr.

mais non jusqu'à en mourir. As-tu de nouveau tiré mon horoscope comme Varney te l'a ordonné? Es-tu prêt à me découvrir ce que les astres prédisent de ma fortune future?

— Mon art est tout entier à vos ordres, dit le vieillard ; et voilà, mon fils, la carte de votre fortune aussi brillante que peuvent la rendre les célestes clartés qui répandent leur influence sur notre vie : toutefois la vôtre ne sera pas entièrement exempte de crainte, de difficultés et de dangers.

— S'il en était autrement, mon partage ne serait pas celui d'un mortel. Continuez, et soyez persuadé que vous parlez à un homme préparé à tout ce que les destins lui réservent, et déterminé à agir ou à souffrir comme il convient à un noble d'Angleterre.

— Ton courage pour l'une ou pour l'autre épreuve doit s'élever encore plus haut, répondit le vieillard. Les étoiles semblent annoncer un titre plus superbe, un rang encore plus élevé : c'est à toi de deviner le sens de cette prédiction, et non à moi de le découvrir.

— Dites-le-moi, je vous en conjure, je vous le commande! dit Leicester. Et ses yeux étincelaient d'une curiosité inquiète.

— Je ne le puis pas et je ne le veux pas, répliqua le vieillard. Le courroux des princes est comme la colère du lion ; mais fais attention, et juge par toi-même. Ici Vénus, montant dans la maison de vie et conjointe avec le soleil, répand ces flots de lumière où l'éclat de l'or se mêle à celui de l'argent : présage assuré de pouvoir, de richesse, de dignité, de tout ce qui flatte l'ambition humaine. Jamais César, dans l'ancienne et puissante Rome, n'entendit sortir de la bouche de ses aruspices la prédiction d'un avenir de gloire tel que celui que ma science pourrait révéler à mon fils favori, d'après un texte si riche.

— Tu te railles de moi, vieillard, dit le comte étonné

de l'enthousiasme que l'astrologue venait de mettre dans sa prédiction.

— Convient-il de plaisanter à celui qui a l'œil fixé sur le ciel et le pied sur la tombe? répliqua le vieillard d'un ton solennel.

Le comte fit deux ou trois pas dans son appartement, les bras étendus, paraissant obéir aux signes de quelque fantôme qui l'excitait à de hautes entreprises. Cependant, en se retournant, il surprit l'œil de l'astrologue attaché sur lui ; il y avait une malicieuse pénétration dans le regard observateur qui s'échappait à travers ses noirs sourcils. L'âme altière et soupçonneuse de Leicester prit feu tout d'un coup ; il s'élança sur le vieillard de l'extrémité du vaste appartement, et ne s'arrêta que lorsque, de sa main étendue, il atteignit presque le corps de l'astrologue.

— Misérable, dit-il, si tu oses te jouer de moi, je te ferai écorcher vif! Avoue que tu es payé pour m'abuser et me trahir ; avoue que tu es un fourbe, et que je suis ta dupe et ta victime!

Le vieillard manifesta quelques symptômes d'émotion, mais pas plus que n'en eût arraché à l'innocence elle-même la fureur qui s'était emparée du comte.

— Que signifie cette violence, milord? répondit-il ; comment puis-je l'avoir méritée de votre part?

— Prouve-moi, s'écria le comte avec emportement, prouve-moi que tu n'agis point de concert avec mes ennemis!

— Monseigneur, reprit le vieillard avec dignité, vous ne pouvez avoir une meilleure preuve que celle que vous avez vous-même choisie. Je viens de passer vingt-quatre heures enfermé dans cette tourelle ; la clef en est restée en votre pouvoir. J'ai employé les heures de la nuit à contempler les corps célestes avec ces yeux presque éteints, et pendant le jour j'ai fatigué ma tête blanchie par l'âge à compléter les calculs qui résultent de leur combinaison. Je n'ai point goûté de nourriture terrestre ; je n'ai point entendu de voix humaine : vous savez vous-même que c'était pour moi chose impossible. Et cependant je vous déclare, moi qui viens de passer vingt-quatre heures dans la solitude et dans la méditation, je vous déclare que pendant ce temps-là votre étoile est devenue prédominante sur l'horizon : ou le livre brillant des cieux a menti, ou une heureuse révolution s'est opérée aujourd'hui dans votre fortune. S'il n'est rien arrivé dans cet intervalle qui consolide votre pouvoir, ou qui accroisse la faveur dont vous jouissez, alors je suis vraiment un fourbe, et l'art divin inventé dans les plaines de la Chaldée n'est qu'une grossière imposture.

— Il est vrai, dit Leicester, que tu étais étroitement renfermé ; il est vrai aussi que le changement que tu dis t'avoir été révélé par les astres s'est opéré dans la situation de mes affaires.

— Pourquoi donc ces soupçons, mon fils ? dit l'astrologue prenant un ton d'admonition ; les intelligences célestes ne souffrent pas cette défiance, même chez leurs favoris.

— Paix ! mon père, répondit Leicester ; je me suis trompé. Jamais, par condescendance ou pour s'excuser, les lèvres de Dudley n'en diront davantage, ni aux hommes mortels ni aux intelligences célestes ; je n'excepte que le pouvoir suprême, devant lequel tout se prosterne. Mais revenons au sujet qui nous occupait. Parmi ces brillantes promesses, tu as dit qu'il y avait un astre menaçant. Ton art peut-il m'instruire d'où viendra le danger, et qui en sera l'instrument?

— Voici tout ce que mon art me permet de répondre à votre question, reprit l'astrologue : l'aspect fâcheux des astres annonce ce malheur comme l'ouvrage d'un jeune homme..., un rival ; je pense ; mais je ne sais si ce sera un rival en amour ou dans la faveur royale; et la seule particularité que je puisse ajouter, c'est qu'il vient de l'occident.

— L'occident! Ah! s'écria Leicester, c'en est assez; c'est bien de ce côté que la tempête se forme! Les comtés de Cornouailles et de Devon... Raleigh et Tressilian... L'un des deux m'est indiqué; je dois me méfier de l'un et de l'autre. Mon père, si j'ai fait injure à ton savoir, au moins vais-je te récompenser noblement.

Il prit une bourse pleine d'or dans la cassette qui était devant lui : — Voilà le double du salaire que Varney t'a promis. Sois fidèle, sois discret, obéis aux instructions de mon écuyer, et ne regrette pas quelques instans de retraite ou de gêne : on t'en tiendra compte généreusement. Holà! Varney, conduis ce vieillard vénérable dans son appartement; fais-le servir avec le plus grand soin, mais qu'il n'ait de communication avec qui que ce soit.

Varney s'inclina; l'astrologue baisa la main du comte en signe d'adieu, et suivit l'écuyer dans une autre chambre, où il trouva du vin et des rafraîchissemens qu'on lui avait préparés.

L'astrologue s'assit pour prendre son repas. Pendant ce temps Varney ferma deux portes avec précaution, examina la tapisserie pour s'assurer qu'il n'y avait personne aux écoutes, et revenant s'asseoir en face du sage, il commença à le questionner.

— Avez-vous aperçu le signal que je vous ai fait d'en bas?

— Oui, dit Alasco (car tel était le nom qu'il se donnait alors), et j'ai composé mon horoscope en conséquence.

— Et il a été adopté sans difficulté? continua Varney.

— Non pas sans difficulté, dit le vieillard, mais il a été adopté enfin; et j'ai parlé de plus, comme nous en étions convenus, d'un danger résultant d'un secret dévoilé, et d'un jeune homme venu de l'occident.

— Les craintes de milord et sa conscience nous garantissent qu'il croira l'une et l'autre de ces prédictions, répliqua Varney ; certes, jamais homme lancé dans la carrière où il court ne conserva ces sots scrupules! Je suis obligé de le tromper pour son propre avantage. Mais parlons de vos affaires, sage interprète des astres ; je puis vous apprendre votre propre destinée mieux que tous les pronostics possibles : il faut que vous partiez d'ici sur-le-champ.

— Je ne le veux pas, dit Alasco avec humeur ; j'ai été récemment trop agité en tous sens, enfermé jour et nuit dans l'horrible réduit d'une tourelle, je veux jouir de ma liberté et poursuivre mes études, qui sont de plus d'importance que les destinées de cinquante hommes dE'tat ou courtisans, qui s'élèvent et crèvent souvent comme des bulles de savon dans l'atmosphère d'une cour.

—Comme vous voudrez, dit Varney avec un rire sardonique rendu familier à ses traits par une longue habitude, et qui forme le caractère saillant donné par les peintres à la physionomie de Satan ; comme vous voudrez ; vous pouvez jouir de votre liberté, et continuer vos études jusqu'à ce que les dagues des gens de Sussex se heurtent contre vos côtes à travers votre manteau.

Le vieillard pâlit, et Varney continua : — Ignorez-vous qu'il a été offert une récompense pour l'arrestation du méchant charlatan et vendeur de poisons, Démétrius, qui a donné au cuisinier de Sa Seigneurie certaines épiceries précieuses? Quoi! vous pâlissez, mon vieil ami : est-ce que Hali voit quelque malheur dans la maison de vie? Ecoute, nous t'enverrons dans une vieille maison de campagne qui m'appartient; tu y vivras avec un bon rustre, et tu le changeras en ducats avec le secours de ton alchimie, car c'est là, je crois, tout ce que ta science peut faire

— Tu mens, railleur insolent et grossier, dit Alasco frémissant d'une colère impuissante; tout le monde sait que j'ai approché de la projection plus qu'aucun autre artiste vivant. Il n'y a pas six chimistes dans le monde qui soient parvenus à une approximation aussi exacte du grand arcanum.

— Allons, allons, dit Varney en l'interrompant, que veut dire ceci, au nom du ciel? Ne nous connaissons-nous pas l'un l'autre? Je te crois si avancé, si parfait dans tous les mystères de la fourberie, qu'après en avoir imposé à tout le genre humain, tu t'en es à la fin imposé à toi-même, et, sans cesser de duper les autres, tu es devenu en quelque sorte la dupe de ton imagination. Ne sois pas honteux ; tu es érudit : voici une consolation classique,

Ne quisquam Ajacem possit superare nisi Ajax[1].

Toi seul tu pouvais te tromper toi-même, et tu as de plus dupé toute la confrérie des Rose-Croix ; personne n'est allé plus avant dans le grand mystère ; mais écoute bien ce que je vais te dire : si l'assaisonnement du bouillon de Sussex avait eu un effet plus sûr, j'aurais meilleure opinion de cette chimie que tu vantes si fort.

— Tu es un scélérat endurci ; bien des gens qui osent commettre de semblables actions n'osent pas en parler.

— Et bien des gens en parlent, sans oser les commettre. Mais ne te fâche pas. Je ne veux point te chercher querelle ; car si je le faisais je serais réduit à vivre d'œufs pendant un mois, pour pouvoir manger sans crainte. Dis-moi donc sans retard comment ton art s'est trouvé en défaut dans une circonstance aussi importante.

— L'horoscope du comte de Sussex annonce, répondit l'astrologue, que le signe de l'ascendant étant en combustion...

---

(1) Et qui peut vaincre Ajax, sinon Ajax lui-même?   Ed.

— Finis donc ce bavardage, s'écria Varney : crois-tu avoir affaire à milord?

— Pardon : je vous jure que je ne connais qu'un seul remède capable d'avoir sauvé la vie au comte; et comme nul homme vivant en Angleterre ne connaît cet antidote excepté moi, et que d'ailleurs les ingrédiens nécessaires, et surtout l'un d'eux, sont tellement rares, qu'il est presque impossible de s'en procurer, je dois croire qu'il n'a été sauvé que par une organisation des poumons et des parties vitales, telle que jamais corps humain n'en a été doué.

— On a parlé d'un charlatan qui l'a soigné, dit Varney après un moment de réflexion. Êtes-vous sûr que nulle autre personne en Angleterre ne possède ce précieux secret?

— Il y avait un homme qui fut jadis mon domestique et qui aurait pu me dérober ce secret de mon art, ainsi que deux ou trois autres. Mais vous devez bien penser, M. Varney, que ma politique ne souffre pas que des intrus se mêlent de mon métier. L'homme en question n'a plus envie de courir après des secrets, je vous assure; car je crois fermement qu'il a été enlevé au ciel sur les ailes d'un dragon de feu... La paix soit avec lui! Mais, dans la retraite où je vais être confiné, aurai-je l'usage de mon laboratoire?

— De tout un atelier, car un révérend père abbé, qui fut obligé de faire place au gros roi Henry et à ses courtisans[1], il y a une vingtaine d'années, avait un appareil complet de chimiste, qu'il fut forcé de laisser à ses successeurs. Là tu pourras fondre, souffler, allumer, et multiplier jusqu'à ce que le dragon vert devienne une oie d'or, ou comme il plaira à la confrérie de s'exprimer.

— Vous avez raison, M. Varney, dit l'alchimiste en grinçant des dents, vous avez raison, dans votre mépris

---

[1] Henry VIII, qui supprima les moines et s'empara de leurs biens. — Éd.

même de tout ce qui est juste et raisonnable ; car ce que vous dites par moquerie peut se réaliser avant que nous nous rencontrions de nouveau. Si les sages les plus vénérables des temps passés ont dit la vérité ; si les plus savans de nos jours l'ont reçue dans sa pureté ; si j'ai été accueilli partout, en Allemagne, en Pologne, en Italie et dans le fond de la Tartarie, comme un homme à qui la nature a dévoilé ses mystères les plus impénétrables ; si j'ai acquis les signes les plus secrets et les mots de passe de toute la cabale juive à un tel degré de perfection que la barbe la plus vénérable de la synagogue balaierait les marches du temple pour les rendre dignes de mes pieds ; s'il n'y a plus qu'un pas entre mes longues et profondes études et cette lumière qui me découvrira la nature veillant sur le berceau de ses productions les plus riches et les plus glorieuses ; si un seul pas reste entre ma dépendance et le pouvoir suprême, entre ma pauvreté et un trésor si immense que, sans ce noble secret, il faudrait réunir pour l'égaler les mines de l'ancien et du nouveau monde... dites-moi, je vous prie, n'ai-je pas raison de consacrer ma vie à cette recherche ; convaincu que, dans un court espace de temps patiemment employé à l'étude, je m'élèverai au-dessus des favoris et de leurs favoris, dont je suis aujourd'hui l'esclave ?

— Bravo ! bravo ! mon bon père, dit Varney avec l'expression ordinaire de sa causticité et de son rire sardonique ; mais toute cette approximation de la pierre philosophale ne tirera pas un seul écu de la bourse de milord Leicester, et encore moins de celle de Richard Varney. Il nous faut des services terrestres et visibles ; peu nous importe que tu amuses ailleurs avec ta charlatanerie philosophique.

— Mon fils Varney, dit l'alchimiste, l'incrédulité qui t'entoure, semblable à un épais brouillard, a obscurci ta vue perçante. Ce brouillard t'empêche d'apercevoir ce qui est une pierre d'achoppement pour l'érudit, mais qui cependant, aux yeux de l'homme humble dans son désir de science, présente une leçon si claire qu'il pourrait la lire en courant. Crois-tu que l'art n'ait pas les moyens de compléter les concoctions imparfaites de la nature dans la formation des métaux précieux ; de même que par le secours de l'art nous achevons ses autres opérations d'incubation, de cristallisation, de fermentation, et tous les procédés par lesquels on extrait la vie elle-même d'un œuf inanimé ; par lesquels on tire d'une lie fangeuse une boisson pure et salutaire ; par lesquels nous donnons le mouvement à la substance inerte d'un liquide stagnant?

— J'ai déjà entendu parler de tout cela, dit Varney, et je suis à l'épreuve de ces beaux discours depuis que j'ai lâché vingt bonnes pièces d'or (peste! j'étais encore bien novice) pour avancer le grand *magisterium,* qui, grâce à Dieu, s'est évanoui en fumée. Depuis ce moment où j'ai payé le droit d'être libre dans mon opinion, je défie la chimie, l'astrologie, la chiromancie et toute autre science occulte, fût-elle aussi secrète que l'enfer même, de délier les cordons de ma bourse. Cependant je ne défie pas la manne de saint Nicolas, et je ne puis m'en passer. Ton premier soin doit être de m'en préparer une certaine quantité dès que tu seras arrivé à ma petite retraite où tu vas te confiner. Ensuite tu pourras y faire tout l'ors que tu voudras.

— Je ne veux plus faire de cette drogue, dit l'alchimiste d'un ton résolu.

— Alors, dit l'écuyer, je te ferai pendre pour ce que tu en as déjà fait ; et ainsi le grand secret se trouverait à jamais perdu pour l'univers. Ne fais point à l'humanité ce tort irréparable, mon bon père ; crois-moi, soumets-toi à ta destinée, et compose une once ou deux de cette même drogue, qui ne peut faire mal tout au plus qu'à un ou deux individus, afin de prolonger ta vie assez de temps pour découvrir le remède universel qui nous délivrera tout d'un coup de toutes les maladies. Mais ne t'attriste pas, ô toi le plus grave, le plus savant et le plus soucieux de tous les fous de ce monde! Ne m'as-tu pas dit qu'une petite dose de cette manne ne peut avoir que des effets très doux, et nullement dangereux pour le corps humain ; qu'elle produit seulement un abattement général, des nausées, et une répugnance invincible à changer de place; enfin une disposition d'esprit semblable à celle qui empêcherait un oiseau de s'envoler si on laissait sa cage ouverte?

— Je l'ai dit, et rien n'est plus vrai, répondit l'alchimiste; tel est l'effet qu'elle produit, et l'oiseau qui en prendrait dans cette proportion resterait tout un été languissant sur son perchoir, sans penser au ciel azuré ni à la verdure, même quand le soleil levant colore le ciel de ses rayons, et que la forêt résonne du concert matinal de tous ses habitans ailés.

— Et cela sans aucun danger pour la vie? dit Varney avec quelque anxiété.

— Oui, pourvu qu'on ne dépasse point la dose, et que quelqu'un, instruit de la nature de cette manne, soit à portée de surveiller les symptômes et d'administrer l'antidote au besoin.

—Tu règleras toi-même le tout, dit Varney ; et tu recevras une récompense magnifique, si tu prends toutes tes mesures de manière qu'elle n'ait rien à craindre pour sa vie : autrement, attends-toi au châtiment le plus terrible.

— Qu'elle n'ait rien à craindre! répéta Alasco; c'est donc sur une femme que je vais avoir à exercer mon habileté?

— Non pas! fou que tu es, reprit Varney; ne t'ai-je pas dit que c'était un oiseau, une linotte apprivoisée, dont les chants pourraient adoucir le faucon prêt à fondre sur elle? Je vois tes yeux étinceler, et je sais que ta barbe n'est pas tout-à-fait aussi blanche que ton art l'a faite.

Voilà du moins une chose que tu as pu changer en argent. Mais fais attention, il ne s'agit pas d'une femme pour toi.

— Cette linotte en cage est à quelqu'un qui ne souffrirait pas de rival, et surtout de rival tel que toi; tu dois avoir soin de sa vie par-dessus toutes choses. Elle peut, d'un jour à l'autre, recevoir l'ordre de se rendre aux fêtes de Kenilworth; et il est très convenable, très important, très nécessaire qu'elle n'y paraisse pas. Il faut qu'elle ignore tous ces ordres et leurs causes, et l'on doit penser que ses propres désirs l'empêcheraient d'écouter toutes les raisons ordinaires par lesquelles on tenterait de la retenir à Cumnor.

— C'est assez naturel, dit l'alchimiste avec un étrange sourire qui tenait plus du caractère de l'homme que ce regard froid et contemplatif particulier à la physionomie d'un être plus occupé d'un monde lointain que des objets existant autour de lui.

— Cela est vrai, répondit Varney; tu connais bien les femmes, quoiqu'il puisse y avoir long-temps que tu ne les fréquentes plus. Ainsi donc, il ne faut pas la contredire, et cependant on ne peut pas lui permettre de faire ce qu'elle veut. Comprends-moi bien : il ne faut qu'une légère indisposition, suffisante pour ôter tout désir de changer de place, et forcer les membres de ta savante confrérie (qu'on pourrait appeler pour lui donner leurs soins) à lui prescrire de garder tranquillement le logis pendant quelques jours. Voilà tout le service qu'on exige de toi; et il sera estimé bien haut et bien récompensé.

— On ne demande donc pas d'affecter *la maison de vie?* dit le chimiste.

— Au contraire, tu seras pendu si tu y touches, répliqua Varney.

— Et j'aurai, dit Alasco, une bonne occasion de faire mon opération; et, de plus, en cas de découverte, toutes espèces de facilités pour fuir ou pour me cacher?

—Tout ce que tu voudras, homme toujours incrédule, excepté pour les impossibilités de l'alchimie. Comment, vieux sorcier! pour qui me prends-tu?

Le vieillard, se levant et s'emparant d'un flambeau, s'achemina vers l'extrémité de l'appartement, où il y avait une porte qui conduisait à la petite chambre dans laquelle il devait passer la nuit. Il se tourna lorsqu'il fut près de la porte, et répéta lentement, avant d'y répondre, la question que Varney lui avait faite :

—Pour qui je te prends, Richard Varney? Ma foi, je te prends pour un démon plus méchant que je ne l'ai été moi-même. Mais je suis dans tes filets, et il faut que je te serve jusqu'à ce que mon temps soit expiré.

—C'est bien, dit Varney avec impatience ; sois debout à la pointe du jour. Peut-être n'aurons-nous pas besoin de ta drogue. Ne fais rien avant mon arrivée ; Michel Lambourne te conduira à ta destination.

Quand Varney eut entendu que le chimiste, après avoir tiré la porte, l'avait prudemment assurée en dedans par deux verrous, il s'en approcha, la ferma en dehors avec les mêmes précautions, et ôta la clef de la serrure en murmurant entre ses dents :

—Plus méchant démon que toi, dis-tu, maudit charlatan, sorcier, empoisonneur! toi qui aurais volontiers passé un contrat avec le diable s'il n'eût pas dédaigné un pareil serviteur! Je suis homme, et je cherche par tous les moyens humains à satisfaire mes passions et à élever ma fortune. Toi, tu es un vassal de l'enfer même. Holà! Lambourne! cria-t-il à une autre porte. — Michel parut le visage enluminé, et entra d'un pas chancelant.

— Tu es ivre, coquin! lui dit Varney.

— Certainement, noble seigneur, répondit Michel sans s'intimider : nous avons bu toute la soirée à la fortune de cet heureux jour, au noble lord Leicester et à son écuyer. Ivre! Mort de ma vie! celui qui pourrait refuser de boire une douzaine de santés dans une pareille occasion ne serait qu'un mécréant et un lâche, et je lui ferais avaler six pouces de mon poignard.

— Écoute-moi, drôle : reprends ton bon sens sur-le-champ ; je te l'ordonne. Je sais que tu peux à volonté te dépouiller de tes folies d'ivrogne comme d'un habit ; et, si tu ne le fais, tu t'en trouveras mal.

Lambourne baissa la tête, sortit, et rentra, au bout de deux ou trois minutes, la figure dans son état naturel, les cheveux arrangés et ses habits remis en ordre ; aussi différent enfin de ce qu'il était l'instant d'auparavant que s'il s'était opéré en lui une métamorphose complète.

— N'es-tu plus ivre maintenant ? es-tu en état de me comprendre ? dit Varney d'un air sévère.

Lambourne s'inclina comme pour répondre affirmativement.

— Il faut que tu partes tout de suite pour l'abbaye de Cumnor avec le docteur respectable qui dort ici près dans la petite chambre voûtée. Voici la clef, pour que tu puisses l'éveiller lorsqu'il en sera temps. Prends avec toi un de tes compagnons, auquel on puisse se fier. Traitez le docteur avec toutes sortes d'égards ; mais ne le perdez pas de vue : s'il veut s'échapper, brûlez-lui la cervelle, et je suis votre caution. Je te donnerai une lettre pour Foster. On logera le docteur au rez-de-chaussée de l'aile de l'est ; il aura la liberté de se servir du vieux laboratoire et de ce qu'il contient. On ne lui laissera avoir avec la dame du château d'autres communications que celles que j'autoriserai et indiquerai moi-même, à moins qu'elle ne trouve quelque plaisir à voir ses jongleries philosophiques. Tu attendras à Cumnor mes ordres ultérieurs ; et je te recommande, sous peine de la vie, de prendre garde aux cabarets et aux flacons de brandevin. Rien de ce qui se passe au château ne doit transpirer au dehors, pas même l'air qu'on y respire.

— Il suffit, milord, je veux dire mon honorable maître, et bientôt, j'espère, mon honorable chevalier et maître; vous m'avez donné mes instructions et ma liberté, j'exécuterai les unes ponctuellement, et n'abuserai pas de l'autre: je serai à cheval au lever du soleil.

— Fais ton devoir, et mérite mes encouragemens. Attends : avant de t'en aller, remplis-moi un verre de vin.

Comme Lambourne s'apprêtait à verser de celui qu'Alasco avait laissé à moitié : — Non, dit Varney, va m'en chercher d'autre.

Lambourne obéit; et Varney, après s'être rincé la bouche avec la liqueur, en but un verre plein, et dit en prenant une lampe pour se retirer dans son appartement :

— C'est étrange! personne n'est moins que moi la dupe de son imagination ; cependant je ne puis parler une minute avec cet Alasco sans que ma bouche et mes poumons me semblent infectés par les vapeurs de l'arsenic calciné.

En parlant ainsi il quitta l'appartement. Lambourne resta pour goûter le vin qu'il avait apporté. — C'est du *Saint-Johnsberg*, dit-il en contemplant ce qu'il avait versé dans le verre pour en savourer l'odeur ; il a le vrai parfum de la violette : mais il ne faut pas en faire d'excès aujourd'hui, pour pouvoir un jour en boire tout à mon aise. Lambourne avala un grand verre d'eau pour abattre les fumées du vin du Rhin ; puis il se retira lentement vers la porte, fit une pause, et, trouvant la tentation irrésistible, retourna vivement sur ses pas, approcha ses lèvres du flacon, et se satisfit à longs traits sans la cérémonie du verre.

— Si ce n'était cette maudite habitude, dit-il, je pourrais monter aussi haut que Varney lui-même ; mais qui peut monter, lorsque la chambre où l'on est tourne comme une girouette? Je voudrais que la distance entre ma main et ma bouche fût plus grande, ou le chemin qui y conduit plus difficile. Mais demain je ne veux boire que de l'eau : oui, rien que de l'eau pure !

CHAPITRE XIX.

Pistol. « J'apporte des messages de bonheur et de joie, des
« nouvelles précieuses.
Falstaff. « Je te prie de nous les raconter comme à des gens
« de ce monde.
Pistol. « Au diable le monde et les imbéciles qui l'habitent !
« Je parle de l'Afrique et de ses trésors. »
Shakspeare, *Henry IV*, part. ii.

La grand'salle de l'*Ours-noir*, à Cumnor, où notre histoire nous ramène, pouvait se vanter, le soir dont nous parlons, de contenir une société peu ordinaire. Il y avait eu une foire dans le voisinage : le prétentieux mercier d'Abingdon, ainsi que plusieurs des personnages que nous avons déjà présentés au lecteur comme les amis et les habitués de l'auberge de Giles Gosling, avaient formé autour du feu leur cercle accoutumé, et parlaient des nouvelles du jour.

Un homme vif, plaisant et à l'air affairé, que sa balle et son aune de bois de chêne garnie de pointes de cuivre à distances égales, indiquaient comme étant du métier d'Autolycus[1], occupa beaucoup l'attention de la compagnie, et contribua puissamment à l'amusement de la soirée. Il faut se rappeler que les marchands ambulans de ce temps-là étaient des gens d'une tout autre importance que les colporteurs dégénérés de nos temps modernes. C'était par le moyen de ces négocians péripatéticiens que se faisait presque tout le commerce des campagnes, surtout en ce qui concernait les étoffes fines à l'usage des femmes ; et

(1) Nom du colporteur dans le *Conte d'hiver* de Shakspeare. — Ed.

si un marchand de cette espèce était assez riche pour voyager avec un cheval de bât, il devenait un personnage d'importance, et pouvait tenir compagnie aux fermiers les plus aisés.

Le marchand forain dont nous parlons prenait donc librement une part active dans les amusemens qui faisaient retentir les plafonds de l'*Ours-Noir* de Cumnor. Il était bienvenu à sourire avec la jolie petite Cicily; il riait aux éclats avec notre hôte, et se moquait du pimpant M. Goldthred, qui, sans avoir cette intention complaisante, servit de plastron à tous les traits malins de la soirée. Le colporteur et lui se trouvaient engagés dans une dispute au sujet de la préférence que le tricot d'Espagne méritait sur la maille de Gascogne; et notre hôte avait fait un signe de l'œil à ses hôtes, comme pour leur dire : — Vous allez avoir de quoi rire dans un instant, mes amis; lorsqu'un bruit de chevaux se fit entendre dans la cour, et le valet d'écurie fut appelé avec les jurons les plus en vogue alors pour donner de la force à l'appel.

Aussitôt sortirent, en se précipitant les uns sur les autres, Will, le palefrenier, John, le garçon chargé de la cave, et toute la milice de l'*Ours-Noir*, qui avait déserté ses postes pour écouter les plaisanteries des uns et des autres. Notre hôte lui-même descendit aussi dans la cour pour faire aux nouveau-venus l'accueil qu'ils méritaient, et rentra presque aussitôt en introduisant son digne neveu, Michel Lambourne, passablement ivre, et escortant l'astrologue. Quoique Alasco fût resté un petit vieillard, il avait, en changeant sa robe pour un habit de cavalier, et en peignant sa barbe et ses sourcils, diminué de vingt ans au moins son âge apparent; on eût pu le prendre pour un homme encore vert qui touchait à sa soixantaine. Il paraissait fort inquiet, et avait beaucoup pressé Lambourne de ne pas s'arrêter dans l'auberge, et de se rendre directement au lieu de leur destination; mais Lambourne n'aimait pas à être régenté.

— Par le Cancer et le Capricorne, cria-t-il, par toutes les armées célestes, sans compter les étoiles que j'ai vues dans le ciel du midi, et auprès desquelles nos pâles luminaires du nord ont l'air de chandelles de deux liards, le caprice de qui que ce soit ne me rendra jamais mauvais parent! Je veux m'arrêter pour embrasser mon digne oncle l'aubergiste. Jésus! Bon sang ne peut mentir. Est-il possible que les amis s'oublient jamais? Un gallon de votre meilleur vin, mon oncle, et nous le boirons à la santé du noble comte de Leicester. Quoi! ne trinquerons-nous pas ensemble pour réchauffer notre vieille amitié? ne trinquerons-nous pas ensemble, je le demande?

— De tout mon cœur, mon neveu, dit notre hôte, qui cherchait à s'en débarrasser; mais te charges-tu de payer toute cette bonne liqueur?

Pareille question a fait reculer plus d'un joyeux buveur; mais elle ne changea point les dispositions de Lambourne.

— Doutez-vous de mes moyens pécuniaires, mon cher oncle? dit-il en montrant sa main pleine de pièces d'or et d'argent. Doutez du Mexique et du Pérou! doutez de l'échiquier de la reine! Dieu protège Sa Majesté! elle est la bonne maîtresse de mon bon seigneur.

— Fort bien, mon neveu, dit l'aubergiste; mon métier est de vendre du vin à ceux qui peuvent le payer. Ainsi, John, fais ton office. Mais je voudrais bien savoir gagner de l'argent aussi aisément que toi, Michel.

— Mon oncle, dit Lambourne, je vais te dire un secret. — Vois-tu ce petit vieillard, aussi sec et ridé que les copeaux dont le diable se sert pour faire chauffer sa soupe? Eh bien, mon oncle, entre vous et moi, il a le Potose dans la tête. Mort et sang! il lui faut moins de temps pour monnayer des ducats qu'à moi pour lâcher un juron.

— Je ne veux point de sa monnaie dans ma bourse, Michel, dit l'aubergiste; je sais à quoi doivent s'attendre ceux qui contrefont celle de la reine.

— Tu es un âne, mon oncle, malgré ton âge. Ne me tire pas par mon habit, docteur; tu es aussi un âne. Ainsi, étant tous les deux des ânes... Je vous dis que je n'ai parlé ainsi que par métaphore.

—Êtes-vous fou ? dit le vieillard; avez-vous le diable au corps? ne pouvez-vous nous laisser partir sans attirer sur nous les yeux de tout le monde?

— Tu te trompes, reprit Lambourne; personne ne te verra si je ne le permets. Je jure par le ciel, messieurs, que si quelqu'un de vous a la hardiesse de jeter les yeux sur ce vieux bonhomme, je les lui arracherai de la tête avec mon poignard. Ainsi, mon vieux camarade, assieds-toi, et pas de tristesse. Tous ces gens-là sont de mes anciens amis, et ne trahiront personne.

— Ne feriez-vous pas mieux de vous retirer dans un appartement particulier, Michel ? dit Giles Gosling; vous parlez de choses étranges, et il y a partout des gens aux écoutes.

— Je m'en soucie peu, dit le magnanime Lambourne. Je sers le noble comte de Leicester. Voici le vin ; verse à la ronde, maître sommelier; une rasade à la santé de la fleur d'Angleterre, du noble comte de Leicester! Du noble comte de Leicester! Celui qui refuse de me faire raison n'est qu'un porc de Sussex, et je le forcerai de se mettre à genoux pendant que nous boirons le toast, dussé-je lui couper les cuisses et les fumer comme du jambon.

Personne ne refusa une santé proposée de la sorte; et Michel Lambourne, dont cette nouvelle libation n'avait pas diminué l'ivresse, continua les mêmes extravagances; renouvelant ses liaisons avec ceux des hôtes qu'il avait vus autrefois, et en recevant un accueil où quelque déférence se mêlait à beaucoup de crainte ; car le moindre serviteur du comte favori, et surtout un homme tel que Lambourne, excitait assez naturellement ces deux sentimens.

Pendant ce temps Alasco, voyant son guide dans une humeur aussi peu traitable, cessa de lui faire des représentations, et, s'asseyant dans le coin le plus obscur de la salle, demanda une petite mesure de vin des Canaries, sur lequel il sembla s'endormir, désirant s'exposer le moins possible aux regards de la compagnie, et ne rien faire qui pût rappeler son existence à son compagnon de voyage. Celui-ci paraissait avoir contracté une étroite intimité avec son ancien camarade Goldthred d'Abingdon.

— Je veux n'être jamais cru, mon cher Michel, dit le mercier, si je ne suis pas aussi content de te voir que je l'ai jamais été de voir l'argent d'une pratique. Je sais que tu peux donner à un ami une bonne place pour voir un bal ou une mascarade ; et puis tu peux dire à l'oreille de milord, quand Sa Grâce vient visiter ces contrées, et a besoin d'une fraise espagnole ou de quelque autre chose de ce genre ; tu peux lui dire à l'oreille : Il y a ici un de mes vieux amis, Laurent Goldthred d'Abingdon, qui a un superbe assortiment de linon, de gaze, de batiste ; qui par-dessus le marché est lui-même un des plus jolis garçons du comté de Berks, et qui se battrait de bon cœur pour Votre Seigneurie avec tout homme de sa taille. Tu peux ajouter encore...

— Je peux ajouter cent autres mensonges, n'est-ce pas, mercier ? répondit Lambourne. Mais quoi ! on ne doit pas avoir peur d'un mot lorsqu'il s'agit de rendre service à un ami.

— A ta santé, Michel, de tout mon cœur, dit le marchand, et tu peux dire aussi quelles sont les véritables modes. Il y avait ici, il n'y a qu'un instant, un coquin de colporteur qui soutenait les bas d'Espagne, qu'on ne porte plus, contre ceux de Gascogne ; et cependant tu peux juger combien les bas français font ressortir la jambe et le genou avec leurs jarretières de rubans bariolés et la garniture assortie.

— Excellent! reprit Lambourne, excellent! En vérité, ton maigre mollet passé à travers cette masse de toile gommée et de gaze fait l'effet d'un fuseau auquel il manque la moitié de sa laine.

— Ne l'avais-je pas dit? cria le mercier, dont le faible cerveau cédait à son tour aux fumées du vin. Où donc est ce coquin de colporteur? Il y avait, je crois, un colporteur ici il y a un instant. Notre hôte, où diable peut donc être ce colporteur?

— Il est où doivent être les hommes sages, maître Goldthred, répliqua Giles Gosling. Renfermé dans sa chambre, il repasse les ventes de la journée, et se prépare pour celles du lendemain.

— La peste soit du rustre! dit le mercier. Ce serait une bonne action de le décharger de ses marchandises. Ces mauvais vagabonds errent dans le pays au grand détriment du marchand patenté. Il y a encore de bons lurons dans le comté de Berks, notre hôte; et votre colporteur pourra en rencontrer d'ici à Maiden-Castle.

— Oui, reprit l'aubergiste en riant, et celui qui le rencontrera trouvera à qui parler; il est d'une bonne taille.

— Vraiment? dit Goldthred.

— Vraiment, dit mon hôte, et j'en puis jurer par le robinet et la bonne chère! c'est un colporteur tel que celui qui battit Robin Hood si complètement, comme le dit la chanson :

> Robin met le sabre à la main ;
> Le colporteur en fait de même,
> Et vous frotte si bien Robin
> Que Robin en devint tout blême.

— Eh bien, dit le mercier, qu'il parte, il n'y a rien à gagner avec un homme de cette trempe. Et maintenant, dis-moi, Michel, mon cher Michel, la toile de Hollande que tu m'as gagnée te fait-elle un bon usage?

— Oui, très bon, comme tu peux le voir, répondit Michel : je vais te faire donner un pot de vin par reconnaissance. Remplis le flacon, maître Met-en-perce.

— Tu ne gagneras plus de toile de Hollande sur de semblables gageures, Michel, dit le mercier, car ce mauvais garnement, Tony Foster, se répand contre toi en invectives, et jure que tu ne mettras plus les pieds chez lui, parce que tes juremens suffiraient pour faire sauter en l'air le toit d'un chrétien.

— A-t-il dit cela, ce lâche hypocrite, ce misérable avare? s'écria Lambourne; eh bien! je veux qu'il vienne prendre mes ordres ici, ce soir même, dans la maison de mon oncle, et je vais lui entonner un tel *sanctus* qu'il en aura pour un mois à croire que le diable le tire par son habit toutes les fois qu'il entendra ma voix.

— Maintenant on s'aperçoit que la liqueur a fait effet, dit Goldthred. Tony Foster obéir à ton coup de sifflet! Hélas! pauvre Michel, va te coucher; va te coucher, te dis-je!

— Écoute, imbécile! dit Lambourne en colère; je te parie cinquante angelots d'or contre les cinq premiers rayons de ta boutique et ce qu'ils contiennent du côté opposé à la fenêtre, que je force Tony Foster à venir dans cette auberge avant que la bouteille ait fait trois fois le tour de la table.

— Je ne veux point faire de pari de cette importance, dit le mercier un peu refroidi par une offre qui annonçait une connaissance un peu trop exacte de sa boutique; mais je gagerai, si tu veux, cinq angelots d'or, contre toi, que Tony Foster n'abandonne pas sa maison pour venir, après l'heure de la prière, causer dans un cabaret avec toi ou quelque autre personne que ce soit.

— Marché fait, dit Lambourne. Venez, mon oncle; tenez les enjeux, et ordonnez à un de vos petits saignetonneaux, de vos jeunes apprentis cabaretiers, de courir sur-le-champ à Cumnor-Place, de donner cette lettre à maître Foster, et de lui dire que son camarade Michel Lambourne l'attend dans le château de son oncle, présent ici, pour conférer avec lui sur une affaire du plus haut intérêt. Cours vite, mon enfant, il est presque nuit, et le misérable se couche avec le soleil pour épargner la chandelle.

Le court intervalle qui se passa entre le départ et le retour du messager fut employé à rire et à boire. Il rapporta pour réponse que maître Foster allait venir de suite.

— Gagné! gagné! dit Lambourne en s'élançant sur les enjeux.

— Non pas, dit le mercier en s'y opposant; il faut attendre qu'il soit arrivé.

— Comment diable! il est sur le seuil de la porte, dit Michel. Que t'a-t-il dit, mon garçon?

— Sous le bon plaisir de Votre Honneur, répondit le messager, il a mis la tête à la fenêtre, tenant dans ses mains un mousqueton; et quand je lui ai fait part de votre message, ce dont je me suis acquitté en tremblant, il m'a répondu avec un air de sombre menace que Votre Seigneurie pouvait s'en aller aux régions infernales.

— C'est-à-dire à tous les diables, dit Lambourne, car c'est là qu'il envoie tous ceux qui ne sont pas de sa congrégation.

— Ce sont les paroles dont il s'est servi, dit le messager : j'ai préféré l'autre phrase, comme plus poétique.

— Voilà un garçon d'esprit, dit Michel : tu boiras un coup pour rafraîchir ton sifflet poétique. Et qu'a dit Foster ensuite?

— Il m'a rappelé, dit le garçon, et m'a chargé de vous dire que vous pourriez venir le voir si vous aviez à lui parler.

— Est-ce tout? dit Lambourne.

— Ensuite il a lu la lettre, qui a paru le jeter dans un grand embarras, et il a demandé si Votre Honneur était en train; et je lui ai répondu que vous parliez un peu espagnol, comme quelqu'un qui avait été aux Canaries.

— Sors d'ici, pot d'une mauvaise mesure, enfant d'un mémoire trop chargé, sors d'ici... Mais un moment, qu'a-t-il dit ensuite?

— Il a grommelé entre ses dents, que, s'il ne venait pas, Votre Honneur laisserait échapper ce qu'il fallait tenir renfermé; et ainsi il a pris son vieux bonnet, son habit bleu râpé, et, comme je vous l'ai déjà dit, il va être ici sur-le-champ.

— Ce qu'il dit est vrai, répliqua Lambourne se parlant à lui-même; ma sotte cervelle vient de jouer un de ses tours ordinaires. Mais courage; qu'il vienne; je n'ai pas couru si long-temps le monde pour avoir peur de Tony Foster dans quelque état que je me trouve, ivre ou à jeun. Apportez-moi un flacon d'eau fraîche pour en baptiser le vin qui cuve dans mon estomac.

Pendant que Lambourne, qui semblait avoir été rappelé au sentiment de sa situation par l'approche de Foster, se préparait à le recevoir, Giles Gosling monta silencieusement dans la chambre du colporteur. Il le trouva qui se promenait à grands pas d'un air très agité.

— Vous vous êtes retiré bien subitement, dit l'aubergiste à son hôte.

— Il en était bien temps, reprit le colporteur, lorsque le diable est venu s'asseoir au milieu de vous.

— Il n'est pas fort honnête à vous de donner à mon neveu une pareille épithète; et, en bon parent, je ne devrais pas vous répondre. Et pourtant il n'est que trop vrai qu'on peut en quelque sorte considérer Michel comme un enfant de Satan.

— Bah! je ne parle pas de l'ivrogne, répliqua le colporteur ; c'est de l'autre, qui, d'après ce que j'en sais... Mais quand partent-ils? Que viennent-ils faire?

— Vraiment, dit l'hôte, ce sont des questions auxquelles je ne puis répondre. Mais écoutez-moi, monsieur; vous m'avez apporté une marque de souvenir de la part du digne M. Tressilian. C'est un joli diamant. Il prit la bague, et la regarda avec satisfaction ; puis il ajouta, en la remettant dans sa bourse, que c'était une récompense au-dessus de tout ce qu'il pourrait jamais faire pour celui qui lui envoyait un pareil cadeau. Il était aubergiste, et il lui convenait moins qu'à tout autre de se mêler des affaires d'autrui. Il avait déjà dit qu'il n'avait rien pu apprendre, sinon que la dame en question habitait toujours Cumnor-Place dans la solitude la plus absolue; et que ceux qui, par le plus grand hasard, l'avaient aperçue, s'accordaient à dire qu'elle avait l'air triste et semblait ennuyée de sa réclusion. Maintenant, ajouta-t-il, si vous voulez satisfaire votre maître, vous avez la plus belle occasion qui se soit offerte depuis long-temps. Tony Foster va venir ici, et nous n'avons qu'à laisser sentir à Lambourne l'odeur d'un autre flacon de vin pour être sûrs que les ordres de la reine même ne lui feraient pas quitter le banc où il est assis. Ainsi vous avez une heure ou deux d'assurées. Si vous voulez prendre votre balle, qui sera probablement votre meilleure excuse, vous pourrez peut-être persuader à la vieille servante, certaine de l'absence de son maître, de vous laisser vendre quelques colifichets à sa maîtresse, et alors vous pourrez en apprendre sur sa situation beaucoup plus que nous ne pourrions vous en dire, ni moi ni personne.

— Vrai, très vrai? reprit Wayland, car c'était lui : —

Excellent stratagème! mais, à ce qu'il me semble, un peu dangereux ; car supposez que Foster vînt à rentrer.

— C'est, ma foi, très possible, dit l'hôte.

— Ou, continua Wayland, que la dame ne se trouvât que médiocrement reconnaissante de mes peines.

— Ce qui n'est point du tout improbable, reprit Giles Gosling. Je m'étonne que M. Tressilian se donne tant de peine pour une femme qui ne se soucie pas de lui.

— Dans l'un ou l'autre cas, je serais mal reçu, dit Wayland ; et c'est pourquoi, tout bien considéré, ce projet ne me plaît pas beaucoup.

— Ma foi! monsieur le serviteur, dit notre hôte, n'attendez pas que je m'en mêle. Ceci est l'affaire de votre maître, et non la mienne; vous devez savoir mieux que moi quels sont les dangers à craindre, et jusqu'à quel point vous êtes résolu à les braver. Mais vous ne pouvez pas espérer que d'autres hasardent ce que vous ne voulez pas vous-même risquer.

— Un instant, dit Wayland ; dites-moi seulement une chose : est-ce que le vieillard qui est arrivé ce soir se rend à Cumnor-Place?

— Certainement, répondit l'aubergiste : leur domestique a dit qu'il avait ordre d'y transporter leur bagage; mais l'ale a eu sur lui autant de pouvoir que le vin des îles sur Michel.

— C'en est assez, dit Wayland prenant un air résolu, je confondrai les projets de ce vieux scélérat. La crainte que m'inspire son horrible aspect commence à faire place à la haine. Aide-moi à charger ma balle, bon aubergiste. — Prends garde à toi, vieil Albumazar [1] ; il y a dans ton horoscope une influence maligne, et elle vient de la constellation de la grande Ourse.

En parlant ainsi, Wayland mit sur ses épaules sa bou-

---

(1) Albumazar, principal personnage d'une ancienne pièce de ce nom, qui avait, dit-on, fourni à Ben Johnson l'idée de son *Alchimiste*. — Ed.

tique portative; et, guidé par l'aubergiste, il sortit par une porte de derrière, et prit le chemin le moins fréquenté pour se rendre à Cumnor-Place.

CHAPITRE XX.

Le Clown[1]. « Il y a de ces colporteurs qui sont toute
« autre chose que vous ne pensez, ma sœur. »
SHAKSPEARE, *Conte d'hiver*, acte IV, scène III.

DANS sa sollicitude pour suivre à la lettre les recommandations que le comte lui avait souvent faites, et obéissant aussi à ses dispositions insociables et à son avarice, Tony Foster, en montant sa maison, avait plutôt cherché à éviter de se faire remarquer qu'à se mettre à l'abri d'une curiosité indiscrète. C'est pourquoi, au lieu d'un nombreux domestique pour veiller à la sûreté de son dépôt et défendre sa maison, il avait cherché à mettre en défaut les observateurs en réduisant le nombre de ses gens : aussi, excepté quand il y avait chez lui quelqu'un de la suite de Varney ou de celle du comte, un vieux domestique et deux vieilles femmes qui aidaient à faire les appartemens de la comtesse étaient seuls employés dans la famille. Ce fut une de ces vieilles femmes qui ouvrit la porte lorsque Wayland frappa, et qui répondit avec des injures à la demande qu'il faisait d'être admis à montrer ses marchandises aux dames de la maison. Le colporteur trouva moyen d'apaiser ses cris en lui glissant une pièce d'argent dans la main, et en lui laissant entendre qu'il lui ferait présent d'un morceau d'étoffe pour une robe si sa maîtresse lui achetait quelque chose.

— Dieu te bénisse! car la mienne est toute en lambeaux. Glisse-toi avec ta balle dans le jardin; elle s'y promène.

---

[1] Le paysan bouffon des anciennes pièces anglaises. — ED.

En conséquence elle l'introduisit dans le jardin, et, lui montrant un vieux pavillon en ruines, lui dit : — La voilà, mon garçon, la voilà ; elle fera de bonnes emplettes si tes marchandises lui conviennent.

— Elle me laisse, pensa Wayland en entendant la vieille femme fermer la porte du jardin derrière lui, et il faudra que j'en sorte comme je le pourrai. On ne me battra pas, et l'on n'osera pas me tuer pour une si légère transgression et par une si belle soirée. C'est résolu ; je vais avancer : jamais bon général ne doit penser à la retraite que lorsqu'il se voit vaincu. J'aperçois deux femmes dans le vieux pavillon, mais comment les aborder? Voyons. William Shakspeare, sois mon sauveur dans cette conjoncture. Je vais leur donner un morceau d'Autolycus. Alors, d'une voix forte et avec assurance, il chanta ce couplet populaire de la pièce[1] :

>   Voulez-vous dentelles de Liége,
>   Masques en satin, gants en peau,
>   Du linon plus blanc que la neige,
>   Du crêpe noir comme un corbeau?

— Qu'est-ce que le hasard nous envoie aujourd'hui, Jeannette? dit la dame.

— Madame, répondit Jeannette, c'est un de ces marchands de vanités qu'on appelle colporteurs, qui débitent leurs futilités avec des chansons encore plus futiles. Je suis étonnée que la vieille Dorcas l'ait laissé passer.

— C'est une bonne fortune, mon enfant, dit la comtesse ; nous menons ici une ennuyeuse vie, et nous pourrons nous distraire peut-être quelques momens.

— Hélas! oui, ma gracieuse dame, dit Jeannette ; mais mon père....

— Il n'est pas le mien, Jeannette, ni mon maître, j'espère : ainsi, fais venir ici cet homme, j'ai besoin de plusieurs petits objets.

(1) Le *Conte d'hiver.* — Éd.

— Mais, madame, s'il en est ainsi, vous n'avez qu'à le faire savoir par votre première lettre, et si ce dont vous manquez peut se trouver en Angleterre, on vous le procurera certainement. Il nous en arrivera quelque malheur. Je vous en conjure, ma chère maîtresse, laissez-moi ordonner à cet homme de s'en aller.

— Je veux au contraire que tu lui dises de venir ici ; mais non ; arrête, ma pauvre enfant ; j'irai le lui dire moi-même, pour t'épargner des reproches.

— Hélas ! madame, plût à Dieu qu'il n'y eût que cela à craindre ! dit Jeannette tristement pendant que la comtesse criait à Wayland : — Approche, brave homme, et défais ta balle; si tu as de bonnes marchandises, j'en serai charmée, et tu y trouveras ton profit.

— De quoi Votre Seigneurie a-t-elle besoin? dit Wayland en desserrant sa balle et dépliant ce qu'elle contenait avec autant de dextérité que s'il eût fait ce métier depuis son enfance ; il est vrai qu'il l'avait exercé plusieurs fois dans le cours de sa vie vagabonde. Il commença à faire l'éloge de ses marchandises avec toute la volubilité ordinaire aux colporteurs, et montra quelque adresse dans le grand art d'en fixer les prix.

— De quoi j'ai besoin? répondit la dame; en vérité, considérant que depuis six grands mois je n'ai pas acheté pour mon usage une aune de linon ou de batiste, ni le moindre colifichet, la meilleure réponse que je puisse te faire, c'est de te dire : Qu'as-tu à vendre? Mets de côté pour moi cette fraise et ces manches de batiste, et ces tours de franges d'or garnis de crêpe ; et cette petite mantille couleur de cerise, garnie de boutons et de ganse d'or, n'est-elle pas du meilleur goût, Jeannette?

— Si vous voulez avoir mon jugement, dit Jeannette, il me semble qu'elle est trop riche pour être jolie.

— Fi de ton jugement, Jeannette ! dit la comtesse ; tu porteras toi-même cette mantille pour ta pénitence, et les boutons d'or massif consoleront ton père, et le feront passer sur la couleur cerise du fond. Fais attention qu'il ne les ôte pas pour les envoyer tenir compagnie aux angelots qu'il tient captifs dans son coffre-fort.

—Oserai-je prier Votre Seigneurie, dit Jeannette, d'épargner mon pauvre père?

— Peut-on épargner celui qui est si naturellement porté à l'épargne [1]? répondit la comtesse en souriant. Mais revenons à nos emplettes. Prends cette garniture de tête et cette épingle d'argent montée en perles. Jeannette, fais-toi donner deux robes de cette étoffe grossière pour Dorcas et Alison, afin que ces pauvres vieilles puissent se tenir chaudement cet hiver. Et, dis-moi, n'as-tu point de parfums, ou de sachets de senteur, ou quelques flacons des formes les plus nouvelles?

— Si j'étais un véritable colporteur, je pourrais faire ma fortune, pensa Wayland en répondant aux demandes qu'elle lui faisait coup sur coup avec l'ardeur d'une jeune personne qui a été long-temps privée d'une occupation aussi agréable. Mais comment l'amener pour un moment à de sérieuses réflexions? Alors, lui montrant son assortiment d'essences et de parfums, il fixa tout d'un coup son attention en lui faisant observer que ces objets avaient presque doublé de prix, depuis les magnifiques préparatifs que faisait le comte de Leicester pour recevoir la reine et sa cour dans son superbe château de Kenilworth.

—Ah! dit la comtesse vivement, ce bruit est donc fondé, Jeannette?

— Certainement, madame, répondit Wayland, et je suis surpris qu'il ne soit point parvenu aux oreilles de Votre Seigneurie. La reine d'Angleterre passera une semaine chez le comte, pendant le voyage d'été; bien des gens disent que notre pays va avoir un roi, et Elisabeth

---

(1) La comtesse joue ici sur le mot *to spare*, épargner, lésiner. — Éd.

d'Angleterre (Dieu la bénisse!) un époux avant la fin du voyage.

— Ces gens-là mentent impudemment! dit la comtesse au comble de l'impatience.

— Pour l'amour de Dieu, madame, contenez-vous, dit Jeannette toute tremblante. Qui peut faire attention aux nouvelles d'un colporteur?

— Oui, Jeannette! s'écria la comtesse, tu as eu raison de me reprendre. De tels rapports, qui tendent à ternir la réputation du plus brillant et du plus noble pair d'Angleterre, ne peuvent trouver de circulation et de créance que parmi des gens abjects et infâmes.

— Je veux mourir, madame, dit Wayland, qui observait que sa colère allait se tourner contre lui; je veux mourir si j'ai mérité ces reproches! Je n'ai dit que ce que pensent beaucoup de gens.

Pendant ce temps la comtesse avait repris sa tranquillité; alarmée des suggestions de Jeannette, elle cherchait à bannir toute apparence d'humeur. — Je serais fâchée, dit-elle, mon brave homme, que notre reine abjurât son titre de vierge, qui est si cher à tous ses sujets : sois sûr qu'il n'en sera rien. Et ensuite, désirant changer d'entretien : Mais quelle est cette composition si soigneusement placée au fond de cette boîte d'argent? ajouta-t-elle pendant qu'elle examinait l'intérieur d'une cassette où des drogues et des parfums étaient disposés dans des tiroirs séparés.

— C'est un remède, madame, contre une maladie dont j'espère que vous n'aurez jamais sujet de vous plaindre. Une dose de ce médicament, de la grosseur d'un pois de Turquie, avalée pendant une semaine de suite, fortifie le cœur contre les vapeurs noires qu'engendrent la solitude, la tristesse, une passion malheureuse, un espoir déçu.

— Etes-vous fou? dit la comtesse vivement, ou croyez-vous que, parce que j'ai eu la bonté d'acheter vos mauvaises marchandises à des prix exorbitans, vous pourrez me faire croire tout ce qui vous viendra dans l'esprit? Qui a jamais entendu dire que les affections du cœur étaient susceptibles de céder à des remèdes administrés au corps?

— Sous votre honorable plaisir, dit Wayland, je suis honnête homme, et je vous ai vendu mes marchandises à des prix modérés. Quant à ce précieux remède, en vous vantant sa vertu, je ne vous ai pas conseillé de l'acheter. Je ne dis point qu'il puisse guérir un mal d'esprit bien enraciné; Dieu et le temps peuvent seuls le faire. Mais je soutiens que ce baume dissipe les vapeurs noires qui naissent dans le corps, et la tristesse qui affaisse l'âme. J'ai guéri par ce remède plus d'une personne de la cour et de la ville; dernièrement, entre les autres, un certain M. Edmond Tressilian, noble gentilhomme de Cornouailles, que les mépris de la personne à laquelle il avait consacré toutes ses affections avaient, m'a-t-on dit, réduit à un état de tristesse qui avait fait craindre pour sa vie.

Il s'arrêta, et la comtesse garda le silence pendant quelque temps; puis elle demanda d'une voix à laquelle elle essayait en vain de donner l'accent de l'indifférence et de la fermeté : — La personne dont vous parlez est-elle tout-à-fait rétablie?

— Passablement, madame, dit Wayland; au moins elle n'a plus de souffrances physiques.

— Je veux essayer ce remède, Jeannette, dit la comtesse; moi aussi j'ai des accès de cette mélancolie noire qui attaque le cerveau.

— Non assurément, madame, dit Jeannette; qui vous répond que les drogues de ce marchand ne sont pas dangereuses?

— Je serai moi-même le garant de ma bonne foi, dit Wayland. Et prenant une portion du remède, il l'avala en leur présence. La comtesse acheta le reste, les observations de Jeannette n'ayant servi qu'à la déterminer davantage à exécuter son dessein. Elle en prit même sur-le-champ une première dose, et assura qu'elle trouvait déjà son cœur allégé et sa gaieté réveillée, résultat qui, selon toute apparence, n'existait que dans son imagination. Alors elle rassembla toutes ses emplettes, donna sa bourse à Jeannette en lui recommandant de payer le colporteur, pendant qu'elle-même, comme déjà fatiguée de l'intérêt qu'elle avait d'abord pris à sa conversation, lui souhaita le bonsoir, et rentra nonchalamment au château, ôtant par là à Wayland tout espoir de lui parler en particulier. Il s'empressa cependant d'avoir une explication avec Jeannette.

— Jeune fille, dit-il, je lis sur ton visage que tu dois aimer ta maîtresse. Elle a grand besoin de services fidèles.

— Et elle le mérite de moi, répliqua Jeannette. Mais où voulez-vous en venir?

— Jeune fille, je ne suis pas précisément ce que je parais être, dit Wayland baissant la voix.

— Double raison pour croire que tu n'es pas un honnête homme.

— Double raison pour me croire tel, puisque je ne suis point colporteur.

— Sors donc d'ici sur-le-champ, ou je vais appeler au secours; mon père doit être de retour.

— Ne fais pas cette folie, tu t'en repentirais. Je suis un des amis de ta maîtresse; elle a besoin d'en acquérir d'autres, et non de perdre par ta faute ceux sur lesquels elle peut compter.

— Quelle preuve ai-je de tes bonnes intentions?

— Regarde-moi en face, et vois si tu ne lis point sur mes traits que je suis un honnête homme.

Et en effet, quoique notre artiste fût loin d'être beau, il avait sur sa physionomie l'expression d'une intelligence pénétrante et d'un génie inventif, qui, joints à des yeux vifs et brillans, à une bouche bien faite, et à un sourire spirituel, donne souvent de la grâce à des traits irréguliers.

Jeannette le regarda quelque temps avec la simplicité maligne de son sexe, et répondit :

— Malgré la bonne foi dont tu te vantes, l'ami, et quoique je n'aie pas l'habitude de lire et de juger les livres de la nature de ceux que tu viens de me soumettre, je crois découvrir en toi quelque chose du colporteur et quelque chose du picoreur.

— Peut-être une légère dose, dit Wayland en riant ; mais écoute : ce soir ou demain matin, un vieillard viendra ici avec ton père. Il a le pas perfide du chat, l'œil perçant et malicieux du rat, les basses flatteries de l'épagneul et le naturel féroce du dogue ; prends garde à lui, et pour ton bonheur et pour celui de ta maîtresse. Prends garde à lui, belle Jeannette ; il cache le venin de l'aspic sous la prétendue innocence de la colombe. Je ne sais précisément quel est le crime qu'il médite ; mais la maladie et la mort suivent ses pas. Ne dis rien de tout ceci à ta maîtresse : mes connaissances m'apprennent que dans son état la crainte d'un mal peut lui être aussi dangereuse que la réalité ; mais veille à ce qu'elle fasse usage de mon spécifique, car, continua-t-il en baissant la voix, et d'un ton solennel, c'est un antidote contre le poison. Écoutez ; ils entrent dans le jardin.

En effet on distinguait les accens d'une joie bruyante et d'une conversation animée ; Wayland, à la première alarme, se cacha dans le fond d'un bosquet touffu ; et Jeannette se retira dans la serre, pour ne pas être vue et pour cacher, au moins pour le présent, les achats qu'on avait faits au prétendu colporteur.

Jeannette cependant n'avait aucune raison de s'inquiéter. Son père, le domestique de lord Leicester et l'astrologue entrèrent dans le jardin en tumulte et dans un embarras extrême. Ils cherchaient inutilement à apaiser

Lambourne, à qui le vin avait complètement tourné la cervelle. Il avait le malheur d'être du nombre de ces gens qui, une fois pris de vin, ne se laissent pas aller au sommeil, comme font d'ordinaire les ivrognes, mais qui demeurent pendant fort long-temps sous l'influence de la liqueur, jusqu'à ce que, par de fréquentes libations, ils tombent dans une frénésie indomptable. Comme tant d'autres ivrognes, Lambourne ne perdait rien de la liberté de ses mouvemens ou de ses paroles; au contraire, il parlait dans l'ivresse avec plus d'emphase et de facilité, et il racontait tout ce qu'il aurait voulu tenir secret dans d'autres momens.

— Quoi! criait Michel de toute la force de ses poumons, vous n'allez pas me donner ma bienvenue, me faire faire quelque bombance, à moi qui vous amène la fortune dans votre chenil, sous la forme d'un cousin du diable, qui peut changer des morceaux d'ardoise en bonnes piastres espagnoles! Approche, Tony Allume-Fagots, papiste, puritain, hypocrite, avare, libertin, diable composé de tous les péchés des hommes; approche, et prosterne-toi devant celui qui t'a amené le Mammon [1] que tu adores.

— Au nom de Dieu, dit Foster, parle bas; viens dans la maison, tu auras du vin et tout ce que tu demanderas.

— Non, vieux rustre, je veux l'avoir ici, criait de toute sa force le spadassin, ici, *al fresco*, comme disent les Italiens. Non, je ne veux pas boire entre deux murailles avec ce diable d'empoisonneur, pour être suffoqué par des vapeurs d'arsenic ou de vif-argent. Le traître Varney m'a appris à m'en défier.

— Au nom de tous les diables! donnez-lui du vin, dit l'alchimiste.

— Ah! ah! et tu l'épicerais, n'est-ce pas, bonne pièce[2]!

---

(1) Le démon des richesses, selon l'Ecriture. — Tr.

(2) Dans l'anglais *true penny*, vrai sou. Ancien mot qui du reste signifie familièrement *mon brave homme*, ou tout le contraire. — Ed.

Oui, j'y trouverais du vert-de-gris, de l'ellébore, du vitriol, de l'eau-forte, et vingt autres ingrédiens diaboliques, qui fermenteraient dans ma pauvre tête comme le philtre qu'une vieille sorcière fait bouillir dans son chaudron pour faire venir le diable. Donne-moi le flacon toi-même, vieux Tony Allume-Fagots, et que le vin soit frais; je ne veux pas qu'on le chauffe au bûcher des évêques. Ou attends. Que Leicester soit roi s'il veut. Bien. Et Varney, le scélérat Varney, le grand-visir. Excellent, ma foi. Et que serai-je, moi? empereur : oui, l'empereur Lambourne. Je verrai cette divine beauté qu'ils ont emprisonnée ici pour leurs secrets plaisirs. Je veux qu'elle vienne ce soir me servir à boire et m'attacher mon bonnet de nuit. Que peut faire un homme de deux femmes, fût-il vingt fois comte? Réponds à tout cela, Tony, mon garçon, vieux chien, hypocrite; réprouvé que Dieu a effacé du livre de vie, mais qui es sans cesse tourmenté du désir d'y être replacé; vieux fanatique, blasphémateur, vieux brûleur d'évêques, réponds-moi à cela!

— Je vais lui enfoncer mon couteau dans le ventre jusqu'au manche, dit Foster à voix basse, et tremblant de colère.

— Pour l'amour de Dieu! point de violence, dit l'astrologue; il faut s'y prendre avec prudence. Voyons, Lambourne, mon brave, veux-tu trinquer avec moi à la santé du noble comte de Leicester et de Richard Varney?

— Certainement, mon vieux Albumazar; certainement, mon vieux vendeur de mort-aux-rats. Je t'embrasserais, mon honnête infracteur de la loi de Julia (comme on dit à Leyde), si tu n'avais pas une si abominable odeur de soufre et d'autres infernales drogues de cette espèce. Voyons, je suis prêt. A Varney et Leicester!... deux esprits plus noblement ambitieux, deux mécréans plus profonds, plus secrets, plus élevés, plus malicieux et plus... Bien. Je n'en dis pas davantage, mais celui qui refuse de me faire raison ,... je lui plongerai mon poignard dans le cœur. Allons, mes amis!

En parlant ainsi, Lambourne acheva ce que l'astrologue lui avait versé, et qui contenait non du vin, mais une liqueur distillée. Il commença un jurement, laissa tomber la coupe vide, mit la main sur son sabre sans avoir la force de le tirer, chancela, et tomba privé de mouvement et de sentiment entre les bras des domestiques, qui l'emportèrent pour le mettre au lit.

Dans la confusion générale, Jeannette regagna la chambre de sa maîtresse sans être aperçue, tremblante comme une feuille, mais résolue de tenir cachés à la comtesse les soupçons terribles que les discours de Lambourne lui avaient inspirés. Ses craintes, sans être encore bien éclaircies, s'accordaient avec les avis du colporteur, et elle confirma sa maîtresse dans le dessein de prendre le remède de Wayland, ce qu'elle ne lui aurait probablement pas conseillé sans tout ce qui venait de se passer.

Les discours de Lambourne n'avaient pas non plus échappé à Wayland, qui pouvait les interpréter beaucoup mieux que Jeannette; sa compassion était fortement excitée en voyant qu'une femme aussi intéressante que la jeune comtesse, et qu'il avait vue pour la première fois au sein du bonheur domestique, était livrée aux machinations d'une pareille bande de scélérats. La voix de son ancien maître avait aussi réveillé chez lui et accru encore toute la haine et toute la crainte qu'il lui inspirait. Wayland avait aussi une assez grande confiance dans son adresse et dans ses propres ressources; et il forma le dessein, ce soir-là même, de pénétrer le fond de ce mystère, et de secourir la malheureuse comtesse s'il en était encore temps, quelque danger que pût offrir l'accomplissement de son projet. Quelques paroles échappées à Lambourne dans son ivresse firent douter à Wayland, pour la première fois, que Varney eût agi entièrement pour son compte en séduisant cette jeune beauté. Divers bruits tendaient à faire croire que ce serviteur zélé avait servi son maître dans d'autres intrigues amoureuses, et l'idée lui vint que Leicester lui-même pourrait bien être la partie la plus intéressée dans tout ceci. Il ne pouvait supposer que la fille du chevalier Robsart fût mariée avec le comte; mais la découverte même d'une intrigue passagère avec une dame du rang d'Amy était un secret de la plus haute importance, dont la révélation pouvait être fatale au favori d'Elisabeth.

— Quand Leicester, disait-il en lui-même, hésiterait à étouffer de pareils bruits par des moyens violens, il est entouré de gens qui lui rendraient ce service sans attendre son consentement. Si je veux me mêler de cette affaire, je dois m'y prendre comme mon ancien maître quand il compose sa manne de Satan, et me mettre un masque sur le visage. Ainsi je quitterai demain Giles Gosling, et je changerai de gîte aussi souvent qu'un renard poursuivi. Je désirerais aussi revoir cette petite puritaine; elle me paraît jolie et intelligente, pour la progéniture d'un aussi mauvais coquin que Tony Allume-Fagots.

Giles Gosling reçut les adieux de Wayland avec plus de plaisir que de regret. L'honnête aubergiste voyait tant de danger à contrarier les volontés du favori du comte de Leicester, que sa vertu suffisait à peine pour le soutenir dans cette épreuve; il protesta toutefois de sa bonne volonté et de son empressement à donner, en cas de besoin, à Tressilian ou à son émissaire, tous les secours qui pourraient se concilier avec sa profession.

CHAPITRE XXI.

« . . . . L'ambitieux doit craindre
« De tomber au-delà du but qu'il veut atteindre. »
SHAKSPEARE, *Macbeth*.

La splendeur des fêtes qui allaient être célébrées à Kenilworth était alors le sujet des entretiens de toute l'Angleterre. On avait rassemblé dans tout le pays, ou fait venir du continent, tout ce qui pouvait contribuer à ce que la reine trouvât tous les agrémens possibles au château de son premier favori.

Leicester semblait faire chaque jour des progrès dans les bonnes grâces de la reine. Toujours à ses côtés dans les conseils, écouté avec plaisir pendant les heures consacrées aux amusemens de la cour, admis à une intimité presque familière, il recevait les hommages de tous ceux qui avaient quelque grâce à attendre; tous les ministres étrangers lui prodiguaient, au nom de leurs souverains, les plus flatteuses assurances de leur estime; enfin, selon toute apparence, il était *l'autre moi-même*, l'*alter ego* de la superbe Elisabeth, qui, supposait-on généralement, attendait le moment favorable pour l'associer au pouvoir suprême par le don de sa main.

Au milieu de tant de prospérités, le favori de la fortune et de la reine était probablement l'homme le plus malheureux d'un royaume qui paraissait entièrement à sa disposition. Il avait sur ses amis et sur ses créatures la supériorité du roi des fées, et voyait beaucoup de choses qui échappaient à leurs regards moins bien doués. Il connaissait parfaitement le caractère de sa maîtresse : c'était l'étude particulière qu'il avait faite de ses singularités aussi bien que de ses vertus, qui, jointe aux puissans ressorts de son esprit et à l'éclat de ses perfections extérieures, l'avait élevé à ce haut degré de faveur ; c'était cette même connaissance du caractère d'Elisabeth qui lui faisait redouter à chaque pas quelque disgrâce inattendue et accablante. Leicester ressemblait à un pilote qui tient une carte sur laquelle sont tracés tous les détails de sa navigation, mais lui révélant en même temps un si grand nombre de bas-fonds, d'écueils et de rochers à fleur d'eau, que tout l'avantage qu'en retirent ses yeux inquiets est de lui prouver qu'un miracle est son seul espoir de salut.

En effet, la reine Elisabeth offrait en sa personne le mélange singulier d'une âme mâle et forte, et de ces faiblesses qui sont ordinairement l'apanage de son sexe. Ses sujets profitaient entièrement de ses vertus, qui l'emportaient de beaucoup sur ses défauts ; mais ses courtisans et ceux qui l'entouraient étaient souvent exposés à ses caprices et aux violences d'un esprit naturellement jaloux et despotique.

Mère tendre pour ses sujets, elle n'en était pas moins véritable fille de Henry VIII ; et, quoique les souffrances de sa jeunesse et une excellente éducation eussent réprimé et modifié ses dispositions héréditaires, elles ne les avaient pas déracinées.

— Son esprit, dit son filleul, l'ingénieux sir John Harrington [1], qui avait tour à tour reçu les sourires et essuyé la mauvaise humeur dont il parle ; — son esprit était souvent comme le vent léger qui vient de l'occident dans une matinée d'été ; il était doux et frais pour tous ceux qui l'environnaient ; ses discours gagnaient tous les cœurs ; mais d'autres fois, lorsqu'elle croyait qu'on lui manquait d'obéissance ou de respect, elle s'exprimait de manière à rappeler de qui elle était fille. Ses sourires étaient comme

(1) Sir John Harrington était un poète. Sa traduction de l'*Orlando furioso* en fait foi ; mais les *concetti* italiens étaient surtout l'objet de son imitation. Ses épigrammes étincellent de ce genre d'esprit, plus bizarre qu'original.—Éd.

la douce chaleur du soleil, dont chacun se disputait l'aimable influence; mais bientôt venait une tempête précédée de sombres nuages, et le tonnerre tombait alors sur tous sans distinction [1]. —

Cette mobilité de caractère (comme Leicester ne l'ignorait pas) était surtout redoutable à ceux qui avaient une place dans les affections de la reine, et qui dépendaient plus de l'attachement qu'ils lui inspiraient que des services indispensables qu'ils pouvaient rendre à la couronne. La faveur de Burleigh ou de Walsingham, quoique bien moins éclatante que celle dont il jouissait lui-même, mais évidemment fondée sur le jugement d'Elisabeth, et non sur son caprice, était indépendante de l'inconstance dont étaient toujours menacés ceux qui n'avaient d'autres titres aux faveurs de la reine que leurs avantages personnels et le caprice de son cœur.

Ces grands et sages ministres n'étaient jugés par Elisabeth que d'après les mesures qu'ils suggéraient, et les raisons dont ils appuyaient leurs opinions dans le conseil; au lieu que le succès des desseins de Leicester dépendait de tous ces vents légers et inconstans de caprice ou d'humeur, qui contrarient ou favorisent les progrès d'un amant dans les bonnes grâces de sa maîtresse. Dans Elisabeth on trouvait de plus une maîtresse qui craignait toujours d'oublier sa dignité et de compromettre le pouvoir de la reine en écoutant les affections de son sexe.

Leicester sentait de combien de périls était environné son pouvoir, — « trop grand pour qu'il pût le garder ou y renoncer [2]. » — Lorsqu'il cherchait avec inquiétude les moyens de se maintenir dans une élévation si précaire, ou qu'il réfléchissait sur la voie à suivre pour en descendre

---

(1) *Nugæ antiquæ*, vol. I, p. 355, 356, 362 *.
(2) Citation de Shakspeare. — Ed.

* Cet ouvrage cité par l'auteur est le recueil des Œuvres diverses de sir John. — Éd.

sans danger, il ne voyait que peu d'espoir de réussir, quel que fût le parti pour lequel il se décidât.

C'était dans ces momens que ses pensées se reportaient sur son mariage secret et sur ses conséquences. C'était toujours avec un sentiment d'aigreur contre lui-même, sinon contre la malheureuse comtesse, qu'il s'accusait de s'être mis, par un mariage inconsidéré, dans l'impossibilité d'établir son pouvoir sur une base solide, et qu'il attribuait à ce qu'il appelait alors une passion irréfléchie le danger d'une chute prochaine.

— Chacun dit, pensait-il dans ces momens d'anxiété et de repentir, que je pourrais épouser Elisabeth et devenir roi d'Angleterre. Tout semble l'annoncer. Ce mariage est célébré dans les ballades, à la grande joie du peuple qui l'attend. On en a parlé dans les écoles; on se l'est dit à l'oreille jusque dans le salon de la reine. Les orateurs sacrés l'ont recommandé dans la chaire. On prie pour son accomplissement dans les églises calvinistes du continent; nos hommes d'Etat eux-mêmes en ont dit quelques mots dans le conseil. Ces insinuations hardies n'ont été démenties par aucune réprimande. A peine Elisabeth y a-t-elle répondu par sa protestation d'usage qu'elle voulait vivre et mourir vierge.

Elle connaît l'existence de ces bruits, et ses paroles sont plus affables que jamais! ses actions plus gracieuses, ses regards plus doux! Rien ne paraît me manquer pour devenir roi d'Angleterre, et me mettre à l'abri de l'inconstance des cours, que d'étendre la main pour saisir cette couronne royale, la gloire de l'univers! et c'est quand je pourrais avancer cette main le plus hardiment, qu'elle est enchaînée par un nœud secret et indissoluble. Voilà, ajoutait-il en les prenant avec humeur, voilà des lettres d'Amy, qui me persécute pour que je la reconnaisse ouvertement, pour que je lui rende justice, ainsi qu'à moi-même, et je ne sais quoi encore! Il me semble que je n'ai été que trop peu juste envers moi-même. Et elle me parle comme si Elisabeth était prête à recevoir cette nouvelle avec le plaisir d'une mère qui apprend le mariage d'un fils chéri ! Elle ! la fille de ce Henry qui n'épargna aucun homme dans sa colère, et aucune femme dans ses désirs ; Elisabeth, abusée par une passion feinte jusqu'au point d'avouer son amour pour un sujet, trouverait ce sujet marié ! Elle apprendrait qu'on s'est joué d'elle comme un courtisan peut le faire d'une pauvre villageoise. Ce serait alors que nous verrions ce que peut faire une femme en fureur [1] ! —

Il s'arrêtait alors, et appelait Varney, auquel il demandait conseil plus fréquemment que jamais, à cause des objections que le comte se souvenait lui avoir entendu opposer à son engagement secret. Ils terminaient toujours leurs entretiens en se consultant sur la manière dont la comtesse pourrait être présentée à Kenilworth. Ces délibérations, pendant quelque temps, avaient eu pour résultat de différer le voyage de la reine de jour en jour ; mais enfin une décision définitive devint nécessaire.

— Élisabeth ne sera pas satisfaite à moins de la voir, dit le comte. Je ne sais si elle a conçu quelques soupçons, comme mes craintes me le font présager, ou si Sussex, ou quelque autre de mes ennemis secrets, lui rappelle sans cesse la pétition de Tressilian ; mais au milieu des expressions de bonté dont elle m'honore, elle en revient souvent à l'histoire d'Amy Robsart. Je crois qu'Amy est l'esclave placé auprès de mon char par ma mauvaise fortune, pour troubler mon triomphe dans le moment le plus glorieux. Donne-moi quelque moyen, Varney, pour me tirer de ce pas difficile. J'ai fait, pour différer ces maudites fêtes, toutes les objections que je pouvais proposer avec une

---

(1) *Furens quid femina possit.* (Virg. Æn.)

ombre de vraisemblance; mais l'entrevue d'aujourd'hui ne me permet plus de rien espérer que du hasard. Élisabeth m'a dit avec douceur, mais d'un ton absolu : — Nous ne voulons pas vous donner plus de temps pour vos préparatifs, milord, de peur que vous ne vous ruiniez entièrement. Samedi, 9 juillet, nous serons chez vous à Kenilworth. Nous vous prions de n'oublier aucun des hôtes que nous vous avons demandés, et surtout cette jolie volage Amy Robsart : nous désirons voir la femme qui a pu préférer au poète Tressilian votre serviteur Richard Varney.—Ainsi, Varney, aie recours à ton imagination, qui nous a été si souvent utile : car, aussi sûr que mon nom est Dudley, le danger dont m'a menacé mon horoscope s'apprête à fondre sur moi.

— Ne pourrait-on, d'aucune manière, persuader à milady de remplir, pendant quelques instans, le rôle obscur que lui imposent les circonstances? demanda Varney après un moment d'hésitation.

— Comment, misérable, la comtesse passer pour ta femme! Cela ne peut s'accorder ni avec mon honneur ni avec le sien.

— Hélas! milord, c'est pourtant en cette qualité qu'Elisabeth la connaît. La détromper ce serait risquer de tout découvrir.

— Pense à quelque autre moyen, Varney, dit le comte extrêmement agité; celui-ci ne peut servir. J'y consentirais, qu'elle s'y refuserait; car je t'apprendrai, Varney, si tu ne le sais pas encore, qu'Élisabeth sur le trône n'a pas plus de fierté que cette fille d'un gentilhomme obscur du comté de Devon. Elle est docile, il est vrai, le plus souvent; mais croit-elle son honneur intéressé, elle s'enflamme et éclate avec la promptitude de la foudre.

— Nous l'avons éprouvé, milord; sans cette susceptibilité nous ne nous trouverions pas dans l'embarras. Je ne sais à quelle autre invention il faudra avoir recours. Il me semble que celle qui fait naître le danger devrait contribuer autant qu'il est en son pouvoir à le détourner.

— C'est impossible, dit le comte en faisant un signe de la main. Je ne connais ni autorité ni prince qui pussent la résoudre à porter ton nom pendant une heure.

— C'est un peu dur cependant, dit Varney d'un ton sec; et, sans s'arrêter sur ce sujet, il ajouta: Si on choisissait quelque autre personne pour la remplacer? De pareilles choses se sont passées sous les yeux de monarques aussi clairvoyans que la reine Élisabeth.

— Autre folie, Varney, répondit le comte; la fausse Amy serait confrontée avec Tressilian, et la découverte serait inévitable.

— On pourrait éloigner Tressilian de la cour, dit Varney sans hésiter.

— Et par quels moyens?

— Il y en a une infinité dont un homme d'État dans votre situation peut se servir pour éloigner de la scène un homme qui épie vos secrets, et qui vous montre une opposition dangereuse.

— Ne me parle pas d'une pareille politique, Varney; d'ailleurs, dans le cas actuel, elle ne servirait à rien. Il peut y avoir à la cour beaucoup d'autres personnes qui aient vu Amy; et, en l'absence de Tressilian, on ferait venir sur-le-champ son père ou quelques uns de ses amis. Consulte encore ton génie inventif.

— Je ne sais plus que proposer, milord; mais si je me trouvais dans une perplexité pareille, je volerais à Cumnor-Place, et je forcerais mon épouse à donner son consentement aux mesures que sa sûreté et la mienne exigeraient.

— Varney, je ne puis la presser de consentir à ce qui répugnerait à la noblesse de son caractère. Ce serait mal reconnaître l'amour qu'elle a pour moi.

— Eh bien, milord, vous êtes un homme sage, un homme d'honneur; mais cette délicatesse et ces scrupules romanesques peuvent avoir cours en Arcadie, comme l'écrit votre neveu Sidney. Votre humble serviteur est un homme de ce monde, assez heureux pour que Votre Seigneurie n'ait pas dédaigné de se servir de la connaissance qu'il en a. Maintenant je voudrais savoir si dans cette union fortunée l'obligation se trouve de votre côté ou de celui de milady, et qui des deux a le plus de motifs de montrer de la complaisance et de prendre en considération les désirs, la convenance et la sécurité de l'autre.

— Je te répète, Varney, que tout ce qu'il a été en mon pouvoir de lui donner n'était pas seulement mérité, mais mille fois au-dessous de ses charmes et de sa vertu; car jamais la grandeur ne devint le partage d'une créature plus digne de l'orner et de l'embellir.

— Il est fort heureux, monseigneur, reprit Varney avec un sourire sardonique que son respect ne pouvait pas toujours réprimer; il est fort heureux que vous soyez ainsi satisfait. Vous aurez tout le temps de jouir d'une société aussi délicieuse, c'est-à-dire aussitôt que se terminera l'emprisonnement qui pourra paraître proportionné au crime d'avoir trompé les affections d'Élisabeth Tudor. Vous n'espérez pas, je présume, en être quitte à meilleur marché.

— Malicieux démon, oses-tu bien me railler dans mon malheur! répondit Leicester. Arrange tout comme tu l'entendras.

— Si vous parlez sérieusement, monseigneur, il faut partir pour Cumnor-Place sur-le-champ à franc-étrier, répliqua Varney.

— Vas-y toi-même, Varney. Le diable t'a donné cette sorte d'éloquence qui plaide le mieux dans une mauvaise cause. Mon front trahirait la lâcheté de mon âme si j'osais proposer une pareille fraude. Va-t'en, te dis-je! faut-il que je te presse de faire mon propre déshonneur?

— Non, milord, dit Varney; mais, si vous voulez sérieusement me confier le soin de faire adopter cette mesure indispensable, il faut me donner pour ma noble maîtresse un écrit qui me serve de lettre de créance; et comptez que je saurai appuyer cet avis de toute mon éloquence. Telle est mon opinion de l'amour de ma maîtresse pour Votre Seigneurie, et de son désir de faire tout ce qui peut contribuer à vous plaire, que je suis sûr qu'elle consentira à porter pendant quelques jours un nom aussi humble que le mien, d'autant plus d'ailleurs qu'il ne le cède en rien pour l'ancienneté à celui de sa famille.

Leicester prit la plume, et commença deux ou trois lettres à la comtesse, qu'il déchira sans les achever. Enfin il traça quelques lignes sans suite, dans lesquelles il conjurait Amy, par des motifs secrets qui intéressaient sa vie et son honneur, de consentir à porter le nom de Varney pendant les fêtes de Kenilworth. Il ajoutait que Varney lui communiquerait les raisons qui rendaient cette déception indispensable; et, ayant signé et scellé ces dépêches, il les jeta par-dessus la table à Varney, avec un geste qui lui intimait l'ordre de partir sur-le-champ; ordre que son conseiller ne tarda pas à comprendre ni à exécuter.

Leicester demeura comme un homme pétrifié jusqu'à ce qu'il entendit le galop des chevaux; car Varney, sans se donner le temps de changer de costume, se mit en selle; et, suivi d'un seul domestique, partit à toute bride pour le comté de Berks. A ce bruit, le comte se leva précipitamment et courut vers la fenêtre avec l'intention momentanée de révoquer l'indigne message qu'il venait de confier à un homme dont il avait coutume de dire qu'il ne lui connaissait aucune vertu, excepté son attachement à son protecteur. Mais Varney était déjà hors de la portée de la voix, et l'aspect du firmament étoilé, que ce siècle regardait comme le livre des destins, fit oublier au comte ce retour sur lui-même et ce sentiment généreux.

— Les voilà qui poursuivent leur cours silencieux, dit le comte, ces astres muets, mais dont l'influence puissante se fait sentir à tous les habitans de notre planète. Si les astrologues n'en imposent pas, voici la crise de mes destinées. L'heure approche, l'heure que je dois redouter et désirer en même temps, m'a-t-on dit. — ROI était le mot. — Mais comment? La couronne d'Elisabeth? Tout mon espoir s'est évanoui de ce côté. Eh bien ! j'y renonce : les riches provinces des Pays-Bas me demandent pour leur chef; et, si Elisabeth y consentait, elles m'offriraient leur couronne. Et n'ai-je pas des droits au diadème,... même dans ce royaume, si Elisabeth n'était plus? Je suis de la famille d'Huntingdon, à qui la maison d'York a transmis ses prétentions par George de Clarence... Mais je ne veux pas pénétrer plus avant ces mystères importans; il faut que pendant quelque temps encore je continue ma carrière dans le silence et l'obscurité comme un fleuve souterrain; le temps viendra que je m'élancerai dans toute ma force, et que j'entraînerai tout ce qui s'opposera à mon passage.

Pendant que Leicester cherchait à donner le change à sa conscience en s'excusant par une prétendue nécessité politique, et qu'il s'égarait dans les rêves extravagans de l'ambition, son agent se rendait en toute hâte à sa destination. Varney avait aussi de hautes espérances; il avait amené Leicester au point où il voulait; le comte lui découvrait les secrets les plus cachés de son cœur, et se servait de lui pour ses relations les plus confidentielles avec son épouse; il voyait que dorénavant son protecteur ne pourrait plus se passer de ses services ni refuser ses demandes, quelque déraisonnables qu'elles pussent être; et, si cette dédaigneuse dame, comme il appelait la comtesse, accédait à la demande de Leicester, Varney, son prétendu mari, se trouverait si étrangement placé à son égard qu'il ne voyait point de bornes à son audace;... peut-être même espérait-il obtenir un triomphe auquel il songeait avec un mélange de sentimens diaboliques, parmi lesquels la vengeance des anciens mépris qu'il avait essuyés tenait le premier rang. Il supposait aussi la possibilité de la trouver tout-à-fait intraitable, et de ne pouvoir la déterminer à remplir le rôle qui lui était assigné dans le drame de Kenilworth.

— En ce cas, Alasco jouera son rôle, pensa-t-il; la maladie sera l'excuse de mistress Varney auprès de Sa Majesté, si elle ne peut aller lui offrir ses hommages. Oui, et ce sera probablement une longue et dangereuse maladie, si la reine continue à regarder lord Leicester d'un œil aussi favorable. Je ne renoncerai pas aisément à devenir le favori d'un monarque. En avant, mon bon cheval : l'ambition, l'espoir du plaisir et de la vengeance percent mon cœur de leurs aiguillons comme j'enfonce mes éperons dans tes flancs poudreux; avançons, mon bon cheval, avançons, le diable nous pousse tous deux.

CHAPITRE XXIII.

« Si tu dédaignes les appas
« De celle qui te fut si chère,
« Cruel, il ne fallait donc pas
« M'enlever à mon pauvre père.

« Tous mes regrets sont superflus :
» Jamais une si longue absence
« Ne me priva de ta présence;
« Je le vois, tu ne m'aimes plus. »

W. Julius Mickle, *le Château de Cumnor.*

Les dames à la mode de nos jours doivent convenir que la jeune et charmante comtesse de Leicester avait, outre sa jeunesse et sa beauté, deux qualités qui lui méritaient à juste titre une place parmi les femmes de distinction. Nous l'avons vue déployer, dans son entrevue avec le colporteur, un grand empressement à faire des emplettes inutiles, seulement pour le plaisir de se procurer ces brillans colifichets qui cessent de plaire aussitôt qu'on les possède. Elle avait de plus un véritable penchant à passer chaque jour un temps considérable à s'en parer, quoique la riche variété de ses atours ne pût lui attirer que les louanges à moitié satiriques de la scrupuleuse Jeannette, ou un regard approbateur de ces yeux brillans qui voyaient leur propre éclat réfléchi dans le miroir. La comtesse Amy pouvait, à la vérité, donner une excuse pour la frivolité de ses goûts ; l'éducation qu'on recevait dans ce temps-là n'avait pu faire que peu de chose pour un esprit naturellement léger et ennemi de l'étude. Si elle n'eût pas aimé la parure, elle aurait pu faire de la tapisserie ou des broderies, et décorer de ses propres ouvrages les murs, les meubles du château de Lidcote, ou se distraire de ces travaux par les soins de préparer un énorme pouding pour l'instant où sir Hugh Robsart revenait de la chasse ; mais Amy n'avait naturellement aucun goût ni pour le métier, ni pour l'aiguille, ni pour la tenue des livres. Elle avait perdu sa mère étant encore enfant ; son père ne la contredisait jamais en rien, et Tressilian, qui seul était capable de cultiver son esprit, s'était fait beaucoup de tort dans son opinion pour s'être trop empressé à exercer auprès d'elle l'emploi de précepteur ; aussi cette jeune personne, dont la vivacité et les volontés ne rencontraient jamais d'opposition, le regardait avec quelque crainte et beaucoup de respect ; mais elle n'éprouva jamais pour lui ce sentiment plus doux qu'il aurait voulu lui inspirer. Dans une telle situation, le cœur d'Amy était bien exposé, et Leicester captiva aisément son imagination par son extérieur noble, ses manières gracieuses et ses flatteries adroites, avant même qu'elle le connût pour le favori de la richesse et du pouvoir.

Les fréquentes visites de Leicester à Cumnor-Place dans les premiers temps de leur union, avaient rendu supportable à la comtesse la solitude et la retraite à laquelle elle était condamnée; mais quand ces visites devinrent de plus en plus rares, quand ce vide ne fut rempli que par des lettres d'excuses qui n'étaient pas toujours l'expression d'une tendre affection, et généralement très courtes, le mécontentement et le soupçon commencèrent à s'introduire dans ces appartemens splendides que l'amour avait préparés pour la beauté. Les réponses d'Amy à Leicester laissaient trop voir ses sentimens; elle le pressait avec plus de franchise que de prudence de la délivrer enfin de cette obscure retraite, par la publication solennelle de son mariage; et en disposant ses argumens avec toute l'adresse dont elle était capable, elle se fiait principalement à la chaleur des supplications dont elle les appuyait. Quelquefois même elle se hasardait à y mêler des reproches dont Leicester croyait avoir quelque raison de se plaindre.

— Je l'ai faite comtesse, disait-il à Varney; il me semble qu'elle pourrait bien attendre, pour en prendre la couronne, que cela pût s'accorder avec mon bon plaisir.

La comtesse Amy voyait les choses sous un tout autre point de vue.

— A quoi me sert, disait-elle, d'avoir en réalité le rang et les honneurs, si je dois vivre ici prisonnière, obscure, sans aucune société, et souffrant que la médisance attaque chaque jour ma réputation? Je ne me soucie guère de toutes ces perles dont tu ornes les tresses de mes cheveux, Jeannette. Je te dis que dans le château de Lidcote je n'avais qu'à y placer une rose nouvelle, et mon père m'appelait vers lui pour pouvoir la contempler de plus près; le bon vieux curé souriait, et Mumblazen, qui ne pensait qu'au blason, parlait de *roses de gueules.* Maintenant me voici ornée d'or et de pierreries comme une relique, sans avoir aucune autre personne que toi pour voir ma parure, Jeannette. Il y avait aussi le pauvre Tressilian... Mais il est inutile d'en parler aujourd'hui.

— En effet, madame, cela est inutile, répondit sa prudente suivante, et véritablement vous me faites quelquefois désirer de ne pas vous en entendre parler si souvent ou si étourdiment.

— Tes remontrances sont hors de saison, Jeannette; je suis née libre, quoique maintenant enchaînée, plutôt comme une belle esclave étrangère que comme l'épouse d'un seigneur anglais. J'ai supporté tout avec plaisir lorsque j'étais sûre de son amour, mais maintenant ils ont beau tenir mon corps dans l'esclavage, mon cœur et ma langue seront libres. Je le répète, Jeannette, j'aime mon époux; je l'aimerai jusqu'à mon dernier soupir; je ne pourrais cesser de l'aimer quand même je le voudrais; et si lui-même cessait de m'aimer!... Dieu sait si je dois connaître ce cruel malheur; mais je dirai hautement que j'aurais été plus heureuse si je fusse restée à Lidcote, quand même j'y serais devenue la femme du pauvre Tressilian, au regard mélancolique, et qui avait la tête pleine d'un savoir dont je ne me souciais guère. Il disait que si je voulais lire ses livres tant chéris, il viendrait un temps où je serais bien aise d'avoir suivi son conseil. Je crois que ce temps-là est arrivé.

— Madame, dit Jeannette, je vous ai acheté quelques livres d'un boiteux qui les vendait dans la place du marché, et qui m'a regardée d'une manière bien hardie, je vous assure.

— Voyons-les, Jeannette, dit la comtesse; mais surtout que ce ne soient pas des livres de ta secte précisienne... Quels sont ceux-ci, ma dévote suivante? *Une paire de mouchettes pour le chandelier d'or; — Une poignée de myrrhe et d'hysope pour purger l'âme malade; — Un verre d'eau de la vallée de Baca ;* — *Les Renards et les Torches.* — Comment appelles-tu ce fatras, ma fille?

— Hélas! madame, dit Jeannette, il était de mon devoir de placer d'abord la grâce devant vous; mais si vous la rejetez, voici des pièces de théâtre et des livres de poésie, je pense.

La comtesse commença nonchalamment son examen, et rejeta maints précieux volumes qui feraient de nos jours la fortune de vingt bouquinistes; il y avait : un — *Livre de Cuisine, imprimé par Richard Lant ;* — *Les œuvres de Skelton ;* — *Le Passe-Temps du Peuple ;* — *Le château de la Science,* — etc., mais ce genre de littérature ne convenait pas davantage au goût d'Amy ; quand tout-à-coup un bruit de chevaux se fit entendre dans la cour; la comtesse se leva avec joie, abandonna son ennuyeuse occupation de feuilleter de vieux bouquins, et, les laissant tomber sur le plancher, elle courut à la fenêtre en s'écriant : — C'est Leicester! c'est mon noble comte! c'est mon Dudley! chaque pas de son cheval retentit comme le son le plus harmonieux.

Il y eut dans la maison un moment de tumulte, et Foster entra chez la comtesse avec son air de mauvaise humeur, pour lui dire que maître Richard Varney arrivait avec les ordres de milord, après avoir couru toute la nuit, et qu'il demandait à parler à milady sur-le-champ.

— Varney? Et pour me parler? Mais il vient avec des nouvelles de Leicester, ainsi fais-le entrer sur-le-champ.

Varney entra dans le cabinet de toilette, où Amy était assise parée de tous ses charmes naturels, et de tout ce qu'y avait pu ajouter l'art de Jeannette, par un négligé à la fois riche et élégant. Mais son plus bel ornement était sa belle chevelure, dont les boucles nombreuses flottaient autour d'un cou blanc comme celui d'un cygne, et sur un sein agité par l'attente qui avait communiqué une rougeur animée à tous ses attraits.

Varney s'offrit à elle dans le même costume avec lequel il avait accompagné son maître ce jour même à la cour, et dont la magnificence contrastait singulièrement avec le désordre produit par un voyage si précipité, dans une nuit obscure et par de mauvais chemins. Son front avait une expression d'inquiétude et d'embarras comme celui d'un homme chargé d'annoncer des choses qu'il ne croit pas devoir être bien accueillies, mais que la nécessité de les communiquer a fait accourir en toute hâte. La comtesse prit tout d'un coup l'alarme, et elle s'écria : — Vous m'apportez des nouvelles de milord, Varney? Grand Dieu! serait-il malade?

— Non, madame, grâce au ciel, dit Varney ; calmez-vous, et permettez-moi de reprendre haleine avant de vous communiquer mon message.

— Point de retard, monsieur, reprit la comtesse ; je connais tous vos artifices de théâtre ; puisque votre haleine a suffi pour vous amener jusqu'ici, elle vous suffira pour me raconter ce que vous avez à me dire, au moins en gros et brièvement.

— Madame, répondit Varney, nous ne sommes pas seuls, et le message de milord n'est que pour vous seule.

— Laissez-nous, Jeannette, et vous aussi, M. Foster, dit-elle ; mais restez dans la chambre voisine, à portée de m'entendre.

Foster et sa fille se retirèrent donc, conformément aux ordres de lady Leicester, dans la pièce voisine, qui était le salon. La porte de la chambre à coucher fut alors soigneusement fermée à la clef et aux verrous ; et le père et la fille restèrent, le premier avec une attention farouche et soupçonneuse, et Jeannette, les mains jointes, partagée entre le désir de connaître le sort de sa maîtresse, et les prières qu'elle offrait au ciel pour sa sûreté. On eût dit que Tony Foster lui-même avait quelque idée de ce qui se passait dans l'esprit de sa fille, car il traversa l'appartement, et lui dit en lui prenant la main : — Tu as raison ; prie, Jeannette, prie ; nous avons besoin de prières, et quelques uns d'entre nous plus que les autres ; je prierais moi-même, si je ne voulais prêter l'oreille à ce qui se passe là-dedans : quelque malheur se prépare, ma chère ; quelque malheur approche. Dieu nous pardonne nos péchés; mais l'arrivée subite de Varney ne présage rien de bon.

C'était la première fois que Jeannette entendait son père l'exciter à faire attention à ce qui se passait dans ce séjour du mystère. Sa voix retentissait à son oreille comme celle du funeste hibou qui prédit la terreur et le deuil. Elle tourna les yeux vers la porte avec crainte, comme si elle se fût attendue à des sons d'horreur, ou à quelque spectacle d'effroi.

Cependant tout était parfaitement tranquille, et ceux qui s'entretenaient dans la chambre le faisaient d'une voix si basse qu'on ne pouvait distinguer leurs paroles. Tout d'un coup on les entendit parler à mots précipités, et bientôt après la comtesse, avec l'accent de la plus violente indignation, s'écria : — Ouvrez la porte, monsieur ; je vous l'ordonne ! ouvrez la porte ! point de réplique ! continua-t-elle, couvrant par ses cris la voix étouffée de Varney, qu'on pouvait distinguer de temps en temps. Sortez, sortez, vous dis-je. Jeannette, appelle au secours! Foster, brisez la porte! Je suis retenue ici par un traître. Employez hache et levier, M. Foster, je serai votre caution!

—Cela n'est pas nécessaire, madame, dit à la fin Varney de manière à être entendu. Si vous voulez exposer les importans secrets de milord et les vôtres devant tout le monde, je ne prétends point vous en empêcher.

Les verrous furent tirés; la porte s'ouvrit, et Jeannette et son père se précipitèrent avec inquiétude dans l'appartement, pour apprendre la cause de ces exclamations réitérées.

Quand ils entrèrent, Varney était debout près de la porte, grinçant des dents avec une expression dans laquelle étaient peints des sentimens opposés de rage, de honte et de crainte. La comtesse était au milieu de son appartement, comme une jeune pythonisse sous l'influence de la fureur prophétique.

Les veines bleues de son beau front s'étaient gonflées; ses joues et sa gorge étaient rouges comme l'écarlate; ses yeux étaient ceux d'un aigle emprisonné, qui lancent des éclairs sur les ennemis qu'il ne peut atteindre de ses serres. S'il était possible à une des Grâces d'être excitée par une Furie, sa figure ne pourrait réunir plus d'attraits, avec autant de haine, de mépris, de fierté et de colère. Les gestes d'Amy et son attitude répondaient à sa voix et à son regard; son aspect imposant n'était pas sans beauté, tant l'énergie de l'indignation avait ajouté de traits sublimes aux charmes naturels de la comtesse. Jeannette, aussitôt que la porte s'ouvrit, courut à sa maîtresse, et Foster, avec plus de lenteur que sa fille, mais cependant plus vite que de coutume, s'approcha de Richard Varney.

— Au nom de la vérité, qu'est-il arrivé à Votre Seigneurie? demanda Jeannette.

— Au nom de Satan, que lui avez-vous fait? dit Foster à son ami.

— Qui, moi? rien, répondit Varney la tête baissée et de mauvaise humeur; j'ai dû lui communiquer les ordres de son époux; et si milady ne veut pas s'y conformer, elle sait ce qu'il faut répondre mieux que je ne puis le faire.

— Jeannette, j'en atteste le ciel, dit la comtesse, le traître en a menti par la gorge; il ne peut que mentir, puisque ce qu'il dit outrage l'honneur de mon noble époux; il ment doublement, puisqu'il ne parle que pour favoriser un dessein également exécrable et impraticable.

— Vous m'avez mal compris, milady, dit Varney avec

une espèce de soumission ; laissons cet entretien jusqu'à ce que votre colère soit passée. Alors je vous satisferai sur tous les points.

— Tu n'en auras jamais l'occasion, dit-elle à Varney. Regarde-le, Jeannette, il est bien habillé, il a l'extérieur d'un gentilhomme, et il est venu ici pour me persuader que c'était le plaisir de mon seigneur, l'ordre de mon époux légitime, que je partisse avec lui pour Kenilworth, et que là, devant la reine et les nobles, en présence de mon époux, je le reconnusse lui, lui qui est là, cet homme qui brosse les habits, qui nettoie les bottes, qui est le laquais de milord! que je le reconnusse pour mon maître, pour mon mari! Grand Dieu! je fournirais donc contre moi-même des armes quand je voudrais réclamer mes droits et mon rang! Je renoncerais à ma réputation d'honnête femme! Je détruirais mon titre à prendre place parmi les respectables dames de la noblesse anglaise!

— Vous l'entendez, Foster; et vous, jeune fille, entendez-la, dit Varney, profitant d'un moment de silence dont la cause était le besoin qu'avait la comtesse de respirer, plutôt qu'une diminution de sa colère; vous en êtes témoins, elle ne me reproche que le plan de conduite que notre bon maître suggère dans la lettre qu'elle tient à présent dans ses mains, vu la nécessité où il est de garder certain secret.

Foster essaya ici d'intervenir avec un air d'autorité qu'il croyait convenir au poste qu'on lui avait confié.

— Oui, milady, je dois avouer que vous êtes trop prompte dans cette circonstance. Une pareille fraude n'est pas entièrement condamnable, lorsqu'en la commettant on n'a qu'un but pieux. Ce fut ainsi que le patriarche Abraham feignit que Sara était sa sœur, lorsqu'ils allèrent en Egypte.

— Oui, monsieur, dit la comtesse ; mais Dieu réprouva

cette imposture, même dans le père de son peuple, par la bouche du païen Pharaon. Honte à vous qui ne lisez les Ecritures que pour faire une fausse application des choses qui y sont contenues comme des exemples non à suivre, mais à éviter.

—Mais Sara ne s'opposa point à la volonté de son époux, sous votre bon plaisir, dit Foster ; elle fit ce qu'Abraham ordonnait en prenant le nom de sa sœur pour l'intérêt de son époux, et afin que la beauté de son corps ne fût pas une cause de perdition pour son âme.

— Maintenant, que le ciel me pardonne mon inutile courroux, répondit la comtesse ; tu es un hypocrite aussi hardi que cet autre là-bas est un fourbe impudent. Jamais je ne pourrai croire que le noble Dudley ait donné son approbation à un dessein si déshonorant. C'est ainsi que je foule aux pieds son infamie :... s'il en est véritablement coupable, j'en détruis à jamais le souvenir.

En parlant ainsi elle déchira la lettre de Leicester, et la foula aux pieds dans l'excès de son impatience, comme si elle eût voulu en anéantir jusqu'aux moindres fragmens.

— Soyez témoins, dit Varney en reprenant son assurance, soyez témoins qu'elle a déchiré la lettre de milord, afin de rejeter sur moi le projet qu'il a lui-même imaginé. Elle voudrait que je fusse le seul coupable, quand je n'ai aucun intérêt personnel dans tout ceci.

— Tu mens, détestable fourbe ! dit la comtesse malgré tous les efforts que faisait Jeannette pour lui faire garder le silence, prévoyant tristement que sa violence ne servirait qu'à fournir des armes contre elle-même. Tu mens, continua-t-elle. Laisse-moi, Jeannette. — Quand ce serait ma dernière parole, il ment. Il a voulu en venir à son but infâme, et il l'eût fait plus ouvertement encore si ma colère m'eût permis de garder le silence qui l'avait d'abord encouragé à découvrir ses vils projets.

— Madame, dit Varney, confondu en dépit de son effronterie, je vous supplie de croire que vous êtes dans l'erreur.

— Je croirai plutôt que le jour est la nuit! Ai-je donc oublié? Ne me rappelé-je pas des trahisons qui, connues de Leicester, t'eussent valu l'infamie du gibet au lieu de l'honneur de son intimité? Que ne suis-je un homme seulement cinq minutes! ce temps suffirait pour arracher d'un lâche comme toi l'aveu de sa scélératesse. Mais va-t'en! sors d'ici! et dis à ton maître que lorsque je suivrai le chemin honteux dans lequel me conduirait nécessairement l'imposture que tu me conseilles en son nom, je lui donnerai un rival un peu plus digne de ce titre. Il ne sera pas supplanté par un ignominieux laquais, dont le plus grand bonheur est d'attraper les habits de son maître avant qu'ils soient entièrement usés, et qui n'est bon qu'à séduire quelque fille de faubourg par l'élégance d'une nouvelle rosette ajoutée aux vieux souliers de son maître. Va, te dis-je, sors d'ici; je te méprise tant que je suis honteuse de ma colère contre toi.

Varney quitta la chambre avec une expression de rage muette. Il fut suivi par Foster, dont l'esprit naturellement lourd fut pour ainsi dire accablé par ce torrent d'indignation impétueuse, sorti des lèvres d'une jeune personne qui avait jusqu'alors paru assez douce, et trop indolente pour nourrir une pensée de colère ou se livrer à un transport d'indignation.

Foster poursuivit Varney de chambre en chambre, le persécutant de questions, auxquelles l'autre ne répondit que lorsqu'ils furent arrivés dans la vieille bibliothèque avec laquelle le lecteur a déjà fait connaissance. Là Varney se tourna vers le vieux puritain, et répondit enfin avec une certaine assurance, quelques instans ayant suffi à un homme aussi habitué que lui à commander à ses émotions, pour se reconnaître et recouvrer sa présence d'esprit.

— Tony, dit-il avec son ironie habituelle, je ne puis le nier, la femme et le diable, qui, comme ton oracle Holdforth pourra te le confirmer, trompèrent l'homme au commencement du monde, ont triomphé aujourd'hui de ma discrétion. Cette petite furie avait l'air si tentant, elle a eu l'art de se contenir si naturellement pendant que je lui communiquais le message de Monseigneur, que, sur ma foi, je m'imaginai que je pouvais glisser quelques mots pour moi. Elle croit avoir ma tête sous sa ceinture, mais elle se trompe. Où est le docteur?

— Dans son laboratoire, dit Foster; c'est l'heure où on ne peut lui parler. Il faut attendre que midi soit passé, si nous ne voulons détruire ses études importantes; que dis-je, importantes! ses divines études.

— Oui, il étudie la théologie du diable, dit Varney. Mais, quand je veux lui parler, toutes les heures sont bonnes. Conduis-moi à son *Pandæmonium* [1].

Ainsi parla Varney, et d'un pas accéléré, d'un air embarrassé, il suivit Foster, qui le conduisit à travers des corridors dont plusieurs étaient près de tomber en ruines, jusqu'à l'appartement souterrain alors occupé par le chimiste Alasco; c'était là qu'autrefois un des abbés d'Abingdon, passionné pour les sciences occultes, avait, au grand scandale de son couvent, établi un laboratoire dans lequel, comme beaucoup d'autres insensés de ce siècle, il avait perdu un temps précieux et dépensé en outre une grosse somme à la recherche du grand secret.

Tony Foster s'arrêta devant la porte, soigneusement fermée en dedans, et manifesta de nouveau une hésitation marquée. Mais Varney, moins scrupuleux, à force de cris et de coups répétés, arracha le sage à ses travaux. Alasco ouvrit la porte de la chambre lentement et avec répu-

---

[1] On sait que c'est le nom du palais improvisé de Satan dans le *Paradis perdu*. — Ed.

gnance; ses yeux étaient enflammés et obscurcis par la chaleur et les vapeurs de l'alambic sur lequel il méditait; l'intérieur de son laboratoire offrait à la vue le confus assemblage de substances hétérogènes et d'ustensiles extraordinaires. Le vieillard murmura avec impatience:

— Serai-je donc toujours rappelé des affaires du ciel à celles de la terre?

— A celles de l'enfer! dit Varney, car c'est là ton élément. Foster, nous avons besoin de toi à notre conférence.

Foster entra lentement dans la chambre; Varney, qui le suivait, ferma la porte, et ils se mirent à délibérer secrètement.

Pendant ce temps, la comtesse se promenait dans son appartement; la honte et la crainte étaient peintes sur son beau visage.

— Le scélérat, disait-elle, le traître, le lâche intrigant! Mais je l'ai démasqué, Jeannette, j'ai attendu que le serpent déroulât devant moi tous ses replis, et parût rampant dans toute sa difformité. J'ai suspendu mon ressentiment au risque d'étouffer de contrainte, jusqu'à ce qu'il m'eût découvert le fond d'un cœur plus noir que l'abîme le plus ténébreux de l'enfer. Et toi, Leicester, as-tu pu m'ordonner de nier un seul instant les droits légitimes que j'ai sur toi, ou les céder toi-même à un autre? Mais c'est impossible. Le scélérat a menti en tout. Jeannette, je ne veux pas rester ici plus long-temps. Je crains Varney, je crains ton père. Oui, Jeannette, je le dis à regret, je crains ton père, mais par-dessus tout cet odieux Varney. Je veux fuir de Cumnor.

— Hélas! madame, où pourriez-vous fuir? et par quels moyens vous échapperez-vous de ces murs?

— Je ne sais, Jeannette, dit l'infortunée Amy en tournant les yeux vers le ciel et en joignant les mains; je ne sais où je fuirai, ni par quels moyens je pourrai fuir; mais je suis certaine que le Dieu que j'ai servi ne m'abandonnera pas dans une crise si terrible, car je suis entre les mains des méchans.

— N'ayez pas cette pensée, milady, dit Jeannette : mon père est d'un caractère sévère ; il exécute rigidement les ordres qu'on lui a donnés, mais cependant...

Dans ce moment Tony Foster entra dans l'appartement, tenant dans la main une coupe de verre et une petite bouteille ; ses manières avaient quelque chose d'étrange ; car quoiqu'il n'abordât jamais la comtesse qu'avec le respect dû à son rang, il avait jusqu'alors laissé éclater son caractère bourru, dont peut-être aussi il n'avait pu dissimuler la sombre expression.

Dans cette circonstance il ne montrait rien de ce ton d'autorité qu'il avait coutume de cacher sous une affectation maladroite de civilité et de déférence, à peu près comme un brigand cache ses pistolets ou son bâton sous un manteau mal coupé. Cependant son sourire semblait être l'effet de la crainte plutôt que de la bienveillance ; il pressa la comtesse de prendre un cordial précieux, disait-il, pour relever ses esprits après l'alarme qu'elle venait d'avoir ; mais son regard disait qu'il était le complice de quelque sinistre dessein contre elle. Sa main et sa voix tremblaient, et tout son maintien annonçait quelque chose de si suspect que sa fille Jeannette, après être restée quelques secondes à le regarder avec étonnement, parut tout d'un coup se préparer à exécuter quelque action hardie ; elle leva la tête, prit un air et une démarche de résolution et d'autorité, et, s'avançant lentement entre son père et sa maîtresse, elle voulut prendre la coupe, et dit d'un ton peu élevé, mais ferme : — Mon père, je remplirai la coupe, pour ma noble maîtresse, quand ce sera son plaisir.

— Non, mon enfant, dit Foster vivement et avec inquiétude ; non, mon enfant, ce n'est pas toi qui rendras ce service à la comtesse.

— Et pourquoi, je vous prie, dit Jeannette, s'il faut que la noble dame goûte de ce cordial?

— Pourquoi! pourquoi! dit le scélérat en hésitant d'abord, et puis se mettant en colère, comme le meilleur moyen pour se dispenser de toute autre raison; pourquoi! parce que je le veux ainsi, ma fille. Allez à l'office du soir.

— Maintenant, je le déclare, comme j'espère en entendre d'autres, reprit Jeannette, je n'irai point ce soir à l'office, à moins d'être plus assurée du sort de ma maîtresse. Donnez-moi ce flacon, mon père; et elle le prit malgré lui de ses mains, qui s'ouvrirent comme par l'effet du remords; — ce qui doit faire du bien à ma maîtresse ne saurait me faire du mal. Mon père, à votre santé.

Foster, sans répondre une parole, se précipita sur sa fille, et lui arracha le flacon des mains; ensuite, comme troublé de ce qu'il venait de faire, et entièrement incapable de décider ce qu'il ferait après, il resta debout avec le flacon dans les mains et les jambes écartées, arrêtant sur sa fille un regard dont la rage, la crainte et la scélératesse formaient l'expression hideuse.

— Voilà qui est étrange, mon père, dit Jeannette en fixant sur Foster ce regard par lequel on dit que les gardiens des lunatiques soumettent leurs malheureux malades; ne me laisserez-vous ni servir ma maîtresse, ni boire à sa santé?

Le courage de la comtesse la soutint pendant cette scène terrible; elle conserva même son insouciance naturelle, et, quoique son visage eût pâli à la première alarme, son œil était calme et presque méprisant.

— Voulez-vous goûter ce précieux cordial, M. Foster? Peut-être vous ne refuserez pas de me faire raison, quoique vous ne le permettiez pas à Jeannette; buvez, je vous en prie.

— Je ne le veux pas, dit Foster.

— Et pour qui donc est réservé ce rare breuvage? dit la comtesse.

— Pour le diable, qui l'a composé! reprit Foster. Et, tournant sur ses talons, il quitta l'appartement.

Jeannette regarda sa maîtresse d'un air qui exprimait la honte, le chagrin et la douleur.

— Ne pleurez pas sur moi, Jeannette, dit la comtesse avec douceur.

— Non, madame, répliqua sa compagne d'une voix entrecoupée de sanglots ; ce n'est pas pour vous que je pleure, c'est pour moi-même, c'est pour ce malheureux! Ceux qui sont déshonorés devant les hommes, ceux qui sont condamnés par Dieu, ceux-là ont sujet de pleurer, et non ceux qui sont innocens. Adieu, madame! dit-elle en prenant en toute hâte le manteau avec lequel elle avait coutume de sortir.

— Me quittez-vous, Jeannette? dit sa maîtresse ; m'abandonnez-vous dans une position si critique?

— Vous abandonner, madame! s'écria Jeannette en courant vers sa maîtresse et couvrant sa main de baisers ; vous abandonner! que mon espérance et ma foi m'abandonnent aussi si jamais cela m'arrive! Non, madame. Vous avez dit avec juste raison que le Dieu que vous serviez vous ouvrirait une voie de salut : il y a un moyen d'échapper. J'ai prié nuit et jour pour être éclairée : j'étais indécise entre l'obéissance que je dois au malheureux qui vient de nous quitter, et celle à laquelle vous avez droit ; j'ai été éclairée d'une manière sévère et terrible, et je ne dois point fermer la porte de salut que Dieu vous ouvre. Ne m'en demandez pas davantage ; je serai bientôt de retour.

En parlant ainsi, elle s'enveloppa de son manteau, dit à la vieille femme qu'elle rencontra dans l'antichambre qu'elle allait à l'office du soir, et elle sortit.

Cependant son père était de retour dans le laboratoire,

où il trouva les complices du crime qu'il n'avait pas osé accomplir.

— L'oiseau a-t-il bu? dit Varney avec un demi-sourire. L'astrologue fit des yeux la même question, mais sans prononcer une parole.

— Non, dit Foster, et ce ne sera pas moi qui lui présenterai le poison. Voudriez-vous me faire commettre un meurtre en présence de ma fille?

— Lâche et méchant coquin! reprit Varney avec amertume, ne t'a-t-on pas dit que dans cette affaire il n'était pas question de meurtre, comme tu l'appelles avec ce regard égaré et cette voix tremblante? Ne t'a-t-on pas dit qu'il ne s'agit que d'une légère indisposition, telle qu'une femme en feint tous les jours, sans conséquence, afin de pouvoir s'étendre avec nonchalance sur un canapé, au lieu de soigner ses affaires domestiques? Voilà un savant qui en jurera par la clef du palais de la sagesse.

— Je jure, dit Alasco, que l'élixir contenu dans la bouteille que tu tiens à la main ne saurait porter atteinte à la vie; je le jure par l'immortelle et indestructible quintessence d'or qui est contenue dans toutes les substances de la nature, quoique son existence secrète ne puisse être découverte que par celui auquel Trismégiste cède la clef de la science cabalistique.

— Voilà un serment de poids! dit Varney. Foster, tu serais pire qu'un païen si tu restais incrédule. Tu me croiras d'ailleurs, moi qui ne jure que sur ma parole, que, si tu fais le récalcitrant, il ne faut pas conserver l'espoir qu'on change ton bail en un acte de propriété. Alasco ne transmutera point ton étain en or; et, pour ce qui me regarde, mon brave Tony, tu ne seras jamais que mon fermier.

— Je ne sais pas, messieurs, dit Foster, quel est le but où tendent vos desseins: mais il est une chose à laquelle je suis résolu; c'est que, quoi qu'il arrive, je veux avoir ici quelqu'un qui prie pour moi, et ce sera ma fille. Je n'ai pas bien vécu, et je me suis trop occupé des affaires de ce monde ; mais ma fille est aussi innocente que lorsqu'elle jouait encore sur les genoux de sa mère, ma fille au moins aura sa place dans cette heureuse cité dont les murs seront d'or pur et les fondemens de pierres précieuses.

— Certes, Tony, dit Varney, ce serait un paradis selon ton cœur. Discutez cette matière avec lui, docteur Alasco ; je serai de retour dans quelques instans. En parlant ainsi, Varney se leva, et, prenant le flacon qui était sur la table, il quitta la chambre.

— Mon fils, dit Alasco à Foster aussitôt après le départ de Varney, je te proteste que, quoi que cet audacieux et impie railleur puisse dire de la science souveraine dans laquelle, avec la grâce du ciel, je suis allé si loin, il n'y a aucun artiste vivant que je voulusse appeler mon supérieur et mon maître. Malgré tous les blasphèmes que ce réprouvé ne craint pas de prononcer sur des choses trop saintes pour être comprises par des hommes qui n'ont que des pensées charnelles et coupables, je te proteste que la ville aperçue par saint Jean dans la vision brillante de l'Apocalypse, cette nouvelle Jérusalem, où tous les chrétiens espèrent d'arriver, annonce figurativement la découverte du grand secret, de ce secret par lequel les créations de la nature les plus précieuses et les plus parfaites seront extraites de ses productions les plus viles et les plus grossières ; de même que le papillon aux ailes légères et éclatantes, le plus beau des enfans de la brise d'été, s'échappe de la prison d'une informe chrysalide.

— Maître Holdforth n'a pas parlé de cette version, dit Foster d'un air de doute ; et d'ailleurs, docteur Alasco, l'Écriture nous apprend que l'or et les pierres précieuses de la cité sainte ne sont aucunement pour ceux qui commettent l'abomination ou qui fabriquent le mensonge.

— Eh bien, mon fils, dit le docteur, que concluez-vous de tout cela?

— Que ceux qui distillent des poisons ou qui les administrent secrètement ne peuvent avoir part à ces ineffables richesses, répondit Foster.

— Il faut distinguer, mon fils, reprit l'alchimiste, entre ce qui est nécessairement mal dans ses moyens et dans sa fin, et ce qui, quoique injuste, peut néanmoins produire du bien. Si la mort d'un individu peut rapprocher de nous l'heureuse époque où il suffira, pour obtenir le bien, de désirer sa présence, et, pour repousser le mal, de désirer son éloignement; l'heureuse époque où la maladie, les souffrances, le chagrin, obéiront en esclaves à la science humaine, et fuiront au moindre signe d'un sage, où tout ce qu'il y a maintenant de plus précieux et de plus rare sera à la portée de tous ceux qui écouteront la voix de la sagesse, où l'art de guérir sera complètement remplacé par le remède universel, où les sages deviendront les monarques de la terre, et où la mort elle-même reculera devant leur pouvoir; si, dis-je, cette consommation divine de toutes choses peut être hâtée par un accident aussi peu important que la perte d'un faible corps terrestre qui, devant nécessairement subir la loi commune, sera déposé dans le tombeau quelques instans plus tôt que ne l'auraient ordonné les lois de la nature, qu'est-ce qu'un pareil sacrifice, je le répète, pour accélérer le saint millénaire [1]?

— Le millénaire est le règne des saints, dit Foster toujours avec un air de doute.

— Dis que c'est le règne des sages, mon fils, répondit Alasco, ou plutôt le règne de la sagesse même.

— J'ai touché cette question avec maître Holdforth,

(1) *Millenium* ou millénaire. Nous avons déjà eu l'occasion d'expliquer ce terme : la croyance au millénaire caractérisait une secte chrétienne qu'on appelait la secte des millénaires, et qui prétendait que pendant mille ans après le jugement dernier la terre serait un paradis pour les élus sous le règne du Christ. — Ed.

dans la dernière conférence, dit Foster ; et il soutient que votre doctrine est hétérodoxe, et votre explication fausse et diabolique.

— Il est dans les liens de l'ignorance, mon fils, répondit Alasco ; il n'en est encore qu'à brûler des briques en Égypte, ou tout au plus à errer dans l'aride désert de Sinaï. Tu as mal fait de parler de pareilles choses à un tel homme ; cependant je te donnerai bientôt une preuve que je défierai ce théologien chagrin de réfuter, quand même il lutterait contre moi comme des magiciens luttèrent contre Moïse devant le roi Pharaon. J'opèrerai la projection en ta présence, mon fils, oui, en ta présence ; et tes yeux seront témoins de la vérité.

— Insiste là-dessus ! savant philosophe, dit Varney, qui entra dans ce moment. Il peut récuser le témoignage de ta bouche ; mais comment niera-t-il celui de ses propres yeux ?

— Varney, dit le chimiste, Varney, déjà revenu ! As-tu.... Il s'arrêta court.

— As-tu exécuté ta commission ? veux-tu dire, reprit Varney. Oui. Et toi, ajouta-t-il, montrant plus d'émotion qu'il ne l'avait encore fait, es-tu sûr de n'avoir rien versé de plus ou de moins que la mesure exacte ?

— Oui, répliqua Alasco, aussi sûr qu'un homme peut l'être dans des proportions aussi délicates, car il y a des constitutions différentes.

— Alors, dit Varney, je suis tranquille ; je sais que tu ne ferais pas un pas de plus vers le diable que ton salaire ne t'y oblige. Tu as été payé pour une maladie, et tu regarderais comme une prodigalité insensée de commettre un meurtre pour le même prix. Allons, retirons-nous chacun dans notre appartement ; nous verrons demain le résultat.

— Que lui as-tu fait pour la forcer à t'obéir ? dit Foster en frémissant.

— Rien, répondit Varney ; j'ai seulement fixé sur elle ce regard qui dompte les insensés, les femmes et les enfans. On m'a dit dans l'hôpital Saint-Luc [1] que j'avais justement le regard qu'il fallait pour soumettre un malade rebelle. Les gardiens m'en firent compliment ; ainsi je sais comment gagner mon pain quand ma faveur à la cour viendra à me fuir.

— Et ne crains-tu pas, dit Foster, que la dose soit trop forte?

— Si cela est, dit Varney, son sommeil n'en sera que plus profond, et cette crainte n'est pas de nature à troubler mon repos. Adieu, mes amis.

Tony Foster poussa un profond soupir, en levant les yeux et les mains vers le ciel. L'alchimiste annonça sa résolution de consacrer une partie de cette nuit à une expérience de grande importance, et Foster et Varney se séparèrent pour aller chacun dans leur chambre.

CHAPITRE XXIV.

« Que Dieu veille sur moi dans ce pèlerinage ;
« Car je ne puis attendre aucun secours humain !
« Si chacun à son gré se faisait son destin,
« Qui voudrait naître femme, et consacrer sa vie
« Aux larmes, aux douleurs, à la longue agonie
« De voir que son amour n'obtient plus d'autre prix
« Que froide indifférence et barbare mépris ? »
Le Pèlerinage d'amour.

Le jour finissait ; Jeannette, au moment où son absence prolongée au-delà de son habitude aurait pu causer des soupçons et provoquer des recherches de la part de gens aussi méfians que ceux qui habitaient Cumnor-Place, se hâta de rentrer, et de monter dans l'appartement où elle

---

(1) Hôpital des fous à Londres. — Ed.

avait laissé la comtesse. Elle la trouva la tête penchée sur ses bras, qui étaient croisés sur une table devant laquelle elle était assise; à l'approche de Jeannette, elle ne leva pas les yeux, et ne fit pas le moindre mouvement.

La fidèle suivante courut vers sa maîtresse avec la rapidité de l'éclair, et la touchant légèrement pour la tirer de cette espèce d'engourdissement, elle conjura la comtesse de la regarder et de lui dire ce qui l'avait mise dans cet état. La malheureuse Amy levant la tête à sa prière, et fixant sur sa compagne un œil éteint : — Jeannette, dit elle, je l'ai bue.

— Dieu soit loué! dit Jeannette vivement. Je veux dire Dieu soit loué qu'il ne soit rien arrivé de pire. Cette potion ne peut vous faire aucun mal. Levez-vous, secouez cette léthargie qui vous accable, et bannissez de votre âme le désespoir.

— Jeannette, répéta la comtesse, ne me dérange point; laisse-moi en repos : laisse-moi finir tranquillement ma vie; je suis empoisonnée.

— Vous ne l'êtes pas, ma très chère maîtresse, reprit la jeune fille avec transport, vous ne l'êtes pas. Ce que vous avez bu ne peut vous nuire, et je suis venue ici en toute hâte pour vous apprendre que les moyens de fuir sont en votre pouvoir.

— De fuir! s'écria la malheureuse comtesse en se levant de son siége, pendant que ses yeux reprenaient leur éclat et ses joues leur couleur : hélas! Jeannette, il est trop tard!

— Non, ma chère maîtresse. Levez-vous; prenez mon bras, faites un tour dans l'appartement. Ne souffrez pas que votre imagination produise l'effet du poison. Eh bien, ne vous apercevez-vous pas maintenant que vous avez recouvré le parfait usage de vos membres?

— Mon engourdissement semble diminuer, dit la comtesse en se promenant dans l'appartement, appuyée sur les bras de Jeannette ; mais est-il bien vrai que je n'ai pas avalé un breuvage mortel? Varney est venu ici en ton absence, et m'a ordonné, avec des regards dans lesquels j'ai lu mon destin, de boire cette horrible drogue. O Jeannette! elle doit être funeste! Jamais breuvage salutaire ne fut présenté par un tel échanson.

— Il ne le croyait pas sans danger, je le crains, répliqua la jeune fille ; mais Dieu confond les desseins des méchans. Croyez-moi : j'en jure par le saint Evangile, qui fait notre espoir, votre vie est en sûreté contre ses poisons.... Mais n'avez-vous pas cherché à lui résister ?

— Le silence régnait autour de moi ! Tu n'étais pas là ; il était seul dans ma chambre, et je le savais capable de tous les crimes. Je stipulai seulement qu'il me délivrerait de son odieuse présence, et je bus tout ce qu'il me présenta. Mais vous parlez de fuite, Jeannette ; serais-je assez heureuse...?

— Êtes-vous assez forte pour en supporter la nouvelle, et pour chercher à fuir ?

— Assez forte ! répondit la comtesse : demande à la biche, lorsque la gueule du chien est prête à la saisir, si elle est assez forte pour franchir le précipice. Je me sens tout le courage nécessaire pour m'échapper de ce lieu.

— Ecoutez-moi, dit Jeannette : — Un homme, que je crois fermement un de vos fidèles amis, m'est apparu sous divers déguisemens, et a cherché à lier conversation avec moi. Mais, comme jusqu'à ce soir j'étais encore dans le doute, j'ai toujours refusé de l'écouter. C'est le colporteur qui vous a apporté des marchandises, le bouquiniste qui m'a vendu des livres. Toutes les fois que je sortais, j'étais sûre de le voir. Les évènemens de ce soir m'ont déterminée à lui parler. Il vous attend à la porte de derrière du parc, muni de tout ce qui pourra faciliter votre évasion. Mais vous sentez-vous la force, aurez-vous le courage de fuir ?

— Celle qui fuit la mort trouve la force du corps, et celle qui veut échapper à l'infamie ne manque jamais de courage. La pensée de laisser derrière moi le scélérat qui menace mes jours et mon honneur, me donnerait la force de me lever de mon lit de mort.

— Alors, milady, il faut que je vous dise adieu, et que je vous confie à la sainte garde du ciel.

— Ne veux-tu donc pas fuir avec moi, Jeannette? dit la comtesse d'un air troublé. Vais-je te perdre? Est-ce là ta fidélité?

— Je fuirais avec vous, ma chère maîtresse, aussi volontiers que l'oiseau quitte sa cage; mais ce serait faire tout découvrir sur-le-champ, et donner lieu à des poursuites immédiates. Il faut que je reste, et que je tâche de déguiser la vérité. Puisse le ciel me pardonner mon mensonge à cause de la nécessité!

— Et me faudra-t-il donc voyager seule avec cet étranger? dit Amy. Réfléchis, Jeannette; ceci ne pourrait-il pas être quelque intrigue plus noire et mieux conçue, pour me séparer de toi, qui es ma seule amie?

— Non, madame, ne le supposez pas, répondit vivement Jeannette. Ce jeune homme est sincère; il est ami de M. Tressilian, et n'est venu ici que d'après ses instructions.

— S'il est ami de Tressilian, dit la comtesse, je me fierai à sa protection, comme à celle d'un ange envoyé du ciel; car jamais mortel n'a été plus que Tressilian à l'abri de tout reproche de fausseté, de bassesse et d'égoïsme. Il s'oubliait lui-même lorsqu'il pouvait rendre service aux autres. Hélas! et comment en a-t-il été récompensé!

Elles rassemblèrent en toute hâte le peu de choses indispensables qu'il convenait que la comtesse prît avec elle. Jeannette en forma avec adresse et promptitude un petit paquet, auquel elle ne manqua pas d'ajouter tous les bijoux qui se trouvaient sous sa main, et surtout un écrin de diamans, qu'elle pensait avec raison pouvoir être très utile dans quelque besoin pressant. La comtesse de Leicester changea ensuite ses habits contre ceux que Jeannette avait coutume de porter lorsqu'elle faisait quelque court voyage; car elles jugèrent nécessaire de supprimer toute distinction extérieure qui pouvait attirer l'attention. Avant que ces préparatifs fussent terminés, la lune s'était levée sur l'horizon, et tous les habitans de cette demeure écartée avaient cédé au sommeil, ou du moins s'étaient retirés dans leurs chambres silencieuses. Aucun obstacle n'était à appréhender pour sortir de la maison ou du jardin, pourvu seulement qu'elles ne fussent pas observées. Tony Foster s'était habitué à regarder sa fille comme un pécheur que poursuit sa conscience regarderait un ange gardien qui continuerait à le protéger malgré ses crimes ; aussi sa confiance en elle était sans bornes. Jeannette restait maîtresse de toutes ses actions pendant la journée ; elle avait une clef de la porte de derrière du parc, de manière qu'elle pouvait aller au village quand elle le voulait, soit pour les affaires du ménage, dont elle était chargée, soit pour remplir les devoirs pieux de sa secte. Il est vrai que la fille de Foster ne jouissait de cette liberté que sous la condition expresse de n'en point profiter pour rien entreprendre qui tendît à délivrer la comtesse, car on reconnaissait qu'elle était prisonnière depuis les signes d'impatience qu'elle avait montrés au sujet des restrictions qu'on lui avait imposées. Les horribles soupçons excités par la scène de cette soirée suffirent à peine pour décider Jeannette à violer sa parole et à tromper la confiance de son père. Mais, d'après ce dont elle avait été témoin, elle se trouvait non seulement justifiée, mais encore impérieusement forcée à s'occuper de tout son pouvoir de la sûreté de sa maîtresse, et à mettre de côté toute autre espèce de considération.

La comtesse fugitive et sa suivante traversaient à pas

précipités un sentier inégal, reste d'une ancienne avenue. Tantôt ce sentier devenait entièrement obscur à cause des branches touffues des arbres qui s'entrelaçaient au-dessus de leurs têtes, et tantôt une lumière incertaine et trompeuse des rayons de la lune les éclairait par quelques trouées que la hache avait faites dans le bois. Le passage était coupé à chaque instant par des arbres abattus, ou par de grosses branches qu'on laissait éparses jusqu'à ce qu'on eût le temps de les rassembler pour les besoins journaliers du foyer.

Les difficultés et les interruptions qu'éprouvait leur marche, la fatigue et les sensations pénibles de l'espérance et de la crainte, épuisèrent tellement les forces de la comtesse, que Jeannette fut forcée de lui proposer de s'arrêter quelques minutes pour reprendre haleine. Toutes deux s'assirent sous un vieux chêne, et tournèrent naturellement leurs regards vers le château qu'elles laissaient derrière elles. Sa large façade se distinguait malgré l'obscurité et la distance; ses groupes de cheminées, ses tours et son horloge s'élevaient au-dessus des toits et se dessinaient sur l'azur foncé du ciel. Une seule lumière y brillait au milieu des ténèbres; elle était placée si bas qu'elle paraissait plutôt venir de la terrasse située devant le château que d'une des fenêtres. L'effroi s'empara de la comtesse.—Ils nous poursuivent, dit-elle en montrant à Jeannette la clarté qui causait ses alarmes.

Moins agitée que sa maîtresse, Jeannette s'aperçut que la lumière était immobile, et apprit à la comtesse que cette clarté venait du souterrain dans lequel l'alchimiste faisait ses expériences secrètes. — Il est, ajouta-t-elle, du nombre de ceux qui se lèvent et veillent la nuit pour commettre l'iniquité. Quel malheur qu'un funeste hasard ait amené ici un homme qui, dans tous ses discours, mêlant l'espérance des trésors de la terre à des idées d'une science surnaturelle, réunit tout ce qu'il faut pour séduire mon pauvre père! Le bon M. Holdforth avait bien raison de dire, et je pense qu'il avait dessein que quelques personnes de notre maison y trouvassent une leçon utile : — Il y a des gens qui préféreront, comme le méchant Achab, prêter l'oreille aux songes du prophète Zédéchias, au lieu d'écouter les paroles de ceux par qui le Seigneur a parlé. — Il insistait sur ce point, en ajoutant : — Hélas! mes frères, il y a parmi vous plusieurs Zédéchias, des hommes qui vous promettent les lumières de leur science charnelle, si vous voulez abandonner la raison qui vous vient du ciel. En quoi valent-ils mieux que le tyran Naas, qui demandait l'œil droit de tous ceux qui lui étaient soumis?...

On ne sait jusqu'à quel point la mémoire de la jolie puritaine aurait pu l'assister dans la récapitulation du discours de M. Holdforth; mais la comtesse l'interrompit pour l'assurer qu'elle sentait si bien le retour de ses forces qu'elle était sûre de pouvoir arriver à la porte du parc sans être obligée de s'arrêter de nouveau.

Elles se remirent donc en route, et firent la seconde partie du trajet avec plus de confiance et de courage, avec plus de facilité par conséquent que la première, où elles avaient trop précipité leurs pas. Cette lenteur leur donna le temps de la réflexion, et Jeannette, pour la première fois, se hasarda à demander à sa maîtresse de quel côté elle comptait diriger ses pas. Ne recevant pas de réponse immédiate, car, peut-être, dans la confusion de ses idées, cet important sujet de délibération ne s'était pas présenté à la comtesse, Jeannette ajouta : —Probablement vers la maison de votre père, où vous êtes assurée de trouver aide et protection.

—Non, Jeannette, dit la comtesse tristement; j'ai laissé le château de Lidcote avec un cœur tranquille et un nom honorable; je n'y retournerai que lorsque la permission de mon époux et la publication de notre mariage me rendront à ma famille et aux lieux où j'ai pris naissance, avec tous les honneurs et toutes les distinctions dont il m'a comblée.

— Et où irez-vous donc, madame? dit Jeannette.

— A Kenilworth, ma fille, répondit la comtesse hardiment; j'irai voir ces fêtes, ces magnificences royales, dont les préparatifs font tant de bruit. Il me semble que, lorsque la reine d'Angleterre est fêtée dans le château de mon mari, la comtesse de Leicester ne doit pas s'y trouver déplacée.

— Je prie Dieu que vous soyez bien accueillie, dit Jeannette.

— Vous abusez de ma situation, Jeannette, dit la comtesse avec un mouvement d'impatience, et vous perdez la vôtre de vue.

— Hélas! répondit tristement la jeune fille, avez-vous oublié que le noble comte n'a donné des ordres si sévères de tenir votre mariage caché qu'afin de conserver sa faveur à la cour? Pouvez-vous croire que votre subite apparition dans son château, en de telles circonstances et devant de tels témoins, lui sera agréable?

— Vous pensez que je ne lui ferais pas honneur, dit la comtesse : ne retenez pas mon bras; je puis marcher sans votre secours et agir sans vos conseils.

— Ne vous fâchez pas contre moi, dit Jeannette avec douceur, et permettez-moi de vous soutenir encore; le chemin est rude, et vous n'avez guère l'habitude de marcher dans l'obscurité.

— Si vous ne croyez pas que je doive faire honte à mon mari, reprit la comtesse toujours avec le même ton d'humeur, vous supposez donc le comte de Leicester capable de favoriser et peut-être d'avoir ordonné les horribles attentats de votre père et de Varney, dont je parlerai au noble comte?

— Pour l'amour de Dieu, madame, épargnez mon père

dans votre rapport, dit Jeannette ; que mes services, quelque faibles qu'ils soient, servent d'expiation à ses erreurs.

— Je commettrais la plus grande injustice si j'agissais autrement, ma chère Jeannette, dit la comtesse, qui reprit tout d'un coup sa douceur et sa confiance pour sa fidèle suivante. Oui, Jeannette, jamais je ne dirai un mot qui puisse nuire à ton père ; mais tu es témoin, mon enfant, que je n'ai d'autre désir que de m'abandonner à la protection de mon époux. La scélératesse des personnes qui m'entouraient m'a forcée de fuir la demeure qu'il m'avait choisie ; mais je ne désobéirai à ses ordres que sur ce seul point. Je ne veux en appeler qu'à lui. Je ne veux être protégée que par lui. Je n'ai jamais fait connaître à qui que ce soit, et ne le ferai jamais sans sa volonté, les nœuds secrets qui unissent nos cœurs et nos destinées. Je veux le voir, et recevoir de sa propre bouche ses instructions pour ma conduite future. Ne cherche point à combattre ma résolution, Jeannette ; tu ne ferais que m'y confirmer. A te parler vrai, je suis décidée à connaître mon sort, sans plus de retard, des lèvres mêmes de mon époux ; je veux l'aller chercher à Kenilworth : c'est le moyen le plus sûr d'accomplir mon dessein.

Jeannette, en pesant dans son esprit les difficultés et l'incertitude inséparables de la position de sa malheureuse maîtresse, penchait presque vers l'opinion opposée à celle qu'elle venait de manifester. Elle commençait à penser que, tout bien considéré, le premier devoir de la comtesse, en abandonnant la demeure où son époux l'avait placée, était de l'aller trouver pour lui expliquer les raisons de sa conduite.

Elle connaissait toute l'importance que le comte attachait à ce que son mariage fût tenu secret ; et elle ne pouvait se dissimuler qu'en faisant sans sa permission une demande qui pouvait le rendre public, la comtesse s'exposerait à toute son indignation. Si elle rentrait dans la maison de son père sans l'aveu formel de son rang, une situation semblable ne pouvait qu'avoir les plus fâcheux effets pour sa réputation ; et cet aveu, si elle le faisait, pouvait occasioner entre elle et Leicester une rupture complète. En outre, à Kenilworth, elle pourrait plaider sa cause auprès de son époux : et, quoique Jeannette n'eût pas en lui la même confiance que la comtesse, elle le croyait incapable d'avoir aucune part aux projets criminels de ses créatures, êtres corrompus auxquels tous les moyens seraient bons pour étouffer les justes plaintes de leur victime. Mais en mettant les choses au pire, et en supposant que le comte lui refusât justice et protection, cependant à Kenilworth, si elle voulait rendre publique l'injustice qu'on lui faisait, elle aurait toujours Tressilian pour avocat, et la reine pour juge ; car Jeannette avait appris tout cela dans sa courte conférence avec Wayland. C'est pourquoi elle approuva que sa maîtresse se rendît à Kenilworth, et lui recommanda cependant la plus grande prudence pour faire savoir son arrivée à son époux.

— As-tu toi-même pris toutes tes précautions, Jeannette ? dit la comtesse ; ce guide auquel je vais me confier, ne lui as-tu pas découvert le secret de mon état ?

— Il n'a rien appris de moi, dit Jeannette, et je ne crois pas qu'il en sache plus que ce qu'on pense généralement de votre position.

— Qu'en pense-t-on ? demanda Amy.

— Que vous avez quitté la maison de votre père ;... mais vous vous fâcherez de nouveau contre moi, si je continue, dit Jeannette en s'interrompant.

— Non, continue, dit la comtesse ; il faut que j'apprenne à supporter les bruits fâcheux auxquels mon imprudence a donné lieu. On pense, je suppose, que j'ai quitté la maison de mon père pour me lier à un amant par des nœuds illégitimes. C'est une erreur qui cessera bientôt ;

oui, on sera bientôt détrompé ; car je suis déterminée à vivre avec une réputation sans tache, ou à ne pas vivre plus long-temps. On me regarde donc comme la maîtresse de Leicester?

— La plupart vous croient celle de Varney, dit Jeannette ; cependant il y en a qui pensent qu'il n'est que le manteau dont le comte se sert pour cacher ses plaisirs. Il a transpiré quelque chose des grandes dépenses qu'on a faites pour meubler ce château, et une telle profusion surpasse de beaucoup la fortune de Varney ; mais cette dernière opinion n'est pas générale : lorsqu'il est question d'un personnage si élevé, on n'ose pas même donner à entendre les soupçons que l'on conçoit, de peur d'être puni par la *chambre étoilée* [1], pour avoir calomnié la noblesse.

— Ils font bien de parler bas, dit la comtesse, ceux qui peuvent croire l'illustre Dudley complice d'un misérable tel que Varney... Nous sommes arrivées à la porte du parc. Hélas ! ma chère Jeannette, il faut que je te dise adieu ! Ne pleure pas, ma pauvre fille, dit-elle, cherchant à cacher sous une apparence de gaieté sa propre répugnance à se séparer de sa fidèle suivante. Et quand nous nous reverrons, fais que je trouve, Jeannette, au lieu de cette fraise *précisienne* que tu portes maintenant, une dentelle brodée qui laisse voir ton joli cou. Change-moi ce corsage d'étoffe grossière, qui ne peut convenir qu'à une femme de chambre, pour une autre du plus beau velours et de drap d'or. Tu trouveras dans ma chambre quantité d'étoffes, et je t'en fais présent de bon cœur. Il faut que tu te pares, Jeannette ; car bien que tu sois maintenant la suivante d'une dame malheureuse et errante, sans nom et sans renommée, quand nous nous reverrons il faudra

---

(1) *Star-chamber.* Ce tribunal, digne d'un despotisme oriental, avait une juridiction fort étendue, qui comprenait tous les délits que n'atteignaient pas les cours *légales* de justice. — Éd.

que tes vêtemens puissent convenir à celle qui tiendra la première place dans l'amitié et dans la maison de la première comtesse d'Angleterre.

— Puisse Dieu vous exaucer, ma chère maîtresse, et permettre, non que je porte des habits plus riches, mais que nous puissions toutes deux porter nos corsages sur des cœurs plus contens.

Pendant cet entretien, la serrure de la porte dérobée avait cédé enfin, après quelques efforts d'abord infructueux, à la clef de Jeannette, et la comtesse se trouva, non sans un frémissement secret, au-delà des murs que son époux lui avait désignés comme le terme de ses promenades. Wayland attendait dans la plus grande inquiétude, caché à quelque distance derrière une haie sur les bords de la route.

— Avez-vous tout préparé? lui demanda Jeannette avec émotion, lorsqu'il s'approcha d'elles.

— Tout, répondit-il; mais je n'ai pu trouver un cheval pour la dame. Giles Gosling, en lâche coquin, m'en a refusé un, quelque prix que je lui en aie offert, de peur, a-t-il dit, qu'il ne lui en arrivât malheur. Mais n'importe; elle montera sur mon cheval, et je l'accompagnerai à pied jusqu'à ce que je puisse m'en procurer un autre. On ne pourra nous poursuivre si vous n'oubliez pas votre leçon, charmante mistress Jeannette.

— Pas plus que la sage veuve de Tékoa n'oublia les paroles que Joab mit dans sa bouche, répondit Jeannette : demain je dirai que ma maîtresse ne peut se lever.

— Oui; et qu'elle souffre; qu'elle se sent la tête pesante, des palpitations de cœur, et qu'elle ne veut pas être dérangée. Ne crains rien : ils comprendront à demi-mot, et ne te feront pas beaucoup de questions : ils connaissent la maladie.

— Mais, dit la comtesse, ils découvriront promptement mon absence, et tueront Jeannette pour se venger. J'aime mieux retourner sur mes pas que de l'exposer à un pareil danger.

— N'ayez aucune inquiétude sur ma vie, répondit Jeannette : plût à Dieu que vous fussiez certaine d'être accueillie favorablement par ceux à qui vous devez vous adresser, comme je le suis que mon père, quelque ressentiment qu'il ait contre moi, ne souffrira pas qu'on me fasse le moindre mal.

Wayland plaça la comtesse sur son cheval ; il avait disposé son manteau autour de la selle de manière à lui faire un siége commode.

— Adieu ; et puisse la bénédiction de Dieu vous accompagner ! dit Jeannette en baisant de nouveau la main de la comtesse, qui lui rendit sa bénédiction avec une caresse muette. Enfin elles se séparèrent ; et Jeannette, se tournant vers Wayland, s'écria : — Puisse le ciel vous traiter, quand vous l'implorerez dans vos besoins, selon que vous vous serez montré fidèle ou traître à cette dame si injustement persécutée, et si dépourvue de tout secours !

— Ainsi soit-il, charmante Jeannette ! dit Wayland. Croyez-moi, je justifierai votre confiance de manière à mériter que vos beaux yeux, tout dévots qu'ils sont, me regardent avec moins de dédain lorsque nous nous reverrons.

Les dernières paroles de ces adieux furent prononcées à voix basse. Jeannette ne fit pas de réponse directe, mais ses regards, dirigés sans doute par son désir de donner le plus de force possible aux motifs qui pouvaient contribuer à la sûreté de sa maîtresse, n'étaient pas de nature à détruire l'espoir que le discours de Wayland annonçait. Elle rentra par la porte dérobée, et la ferma derrière elle. Wayland prit dans sa main la bride du cheval, et la comtesse et lui commencèrent en silence leur voyage au clair de lune.

Quoi que Wayland fît toute la diligence possible, cependant cette manière de voyager était si lente, que lorsque le jour commença à percer les vapeurs de l'orient, ils ne se trouvèrent qu'à dix milles de Cumnor.

— Peste soit de tous ces aubergistes à belles paroles ! dit l'artiste, incapable de cacher plus long-temps son dépit et son inquiétude. Si ce traître de Giles Gosling m'avait dit franchement, il y a deux jours, de ne pas compter sur lui, je me serais pourvu ailleurs ; mais ils ont tellement l'habitude de promettre tout ce qu'on leur demande, que ce n'est que lorsque vous vous apprêtez à ferrer le cheval que vous apprenez qu'ils n'ont pas de fer. Si j'avais pu le prévoir, j'aurais pu m'arranger de vingt autres manières. Pour une affaire si importante et dans une si bonne cause, je ne me serais pas fait scrupule de dérober un cheval dans quelque pâturage communal ; j'en eusse été quitte pour le renvoyer à l'Headborough[1]. Puisse le farcin et la morve habiter à jamais les écuries de l'*Ours-Noir !*

La comtesse cherchait à rassurer son guide en lui faisant observer que le jour, qui commençait à poindre, leur permettrait d'aller plus vite.

— Cela est vrai, madame, répondit-il, mais le jour fera que d'autres personnes nous remarqueront, ce qui peut être très fâcheux au commencement de notre voyage. Cette circonstance m'eût été parfaitement indifférente si nous eussions été plus loin ; mais le comté de Berks, que je connais depuis long-temps, est rempli de lutins malicieux qui se couchent tard et se lèvent de bonne heure, dans le seul dessein d'espionner les actions d'autrui ; cette engeance m'a mis en danger plus d'une fois. Mais ne vous alarmez pas, ma bonne dame, ajouta-t-il ; car l'esprit, pour peu que l'occasion le seconde, ne manque jamais de trouver un remède à tous les accidens.

Les alarmes de Wayland firent plus d'impression sur la comtesse que les considérations qu'il jugea à propos d'y

---

(1) Au constable du bourg. — Ed.

joindre. Elle regardait autour d'elle avec inquiétude; et à mesure que l'horizon, qui brillait à l'orient d'une teinte plus vive, annonçait l'approche du soleil, elle s'imaginait à chaque pas que le jour naissant les livrerait à la vengeance de ceux dont elle craignait la poursuite, ou que leur voyage allait se trouver interrompu par quelque obstacle insurmontable.

Wayland s'apercevait de ses craintes, et, fâché de lui avoir donné des sujets d'alarmes, il se mit à marcher devant elle en affectant un air gai. Tantôt il parlait à son cheval comme un homme bien au fait du langage des écuries; tantôt il fredonnait à voix basse des fragmens de chansons; tantôt il assurait la dame qu'il n'y avait aucun danger, et en même temps il regardait de tous côtés pour découvrir s'il n'y avait rien en vue qui pût donner un démenti à ses paroles au moment même qu'il les prononçait. Ils continuèrent à cheminer de cette sorte, jusqu'à ce qu'un accident inattendu vint leur offrir les moyens de continuer leur route d'une manière plus commode et plus expéditive.

CHAPITRE XXV.

RICHARD. « Un cheval! un cheval! mon royaume pour un cheval!
CATESBY. « Milord, je vais vous donner un cheval. »
SHAKSPEARE, *Richard III*.

Nos voyageurs passaient le long d'une touffe d'arbres sur le bord de la route, lorsque la première créature vivante qu'ils eussent rencontrée depuis leur départ de Cumnor-Place s'offrit à leurs regards. C'était un petit paysan au regard stupide, qui avait l'air d'être un garçon de ferme. Il était nu-tête, vêtu d'une jaquette grise; ses bas tombaient sur ses talons, et il avait aux pieds d'énormes souliers. Il tenait par la bride ce dont, par-dessus toutes choses, nos voyageurs avaient le plus besoin, c'est-à-dire un cheval, avec une selle de femme et tout l'équipement assorti. Le paysan accosta Wayland avec ces mots :

— Monsieur, c'est vous qui êtes le couple, à coup sûr?

— Certainement nous le sommes, mon garçon, répondit Wayland sans hésiter un instant. Il faut avouer que des consciences formées à une école de morale plus sévère que la sienne auraient pu céder à une occasion si tentante. En parlant ainsi, Wayland prit la bride des mains du paysan, et presqu'au même moment il aida la comtesse à descendre de son cheval, et à monter sur celui que le hasard lui offrait. Enfin, tout se passa si naturellement que la comtesse, comme on le sut depuis, ne douta en aucune manière que ce cheval n'eût été ainsi placé sur son chemin par la précaution de son guide ou d'un de ses amis. Cependant le jeune homme, qui se voyait si lestement débarrassé de son dépôt, commença à rouler de grands yeux et à se gratter la tête, comme s'il eût senti quelques remords d'abandonner le cheval sur une explication aussi succincte.

— Je suis parfaitement sûr que voilà le couple, murmura-t-il entre ses dents; mais tu aurais dû dire *Fève*, comme tu sais.

— Oui, oui, dit Wayland au hasard; et toi, *Lard*, n'est-ce pas?

— Non, non; attendez : c'est *Pois*, que j'aurais dû dire.

— Eh bien! dit Wayland, que ce soit *Pois*, si tu le veux, quoique le lard eût été un meilleur mot d'ordre.

Alors, se trouvant monté sur son propre cheval, il retira la bride des mains du jeune rustre, qui hésitait encore à le lui livrer, et lui jetant une pièce d'argent, il chercha à réparer le temps perdu en partant au grand trot, sans autres pourparlers. Le jeune garçon restait au bas de la colline que nos voyageurs montaient, et Wayland, se retournant, l'aperçut les doigts dans ses cheveux, immobile comme un poteau, et la tête tournée dans la direction qu'ils avaient prise en le quittant. Enfin, au moment où ils atteignirent le sommet de la colline, ils le virent se baisser pour ramasser le groat d'argent que sa générosité lui avait laissé.

— Ma foi, dit Wayland, voilà ce que j'appelle un don du ciel; c'est une bonne petite bête qui va fort bien, et qui vous portera jusqu'à ce que je puisse vous en procurer une autre aussi bonne. Alors nous la renverrons pour satisfaire la clameur de haro [1].

Mais il se trompait dans sa confiance, et le destin, qui leur semblait d'abord si favorable, leur donna bientôt lieu de craindre que l'incident dont Wayland se glorifiait ainsi ne devînt la cause de leur ruine complète.

Ils n'avaient pas encore fait un mille depuis la rencontre du jeune garçon, lorsqu'ils entendirent derrière eux un homme qui criait à tue-tête : — Au voleur! arrête! au voleur! et d'autres exclamations de même nature. La conscience de Wayland lui fit aisément soupçonner que ceci devait être une suite de l'acquisition facile qu'il venait de faire.

— Il eût mieux valu pour moi aller nu-pieds toute ma vie, pensa-t-il. On pousse contre nous clameur de haro, et je suis un homme perdu. Ah! Wayland! Wayland! plus d'une fois ton père t'a prédit que les chevaux te conduiraient quelque jour à la potence. Que je me retrouve sain et sauf au milieu des amateurs de courses de Smithfield ou de Turnball-Street, et je leur donnerai la permission de me pendre aussi haut que le clocher de Saint-Paul, si l'on

---

[1] *Hue and cry.* — *La huée.* Ce qui veut dire le cri *Au voleur*, et les gens de la police chargés d'arrêter les malfaiteurs. Enfin on appelle lever la clameur de haro, *to raise the hue and cry*, l'ordre donné par le constable d'arrêter le voleur sur la dénonciation du volé. Il n'est pas nécessaire d'un *warrant* du juge de paix quand le vol est bien prouvé. — Éd.

me reprend à me mêler des affaires des grands, des chevaliers ou des dames.

Au milieu de ces tristes réflexions, il tourna sa tête pour voir qui le poursuivait, et il se trouva fort soulagé lorsqu'il découvrit que ce n'était qu'un cavalier. Il était bien monté, et s'approchait avec une rapidité qui ne leur permettait pas de songer à fuir, quand même la comtesse se serait trouvée assez forte pour galoper de toute la vitesse de son cheval.

— Les chances sont égales entre nous, pensa Wayland, puisqu'il n'y a qu'un homme de chaque côté ; et celui qui nous poursuit se tient à cheval plutôt comme un singe que comme un cavalier. Si nous en venons aux moyens extrêmes, il me sera aisé de le désarçonner. Mais quoi ! je crois que son cheval va se charger lui-même de cette opération, car il a le mors aux dents. Diable, qu'ai-je besoin de m'inquiéter ? dit-il en croyant le reconnaître tout-à-coup. Ce n'est que ce petit mercier d'Abingdon.

L'œil expérimenté de Wayland avait distingué juste malgré l'éloignement. Le cheval du vaillant mercier, déjà excité par son ardeur naturelle, et apercevant deux chevaux anglais devant lui, à la distance de quelques centaines de toises, se mit à courir avec une vigueur qui dérangea tout-à-fait l'équilibre de son cavalier. Celui-ci non seulement atteignit, mais passa au grand galop ceux qu'il poursuivait, quoiqu'il ne cessât de tirer sa bride et de crier : — Arrête ! arrête ! exclamation qui semblait plutôt s'adresser à son cheval qu'à ceux qu'il laissait derrière lui. Ce fut avec la même vitesse qu'il fit près d'un demi-mille avant de pouvoir l'arrêter ; enfin il retourna vers nos voyageurs, réparant de son mieux le désordre de ses vêtemens, et cherchant à remplacer par un air fier et martial la confusion et le chagrin qui s'étaient peints sur son visage pendant sa course involontaire.

Wayland eut le temps de prévenir la comtesse de ne

pas s'alarmer. — Cet homme est imbécile, lui dit-il, et je vais le traiter comme tel.

Quand le mercier eut recouvré assez d'haleine et de courage pour se présenter devant eux, il ordonna à Wayland, d'un ton menaçant, de lui rendre son coursier.

— Comment, dit Wayland avec l'emphase du roi Cambyse [1], on nous commande de nous arrêter et de donner notre bien sur la grande route du roi? Allons, sors de ton fourreau, mon Excalibar [2], et prouve à ce preux chevalier que la force des armes doit décider entre nous.

— Haro, au secours! main-forte! A moi tous les honnêtes gens! On veut me retenir ce qui m'appartient légitimement.

— C'est en vain que tu invoques tes dieux, infâme païen! car je veux accomplir mon dessein, quand je serais sûr d'y périr. Cependant sache, infidèle marchand d'étoffes, que je suis le colporteur que tu t'es vanté de vouloir dépouiller de sa balle dans la plaine de Maiden-Castle. C'est pourquoi, prépare-toi sur-le-champ au combat!

— Je ne l'ai dit qu'en plaisantant, dit Goldthred; je suis un honnête citoyen, un boutiquier, et je ne suis pas fait pour assaillir qui que ce soit derrière une haie.

— Alors, par ma foi, très redoutable mercier, je regrette le vœu que j'ai fait de te prendre ton coursier la première fois que je te rencontrerais, et d'en faire présent à ma maîtresse, à moins que tu ne veuilles le défendre par les armes; mais le serment en est prononcé; tout ce que je puis faire pour toi, c'est de laisser le cheval à Donnington, dans l'hôtellerie que tu voudras.

— Mais je vous assure, dit le mercier, que c'est le cheval sur lequel je devais, aujourd'hui même, mener Jame Trackham de Shottesbrock à l'église paroissiale, ici près, pour changer son nom en celui de dame Goldthred. Elle

---

(1) Tragédie ampoulée dont Shakspeare se moque souvent.
(2) Nom de l'épée d'Arthur. — Éd.

a sauté par la petite fenêtre de la grange du vieux Gaffer Thackham, et la voilà à l'endroit où elle devait trouver le cheval, avec sa mantille de camelot, et son fouet à manche d'ivoire ; voyez la véritable image de la femme de Loth. Je vous en prie le plus poliment possible, rendez-moi mon cheval.

— J'en suis fâché, dit Wayland, autant pour la belle demoiselle que pour toi, très noble chevalier de la mousseline ; mais il faut que les vœux s'accomplissent ; tu trouveras ton cheval à Donnington, à l'auberge de l'*Ange ;* c'est tout ce que je puis faire pour toi, en conscience.

— Le diable soit de ta conscience ! dit le mercier désolé ; voudrais-tu qu'une fiancée se rendît à l'église à pied ?

— Tu peux la mettre en croupe derrière toi, messire Goldthred, répondit Wayland ; cela calmera un peu l'ardeur de ton coursier.

— Oui : et si vous oubliez de laisser mon cheval, comme vous en avez l'intention ? demanda Goldthred non sans beaucoup hésiter, car le courage commençait à lui manquer.

— Ma balle restera en gage pour ton cheval : elle est chez Giles Gosling, dans la chambre tendue de cuir damasquiné ; elle est pleine de velours à un, à deux et à trois poils, de taffetas, de damas, de pluche, de gros de Naples, de brocart....

— Arrête ! arrête ! s'écria le mercier ; je veux être pendu s'il y a la moitié de ce que tu dis. Mais si jamais je confie le pauvre Bayard à d'autres rustauds....

— Comme vous voudrez, bon M. Goldthred, et là-dessus je vous souhaite bien le bonjour. Bon voyage, ajouta-t-il en continuant sa route avec la comtesse, pendant que le mercier, décontenancé, s'en allait beaucoup plus lentement qu'il n'était venu, cherchant les excuses qu'il pourrait faire à sa triste fiancée, qui attendait son valeureux écuyer au milieu de la route.

— Il me semble, dit la comtesse, que l'original que nous quittons me regardait comme s'il se souvenait de m'avoir vue, et cependant je me cachais le visage autant qu'il m'était possible.

— Si je pouvais le penser, dit Wayland, je retournerais pour lui briser le crâne, et je n'aurais pas peur d'endommager sa cervelle; car tout ce qu'il en a ne ferait pas une bouchée pour un oison qui vient de naître. Néanmoins il vaut mieux continuer notre route; à Donnington nous laisserons le cheval de cet imbécile, afin de lui ôter toute envie de nous poursuivre, et nous changerons nos costumes, de manière à éluder ses recherches, s'il les continuait.

Les voyageurs arrivèrent à Donnington sans autre alarme. Il était nécessaire que la comtesse y goûtât quelques heures de repos. Pendant cet intervalle, Wayland s'occupa avec autant de promptitude que d'adresse à prendre les mesures qui pouvaient assurer le succès de leur voyage.

Après avoir changé son manteau de colporteur contre une espèce de fourreau, il mena le cheval de Goldthred à l'auberge de l'*Ange*, qui était à l'extrémité du village opposée à celle où nos voyageurs s'étaient établis. Dans la matinée, en faisant ses autres affaires, il vit le cheval ramené par le mercier lui-même, qui, à la tête d'un vaillant détachement des gens de la clameur de haro, était venu reconquérir son bien par la force des armes. Il lui fut restitué sans autre rançon qu'une bonne quantité d'ale, bue par ses auxiliaires, que leur marche avait probablement altérés, et sur le prix de laquelle maître Goldthred soutint une dispute très vive contre l'Headborough, qu'il avait appelé à son aide pour soulever le pays contre les voleurs.

Ayant fait cette restitution, aussi juste que prudente, Wayland se procura pour sa compagne et pour lui-même deux habillemens complets, qui leur donnaient un air de campagnards aisés. Il fut résolu en outre qu'afin de laisser moins de prise à la curiosité, la comtesse passerait sur la route pour la sœur de son guide.

Un bon cheval non fougueux, mais qui pouvait facilement suivre le sien, et dont l'allure était assez douce pour pouvoir convenir à une dame, compléta les préparatifs de voyage. Wayland le paya des fonds que Tressilian lui avait confiés pour cet emploi. Ainsi, environ vers midi, la comtesse se trouvant remise par quelques heures d'un profond repos, ils poursuivirent leur route avec le dessein de se rendre à Kenilworth le plus promptement possible, par Coventry et Warwick; mais ils n'étaient pas destinés à aller bien loin sans rencontrer de nouveaux sujets d'alarmes.

Il est nécessaire d'apprendre ici au lecteur que le maître de l'auberge avait informé nos fugitifs qu'une troupe joyeuse, qui devait, à ce qu'il croyait, figurer dans quelques uns de ces masques ou scènes allégoriques qui faisaient partie des amusemens qu'on offrait ordinairement à la reine dans les voyages de la cour, avait quitté Donnington une heure ou deux avant eux pour se rendre à Kenilworth. Wayland, sur cet avis, s'était imaginé qu'en se joignant, si la chose était possible, à cette troupe, aussitôt qu'ils l'atteindraient sur la route, ils seraient moins remarqués que s'ils continuaient à voyager seuls.

Il communiqua cette idée à la comtesse, qui, ne désirant que d'arriver à Kenilworth sans interruption, le laissa libre dans le choix des moyens. Ils pressèrent donc leurs chevaux afin d'atteindre cette troupe de comédiens, et de faire route avec eux. Ils venaient d'apercevoir la petite caravane, composée de gens à pied et de cavaliers, gravissant le sommet d'une petite montagne à la distance d'un demi-mille, lorsque Wayland, qui observait tout avec la plus grande attention, s'aperçut qu'un homme arrivait derrière eux sur un cheval d'une vitesse extraordinaire; il était accompagné d'un domestique dont les efforts ne pouvaient suffire pour suivre le trot du cheval de son maître, et qui en conséquence était obligé de mettre le sien au galop. Wayland regarda ces cavaliers avec inquiétude; il parut se troubler, regarda encore une fois derrière lui et pâlit en disant à la comtesse :

— C'est le fameux trotteur de Richard Varney; je le reconnaîtrais entre mille chevaux. Voici une plus fâcheuse rencontre que celle du marchand mercier.

— Tirez votre épée, lui dit Amy, et percez-moi le cœur plutôt que de me laisser tomber entre ses mains.

— Je préfèrerais mille fois la lui passer au travers du corps ou m'en percer moi-même; mais, à dire vrai, ce que j'entends le mieux ce n'est pas de me battre, quoique l'acier ne me fasse pas plus de peur qu'à un autre, lorsqu'il y a nécessité de m'en servir. Mais la vérité est que mon épée — (un peu plus vite, je vous prie,) — n'est qu'une mauvaise rapière, et je puis assurer que la sienne est une des meilleures Tolèdes du monde. Il a un domestique en outre, et je crois que c'est ce coquin d'ivrogne de Lambourne; il est monté sur le même cheval dont il se servit, dit-on, — (je vous supplie d'aller un peu plus vite,) — lorsqu'il vola un riche marchand de bestiaux de l'Ouest. Ce n'est pas que je craigne Varney ni Lambourne dans une bonne cause; — (votre cheval peut aller encore plus vite si vous l'excitez,) — mais encore, — ah ! prenez garde ! ne lui laissez pas prendre le galop, de peur qu'ils ne s'aperçoivent que nous les craignons, et qu'ils ne nous poursuivent; maintenez-le seulement au grand trot.) — mais encore, quoique je ne les craigne pas, je serais content d'en être débarrassé, et plutôt par l'adresse que par la violence. Si nous pouvions atteindre cette troupe devant nous, nous pourrions nous y joindre, et filer sans être observés, à moins que Varney ne soit décidément venu à notre poursuite.

Pendant qu'il parlait ainsi, Wayland pressait et retenait tour à tour son cheval, craignant non seulement de faire soupçonner qu'ils fuyaient, mais encore d'être atteints.

Ils gravirent ainsi la colline dont nous avons parlé; lorsqu'ils furent au sommet, ils eurent le plaisir d'apercevoir la petite caravane arrêtée dans le fond du vallon près d'un petit ruisseau, sur les bords duquel s'élevaient deux ou trois chaumières, ce qui donna à Wayland l'espoir de la joindre. Wayland était d'autant plus inquiet que sa compagne, sans exprimer aucune crainte, et sans se plaindre, commençait à devenir si pâle qu'il s'attendait à chaque instant à la voir tomber de cheval. Malgré ces symptômes de faiblesse, elle poussa son coursier si vivement qu'ils atteignirent les voyageurs dans le fond de la vallée avant que Varney parût sur le sommet de la colline.

Ils trouvèrent dans le plus grand désordre la compagnie à laquelle ils comptaient s'associer. Les femmes, qui avaient les cheveux épars, étaient groupées avec un air d'importance à la porte de l'une des chaumières; elles y entraient ou en sortaient à chaque instant. Les hommes étaient à l'entour, tenant leurs chevaux par la bride, et ayant l'air assez sots, comme c'est souvent l'usage quand il s'agit d'affaires où l'on n'a pas besoin d'eux.

Wayland et la comtesse s'arrêtèrent comme par curiosité; puis, peu à peu, sans faire aucune question, sans qu'on leur en adressât aucune, ils se mêlèrent à la caravane comme s'ils en eussent toujours fait partie.

Il n'y avait pas plus de cinq minutes qu'ils étaient dans le vallon, ayant grand soin de se tenir, autant que possible, sur les bords de la route, de manière à placer les autres voyageurs entre eux et Varney, lorsque l'écuyer de lord Leicester, suivi de Lambourne, descendit rapidement la colline : les flancs de leurs chevaux et les mollettes de leurs éperons portaient des marques sanglantes de la vitesse avec laquelle ils voyageaient. L'extérieur des personnes arrêtées autour des chaumières, qui, sous un habit de bougran, cachaient leurs costumes de théâtre; leur petite charrette légère pour transporter leurs décorations, et les différens objets bizarres qu'ils tenaient à la main, pour qu'ils souffrissent moins du transport, révélèrent bientôt aux cavaliers la profession de la compagnie.

— Vous êtes comédiens, dit Varney, et vous vous rendez à Kenilworth ?

— *Recte quidem, domine spectatissime :* oui, seigneur très magnifique, répondit un des acteurs.

— Et pour quel motif du diable vous arrêtez-vous ici, dit Varney, pendant qu'en faisant la plus grande diligence vous arriverez à peine à Kenilworth ? La reine dîne demain à Warwick, et vous vous amusez en route, drôles que vous êtes !

— En vérité, monsieur, dit un jeune garçon portant un masque garni d'une paire de cornes du plus beau rouge ; un vêtement collant de serge noire attaché avec des cordons, des bas rouges et des souliers faits exprès pour imiter le pied fourchu du diable ; en vérité, monsieur, vous avez deviné juste ; c'est mon père le diable, qui, ayant été surpris par les douleurs de l'enfantement, a retardé notre voyage pour augmenter notre troupe d'un diablotin de trop.

— Comment, le diable! dit Varney dont la gaieté n'allait jamais au-delà d'un sourire caustique.

— Le jeune homme a dit la vérité, reprit le masque qui avait parlé le premier ; notre diable en chef, car celui-ci n'est que le second, est en ce moment à crier, *Lucina, fer opem,* dans ce *tugurium,* sous cet humble toit.

— Par saint Georges ou plutôt par le dragon, qui est probablement parent du petit diable futur, voilà un hasard des plus comiques ! dit Varney ; qu'en dis-tu, Lambourne? veux-tu servir de parrain pour cette fois? Si le diable avait à choisir un compère, je ne connais personne plus digne de cet honneur.

— Excepté lorsque mes supérieurs sont en présence, dit Lambourne avec l'impudence à demi respectueuse d'un domestique qui sait que ses services sont trop indispensables pour qu'on ne lui passe pas quelques plaisanteries.

— Quel est le nom de ce diable ou de cette diablesse qui a si mal pris son temps? dit Varney. Nous ne pouvons guère nous passer d'aucun de nos acteurs.

— *Gaudet nomine Sibyllæ*, dit le premier interlocuteur. Elle s'appelle Sibylle Laneham, femme de maître Richard Laneham.

— L'huissier de la chambre du conseil! dit Varney. Comment! elle est inexcusable; son expérience aurait dû lui apprendre à mieux faire ses dispositions. Mais qui étaient cet homme et cette femme qui ont monté la colline avec tant de vitesse il n'y a qu'un moment? sont-ils de votre compagnie?

Wayland allait hasarder une réponse à cette alarmante question, lorsque le petit diablotin se mit encore en avant.

— Sous votre bon plaisir, dit-il en s'approchant de Varney, et parlant de manière à n'être pas entendu de ses compagnons, l'homme est un diable de première classe, qui sait assez de tours pour en remplacer cent comme Sibylle Laneham. Et la femme, sous votre bon plaisir, est la sage personne dont les secours sont le plus particulièrement nécessaires à notre camarade.

— Comment! vous avez une sage-femme ici? dit Varney. Véritablement la vitesse dont elle allait, annonçait bien qu'elle se rendait dans un lieu où l'on avait un grand besoin d'elle. Ainsi donc vous avez en réserve un autre membre du sénat de Belzébuth, pour tenir la place de mistress Laneham.

— Certainement, monsieur, dit le petit drôle ; ils ne sont pas aussi rares dans ce monde que Votre Honneur pourrait le supposer. Ce maître démon va, si c'est votre plaisir, jeter quelques milliers d'étincelles, et vomir devant nous des nuages de fumée : vous croiriez qu'il a l'Etna dans l'abdomen.

— Je n'ai pas le temps de m'arrêter pour voir cette merveille, très illustre fils de l'enfer : mais voici de quoi boire à l'heureux évènement ; et, comme dit la comédie, Dieu bénisse vos travaux.

En parlant ainsi, il piqua des deux et continua sa route.

Lambourne s'arrêta un moment après son maître, pour fouiller dans sa bourse ; il en tira une pièce d'argent qu'il donna au diablotin communicatif. C'était, disait-il, pour l'encourager à poursuivre sa route vers le feu des infernales régions, dont il pouvait distinguer quelques étincelles qui s'échappaient déjà de ses yeux. Après avoir reçu les remerciemens du jeune garçon, il fit sentir l'éperon à son cheval, et courut après son maître aussi vite que l'étincelle jaillit du caillou frappé par l'acier.

— Et maintenant, dit le rusé diablotin en s'approchant du cheval de Wayland, et en faisant en l'air une gambade qui justifiait ses prétentions à la parenté du prince de cet élément, je leur ai dit qui vous êtes, dites-moi à votre tour qui je suis.

— Ou Flibbertigibbet ou un véritable enfant du diable, répondit Wayland.

— Tu l'as dit, reprit Dick Sludge : tu vois ton Flibbertigibbet. Je me suis délivré de mes liens avec mon savant précepteur, comme je te disais que je le ferais, qu'il le voulût ou non. Mais quelle dame as-tu là avec toi ? J'ai vu que tu étais dans l'embarras dès la première question, c'est pourquoi je suis venu à ton secours ;

mais il faut que je sache ce qu'elle est, mon cher Wayland.

— Tu sauras cinquante autres choses plus belles encore, mon cher compagnon, dit Wayland; mais trêve de questions pour le moment, et puisque vous allez à Kenilworth, je vous y accompagnerai pour l'amour de ton aimable figure et de ta société spirituelle.

—Tu aurais dû dire ma figure spirituelle et mon aimable société, reprit Dick ; mais comment voyageras-tu avec nous ? je veux dire en quelle qualité ?

— Sous la qualité que tu m'as toi-même choisie, sans doute, comme escamoteur. Tu sais que je connais le métier, dit Wayland.

— Oui, mais la dame ? repartit Flibbertigibbet, car je dois te dire que je devine que c'en est une ; et tu es dans l'embarras à cause d'elle, comme je le vois par ton impatience.

— *Elle*, dit Wayland, ce n'est pas autre chose qu'une pauvre sœur à moi ; elle chante et joue du luth d'une manière qui ferait sortir les poissons de l'eau.

— Fais-la-moi entendre sur-le-champ, dit le jeune garçon. J'aime beaucoup le luth ; rien ne me plaît tant au monde, quoique je ne l'aie jamais entendu.

— Comment peux-tu l'aimer alors, Flibbertigibbet ? dit Wayland.

— Comme les chevaliers aiment leurs dames dans les vieux romans, *par ouï-dire*.

— Eh bien ! aime-le *par ouï-dire* un peu plus longtemps, jusqu'à ce que ma sœur soit remise des fatigues de son voyage, dit Wayland en ajoutant entre ses dents : — Au diable la curiosité de ce petit nain ! Mais il ne faut pas que je me brouille avec lui, ou nous nous en trouverons mal.

Après cette conversation, il alla offrir à maître Holyday ses propres talens comme jongleur, et ceux de sa sœur comme musicienne. On lui demanda quelques preuves de son habileté ; il ne se fit pas prier, et en donna de si convaincantes que les acteurs, chargés d'agréger dans leur société un homme de cette habileté, se contentèrent des excuses qu'il offrit pour sa sœur, qu'on voulait mettre aussi à l'épreuve.

Les nouveau-venus furent invités à prendre part aux rafraîchissemens dont la compagnie était pourvue, et ce ne fut pas sans difficulté que Wayland trouva l'occasion de parler en particulier, pendant le repas, à sa sœur supposée : il en profita pour la conjurer d'oublier pour le moment et ses chagrins et son rang, et de condescendre à faire société avec ceux qui devaient être ses compagnons de voyage, puisque c'était le moyen le plus sûr de ne pas être découvert.

La comtesse sentit toute l'urgence du cas ; et, lorsqu'on se mit en route, elle chercha à suivre les conseils de son guide, et, s'adressant à une comédienne qui était près d'elle, elle témoigna beaucoup d'intérêt pour la femme qu'on était ainsi obligé d'abandonner.

— Oh! elle est bien soignée, madame, répliqua la comédienne, qui, par son humeur enjouée, aurait pu être l'emblème parfait de *la femme de Bath* [1]. Ma commère Laneham traite tout cela aussi légèrement que qui que ce soit : dès le neuvième jour, si les fêtes durent aussi longtemps, elle sera avec nous à Kenilworth, quand elle serait forcée de voyager avec son poupon sur le dos.

Il y avait dans ce discours un certain ton libre qui ôta à la comtesse de Leicester toute envie de continuer la conversation : mais elle avait rompu le charme en parlant la première à sa compagne ; et la bonne dame qui devait remplir, dans un des intermèdes, le rôle de Gilian de Croydon [2], eut soin d'empêcher que le silence ne rendît le

---

(1) Héroïne d'un conte de Chaucer rajeuni par Pope. — Ed.
(2) Dans le *Charbonnier de Croydon*. — Ed.

voyage trop sombre. Elle raconta à sa silencieuse compagne des milliers d'anecdotes de fêtes royales où elle s'était trouvée depuis le temps du roi Henry jusqu'à ce jour, lui détailla l'accueil que lui avaient fait les grands seigneurs, lui apprit les noms des acteurs qui jouaient les principaux rôles ; elle finissait toujours ses récits en disant que tout cela ne serait rien en comparaison des réjouissances magnifiques qui auraient lieu à Kenilworth.

— Et quand y arriverons-nous? dit la comtesse avec une agitation qu'elle cherchait en vain à dissimuler.

— Nous qui sommes à cheval, nous pouvons être à Warwick ce soir, et Kenilworth n'est qu'à quatre ou cinq milles de distance. Mais il nous faudra attendre ceux qui sont à pied. Cependant il est probable que le bon comte de Leicester enverra à leur rencontre des chevaux ou des voitures, afin de leur éviter la fatigue du voyage à pied, qui, comme vous pouvez penser, est un fort mauvais préparatif pour danser devant des gens de la cour. Néanmoins j'ai vu le temps où, avec l'aide de Dieu, j'aurais fait cinq lieues à pied le matin, et sauté sur la pointe du pied toute la soirée, comme le plat d'étain qu'un jongleur fait tourner sur la pointe d'une aiguille. L'âge a un peu diminué mon ardeur; mais, lorsque la musique et mon cavalier me conviennent, je peux danser une gigue aussi bien et aussi long-temps qu'aucune jouvencelle du comté de Warwick, qui, pour écrire son âge, est obligée d'employer le malheureux chiffre quatre, suivi d'un zéro.

Si la comtesse se trouvait accablée de la loquacité de cette bonne femme, Wayland, de son côté, avait assez à faire pour soutenir et éluder les fréquentes attaques de l'infatigable curiosité de son ancienne connaissance Richard Sludge. Le caractère de ce nain malicieux, naturellement porté à tout observer et à s'informer de tout, s'alliait parfaitement à la tournure piquante de son esprit. Autant il espionnait les autres, autant il lui était impossible de résister au désir de se mêler de leurs affaires quand il en avait surpris le secret, quoiqu'elles ne le concernassent en rien. Il passa toute la journée à lorgner la comtesse sous son masque, et probablement ce qu'il y découvrit ne fit qu'accroître sa curiosité.

— Cette sœur à toi, Wayland, disait-il, a le cou bien blanc pour être née dans une forge, et la main bien délicate et bien blanche pour avoir été habituée à tourner un fuseau. Je t'assure par ma foi que je croirai à votre parenté lorsque l'œuf du corbeau produira un cygne.

—Tais-toi, dit Wayland, tu es un petit babillard, et tu mériterais de sentir les verges pour ton assurance.

— Fort bien, dit le lutin en s'écartant : tout ce que je puis dire, c'est que vous me cachez un secret, souvenez-vous-en ; et, si je ne vous rends un Roland pour un Olivier, mon nom n'est pas Dick Sludge.

Cette menace, et la distance à laquelle le malin espiègle se tint de lui pendant le reste du jour, alarma beaucoup Wayland. C'est pourquoi il suggéra à sa prétendue sœur l'idée de demander à s'arrêter, sous prétexte de lassitude, à trois ou quatre milles de la bonne ville de Warwick, en promettant de joindre la troupe le lendemain dans la matinée. Une petite auberge de village leur offrit un asile pour se reposer; et ce fut avec un secret plaisir que Wayland vit toute la troupe, y compris Dick Sludge, continuer sa route après des adieux affectueux.

—Demain, madame, dit-il à sa compagne de voyage, si vous le trouvez bon, nous nous remettrons en route de bonne heure, afin d'atteindre Kenilworth avant la foule qui doit y arriver.

La comtesse approuva la proposition de son fidèle guide ; mais, à son grand étonnement, elle ne dit rien de plus à ce sujet. Cette réserve laissait ignorer à Wayland si elle avait formé quelque plan pour ses démarches futures, sachant bien que sa position exigeait une conduite circonspecte, quoiqu'il n'en connût qu'imparfaitement toutes les particularités. Cependant il conclut de ce silence qu'elle devait avoir dans le château des amis à la protection desquels elle pourrait se fier, et que sa tâche serait entièrement remplie en l'y conduisant, conformément à ses ordres réitérés.

CHAPITRE XXVI.

« Entendez-vous le son de la cloche et du cor?
« La plus belle pourtant n'y répond pas encor.
« Les conviés sont prêts, on va se mettre à table;
« Mais un nuage obscur cache la plus aimable.
« Cet éclat mensonger, prince trop orgueilleux,
« Devait-il donc ainsi te fasciner les yeux?
« Ton cœur ne sait-il plus quelle grande distance
« Sépare la vertu de l'altière insolence?
« Et peux-tu préférer à l'astre étincelant
« L'éclat momentané dont brille un ver luisant? »
La Pantoufle de verre.

La malheureuse comtesse de Leicester avait été, depuis son enfance, traitée par ceux qui l'entouraient avec une indulgence aussi illimitée que peu judicieuse. La douceur naturelle de son caractère l'avait préservée de l'orgueil et de l'aigreur. Mais le caprice qui avait préféré le beau et séduisant Leicester à Tressilian, dont elle appréciait si bien elle-même l'honneur et l'inaltérable affection; ce fatal caprice qui détruisit le bonheur de sa vie, venait de la tendresse malentendue qui avait épargné à son enfance la leçon pénible, mais indispensable, de la soumission et de la contrainte. La même faiblesse l'avait habituée à n'avoir que des désirs à former et à exciter, en laissant aux autres le soin de les satisfaire; voilà comment, à l'époque la plus critique de sa vie, elle se trouva entièrement dépourvue de présence d'esprit et incapable de se tracer un plan de conduite prudent et raisonnable.

Les difficultés se multiplièrent pour la malheureuse Amy quand elle vit arriver le jour qui allait décider de sa destinée. Sans avoir égard à aucune considération intermédiaire, elle avait seulement souhaité de se trouver à Kenilworth en présence de son époux; et maintenant qu'elle en était si près, le doute et l'inquiétude vinrent effrayer son esprit par la crainte de mille dangers, les uns réels, les autres imaginaires, mais tous aggravés et exagérés par sa position et l'absence de tout conseil.

Une nuit d'insomnie l'avait tellement affaiblie qu'elle se trouva incapable de répondre à Wayland, qui vint l'appeler de bon matin. Le fidèle guide commença à concevoir de vives inquiétudes pour la dame qu'il était chargé de conduire, et à s'alarmer pour lui-même. Il était sur le point de partir seul pour Kenilworth dans l'espoir d'y découvrir Tressilian, et de lui annoncer l'approche d'Amy, lorsque vers les neuf heures du matin elle le fit demander.

Il la trouva prête à poursuivre son voyage; mais sa pâleur lui donna des craintes sur sa santé. Elle lui dit de préparer les chevaux sur-le-champ, et résista avec impatience aux instances que fit son guide pour l'engager à prendre quelque nourriture avant de se remettre en route.

— On m'a donné, lui dit-elle, un verre d'eau. Le misérable qu'on traîne au supplice n'a pas besoin d'autre cordial, et je dois m'en contenter comme lui. Faites ce que je vous ordonne.

Wayland hésitait encore. — Que voulez-vous de plus? lui demanda-t-elle; n'ai-je pas parlé clairement?

— Pardonnez-moi, répondit Wayland; mais permettez-moi de vous demander quels sont vos projets. Je ne vous fais cette question qu'afin de me conformer à vos désirs. Tout le pays court à Kenilworth; il serait difficile d'y entrer quand même nous aurions les passe-ports nécessaires pour y être admis. Inconnus et sans amis, il peut nous arriver quelque malheur. Votre Seigneurie me pardonnera de lui offrir mon humble avis ; ne ferions-nous pas mieux de chercher à retrouver nos comédiens et de nous joindre à eux de nouveau? La comtesse secoua la tête. Allons, continua le guide, je ne vois qu'un seul remède.

— Déclare ta pensée, dit-elle, charmée peut-être qu'il lui offrît des avis qu'elle aurait eu honte de lui demander. Je te crois fidèle ; que me conseillerais-tu ?

— De me permettre d'avertir M. Tressilian que vous êtes ici. Je suis certain qu'il monterait à cheval avec quelques officiers de la maison de lord Sussex, et qu'il viendrait veiller à votre sûreté.

— Et c'est à moi que vous donnez le conseil de me mettre sous la protection de Sussex, de l'indigne rival du noble Leicester! dit la comtesse. Puis, voyant la surprise où ces paroles avaient jeté Wayland, et craignant d'avoir laissé trop paraître l'intérêt qu'elle prenait à Leicester, elle ajouta : — Et quant à Tressilian, cela ne peut être. Ne prononcez pas mon nom devant lui ; je vous l'ordonne! ce serait accroître mes infortunes, et l'entraîner lui-même dans des dangers auxquels il ne pourrait échapper. Mais observant que Wayland continuait de la regarder d'un œil incertain et inquiet, qui manifestait de véritables doutes sur l'état de son esprit, elle prit un air calme, et lui dit :

— Guide-moi seulement au château de Kenilworth, et ta tâche est terminée ; là je pourrai juger ce qu'il faudra que je fasse ensuite. Tu m'as servie jusqu'ici fidèlement ; voici quelque chose qui te récompensera.

Elle offrit à l'artiste une bague dans laquelle était enchâssé un diamant de grand prix. Wayland la regarda, hésita un moment, et la rendit à la comtesse. — Ce n'est pas, dit-il, que je me croie au-dessus de vos présens, madame, car je ne suis qu'un pauvre diable qui a été forcé, Dieu le sait, d'avoir recours pour vivre à des moyens bien plus humilians que la générosité d'une dame telle que vous ; mais, comme mon ancien maître, le maréchal, avait coutume de dire à ses pratiques : *Point de cure, point de salaire :* nous ne sommes pas encore dans le château de Kenilworth ; et vous aurez, comme on dit, tout le temps de payer votre guide lorsque votre voyage sera entièrement fini. J'espère de tout mon cœur que Votre Seigneurie est aussi assurée d'être accueillie convenablement à son arrivée qu'elle peut l'être que je ferai tous mes efforts pour l'y conduire en sûreté. Je vais chercher les chevaux. Permettez-moi de vous presser de nouveau, comme votre guide et un peu comme votre médecin, de prendre quelque nourriture.

— Oui, j'en prendrai, dit-elle avec vivacité ; allez préparer tout sur-le-champ. — C'est en vain que je veux montrer de l'assurance, ajouta-t-elle en se parlant à elle-même lorsqu'il eut quitté la chambre ; ce pauvre domestique lui-même voit mes craintes trahir ce courage affecté, et sonde toute ma faiblesse.

Alors elle essaya de prendre quelque nourriture pour suivre les conseils de son guide ; mais elle y renonça, car le premier morceau qu'elle s'efforça de goûter lui causa une sensation si pénible qu'elle crut étouffer. Un instant après les chevaux parurent sous la fenêtre. Amy se plaça sur le sien, et trouva le soulagement qu'on éprouve dans l'air libre et le changement de lieu.

Il arriva, heureusement pour les projets de la comtesse, que Wayland, qui, grâce à son genre de vie irrégulier et vagabond, avait traversé l'Angleterre dans tous les sens, connaissait aussi bien les chemins de traverse et les sentiers détournés que les routes directes du riche comté de Warwick ; car la multitude qui se rendait à Kenilworth pour voir l'entrée de la reine dans cette magnifique résidence de son premier favori, était telle que les principales routes étaient encombrées et inabordables, et que les voyageurs ne pouvaient avancer qu'en faisant de longs circuits.

Les pourvoyeurs de la reine avaient parcouru la contrée en levant dans les fermes et les villages toutes les provisions qu'on exigeait ordinairement dans les voyages de la cour, et pour lesquelles les propriétaires devaient ensuite obtenir un paiement tardif du *tapis vert*[1]. Les officiers de la maison du comte de Leicester avaient visité les environs dans les mêmes intentions; et beaucoup de ses amis et de ses parens profitaient de cette occasion pour s'insinuer dans les bonnes grâces du favori, en envoyant quantité de provisions de toute espèce, des monceaux de gibier et des tonneaux des meilleures liqueurs, tant du pays que venant de l'étranger. Les grandes routes étaient couvertes de troupeaux de bœufs, de moutons, de veaux et de porcs, et encombrées de chariots pesamment chargés, dont les essieux gémissaient sous leurs fardeaux. A chaque instant, le passage était obstrué par ces voitures, qui s'accrochaient entre elles; et leurs grossiers conducteurs, jurant et criant jusqu'à ce que leur colère brutale fût portée au dernier degré, commençaient à se disputer le pas avec leurs fouets et leurs gros bâtons. Ces disputes étaient ordinairement apaisées par quelque pourvoyeur, prevôt suppléant, ou quelque autre personne d'autorité dont le bras s'appesantissait sur la tête des querelleurs.

Il y avait en outre des acteurs, des mimes et des jongleurs de toute espèce, qui suivaient en troupes joyeuses les routes qui conduisaient au palais du *Plaisir Royal;* c'est le nom que les ménestrels ambulans avaient donné à Kenilworth dans les poésies qui avaient déjà paru par anticipation sur les fêtes qu'on devait y célébrer. Au milieu de ces scènes confuses, des mendians étalaient leur misère réelle ou prétendue ; contraste étrange, quoique commun,

---

[1] Ce qu'on appelait autrefois en France les requêtes de l'hôtel. — Ed.

entre les vanités et les douleurs de la vie humaine ! Une population immense, rassemblée par la seule curiosité, accourait aussi sur les mêmes routes. Ici l'ouvrier, avec son tablier de cuir, coudoyait la dame élégante, sa supérieure à la ville; là des paysans avec des souliers ferrés, marchaient sur les escarpins des bourgeois aisés ou des gentilshommes respectables; et Jeanne la laitière, à la démarche lourde et aux bras hâlés et vigoureux, s'ouvrait un chemin au milieu de ces jolies petites poupées dont les pères étaient chevaliers ou gentilshommes.

Toute cette multitude avait cependant un caractère de gaieté pacifique. Tous venaient prendre leur part du plaisir, et tous riaient des petits inconvéniens qui dans d'autres momens auraient pu exciter leur mauvaise humeur ou leur colère. Excepté les rixes accidentelles qui s'élevaient, comme nous l'avons dit, parmi la race irritable des charretiers, tous les accens confus qu'on entendait dans cette foule étaient ceux du contentement, d'une joyeuse franchise. Les musiciens préludaient sur leurs instrumens; les ménestrels fredonnaient leurs chansons; le bouffon de profession, en brandissant sa batte, poussait des cris de folie et de gaieté; les danseurs faisaient sonner leurs clochettes; les gens de la campagne criaient et sifflaient; les hommes riaient aux éclats; les filles faisaient entendre leurs voix perçantes, pendant qu'une grosse plaisanterie partait d'un côté, comme un volant, pour être retenue dans l'air et renvoyée du côté opposé de la route par celui à qui elle s'adressait.

Rien n'est peut-être plus cruel pour une âme absorbée par la tristesse que d'être obligée d'assister à des scènes de réjouissance, qui sont bien loin d'être en harmonie avec les sentimens qu'elle éprouve. Cependant le tumulte et la confusion de ce spectacle donnèrent quelques distractions à la comtesse de Leicester, et lui rendirent le triste service de l'empêcher de réfléchir à ses malheurs, ou de former d'avance des idées sombres de son sort.

Elle marchait comme une personne sous l'influence d'un songe, s'abandonnant entièrement à la conduite de Wayland, qui montrait la plus grande adresse. Tantôt il se frayait un chemin à travers la foule, tantôt il s'arrêtait pour attendre une occasion favorable de s'avancer ; et souvent, quittant la route directe, il prenait des sentiers sinueux qui l'y ramenaient, après lui avoir donné la facilité de faire une bonne partie du chemin avec plus d'aisance et de rapidité.

Ce fut ainsi qu'il évita Warwick, où Elisabeth s'était reposée la nuit précédente dans le château, superbe monument de la splendeur des siècles de la chevalerie, que le temps a respecté jusqu'à ce jour. Elle devait s'y arrêter jusqu'à midi, qui était alors en Angleterre l'heure du dîner, et, après ce repas, repartir pour Kenilworth. Le long du chemin, chaque groupe avait quelque chose à dire à la louange de la reine, non sans y mêler cependant un peu de cette satire qui assaisonne ordinairement le jugement que nous portons sur notre prochain, surtout s'il est au-dessus de nous.

— Avez-vous entendu, dit quelqu'un, avec quelle grâce elle a parlé au Bailli, à l'Archiviste et au bon M. Griffin le Ministre, lorsqu'il était à genoux à la portière de son carrosse ?

— Oui ; et comme elle a dit ensuite au petit Aglionby : Maître Archiviste, on a voulu me persuader que vous aviez peur de moi ; mais en vérité vous m'avez si bien fait l'énumération des vertus d'un souverain que je vois que c'est moi qui ai tout sujet d'avoir peur de vous. Et ensuite avec quelle grâce elle a pris la belle bourse où étaient les vingt souverains d'or, paraissant ne vouloir pas la toucher ; mais elle l'a prise néanmoins.

— Oui, oui, dit un autre ; ses doigts m'ont semblé se fermer sur la bourse assez volontiers ; et j'ai cru remarquer que la reine la pesait un moment dans sa main, comme pour dire : J'espère qu'ils sont de poids.

— Elle n'avait rien à craindre de ce côté-là, voisin, dit un troisième. Ce n'est que lorsque la corporation paie les comptes d'un pauvre ouvrier comme moi qu'elle le renvoie avec des pièces rognées. Heureusement, il y a un Dieu là-haut. Le petit archiviste, puisqu'on le nomme ainsi, va être maintenant plus grand que jamais.

— Allons, mon bon voisin, dit celui qui avait parlé le premier, ne soyez point envieux; Elisabeth est une reine bonne et généreuse. Elle a donné la bourse au comte de Leicester.

— Moi envieux! le diable t'emporte pour ce mot-là! répliqua l'ouvrier. Mais je pense qu'elle donnera bientôt tout au comte de Leicester.

— Vous allez vous trouver mal, madame, dit Wayland à la comtesse; et il lui proposa de quitter le grand chemin, et de s'arrêter jusqu'à ce qu'elle fût un peu remise. Mais Amy maîtrisa les émotions que lui firent éprouver ces paroles et d'autres de même nature qui frappèrent ses oreilles pendant leur chemin, et elle insista pour que son guide la conduisît à Kenilworth avec toute la célérité que permettaient les nombreux obstacles de la route. L'inquiétude de Wayland au sujet de ses faiblesses réitérées et de l'absence visible de son esprit augmentait à chaque instant, et il commençait à désirer impatiemment de la voir, selon ses demandes réitérées, dans le château, où il ne doutait pas qu'elle ne fût assurée d'un bon accueil, quoiqu'elle semblât ne vouloir pas avouer sur qui elle fondait ses espérances.

— Si je suis une fois hors de ce péril, pensait-il, et que quelqu'un me reprenne à servir d'écuyer à une demoiselle errante, je lui permets de me briser la tête avec mon marteau de forgeron.

Enfin parut le magnifique château de Kenilworth, aux

embellissemens duquel et à l'amélioration des domaines qui en dépendaient le comte de Leicester avait, dit-on, dépensé soixante mille livres sterling, somme égale à un demi-million de ce temps-là [1].

Les murs extérieurs de ce superbe et gigantesque édifice renfermaient sept acres [2], dont une partie était occupée par de vastes écuries et un jardin de plaisance avec des bosquets élégans et des parterres remplis de fleurs; le reste formait la première cour ou cour extérieure.

Le bâtiment qui s'élevait au milieu de cette spacieuse enceinte était composé de plusieurs corps de logis magnifiques, qui paraissaient avoir été construits à différentes époques, et qui entouraient une cour intérieure. Le nom et les armoiries de chaque partie séparée rappelaient le souvenir de seigneurs puissans, morts depuis long-temps, et dont l'histoire, si l'ambition eût su l'entendre, aurait donné une utile leçon au favori orgueilleux qui avait acquis et augmenté leurs domaines. Le vaste donjon qui formait la citadelle du château datait de l'antiquité la plus reculée, quoiqu'on ne sût rien de précis sur l'époque où il avait été bâti.

Il portait le nom de César, peut-être à cause de sa ressemblance avec celui du même nom qu'on voit à la Tour de Londres. Quelques antiquaires prétendaient que ce fort avait été élevé par Kenelph, roi saxon de Mercie [3], qui avait donné son nom au château, et d'autres qu'il avait été bâti peu de temps après la conquête des Normands. Sur les murs extérieurs était l'écusson des Clinton, qui les avait fondés sous le règne de Henry Ier, ainsi que celui de Simon de Montfort, encore plus redoutable, qui, dans les Guerres des Barons, avait long-temps défendu Kenil-

(1) Plus de douze millions de France. — Ed.
(2) Mesure de sept cent vingt pieds français de long, sur soixante-douze de large. — Ed.
(3) Un des royaumes de l'Heptarchie. — Ed.

worth contre le roi Henry III. Mortimer, comte de March, fameux par son élévation et par sa chute, y avait jadis donné des fêtes et des carrousels pendant que son souverain détrôné, Edouard II, languissait dans les cachots mêmes du château. Le vieux Jean de Gaunt (de l'antique race de Lancastre) avait beaucoup agrandi cet édifice en construisant l'aile qui porte encore le nom de bâtiment de Lancastre ; mais Leicester avait surpassé ses prédécesseurs, tout riches et puissans qu'ils étaient, en érigeant une immense façade, qui a disparu sous ses propres ruines, monument de l'ambition de son fondateur. Les murs extérieurs de cette résidence vraiment royale étaient baignés par un lac, en partie artificiel, sur lequel Leicester avait fait construire un pont magnifique, afin qu'Elisabeth pût entrer au château par un chemin pratiqué pour elle seule. L'entrée ordinaire était du côté du nord, où il avait élevé, pour la défense du château, une haute tour qui existe encore, et qui surpasse, par son étendue et le style de son architecture, le château de plus d'un chef du nord.

De l'autre côté du lac il y avait un parc immense, peuplé de daims, de chevreuils, de cerfs et de toutes sortes de gibier. Ce bois était planté d'arbres superbes, du milieu desquels la façade du château et ses tours massives semblaient sortir majestueusement. Nous ne pouvons nous empêcher d'ajouter ici que ce noble palais, qui reçut des rois dans son enceinte, et que les guerriers illustrèrent tour à tour par de véritables et sanglans assauts, et par des joutes chevaleresques où la beauté distribuait les prix obtenus par la valeur, n'offre plus aujourd'hui qu'une scène de ruines. Son lac est devenu une prairie humide où croît le jonc, et ses ruines immenses ne servent qu'à donner une idée de son ancienne splendeur, et à faire mieux apprécier au voyageur qui réfléchit la vanité des richesses de l'homme, et le bonheur de ceux qui jouissent de la médiocrité avec un vertueux contentement.

Ce fut avec des sentimens bien différens que la malheureuse comtesse de Leicester considéra ces tours nobles et antiques lorsqu'elle les vit pour la première fois s'élever au-dessus des bois touffus sur lesquels elles semblaient dominer. L'épouse légitime du favori d'Elisabeth, de l'homme de prédilection de l'Angleterre, s'approchait de la demeure de son époux, et se préparait à paraître en présence de sa souveraine, protégée plutôt que guidée par un pauvre jongleur ; et quoique maîtresse de ce château orgueilleux, dont les portes pesantes auraient dû tourner d'elles-mêmes sur leurs gonds à son moindre signal, elle ne pouvait se dissimuler les obstacles et les dangers qui s'opposaient à sa réception dans des murs où elle avait droit de commander.

En effet, les difficultés semblaient s'accroître à chaque instant ; et bientôt nos voyageurs eurent à craindre qu'il ne leur fût pas possible d'avancer au-delà d'une grande barrière qui conduisait à une belle avenue pratiquée dans la forêt dont nous avons parlé. Cette route offrait, pendant un espace de deux milles, les plus beaux points de vue du château et du lac, et aboutissait au pont nouvellement construit, qui semblait en être une dépendance. C'était le chemin que la reine devait suivre pour se rendre au château dans cette mémorable journée.

La comtesse et Wayland trouvèrent la barrière de cette avenue, qui donnait sur la route de Warwick, gardée par une compagnie de *yeomen* à cheval de la garde de la reine. Ils étaient couverts de cuirasses richement ciselées et dorées ; ils portaient des casques au lieu de toques, et tenaient la crosse de leurs carabines appuyée sur la cuisse. Ces gardes, toujours de service partout où la reine allait en personne, étaient sous les ordres d'un poursuivant d'armes, que la plaque qu'il portait au bras, et sur laquelle étaient gravés l'ours et le bâton, armoiries de son maître, annonçaient comme étant de la maison du comte de Leicester. Il ne laissait entrer absolument que les personnes invitées à la fête, et les gens qui devaient faire partie des spectacles et des amusemens.

La foule se pressait autour de cette barrière, et chacun alléguait quelque motif différent pour être admis ; mais les gardes inexorables opposaient à leurs prières la sévérité de leur consigne, fondée sur l'aversion bien connue que la reine avait pour l'empressement grossier de la populace. Ceux qui ne se contentaient pas de ces raisons étaient traités plus durement ; les soldats les repoussaient sans cérémonie à l'aide de leurs chevaux bardés de fer ou avec la crosse de leurs carabines. Ces manœuvres produisaient parmi la foule des ondulations qui faisaient craindre à Wayland de se trouver séparé tout-à-coup de sa compagne ; il ne savait pas non plus quelle raison donner pour obtenir la permission d'entrer ; et il discutait cette question dans sa tête avec une grande perplexité, lorsque le poursuivant d'armes, ayant par hasard jeté les yeux sur lui, s'écria, à son grand étonnement : — Soldats ! faites place à cet homme au manteau jaune. Avancez, maître farceur, et dépêchez-vous ! Qui diable a pu vous retenir ? Avancez, dis-je, avec votre balle de colifichets.

Pendant que le poursuivant adressait à Wayland cette invitation pressante, mais peu courtoise, les yeomen ouvrirent promptement un passage. Il ne fit qu'avertir sa compagne de bien se cacher le visage, et il entra, conduisant par la bride le cheval de la comtesse, mais d'un air si humilié, et dans lequel se peignaient tant de crainte et d'inquiétude, que la foule, jalouse de cette préférence, les salua de huées et de rires insultans.

Ainsi admis dans le parc, quoique l'accueil qu'on leur avait fait fût loin d'être flatteur, Wayland et la comtesse songeaient aux obstacles qu'ils auraient encore à surmonter pour traverser la vaste avenue garnie des deux côtés d'une longue file de gens armés d'épées et de pertuisanes, richement vêtus des livrées du comte de Leicester, et portant ses armoiries.

Ces soldats étaient placés de trois en trois pas, de manière à garnir toute la route depuis l'entrée du parc jusqu'au pont : aussi, lorsque la comtesse aperçut l'aspect imposant du château avec ses créneaux, ses tourelles et ses plates-formes, les nombreuses bannières flottant sur les murailles, les panaches éclatans, les plumes ondoyantes qui brillaient sur les terrasses et sur les créneaux ; lorsqu'elle contempla, dis-je, ce magnifique spectacle, son cœur, peu accoutumé à tant de splendeur, en fut accablé, et elle se demanda un moment ce qu'elle avait pu offrir à Leicester pour mériter de partager avec lui cette pompe royale. Mais sa fierté et son généreux enthousiasme résistèrent à ces suggestions, qui l'eussent plongée dans le désespoir.

— Je lui ai donné, disait-elle, tout ce que peut donner une femme; mon nom, ma réputation, mon cœur et ma main. Voilà ce que j'ai donné au pied des autels au seigneur de cette magnifique demeure, et la reine d'Angleterre n'aurait pu lui en offrir davantage. Il est mon époux ; je suis sa femme légitime : l'homme ne séparera point ceux que Dieu a unis. Je réclamerai mes droits, et avec d'autant plus d'assurance que je viens à l'improviste et dépourvue de tout secours. Je connais mon noble Dudley! Il sera irrité un moment de ma désobéissance ; mais Amy versera des larmes, et Dudley lui pardonnera.

Ces pensées furent interrompues par un cri de surprise de son guide Wayland, qui se sentit tout d'un coup fortement étreint par deux longs bras noirs et maigres, appartenans à un individu qui s'était élancé des branches d'un chêne sur la croupe de son cheval, au milieu des éclats de rire des sentinelles.

— Ce ne peut être que le diable ou Flibbertigibbet, dit

Wayland après de vains efforts pour se débarrasser et désarçonner le nain qui se tenait fortement à lui. Est-ce que les chênes de Kenilworth portent de pareils glands?

— Certainement, maître Wayland, dit ce compagnon inattendu, et des glands beaucoup trop durs pour que vous puissiez les casser, tout vieux que vous êtes, si je ne vous montre comment il faut vous y prendre. Comment auriez-vous pu passer à la première barrière, où est le poursuivant d'armes, si je ne l'eusse averti que notre principal jongleur allait nous suivre? Je vous ai attendu dans les branches d'un arbre où je suis monté en grimpant sur notre charrette; et toute la troupe, à l'heure qu'il est, ne doit plus savoir où donner de la tête en mon absence.

— Allons, maintenant je vois que tu es tout de bon le fils du diable, dit Wayland. Je reconnais ta supériorité, nain protecteur! Montre-nous seulement autant de bonté que tu as de pouvoir.

En parlant ainsi, ils arrivèrent à une forte tour située à l'extrémité méridionale du pont dont nous avons parlé, et qui défendait l'entrée extérieure du château de Kenilworth.

Ce fut dans des circonstances aussi malheureuses pour elle, et dans une compagnie aussi singulière, que la comtesse de Leicester fit sa première entrée dans la magnifique résidence d'un époux qui était presque l'égal des princes.

CHAPITRE XXVII.

<small>Snug.</small>   « Avez-vous par écrit le rôle du lion? Donnez-le-
         « moi, je vous prie, car je n'apprends pas vite.
<small>Quince.</small> « Oh! vous pourrez l'improviser, il ne consiste qu'à
         « rugir. »
         <small>Shakspeare</small>, *le Songe d'une nuit d'été.*

Quand la comtesse de Leicester fut arrivée à la porte extérieure du château de Kenilworth, elle vit que la tour au-dessous de laquelle s'ouvrait la porte principale était gardée d'une manière singulière. Sur les créneaux, des sentinelles d'une taille gigantesque, portant des haches d'armes, des massues et d'autres armes antiques, représentaient les soldats du roi Arthur, ces anciens Bretons qui, selon la tradition, avaient les premiers occupé le château, quoique l'histoire ne fasse remonter son antiquité qu'au temps de l'Heptarchie. Quelques uns de ces étranges gardiens étaient des hommes véritables, avec des masques et des brodequins; les autres n'étaient que des mannequins de carton revêtus de bougran, et qui, vus d'en bas, faisaient une illusion complète. Mais le concierge colossal qui, placé sous l'entrée, remplissait les fonctions de garde de la porte, n'avait eu besoin d'aucun moyen factice pour se rendre formidable. Grâce à ses membres énormes et à la hauteur de sa taille, il aurait pu représenter Colbrand, Ascapart, ou tout autre géant des romans, sans qu'il lui fût nécessaire de se grandir d'un pouce. Il avait les jambes et les genoux nus, de même que les bras à quelques lignes des épaules; ses pieds étaient chaussés de sandales nouées avec des courroies de cuir rouge qui se croisaient, et garnies d'agrafes de bronze. Une étroite jaquette de velours écarlate avec des ganses d'or, et des culottes de la même étoffe, couvraient son corps et une partie de ses membres; une peau d'ours, jetée sur ses épaules, lui tenait lieu de manteau. Sa tête était découverte; des cheveux noirs et touffus ombrageaient son front. Tous ses traits avaient ce caractère lourd et farouche qui, à peu d'exceptions près, a fait attribuer à tous les géans un esprit stupide et chagrin. L'arme de ce Cerbère répondait au reste de son accoutrement; c'était une énorme massue garnie de pointes d'acier : en un mot, il représentait parfaitement un de ces anciens géans qu'on voit figurer dans les contes des fées et dans les histoires de chevalerie.

Les manières de ce moderne Titan, lorsque Wayland fixa ses regards sur lui, indiquaient beaucoup d'embarras et d'anxiété : tantôt il s'asseyait sur l'énorme banc de pierre placé près de la porte; tantôt il se relevait, grattait sa tête monstrueuse, faisait quelques pas en avant, et revenait à son poste. Ce fut au moment où ce terrible concierge allait et venait dans cet état d'agitation, que Wayland, affectant une assurance naturelle qu'il n'avait pas, s'avança pour entrer dans le château. — Halte-là! lui cria le géant d'une voix de tonnerre; et, relevant son énorme massue comme pour rendre ses ordres plus positifs, il en frappa la terre presque sous les naseaux du cheval de Wayland. Le feu jaillit du pavé, et la voûte en retentit.

Alors Wayland, profitant de l'avis de Flibbertigibbet, dit qu'il appartenait à la troupe des comédiens, que sa présence était nécessaire au château, et que c'était par accident qu'il se trouvait en arrière. Mais le gardien fut inexorable, et recommença à grommeler des mots que Wayland n'entendit qu'imparfaitement, excepté le refus qu'il répétait de le laisser entrer. Voici un échantillon de son discours. — (Se parlant à lui-même) : Il y a un tumulte! un vacarme! — (S'adressant à Wayland) : Vous êtes un traîneur, vous n'entrerez pas. — (A lui-même) :

Il y a une foule...! — Il y a une cohue!.... je n'en saurais venir à bout... — (A Wayland) : Allons, hors d'ici, ou je te casse la tête...! — (A lui-même) : Il y a... non, non... je n'en viendrai jamais à bout.

— Attendez un moment, dit Flibbertigibbet à Wayland, je sais où le soulier le blesse ; je l'aurai bientôt apprivoisé.

Alors il descendit de cheval, et, s'approchant du portier, il tira la queue de sa peau d'ours pour lui faire baisser son énorme tête ; puis il lui dit quelques mots à l'oreille : jamais talisman possédé par un prince de l'Orient n'opéra plus promptement, plus miraculeusement sur l'esprit d'un noir Afrite [1]. A peine Flibbertigibbet lui eut-il parlé, qu'il adoucit l'expression de son visage ; il laissa tomber sa massue, saisit le petit lutin, et l'éleva de terre à une hauteur dont il eût été périlleux pour lui de tomber.

— Oui, c'est bien cela! s'écria-t-il avec une voix de tonnerre, c'est cela même, mon petit bonhomme! mais qui diable a pu te l'apprendre?

— Ne vous en inquiétez pas, répondit Flibbertigibbet; mais... Alors il regarda Wayland et la dame, et prononça ce qu'il avait à dire à voix basse, n'ayant pas besoin de parler haut ; car le géant, pour sa commodité, l'avait élevé jusqu'à son oreille. Après l'avoir embrassé, le portier le remit à terre avec autant de précaution qu'une prudente ménagère quand elle replace sur sa cheminée une tasse de porcelaine fêlée. Il rappela Wayland et la dame... Entrez, leur dit-il, entrez ; et prenez garde à l'avenir de ne pas arriver trop tard quand je serai encore portier.

— Allons, avancez, dit Flibbertigibbet ; je vais rester un moment avec mon brave Philistin Goliath de Gath.

---

(1) Mauvais génie de la mythologie orientale. — Ed.

Je vous rejoindrai bientôt, et je pénètrerai dans vos secrets, fussent-ils aussi profonds que les souterrains du château.

— Je crois que tu y réussiras, pensa Wayland; mais j'espère que bientôt ce secret ne sera plus sous ma garde, et alors peu m'importe qu'il soit connu de toi ou de tout autre.

La comtesse et son guide entrèrent dans le château, et traversèrent la première tour, appelée la tour de la Galerie, voici pourquoi : le pont qui s'étendait depuis cette tour jusqu'à une autre située sur le côté opposé du lac, et appelée la tour de Mortimer, était disposé de manière à former une spacieuse arène d'environ soixante-cinq toises de longueur sur cinq de largeur, couverte du sable le plus fin, et défendue de chaque côté par de hautes et fortes palissades. Une grande et large galerie destinée aux dames, pour les spectacles des joutes qui devaient avoir lieu sur cette arène, avait été construite au nord de la tour extérieure, à laquelle elle donnait son nom. Nos voyageurs traversèrent ce pont pour arriver à la tour de Mortimer, située à l'autre extrémité, et ils entrèrent dans la cour extérieure du château.

Cette tour portait sur son fronton les armes du comte de March, dont l'audacieuse ambition renversa le trône d'Edouard II, et aspira à partager l'autorité suprême avec *la Louve de France* [1], épouse de cet infortuné monarque.

La porte sur laquelle on voyait cet écusson de funeste présage était gardée par plusieurs sentinelles revêtues de riches livrées. Ils laissèrent passer la comtesse et son guide, car le concierge de la tour et des galeries leur ayant ouvert la porte, il n'y avait plus de raison pour les arrêter. Les voyageurs s'avancèrent en silence dans la grande

---

(1) Isabelle, fille de Philippe-le-Bel, qui se ligua avec Mortimer contre Edouard. Edouard dépossédé eut pour prison le château de Kenilworth. — Ed.

cour, d'où ils purent apercevoir librement ce vaste et antique château avec ses tours majestueuses. Toutes les portes avaient été ouvertes en signe d'hospitalité, et les appartemens étaient remplis d'hôtes du rang le plus distingué, suivis d'un nombre considérable de vassaux, de domestiques et de tout le cortége ordinaire des festins et de la joie.

Wayland arrêta son cheval en jetant les yeux sur la comtesse, comme pour lui demander ce qu'il fallait faire à présent qu'ils étaient arrivés au lieu de leur destination. La comtesse garda le silence; alors Wayland, après avoir attendu une minute ou deux, se hasarda à lui demander ses ordres. Amy passa sa main sur son front comme pour recueillir ses idées et prendre une résolution. Puis elle répondit d'une voix à demi étouffée, comme une personne qui parle dans un rêve pénible : — Mes ordres ? Oui, j'ai sans doute le droit d'en donner ; mais qui voudrait m'obéir ?

Après ces mots, elle releva fièrement la tête, comme quelqu'un qui prend un parti décisif; et s'adressant à un valet de belle livrée qui traversait la cour avec un air affairé :

— Arrêtez, lui dit-elle, et allez dire au comte de Leicester que je désire lui parler.

— Au comte de Leicester ! répondit le domestique, surpris de cette demande. Et jetant les yeux sur le mince équipage de celle qui prenait ce ton d'autorité, il ajouta avec arrogance : — Tiens ! quelle est donc cette échappée de Bedlam, qui demande à voir mon maître dans un jour comme celui-ci ?

— Épargnez-moi vos impertinences, répondit la comtesse ; les affaires que j'ai avec le comte sont de la plus haute importance.

— Adressez-vous à quelque autre que moi pour faire vos commissions. Vos affaires fussent-elles dix fois plus importantes, je ne m'en chargerais pas. Moi, j'irais déranger mon maître, qui est avec la reine, et cela pour votre bon plaisir ! oui vraiment ! je pourrais m'attendre à recevoir pour récompense quelques bons coups d'étrivières. Il est bien étonnant que notre vieux portier laisse entrer de semblables personnes, au lieu de prendre leur mesure avec sa massue : mais le pauvre homme n'a plus sa tête depuis qu'il est forcé d'apprendre une harangue par cœur.

Le ton railleur avec lequel s'exprimait ce valet en fit approcher deux ou trois autres; alors Wayland, alarmé pour lui-même et pour la comtesse, s'adressa à celui d'entre eux qui lui parut être le plus civil, et lui glissant une pièce de monnaie dans la main, entra un moment en conférence avec lui, et le pria de chercher un gîte pour la dame qu'il conduisait. Celui à qui cette prière s'adressait, et qui semblait avoir quelque autorité dans le château, gronda l'insolent valet de son impolitesse, lui ordonna de prendre soin des chevaux de ces étrangers, et les pria de le suivre.

Amy avait conservé assez de présence d'esprit pour sentir qu'il fallait renoncer à voir Leicester dans l'instant même, et méprisant les insultes de ces impertinens laquais et les basses plaisanteries qu'ils faisaient sur les jolies coureuses d'aventures, elle suivit en silence son nouveau guide avec Wayland.

Ils entrèrent dans la cour intérieure par une grande porte placée entre la principale tour ou donjon, appelée la tour de César, et un grand corps de bâtiment connu sous le nom de logement du roi Henry. Ils se trouvèrent alors au centre de ce vaste édifice dont les différentes façades présentaient de superbes modèles de tous les genres d'architecture, depuis la Conquête jusqu'au règne d'Élisabeth.

Ils traversèrent cette cour. Leur guide les conduisit dans une petite tour située au nord-est du château, près de la grand'salle, et qui la séparait du large bâtiment destiné aux différentes cuisines. Le bas de cette tour était occupé par des officiers de la maison de Leicester, que les devoirs de leur charge appelaient dans cette partie du château. A l'étage supérieur, auquel on montait par un petit escalier en spirale, se trouvait une chambre qui, dans le besoin de logement où l'on était, avait été destinée à recevoir quelque étranger. Cette chambre était restée long-temps abandonnée, et le bruit courait qu'un prisonnier qu'on y avait enfermé y avait été jadis assassiné. Ce prisonnier, nommé Mervyn, avait laissé son nom à la tour. Il est en effet probable que ce lieu servait autrefois de prison. Chaque étage était voûté, les murs avaient une épaisseur prodigieuse, et l'étendue de la chambre n'excédait pas quinze pieds carrés.

La fenêtre qui l'éclairait était fort étroite ; mais elle s'ouvrait sur ce qu'on appelait *la Plaisance,* nom par lequel on désignait un enclos décoré d'arcs de triomphe, de trophées, de fontaines, de statues et d'autres ornemens d'architecture, et qui servait de passage pour aller au jardin du château.

Il y avait dans la chambre où la comtesse fut introduite un lit et d'autres meubles évidemment préparés pour la réception de l'hôte qui devait y loger ; mais elle y fit peu d'attention : ses regards se tournèrent uniquement sur les objets nécessaires pour écrire qu'elle aperçut sur une table, chose rare dans une chambre à coucher de ce temps-là. Il lui vint aussitôt dans l'esprit d'écrire au comte de Leicester, et de rester renfermée jusqu'à ce qu'elle eût reçu sa réponse.

L'officier qui leur avait servi de guide demanda poliment à Waylan, dont il avait éprouvé la générosité, s'il y avait encore quelque chose à faire pour son service. Wayland lui ayant fait entendre que quelques rafraîchissemens ne lui seraient pas désagréables, il conduisit notre maréchal à l'office, où l'on distribuait avec profusion des comestibles de toute espèce à tous ceux qui en demandaient. Wayland choisit quelques alimens légers, qu'il crut devoir convenir au palais délicat d'une dame ; mais, pour son compte, il ne laissa pas échapper cette occasion de faire à la hâte un repas solide ; il retourna ensuite à la chambre de la tour. La comtesse venait de finir sa lettre, et, n'ayant ni cachet ni fil de soie, elle l'avait entourée d'une boucle de ses cheveux, dont elle avait formé un lacs d'amour.

— Fidèle ami, dit-elle à Wayland, toi que le ciel m'a envoyé pour me secourir dans mes plus pressantes infortunes, je te prie, et c'est le dernier soin que tu prendras d'une infortunée, je te prie de porter cette lettre au noble comte de Leicester. De quelque manière qu'il la reçoive, dit-elle avec une agitation mêlée de crainte et d'espérance, c'est le dernier service que tu auras à me rendre. Mais je m'abandonne à l'espoir. Que les jours de mon ancien bonheur renaissent, et nuls services n'auront été mieux payés que les tiens, comme nulle récompense n'aura été mieux méritée. Remets cette lettre à Leicester lui-même, et remarque surtout de quel air il la recevra.

Wayland se chargea sans hésiter de la commission : mais il pria avec instance la comtesse de prendre quelque nourriture ; elle y consentit par complaisance pour son compagnon, et afin qu'il se rendît plus tôt auprès du comte. Wayland partit, et lui recommanda de fermer sa porte en dedans, et de ne pas sortir de sa chambre ; puis il alla chercher l'occasion de s'acquitter de son message et d'exécuter en même temps un projet que les circonstances lui avaient suggéré.

Dans le fait, la conduite d'Amy pendant tout le voyage, son silence prolongé, l'irrésolution et l'incertitude qui présidaient à tous ses pas, son impuissance absolue de penser, d'agir par elle-même, faisaient conclure à Wayland, avec assez de vraisemblance, que les embarras de sa position avaient jusqu'à un certain point dérangé sa raison.

Lorsqu'elle se fut échappée de Cumnor-Place, le parti le plus raisonnable pour elle était sans doute de se retirer chez son père, ou dans tout autre lieu, loin de la puissance de ceux qui avaient été ses persécuteurs. Quand, au contraire, elle avait désiré se rendre à Kenilworth, Wayland n'avait pu s'expliquer cette conduite qu'en supposant qu'elle voulait se mettre sous la garde de Tressilian, ou en appeler à la protection de la reine. Mais maintenant, au lieu de prendre un parti si naturel, elle lui donnait une lettre pour Leicester, le patron de Varney, dans la juridiction duquel, si toutefois ce n'était pas par ses ordres exprès, on lui avait fait éprouver tous les maux qu'elle avait soufferts. Une pareille démarche lui parut imprudente, et même désespérée. Wayland, craignant de compromettre sa sûreté et celle d'Amy s'il exécutait sa commission, se décida à ne rien faire sans s'être assuré d'un protecteur en cas de besoin. Il résolut donc, avant de remettre la lettre de chercher Tressilian, de lui faire part de l'arrivée de la dame à Kenilworth, et de se décharger ainsi de toute responsabilité, en laissant le soin de la protéger et de veiller à sa sûreté à celui qui l'avait le premier mis à son service.

— Il jugera mieux que moi, se dit Wayland, s'il est à propos de satisfaire le désir qu'elle manifeste d'en parler à lord Leicester, ce qui me paraît un acte de folie : par ce moyen, je remets l'affaire entre ses mains, je lui confie la lettre, je reçois ce qu'on voudra bien me donner en récompense, et je tourne bien vite les talons à Kenilworth. Après tous les évènemens qui me sont arrivés, je prévois que ce lieu ne serait pas pour moi un fort agréable séjour : partons, partons; j'aimerais mieux ferrer les bourriques du plus mauvais village d'Angleterre, que de prendre ma part des réjouissances qui vont avoir lieu dans le château.

CHAPITRE XXVIII.

> « J'ai vu des merveilles jadis.
> « Le fils de Robin, mon compère,
> « Eût passé par une chatière. »
> *Le Fat.*

Au milieu de l'agitation générale qui régnait dans le château et les environs, ce n'était pas chose facile que de trouver un individu; et Wayland était moins en état que personne de découvrir Tressilian, parce que, connaissant les dangers qu'il y avait d'attirer l'attention sur lui, il n'osait s'adresser aux gens de la maison de Leicester.

Au moyen de questions indirectes, il apprit cependant que Tressilian devait faire partie des gentilshommes de la suite du comte de Sussex, et qu'ils étaient arrivés ce matin même à Kenilworth, où Leicester les avait reçus avec toutes sortes d'égards. Quelqu'un ajouta que les deux comtes avec leur suite, et plusieurs autres seigneurs et chevaliers, étaient montés à cheval, et venaient de partir pour Warwick, afin d'escorter la reine jusqu'à Kenilworth.

L'arrivée d'Elisabeth, comme maint autre grand évènement, était retardée d'heure en heure; enfin un courrier hors d'haleine vint annoncer que Sa Majesté, retenue par le désir qu'elle avait de recevoir les hommages de ses vassaux accourus en foule à Warwick, ne serait au château qu'à la nuit tombante. Cette nouvelle donna un moment de relâche à ceux qui, dans l'attente de l'arrivée prochaine de la reine, se tenaient en haleine pour jouer le rôle qu'on leur avait destiné dans la cérémonie de cette réception.

Wayland, s'étant aperçu que plusieurs cavaliers se dirigeaient vers le château, espéra que Tressilian se trouverait parmi eux. Pour s'en assurer, il courut se placer dans la grande cour, près de la tour de Mortimer; et, dans ce poste, il ne pouvait entrer ni sortir personne qui ne fût aperçu par Wayland. Là il observait avec attention le costume et la tournure de chaque cavalier, quand, après avoir passé par la tour de la Galerie, il traversait en caracolant l'arène formée sur le pont, et s'avançait dans la cour.

Tandis que Wayland était ainsi placé en sentinelle pour découvrir Tressilian qu'il ne voyait pas, il se sentit tirer la manche par quelqu'un dont il aurait voulu lui-même ne pas être vu.

C'était Dick Sludge ou Flibbertigibbet, qui, semblable au lutin dont il portait le nom et le costume, semblait être toujours pendu à l'oreille de ceux qui pensaient le moins à lui. Quelque fâcheuse que cette rencontre inattendue parût à Wayland, il crut sage de dissimuler sa mauvaise humeur, et s'écria :

— Ah! c'est toi, mon petit bonhomme, mon petit poisson, mon prince des cacodémons, mon petit rat?

— Oui, répondit Dick, le rat qui a rongé une à une les mailles du filet, quand le lion qui s'y était laissé prendre commençait à avoir l'air d'un âne.

— Mon petit trotte-gouttières, tu es piquant comme du vinaigre cette après-midi; mais, dis-moi, comment t'en es-tu tiré avec le géant, quand je t'ai laissé seul avec lui? Je craignais qu'il ne te déshabillât et ne fît de toi qu'une bouchée, comme on avale un marron rôti.

— Oh! repartit le nain, s'il l'eût fait, il aurait eu plus de cervelle dans son ventre qu'il n'en eut jamais dans sa tête. Mais le géant est un être tout-à-fait courtois, et plus reconnaissant que bien d'autres personnes que j'ai secourues dans les momens d'embarras, M. Wayland.

— Diable, Flibbertigibbet, tu es plus mordant qu'une lame de Sheffield. Cependant je voudrais bien savoir de quel charme tu t'es servi pour museler ce vieil ours.

— Oui, voilà comme vous êtes! vous croyez que de belles paroles vous dispensent des actions. Quant à cet honnête portier, je vous dirai que lorsque nous arrivâmes au château sa cervelle était troublée par un discours qu'on a composé pour lui, et qui paraît être au-dessus de son intelligence, moins grande que son corps. Comme cet éloquent ouvrage est, ainsi que bien d'autres, de la composition de mon docte magister, M. Erasme Holyday, je l'ai entendu répéter si souvent que je me le rappelle jusqu'au dernier mot. Quand j'ai vu le géant s'embrouiller et s'agiter comme un poisson sur le sable, et que j'ai compris qu'il était arrêté par son premier vers, je lui ai soufflé le mot. C'est alors qu'ainsi que vous l'avez vu, il m'a pris dans ses bras, et m'a levé jusqu'à son oreille dans son ravissement. Pour l'engager à vous laisser entrer, je lui ai promis de me cacher sous sa peau d'ours, et de venir au secours de sa mémoire quand il faudra réciter le compliment. Je viens de prendre un peu de nourriture, et je retourne auprès de lui.

— C'est bien, c'est très bien, mon cher Dick! dépêche-toi, pour l'amour de Dieu; car ce pauvre géant doit être tourmenté de l'absence de son petit souffleur. Allons, porte-toi bien, Dick.

— Oh oui, répondit le lutin, porte-toi bien. C'est ainsi qu'on me remercie quand on a tiré de moi tout ce qu'on a voulu. Tu ne consens donc pas à m'apprendre l'histoire de cette dame, qui est ta sœur comme moi?

— A quoi te servirait de l'apprendre, petit lutin?

— N'as-tu que cela à me dire? A la bonne heure, je m'en soucie fort peu. Je te dirai seulement que je ne trahis jamais un secret, mais que je travaille toujours à faire échouer les projets qu'on me cache. Je te souhaite le bonsoir.

— Ne t'en va pas si vite, répondit Wayland, qui connaissait trop bien l'infatigable activité de Flibbertigibbet pour ne pas la redouter. Pas si vite, mon cher Dick ; on ne se sépare pas si brusquement de ses vieux amis. Tu sauras un jour tout ce que je sais moi-même de cette dame.

— Oui, répondit Dick ; et ce jour-là n'est peut-être pas bien éloigné. Porte-toi bien, Wayland : je retourne auprès de mon géant ; s'il n'a pas l'esprit aussi fin que bien d'autres, il est au moins plus reconnaissant des services qu'on lui rend. Ainsi, je te le répète, bonsoir.

En disant ces mots il fit une gambade, et, continuant à courir avec son agilité accoutumée, il disparut en un instant.

— Plût à Dieu que je fusse déjà hors de ce château ! dit Wayland. Si une fois ce nain malicieux met le doigt dans le pâté, ce sera un mets digne de Satan lui-même. Du moins si je pouvais rencontrer M. Tressilian !

Tressilian, qu'il attendait avec tant d'impatience, venait d'entrer à Kenilworth par un côté opposé à celui où se tenait Wayland. Il était sorti du château le matin même pour accompagner les deux comtes à Warwick, ainsi que Wayland l'avait pensé, espérant apprendre dans cette ville quelques nouvelles de son émissaire. Trompé dans cet espoir, et s'apercevant que Varney, qui faisait partie de la suite de Leicester, paraissait vouloir s'approcher de lui pour lui parler, il jugea prudent d'éviter l'entrevue dans les circonstances présentes, et sortit de la salle d'audience de la reine pendant que le shériff du comté haranguait Sa Majesté. Il remonta à cheval, revint à Kenilworth par un chemin détourné, et entra dans le château par une porte dérobée, qu'on lui ouvrit sans difficulté quand on le reconnut pour un des officiers de la suite du comte de Sussex, envers lesquels Leicester avait ordonné de montrer la plus grande courtoisie. Il ne rencontra donc pas Wayland, qui attendait son arrivée avec une si vive impatience, et que de son côté il eût été si charmé de voir.

Après avoir remis son cheval à son domestique, Tressilian se promena pendant quelques instans dans ce qu'on appelait *la Plaisance* et dans les jardins, bien moins pour y admirer les beautés de la nature et les chefs-d'œuvre de l'art que Leicester y avait réunis, que pour s'y livrer sans distraction à ses pénibles idées. La plupart des personnes de marque avaient quitté le château pour accompagner les deux comtes ; tous ceux qui étaient restés avaient pris place sur les créneaux, les murs extérieurs et les tours, pour jouir du magnifique coup d'œil de l'entrée de la reine. Ainsi, tandis que tout le château retentissait de cris et de tumulte, le jardin seul restait calme et paisible. Le silence n'y était interrompu que par le frémissement des feuilles, le chant des oiseaux, dont un grand nombre, enfermés dans une vaste volière, semblaient disputer le prix de la mélodie à leurs heureux compagnons, habitans libres de l'air, et par la chute de l'eau, qui, lancée par des figures d'une forme fantastique et grotesque, retombait dans de superbes bassins de marbre d'Italie.

L'imagination mélancolique de Tressilian couvrait d'un voile sombre tous les objets qui l'entouraient. Il comparait les ruines magnifiques qu'il avait sous les yeux aux épaisses forêts et aux bruyères sauvages qui environnent Lidcote-Hall ; et l'image d'Amy Robsart errait comme un fantôme dans tous les paysages que sa triste pensée lui retraçait.

Il n'est peut-être rien de plus funeste au bonheur des hommes amis de la rêverie et de la solitude que de nourrir de bonne heure une passion malheureuse ; elle jette dans leur cœur de si profondes racines qu'elle devient leur songe de toutes les nuits et leur pensée de tous les jours.

Ce malaise de cœur, ces regrets qui nous entraînent

encore à la poursuite d'une ombre qui a perdu tout l'éclat de ses couleurs, cet éternel retour vers un songe cruellement interrompu, c'est la faiblesse d'un cœur noble et généreux; c'était celle de Tressilian.

Il sentit enfin lui-même la nécessité de se distraire, et sortit de *la Plaisance* pour se joindre à la foule bruyante qui couronnait les remparts, afin de voir les préparatifs de la cérémonie. Mais quand son oreille entendit ce tumulte, cette musique, ces cris de joie qui retentissaient de toutes parts, il éprouva une invincible répugnance à se mêler à des gens dont les sentimens étaient si peu en harmonie avec les siens, et il résolut de se retirer dans sa chambre, et d'y rester jusqu'à ce que la grande cloche du château annonçât l'arrivée d'Elisabeth.

Il traversa le passage qui séparait les cuisines de la grand'salle, et monta au troisième étage de la tour de Mervyn. Il poussa la porte du petit appartement qu'on lui avait assigné, et fut surpris de la trouver fermée; mais il se souvint que le chambellan lui en avait remis une clef en l'avertissant que, dans la confusion qui régnait au château, il fallait avoir soin de tenir la porte bien close. Il mit la clef dans la serrure, ouvrit la porte, et aperçut aussitôt une femme qui lui retraçait Amy Robsart. Sa première idée fut que son imagination troublée lui présentait un fantôme trompeur; mais il fut bientôt convaincu que c'était Amy elle-même qu'il voyait, plus pâle, il est vrai, que dans ces jours de bonheur où elle unissait aux formes et à la fraîcheur d'une nymphe des bois la taille d'une sylphide; mais c'était encore cette Amy dont les yeux n'avaient jamais rencontré l'égale en beauté sur la terre.

La comtesse ne fut pas moins étonnée que Tressilian, quoique sa surprise ne fût pas de si longue durée, car elle avait appris de Wayland qu'il était dans le château. Elle avait tressailli et s'était levée à son entrée. Debout vis-à-vis lui, elle ne put empêcher une vive rougeur de remplacer la pâleur mortelle de son visage.

— Tressilian, dit-elle, que venez-vous chercher ici?

— Mais vous-même, Amy, que venez-vous y faire? Venez-vous réclamer un secours qui ne vous sera jamais refusé, s'il peut dépendre de mon cœur ou de mon bras?

Elle garda un moment le silence, puis elle répondit d'une voix qui exprimait plutôt la douleur que la colère : — Tressilian, je n'implore les secours de personne; ceux que votre bonté pourrait m'offrir me seraient plus nuisibles qu'utiles. Croyez-moi, il y a près d'ici quelqu'un que les lois et l'amour obligent à me protéger.

— Ce misérable vous a donc fait la triste réparation qui restait en son pouvoir, dit Tressilian; et je vois devant moi l'épouse de Varney !

— L'épouse de Varney ! répondit-elle avec toute l'emphase du mépris; de quel infâme nom osez-vous déshonorer la... la... la... Elle hésita, balbutia, baissa les yeux, et resta confuse et muette, car elle se rappela les fatales conséquences auxquelles elle s'exposait si elle eût ajouté la *comtesse de Leicester;* c'eût été trahir le secret dont la fortune de son époux dépendait; c'eût été le dévoiler à Tressilian, à Sussex, à la reine, à toute la cour.— Jamais, pensa-t-elle, jamais je ne violerai le silence que j'ai promis ; je préfère m'exposer aux plus odieux soupçons !

Ses yeux se remplirent de larmes; elle resta muette devant Tressilian. Après avoir jeté sur elle un regard mêlé de douleur et de pitié, Tressilian lui dit : — Hélas ! Amy, vos yeux démentent votre bouche : vous parlez d'un protecteur qui veut et qui peut vous défendre : mais ces larmes me disent que vous avez été abusée et abandonnée par le misérable auquel vous aviez donné votre affection.

Elle le regarda avec des yeux où la colère étincelait à travers les larmes, et se contenta de répéter avec l'accent du mépris : *Le misérable!*

— Oui, le misérable! dit Tressilian, et ce n'est pas dire assez. Mais pourquoi donc êtes-vous ici, seule dans mon appartement? pourquoi n'a-t-il pas pris des mesures pour vous recevoir avec honneur?

— Dans votre appartement! s'écria Amy. Je vais vous délivrer de ma présence! Aussitôt elle courut pour sortir; mais le souvenir de l'abandon où elle se trouvait vint alors s'offrir à sa pensée; s'arrêtant sur le seuil de la porte, elle ajouta d'un ton douloureux et déchirant : — Hélas! je l'oubliais. Je ne sais où aller.

— Je le vois, je le vois bien, dit Tressilian en volant auprès d'elle et la reconduisant vers le fauteuil, où elle se laissa tomber; vous avez besoin de secours; oui, vous avez besoin d'un protecteur, quoique vous craigniez de me le dire; mais vous ne resterez pas sans défense; vous vous appuierez sur mon bras. Je représenterai votre digne et malheureux père, et nous irons ensemble sur le seuil même du château; vous vous présenterez à Elisabeth, et son premier acte à Kenilworth sera un acte de justice envers son sexe et ses sujets. Fort de la bonté de ma cause et de la justice de la reine, la puissance de son favori ne m'arrêtera pas; je cours trouver Sussex.

— N'en faites rien, au nom du ciel! s'écria la comtesse alarmée, qui sentait la nécessité de gagner du temps. Tressilian, vous êtes généreux; accordez-moi une grâce... Croyez, si vous désirez me sauver de la misère et du désespoir, que vous ferez plus pour moi en m'accordant ce que je vous demande qu'Elisabeth n'en peut faire avec tout son pouvoir.

— Demandez-moi tout ce dont vous pourrez m'alléguer la raison, dit Tressilian; mais n'exigez pas de moi...

— Oh! ne mettez pas de condition, cher Edmond, s'écria la comtesse : vous aimiez autrefois à m'entendre vous donner ce nom. Ne me parlez pas de raison ; il n'y a que démence dans ma position; la démence peut seule me dicter un conseil salutaire.

— Si vous parlez ainsi, dit Tressilian à qui l'étonnement faisait oublier sa douleur et sa résolution, je dois croire que vous êtes incapable de penser et d'agir par vous-même.

— Oh, non ! s'écria-t-elle en fléchissant un genou devant lui ; non, je ne suis pas insensée ; mais je suis la plus malheureuse des femmes, entraînée vers le bord du précipice par un concours de circonstances extraordinaires et par le bras même de celui qui pense m'en sauver... par le vôtre même, Tressilian... par vous que j'honorais, que j'estimais, pour qui j'éprouvais tous les sentimens, excepté celui de l'amour, et que j'aimais pourtant, je puis le dire, quoique ce ne fût pas comme vous l'auriez désiré.

Il y avait à la fois dans sa voix et ses gestes tant d'énergie et de douleur, il y avait surtout un appel si touchant à la générosité de Tressilian, qu'il en fut profondément ému. Il la releva, et d'une voix entrecoupée il l'engagea à se rassurer.

— Je ne le puis, dit-elle ; je ne me rassurerai que lorsque vous m'aurez accordé ce que je vous demande. Écoutez-moi ; je vais parler aussi clairement que je le pourrai. J'attends les ordres de quelqu'un qui a le droit de m'en donner ;... l'intervention d'un étranger... la vôtre surtout, Tressilian, me perdrait... et me perdrait sans ressource. Attendez seulement vingt-quatre heures, et peut-être l'infortunée Amy aura-t-elle les moyens de vous prouver qu'elle apprécie, qu'elle peut récompenser votre désintéressement et votre amitié ; qu'elle est heureuse elle-même, et qu'elle peut vous rendre heureux. C'est sûrement un prix digne de votre patience pendant un si court délai.

Tressilian ne répondit rien ; mais il rassembla dans son esprit les diverses conjectures qui pouvaient dans cette circonstance rendre son intervention plus préjudiciable qu'utile à la réputation et au bonheur d'Amy. Considérant aussi qu'elle était dans les murs de Kenilworth, et qu'elle n'avait aucune insulte à craindre dans un château honoré de la présence de la reine et rempli d'une foule de seigneurs et de gardes, il comprit que ce serait peut-être lui rendre un mauvais service que d'implorer, contre son gré, Elisabeth en sa faveur; mais il lui exprima son consentement avec réserve, doutant qu'Amy eût un autre espoir que son aveugle attachement pour Varney, qu'il supposait être son séducteur.

— Amy, dit-il en fixant avec tristesse ses regards sur ceux de la comtesse, qui exprimaient toute sa perplexité, j'ai toujours remarqué que lorsque d'autres vous traitaient d'enfant capricieux, il y avait sous cette apparence de folle obstination beaucoup de bon sens et de sensibilité. Dans cette idée, je vous abandonne le soin de votre destinée pendant vingt-quatre heures, et je promets de ne m'en mêler ni en paroles ni en actions.

— Vous me le promettez, Tressilian? répondit la comtesse. Est-il possible que vous ayez assez de confiance en moi? Ah! donnez-m'en votre foi de gentilhomme et d'homme d'honneur; promettez-moi bien de ne pas vous mêler de ce qui me regarde, quoi que vous puissiez voir ou entendre, quelque besoin apparent que j'aie de vous. Votre confiance ira-t-elle jusque là?

— Je vous le promets sur mon honneur, dit Tressilian; mais, ce délai passé...

— Ce délai passé, répondit-elle en l'interrompant, vous serez libre de faire ce que vous jugerez convenable.

— N'y a-t-il rien que je puisse encore faire pour vous, Amy?

— Rien; que de me quitter et de... je rougis de me voir réduite à cette demande, de m'abandonner pour vingt-quatre heures l'usage de cet appartement.

— Je ne puis exprimer toute ma surprise, dit Tressilian ; quelle espérance, quel crédit pouvez-vous avoir dans un château où vous ne pouvez pas même disposer d'une chambre?

— Les raisonnemens sont inutiles, s'écria-t-elle ; de grâce, laissez-moi ! Et comme elle vit que Tressilian se retirait lentement et à regret, elle ajouta : Généreux Edmond, un temps viendra qu'Amy te prouvera qu'elle méritait ton noble attachement !

CHAPITRE XXIX.

« L'ami, de quoi donc as-tu peur?
« Ne ménage pas la bouteille :
« Ne me crains pas ; ce n'est pas mon humeur
« De dénoncer peccadille pareille.
« Je ne suis qu'un vaurien, et je voudrais, ma foi,
« Que chacun le fût comme moi. »

Le Pandemonium.

Tressilian, dans une singulière agitation, avait à peine descendu les deux ou trois marches de l'escalier, qu'à son grand étonnement et à son grand déplaisir, il rencontra Michel Lambourne. Michel avait sur le front une impudente familiarité qui fit naître en Tressilian l'envie de le précipiter du haut en bas de l'escalier ; mais il se rappela le tort que le moindre acte de violence, exercé dans ce moment et dans ce lieu, pourrait causer à Amy, l'objet de toute sa sollicitude.

Il se contenta donc de jeter un regard sévère sur Lambourne, comme sur un homme qu'on dédaigne de remarquer, et il continuait à descendre sans paraître l'avoir reconnu ; mais Lambourne, qui, dans ce jour de profusion, n'avait pas manqué de s'arroser d'une bonne dose de vin des Canaries, sans que pour cela sa raison fût tout-à-fait troublée, ne se trouvait pas d'humeur à baisser les yeux devant qui que ce fût. Il arrêta sans façon Tressilian au milieu de l'escalier; et, s'adressant à lui comme s'ils eussent été dans les termes de la plus grande intimité : — Eh bien j'espère, M. Tressilian, lui dit-il, qu'il n'y a plus de rancune entre nous pour nos anciens débats; oui, je suis homme à oublier plutôt les querelles récentes que les anciennes liaisons. Oh ! je vous convaincrai que mes intentions à votre égard étaient bonnes et honnêtes.

— Je me soucie fort peu de votre intimité, dit Tressilian, gardez-la pour vos semblables.

— Mais voyez comme il s'emporte, dit Lambourne; ces messieurs, qui se croient pétris d'une pâte de porcelaine, regardent de haut en bas le pauvre Michel Lambourne. Ne prendrait-on pas M. Tressilian pour le plus timide et le plus modeste soupirant qui jamais ait fait l'amour dans le bon vieux temps? Pourquoi vouloir faire le saint devant nous, M. Tressilian? oubliez-vous qu'à la très grande honte du château de milord vous tenez dans votre chambre de quoi vous dédommager? Ah! ah! j'ai frappé juste, je crois, M. Tressilian !

— Je ne vous entends pas, répondit Tressilian concluant de ces paroles que ce licencieux valet n'ignorait pas qu'Amy était dans son appartement; mais, ajouta-t-il, si vous êtes chargé du service des chambres, et que vous me demandiez vos étrennes, prenez cela pour ne pas mettre le pied dans la mienne.

Lambourne regarda la pièce d'or, et la mit dans sa poche en disant : — A présent je puis vous dire que vous eussiez peut-être plus gagné avec moi par de douces paroles qu'avec cette monnaie; mais après tout on paie avec de l'or. Michel Lambourne ne fut jamais ni brouillon ni trouble-fête : il faut que tout le monde vive; c'est ma maxime. Seulement je n'aime pas ces gens qui passent devant moi avec fierté, comme s'ils étaient d'or et moi d'étain. Si je garde votre secret, M. Tressilian, à l'avenir vous me traiterez plus humainement, n'est-ce pas? et si jamais j'ai besoin d'excuse pour semblable peccadille, je compte sur votre indulgence; car vous voyez que les plus sages s'y prennent. Au reste, que votre chambre vous serve à vous et à votre joli oiseau, ce ne sont point les affaires de Michel Lambourne.

— Faites place! dit Tressilian, qui ne contenait plus son indignation; je vous ai donné vos étrennes.

— Hum! dit Lambourne en se retirant, mais à regret et en murmurant entre ses dents les dernières paroles de Tressilian : — Faites place; vous avez eu vos étrennes. Peu importe; je ne suis pas un trouble-fête, je l'ai déjà dit; je ne suis pas un chien à la mangeoire, entendez-vous?

Il parlait de plus en plus haut à mesure que Tressilian, qui ne laissait pas que de le tenir en respect, s'éloignait et ne pouvait plus l'entendre.

— Je ne suis pas un chien à la mangeoire; mais aussi je ne veux pas tenir la chandelle[1], entendez-vous, M. Tressilian? Il faudra que je donne un coup d'œil à ce tendron, que vous avez si commodément renfermé dans votre chambre. C'est sans doute parce que vous craignez les revenans que vous ne voulez pas dormir seul. Ah! si j'avais fait pareille chose, moi, savez-vous ce qu'on aurait dit : Chassez-moi ce coquin; qu'on l'étrille avec un nerf de bœuf; qu'on le fasse rouler en bas de l'escalier comme une toupie. Ah! ces vertueux gentilshommes prennent d'étranges priviléges sur nous, pauvres diables, esclaves de nos sens. C'est très bien; mais au moins je tiens M. Tressilian par cette heureuse découverte, c'est une chose sûre; et ce qui ne

---

(1) Equivalent de la phrase anglaise *to carry coats*, porter des charbons.
Ed.

ne l'est pas moins, c'est que je tâcherai de donner un coup d'œil à sa Lindabrides [1].

CHAPITRE XXX.

> « Et maintenant, adieu, mon maître, adieu !
> « Si c'est ainsi que de loyaux services
> « Sont reconnus, je vous quitte en ce lieu.
> « Séparons-nous, et sous d'autres auspices
> « Que chaque barque aille de son côté.
> « . . . . »
> *Le Naufrage.*

TRESSILIAN entra dans la cour extérieure du château, ne sachant que penser de son étrange entrevue avec Amy Robsart, et doutant s'il avait eu raison, revêtu comme il l'était de l'autorité de son père, d'engager ainsi sa parole, et de lui abandonner le soin de sa conduite pendant un temps aussi long.

Mais comment aurait-il pu refuser sa demande, Amy étant soumise à Varney comme elle l'était probablement?

— Puisque mon pouvoir, pensait-il, ne suffisait pas pour la soustraire à la puissance de Varney, en supposant qu'il la reconnaisse pour sa femme, de quel droit aurais-je ainsi détruit, en mettant la discorde entre eux, les espérances de bonheur domestique qui peuvent lui rester?

Tressilian résolut donc d'observer scrupuleusement la promesse faite à Amy, d'abord, parce qu'il la lui avait faite, et ensuite parce qu'en y réfléchissant il lui semblait que ni l'honneur ni la justice ne lui auraient permis de la lui refuser. Sous un certain rapport, il se trouvait d'ailleurs beaucoup plus en état de secourir cette infortunée

---

[1] Lindabrides est une héroïne du vieux roman intitulé *le Miroir de Chevalerie*. Il en est question dans l'innocent *auto-da-fé* de la bibliothèque de Don Quichotte. — Eᴅ.

qui lui était encore si chère. Amy n'était plus renfermée dans une retraite lointaine et solitaire, sous la garde de personnes d'une réputation douteuse; elle était dans le château de Kenilworth, dans la cour de la reine, à l'abri de toute espèce de violence, et à portée de paraître devant Elisabeth au premier appel. Ce concours de circonstances semblait seconder puissamment tout ce qu'il pourrait avoir à faire pour elle.

Tandis qu'il balançait ainsi les avantages et les périls qui résultaient de la présence inattendue d'Amy à Kenilworth, Tressilian fut soudain accosté par Wayland, qui s'écria en le voyant : — Ah ! grâce au ciel, je trouve enfin Votre Seigneurie : puis il lui dit à l'oreille que la jeune dame s'était échappée de Cumnor.

— Elle est maintenant dans le château, dit Tressilian. Je le sais, je l'ai vue. Est-ce par son ordre qu'on l'a fait monter dans mon appartement?

— Non, répondit Wayland; mais j'ai pensé qu'il n'y avait pas d'autre moyen de la mettre en sûreté, et j'ai été assez heureux pour trouver quelqu'un qui savait où vous étiez logé. Jolie position, en vérité; la grand'salle d'un côté et la cuisine de l'autre.

— Tais-toi ; ce n'est pas le moment de plaisanter, répondit tristement Tressilian.

— Je ne le sais que trop, dit l'artiste; depuis trois jours, je suis comme si j'avais la corde autour du cou. Cette dame n'a pas sa tête à elle. Elle ne voudra pas accepter vos offres; elle défend qu'on lui parle de vous; elle est sur le point de se mettre entre les mains de lord Leicester. Je ne l'aurais jamais décidée à se reposer dans votre chambre si elle avait su qui l'occupait.

— Quel est donc son projet? dit Tressilian; ose-t-elle espérer que le comte voudra employer en sa faveur son influence sur son infâme vassal?

— Je n'en sais rien, dit Wayland, mais je crois que si

elle se réconcilie avec Leicester ou Varney, le côté du château de Kenilworth le plus sûr pour nous sera le dehors des murailles, d'où nous pourrons plus facilement prendre le large ; je me propose bien de ne pas y demeurer un instant après avoir donné à Leicester une lettre ;... je n'attendais que vos ordres pour la lui remettre... Tenez, la voici. Mais non ; peste soit de la lettre, je l'aurai oubliée dans le chenil du grenier à foin qui me sert de chambre à coucher.

— Mort et colère !... s'écria Tressilian perdant patience, pourvu du moins que tu n'aies pas perdu ce papier d'où dépend un évènement plus important que mille vies comme la tienne !

— Perdu, répondit promptement Wayland ; ah ! c'est une plaisanterie ; non, monsieur, je l'ai soigneusement renfermée avec mon sac de nuit et plusieurs autres objets à mon usage ; je vais la rapporter dans un moment.

— Va vite, dit Tressilian ; rapporte-la, sois fidèle, et je te récompenserai ; mais si j'ai quelque raison pour te soupçonner, prends-y garde, un chien mort serait moins à plaindre que toi.

Wayland partit avec l'assurance et la joie sur le front ; mais il tremblait dans le fond de son âme.

La lettre était perdue, rien n'était plus certain, malgré l'excuse qu'il avait alléguée pour apaiser l'impatience de Tressilian. La lettre était perdue ; elle pouvait tomber entre mauvaises mains, et dévoiler toute l'intrigue dans laquelle Wayland se trouvait engagé ; d'ailleurs il ne voyait pas comment cette intrigue pouvait rester cachée, quel que fût l'évènement ; il était en outre vivement blessé de l'accès d'impatience de son maître.

— Oui-dà ! pensa-t-il enfin, si c'est de cette monnaie qu'on me paie pour des services où il y va de ma tête, il est temps de penser à moi. J'offense ici, si je ne me trompe, le seigneur de ce magnifique château, qui d'un mot peut m'ôter la vie aussi facilement qu'on éteint une chandelle, le tout pour une femme folle et un amant mélancolique, qui, parce que je perds un chiffon de papier plié en quatre, porte déjà la main sur son épée et menace de tout tuer. J'ai à craindre d'un autre côté le docteur et Varney. Ma foi, je veux me sauver de tous ces embarras. Mieux vaut encore la vie que l'argent, et je me sauve à l'instant, quoique je n'aie pas encore reçu ma récompense.

Ces réflexions doivent se présenter naturellement à un homme tel que Wayland, engagé plus avant qu'il ne l'avait cru d'abord dans une suite d'intrigues mystérieuses et inexplicables, et dans lesquelles les acteurs eux-mêmes semblaient à peine connaître le rôle qu'ils jouaient. Cependant, pour lui rendre justice, il faut dire que ses craintes personnelles étaient jusqu'à un certain point contre-balancées par la compassion que lui inspirait l'état d'abandon de la jeune dame.

— Je ne donnerais pas un groat de M. Tressilian : je suis quitte avec lui ; j'ai amené sa dame errante dans ce château ; qu'il veille sur elle maintenant : je ne suis retenu que par la compassion qu'inspire cette fille, à qui il pourrait bien arriver quelque mésaventure au milieu de tout ce tumulte. Oui, je vais monter à la chambre, lui avouer que sa lettre est perdue, pour qu'elle en écrive une autre, si cela lui plaît, et j'espère bien qu'elle ne manquera pas de messagers dans un château où il y a tant de laquais qui peuvent porter une lettre à leur maître. Je lui dirai ensuite que je me sauve, en la recommandant à la bonté du ciel, à sa propre sagesse, aux soins et à la prévoyance de M. Tressilian. Peut-être qu'elle se rappellera la bague qu'elle m'offrit. Ma foi, je l'aurais bien gagnée ; mais, après tout, c'est une aimable créature : au diable la bague ! je ne voudrais pas m'avilir pour si peu de chose : si je suis dupe de mon bon cœur en ce monde, je serai plus heureux dans l'autre ; ainsi deux mots à la dame, et puis en route au plus vite.

Le pied léger et l'œil alerte comme le chat qui guette sa proie, Wayland prit la route de la chambre de la comtesse, se glissant le long des cours et des corridors, observant tous ceux qui passaient près de lui, et soigneux d'échapper à tous les regards. C'est ainsi qu'il traversa la cour du château et le grand arceau situé entre la cuisine et la grand'salle, jusqu'au petit escalier de la tour de Mervyn.

Wayland se félicitait déjà d'avoir échappé à tous les périls, et se disposait à monter les escaliers deux à deux, quand il aperçut l'ombre d'un homme qui se dessinait sur un mur en face d'une porte entr'ouverte; Wayland descendit aussitôt sans faire le moindre bruit : il revint dans la cour intérieure du château, et passa environ un quart d'heure qui lui parut quatre fois plus long que d'ordinaire, à se promener de long en large ; puis il retourna à la tour, espérant que cet homme incommode s'en serait allé. L'ombre avait disparu. Il monta quelques marches plus haut, mais la porte était encore entr'ouverte ; et tandis qu'il délibérait s'il fallait avancer ou redescendre, la porte s'ouvrit tout-à-coup, et Michel Lambourne s'offrit à ses yeux étonnés. — Qui diable es-tu ? que cherches-tu dans cette partie du château ? Entre dans cette chambre, et que je te parle.

— Je ne suis point un chien qui obéit au premier homme qui siffle, entendez-vous ? dit Wayland, affectant une confiance que démentait le son tremblant de sa voix.

— Tu raisonnes, je crois ! A moi, Lawrence Staples !

Un grand gaillard mal bâti, aux yeux louches, et dont la taille avait plus de six pieds, parut alors à la porte, et Lambourne continua : — Puisque tu aimes tant cette tour, camarade, je vais t'en faire voir les fondations, à douze bons pieds en dessous du lit du lac ; tu y trouveras bonne compagnie de serpens, de crapauds, de lézards et d'autres jolis animaux de la même famille. Vite, réponds-moi, qui es-tu? que viens-tu chercher ici?

— Si la porte d'une prison se ferme une fois sur moi, se dit Wayland, je suis un homme perdu. Il répondit donc, de l'air le plus soumis, qu'il était le pauvre jongleur que Son Honneur avait rencontré la veille à Weatherly.

— Et quelles jongleries prétends-tu faire dans cette tour? la troupe de tes camarades est dans les bâtimens de Clinston.

— Je viens voir ma sœur, qui est là-haut dans la chambre de M. Tressilian.

— Ah! ah! dit Lambourne en souriant, voilà la vérité! Sur mon honneur, pour un étranger, ce M. Tressilian en use comme s'il était chez lui; il meuble fort joliment sa chambre. Écoute-moi, coquin! — Ce sera une anecdote précieuse sur le compte du saint M. Tressilian; elle fera plus de plaisir à certaines gens qu'une bourse d'or ne m'en ferait à moi. Écoute, maraud; tu ne feras pas lever le lièvre, nous voulons le prendre au gîte: hors d'ici avec ta mine de fripon, ou je te jette par la fenêtre; je serais tenté d'essayer si, par quelque tour de ton métier, tu pourrais faire ce trajet sans te briser les os.

— Votre Seigneurie n'a pas l'âme assez cruelle, j'en suis sûr, dit Wayland. Il faut laisser vivre les pauvres gens, et j'espère que Votre Seigneurie voudra bien me permettre de parler à ma sœur.

— Ta sœur, oui, du côté d'Adam, n'est-ce pas? s'il en était autrement, tu n'en serais que plus coquin; mais, ta sœur ou non, je te tue comme un renard si tu reviens à cette tour; et maintenant que j'y pense, de par tous les diables, décampe-moi vite du château; c'est ici une affaire plus importante que tous tes tours de jongleur.

— Mais, sauf le respect que je dois à Votre Seigneurie, répondit Wayland, il faut que je représente Arion dans e spectacle qui doit avoir lieu ce soir sur le lac.

— Par saint Christophe, je le représenterai moi-même, dit Lambourne ; Orion, est-ce ainsi que tu l'appelles? Eh bien, je représenterai Orion avec sa ceinture et ses sept étoiles, qui plus est. Allons, dehors, mauvais coquin, suis-moi ; mais attends : Lawrence, emmène-moi ce vaurien.

Lawrence saisit par le collet le jongleur tremblant, et Lambourne, marchant à pas pressés devant eux, se dirigea vers la porte secrète par laquelle Tressilian était entré, et qui était pratiquée dans le mur de l'ouest, non loin de la tour de Mervyn.

Tandis qu'ils traversaient l'espace qui séparait la poterne de la tour de Mervyn, Wayland se creusait en vain la cervelle pour trouver un moyen de servir la pauvre dame, qui, malgré le pressant danger dans lequel il se trouvait lui-même, excitait encore son intérêt : mais, quand il fut mis hors du château, et que Lambourne lui eut signifié avec un effroyable jurement qu'une prompte mort suivrait le moment où il y remettrait les pieds, il leva les mains et les yeux vers le ciel pour le prendre à témoin qu'il avait jusqu'à la fin défendu l'opprimée ; puis il tourna les talons aux superbes tours de Kenilworth, et se mit en route pour chercher un asile plus humble et plus sûr.

Lawrence et Lambourne le suivirent des yeux pendant quelque temps ; puis ils rentrèrent au château. Chemin faisant, Lawrence dit à Lambourne : — Le ciel me bénisse, M. Lambourne, si je devine pour quel motif vous avez chassé ce pauvre diable chargé de jouer un rôle dans le spectacle qui va commencer... et le tout pour une fille!

— Ah! Lawrence, répondit Lambourne, tu penses à la noire Jeanne Jugges de Slingdon, et tu prends pitié des faiblesses humaines! Mais courage, mon très noble duc du cachot, seigneur suzerain des Limbes, tu ne vois pas plus clair dans cette affaire qu'on n'y voit dans tes domaines. Mon trèsrévérend seigneur des pays bas de Kenilworth, apprends que notre très respectable maître Richard Varney nous donnerait, pour trouver un trou dans le manteau de ce Tressilian, assez de piastres pour nous faire boire cinquante nuits de suite avec pleine permission d'envoyer promener l'intendant s'il venait nous déranger avant d'avoir vidé les dernières bouteilles.

— Oh ! si cela est, vous avez raison, répondit le grand geôlier de Kenilworth. Mais comment ferez-vous pour vous absenter lors de l'arrivée de la reine, M. Lambourne; car il me semble que vous devez accompagner votre maître?

— J'ai compté sur tes soins, mon vice-roi, pour faire la garde en mon absence. Laisse entrer Tressilian, s'il le désire; mais que personne ne sorte. Si la demoiselle tentait une sortie, ce qui pourrait bien arriver, effraie-la avec ta grosse voix. Ce n'est, après tout, que la sœur d'un mauvais comédien.

— Quant à cela, dit Lawrence, je fermerai le verrou de fer à la seconde porte ; et ainsi, de gré ou de force, je n'aurai pas grande peine à répondre d'elle.

— Mais Tressilian ne pourra plus pénétrer chez elle, dit Lambourne après un moment de réflexion. Peu importe, on la surprendra dans sa chambre, cela suffit. Mais avoue, vieux geôlier aux yeux de chauve-souris, que tu crains de veiller seul dans cette tour de Mervyn.

— Moi! pourquoi cela, M. Lambourne? Je m'en moque comme d'un tour de clef. Il est vrai qu'on y a entendu et même vu d'étranges choses. Vous n'êtes pas sans avoir ouï-dire, quoique vous ne soyez à Kenilworth que depuis peu de temps, que cette tour est visitée par l'esprit d'Arthur appelé Mervyn, ce chef barbare qui fut pris par le vaillant lord Mortimer lorsqu'il était un des commandans des frontières de Galles, et assassiné, à ce qu'on dit, dans cette même tour.

— Oh! j'ai entendu faire ce conte plus de cent fois, dit

Lambourne ; on prétend même que le fantôme ne fait jamais plus de bruit que quand on fait bouillir des poireaux ou frire du fromage dans les régions culinaires. *Santo diavolo !* retiens ta langue ; je sais ce qu'il en est.

— Mais toi, tout sage que tu veux paraître, dit le porte-clefs, tu ne la retiens guère. Cependant c'est une terrible chose que de tuer un prisonnier. Donner un coup de poignard à un homme au coin d'une rue, ce n'est rien pour toi ; appliquer un grand coup de clef sur la tête d'un prisonnier récalcitrant en lui disant : Reste tranquille, c'est ce que j'appelle maintenir l'ordre dans la prison ; mais tirer une épée et le tuer comme ce seigneur du pays de Galles, il y a là de quoi vous susciter un fantôme capable de rendre la prison inhabitable pendant des siècles... Regarde jusqu'à quel point j'étends mes attentions sur les prisonniers, ces pauvres créatures ! J'ai mieux aimé loger à cinquante pieds sous terre des gentilshommes et des gens très comme il faut, qui s'étaient amusés à faire de petites promenades intéressées sur la grande route, ou à médire de lord Leicester, et autres choses pareilles, que de les enfermer dans cette chambre d'en haut où le meurtre fut commis. En vérité, par saint Pierre-ès-liens, je m'étonne que mon noble seigneur, ou M. Varney, consente à la donner à des étrangers ; et si ce M. Tressilian a pu décider quelqu'un à lui tenir compagnie, surtout une jolie fille, ma foi je suis d'avis qu'il a bien fait.

— Je te dis, répondit Lambourne en se promenant dans la chambre du geôlier, que tu n'es qu'un âne ; va fermer le verrou de l'escalier, et ne t'inquiète pas des revenans. Cependant, donne-moi du vin, je me suis un peu échauffé pour mettre ce coquin à la porte.

Tandis qu'il se désaltérait à longs traits avec une bouteille de bordeaux, sans même se servir de gobelet, le geôlier, par des discours indiscrets, cherchait à justifier sa croyance aux revenans.

— Il n'y a que quelques heures que tu es dans le château, et tu as été tellement ivre pendant tout ce temps que tu n'as pu ni parler, ni voir, ni entendre. Mais tu ferais moins de bravades si tu avais passé une nuit avec nous dans le temps de la pleine lune; car c'est alors que l'esprit s'agite le plus; et principalement lorsque le vent du nordouest souffle avec violence, qu'il commence à tomber quelques gouttes de pluie, et qu'on entend de temps en temps quelques coups de tonnerre! Bon Dieu! quel fracas, quel vacarme, quels cris, quels gémissemens dans la chambre de Mervyn! aussi, dans ces momens, quatre pintes d'eau-de-vie suffisent à peine pour mes garçons et pour moi.

— Bah! tu n'es qu'un nigaud, répondit Lambourne, dont les derniers coups qu'il venait de boire, joints à tous ceux qu'il avait déjà bus, commençaient à exalter le cerveau; tu ne sais ce que tu dis; personne ne les connaît ces esprits, et c'est celui qui en parle le moins qui dit le moins de sottises. Celui-ci croit une chose, celui-là en croit une autre: visions, balivernes! J'ai connu des gens de toute espèce, mon cher Lawrence Ferme-Porte, et des hommes de beaucoup de mérite... il y en a un surtout... un grand seigneur, sans le nommer ici, qui croit aux oracles, à la lune, aux planètes et à leur cours. Il va même jusqu'à penser qu'elles n'étincellent que pour lui. Mais, foi d'homme à jeun, ou plutôt vérité d'ivrogne, je crois, moi, qu'elles ne brillent que pour empêcher les bons enfans comme moi de tomber dans les fossés. Au reste, que ce personnage se passe toutes ses fantaisies, il est assez riche pour en avoir. Il en est un autre, un homme très savant, je t'en réponds, qui parle grec et hébreu comme moi latin, eh bien! il a un faible pour les sympathies et les antipathies; il veut changer le plomb en or. Laissons-le faire, laissons-le payer de cette monnaie ceux qui sont assez fous pour s'en contenter. Tu te mets aussi du nombre, toi, autre grand homme, quoique tu ne sois ni noble ni savant, mais haut de six pieds, et qui, aveugle comme une taupe, crois à tous ces esprits revenans. Il y a ici un autre grand homme, un grand petit homme, ou petit grand homme, comme tu voudras, mon cher Lawrence; son nom commence par un V. — Que croit-il, celui-là?

— Rien, mon cher Lawrence, rien, absolument rien; il ne croit ni à Dieu ni au diable. Pour moi, si j'ai foi au démon, c'est uniquement parce que je pense qu'il faut qu'il y en ait un pour emporter notre ami sur ses cornes, *quand l'âme quittera le corps,* comme dit la chanson. Car tout antécédent doit avoir son conséquent, *raro antecedentem,* disait le docteur Bricham. Mais c'est du grec pour toi, mon cher Lawrence, et au bout du compte, c'est une chose fort inutile que de le savoir. Donne-moi donc une autre bouteille.

— Parbleu, Michel, si vous buvez encore, vous vous trouverez dans un piteux état pour jouer Orion, ou pour accompagner votre maître dans cette nuit solennelle. A tout instant je m'imagine entendre sonner la grosse cloche pour avertir qu'on se rende à la Tour de Mortimer, où l'on doit recevoir la reine.

Pendant ces observations de Lawrence, Lambourne continuait à boire. Replaçant enfin sur la table la bouteille presque vide, et poussant un long soupir, il dit d'une voix presque étouffée, mais qui s'éleva à mesure qu'il parlait : — Ne te mêle pas de cela, Lawrence; si je m'enivre, Varney saura me rendre la raison; ainsi ne te mêle pas de cela, j'aurai le vin discret. D'ailleurs, si je dois aller sur l'eau comme Orion, je veux me précautionner contre l'humidité. Tu prétends que je ne serai pas capable de jouer Orion; je défie au plus intrépide braillard qui jamais s'époumonna pour douze sous de m'en remontrer. Est-il un seul homme qui ne se grise dans cette nuit? réponds-moi! C'est prouver sa fidélité que de s'enivrer; et je te réponds qu'il existe des gens dans le château qui, s'ils ne sont pas gais lorsqu'ils ont bu, n'ont guère de chance pour l'être étant à jeun. Je ne nomme personne, Lawrence, mais ton vin a une vertu particulière pour exciter la gaieté et mettre en bonne humeur. *Huzza* [1] ! pour la reine Élisabeth, pour le noble Leicester, pour le très digne M. Varney et pour Michel Lambourne, qui pourrait les faire tourner autour de son doigt.

En disant ces mots, il descendit l'escalier et traversa la cour intérieure.

Le geôlier le suivit des yeux, secoua la tête, et, fermant le guichet de la tour, il se dit en lui-même :

— C'est une belle chose en vérité que d'être un favori. Je manquai un jour de perdre ma place, parce que M. Varney s'imagina que je sentais l'eau-de-vie ; et ce drôle-là, sans craindre d'être repoussé, va paraître devant lui ivre comme un sac à vin. Il faut l'avouer, cependant, c'est un habile coquin ; on ne comprend jamais que la moitié de ce qu'il dit.

CHAPITRE XXXI.

« Allons, point de retard, clochers, ébranlez-vous ;
« Elle vient ! elle vient ! cloches, parlez pour nous !
« Canonnier, à ta mèche, et du bronze homicide
« Que la voix tout-à-coup réveille les échos,
« Comme si de païens une troupe intrépide
« Venait pour assiéger ces antiques créneaux.
« Nous aurons bien aussi les pompes du théâtre ;
« Mais il faut pour cela du talent, de l'esprit,
« Et moi, soldat grossier, je ne sais que me battre.
« . . . . »
La Reine Vierge, tragi-comédie.

Après que Wayland l'eut quitté, Tressilian, comme nous l'avons dit dans le dernier chapitre, était incertain sur ce qu'il devait faire, quand il vit Raleigh et Blount venir à

(1) Vivat ! — Ed.

lui, bras dessus bras dessous, et se disputant très chaudement comme d'usage. Tressilian, dans l'état où il se trouvait ne se souciait guère de leur compagnie, mais il n'était pas possible de les éviter; il sentait en outre que, lié comme il l'était par la parole qu'il avait donnée à Amy de ne pas la voir et de ne tenter aucune démarche en sa faveur, ce qu'il avait de mieux à faire était de se mêler à la foule, et de ne laisser paraître que le moins possible sur son front les angoisses et les incertitudes dont il était intérieurement agité. Il fit donc de nécessité vertu, et salua ses camarades en disant : — La joie soit avec vous, messieurs ! d'où venez-vous donc ?

— De Warwick, dit Blount; nous sommes rentrés pour changer d'habits, comme de pauvres acteurs qui, pour jouer plusieurs rôles, changent plusieurs fois de costume. Vous auriez dû en faire autant, Tressilian.

— Blount a raison, dit Raleigh. La reine aime l'étiquette, et elle regarde comme une infraction au respect qui lui est dû de paraître devant elle en négligé. Mais, mon cher Tressilian, regarde notre camarade Blount, tu ne pourras t'empêcher de rire ! Vois, comment ce coquin de tailleur l'a fagoté, avec du bleu, du gris, du rouge, des rubans couleur de chair, et des rosettes jaunes à ses souliers !

— Et que voudrais-tu de mieux? répondit Blount : j'ai dit à ce coquin de faire de son mieux, de ne rien épargner, et je crois que tout cela n'est pas mal assorti. A coup sûr, mon habit est plus élégant que le tien ; je m'en rapporte à Tressilian.

— Volontiers, dit Walter Raleigh ; volontiers, parbleu ! Tressilian, juge entre nous.

Tressilian, pris pour arbitre, examina les pièces du procès; il devina d'un seul regard que le pauvre Blount avait pris, sur la foi du tailleur, l'habit qu'il portait; et qu'au milieu de tous ces rubans dont il était surchargé, il se trouvait aussi gêné qu'un paysan dans son habit de dimanche. L'habit de Raleigh, au contraire, à la fois riche et élégant, parait celui qui le portait de manière à attirer sur lui tous les regards. Tressilian prononça en conséquence que l'habit de Blount était plus beau, mais que celui de Raleigh était de meilleur goût.

Blount fut satisfait de cette décision.—Je savais bien, dit-il, que mon habit était plus beau ; et si ce maraud de Doublestitch m'eût apporté un pourpoint uni comme celui de Raleigh, je lui aurais brisé la tête avec son aune. Puisqu'il faut être fou, soyons au moins des fous de première classe.

— Mais, Tressilian, dit Raleigh, qu'attends-tu pour aller t'habiller ?

— Une méprise me prive de ma chambre, répondit Tressilian, et me sépare pour quelque temps de mon bagage ; j'allais te prier de me recevoir dans ton logement.

— Comment ! mais avec plaisir ! dit Raleigh ; ma chambre est fort vaste. Lord Leicester nous traite avec égard ; il nous a logés comme des princes. Si sa courtoisie est un peu forcée, du moins elle va fort bien. Cependant je te conseille d'aller trouver le chambellan du comte ; il te fera raison sur-le-champ.

— Bah ! cela n'en vaut pas la peine, puisque vous consentez à me recevoir chez vous, répondit Tressilian : mais est-il bien sûr que je ne gênerai personne ? A propos, est-il venu quelqu'un avec vous de Warwick ?

— Varney, répondit Blount, et une tribu entière de *Leicestériens*, avec une vingtaine environ de fidèles amis de la maison de Sussex. Nous devons, à ce qu'il paraît, recevoir la reine dans ce qu'ils appellent la tour de la Galerie, et assister aux drôleries qu'on projette pour la fêter ; nous composerons sa suite pour l'accompagner dans la grand'-salle, tandis que ceux qui attendent maintenant Sa Majesté iront se déshabiller et changer leurs costumes de voyage. Dieu me damne ! si Sa Majesté m'adresse la parole, je ne saurai que lui répondre.

— Quel motif vous a retenu si long-temps à Warwick ? dit Tressilian qui craignait que la conversation ne se reportât sur ses affaires.

— Mille extravagances! répondit Blount, telles qu'on n'en voit pas même de semblables à la foire de la Saint-Barthélemy[1] : il y a eu des discours, des comédies, des chiens, des ours, des hommes habillés en singes, des femmes se faisant poupées, etc. En vérité je m'étonne que la reine ait pu supporter tout cela : mais de temps en temps on pouvait bien exalter « la douce lumière de son gracieux sourire[2] » ou autres lieux communs ! Ah! la vanité rend souvent fou le plus sage! Allons, viens aussi à la tour de la Galerie; mais je ne sais, Tressilian, comment tu pourras faire pour te présenter avec ce costume de voyage et ces bottes.

— Je me tiendrai derrière toi, Blount, dit Tressilian, qui vit que la parure extraordinaire de son camarade occupait exclusivement son imagination ; ta noble taille et ton habit élégant couvriront ce qui me manquera.

— Tu crois que cela pourra se faire ainsi, Edmond? répondit Blount; eh bien! soit. Je suis vraiment charmé que mon habit soit à ton goût : quand on a fait tant que de faire une folie, il faut la faire comme il faut.

En disant ces mots Blount retroussait son chapeau, tendait la jambe et marchait d'un air fier, comme s'il eût été à la tête de sa brigade de lanciers; de temps en temps il laissait tomber un regard satisfait sur ses bas cramoisis et sur les larges rosettes de rubans jaunes qui s'épanouissaient sur son soulier. Tressilian, triste et pensif, le suivait sans faire attention à Raleigh, qui, s'amusant de la maladroite vanité de son ami, en faisait le texte de mille plaisanteries qu'il soufflait à l'oreille de Tressilian.

(1) Foire de Londres, rendez-vous des baladins, etc. — Ed.
(2) Blount se sert d'une des phrases de compliment qu'il a entendu répéter, et dont la reine a paru flattée. — Ed.

C'est ainsi qu'ils traversèrent le pont, et qu'ils furent se placer avec d'autres gentilshommes devant la porte extérieure de la galerie ou tour d'entrée. Leur nombre se composait de quarante personnes environ, choisies dans le premier rang de la société, au-dessous de celui de chevalier, et rangées en double haie de chaque côté de la porte comme une garde d'honneur.

Ces gentilshommes n'étaient armés que de leur épée ; leur habillement était aussi riche que l'imagination peut le concevoir ; et comme le costume du temps permettait d'étaler une grande magnificence, on ne voyait que velours, broderies d'or et d'argent, rubans, perles et chaînes d'or. Malgré les pensées sérieuses qui occupaient Tressilian, il sentit que son habit de voyage, quelque élégant qu'il pût être, faisait triste figure au milieu de cette magnificence, surtout lorsqu'il s'aperçut que son modeste équipage était un sujet d'étonnement pour ses amis, et de mépris pour les gens de Leicester.

Nous ne pouvons taire ce fait, quoiqu'il semble choquer la gravité du caractère de Tressilian ; mais, à dire vrai, cette attention qu'on fait à la toilette est une sorte d'amour-propre dont le plus sage n'est pas exempt : notre espèce s'y laisse aller si naturellement que non-seulement le soldat qui court à une mort inévitable, mais encore le criminel qui marche à l'échafaud, se montrent jaloux de paraître de la manière la plus avantageuse. Mais évitons les digressions.

C'était vers le soir d'un jour d'été (le 9 juillet 1575); le soleil venait de se coucher, et l'on attendait avec impatience l'arrivée de la reine. La foule, réunie depuis plusieurs heures, grossissait à chaque instant. Une abondante distribution de rafraîchissemens, de bœuf rôti, de tonneaux d'ale mis en perce sur différens points de la route, entretenait la gaieté du peuple ainsi que ses dispositions favorables pour la reine et le favori, dispositions qui se fussent sans doute beaucoup affaiblies si le jeûne eût été ajouté à une si longue attente. Le temps se passait en amusemens populaires ; on criait, on riait, on se jouait des tours malins les uns aux autres.

Tout était ainsi en mouvement dans la plaine voisine du château, et principalement près de la porte du parc, où le peuple s'était réuni en plus grand nombre, lorsqu'on vit éclater tout-à-coup une fusée dans l'atmosphère, et aussitôt le son de la grosse cloche se fit entendre au loin dans la plaine.

A ce signal les cris cessèrent : le murmure sourd de l'attente y succéda, et l'on n'entendit plus que le bruit confus de plusieurs milliers d'hommes qui parlaient à demi-voix : c'était, pour me servir d'une expression bizarre, « le chuchotement d'une immense multitude. »

— Ils arrivent, la chose est sûre ! s'écria Raleigh. Tressilian, ce son a quelque chose de majestueux : nous l'entendons d'ici, comme sur un vaisseau les hommes de quart entendent, après un long voyage, le flot qui se brise au loin sur quelque plage inconnue.

— Selon moi, répondit Blount, ce bruit ressemble plutôt au mugissement de mes vaches dans l'enclos de Wittens-Westlove.

— Il est certainement à paître dans ce moment, dit Raleigh à Tressilian ; il n'a dans la tête que bœufs ou fertiles prairies. Il ne vaut guère mieux que ses bêtes à cornes, et il n'est véritablement homme que quand il a les armes en main.

— Il va vous le prouver dans l'instant, dit Tressilian, si vous ne finissez de faire de l'esprit à ses dépens.

— Bah ! je m'en moque ! répondit Raleigh. Mais toi aussi, Tressilian, tu es devenu une espèce de hibou, et tu ne voles plus que de nuit ; tu as échangé tes chansons pour de lugubres accens, et la bonne compagnie pour un trou de muraille.

— Et toi, quelle espèce d'animal es-tu donc, Raleigh, dit Tressilian, toi qui nous juges si lestement?

— Moi? répondit Raleigh; je suis un aigle qui ne m'abaisserai jamais jusqu'à terre tant qu'il y aura un ciel où je pourrai prendre mon essor, et un soleil que je pourrai fixer.

— Belle fanfaronnade, par saint Barnabé! dit Blount. Mais, mon bon sire l'aigle, gare la cage! gare l'oiseleur! Tel oiseau volait aussi haut que vous que j'ai vu ensuite, fort proprement empaillé, servir d'épouvantail aux autres. Mais chut! pourquoi ce silence soudain?

— C'est le cortége qui s'arrête à la porte du parc, dit Raleigh, où une sibylle, une de ces *fatidicæ*, parle à la reine et lui tire son horoscope. J'ai vu les vers; ils ont peu de sel. Sa Majesté, d'ailleurs, est rassasiée de poésie; elle me disait à l'oreille, pendant le discours du greffier de Ford-Mille, en entrant sur le territoire de Warwick, qu'elle était *pertæsa barbaræ loquelæ*, fatiguée de tout ce langage barbare.

— La reine lui parler à l'oreille! se dit Blount en soi-même : grand Dieu! qu'est-ce que tout ceci deviendra?

Ses réflexions furent interrompues par les applaudissemens bruyans de la multitude, renvoyés par tous les échos à deux milles à la ronde. Les groupes stationnés sur la route où Sa Majesté devait passer jetèrent de grands cris qui se communiquèrent de proche en proche jusqu'au château, et annoncèrent à ceux qui étaient dans l'intérieur que la reine venait de franchir la porte du parc, et qu'elle était entrée à Kenilworth. Alors la musique du château se fit entendre, le bruit du canon se mêla aux décharges de mousqueterie; mais tout ce bruit des tambours, des trompettes et même des canons, se distinguait à peine au milieu des acclamations sans cesse renaissantes de la multitude.

Ce bruit commençait à diminuer quand un vif éclat de

lumière brilla à la porte du parc ; il semblait s'étendre et devenir plus brillant à mesure qu'il approchait jusqu'au milieu de l'avenue aboutissant à la tour de la Galerie, et bordée de chaque côté par les gens du comte de Leicester. Bientôt on entendit crier dans tous les rangs : La reine ! la reine ! silence ! Elisabeth arrivait, précédée de ses deux cents cavaliers qui portaient des torches de bois résineux, et dont la clarté, aussi vive que celle du jour, éclairait tout le cortége, au milieu duquel était la reine dans le plus riche costume, et toute rayonnante de diamans. Elle montait un cheval blanc, qu'elle conduisait avec grâce et dignité ; dans son maintien noble et majestueux on reconnaissait la fille de cent monarques.

Les dames d'honneur suivaient Sa Majesté, et, dans cette circonstance, elles n'avaient rien négligé pour soutenir l'éclat d'une cour riche et brillante. Toutes ces constellations secondaires étaient dignes de l'astre glorieux qu'elles environnaient; mais aux charmes de leur personne et à la magnificence avec laquelle elles les relevaient, sans blesser toutefois les règles d'une prudente retenue, on les reconnaissait pour la fleur d'un royaume si renommé pour la splendeur et la beauté de ses femmes ; la magnificence des courtisans, à qui la prudence n'imposait pas les mêmes devoirs, n'avait pas de bornes.

Leicester, tout resplendissant d'or et de broderies, s'avançait à cheval, à la droite de la reine, en sa double qualité de son hôte et de son grand-écuyer. Son cheval, parfaitement noir, était un cheval de bataille choisi parmi les plus beaux de toute l'Europe, et le comte l'avait acheté fort cher pour s'en faire honneur en cette occasion. Le noble coursier semblait impatient de la marche trop lente du cortége, et, arrondissant avec grâce son cou majestueux, il mordait le mors d'argent qui retenait son ardeur. L'écume sortait de sa bouche, et tombait en flocons de neige sur ses membres gracieux. Le cavalier était digne du haut rang qu'il occupait et du noble animal qu'il montait. Il n'y avait pas d'homme en Angleterre, peut-être même en Europe, qui pût rivaliser avec Dudley dans l'art de guider un coursier et dans tous les autres exercices familiers aux personnes de son rang. Il avait la tête découverte comme tous ceux qui composaient le cortége; la lueur des torches éclairait les longues boucles de ses cheveux noirs et sa noble figure, à laquelle la critique la plus sévère n'eût pu trouver à reprendre peut-être qu'un front un peu trop haut. Dans cette soirée mémorable, ses traits exprimaient la tendre sollicitude d'un sujet pénétré de l'honneur que lui fait sa souveraine, mais témoignant aussi la satisfaction et l'orgueil si naturel dans une circonstance si glorieuse pour lui.

Cependant, quoique le plaisir rayonnât sur son visage, quelques personnes de la suite du comte crurent s'apercevoir qu'il était plus pâle que de coutume, et elles se firent part les unes aux autres de la crainte qu'elles avaient qu'un excès de fatigue ne devînt nuisible à sa santé.

Varney suivait de près son maître, en qualité de son premier écuyer. Il portait sa toque de velours noir, ornée d'une agrafe de diamans et surmontée d'une plume blanche. Il tenait les yeux fixés constamment sur le comte; et, par des motifs connus du lecteur, c'était celui des nombreux serviteurs de Leicester qui désirait le plus vivement que son seigneur eût assez de force et de résolution pour soutenir les fatigues d'un jour si pénible. Quoique Varney fût du très petit nombre de ces scélérats qui, parvenus à étouffer le remords dans leur âme, passent de l'athéisme à une complète insensibilité morale, comme un homme qui, dans une extrême agonie, s'endort par le secours de l'opium, il savait cependant que dans le cœur de son maître il y avait encore cette flamme qui ne s'éteint jamais, et qu'au milieu de toutes ces pompes et de cette magnificence, il était la proie du ver rongeur qui ne meurt pas.

Cependant Leicester étant persuadé de ce que lui avait dit Varney, que la comtesse éprouvait une indisposition qui était une excuse sans réplique pour ne pas paraître devant la reine en cette occasion, il n'y avait pas à craindre, pensait l'adroit écuyer, qu'un homme aussi ambitieux que son maître se trahît lui-même en laissant échapper quelque sentiment de faiblesse.

Le cortége des deux sexes qui suivait immédiatement la reine était composé de tout ce que le royaume avait de plus remarquable par la bravoure et la beauté. On y voyait ces nobles illustres, ces sages conseillers, dont les noms sont trop connus pour fatiguer inutilement le lecteur en les lui répétant. Derrière eux marchaient, en longue file, des chevaliers et des gentilshommes dont la naissance et le rang, quelque distingués qu'ils fussent, étaient éclipsés par la majesté de l'auguste reine, qui s'avançait en tête du cortége.

La cavalcade se rendit en cet ordre jusqu'à la tour de la Galerie, qui formait, comme nous l'avons déjà dit plus d'une fois, la barrière extérieure du château.

C'était en ce moment que notre géant de portier devait jouer son rôle; mais ce grand coquin était si troublé, et un broc d'ale qu'il avait avalé pour se raffermir la mémoire avait produit un effet si contraire dans son cerveau, qu'il pouvait à peine respirer sur le banc de pierre où il était assis. La reine aurait passé sans qu'il l'eût même saluée, si son souffleur Flibbertigibbet, qui se tenait aux aguets derrière lui, n'eût enfoncé dans la partie postérieure du vêtement fémoral, dont nous avons fait la description ailleurs, une épingle qui perça l'étoffe, ainsi que la doublure, et pénétra encore plus avant.

Le portier fit entendre une espèce de hurlement qui n'était pas de trop dans son rôle, se leva tenant en main sa massue, qu'il agita à droite et à gauche; puis, semblable à un cheval de carrosse, qui, sentant le coup d'éperon, se précipite dans la carrière, et d'un seul trait arrive au but, il récita, avec l'aide de son souffleur, tout son discours, dont voici l'abrégé. Le lecteur doit être prévenu que les premières lignes de cette harangue étaient adressées à la foule, et le reste à la reine, à l'approche de laquelle le géant, comme frappé d'une apparition, laissait tomber sa massue, et abandonnait ses clefs pour céder la place à la déesse de la nuit et à son magique cortége.

> Holà! quel bruit! que veut cette canaille?
> Retirez-vous, ou gare à votre dos!
> Je ne suis pas un concierge de paille;
> Retirez-vous, ou je brise vos os.
> Mais doucement, quelle est cette inconnue
> Qui vient s'offrir à mes regards surpris?
> Adieu mes clefs et ma lourde massue;
> De tant d'éclat mes yeux sont éblouis.
> Noble princesse, agréez mon hommage;
> Venez ici connaître le bonheur.
> En vous voyant qui donc aurait le cœur
>   De vous refuser le passage?

Elisabeth reçut très gracieusement l'hommage de cet Hercule moderne; et, lui ayant fait un signe de tête en reconnaissance, elle traversa la tour qu'il gardait, où une musique guerrière se faisait entendre, répétée par d'autres musiciens placés sur différens points des remparts du château. On eût dit, par l'effet de l'entre-croisement des échos, qu'une harmonie s'élevait au ciel de tous les points de la terre.

Ce fut au son de cette musique ravissante que la reine Elisabeth arriva sur le pont qui s'étendait depuis la tour de la Galerie jusqu'à celle de Mortimer. D'innombrables torches attachées aux palissades répandaient une clarté aussi vive que celle du jour. La plupart des seigneurs descendirent de cheval, et renvoyèrent leurs montures au village de Kenilworth pour suivre la reine à pied, comme les autres gentilshommes qu'on avait choisis pour la recevoir dans la galerie.

Raleigh adressa en ce moment la parole à Tressilian, comme il l'avait déjà fait à plusieurs reprises dans la soirée, et il ne fut pas peu surpris de ses réponses vagues et insignifiantes. Ces diverses circonstances, l'abandon qu'il avait fait de son appartement sans en donner de raison, son négligé, qui ne pouvait manquer de frapper les yeux de la reine, et plusieurs autres symptômes qu'il crut remarquer, le mirent en doute si son ami n'éprouvait pas quelque dérangement momentané dans son esprit.

Cependant la reine était à peine arrivée sur le pont, qu'un nouveau spectacle s'offrit à ses regards. Au signal donné par la musique, qui annonçait sa présence, on vit se mouvoir un radeau qui figurait une île flottante, éclairé par un grand nombre de torches, et environné de machines représentant des chevaux marins, sur lesquels étaient placés les tritons, les néréides et les autres divinités des rivières et de la mer. Cette île artificielle s'avança lentement jusque auprès du pont.

On y remarquait une belle femme revêtue d'une tunique de soie de couleur d'azur, attachée par une large ceinture, où étaient gravés des caractères mystérieux, comme les phylactères des Israélites. Elle avait les mains et les pieds nus; mais des bracelets d'or ornaient ses bras et ses chevilles. Sur les longues boucles de ses cheveux noirs elle portait une couronne de gui artificiel, et tenait à la main un bâton d'ivoire, garni d'argent. Deux nymphes la suivaient, revêtues comme elle d'un costume analogue et emblématique.

Les mesures étaient si bien prises que la dame de l'île flottante aborda à la tour de Mortimer avec ses deux suivantes au moment même où Elisabeth y arrivait. Alors l'étrangère, dans un élégant discours, s'annonça comme la fameuse dame du Lac, célèbre dans les histoires du roi Arthur, la même qui avait nourri la jeunesse du redoutable Lancelot, et dont la beauté avait triomphé de la sagesse et des charmes du puissant Merlin. Depuis cette époque elle avait habité ses domaines de cristal, en dépit des illustres personnages qui avaient successivement occupé le château de Kenilworth. Les Saxons, les Danois, les Normands, les Saintlowe, les Clinton, les Montfort, les Mortimer, les Plantagenet, quelles que fussent d'ailleurs leur gloire et leur magnificence, n'avaient jamais pu la décider à sortir de son humide palais; mais un nom plus grand encore que tous ces noms fameux ayant frappé son oreille, elle venait présenter son hommage à la reine Elisabeth, et l'inviter aux fêtes que le château et les environs, le lac et la terre allaient lui offrir.

La reine reçut ce compliment avec grâce, et répondit en souriant :—Nous avions cru jusqu'ici que ce lac faisait partie de nos domaines; mais puisqu'une dame si célèbre le réclame, nous serons charmée d'avoir, dans un autre temps, une ample communication avec elle pour régler nos communs intérêts.

Après cette aimable réponse, la dame du Lac s'éloigna, et Arion, qui faisait partie des divinités de la mer, parut sur son dauphin; mais Lambourne, qui s'était chargé de ce rôle en l'absence de Wayland, transi de froid dans un élément qu'il aimait fort peu, ne sachant pas son rôle par cœur, et n'ayant pas, comme le portier, le secours d'un souffleur, paya d'effronterie, jeta son masque, et s'écria en jurant qu'il n'était ni Arion, ni Orion comme on voudrait l'appeler, mais l'honnête Michel Lambourne; qu'il avait bu depuis le matin jusqu'au soir à la santé de Sa Majesté, et qu'il n'était venu que pour lui dire qu'elle était la bienvenue au château de Kenilworth.

Cette bouffonnerie imprévue eut plus de succès que n'en aurait eu probablement le discours préparé; la reine rit de bon cœur, et jura à son tour que c'était le meilleur discours qu'elle eût entendu de la journée. Lambourne, voyant que la plaisanterie faisait fortune, sauta lestement à terre, écarta le dauphin d'un coup de pied, et déclara que désormais il ne voulait plus avoir affaire avec les poissons que quand ils se présenteraient à lui sur une bonne table.

Au moment où la reine allait entrer dans le château, on tira ce feu d'artifice mémorable que maître Laneham, déjà cité, a décrit avec toute son éloquence.

Tels étaient, dit l'huissier de la chambre du conseil, la clarté des traits de flamme, l'éclat des étoiles resplendissantes, la pluie d'étincelles, les éclairs des feux d'artifice, le fracas du canon, que le ciel en retentit, les eaux s'en émurent, la terre en fut ébranlée; et pour ma part, tout courageux que je suis, je n'ai jamais eu plus de peur de ma vie [1].

CHAPITRE XXXII.

» Vous abusez de ma condescendance;
« A ce procès je n'entends rien, ma foi :
« Parlez raison, messieurs, ou, croyez-moi,
« Je suis forcé de lever l'audience. »
Beaumont et Fletcher.

Notre intention n'est pas de raconter minutieusement toutes les fêtes qui eurent lieu à Kenilworth, comme l'a fait Robert Laneham, que nous avons cité à la fin du dernier chapitre. Il nous suffira de dire qu'après le feu

---

(1) Voyez le récit que fait Leneham du séjour de la reine à Kenilworth en 1575, histoire très amusante, écrite par le plus fat de tous les auteurs. L'original est extrêmement rare; mais il a été réimprimé deux fois : d'abord dans le curieux et intéressant recueil des Voyages et Processions publiques de la reine Elisabeth, par M. Nichol, tome Ier; et plus récemment dans la première livraison d'un ouvrage intitulé *Kenilworth illustrated* (Kenilworth *illustré*, c'est-à-dire orné de gravures, etc.), superbement imprimé à Chiswick pour MM. Meridew de Coventry et Ratcliff de Birmingham. Cet ouvrage, s'il est continué avec le même goût, sera une des plus belles productions modernes de ce genre.

d'artifice que nous n'avons décrit qu'avec le secours de l'éloquent huissier du conseil, la reine traversa la tour de Mortimer, entra dans la cour de Kenilworth, et, passant au milieu d'une longue suite de dieux du paganisme et de héros de l'antiquité qui lui offraient à genoux des présens et leur hommage, elle arriva enfin à la grande salle du château, magnifiquement décorée pour la recevoir; de tous côtés on y voyait briller de riches tapisseries de soie; des torches embaumées y répandaient la lumière et les parfums, et une musique délicieuse s'y faisait entendre. A l'extrémité de la salle s'élevait un dais majestueux qui ombrageait le trône d'Elisabeth ; derrière le trône s'ouvrait une porte qui conduisait à des appartemens ornés avec le plus grand luxe, et qu'on avait destinés à la reine et à ses dames d'honneur.

Le comte de Leicester donna la main à Elisabeth pour l'aider à monter sur son trône : quand elle fut assise, il se mit à genoux devant elle, et d'un air dans lequel une galanterie respectueuse et chevaleresque se mêlait à l'expression du dévouement le plus loyal, il baisa sa main, qu'elle lui présentait, et la remercia avec l'accent de la plus vive reconnaissance de l'honneur qu'il recevait d'elle, et qui était le plus grand qu'un souverain pût faire à un sujet. Il y avait quelque chose de si beau dans la figure du comte à genoux devant la reine, qu'elle fut tentée de prolonger cette scène quelques momens de plus qu'il n'était rigoureusement nécessaire. En retirant sa main, elle effleura légèrement la chevelure du comte qui tombait en boucles parfumées, et l'émotion de plaisir qu'elle laissa entrevoir fit penser aux spectateurs qu'elle aurait volontiers, si elle l'eût osé, remplacé ce mouvement par une légère caresse. Leicester se releva : placé près du trône, il expliqua à Élisabeth les différens préparatifs qu'on avait faits pour son amusement et sa réception : la reine approuva tout avec sa grâce accoutumée. Le comte lui demanda ensuite de lui permettre, ainsi qu'aux autres gentilshommes qui l'avaient escortée pendant le voyage, de se retirer un moment, pour reparaître sous un costume plus convenable et plus digne de sa cour. Pendant notre absence, ajouta-t-il (en montrant Varney, Blount, Tressilian et autres), ces messieurs, qui ont eu le temps de changer de vêtemens, auront l'honneur de rester auprès de Votre Majesté.

— J'y consens, milord, répondit la reine; vous pourriez facilement diriger un théâtre, puisque vous commandez ainsi à une double troupe d'acteurs. Quant à nous, nous vous traiterons ce soir un peu cavalièrement; notre dessein n'est pas de changer notre costume de route, étant très fatiguée d'un voyage que le concours de nos fidèles sujets a rendu fort long, en même temps que l'amour qu'ils nous ont témoigné l'a rendu délicieux.

Après en avoir reçu la permission, Leicester se retira, et les autres gentilshommes qui avaient escorté la reine sortirent également. Ceux qui étaient arrivés les premiers, et qui avaient déjà fait leur toilette d'apparat, restèrent dans la salle de compagnie; mais comme ils étaient tous d'un rang inférieur, ils se tenaient à une distance respectueuse du trône. Le coup d'œil perçant de la reine distingua bientôt dans la foule Raleigh et deux ou trois autres gentilshommes personnellement connus de Sa Majesté. Elle leur fit signe de s'approcher, et les reçut d'une manière fort gracieuse. Raleigh, en particulier, fut très bien accueilli : elle n'avait oublié ni l'aventure du manteau ni l'incident des vers. Elle s'adressa plusieurs fois à lui pour lui demander des informations sur le nom et le rang de ceux qui étaient en sa présence. Les réponses de Raleigh, précises et entremêlées de quelques traits plaisans et satiriques, paraissaient plaire beaucoup à Elisabeth. — Et quel est ce rustre? dit-elle en regardant Tressilian dont l'habit négligé déparait la bonne mine.

— C'est un poète, si Votre Majesté désire le savoir, répondit Raleigh.

— Je l'aurais parié en voyant son costume, dit Elisabeth. J'ai connu quelques poètes distraits jusqu'au point de jeter leurs manteaux dans les ruisseaux.

— C'était sans doute quand le soleil éblouissait leurs yeux et leur jugement, répondit Raleigh.

Elisabeth sourit et ajouta : — Je vous ai demandé le nom de ce personnage, vous ne m'avez appris que sa profession.

— Il s'appelle Tressilian, dit Raleigh, qui sentait une répugnance intérieure à le nommer, en voyant qu'il n'y avait rien de très avantageux pour lui dans la manière dont il fixait l'attention de la reine.

— Tressilian ! répondit Elisabeth, le Ménélas de notre roman ! en vérité il est habillé de manière à disculper son Hélène. Mais où est Farnham ?... Farnham,... est-ce son nom ?... l'homme du comte de Leicester... le Pâris de cette histoire du Devonshire.

Raleigh lui nomma, et lui montra avec plus de répugnance encore, Varney, pour qui le tailleur avait épuisé tout son art, afin de lui donner un extérieur agréable, et qui, s'il manquait de grâce, avait au moins une sorte de tact et une habitude du monde qui y suppléait jusqu'à un certain point.

La reine les regardait alternativement l'un et l'autre.— Je présume, dit-elle, que ce M. Tressilian le poète, qui est trop savant, je gage, pour pouvoir se rappeler en présence de qui il doit paraître, est un de ceux dont Geoffroy Chaucer dit avec esprit que *le plus sage clerc n'est pas toujours le plus sage des hommes*. Je me rappelle que ce Varney est un fripon à langue dorée ; je suis sûre que la belle fugitive n'a pas manqué de motifs pour être infidèle.

Raleigh ne répondit rien, persuadé que ce serait mal entendre les intérêts de Tressilian que de contredire la reine, et ne sachant pas au reste s'il ne vaudrait pas mieux pour lui qu'elle interposât à la fin son autorité dans une affaire sur laquelle les pensées de Tressilian semblaient se fixer avec une obstination funeste. Tandis que ces idées l'occupaient, la porte s'ouvrit, et Leicester, accompagné de plusieurs de ses proches et des nobles qui avaient embrassé son parti, rentra dans la salle.

Le favori était alors vêtu en blanc : il avait des bas de soie blancs tricotés, des culottes de velours blanc, doublées de drap d'argent qu'on voyait à travers les échancrures pratiquées le long des cuisses ; un pourpoint de même drap, et un justaucorps de velours blanc, brodé en argent et en graine de perles. Son ceinturon, attaché par une boucle d'or, était aussi de velours blanc comme le fourreau de son épée, dont la poignée était montée en or, de même que celle de son poignard. Par-dessus tout, il portait un riche manteau de satin blanc ayant une bordure de broderie en or d'un pied de largeur. Le collier de l'ordre de la Jarretière, et la Jarretière d'azur elle-même autour de son genou, complétaient le costume du comte; et ce costume était si bien assorti à sa taille noble, à sa tournure pleine de grâce et aux belles proportions de sa personne, que tout le monde avoua, lorsqu'il parut, que c'était le plus beau cavalier qu'on eût jamais vu. Sussex et les autres nobles portaient aussi de riches vêtemens, mais Leicester les éclipsait tous par sa grâce et sa magnificence.

Elisabeth le reçut avec une affabilité remarquable. — Nous avons, dit-elle, un procès en juridiction royale à juger ; ce procès m'intéresse et comme femme et comme mère de tous mes sujets.

Un frisson involontaire saisit Leicester au moment où il s'inclinait pour exprimer à la reine son obéissance. Un frisson semblable glaça Varney, dont les yeux ne s'étaient point détournés de son maître pendant toute la soirée : il comprit aisément par l'altération du visage de Leicester, quelque légère qu'elle fût, quel était l'objet dont la reine l'entretenait. Mais Leicester parvint bientôt à feindre l'assurance qu'exigeait sa politique tortueuse ; et quand la reine ajouta : — C'est de Varney et de Tressilian que nous parlons ; milord, cette dame est-elle ici?... Il répondit, sans hésiter : — Noble princesse, elle n'y est pas.

Elisabeth fronça le sourcil et se mordit les lèvres : — Nos ordres étaient stricts et positifs, milord : telle fut son unique réponse.

— Et ils auraient été exécutés, illustre souveraine, continua Leicester, n'eussent-ils été qu'un simple souhait. Mais, Varney, avancez. C'est à lui à informer Votre Majesté pourquoi cette dame (il ne pouvait contraindre sa bouche rebelle à dire *sa femme*) ne peut paraître en votre auguste présence.

Varney s'avança, et soutint sans hésiter ce qu'en effet il croyait fermement, que la partie citée (car il n'osait pas non plus en présence de Leicester la nommer sa femme) était dans une impossibilité absolue de comparaître devant Sa Majesté.

— Voici, dit-il, une attestation d'un des plus habiles médecins, dont les talens et l'honneur sont connus de lord Leicester, et celle d'un dévot protestant, homme de bien et de crédit, M. Anthony Foster, chez lequel elle loge ; tous deux certifient qu'elle est maintenant atteinte d'une maladie qui l'empêche absolument d'entreprendre un voyage.

— C'est différent, dit la reine en prenant les certificats et regardant leur contenu. Faites approcher Tressilian. M. Tressilian, nous nous intéressons vivement à votre situation, d'autant plus que votre cœur n'est occupé que de cette Amy Robsart ou Amy Varney. Notre puissance, grâce à Dieu et à l'obéissance de nos fidèles sujets, a quelque étendue ; mais il est certaines choses qui sont hors de sa portée ; nous ne pouvons pas, par exemple, commander aux affections d'une jeune étourdie, et faire qu'elle préfère le savoir et le bon sens à l'élégant pourpoint d'un courtisan. Nous ne pouvons rien non plus sur la maladie dont il paraît qu'est atteinte cette dame, qui ne peut par conséquent se présenter devant nous, comme nous l'avions ordonné. Voici l'attestation du médecin qui la soigne et celle du gentilhomme chez qui elle est logée, qui en font foi.

— Avec la permission de Votre Majesté, répondit Tressilian (qui, craignant la conséquence d'une imposture aussi dangereuse, oublia ce qu'il avait promis à Amy), ces certificats ne disent pas la vérité.

— Comment, monsieur, dit la reine, vous récusez la véracité du comte de Leicester? Mais vous aurez toute latitude pour vous défendre; en notre présence, le dernier de nos sujets a le droit de parler comme le premier, et le plus obscur comme le plus favorisé. Vous serez donc écouté sans obstacle; mais gardez-vous de parler sans preuves; prenez ces certificats, examinez-les, et dites-nous sérieusement si vous doutez de leur authenticité, et sur quels fondemens.

Tandis que la reine parlait, la promesse que Tressilian avait faite revint s'offrir à son esprit, et combattit vivement l'ardent désir qu'il avait de donner un démenti formel à des pièces dont la fausseté lui était démontrée; son air irrésolu prévint contre lui Elisabeth et tous ceux qui le voyaient. Il tournait et retournait les papiers comme un idiot, incapable de comprendre ce qu'ils contenaient; l'impatience d'Elisabeth commençait à devenir visible.

—Vous êtes un savant, monsieur, dit-elle, et un savant de mérite, m'a-t-on dit, et cependant vous êtes d'une longueur étonnante à lire ce peu de mots. Qu'en dites-vous? ces certificats sont-ils vrais ou faux?

— Madame, répondit Tressilian avec un embarras et une hésitation remarquables, voulant d'un côté éviter de reconnaître des certificats qu'il se trouverait peut-être bientôt dans la nécessité de dénier, et de l'autre désirant garder sa parole à Amy, et lui donner le temps, comme il le lui avait promis, de plaider elle-même sa propre cause comme elle l'entendrait. — Madame......, madame......, Votre Majesté m'oblige à reconnaître des certificats dont l'authenticité devrait être prouvée d'abord par ceux qui en font la base de leur défense.

— M. Tressilian, vous êtes aussi bon avocat que bon poète, dit la reine en jetant sur lui un regard de mécontentement. Il me semble que ces écrits étant produits en présence du noble comte de Leicester auquel appartient ce château, et l'honneur du comte étant appelé en témoignage, leur vérité doit vous être assez démontrée; mais, puisque vous insistez sur ces formalités, Varney, ou plutôt Leicester, car cette affaire vous regarde maintenant (cette parole, quoique jetée au hasard, fit frémir le comte), quelle preuve avez-vous de la vérité de ces attestations?

Varney se hâta de répondre avant Leicester.—Le jeune comte d'Oxford, qui est ici présent, dit-il, connaît l'écriture de M. Foster.

Le comte d'Oxford, jeune débauché, à qui Foster avait plus d'une fois prêté à d'honnêtes intérêts, attesta, sur cette interpellation, que c'était un digne et opulent. Franklin [1], et il reconnut que le certificat était de son écriture.

— Et qui reconnaîtra le certificat du docteur? dit la reine ; Alasco est son nom, à ce que je crois?

Masters, le médecin de Sa Majesté, qui n'avait pas oublié l'outrage qu'il avait essuyé à Say's-Court, et qui pensait que son témoignage pourrait servir Leicester et mortifier le comte de Sussex et son parti, reconnut qu'il avait

---

(1) On donnait alors le nom de Franklin aux propriétaires jouissant d'une certaine aisance, et faisant valoir leurs terres. — Tr.

plus d'une fois consulté avec le docteur Alasco, et parla de lui comme d'un homme d'un vaste savoir, quoique pourtant, dans sa pratique, il ne fût pas dans la bonne route. Le comte de Huntingdon, beau-frère de lord Leicester, et la comtesse de Rutland, firent aussi son éloge ; tous se rappelèrent l'écriture de ses ordonnances, qui était exactement semblable au certificat produit.

— Maintenant, j'espère, M. Tressilian, qu'en voilà assez sur ce sujet, dit la reine. Nous ferons quelque chose avant la fin de la nuit pour déterminer le vieux sir Hugh Robsart à consentir au mariage ; vous avez fait votre devoir et au-delà ; mais nous ne serions pas femme si nous n'avions pas compassion des blessures que fait le véritable amour. Ainsi nous vous pardonnons votre audace et la malpropreté de vos bottes, dont l'infection a failli l'emporter sur les parfums de lord Leicester.

Ainsi parla Elisabeth. L'excessive délicatesse de son odorat était un des caractères de son organisation, comme elle le prouva long-temps après ; quand elle chassa Essex de sa présence pour s'être rendu coupable, comme Tressilian, de paraître devant elle avec des bottes.

Mais Tressilian avait eu le temps de se reconnaître et de revenir de l'étonnement que lui avait causé d'abord une imposture soutenue avec tant d'audace, et qui démentait ce dont il avait été témoin. Il se précipita aux genoux de la reine, et la retenant par le bord de sa robe :

— Madame, si vous êtes chrétienne, dit-il, si vous êtes reine pour rendre une égale justice à tous vos sujets... pour écouter leurs prières comme vous espérez que le seront les vôtres (et je prie le ciel d'exaucer le vœu que j'en fais) à ce tribunal où nous comparaîtrons tous pour la dernière fois, daignez m'accorder une légère faveur : ne vous hâtez pas de prononcer ; donnez-moi seulement vingt-quatre heures d'intervalle : ce court délai expiré, je prouverai, jusqu'à l'évidence, la fausseté des certificats qui font croire que cette dame infortunée est maintenant malade dans le comté d'Oxford.

— Laissez-moi, monsieur, dit Elisabeth que ce mouvement impétueux avait surprise, quoiqu'il y eût en elle quelque chose de trop mâle et de trop fier pour qu'elle pût éprouver la moindre crainte : cet homme doit être fou! Mon filleul Harrington pourrait lui donner place dans son poème de Roland Furieux. Cependant il y a quelque chose de bien étrange dans le ton de sa demande. Parlez, Tressilian; à quoi vous soumettez-vous, si, une fois les vingt-quatre heures expirées, vous ne pouvez pas réfuter un fait aussi solennellement prouvé que la maladie de cette dame?

— Je consens à porter ma tête sur l'échafaud, répondit Tressilian.

— De par la lumière de Dieu, dit la reine, vous parlez comme un fou; quelle tête peut tomber en Angleterre, à moins que la loi ne l'ordonne? Je vous le demande, si vous avez assez de bon sens pour me comprendre, consentez-vous, si vous échouez dans ce dessein impraticable, consentez-vous à m'avouer franchement quelle est l'intention dans laquelle vous l'avez conçu?

Tressilian se tut, et hésita de nouveau; il sentait que si, dans l'intervalle demandé, Amy venait à se réconcilier avec son mari, ce serait lui rendre le plus mauvais de tous les services que de dévoiler tous ces mystères devant Elisabeth, et de montrer combien cette sage et prudente princesse avait été trompée par de faux témoignages; cette incertitude fit renaître l'embarras dans ses regards, dans sa voix et dans tout son maintien; et, quand la reine lui répéta cette question d'un ton sévère et d'un œil courroucé, il répondit, en paroles entrecoupées, qu'il pourrait peut-être, c'est-à-dire dans certaine circonstance, expliquer les raisons qui le faisaient agir.

— Maintenant, par l'âme du roi Henry, s'écria la reine,

il y a là ou une folie complète, ou de la mauvaise foi! Raleigh, ton ami est beaucoup trop pindarique pour rester en ma présence ; emmène-le, délivre-moi de sa personne, car il pourrait lui arriver pire. Son essor est trop impétueux pour tout autre pays que le Parnasse ou l'hôpital Saint-Luc. Mais, toi-même, reviens aussitôt que tu l'auras déposé en lieu sûr. — Nous aurions bien désiré voir la beauté qui a pu faire tant de ravage dans le cerveau d'un homme qu'on dit doué d'une si grande sagesse.

Tressilian voulait s'adresser encore à la reine ; mais Raleigh, pour obéir aux ordres qu'il avait reçus, l'en empêcha ; et, aidé du secours de Blount, il le conduisit, moitié de gré, moitié de force, hors de la salle, où il commençait à s'apercevoir lui-même que sa présence était plus funeste qu'utile à ses intérêts.

Quand ils furent arrivés dans l'antichambre, Raleigh pria Blount de veiller à ce que Tressilian fût conduit dans les appartemens destinés aux gens de la suite du comte de Sussex, et même qu'on y montât la garde, si c'était nécessaire.

— Cette extravagante passion, dit-il, et, à ce qu'il paraît, la nouvelle de la maladie de celle qui en est l'objet, ont singulièrement dérangé son excellent jugement ; mais cet accès se calmera avec un peu de repos : seulement qu'on prenne garde de ne pas le laisser sortir, car il est déjà assez mal dans l'esprit de Sa Majesté : provoquée de nouveau, elle saurait bien lui trouver une plus triste retraite et de plus sombres gardiens.

— J'ai jugé qu'il était fou, dit Nicolas Blount en jetant un coup d'œil sur ses bas cramoisis et ses rosettes jaunes, rien qu'en voyant ces maudites bottes qui ont offensé l'odorat de la reine. Je veux le voir enfermer, et je reviens à l'instant. Mais, dis-moi, Walter, la reine a-t-elle demandé qui j'étais? J'ai cru m'apercevoir qu'elle jetait un regard sur moi.

— Vingt coups d'œil! oui, vingt coups d'œil ont été jetés

sur toi, et je lui ai dit que tu étais un brave soldat et un... Mais, pour l'amour de Dieu, emmène Tressilian.

— J'y vais, j'y vais, dit Blount; mais il me semble que cette vie de cour n'est pas un si mauvais passe-temps; c'est le moyen de s'élever : Walter, mon ami, tu as donc dit que j'étais un brave soldat et.... et quoi ensuite, mon très cher Walter?

— Un tout ineffable.... Mais, allons donc, au nom du ciel, dépêche-toi de partir.

Tressilian, sans faire ni résistance ni question, suivit Blount, ou plutôt se laissa conduire par lui au logement de Raleigh ; il fut installé sur un lit de sangle placé dans un cabinet, et destiné à un domestique. Il ne voyait que trop clairement qu'aucune remontrance ne pourrait exciter l'intérêt de ses amis, ou les engager à le secourir, jusqu'à ce que l'expiration du délai pendant lequel il avait promis de demeurer dans l'inaction lui permît de tout dévoiler, ou lui eût ôté tout désir et tout prétexte de se mêler de la destinée d'Amy si elle était réconciliée avec son époux.

Ce ne fut qu'avec beaucoup de peine, et après des représentations faites avec calme et douceur, qu'il évita le désagrément et la honte d'avoir deux hommes de la garde du comte de Sussex campés dans son appartement. A la fin, Blount, le voyant couché tranquillement dans son lit, donna, en jurant de bon cœur, deux ou trois coups de pied aux bottes que, dans ses nouveaux principes, il regardait comme un symptôme décisif, peut-être même comme la cause de la maladie de son ami, et il se contenta, comme par composition, de fermer la porte. Ce fut ainsi que les efforts généreux et désintéressés du malheureux Tressilian pour sauver une femme dont il n'avait éprouvé que l'ingratitude, n'aboutirent, ce jour-là, qu'à lui attirer la disgrâce de sa souveraine, et à convaincre ses amis qu'il n'était guère mieux que fou.

CHAPITRE XXXIII.

« Le plus sage des rois, au sein de sa grandeur,
« Comme un simple mortel est sujet à l'erreur.
« Il accorde parfois honneur, crédit, puissance,
« A qui mériterait la corde et la potence.
« Mais comment les blâmer? Les rois font de leur mieux,
« Et c'est l'intention qui nous juge comme eux. »
Ancienne comédie.

— C'est une cruelle chose, dit la reine quand Tressilian fut parti, de voir un homme sage et instruit dont l'esprit soit si complètement dérangé. Cette preuve évidente de sa folie démontre que son accusation n'était pas fondée; ainsi, lord Leicester, nous n'avons pas oublié la demande que vous nous avez faite pour votre fidèle serviteur Varney, dont le mérite et la loyauté doivent être récompensés par nous, puisque ses qualités vous sont utiles. Cette faveur sera le prix du zèle et du dévouement que vous mettez à notre service, et nous vous accordons la grâce que vous sollicitez pour Varney, avec d'autant plus de plaisir que nous vous devons quelque reconnaissance pour l'hospitalité que nous recevons chez vous. D'ailleurs, cette marque particulière de notre bienveillance donnera quelque consolation au bon chevalier de Devon, sir Hugh Robsart, dont il a épousé la fille, et j'espère par là le réconcilier avec son gendre. Votre épée, milord.

Elle la prit lentement, la tira du fourreau, et, tandis que les dames qui l'environnaient détournaient la tête, saisies d'un frisson feint ou véritable, elle remarqua d'un œil curieux le poli et les riches ornemens damassés du glaive étincelant.

— Si j'eusse été homme, dit-elle, il me semble qu'aucun de mes ancêtres n'eût aimé autant que moi une bonne épée. J'aime à considérer les armes; et comme la *Fata Mor-*

gana, dont j'ai lu les aventures dans un livre italien.... Si mon filleul Harrington était ici, il me rappellerait ce passage.... Je voudrais arranger mes cheveux et ajuster ma coiffure dans un miroir d'acier comme celui-ci.... Richard Varney, avancez et mettez-vous à genoux. Au nom de Dieu et de saint Georges, nous vous faisons chevalier! soyez fidèle, brave et heureux.... Sir Richard Varney, levez-vous!

Varney se releva, et se retira en s'inclinant profondément devant sa souveraine, qui venait de lui conférer un honneur aussi insigne.

— Demain, dit la reine, nous vous armerons de l'éperon dans la chapelle, et nous achèverons la cérémonie. Nous voulons aussi vous donner un nouveau frère en chevalerie. Mais, comme la justice doit présider à la distribution de nos grâces, nous nous réservons de consulter à cet effet notre cousin le comte de Sussex.

Ce seigneur, qui, depuis son arrivée à Kenilworth, et même depuis le commencement du voyage, s'était vu éclipsé par Leicester, avait le front couvert de sombres nuages. Son air de mécontentement ne put échapper à la reine, qui espéra l'apaiser et suivre en même temps son système de balance politique par une marque particulière de faveur accordée au comte de Sussex, au moment où le triomphe de son rival paraissait complet.

A l'ordre d'Elisabeth, Sussex se hâta d'approcher : la reine lui ayant demandé quel était celui des gentilshommes de sa suite qu'il désirait de préférence voir nommer chevalier, il répondit avec plus de sincérité que d'adresse qu'il se serait hasardé à parler pour Tressilian à qui il se croyait redevable de la vie, et qui, d'ailleurs, soldat et savant distingué, descendait d'une famille sans tache; mais, dit-il, je crains que les évènemens de cette nuit... Il s'arrêta.

— Je vois avec plaisir cette discrétion de Votre Seigneurie, dit Elisabeth; après ce qui vient d'arriver, nous serions regardée par nos sujets comme aussi folle que ce pauvre gentilhomme, car je crois qu'il n'y a nulle mauvaise intention dans sa conduite, si nous choisissions ce moment pour lui accorder une faveur.

— En ce cas, répondit le comte un peu déconcerté, Votre Majesté me permettra de lui recommander mon premier écuyer, M. Nicolas Blount. C'est un gentilhomme de bonne maison, dont le nom a quelque ancienneté. Il a servi Sa Majesté en Ecosse et en Irlande, et il porte sur son corps d'honorables cicatrices.

Elisabeth ne put s'empêcher de hausser légèrement les épaules à ce second choix; et la duchesse de Rutland, qui lut dans les yeux de la reine qu'elle avait espéré que Sussex lui nommerait Raleigh, et qu'ainsi elle pourrait contenter son désir en paraissant faire honneur à sa recommandation, attendit qu'elle eût consenti à ce qui lui était demandé, et dit alors que, puisque ces deux puissans seigneurs avaient eu la permission de désigner un candidat à la chevalerie, elle oserait, au nom de toutes les dames qui étaient présentes, demander la même faveur.

— Je ne serais pas femme si je refusais une semblable demande, dit la reine en souriant.

— Je supplie donc Votre Majesté, au nom de toutes ces dames, ajouta la duchesse, d'élever au rang de chevalier Walter Raleigh, que sa naissance, ses hauts faits d'armes, et le zèle qu'il met à servir notre sexe avec la plume et l'épée, rendent digne de cet honneur.

— Je remercie ces dames, dit Elisabeth en souriant, et je consens à leur demande. L'aimable écuyer *sans manteau* deviendra le brave chevalier *sans manteau*, ainsi que vous le désirez : faites avancer les deux aspirans à la chevalerie.

Blount n'était pas encore de retour. Raleigh s'avança seul, et, se mettant à genoux, il reçut des mains de la reine le titre de chevalier, qui jamais ne fut conféré à un sujet plus illustre et plus distingué.

Nicolas Blount arriva quelques momens après ; et il apprit de la bouche de Sussex, qu'il rencontra à la porte de la salle, les bonnes dispositions de la reine à son égard, et l'ordre qu'elle avait donné de le faire approcher du trône. C'est un spectacle qui n'est pas rare, mais à la fois pénible et plaisant, que celui d'un homme doué d'un gros bon sens, et que la coquetterie d'une jolie femme ou tout autre motif jettent dans ces frivolités qui ne conviennent qu'à l'aimable jeunesse ou à ceux pour qui la longue habitude en a fait une seconde nature. Le pauvre Blount se trouvait dans ce cas. Sa riche parure et l'obligation où il croyait être d'assortir ses manières à l'élégance de son costume, lui avaient déjà passablement tourné la tête. La nouvelle subite de cette promotion acheva de faire triompher sur son véritable caractère cet esprit sémillant et léger qu'il avait adopté nouvellement, et métamorphosa soudain un homme simple, honnête, mais gauche, en un freluquet de l'espèce la plus nouvelle et la plus ridicule.

Le candidat chevalier s'avança dans la salle, que par malheur il fallait traverser d'un bout à l'autre. Il tournait le pied en dehors avec tant d'affectation que chacune de ses jambes, qui se présentait avec la partie postérieure en avant, ressemblait à un de ces vieux couteaux à lame recourbée. Le reste de sa personne répondait à cette allure grotesque. Le mélange de son embarras et d'un air d'amour-propre satisfait était si complètement ridicule, que les partisans de Leicester laissèrent échapper un malin sourire qui fut partagé involontairement par quelques uns des gentilshommes de Sussex, quoique forcés de se mordre les ongles de dépit. Sussex lui-même perdit patience, et ne put s'empêcher de dire à l'oreille de son ami : — Maudit Blount ! ne peux-tu donc marcher comme un homme ou comme un soldat? Cette apostrophe le fit tressaillir, et il s'arrêta jusqu'à ce qu'un regard jeté sur ses rosettes jaunes et ses bas rouges lui eût rendu son assurance; alors il se remit à marcher du même pas qu'auparavant.

La reine reçut le pauvre Blount chevalier, avec une répugnance bien marquée ; elle ne conférait qu'avec la plus grande circonspection ces titres d'honneur, distribués après elle avec une telle profusion par la maison de Stuart qu'ils perdirent beaucoup de leur prix. Blount ne fut pas plus tôt hors de sa présence qu'elle se tourna vers la duchesse de Rutland :

— Notre esprit féminin, dit-elle, ma chère Rutland, est plus habile que celui de ces créatures en pourpoint et en haut-de-chausses. De ces trois chevaliers, le tien était le seul digne de recevoir ce titre.

— Sir Richard Varney, l'ami de lord Leicester,... a du mérite certainement..., répondit la duchesse.

— Varney a l'air sournois et la langue mielleuse, répondit la reine ; je crains qu'il ne déshonore le titre qu'il vient de recevoir : mais j'avais promis depuis long-temps. Sussex a sans doute perdu l'esprit de nous désigner d'abord un fou comme Tressilian, et puis un rustre comme son second protégé. Je t'assure, Rutland, que lorsqu'il était à genoux devant moi, grimaçant et faisant la moue comme si sa soupe lui brûlait la bouche, j'ai eu peine à me retenir de lui donner un bon coup sur la tête, au lieu de lui frapper sur l'épaule.

— Votre Majesté lui a donné une accolade un peu rude, dit la duchesse; nous avons entendu la lame de l'épée retentir sur son omoplate, et le pauvre homme en a frissonné comme s'il se croyait blessé.

— Je n'ai pu m'en empêcher, dit la reine... Mais nous enverrons ce sir Nicolas en Irlande ou en Écosse, ou dans tout autre lieu, pour délivrer notre cour d'un chevalier si rustre.

La conversation devint alors générale, et Leicester invita bientôt Sa Majesté à venir s'asseoir au banquet.

Les convives furent obligés de traverser la cour intérieure du château pour arriver aux bâtimens neufs, où se trouvait la vaste salle à manger, dans laquelle était servi un souper digne d'un si beau jour.

Dans ce trajet, les nouveaux chevaliers furent assaillis par les hérauts, les poursuivans d'armes et les ménestrels, tous poussant le cri d'usage, *largesse, largesse, chevaliers très hardis!* Cette ancienne acclamation avait pour but d'exciter la générosité des nouveaux chevaliers envers ceux dont les fonctions consistent à conserver leurs armoiries ou à célébrer leurs hauts faits. Les trois élus, à qui s'adressait cette invitation, y répondirent libéralement. Varney distribua ses dons avec une politesse et une modestie affectées ; Raleigh accompagna les siens de l'aisance gracieuse d'un homme qu'on vient de mettre à sa place, et qui a l'habitude des grandeurs. Le pauvre Blout donna tout ce que son tailleur lui avait laissé de son revenu d'une année entière. Il était si troublé qu'en exerçant sa libéralité il laissait tomber de temps en temps quelques pièces d'argent, se baissait ensuite pour les ramasser, et finissait par les partager entre les hérauts avec l'air inquiet et le maintien d'un bedeau de paroisse qui distribue une aumône aux pauvres.

Ces largesses furent reçues avec les remerciemens et les *vivats* d'usage. Mais comme ceux qui en profitaient étaient presque tous au service de Leicester, c'était le nom de Varney qu'on répétait avec les plus vifs applaudissemens : Lambourne surtout se faisait distinguer par ses vociférations : — Longue vie à sir Richard Varney ! — Santé et honneur à sir Richard ! — Jamais plus digne chevalier ne reçut l'accolade. — Puis, baissant le ton, il ajoutait : — Depuis le vaillant sir Pandarus de Troie [1]. Cette conclu-

---

(1) Personnage de *Troïlus et Cressida* (Shakspeare), qui a quelque rapport avec le *Bonneau* de *la Pucelle.* — Ed.

sion fit partir d'un éclat de rire tous ceux qui étaient à portée de l'entendre.

Il est inutile de parler plus longuement des fêtes de cette soirée, qui furent si brillantes, et dont la reine témoigna tant de satisfaction que Leicester se retira dans son appartement, enivré d'une espérance ambitieuse. Varney, qui s'était dépouillé de son riche vêtement, attendait son maître dans un costume simple et modeste, pour faire les honneurs du *coucher* du comte.

— Comment donc, sir Richard! dit Leicester en souriant; cet humble habillement ne sied pas à votre nouvelle dignité.

— J'y renoncerais, milord, répondit Varney, si je pouvais penser qu'elle dût m'éloigner de Votre Seigneurie.

— Allons, tu es un serviteur reconnaissant, ajouta Leicester; mais je ne veux pas que tu fasses rien qui puisse te dégrader dans l'opinion des autres.

Tout en parlant ainsi, il recevait néanmoins les services du nouveau chevalier, qui semblait les lui rendre avec autant de plaisir qu'en exprimaient ses paroles.

— Je n'ai pas peur des médisans, répondit-il à la remarque de Leicester et en continuant à le déshabiller; car il n'y a personne dans le château qui ne s'attende à voir bientôt des gens d'un rang supérieur à celui que, grâce à vos bontés, j'occupe maintenant, remplir auprès de vous les fonctions de valet de chambre, et s'en tenir honorés.

— Oui, cela aurait pu arriver, dit le comte en poussant un soupir involontaire; puis il ajouta : Donne-moi ma robe de chambre, Varney, il faut que je considère le ciel; la lune n'est-elle pas bientôt dans son plein?

— Je le pense, milord, d'après le calendrier, répondit Varney.

Il y avait une fenêtre de l'appartement qui s'ouvrait sur un petit balcon construit en pierres et crénelé comme dans tous les châteaux gothiques. Le comte ouvrit la croisée;

le balcon dominait sur une grande partie du lac et sur le parc et la rive opposée. Les rayons de la lune dormaient immobiles sur l'onde azurée et sur les massifs lointains d'ormeaux et de chênes. L'astre des nuits au plus haut des cieux était entouré de mille satellites subalternes. Un calme profond régnait sur la terre, et n'était interrompu quelquefois que par la voix des gardes de nuit (c'étaient les *yeomen* de la garde qui faisaient ce service de nuit partout où se trouvait la reine) et les aboiemens lointains des limiers que réveillaient les préparatifs d'une chasse magnifique annoncée pour le lendemain.

Leicester contempla la voûte azurée du firmament. Ses gestes et son maintien exprimaient une vive émotion mêlée de joie et d'inquiétude, pendant que Varney, qui était resté dans l'ombre de l'appartement, pouvait, sans être remarqué, voir avec une satisfaction secrète son patron étendre les bras vers les corps célestes.

— O vous, globes d'une flamme vivante (telle fut l'invocation que murmura le comte ambitieux), vous parcourez en silence le cercle de votre carrière mystérieuse! mais la sagesse vous a donné une voix ; dites-moi donc quelle haute destinée m'est réservée. La grandeur à laquelle j'aspire sera-t-elle brillante, sublime et durable comme la vôtre, ou suis-je condamné à ne jeter qu'un éclat éphémère au milieu des ténèbres de la nuit, pour retomber ensuite vers la terre, semblable aux débris de ces feux d'artifice avec lesquels les hommes voudraient égaler vos rayons?

Il regarda encore le ciel pendant une minute ou deux, puis il rentra dans l'appartement, où Varney feignait de s'être occupé à renfermer les bijoux du comte dans sa cassette.

— Que pense Alasco de mon horoscope? demanda Leicester. Tu me l'as déjà dit, mais cela m'est échappé, car je ne crois pas sérieusement à son art.

— Plusieurs hommes de science et plus d'un grand

homme en ont pensé bien autrement, répondit Varney; et, pour parler avec franchise à Votre Seigneurie, je suis assez de leur avis.

— Ah! ah! comme Saül au milieu des prophètes!... Je te croyais d'un scepticisme absolu sur tout ce que tu ne pouvais ni voir, ni entendre, ni toucher, ni sentir, ni goûter;... en un mot, que ta croyance était bornée par tes sens.

— Peut-être que c'est le désir de voir la prédiction de l'astrologue s'accomplir qui me rend plus crédule aujourd'hui. Alasco dit que votre planète favorable est dans son point culminant, et que l'influence contraire (il n'a pas voulu parler avec plus de clarté), quoique non encore terrassée, est évidemment rétrograde : c'est, je crois, le terme dont il s'est servi.

— Oui, c'est cela, dit Leicester en regardant un extrait de calculs astrologiques qu'il tenait à la main; l'influence la plus forte prévaudra, et, d'après ce que je crois, l'heure fatale est passée. Aidez-moi, sir Richard, à quitter ma robe de chambre, et restez un instant, si cela n'est pas trop pénible pour un chevalier, pendant que je me mets au lit. Je crois que la fatigue de cette journée m'a mis la fièvre dans le sang, car je sens qu'il circule dans mes veines aussi brûlant que le plomb fondu. — Attends un instant, je t'en prie; je voudrais bien sentir mes yeux s'appesantir.

Varney aida officieusement son maître à se mettre au lit, et plaça une lampe d'argent massif avec une épée sur une table de marbre près du chevet. Alors, soit pour n'être pas fatigué par la lueur de la lampe, soit pour cacher sa figure à Varney, Leicester tira son rideau. Varney s'assit près du lit, le dos tourné vers son maître, comme pour lui faire entendre qu'il n'avait pas dessein d'épier ses mouvemens, et il attendit tranquillement que Leicester commençât à parler sur le sujet qui occupait exclusivement toutes ses idées.

— Ainsi donc, Varney, dit le comte après avoir attendu vainement que son écuyer entamât la conversation, on parle des bontés que la reine a pour moi.

— Mais, milord, dit Varney, comment pourrait-on n'en rien dire quand ses bontés sont si manifestes?

— En vérité, c'est une bonne maîtresse, dit Leicester après un moment de silence ; mais il est écrit : Ne vous fiez pas aux princes.

— La sentence est bonne et vraie, reprit Varney, à moins toutefois qu'on ne sache lier leurs intérêts aux nôtres si étroitement qu'on les tienne sur le poing comme le faucon qui va partir.

— Je devine ton intention, dit Leicester avec impatience ; quelle que soit la réserve que tu mettes ce soir dans toutes tes paroles, tu veux me faire entendre que je pourrais épouser la reine si je le voulais.

— C'est vous qui le dites, milord, et non pas moi; peu importe, c'est ce que croient, en Angleterre, quatre-vingt-dix-neuf personnes sur cent.

— Oui, dit Leicester en se retournant dans son lit, mais la centième est mieux instruite. Toi, par exemple, tu connais des obstacles qui ne peuvent être surmontés.

— Et qui doivent pourtant l'être, milord, s'il faut en croire les étoiles, dit Varney avec un air composé.

— Que dis-tu là? répondit Leicester, toi qui ne crois ni à l'astrologie ni à rien.

— Vous vous trompez, milord, sauf le respect que je vous dois ; je crois à certains présages de l'avenir. Je crois, par exemple, que, s'il pleut en avril, il y aura des fleurs au mois de mai ; que, si le soleil brille, les grains mûriront ; et, dans ma philosophie naturelle, je crois à beaucoup de choses qui me feraient ajouter foi aux étoiles si les étoiles les présidaient ; c'est ainsi que je ne refuserai pas de croire ce que je vois universellement attendu et désiré sur la terre, uniquement parce que les astrologues prétendent l'avoir lu dans le ciel.

— Tu as raison, dit Leicester en s'agitant dans son lit, on désire universellement ce mariage. J'ai reçu des avis des églises réformées d'Allemagne, des Pays-Bas, de la Suisse, qui croient que de cet évènement dépend le salut de l'Europe. La France ne s'y opposerait pas; le parti dominant en Écosse le regarderait comme une garantie; l'Espagne le redoute, mais elle ne peut s'y opposer; cependant tu sais que cela est impossible.

— C'est ce que je ne sais pas, milord; la comtesse est indisposée.

— Misérable! dit Leicester en se levant sur son séant et en saisissant son épée sur la table : abandonne ces infâmes pensées! Ne voudrais-tu pas l'assassiner?

— Pour qui me prenez-vous, milord? dit Varney affectant toute la dignité de l'innocence calomniée; il ne m'est rien échappé qui puisse donner lieu à cette horrible imputation. J'ai seulement dit que la comtesse était malade; et la comtesse, tout aimable, toute chérie qu'elle est, n'en est pas moins sujette à la loi commune; elle peut mourir, et Votre Seigneurie redevenir libre.

— Loin de moi cette affreuse pensée, dit Leicester; qu'il n'en soit plus question.

— Bonne nuit, milord, dit Varney, feignant de prendre ces dernières paroles pour un ordre de s'en aller; mais la voix de Leicester l'arrêta.

— Tu ne m'échapperas pas ainsi, maître fou! Je crois que ton nouveau rang t'a fait tourner la tête. Avoue-le, tu viens de parler de choses impossibles, comme si elles pouvaient arriver.

— Milord, que Dieu donne longue vie à votre belle comtesse, quoique ni votre amour ni mes vœux ne puissent la rendre immortelle; mais quand même le ciel la conserverait long-temps pour son bonheur et pour le vôtre, je ne crois pas que ces nœuds doivent vous empêcher de devenir roi d'Angleterre.

— Pour le coup, mon pauvre Varney, tu es fou décidément.

— Ah! que je voudrais être aussi sûr de posséder quelque jour une belle et bonne terre seigneuriale! Ne savez-vous pas comment, dans d'autres pays, un mariage de la main gauche peut subsister entre des personnes de conditions différentes, sans que, pour cela, le mari soit obligé de renoncer à une alliance plus convenable?

— Oui, j'ai entendu dire que cet usage existait en Allemagne.

— Il y a plus; on prétend même que les docteurs des universités étrangères l'appuient sur plusieurs textes de l'Ancien Testament. Après tout, quel grand mal y a-t-il? L'aimable compagne que vous avez choisie par amour a tous vos momens secrets de repos et d'épanchement; sa réputation n'en souffre pas, sa conscience est tranquille. Vous vous procurez par là les moyens de pourvoir à tout, s'il plaît au ciel de vous envoyer quelque rejeton; et vous pouvez encore réserver à Elisabeth dix fois autant de loisir et dix fois autant d'amour que jamais don Philippe d'Espagne n'en accorda à sa sœur Marie; cependant vous savez combien elle l'aimait, malgré sa froideur et sa négligence. Il ne faut pour cela que bouche close et front ouvert. Vous êtes maître de conserver en même temps et votre Eléonore et votre belle Rosemonde; je me charge de vous trouver une retraite où l'œil jaloux d'une reine ne pourra jamais pénétrer.

Leicester garda quelque temps le silence, puis il dit en soupirant :—C'est impossible. Adieu, sir Richard Varney.

— Non, demeurez encore. Soupçonnez-vous quelle était l'intention de Tressilian en paraissant aux yeux de la reine dans un costume si négligé? Voulait-il intéresser son cœur par la compassion qu'inspire toujours un amant abandonné

donné par sa maîtresse, et qui perd sa raison pour elle?

Varney, étouffant avec affectation un rire moqueur, répondit qu'il ne croyait pas que Tressilian eût pareille chose en tête.

— Comment! dit Leicester, qu'entends-tu par là? il y a toujours quelque malice dans ta manière de rire, Varney.

— J'entends seulement, milord, que Tressilian a pris le plus sûr moyen pour ne pas mourir de douleur; il a une compagne, une femme, une maîtresse, la femme ou la sœur d'une espèce de comédien, à ce que je crois, qui cohabite avec lui dans la tour de Mervyn, où je l'ai logé pour certains motifs particuliers.

— Une maîtresse! une maîtresse, dis-tu?

— Oui, milord; qui diable passerait des heures entières dans la chambre d'un homme, si ce n'était sa maîtresse?

— Sur ma foi, c'est un excellent conte à répéter en temps et lieu, dit Leicester. Je ne me suis jamais fié à ces savans à mine hypocrite. C'est fort bien! M. Tressilian use de ma maison sans cérémonie : si je laisse passer cela, il doit en remercier certain souvenir : cependant, Varney, ayez l'œil sur lui.

— C'est pour cela même que je l'ai logé dans la tour de Mervyn, où il est sous l'inspection de mon très vigilant serviteur, qui malheureusement est aussi un franc ivrogne. C'est Michel Lambourne, que je veux dire, et dont j'ai déjà parlé à Votre Grâce.

— Votre Grâce! que signifie cette épithète[1]?

— Elle me vient à la bouche sans que j'y aie songé, milord; et cependant elle me paraît si naturelle que je ne puis pas la révoquer.

— En vérité, c'est ta nouvelle dignité qui t'a dérangé

(1) Nous avons déjà remarqué que le titre de Grâce était alors presque exclusivement réservé à la royauté. — Éd.

la cervelle, dit Leicester en souriant : les honneurs portent à la tête comme le vin.

— Puisse Votre Seigneurie en parler bientôt par expérience! dit Varney ; et il se retira en souhaitant une bonne nuit à son maître.

CHAPITRE XXXIV.

« La trahison est prête à frapper sa victime.
« Telle aux pieds du chasseur que la poursuite anime
« On voit la biche en pleurs tomber en haletant,
« Quand, pour ouvrir son sein de terreur palpitant,
« Il offre un fer cruel à quelque noble dame,
« Dont il achète ainsi le retour de sa flamme. »
Le Bûcheron.

Il faut que nous retournions dans la tour de Mervyn, ou pour mieux dire dans la prison de la malheureuse comtesse de Leicester, qui pendant quelque temps parvint à contenir son inquiétude et son impatience. Elle prévoyait bien que, dans le tumulte d'un pareil jour, il était possible que sa lettre ne fût pas remise immédiatement à Leicester, et qu'il ne pût pas s'arracher encore à son service auprès d'Elisabeth pour venir la visiter dans son asile secret. — Je ne dois l'attendre que ce soir, pensait-elle ; il ne pourra quitter la reine, même pour se rendre auprès de moi. Je sais qu'il fera tout au monde pour venir plus tôt, mais je ne dois pas l'attendre avant la nuit.

Cependant elle ne passa pas un moment sans l'attendre, et tout en cherchant à se persuader le contraire, chaque bruit qu'elle entendait lui semblait l'approche empressée de Leicester, qui accourait pour la presser dans ses bras.

La fatigue qu'Amy avait essuyée depuis peu et l'agitation naturelle que cause une incertitude si cruelle commençaient à affecter ses nerfs; elle craignait d'être hors d'état de supporter les évènemens qui se préparaient. Mais, quoique élevée comme un enfant gâté, Amy avait naturellement une âme courageuse et un tempérament fortifié par l'exercice qu'elle prenait en accompagnant souvent son père à la chasse. Elle appela à son secours toute son énergie; sentant combien sa destinée future dépendait de sa résolution, elle pria mentalement le ciel de la soutenir, et prit en même temps la ferme décision de ne céder à aucune émotion capable de l'ébranler.

Cependant lorsque la grosse cloche du château, qui, placée dans la tour de César, n'était pas éloignée de celle de Mervyn, donna le signal de l'arrivée de la reine, ce son fut si pénible à sa sensibilité exaltée par l'inquiétude, qu'Amy ne put s'empêcher de pousser un cri de douleur chaque fois qu'elle entendait le tintement assourdissant de l'airain.

Bientôt après, quand le petit appartement qu'elle occupait fut tout d'un coup inondé de flots de lumière par les feux d'artifice qui se croisaient dans l'air comme des esprits de flamme, ou comme des salamandres exécutant une danse bizarre dans les régions des sylphes, il lui sembla que chaque fusée éclatait si près de ses yeux qu'elle sentait l'impression de la chaleur.

Mais elle lutta contre ces terreurs fantastiques, et fit un effort sur elle-même pour se lever, se placer à la fenêtre, et fixer ses regards sur un spectacle qui, dans toute autre circonstance, lui eût paru à la fois curieux et imposant. Les tours magnifiques du château étaient ornées de guirlandes de feu, ou couronnées d'une pâle vapeur. La surface du lac étincelait comme le fer fondu dans la fournaise, tandis que des traits de flamme qui s'élançaient dans les airs ou retombaient dans l'eau sans s'éteindre, semblaient autant de dragons enchantés se jouant sur un lac de feu.

Amy prit même un moment intérêt à un spectacle si nouveau pour elle.

—Je croirais que tout ceci est un effet de l'art magique, pensa-t-elle, si le pauvre Tressilian ne m'avait appris à juger ces choses telles qu'elles sont... Grand Dieu, ces vaines splendeurs ne ressemblent-elles pas à mes espérances? Mon bonheur n'est-il pas une étincelle qui sera bientôt engloutie dans une mer de ténèbres ! une clarté précaire qui ne s'élève un moment dans l'air que pour tomber de plus haut ! O Leicester ! après tout ce que tu m'as dit, après tout ce que tu m'as juré, se peut-il que tu sois le magicien au signe duquel toutes ces merveilles s'opèrent, et que ton Amy ne les voie que comme une captive? ton Amy ! qui était ton amour et ta vie.

La musique continuelle qui s'élevait des diverses parties du château, plus ou moins éloignées, inspirait les mêmes pensées douloureuses au cœur de la comtesse. Quelques accords plus lointains et plus doux semblaient sympathiser avec ses peines, et d'autres plus bruyans et plus gais semblaient insulter à son infortune.

— Cette musique est à moi, disait-elle, puisqu'elle est à lui; mais je ne puis ordonner qu'on l'interrompe. Ces airs bruyans me déplaisent, et le dernier villageois qui se mêle à la danse a plus de pouvoir pour donner des ordres aux musiciens, que moi qui suis maîtresse de tout ici.

Peu à peu le son des instrumens cessa, aucun bruit ne se fit plus entendre, et la comtesse abandonna la fenêtre, où elle était restée à écouter. Il était nuit, mais la lune éclairait tellement la chambre qu'Amy put tout disposer comme elle le voulut. Elle espérait que Leicester se rendrait auprès d'elle aussitôt que tout serait paisible dans le château ; mais elle avait aussi à craindre d'être troublée par quelque autre personne. Elle ne comptait guère sur la clef, depuis que Tressilian était entré si facilement, quoique la porte fût fermée en dedans. Pour plus de sécurité, tout ce qu'elle put faire fut de placer la table en travers, afin que le bruit l'avertît si quelqu'un essayait d'entrer. Ayant pris ces précautions nécessaires, la malheureuse Amy se jeta sur sa couche, rêvant dans une attente inquiète, et comptant tous les instans, jusqu'à une heure après minuit. La nature épuisée l'emporta enfin sur l'amour, la douleur et l'inquiétude, et Amy s'endormit; oui, elle dormit. — L'Indien dort dans les intervalles de ses tortures; les peines du cœur épuisent de même, à la longue, la sensibilité, et leurs cruelles atteintes ne se renouvellent qu'après un repos léthargique.

La comtesse dormit pendant plusieurs heures; elle rêva qu'elle se trouvait dans l'antique demeure de Cumnor-Place; elle prêtait l'oreille, en croyant entendre le coup de sifflet par lequel Leicester annonçait sa présence dans la cour lorsqu'il venait la surprendre par une de ses visites clandestines. Mais cette fois c'était le son d'un cor qu'elle entendait; elle reconnut l'air particulier que sonnait son père à la défaite du cerf, et que les chasseurs appellent une *mort*. Elle s'imagina qu'elle courait à une fenêtre qui donnait sur la cour, où était réunie une foule nombreuse en habits de deuil. Le vieux curé récitait la prière des funérailles; Mumblazen, revêtu d'un costume antique, comme les hérauts d'autrefois, portait un écusson avec les emblèmes d'usage, des ossemens en croix, des têtes de mort et des sabliers autour d'une armoirie que surmontait la couronne des comtes. Le vieillard regardait Amy avec un sourire affreux, et lui disait : — Amy, ces armoiries ne sont-elles pas bien blasonnées? — A ces mots les cors recommencèrent à sonner l'air triste de la mort du cerf, et elle s'éveilla.

Elle entendit réellement les sons d'un cor, ou plutôt de plusieurs cors réunis qui faisaient retentir le château, non de l'air de mort, mais de la joyeuse *réveillée*, pour avertir les hôtes de Kenilworth que les amusemens de ce jour commenceraient par une chasse au cerf dans le parc voisin.

— Il ne pense pas à moi, se dit-elle, il ne viendra pas; une reine honore son château de sa présence, et peu lui importe qu'une infortunée languisse dans un obscur réduit, où le doute cruel va la livrer au désespoir!

Tout-à-coup un bruit qu'elle crut ouïr à sa porte, comme si quelqu'un cherchait à l'ouvrir doucement, lui fit éprouver un délicieux mélange de crainte et de joie; elle s'empressa de retirer elle-même le meuble qu'elle avait placé en travers; mais avant de l'ouvrir elle eut cependant la précaution de demander: — Est-ce vous, mon amour?

— Oui, ma comtesse, murmura une voix basse. Amy ouvrit la porte, et, s'écriant: — Leicester! elle jeta ses bras autour du cou de l'étranger qui restait sur le seuil, enveloppé de son manteau.

— Ce n'est pas tout-à-fait Leicester, répondit Michel Lambourne, car c'était lui-même; non pas tout-à-fait, ma jolie et tendre duchesse, mais c'est un homme qui le vaut bien.

Aussitôt, avec une force dont elle ne se serait jamais crue capable, Amy repoussa ce téméraire effronté, et, s'arrachant de ses bras, elle recula jusqu'au milieu de la chambre, où le désespoir lui donna le courage de s'arrêter.

Lambourne la suivit, et laissa tomber le manteau qui lui couvrait le visage. Alors Amy reconnut le valet de Varney, l'homme du monde, après son détestable maître, par qui elle craignait le plus d'être découverte. Mais comme elle portait encore son habit de voyage, et que Lambourne avait à peine été admis une fois en sa présence à Cumnor, elle espéra que sa figure ne lui serait pas aussi bien connue que celle de ce coquin l'était à elle-même, Jeannette le lui ayant souvent montré dans la cour en lui racontant des traits de sa scélératesse.

Elle aurait eu plus de confiance encore dans son déguisement, si elle s'était aperçue d'abord que Lambourne était complètement ivre ; mais cette découverte ne l'aurait guère rassurée sur le risque qu'elle courait avec un tel personnage, à une pareille heure, et dans un tel lieu.

Lambourne ferma la porte en entrant, et croisant les bras comme pour imiter par dérision l'attitude qu'Amy avait prise, il continua en ces termes :

— Ecoute-moi, belle Callipolis, aimable comtesse des torchons, divine duchesse des coins obscurs : si tu prends la peine de te trousser toi-même, comme une poule rôtie, pour me donner plus de plaisir à te découper, épargne-toi ce souci... Je préfère ta première manière... Oui, je la préfère... ; elle était plus franche (il fit un pas en avant, et chancela) ; je la préfère..., et je n'aime pas plus l'autre que... que... ce maudit plancher, dont les inégalités mettent un homme dans le danger de se rompre le cou, s'il ne marche avec autant de précaution qu'un danseur sur la corde tendue.

— Arrête, dit la comtesse ; ne m'approche pas si tu tiens à la vie !

— Des menaces ! reprit Lambourne ; comment donc, la belle ! pouvez-vous trouver un meilleur compagnon que le brave Michel Lambourne? J'ai été en Amérique, la fille ; l'or y pousse tout seul, et j'en ai rapporté un si gros lingot...

— Mon bon ami, dit la comtesse effrayée du ton d'assurance de ce scélérat; mon bon ami, je t'en prie, sors et laisse-moi.

— C'est ce que je ferai, ma petite, lorsque nous serons las l'un de l'autre... ; mais pas plus tôt.

Alors il la saisit par le bras. Amy, incapable de résistance, ne se défendait que par ses cris.

— Ah! criez tant que vous voudrez, dit Lambourne continuant à la tenir; j'ai entendu les mugissemens de la mer dans ses momens de plus grand vacarme, et je me soucie d'une femme qui crie comme d'un chat qui miaule... Dieu me damne..., j'ai entendu cent femmes hurler à la fois quand nous prenions une ville d'assaut.

Cependant les cris de la comtesse attirèrent un défenseur inattendu. Lawrence Staples, ayant entendu ce bruit de la chambre au rez-de-chaussée où il était, arriva à propos pour empêcher qu'elle ne fût découverte, et peut-être même pour la sauver d'une violence plus atroce. Lawrence était ivre lui-même des suites de la débauche de la veille; mais heureusement son ivresse avait pris un caractère différent de celle de Lambourne.

— Et quel est donc tout ce tapage dans ma prison? dit-il; quoi donc! homme et femme dans la même loge? c'est contre la règle; par saint Pierre-ès-Liens, je veux qu'il y ait de la décence dans les domaines qui sont sous ma juridiction.

— Descends bien vite l'escalier, chien d'ivrogne, dit Lambourne; ne vois-tu pas que la dame et moi nous voulons être seuls?

— Bon et digne monsieur, s'écria la comtesse en s'adressant au geôlier, sauvez-moi de cet homme, sauvez-moi par pitié.

— Voilà qui est bien parlé, répondit le geôlier, et je veux prendre son parti; j'aime mes prisonniers, et j'en ai sous ma clef d'aussi bons que ceux de *Newgate* ou du *Compter*. De sorte donc que cette femme étant un de mes agneaux, comme je dis, personne ne la troublera dans son bercail. Ainsi, Michel, laisse aller cette femme, ou je t'assomme avec mes clefs.

— Je ferais plutôt un boudin de ton diaphragme, répondit Lambourne en portant la main gauche sur sa dague, mais sans cesser de tenir la comtesse de la droite; ainsi prends garde à toi, vieille autruche, qui n'as rien pour vivre que le fer de ton trousseau de clefs.

Lawrence arrêta le bras de Michel pour l'empêcher de tirer sa dague; pendant que celui-ci le repoussait, la comtesse fit un effort, se dégagea de la main de Lambourne, et, s'élançant vers la porte, sortit de la chambre et descendit précipitamment l'escalier. A peine avait-elle fait quelques pas, qu'elle entendit tomber à la fois les deux combattans avec un bruit qui redoubla sa terreur. Le dernier guichet était resté ouvert, elle s'enfuit en frémissant, et gagna l'endroit qu'on appelait *la Plaisance*, qui lui parut le lieu le plus favorable pour éviter d'être poursuivie.

Pendant ce temps-là Lawrence et Lambourne roulaient sur le plancher en luttant l'un contre l'autre. Heureusement pour eux ils n'avaient point tiré leurs dagues; mais Lawrence trouva moyen de lancer ses lourdes clefs au visage de Michel, et celui-ci, pour se venger, serra si violemment la gorge du geôlier, que le sang lui sortit par la bouche et par le nez; telle était leur situation quand un autre officier de la maison, attiré par le bruit, entra dans la chambre, et parvint, non sans peine, à séparer les combattans.

— La peste vous étouffe tous les deux, et vous surtout, maître Lambourne, dit le charitable médiateur. Pourquoi diable êtes-vous là à vous battre comme deux chiens de boucherie dans une tuerie?

Lambourne se leva, et, un peu calmé par la médiation d'un tiers, il le regarda avec moins d'impudence qu'à l'ordinaire, en lui disant :

— Nous nous battions pour une fille, si tu veux le savoir.

— Une fille! où est-elle? reprit l'officier de la maison du comte.

— Elle aura disparu, je pense, dit Lambourne en regardant autour de lui ; à moins que Lawrence ne l'ait avalée ; sa sale bedaine engloutit autant de malheureuses demoiselles et d'orphelins opprimés que le gosier des géans dont parle l'histoire du roi Arthur. C'est là sa principale nourriture, il les dévore, corps, âme et biens !

— Oui, oui, ce n'est pas ce dont il s'agit, dit Lawrence en se relevant ; j'ai eu sous la clef des gens qui valaient mieux que toi, entends-tu, maître Michel Lambourne, et avant que tout soit fini je t'aurai toi-même sous ma garde ; ton impertinence ne sauvera pas toujours tes jambes de la chaîne, et ton cou du cordon de chanvre.

Il avait à peine prononcé ces mots que Lambourne voulut de nouveau s'élancer sur lui.

— Allons, ne recommencez pas, dit le médiateur, ou j'appellerai celui qui vous mettra tous deux à la raison. Je parle de M. Varney, de sir Richard ; je viens justement de le voir traverser la cour.

— Dis-tu vrai ? demanda Lambourne en jurant, et il prit le bassin et l'aiguière qui étaient dans la chambre. Allons, ajouta-t-il, maudit élément, fais ton office. Je croyais pour toujours m'être débarrassé de toi en passant toute la nuit dernière à remplir le rôle d'Orion, flottant comme un bouchon de liége sur une barrique d'ale.

Il se mit à nettoyer son visage et ses mains et répara le désordre de son habillement.

— Que lui as-tu donc fait ? dit l'officier en prenant à part le geôlier ; son visage est tout enflé.

— Ce n'est que l'empreinte de la clef de mon cabinet, et c'est encore trop d'honneur pour le visage de ce gibier de potence. Personne n'insultera mes prisonniers ; ce sont mes bijoux, à moi, et je dois les enfermer dans une cassette sûre. Ainsi donc, madame, cessez de crier... Oh ! oh ! mais il y avait une femme ici.

— Je crois que vous êtes fous tous deux ce matin, dit l'officier; je n'ai point vu de femme, pas même d'homme, à parler juste, mais seulement deux animaux qui se roulaient sur ce plancher.

— Je suis perdu, s'écria Lawrence, la prison est forcée, voilà tout, la prison de Kenilworth est forcée, et c'était la plus forte depuis ce comté jusqu'au pays de Galles. Une maison dans laquelle des chevaliers, des comtes et des rois ont dormi aussi bien gardés que dans la Tour de Londres! Elle est forcée, les prisonniers ont pris la fuite, et le geôlier court risque d'être pendu.

En parlant ainsi, il se retira dans sa loge pour continuer ses lamentations, ou pour retrouver sa raison dans le sommeil.

Lambourne et l'officier le suivirent de près, et bien leur en prit; car le geôlier, par habitude, allait fermer le guichet sur eux; et, s'ils n'avaient été à portée de s'y opposer, ils se trouvaient pris dans la chambre d'où la comtesse venait de s'échapper.

Comme nous l'avons dit, la malheureuse Amy s'était réfugiée dans *la Plaisance*. Elle avait aperçu cette partie des jardins de sa fenêtre, et elle pensa, en recouvrant sa liberté, qu'au milieu des bosquets, des berceaux, des fontaines, des statues et des grottes dont ce lieu était orné, elle pourrait trouver quelque refuge où elle se tiendrait cachée jusqu'à ce qu'il s'offrît à elle un protecteur qui voulût s'intéresser à sa triste situation sur ce qu'elle oserait lui en apprendre, et lui procurer les moyens de parler à Leicester.

— Si je pouvais voir mon guide, pensait-elle, je saurais s'il a remis ma lettre; si même je pouvais rencontrer Tressilian, il vaudrait mieux m'exposer à la colère de Dudley en avouant ma situation à un homme rempli d'honneur, que de courir le risque d'être encore outragée par les insolens valets de ce fatal château. Je ne veux plus

me hasarder dans une chambre fermée. J'attendrai...;
j'aurai l'œil aux aguets...; parmi tant de personnes, il
s'en trouvera quelqu'une bonne, compatissante, et sensible aux douleurs que je ressens.

En effet, Amy voyait passer devant ses yeux plusieurs
groupes qui traversaient *la Plaisance ;* mais tous ces groupes étaient composés de quatre ou cinq personnes, et la
comtesse les voyait rire et folâtrer dans tout le ravissement du plaisir.

La retraite qu'elle avait choisie lui offrait la facilité
de se dérober aux regards : il ne s'agissait pour cela que
de se retirer dans une grotte terminée par une fontaine,
avec des bancs de mousse et d'autres décorations champêtres. Amy pouvait aisément s'y tenir cachée ou se
découvrir au rêveur qui voudrait se reposer dans cet
asile. Elle se regarda dans l'eau limpide du bassin que
la fontaine silencieuse lui offrait comme un miroir ; elle
fut choquée de sa propre image, et craignit, changée et
déguisée comme elle l'était, qu'une femme (car c'était surtout d'une personne de son sexe qu'elle attendait de l'intérêt); elle craignit, dis-je, qu'une femme ne refusât
d'écouter un être qui lui paraîtrait suspect.

Raisonnant ainsi elle-même comme une femme pour qui
l'extérieur n'est jamais sans quelque importance, et comme
une beauté ayant quelque confiance dans ses charmes, elle
se dépouilla de son manteau de voyage et de son grand
chapeau, qu'elle plaça près d'elle de manière à pouvoir les
reprendre avant qu'on fût arrivé au fond de la grotte, si
le hasard, amenant Varney ou Lambourne, lui rendait ce
déguisement nécessaire.

Le costume qu'elle portait en dessous avait quelque ressemblance avec les habits de théâtre qui auraient pu convenir à une des comédiennes destinées à figurer dans la
scène préparée pour la reine. Wayland avait trouvé les
moyens de le lui procurer le second jour de leur voyage.

La fontaine servit donc en même temps de miroir et d'aiguière à Amy, qui en profita pour faire à la hâte un peu de toilette : prenant ensuite à la main son petit écrin, en cas que ses bijoux devinssent pour elle des intercesseurs utiles, elle se retira dans le fond de la grotte, s'assit sur un banc de mousse, et attendit que le destin vînt à son secours et lui procurât une protection.

CHAPITRE XXXV.

« Quand le milan, dans son essor rapide,
« Fond tout-à-coup sur la perdrix timide,
« Avez-vous vu la pauvrette frémir,
« Ne sachant plus ni s'arrêter ni fuir? »

PRIOR.

Il arriva dans ce jour mémorable qu'une des chasseresses les plus matinales fut la princesse même pour qui tous ces plaisirs étaient destinés, la reine-vierge d'Angleterre. Je ne sais si ce fut par hasard, ou par un effet de la courtoisie que Leicester devait à une souveraine qui lui faisait tant d'honneur, mais à peine Elisabeth avait-elle fait un pas au-delà du seuil de la porte, que le comte parut devant elle, et lui proposa, en attendant que tous les préparatifs de la chasse fussent achevés, de visiter *la Plaisance* et les jardins du château.

Dans cette promenade, le comte offrit plus d'une fois à sa souveraine l'appui de son bras quand des escaliers, l'ornement favori d'un jardin à cette époque, les conduisaient de terrasse en terrasse et de parterre en parterre. Les dames de la princesse, en personnes respectueuses et discrètes, agissant comme elles eussent voulu qu'on en agît avec elles, ne crurent pas qu'il fût de leur devoir de suivre leur maîtresse de trop près; elles se contentaient de ne pas la perdre de vue, la laissant libre de s'entretenir en particulier avec un seigneur qui n'était pas seulement son hôte, mais qu'elle honorait d'une place plus distinguée dans son estime, dans sa confiance et dans ses bonnes grâces, qu'aucun de ses autres serviteurs. Elles admiraient les grâces de ce couple illustre, qui portait des habits de chasse presque aussi splendides que le costume de cour de la veille.

Celui d'Elisabeth, d'une étoffe de soie bleue avec des galons d'argent et des aiguillettes, rappelait le vêtement des anciennes amazones ; il faisait ressortir sa taille élégante et la dignité de son maintien, que l'habitude du commandement et sa fierté avaient en quelque sorte rendu trop mâle pour qu'il parût avec tous ses avantages sous les vêtemens ordinaires de son sexe.

Leicester était revêtu d'un habit de drap vert de Lincoln, richement brodé en or, et ceint d'un baudrier éclatant auquel étaient suspendus un cor, et un couteau de chasse au lieu d'épée. Ce costume parait Leicester, comme tous ceux qu'il portait à la cour et dans les cérémonies militaires ; car telle était l'élégance de sa taille et de tout son extérieur que, quelque vêtement qu'il portât, il semblait toujours avoir adopté celui qui lui était le plus avantageux.

La conversation d'Élisabeth avec son favori ne nous est pas parvenue en entier ; mais les yeux et les oreilles des personnes qui vivent à la cour ont reçu de la nature une perfection rare, et celles qui les suivaient prétendirent que, dans aucune occasion, Elisabeth ne parut adoucir plus volontiers sa dignité pour prendre une expression de tendresse et d'indécision. Son pas s'était non seulement ralenti, mais il était inégal, et elle semblait oublier cette fierté qu'on remarquait ordinairement dans sa démarche. Elle tenait les yeux baissés, et paraissait témoigner une intention timide de s'éloigner du comte, mouvement purement machinal, qui indique souvent dans les femmes un sentiment contraire à celui qu'elles manifestent. La duchesse de Rutland, qui osa s'approcher le plus près de la reine, prétendit qu'elle avait distingué une larme dans l'œil d'Elisabeth, et une rougeur soudaine sur ses joues. Bien plus, ajoutait la duchesse, Sa Majesté détourna les yeux pour éviter les miens, elle dont le regard ordinaire serait capable d'intimider un lion. On devine assez quelle conséquence on tira de ces apparences, et peut-être ce qu'on en conclut n'était pas absolument mal fondé.

Un entretien secret entre deux personnes d'un sexe différent décide souvent de leur destinée, et les mène plus loin qu'elles ne le prévoient elles-mêmes. La galanterie se mêle à la conversation; l'amour, peu à peu, se joint à la galanterie; les grands, comme les bergers, en disent plus qu'ils ne l'auraient voulu; et, dans ces momens critiques, les reines, comme les simples villageoises, écoutent plus long-temps qu'elles ne le devraient.

Cependant les chevaux hennissaient dans la cour, et rongeaient leur mors avec impatience; les limiers accouplés aboyaient; les piqueurs et les gardes du bois se plaignaient qu'on laissât passer la rosée, ce qui ferait disparaître les traces du cerf. Mais Leicester avait une autre chasse en tête, ou, pour lui rendre plus de justice, il s'y était trouvé engagé sans préméditation, comme l'ardent chasseur suit une meute que le hasard lui fait rencontrer. La reine, femme belle et aimable, l'orgueil de l'Angleterre, l'espoir de la France et de la Hollande, et la terreur de l'Espagne, avait probablement écouté avec une complaisance plus marquée les expressions de cette galanterie romanesque qu'elle avait toujours aimée; et le comte, soit par vanité, soit par ambition, ou par ces deux sentimens réunis, s'était montré de plus en plus galant, jusqu'à risquer dans son pressant entretien le langage de l'amour.

— Non, Dudley, lui disait Elisabeth d'une voix entrecoupée, non ; je dois rester la mère de mon peuple. Les liens qui font le bonheur d'une jeune fille dans tout autre rang nous sont refusés sur le trône... Non, Leicester, cessez de me presser ;... si j'étais, comme les autres femmes, libre de chercher mon bonheur,... alors, je l'avoue ;... mais cela ne se peut,... non, cela ne se peut... Retardez la chasse,... retardez-la d'une demi-heure ;... laissez-moi, milord.

— Vous quitter, madame! ma témérité vous aurait-elle offensée ?

— Non, Leicester, non ; mais c'est une folie ; je ne veux plus en entendre parler. Allez,... mais ne vous éloignez pas trop, et veillez à ce que personne ne vienne m'interrompre. Je veux être seule.

Pendant qu'elle prononçait ces paroles, Dudley fit un salut profond, et se retira d'un air triste et abattu. La reine s'arrêta pour le regarder, pendant qu'il s'éloignait, et se dit à elle-même : — S'il était possible..., s'il était seulement possible... ; mais non..., non :... Elisabeth ne doit être l'épouse et la mère que du royaume d'Angleterre.

En murmurant ces mots, et pour éviter quelqu'un qu'elle entendit approcher, Elisabeth se glissa dans la grotte où se tenait cachée sa malheureuse rivale.

La reine, quoique émue par l'entretien qu'elle venait d'interrompre, avait un de ces caractères fermes et décidés qui reprennent bientôt leur naturel. On pouvait comparer son cœur à un de ces anciens monumens des Druides, mobiles sur leur point d'appui, que le doigt d'un enfant peut bien ébranler, mais dont toute la force d'Hercule ne saurait détruire l'équilibre. C'est ainsi que le cœur de la reine, agité un moment par l'amour, ne tarda pas à redevenir maître de lui-même.

Elle s'avançait à pas lents; à peine était-elle arrivée au milieu de la grotte que déjà son regard avait recouvré sa dignité, et son maintien son air d'autorité.

Ce fut dans ce moment qu'elle aperçut une femme placée auprès d'une colonne d'albâtre, au pied de laquelle coulait une fontaine limpide, éclairée par un demi-jour.

La mémoire classique d'Elisabeth lui rappela l'histoire d'Egérie et de Numa; elle crut qu'un sculpteur italien avait voulu représenter dans ce lieu la nymphe dont les inspirations donnèrent des lois à Rome; mais, en avançant, elle commença à douter si c'était une statue qu'elle voyait, ou une femme véritable.

La malheureuse Amy restait immobile, partagée entre le désir de confier sa situation à une personne de son sexe et la confusion qu'elle éprouvait à l'aspect de la personne imposante qui l'approchait; quoique ses yeux n'eussent jamais vu la reine, elle soupçonna cependant que c'était elle-même.

Quittant le banc couvert de mousse sur lequel elle était assise, elle s'était levée dans le dessein de s'avancer pour parler à l'étrangère; mais elle se souvint que Leicester avait souvent paru alarmé que la reine ne vînt à apprendre leur union; elle demeura un pied en avant, immobile et pâle comme le pilier d'albâtre contre lequel elle s'appuyait. Sa robe, d'un vert d'eau, ressemblait, dans l'obscurité, à la draperie d'une nymphe grecque, Wayland ayant regardé ce déguisement comme le plus sûr, dans un endroit où il se trouvait tant de masques et de jongleurs; de sorte que toutes ces circonstances, et surtout l'œil fixe et les joues décolorées de l'être qui se présentait aux yeux de la reine, justifiaient assez le doute qu'elle avait conçu.

Elisabeth s'était arrêtée à quelques pas, et fixait ses regards pénétrans sur la naïade prétendue. L'étonnement qui avait causé l'immobilité d'Amy fit place au respect. Elle baissa les yeux en silence, ne pouvant soutenir le regard imposant de sa souveraine.

Le costume dont elle était revêtue et la cassette qu'elle

tenait à la main firent croire à Elisabeth que cette beauté silencieuse était chargée de jouer un rôle dans une des allégories qu'on représentait dans les différentes parties du parc; et qu'au lieu de lui offrir son hommage, la pauvre enfant, saisie d'une crainte respectueuse, oubliait son rôle, ou n'avait pas le courage de le réciter. La reine voulut l'encourager, et lui dit d'un ton affectueux:

— Pourquoi donc, belle nymphe de cette grotte, vous laissez-vous subjuguer par la puissance de cette enchanteresse que les hommes appellent la *crainte?*... Nous en sommes l'ennemie jurée, et nous voulons détruire ce charme : parlez, nous vous l'ordonnons.

Au lieu de répondre, la comtesse se jeta aux genoux de la reine, laissa tomber sa cassette en joignant les mains, et leva vers Elisabeth des yeux où se peignaient d'une manière si touchante la crainte et la prière que la reine en fut vivement émue.

— Que signifie cela? dit-elle. Vous paraissez plus troublée que ne l'exige un manque de mémoire : levez-vous, demoiselle; que désirez-vous de nous?

— Votre protection, madame, répondit la suppliante en hésitant.

— Il n'est point de fille en Angleterre qui n'y ait droit quand elle la mérite, répondit la reine; mais votre malheur semble avoir une cause plus sérieuse que l'oubli d'un rôle à débiter. Pourquoi me demandez-vous ma protection? qu'avez-vous à craindre?

Amy chercha ce qu'il fallait répondre pour échapper aux dangers qui l'environnaient sans compromettre son époux; et, passant d'une idée à l'autre au milieu de la confusion qui troublait son esprit, elle ne répondit aux demandes réitérées de la reine qu'en laissant échapper ces mots : — Hélas! je n'en sais rien.

— Cette jeune fille est folle, dit la reine impatientée;

car le trouble évident de la jeune comtesse irritait sa curiosité, et excitait son intérêt. Avouez-moi vos peines, je puis les guérir. Répondez, et sachez que je ne suis point accoutumée à répéter une question.

— Je demande,... j'implore,... dit la malheureuse Amy en bégayant, j'implore votre protection contre... contre Varney. Puis elle se tut, comme si elle avait prononcé le mot fatal. La reine reprit aussitôt :

— Quoi ! Varney ! sir Richard Varney ! le serviteur de lord Leicester ! qu'y a-t-il de commun entre vous et lui ?

— J'étais... j'étais sa prisonnière ; il a attenté à ma vie. J'ai pris la fuite pour... pour...

— Pour venir sans doute vous mettre sous ma protection ? dit Elisabeth : vous l'obtiendrez, du moins si vous en êtes digne. Je veux connaître cette affaire à fond. Je le devine, ajouta-t-elle en jetant sur la comtesse un regard qui semblait devoir percer jusque dans les plus secrets replis de son âme, vous êtes Amy, fille de sir Hugh Robsart, de Lidcote-Hall.

— Pardon ; ah ! pardon, généreuse princesse, s'écria Amy en se jetant de nouveau aux genoux de la reine.

— Et que dois-je te pardonner, fille insensée ? dit Elisabeth ; est-ce d'être la fille de ton père ? Ta raison est égarée, rien n'est plus certain. Apprends-moi tout ce qui s'est passé. Tu as trompé ton vieux et respectable père ; ta confusion en fait foi. Tu t'es jouée de Tressilian, ta rougeur le prouve ; et tu as épousé ce Varney.

Amy se releva à ces mots, et interrompant la reine : — Non, madame, non. J'en atteste le Dieu qui m'entend. Je ne suis point cette fille déshonorée dont vous parlez ; je ne suis pas la femme d'un vil esclave, du plus abominable des hommes ; je ne suis pas la femme de Varney. J'aimerais mieux être la fiancée de la mort.

La reine, confondue par cette véhémence, resta muette un instant. — Que Dieu m'accorde la patience, jeune fille !

dit-elle ensuite : je vois que vous pouvez parler avec assez de vivacité sur un sujet qui vous touche. Mais, dites-moi, ajouta-t-elle avec un ton d'autorité, car un sentiment vague de jalousie, que ces paroles avaient fait naître, excitait plus fortement sa curiosité; dites-moi donc quel est votre époux,... votre amant. Il faut que je le sache, et n'oubliez point qu'il vaudrait mieux vous jouer d'une lionne que d'Elisabeth.

Entraînée comme par une fatalité irrésistible qui la poussait vers un précipice inévitable, et le ton impérieux, et le geste menaçant de la reine offensée ne lui accordant aucun répit, Amy dit enfin avec l'accent du désespoir :

— Le comte de Leicester sait tout.

— Le comte de Leicester !... s'écria Elisabeth ; le comte de Leicester ! répéta-t-elle avec une indignation fortement prononcée. Femme, tu as été payée pour jouer ce rôle ; tu calomnies Leicester : il ne s'abaisse point à de pareilles créatures. Oui, l'on t'a payée pour diffamer ce noble seigneur, le plus franc gentilhomme de toute l'Angleterre. Mais, fût-il notre main droite, fût-il quelque chose de plus encore, tu seras entendue librement et en sa présence. Suis-moi, suis-moi à l'instant même.

Amy recula, saisie d'effroi ; la reine, furieuse, qui prit ce mouvement pour un aveu de son crime, s'avança vers elle, la saisit par le bras, et, sortant de la grotte à pas précipités, elle traversa rapidement la grande allée de *la Plaisance*, traînant avec elle la comtesse épouvantée, qu'elle tenait encore par le bras, et qui pouvait à peine suivre la reine indignée.

Leicester était en ce moment au milieu d'un groupe brillant de seigneurs et de dames réunis sous un élégant portique situé au bout de l'allée. La compagnie rassemblée en ce lieu y attendait les ordres de Sa Majesté pour la chasse, et l'on peut se figurer leur étonnement quand, au lieu de voir Elisabeth venir à eux avec sa dignité accoutumée, ils la virent s'avancer si rapidement, qu'à peine aperçue elle était déjà au milieu d'eux. Ils observèrent alors avec effroi que tous ses traits exprimaient la colère et l'agitation, que sa chevelure tombait en désordre, et que ses yeux étincelaient comme dans ces momens où l'âme de Henry VIII inspirait sa fille. Ils ne furent pas moins étonnés de voir une femme pâle, exténuée, belle encore, quoique mourante, que la reine traînait avec force d'une main, tandis qu'elle écartait de l'autre les dames et les seigneurs qui se pressaient autour d'elle. — Où est le lord Leicester ? demanda-t-elle d'un ton qui glaça d'effroi tous les courtisans qui l'environnaient. Avancez, milord.

Si, dans un beau jour d'été, lorsque tout est calme et serein dans la campagne, la foudre, échappée d'un ciel sans nuages, venait tomber aux pieds du voyageur et ouvrir la terre sous ses pieds, son œil ne regarderait pas ce phénomène avec un étonnement plus grand que celui qu'éprouva Leicester à ce spectacle inattendu. Il était alors à recevoir et à désavouer, avec une modestie affectée, les félicitations indirectes des courtisans sur la faveur de la reine, qu'ils supposaient avoir été portée à son plus haut degré pendant l'entretien de ce matin. Aussi la plupart le regardaient-ils déjà comme s'il devait cesser d'être leur égal pour devenir leur maître. Ce fut au moment où le sourire orgueilleux et mal déguisé avec lequel il repoussait ces félicitations brillait encore sur ses lèvres, que la reine, enflammée de colère, s'avança au milieu du cercle, soutenant d'une main la comtesse à demi morte ; de l'autre elle la montrait à son époux interdit, et, d'une voix qui retentit encore à son oreille comme la trompette fatale qui doit appeler les vivans et les morts au dernier jugement, elle lui demanda :
— Connaissez-vous cette femme ? De même qu'à ce signal terrible le coupable suppliera les montagnes de se renverser sur sa tête, les pensées secrètes de Leicester conju-

raient le superbe portique qu'il avait bâti dans son orgueil de s'écrouler et de l'ensevelir sous ses ruines. Mais la pierre fut sourde à ses vœux, et ce fut le fondateur lui-même qui, comme frappé par une puissance secrète, se précipita aux genoux d'Elisabeth, et prosterna son front sur le pavé de marbre que la reine foulait aux pieds.

— Leicester, dit Elisabeth d'une voix tremblante de colère, aurais-je pu penser que tu me trompais... moi, ta souveraine,... moi ton amie,... trop confiante en tes paroles? Ta confusion me dévoile ta bassesse et ton ingratitude. Tremble, homme faux et perfide; je te déclare, par tout ce qu'il y a de plus saint, que ta tête est plus en péril que ne le fut jamais celle de ton père.

Leicester manquait de cette force que donne l'innocence; mais sa fierté soutint son courage. Il releva son front, où se peignaient mille émotions contraires, et répondit à la reine :

— Ma tête ne peut tomber que par le jugement de mes pairs... C'est devant eux que je me défendrai, et non devant une princesse qui récompense ainsi mes fidèles services.

— Quoi! milords! s'écria Elisabeth en jetant un regard autour d'elle, on ose braver ma puissance!... On m'outrage dans ce même château que j'ai donné à cet orgueilleux!... Lord Shrewsbury, vous êtes maréchal d'Angleterre, arrêtez-le comme coupable de haute trahison.

— De qui parle Votre Majesté? demanda avec surprise Shrewsbury, qui ne faisait que d'arriver.

— De qui je parle! et de qui parlerais-je, si ce n'est de ce traître de Dudley, comte de Leicester? Cousin Hunsdon, allez rassembler nos gentilshommes pensionnaires, et qu'on le saisisse sans délai!... Allez, je veux être obéie.

Hunsdon, vieillard brusque, et qui devait à son alliance avec la maison de Boleyn le privilége de parler librement la reine, répondit avec une franchise hardie : — Oui, madame, et demain Votre Majesté m'enverra à la Tour de Londres pour m'être trop pressé ! Je vous conjure d'avoir un peu de patience.

— De la patience ! De par la vie de Dieu ! s'écria la reine, qu'on ne répète pas ce mot devant moi !... Vous ignorez le crime dont il est coupable !

Amy, qui pendant ce temps avait un peu repris ses sens, et qui vit son époux exposé à la fureur d'une reine offensée, oubliant aussitôt (combien de femmes en ont fait autant !) et ses injures et ses propres périls, se jeta, saisie de terreur, aux pieds de la reine, et embrassa ses genoux en s'écriant : Il est innocent.... Madame, il est innocent ! Personne ne peut rien imputer au noble Leicester.

— Eh quoi ! répondit la reine, ne m'avez-vous pas dit que le comte de Leicester connaissait toute votre histoire ?

— Moi, madame, l'ai-je dit ? répondit la malheureuse Amy, oubliant toute considération de convenance ou d'intérêt : oh ! si je l'ai dit, j'ai calomnié ce noble seigneur. Grand Dieu ! soyez mon juge, et voyez si j'ai jamais cru que Leicester ait eu part, même de pensée, à rien de ce qui pourrait me nuire.

— Femme, dit Elisabeth, je saurai les motifs qui t'ont fait agir, ou ma colère.... La colère des rois est un feu dévorant.... Elle te desséchera, et te consumera comme la ronce dans une fournaise.

Au moment où la reine proféra cette menace, le cœur généreux de Leicester s'indigna ; il vit à quel degré d'avilissement il se condamnait pour jamais, si, défendu par le dévouement héroïque de la comtesse, il l'abandonnait au ressentiment de la reine. Déjà il relevait la tête avec toute la dignité d'un homme d'honneur ; il allait avouer son mariage, et se proclamer hautement le protecteur d'Amy, lorsque Varney, qui était comme destiné à être le mauvais génie de son maître, se précipita vers la reine avec l'air hagard et ses habits en désordre.

— Que veut cet homme? demanda Elisabeth.

Varney, comme accablé de honte et de douleur, tomba à ses pieds en s'écriant : — Pardon, ma souveraine, pardon!... Ou du moins que le bras de votre justice s'appesantisse sur moi, c'est moi qui suis coupable; mais épargnez mon noble, mon généreux maître; il est innocent!

Amy, encore à genoux, se releva aussitôt en voyant à son côté l'homme qui lui était si odieux. Elle allait se réfugier auprès de Leicester, mais elle fut encore arrêtée par l'embarras et la timidité qu'avait fait renaître dans ses regards l'apparition soudaine de son confident, qui semblait devoir ouvrir une nouvelle scène. Elle recula, et, poussant un faible cri, elle supplia Sa Majesté de l'enfermer dans la plus étroite prison du château.... — Traitez-moi comme la dernière des criminelles, mais éloignez-moi de celui qui est capable d'anéantir le peu de raison qui me reste. Eloignez-moi du plus abominable des hommes!

— Comment, ma fille! dit la reine, passant à une nouvelle idée; que vous a donc fait ce chevalier pour le traiter ainsi? que lui reprochez-vous?

— Tous mes chagrins, madame, toutes mes injures, et plus encore.... Il a semé la dissension où devait régner la paix. Je deviendrais folle si j'étais forcée de le regarder plus long-temps.

— Je crois que vous avez déjà la raison égarée, répondit la reine. Lord Hunsdon, veillez sur cette jeune infortunée; qu'on la mette ensuite dans un asile honnête et sûr, jusqu'à ce que nous ordonnions de la faire paraître devant nous.

Deux ou trois dames de la suite d'Elisabeth, soit qu'elles fussent émues de compassion pour une créature si intéressante, soit par tout autre motif, s'offrirent de veiller sur elle ; mais la reine leur répondit en peu de mots : — Non, mesdames, je vous remercie. Vous avez toutes, Dieu merci, l'oreille fine et la langue déliée.... Notre cousin Hunsdon a l'oreille des plus dures, et la langue quelquefois un peu libre, mais du moins il est discret. Hunsdon, veillez à ce que personne ne lui parle.

— Par notre Dame, dit Hunsdon en prenant dans ses bras vigoureux Amy défaillante, c'est une aimable enfant; et, quoique la nourrice que lui donne Votre Majesté soit un peu rude, cependant elle n'aura pas à s'en plaindre, et elle est en sûreté avec moi comme si elle était une de mes filles.

En disant ces mots, il emmena la comtesse sans qu'elle fît aucune résistance, sans qu'elle parût avoir même le sentiment de ce qui se passait. La longue barbe blanche du guerrier se mêlait aux tresses noires d'Amy, qui penchait sa tête sur ses larges épaules. La reine les suivit quelque temps des yeux. Déjà, grâce à cet empire sur soi-même, qualité si nécessaire à un souverain, elle avait banni de ses traits toute apparence d'agitation, et semblait vouloir faire perdre le souvenir de son emportement à ceux qui en avaient été les témoins. — Lord Hunsdon a raison, dit-elle, c'est une nourrice bien rude pour une si tendre enfant.

— Lord Hunsdon, dit le doyen de Saint-Asaph, — et je ne veux pas pour cela rabaisser ses nobles qualités, — a le verbe très libre; il entremêle trop souvent ses paroles de ces juremens superstitieux qui sentent à la fois le païen et le papiste.

— C'est la faute de son sang, monsieur le doyen, dit la reine en se tournant brusquement vers le révérend dignitaire; il faudrait aussi me faire les mêmes reproches; les Boleyn furent toujours vifs et francs, plus jaloux de dire leur pensée que soigneux de choisir leurs expressions; et sur ma parole, — j'espère que cette affirmation n'est pas un péché, — je doute que leur sang se soit refroidi beaucoup en se mêlant à celui des Tudos.

Un sourire gracieux accompagna ces derniers mots de la reine; ses yeux se promenèrent presque insensiblement autour d'elle pour chercher ceux du comte de Leicester, qu'elle craignait d'avoir traité trop sévèrement sur un injuste soupçon.

Le regard de la reine ne trouva pas le comte très disposé à accepter ces offres muettes de réconciliation. Ses yeux avaient suivi, avec l'expression du repentir, cette infortunée, que Hunsdon venait d'emmener; et maintenant il tenait son front tristement baissé vers la terre. Elisabeth crut voir dans la figure du comte la fierté d'un homme injustement accusé bien plus que la honte d'un coupable. Elle détourna ses yeux avec dépit, et, s'adressant à Varney :

— Parlez, sir Richard; expliquez-nous ces énigmes; vous avez votre bon sens et l'usage de la parole, que nous cherchons vainement ailleurs.

Ces mots furent suivis d'un nouveau regard jeté sur Leicester; et l'astucieux Varney se hâta de raconter son histoire.

— L'œil perçant de Votre Majesté, dit-il, a déjà découvert la cruelle maladie de ma pauvre femme, maladie que, dans ma douleur, je n'avais pas voulu qu'on spécifiât dans le certificat du médecin, m'efforçant ainsi de cacher, le plus qu'il m'était possible, le malheur qui vient d'éclater avec tant de scandale.

— Elle a donc perdu la raison? dit la reine; nous n'en doutions pas : à la vérité,... tout en elle l'indique assez... Je l'ai trouvée rêvant dans cette grotte... A chaque mot qu'elle prononçait, et que je lui arrachais comme par la torture, elle se contredisait... Mais comment s'est-elle trouvée ici? Pourquoi ne l'avez-vous pas renfermée dans un lieu sûr?

— Madame, dit Varney, la digne personne à qui je l'avais confiée, M. Anthony Foster, vient d'arriver ici pour m'annoncer son évasion, qu'elle avait ménagée avec l'adresse particulière aux gens affligés de cette maladie : nous pouvons le consulter lui-même.

— Ce sera pour un autre moment, dit la reine; mais, sir Richard, il me semble que votre bonheur domestique n'excitera l'envie de personne : votre dame profère contre vous les accusations les plus amères, et j'ai cru qu'elle allait s'évanouir lorsqu'elle vous a vu.

— C'est un des caractères de la cruelle maladie qui l'afflige, répondit Varney, d'inspirer l'horreur pour ceux qu'on chérit le plus dans les momens lucides.

— C'est ce que nous avons entendu dire, répondit Elisabeth ; et nous sommes assez portée à le croire.

— Je supplierai Votre Majesté, dit Varney, de vouloir bien ordonner que ma malheureuse épouse soit mise sous la protection de ses amis.

Leicester tressaillit, mais, faisant un effort sur lui-même, il dompta son émotion tandis qu'Elisabeth répondit sèchement : — C'est se presser un peu trop, M. Varney; nous voulons que Masters, notre médecin, nous fasse d'abord un rapport sur la santé et l'état moral de cette dame, pour ordonner ensuite ce que nous croirons convenable. Vous pouvez la voir cependant, s'il y a quelque contestation entre elle et vous, ce qui peut arriver, dit-on, aux époux les plus tendres ; mais rétablissez la concorde conjugale sans donner de scandale à notre cour, et sans nous importuner nous-même.

Varney s'inclina profondément sans lui répondre.

Elisabeth regarda de nouveau Leicester, et ajouta avec une complaisance qui semblait naître du plus vif intérêt : — La discorde, comme le dit le poète italien, sait pénétrer dans les paisibles couvens aussi bien que dans l'intérieur d'une famille, et nous craignons que nos gardes et nos serviteurs ne puissent pas l'empêcher de s'insinuer dans notre cour. Vous paraissez offensé, lord Leicester, nous le sommes aussi ; mais nous voulons prendre le rôle du lion, et donner l'exemple du pardon.

Leicester s'efforça de rendre son front serein, mais la douleur y était trop profondément gravée pour que le calme y reparût si promptement; il répondit cependant qu'il serait privé du plaisir de pardonner, car celle à qui ce pardon s'adresserait ne pouvait jamais avoir de torts envers lui.

Elisabeth parut satisfaite de cette réponse, et témoigna le désir de voir commencer les fêtes de la matinée : aussitôt les cors retentirent, les meutes firent entendre leurs aboiemens, les chevaux piaffèrent; mais les gentilshommes et les dames de la cour apportaient aux fêtes et aux amusemens des dispositions bien différentes de celles que leur avait inspirées le son de la *réveillée*. On lisait la crainte, le doute, l'attente, sur tous les fronts, et l'on chuchotait avec un air de mystère.

Blount saisit l'occasion de dire à l'oreille de Raleigh : — Cette tempête est venue comme un coup de vent dans la Méditerranée...

— *Varium et mutabile*[1], répondit Raleigh du même ton.

— Oh! je n'entends pas votre latin, dit Blount; mais je remercie le ciel de n'avoir pas permis que Tressilian se mît en mer par un tel ouragan; il aurait infailliblement fait naufrage, car il ne sait guère prêter sa voile à un vent de cour.

— Tu le lui aurais appris, reprit Raleigh.

— Pourquoi pas? répondit l'honnête Blount; j'ai mis le temps à profit tout aussi bien que toi-même ; je suis chevalier comme toi, et même de date antérieure.

— Maintenant, que le ciel te donne un peu d'esprit ! dit Raleigh ; mais pour Tressilian, Dieu sait si je comprends rien à ce qu'il fait. Il m'a dit ce matin qu'il ne voulait pas quitter sa chambre d'ici à douze heures ou environ, et

---

(1) Changeante et mobile : définition de la femme empruntée à Virgile. Éd.

qu'il s'y était engagé par une promesse. Je crains bien que lorsqu'il apprendra la folie de cette dame, cette nouvelle ne contribue pas à accélérer sa guérison. La lune est aujourd'hui dans son plein, et le cerveau des hommes est soumis à son influence comme le levain. Mais, chut! le cor sonne le boute-selle; vite, montons à cheval : nouveaux chevaliers, nous devons aujourd'hui gagner nos éperons.

CHAPITRE XXXVI.

« Première des vertus, auguste vérité,
« Fais briller en tous lieux ta céleste clarté :
« Que tout mortel te rende un pur et juste hommage,
« Et brave de l'enfer la menace et la rage. »
HOME, *Douglas.*

CE ne fut qu'après une longue et heureuse chasse et le repas prolongé qui suivit le retour de la reine au château que Leicester put enfin se trouver seul avec Varney. Ce dernier lui apprit toutes les particularités de l'évasion d'Amy, telles que les lui avait racontées Foster, qui, dans sa frayeur, était venu lui-même en apporter la nouvelle à Kenilworth. Comme, dans son récit, Varney avait eu grand soin de taire les manœuvres pratiquées contre la santé de la comtesse, et qui l'avaient forcée à prendre la fuite, Leicester ne put lui supposer d'autre motif que celui de satisfaire son impatience jalouse de prendre le rang de son épouse. Dans cette idée, il fut offensé de la légèreté avec laquelle Amy désobéissait à ses ordres exprès, et l'exposait au ressentiment d'Elisabeth.

— J'ai donné, dit-il, à cette fille d'un obscur gentilhomme du Devonshire le plus beau nom de toute l'Angleterre; je lui ai fait partager ma fortune et mon lit. Je ne lui demandais qu'un instant de patience avant de proclamer son triomphe sur mille rivales, et cette femme orgueilleuse préfère risquer de se perdre avec moi, me précipiter au fond d'un abîme, ou me forcer à des expédiens qui m'avilissent à mes propres yeux, plutôt que de rester quelque temps encore dans l'obscurité où elle vit depuis sa naissance. Elle qui fut toujours si aimable, si délicate, si douce, si fidèle, se laisser emporter dans une circonstance où l'on aurait droit d'attendre de la modération de la femme la plus folle !... c'est se jouer de ma patience !

— Si milady veut se laisser conduire et jouer le rôle que les circonstances commandent, nous pouvons encore sortir d'embarras, dit Varney.

— Sans doute, Richard, répondit Leicester, il n'y a pas d'autre remède ; j'ai entendu la reine l'appeler ta femme, personne ne l'a détrompée. Il faut qu'elle porte ce nom jusqu'à ce qu'elle soit loin de Kenilworth.

— Et même long-temps après, je pense, dit Varney, car je ne crois pas qu'elle puisse de long-temps prendre le titre de comtesse de Leicester. Si elle le portait du vivant de la reine, je craindrais pour elle et pour vous. Mais Votre Seigneurie est le meilleur juge en cette affaire. Vous seul savez ce qui s'est passé entre la reine et vous.

— Tu as raison, Varney, dit Leicester ; je me suis conduit ce matin comme un fou, comme un misérable ; et quand la reine apprendra ce malheureux mariage, elle ne pourra s'empêcher de voir dans ma conduite un mépris prémédité qu'une femme ne pardonne jamais. Nous avons été aujourd'hui sur le point d'éprouver sa vengeance ; je crains que ce moment ne soit que différé.

— Son ressentiment est donc implacable ? dit Varney.

— Loin de là, répondit le comte ; car, malgré la supériorité de son rang, elle a eu aujourd'hui même assez de condescendance pour m'offrir l'occasion de réparer une faute qu'elle n'attribuait qu'à un caractère trop impétueux.

— Ah ! répondit Varney, les Italiens ont raison : dans les querelles d'amour, disent-ils, celui qui aime le mieux est toujours prêt à s'avouer le plus coupable. Ainsi, milord, si nous parvenons à cacher votre mariage, votre position est toujours la même auprès d'Elisabeth.

Leicester soupira, se tut un moment, puis il répondit :

— Varney, je te crois sincère, et je te dirai tout. Non, ma position n'est plus la même ; emporté par je ne sais quelle folle impulsion, j'ai parlé à Elisabeth, je l'ai entretenue d'un sujet qu'on ne peut abandonner sans blesser au vif l'amour-propre des femmes; et cependant je n'ose plus revenir à cette conversation. Jamais, non jamais elle ne me pardonnera d'avoir été la cause et le témoin de sa faiblesse.

— Cependant il faut prendre un parti, milord, dit Varney, et le prendre promptement.

— Il n'y a rien à faire, répondit Leicester avec l'accent du découragement ; je suis comme un homme qui, gravissant une montagne entourée de précipices, se voit tout-à-coup arrêté à quelques pas du sommet, alors que le retour est impraticable. J'en touche presque le faîte, et je ne puis l'atteindre : sous mes pieds s'ouvre un abîme qui va m'engloutir au moment où mes bras lassés et ma tête étourdie se réuniront pour m'arracher à ma situation précaire.

— Jugez mieux de votre position, milord ; examinons l'expédient que vous venez d'adopter. Si nous tenons votre mariage secret pour Elisabeth, rien n'est désespéré. Je vais dans l'instant trouver la comtesse. Elle me hait, parce que j'ai toujours manifesté auprès de Votre Seigneurie, comme elle le soupçonne bien, une vive opposition à ce qu'elle appelle ses droits. Mais il ne s'agit pas de prévention ni de haine dans ce moment, il faudra qu'elle m'écoute ; et je lui prouverai si bien la nécessité de se soumettre aux circonstances, que je ne doute pas de l'amener bientôt à toutes les mesures que votre intérêt exigera.

— Non, Varney, j'ai réfléchi à ce qu'il fallait faire, et je parlerai moi-même à Amy.

A ces mots Varney ressentit pour lui-même toute la terreur qu'il avait feint d'éprouver pour son maître.—Votre Seigneurie ne parlera pas elle-même à la comtesse, dit-il.

— C'est une résolution arrêtée. Prête-moi un manteau de livrée ; je passerai devant la sentinelle, comme ton valet, puisque tu as la permission d'aller la voir.

— Mais, milord...

— Je n'aime pas les *mais*, Varney ; je ferai ce que j'ai résolu. Hunsdon doit être couché dans la tour de Saint-Lowe ; nous irons d'ici par le passage secret, sans courir le risque de rencontrer personne ; ou, supposé que nous rencontrions Hunsdon lui-même, je sais qu'il est plutôt mon ami que mon ennemi, et il a l'esprit assez lourd pour croire tout ce que je voudrai bien lui dire. Allons, apporte-moi les habits sans différer.

Varney n'avait d'autre parti à prendre que celui d'obéir. En deux minutes Leicester eut endossé le manteau de laquais ; il enfonça sa toque sur ses yeux, et suivit Varney le long du passage secret qui conduisait aux appartemens d'Hunsdon ; on ne risquait guère de trouver là des curieux importuns, et d'ailleurs il y avait à peine assez de jour pour distinguer les objets. Ils arrivèrent à une porte où lord Hunsdon, fidèle aux précautions militaires, avait placé une sentinelle. C'était un montagnard, qui ne fit aucune difficulté de laisser entrer Varney, et qui se contenta de lui dire dans son langage : — Puisses-tu faire taire cette folle;

ses gémissemens m'ont tellement rompu la tête que j'aimerais mieux monter la garde près d'un tas de neige, dans le désert de Catlowdie.

Ils se hâtèrent d'entrer, et fermèrent la porte sur eux.

— Maintenant qu'un démon protecteur, s'il en existe, se dit Varney, exauce mes vœux dans cette extrémité! car ma barque est au milieu des écueils.

La comtesse, les cheveux et les vêtemens en désordre, était assise sur une espèce de lit de repos, dans l'attitude d'une personne profondément affligée. Le bruit de la porte qui s'ouvrit la tira de sa rêverie; elle tourna ses regards de ce côté, et, fixant les yeux sur Varney, elle s'écria : — Misérable! viens-tu pour exécuter quelqu'un de tes abominables projets?

Leicester fit taire ces reproches en se montrant; il laissa tomber son manteau, et lui dit d'une voix plus impérieuse que tendre : — C'est à moi, madame, qu'il faut vous adresser, et non pas à sir Richard Varney.

A ces mots, il s'opéra dans les regards et l'accent d'Amy un changement subit. — Dudley! s'écria-t-elle; Dudley! te voilà donc arrivé! Et, plus prompte que l'éclair, elle s'élança à son cou; sans faire attention à la présence de Varney, elle le couvrit de caresses, et baigna son visage de larmes, laissant échapper par intervalles quelques monosyllabes sans ordre et sans suite; douces et tendres expressions que l'amour inspire aux cœurs qu'il a émus.

Leicester se croyait en droit de se plaindre d'une femme qui, en violant ses ordres, l'avait exposé au péril où il s'était trouvé ce matin. Mais quel ressentiment n'eût pas cédé aux témoignages d'amour que lui donnait une créature si aimable! Le désordre de ses vêtemens et ce mélange de crainte et de douleur qui eût flétri la beauté d'une autre ne servaient qu'à rendre Amy plus intéressante. Leicester reçut ses caresses, et les lui rendit avec une tendresse mêlée de mélancolie. Amy s'en aperçut après les premiers transports de sa joie, et lui demanda avec inquiétude s'il était malade.

— Je ne suis point malade de corps, Amy, répondit-il.

— Alors, je me porterai bien aussi. O Dudley! j'ai été mal, bien mal depuis notre dernière entrevue; car je n'appelle pas t'avoir vu que d'avoir figuré dans l'horrible scène de ce matin. J'ai éprouvé des maladies, des chagrins, des périls; mais je te revois, et je me trouve heureuse et tranquille.

— Hélas! Amy, dit Leicester, tu m'as perdu.

— Moi, milord! dit Amy: et déjà le rayon de joie qui avait brillé dans ses yeux s'était évanoui. Comment aurais-je pu nuire à celui que j'aime plus que moi-même?

— Je ne veux pas vous faire des reproches, Amy; mais n'êtes-vous pas ici contre mes ordres les plus formels, et votre présence ne nous met-elle pas, vous et moi, en péril?

— Serait-il vrai? s'écria-t-elle avec douleur; oh! pourquoi y resterais-je plus long-temps? Ah! si vous saviez quelles sont les craintes qui m'ont obligée à fuir de Cumnor-Place! Mais je ne veux point ici parler de moi-même. Seulement, tant qu'il y aura un autre parti à prendre, je n'y retournerai jamais de plein gré. Cependant si votre salut l'exige...

— Nous choisirons, Amy, quelque autre retraite, dit Leicester, et vous irez dans un de mes châteaux du nord, seulement pour quelques jours, à ce que j'espère, avec le titre d'épouse de Varney.

— Quoi! milord, dit la comtesse en se dérobant à ses embrassemens, c'est à votre épouse que vous donnez le honteux conseil de s'avouer l'épouse d'un autre! et cet autre, c'est Varney!

— Madame, je parle très sérieusement. Varney est un loyal, un fidèle serviteur, admis à partager tous mes secrets; j'aimerais mieux perdre ma main droite que ses services en cette occasion; vous n'avez aucun motif pour le mépriser comme vous le faites.

— Je pourrais bien le confondre, répondit la comtesse; et déjà même mon regard le fait trembler malgré son assurance. Mais celui qui vous est aussi nécessaire que votre main droite ne sera point accusé par moi; puisse-t-il vous être toujours fidèle! mais pour qu'il le soit, gardez-vous de vous fier trop à lui. C'est vous dire assez que je ne le suivrai que par force, et que jamais je ne le reconnaîtrai pour mon époux.

— Mais ce n'est qu'un déguisement momentané, madame, dit Leicester irrité de cette opposition; un déguisement nécessaire à votre sûreté et à la mienne, compromise par vos caprices et par le désir empressé de vous mettre en possession du rang auquel je vous ai donné droit sous la condition que notre mariage resterait secret pendant quelque temps. Si ma proposition vous déplaît, rappelez-vous que c'est vous-même qui l'avez rendue nécessaire; il n'y a plus d'autre remède. Il faut faire maintenant ce que votre imprudente folie a rendu indispensable. Je vous l'ordonne.

— Je ne puis mettre vos ordres, dit Amy, en balance avec ceux de l'honneur et de la conscience. Non! milord, je ne vous obéirai pas en cette occasion; vous pouvez perdre votre honneur par cette politique tortueuse; mais jamais je ne ferai rien qui puisse détruire le mien. Comment pourriez-vous, milord, reconnaître en moi une épouse chaste et pure, digne de partager votre rang, lorsque, répudiant ce noble caractère, j'aurai parcouru l'Angleterre comme la femme d'un homme aussi abominable que votre Varney?

— Milord, dit alors Varney, milady est malheureusement trop prévenue contre moi pour prêter l'oreille aux offres que je ferai. Cependant elles lui seraient peut-être plus agréables que le parti qu'elle propose. Elle a du crédit sur M. Edmond Tressilian, et elle obtiendrait sans doute de lui de vouloir bien l'accompagner à Lidcote-Hall, où elle pourrait rester en sûreté jusqu'à ce que le temps permît de dévoiler ce mystère.

Leicester gardait le silence en regardant Amy fixement, et la comtesse lut dans ses yeux le ressentiment et le soupçon.

La comtesse se contenta de dire : — Plût au ciel que je fusse dans la maison de mon père ! Quand je l'abandonnai, je ne croyais guère abandonner aussi l'honneur et la paix de l'âme.

Varney continua du ton d'un homme qui discute : — Sans doute cette mesure nous forcera d'initier des étrangers dans les secrets de milord ; mais sûrement la comtesse nous garantira l'honneur de Tressilian et celui de toute la famille de son père.

— Tais-toi, Varney, dit Leicester : par le ciel ! je te passe mon épée à travers le corps si tu parles encore de confier mes secrets à Tressilian.

— Et pourquoi non, dit la comtesse, à moins que ce ne soient des secrets de nature à être confiés à des gens comme Varney plutôt qu'à un homme d'honneur? Milord, milord, ne jetez pas sur moi des regards courroucés. C'est la vérité, et c'est moi qui vous la dis. J'ai trahi une fois Tressilian par amour pour vous ; je ne serai pas une seconde fois injuste envers lui en gardant le silence lorsque son honneur est mis en question. Je puis bien souffrir, ajouta-t-elle en regardant Varney, qu'on porte le masque de l'hypocrisie ; mais je ne permettrai pas que la vertu soit calomniée en ma présence.

Ces paroles furent suivies de quelques momens de silence. Leicester était irrité, indécis cependant, et pénétré de l'injustice de ce qu'il demandait. Varney, affectant une douleur hypocrite et une grande humilité, tenait les yeux baissés vers la terre.

Ce fut dans ce moment critique que la comtesse Amy déploya cette énergie de caractère qui l'eût rendue, si le sort l'eût permis, un digne ornement du rang qui lui était dû; elle s'avança vers Leicester d'un pas grave et mesuré, avec un air de dignité et un regard dans lequel une vive affection cherchait en vain à tempérer cette énergie que donnent la conscience et la droiture du cœur. — Vous avez manifesté votre intention, milord, dit-elle, pour sortir de ce moment de crise, et malheureusement je ne puis pas y condescendre. Cet homme a ouvert un autre avis, auquel je n'ai pas d'autre objection à faire que de dire qu'il vous déplaît. Votre Seigneurie consentirait-elle à écouter ce qu'une femme jeune et timide, mais la plus tendre des épouses, croirait le plus convenable dans cette extrémité?

Leicester garda le silence; mais il fit un signe de tête à la comtesse, comme pour lui dire qu'elle pouvait parler librement.

— Tous les malheurs qui nous environnent n'ont qu'une cause unique, ajouta-t-elle; ils découlent de cette duplicité mystérieuse dont on vous engage à vous entourer. Délivrez-vous enfin, milord, de la tyrannie de ces honteuses trames; soyez un vrai gentilhomme anglais, un chevalier qui regarde la vérité comme le principe de l'honneur, et pour qui l'honneur est plus cher que l'air qu'il respire. Prenez votre malheureuse épouse par la main; conduisez-la aux pieds d'Elisabeth : dites que, dans un moment de délire, séduit par les vaines apparences d'une beauté dont il ne reste plus maintenant aucune trace, vous avez uni votre main à celle d'Amy Robsart. Par là vous me rendrez justice, milord.... vous rendrez justice à votre honneur; et si alors la loi ou la puissance de la reine vous obligent de vous séparer de moi, je ne m'y opposerai plus, pourvu qu'il me soit permis d'aller, sans déshonneur, cacher mon désespoir dans cette obscure retraite d'où vous m'avez tirée.

Il y avait tant de dignité, tant de tendresse dans les paroles de la comtesse, qu'elles émurent tout ce qu'il y avait de noble et de généreux dans l'âme de son époux. Ses yeux semblèrent se dessiller, et la duplicité dont il s'était rendu coupable lui apparut escortée de sa honte et de ses remords.

— Je ne suis pas digne de toi, Amy, dit-il, puisque j'ai pu hésiter entre tout ce que l'ambition me promet et un cœur comme le tien. Quelle sera l'amertume de mon humiliation quand il me faudra découvrir moi-même, en présence de mes ennemis sourians et de mes amis consternés, tous les replis de ma honteuse politique! Et la reine! mais qu'elle prenne ma tête, comme elle m'en a menacé.

— Votre tête, milord? dit la comtesse. Quoi! pour avoir usé de la liberté accordée à tout Anglais de se choisir une femme? Ah! c'est cette défiance de la justice de la reine, c'est cette crainte chimérique, qui, semblable à un vain épouvantail, vous ferait abandonner le sentier qui s'ouvre devant vous, le sentier le plus honorable et en même temps le plus sûr?

— O Amy! tu ignores... dit Dudley; mais s'arrêtant aussitôt, il ajouta : — Cependant elle ne trouvera pas en moi la victime facile d'une vengeance arbitraire. J'ai des amis, j'ai des parens; je ne me laisserai pas, comme Norfolk, traîner à l'échafaud avec la soumission d'une victime qu'on immole à l'autel. Ne craignez rien, Amy, vous trouverez Dudley digne de porter son nom. Je vais à l'instant m'ouvrir à quelques uns de mes amis, sur lesquels je puis le plus compter; car au point où en sont les choses, je puis être fait prisonnier dans mon propre château.

— O milord! dit la comtesse, ne troublez pas par une révolte un état paisible; il n'y a pas d'ami sur lequel vous ayez le plus à compter que sur votre franchise et votre honneur. Avec ces alliés vous n'avez rien à craindre au milieu de l'armée de vos ennemis et de vos envieux. Sans eux, tous les autres secours vous seront inutiles. Ce n'est pas à tort, milord, que la vérité est peinte désarmée.

— Mais la sagesse, Amy, répondit Leicester, est revêtue d'une armure à l'épreuve de tous les traits. Ne combats pas les moyens que j'emploierai pour rendre ma confession (puisqu'il lui faut donner ce nom) aussi sûre que je le pourrai; je serai toujours environné d'assez de dangers, quoi que nous puissions faire. — Varney, nous devons sortir d'ici. — Adieu, Amy, je vais te proclamer mon épouse en m'exposant à des risques dont toi seule es digne; tu recevras bientôt de mes nouvelles.

Il l'embrassa alors tendrement, s'enveloppa de son manteau, et sortit avec Varney de l'appartement. Ce dernier, en se retirant, s'inclina profondément; et, en se relevant, il regarda Amy avec une expression toute particulière, comme s'il eût désiré connaître jusqu'à quel point son pardon était compris dans la réconciliation qui venait d'avoir lieu entre elle et son époux. La comtesse arrêta sur lui un regard fixe, mais sans paraître faire attention à sa présence; ses yeux ne l'apercevaient pas même en s'arrêtant sur lui.

— C'est elle qui m'a poussé à cette extrémité, dit-il entre ses dents; l'un de nous deux est perdu... Il y avait quelque chose, je ne sais si c'était crainte ou pitié, qui me portait à éviter cette crise; mais le sort en est jeté, il faut que l'un des deux périsse.

En disant ces mots, il observa avec surprise qu'un petit garçon, repoussé par la sentinelle, avait abordé Leicester et lui parlait. Varney était un de ces politiques pour qui rien n'est indifférent. Il adressa des questions à la sentinelle, qui lui répondit que cet enfant l'avait priée de faire parvenir un paquet à la dame folle, mais qu'il n'avait pas voulu s'en charger, une telle commission étant contraire à sa consigne. Sa curiosité étant satisfaite sur ce point, Varney s'approcha de son maître, et lui entendit dire : — Bien, mon enfant, ce paquet sera remis.

— Je vous serai obligé, mon bon monsieur, dit l'enfant; et il disparut en un clin d'œil.

Leicester et Varney retournèrent à pas précipités aux appartemens particuliers du comte, par le même passage qui les avait conduits à la tour de Saint-Lowe.

CHAPITRE XXXVII.

> « Je vous ai dit que c'est un adultère;
> « Vous connaissez son lâche suborneur,
> « Et Camille connaît les secrets de son cœur. »
> SHAKSPEARE, *Conte d'hiver.*

A peine arrivé dans son cabinet, le comte prit ses tablettes, et se mit à écrire, parlant tantôt à Varney et tantôt à lui-même. — Il y en a plusieurs, disait-il, dont la destinée est liée à la mienne, et principalement ceux qui occupent les premiers rangs ; il en est beaucoup qui, s'ils se rappellent mes bienfaits et les périls auxquels ils resteraient exposés, ne me laisseront pas périr sans secours. Voyons : Knollis est sûr, et par son moyen je tiens Guernesey et Jersey. Horsey est gouverneur de l'île de Wight; mon beau-frère Huntingdon et Pembroke commandent dans le pays de Galles. Avec Bedfort, je dispose des puritains et de leur crédit, si puissant dans toutes les séditions. Mon frère Warwick est aussi puissant que moi: sir Owen Hopton m'est dévoué : il est gouverneur de la Tour de Londres, et c'est là qu'est déposé le trésor public. Mon père et mon grand-père n'auraient jamais porté leur tête sur l'échafaud s'ils eussent ainsi combiné leurs entreprises... Pourquoi ce regard sombre, Varney? Je te dis qu'un arbre qui a de si profondes racines n'est pas facilement abattu par la tempête.

—Hélas! milord, dit Varney avec un accent de douleur parfaitement contrefait; et ses regards reprirent cet air abattu que Leicester venait d'y remarquer.

— Hélas! répéta le comte de Leicester; et pourquoi hélas! sir Richard? Quoi! votre nouvelle dignité ne vous inspire pas d'exclamation plus courageuse, quand une si noble lutte va s'ouvrir? Ou si cet *hélas* signifie que vous avez dessein d'éviter le combat, vous pouvez quitter le château, et même aller vous joindre à mes ennemis, si cela vous plaît davantage.

— Non, répondit le confident, Varney saura combattre et mourir auprès de vous. Pardonnez si, dans ma sollicitude pour ce qui vous touche, je vois mieux peut-être que la noblesse de votre cœur ne vous permet de le faire, les insurmontables difficultés dont vous êtes environné. Vous êtes fort, milord, vous êtes puissant; mais qu'il me soit accordé de le dire sans vous offenser, vous ne l'êtes que par la faveur de la reine. Tant que vous serez le favori d'Elisabeth, vous aurez, sauf le nom, tous les droits d'un souverain; mais qu'elle vous retire sa faveur, la gourde du prophète ne fut pas plus promptement flétrie. Révoltez-vous contre la reine, je ne dis pas seulement dans tout le royaume et dans cette province, vous serez aussitôt abandonné, je dis que même dans votre propre château, au milieu de vos vassaux, de vos parens et de vos amis, vous serez fait prisonnier, et prisonnier bientôt jugé s'il plaît à la reine d'en donner l'ordre. Pensez à Norfolk, milord, au puissant Northumberland, au magnifique Westmoreland. Songez à tous ceux qui ont voulu résister à cette sage princesse : ils sont tous morts, ou prisonniers ou fugitifs. Son trône n'est pas comme tant d'autres, qu'une simple conspiration peut renverser; les bases sur lesquelles il s'appuie sont l'amour et l'affection des peuples. Vous pouvez le partager avec Elisabeth si vous le voulez; mais ni vous ni aucune puissance étrangère ou domestique ne parviendront à l'abattre ou même à l'ébranler.

Il se tut alors, et Leicester jeta ses tablettes avec un air d'insouciance et de dépit. — Je sais ce que tu dis, ajouta-t-il ; et, dans le fond, peu m'importe que ce soit la vérité ou la lâcheté qui te fasse parler ainsi ; mais il ne sera pas dit que je tomberai sans résistance. Va donner ordre à ceux de mes vassaux qui ont servi sous moi en Irlande de se rendre un à un dans le principal donjon ; que mes gentilshommes et mes amis se tiennent sur leurs gardes, comme si l'on s'attendait à une attaque de la part des gens de Sussex ; sème quelques alarmes parmi les habitans de la ville ; qu'ils prennent les armes, et qu'ils soient prêts, à un signal donné, à s'assurer des gentilshommes pensionnaires et des yeomen de la garde.

— Permettez-moi de vous rappeler, milord, dit Varney avec un air de douleur, que vous me donnez ordre de tout disposer pour désarmer la garde de la reine : c'est un acte de haute trahison ; cependant vous serez obéi.

— Peu m'importe, dit Leicester avec l'accent du désespoir ; peu m'importe : la honte est derrière moi, ma ruine devant mes yeux ; il faut me déclarer.

Il y eut ici un autre moment de silence. Varney prit enfin la parole : — Nous voilà arrivés au point que je redoutais depuis long-temps. Je me vois forcé ou d'être le lâche témoin de la chute du meilleur des maîtres, ou de dévoiler ce que j'eusse désiré voir enseveli dans un oubli profond, ou dénoncé par une autre bouche que la mienne.

— Que dis-tu, et que veux-tu dire ? répondit le comte. Nous n'avons pas de temps à perdre en paroles, il faut maintenant agir.

— Ce que j'ai à dire n'est pas long, milord. Plût à Dieu que votre réponse fût aussi courte! Votre mariage est la seule cause de votre rupture avec la reine, milord ; n'est-il pas vrai ?

— Tu le sais bien ; à quoi tend cette inutile question ?

— Pardon, milord, je m'explique. Il est des hommes qui sacrifieraient leur fortune et leur vie pour un riche diamant ; mais ne serait-il pas prudent de bien examiner d'abord si ce diamant est sans défaut ?

— Que dis-tu, et que veux-tu dire par là ? répondit Leicester en jetant un sombre regard sur son confident ; de qui veux-tu parler ?

— C'est... de la comtesse Amy, milord ; c'est d'elle que je suis malheureusement obligé de parler. Oui, je parlerai, dût Votre Seigneurie payer mon zèle de ma mort.

— Tu pourras peut-être mériter de la recevoir de ma main, dit le comte ; mais parle, je t'écoute.

— Eh bien, milord, je vais m'armer de courage ; je parle pour ma propre vie autant que pour celle de Votre Seigneurie. Je n'aime pas les sourdes menées de milady avec Edmond Tressilian : vous le connaissez, milord ; vous savez qu'il avait su d'abord lui inspirer un intérêt dont Votre Seigneurie eut quelque peine à triompher ; vous avez vu la vivacité avec laquelle il a soutenu contre moi les intérêts de la comtesse. Son but évident était de forcer Votre Seigneurie à avouer publiquement ce que j'appellerai toujours votre malheureux mariage, et c'est cet aveu que milady voudrait aussi obtenir de vous à tout prix.

Leicester reçut ces mots avec un sourire contraint. — Ton intention, mon bon Richard, est de sacrifier ton honneur, et même celui de toute autre personne, pour me retirer de ce que tu regardes comme un pas si difficile ; mais rappelle-toi, et il prononça ces mots d'un air sombre et résolu, rappelle-toi bien que tu parles de la comtesse de Leicester.

— Je le sais ; mais aussi je parle dans l'intérêt du comte de Leicester : j'ai à peine commencé ce que j'avais à dire. Je crois très fermement que Tressilian, depuis ses premières démarches dans cette affaire, a agi de connivence avec la comtesse.

— Tu dis des extravagances, Varney, avec la gravité d'un prédicateur; mais où et comment ont-ils pu se concerter?

— Milord, malheureusement je ne puis que trop vous l'indiquer. Quelque temps avant qu'on eût présenté une pétition à la reine au nom de Tressilian, je le rencontrai, à mon grand étonnement, à la porte secrète du parc de Cumnor-Place.

— Tu l'as rencontré, misérable! et pourquoi ne l'as-tu pas étendu mort à tes pieds? s'écria Leicester.

— Nous avons tiré l'épée l'un contre l'autre, milord; et si le pied ne m'eût pas glissé, il n'aurait peut-être plus été un obstacle à vos desseins.

Leicester resta muet d'étonnement. A la fin il répondit: — Quelle preuve as-tu, Varney, de ton assertion? car, comme le châtiment sera grand, je veux examiner froidement et avec circonspection. — Juste ciel! mais non. — Je veux examiner froidement et avec circonspection... Il répéta plusieurs fois ces paroles, comme si à chaque fois elles eussent eu le pouvoir de le tranquilliser. Puis, se mordant les lèvres, comme s'il eût craint de laisser échapper quelque expression emportée, il s'écria : — Eh bien! quelle preuve as-tu?

— Ah! je n'en ai que trop, milord, dit Varney; j'aurais voulu qu'elles ne fussent connues que de moi; car elles eussent été ensevelies dans un éternel oubli; mais mon valet, Michel Lambourne, a été témoin de tout, et même c'était lui qui avait facilité à Tressilian son entrée à Cumnor; c'est pour cela que je l'ai pris à mon service, et que je l'ai toujours gardé depuis, tout mauvais sujet qu'il est, afin de pouvoir lui fermer la bouche.

Il ajouta alors qu'il lui serait bien facile de prouver cette entrevue, par l'attestation d'Anthony Foster, soutenue du témoignage de diverses personnes qui avaient entendu la gageure se conclure, et qui avaient vu Lambourne et Tressilian partir ensemble. Dans tout son récit, Varney ne hasarda rien de faux, si ce n'est que, par des insinuations indirectes, il laissa supposer à son maître que l'entrevue qui avait eu lieu entre Amy et Tressilian à Cumnor avait été beaucoup plus longue qu'elle ne l'avait été réellement.

— Et pourquoi n'en ai-je pas été informé? dit Leicester d'un air sombre. Pourquoi vous tous, et toi, Varney, surtout, m'avez-vous caché ces circonstances?

— Parce que la comtesse, répondit Varney, nous dit que Tressilian s'était introduit contre son gré auprès d'elle; d'où je conclus que leur entrevue s'était passée en tout honneur, et qu'elle en instruirait, dans le temps, Votre Seigneurie. Milord n'ignore pas avec quelle répugnance nous prêtons l'oreille aux soupçons dirigés contre ce que nous aimons, et, grâce au ciel, je ne suis ni un *boute-feu* ni un délateur empressé à les répandre.

— Mais vous êtes trop prompt à les accueillir, sir Richard. Comment savez-vous que cette entrevue ne s'est point passée en tout honneur, comme vous le dites? Il me semble que l'épouse du comte de Leicester peut s'entretenir quelques instans avec un homme tel que Tressilian sans qu'il doive en résulter un outrage pour moi ou un soupçon contre elle.

— Sans doute, milord, et si je ne l'eusse pas cru, je n'aurais pas gardé si long-temps ce secret. Mais voici ce qui fait présumer le contraire: Tressilian établit une correspondance avec un pauvre misérable, le maître d'une auberge de Cumnor-Place, dans le dessein de faciliter l'évasion de la dame; il y envoie un de ses émissaires, que j'espère bientôt tenir sous clef dans la tour de Mervyn, car Killigrew et Lambsbey battent le pays pour s'emparer de lui. L'hôte reçoit une bague pour prix de sa discrétion:

Votre Seigneurie peut l'avoir vue dans les mains de Tressilian ; la voilà. Son agent arrive déguisé en colporteur, tient des conférences avec milady, et ils s'échappent ensemble pendant la nuit. Ils volent un cheval à un pauvre misérable qu'ils trouvent sur la route, tant était grand leur criminel empressement. A la fin ils arrivent au château, et la comtesse de Leicester trouve un asile; je n'ose dire où...

— Parle, je te l'ordonne, dit Leicester ; parle, tandis que je conserve encore assez de patience pour t'entendre.

— Puisque vous le voulez, répondit Varney, la comtesse s'est rendue immédiatement dans l'appartement de Tressilian, où elle resta plusieurs heures, soit seule, soit avec lui ; je vous ai dit que Tressilian avait une maîtresse dans sa chambre ; je ne me doutais guère que cette maîtresse fût...

— Amy, tu veux dire, répondit Leicester ; c'est une imposture aussi noire que la vapeur de l'enfer! Qu'elle soit ambitieuse, légère, impatiente, je puis le croire, elle est femme. Mais me trahir ! jamais, jamais. La preuve, la preuve de ce que tu dis! s'écria-t-il vivement.

— Carrol, le sous-maréchal du château, l'y a conduite hier après midi par son ordre ; Lambourne et le gardien de la tour l'y ont trouvée ce matin de très bonne heure.

— Et Tressilian y était-il avec elle? dit Leicester avec précipitation.

— Non, milord. Vous vous rappelez, répondit Varney, qu'il a été, cette nuit, placé sous la garde de Blount.

— Carrol et les autres domestiques ont-ils reconnu qui elle était?

— Non, milord; Carrol et Lawrence Staples n'avaient jamais vu la comtesse, et Lambourne ne l'a pas reconnue sous son déguisement; mais, en voulant s'opposer à sa fuite de la chambre, ils se sont emparés d'un de ses gants, que milord reconnaîtra sans doute.

Il remit à Leicester le gant sur lequel les armoiries du comte étaient brodées avec de petites perles.

— Oui, je le reconnais, dit Leicester, c'est moi-même qui lui en fis présent ; l'autre était au bras qu'aujourd'hui même elle passait autour de mon cou. Il prononça ces mots avec une violente agitation.

— Milord, dit Varney, pourrait se faire certifier par mi lady elle-même la vérité de tout ce que j'avance.

— Cela n'est pas nécessaire, cela n'est pas nécessaire, dit le comte en proie aux plus vifs tourmens. Elle est écrite à mes yeux en traits de lumière. Je vois son infamie ! je ne puis me refuser à l'évidence. Dieu puissant ! pour cette vile créature, j'allais exposer la vie de tant de nobles amis ; ébranler un trône ; porter le fer et le feu au sein d'un royaume paisible ; combattre la généreuse souveraine qui m'a fait ce que je suis, et qui, sans cet affreux mariage, m'aurait élevé au plus haut rang qu'un homme puisse espérer ! le tout, pour une femme qui se ligue avec mes plus cruels ennemis ! Et toi, misérable, que ne parlais-tu plus tôt ?

— Une larme de la comtesse, milord, aurait fait oublier tout ce que j'aurais pu dire, et d'ailleurs je n'ai possédé ces preuves que ce matin, lorsque l'arrivée soudaine d'Anthony Foster, et les aveux qu'il avait arrachés à l'aubergiste Gosling, m'ont appris comment elle s'était échappée de Cumnor, et que mes recherches m'ont fait découvrir ce qu'elle était devenue ici.

— Maintenant, que le ciel soit loué pour la lumière qu'il lui plaît de faire luire à mes yeux. L'évidence est si claire qu'il n'y a pas homme en Angleterre qui puisse accuser ma vengeance d'être injuste ou précipitée ; cependant, Varney, si jeune, si belle, si caressante, et si fausse ! de là vient cette haine qu'elle t'a vouée, mon fidèle, mon cher serviteur; elle abhorre celui qui déjouait ses complots, et qui faillit immoler son lâche suborneur.

— Je ne lui ai jamais donné d'autre sujet de haine, milord; mais elle savait que mes conseils tendaient à diminuer l'influence qu'elle a sur vous, et que j'étais toujours prêt à exposer ma vie contre vos ennemis.

— Oui, je le reconnais, dit Leicester; et cependant avec quel air de magnanimité elle m'exhortait à mettre ma tête à la merci de la reine plutôt que de me couvrir plus long-temps d'un voile imposteur! Il me semble que l'ange de la vérité lui-même n'aurait pas cet accent persuasif. Est-il possible, Varney? L'imposture sait-elle à ce point affecter le langage de la vérité? L'infamie peut-elle prendre ainsi le masque de la vertu? Varney, tu m'as servi depuis l'enfance; tu me dois ta fortune; je puis t'élever plus haut encore; réfléchis pour moi. Tu eus toujours un esprit subtil et pénétrant. Ne pourrait-elle pas être innocente? Tâche de me le prouver, et tout ce que j'ai fait pour toi ne sera rien; non, rien, en comparaison de ta récompense.

L'angoisse déchirante avec laquelle il prononça ces paroles produisit quelque effet sur le cœur endurci de Varney, qui, au milieu des affreux projets de son ambition, aimait réellement son maître, autant toutefois qu'un cœur comme le sien était capable d'aimer; mais il se raffermit bientôt, et dompta ses remords par la réflexion que, s'il causait à Leicester une douleur passagère, c'était pour lui aplanir le chemin du trône, qu'Elisabeth, si le mariage du comte était une fois dissous, s'empresserait de partager avec lui. Il persévéra donc dans son infernale politique, et après avoir hésité un moment, il répondit à l'inquiète question du comte par un regard mélancolique, comme s'il eût vainement cherché une excuse pour Amy. Puis, relevant aussitôt la tête, il dit avec une expression d'espérance qui passa soudain dans la contenance de son maître : — Cependant, si elle était coupable, elle ne se fût pas hasardée à venir ici; pourquoi n'aurait-elle pas plutôt fui chez son père ou partout ailleurs? Mais pourtant cette démarche s'accorde assez avec le désir qu'elle avait de se faire reconnaître comtesse de Leicester.

— C'est la vérité, la vérité, s'écria Leicester, car son espérance passagère avait déjà cédé aux plus sombres sentimens. Tu ne lis pas comme moi dans les profonds replis du cœur d'une femme; Varney, je devine tout. Elle ne veut pas renoncer au titre et au rang du sot qui s'est uni à elle, et si dans ma fureur j'avais levé l'étendard de la révolte, et si la colère de la reine avait fait tomber ma tête, comme elle m'en a menacé ce matin, le riche douaire que la loi assignerait à la comtesse de Leicester serait une assez bonne aubaine pour ce malheureux Tressilian. Ainsi elle m'excitait à affronter un péril qui ne pouvait que lui être utile. Ah! ne me parle pas en sa faveur, Varney; j'aurai son sang.

— Milord, répondit Varney, votre douleur est excessive, et porte à l'excès votre ressentiment.

— Je le répète, cesse de me parler pour elle, répondit Leicester; elle m'a déshonoré. Elle eût voulu m'assassiner. Il n'y a plus de lien entre elle et moi. Elle mourra comme une épouse perfide et adultère, coupable devant Dieu et devant les hommes! Qu'est-ce que cette cassette, continua-t-il, qui m'a été remise par un enfant, pour que je la portasse à Tressilian, attendu qu'il ne pouvait pas la porter à la comtesse? Grand Dieu! ces paroles m'ont surpris lorsque je les ai entendues; quoique d'autres objets occupent ma pensée, elles me reviennent maintenant avec plus de force. C'est son écrin! ouvre-le, Varney. Forces-en la charnière avec ton poignard.

— Un jour elle refusa de s'en servir pour couper le lien

qui fermait une lettre, pensa Varney en tirant son arme du fourreau ; ce fer va maintenant jouer un plus grand rôle dans ses destinées.

Tout en faisant ces réflexions, il se servit de son poignard à lame triangulaire comme d'un levier, et força la charnière d'argent de la cassette. Le comte ne la vit pas plus tôt ouverte, qu'il la prit des mains de Varney, en arracha le couvercle, et en tirant les bijoux qu'elle renfermait, il les jeta sur le plancher dans un transport de rage, et ses yeux cherchaient avec avidité quelque lettre ou quelque billet qui lui prouvât plus évidemment encore les crimes imaginaires de la comtesse. Puis, foulant aux pieds les joyaux répandus autour de lui, il s'écria : — C'est ainsi que j'anéantis les misérables bijoux pour lesquels tu as vendu ton corps et ton âme, pour lesquels tu t'es vouée à une mort prématurée, en me condamnant à un désespoir et à des remords éternels. Ne me parle plus de pardon, Varney : son arrêt est prononcé. En répétant ces mots, il sortit précipitamment de la chambre, et s'élança dans un cabinet voisin dont il ferma la porte au verrou.

Varney le suivit de l'œil, et un sentiment de compassion sembla combattre dans sa physionomie avec le sourire moqueur qui lui était habituel. — Je plains sa faiblesse, dit-il, l'amour en a fait un enfant. Il jette, il écrase ces pierreries. Avec le même emportement il brisera le bijou, plus fragile encore, qu'il avait jusqu'ici aimé si passionnément. Mais sa fureur cessera quand l'objet qui la cause n'existera plus ; il ne sait pas apprécier les choses à leur véritable valeur ; c'est un don que la nature a réservé à Varney. Quand Leicester sera roi, il pensera aussi peu aux orages des passions malgré lesquels il est parvenu au trône, que le matelot arrivé au port songe aux périls passés du voyage ; mais il ne faut pas que ces objets restent là pour attester sa colère ; ce sont de trop riches profits pour les coquins qui font sa chambre.

Tandis que Varney s'occupait à les ramasser pour les mettre dans le tiroir secret d'une armoire, il vit la porte du cabinet de Leicester entr'ouverte : le rideau était écarté ; Leicester avança la tête : mais tel était l'abattement de ses yeux et la pâleur de ses lèvres et de ses joues, que Varney tressaillit en voyant cette altération des traits de son maître. A peine son œil eut-il rencontré l'œil de Leicester qu'il baissa la tête et referma la porte du cabinet. Le comte se montra deux fois de la même manière sans prononcer une seule parole, et Varney commençait à croire que son cerveau était affecté. La troisième fois cependant Leicester fit un signe, et Varney s'approcha. En entrant, il vit que le trouble de son maître n'était pas causé par le délire, mais par le projet barbare qu'il méditait, et par la lutte de ses passions. Ils passèrent une heure entière à conférer ensemble ; après quoi le comte de Leicester s'habilla à la hâte, et se rendit auprès de la reine.

CHAPITRE XXXVIII.

« La fête allait au mieux,
« Mais vous avez porté le désordre en ces lieux. »
SHAKSPEARE, *Macbeth.*

PENDANT le repas et les fêtes de ce jour mémorable, les manières de Leicester et de Varney furent bien différentes de leur conduite habituelle, et l'on se le rappela dans la suite. Jusqu'alors sir Richard Varney s'était montré plutôt comme un homme actif et intelligent que comme un ami des plaisirs. Les affaires semblaient être son élément. Au milieu des fêtes et des réjouissances qu'il savait fort bien diriger, son rôle était celui de simple spectateur, ou, s'il exerçait son esprit, c'était d'une manière caustique et sévère, plutôt pour se moquer des convives que pour partager leurs amusemens.

Mais ce jour-là son caractère parut entièrement changé. Il se mêlait aux jeunes seigneurs et aux dames de la cour; il semblait animé d'une gaieté sémillante et frivole, qui surpassait celle des courtisans les plus enjoués. Ceux qui l'avaient toujours regardé comme un homme occupé des projets plus graves de l'ambition, et habitué à lancer le sarcasme sur ceux qui, prenant le temps comme il vient, sont disposés à profiter de tous les plaisirs qui se présentent, remarquaient avec étonnement qu'il avait un esprit aussi enjoué que le leur, une gaieté aussi franche et un front aussi serein. Par quel art son infernale hypocrisie pouvait-elle ainsi couvrir du voile d'une aimable insouciance les plus sinistres pensées qu'un homme puisse concevoir? C'est un secret qui n'appartient qu'à ceux qui lui ressemblent, si toutefois il en existe. Varney avait reçu de la nature des facultés peu ordinaires, mais malheureusement il n'en consacrait jamais l'énergie qu'aux plus noirs desseins.

Il en était bien autrement de Leicester : quelque habitué qu'il fût à jouer le rôle de courtisan, à paraître gai, assidu, libre de tout autre soin que celui d'animer les plaisirs, lors même qu'il était livré secrètement aux angoisses de l'ambition, de la jalousie et de la haine, son cœur était en proie à un ennemi plus terrible qui ne lui laissait pas un moment de repos. On lisait dans son œil hagard et sur son front troublé que ses pensées étaient loin du théâtre sur lequel il était obligé de jouer son rôle. Il ne parlait, il n'agissait qu'avec un effort continuel, et il semblait en quelque sorte avoir perdu l'habitude de commander à cet esprit pénétrant et à ces formes gracieuses qui le distinguaient. Ses actions et ses gestes n'étaient plus le résultat de sa volonté; il était comme un automate qui attend pour se mouvoir l'impulsion d'un ressort intérieur, et ses paroles s'échappaient une à une, sans suite, comme s'il avait eu d'abord à penser à ce qu'il fallait dire, puis à la manière dont il fallait l'exprimer, et comme si ce n'eût été que par un effort continuel d'attention qu'il complétait une phrase sans oublier les mots ou l'idée.

L'effet remarquable que ces distractions produisirent sur le maintien et la conversation du courtisan le plus accompli de toute l'Angleterre était sensible pour tous ceux qui l'approchaient, et surtout pour l'œil pénétrant de la plus habile princesse de ce siècle. Il est hors de doute que cette négligence et cette bizarrerie auraient appelé sur le comte de Leicester toute l'animadversion de la reine si elle ne les eût attribuées à la vivacité avec laquelle elle lui avait fait sentir son mécontentement le matin même. Elisabeth pensa que l'esprit de son favori en était encore préoccupé, et que ce souvenir portait atteinte, malgré lui, à la grâce ordinaire de ses manières et au charme de sa conversation.

Quand cette idée, si flatteuse pour la vanité d'une femme, se fut présentée à la reine, son cœur excusa toutes les inconvenances de la conduite de Leicester envers elle ; et les courtisans observèrent avec étonnement qu'au lieu de se fâcher de ses distractions répétées (et la reine était ordinairement très rigoureuse sur ce point), elle cherchait à lui offrir l'occasion de revenir à lui, et daignait lui en faciliter les moyens avec une indulgence qui ne lui était pas naturelle : mais on prévoyait facilement que cette indulgence ne pouvait durer long-temps, et Elisabeth, reprenant son caractère, allait s'irriter enfin de la conduite de Leicester quand Varney invita le comte à venir lui parler dans un appartement voisin. Après s'être laissé appeler deux fois, il se leva, et il allait sortir précipitamment ; mais il s'arrêta, et se retournant tout-à-coup vers la reine, il lui demanda la permission de s'absenter pour des affaires pressantes.

— Allez, milord, dit la reine ; nous savons que notre résence ici doit vous occasioner des affaires soudaines et pressées auxquelles il faut pourvoir à l'instant même ; cependant, milord, si vous voulez que nous nous regardions comme bienvenue chez vous, nous vous engageons à penser un peu moins à nos plaisirs, et à nous montrer un peu plus de gaieté que vous n'en avez fait paraître aujourd'hui. Que l'on reçoive un prince ou un vassal, la cordialité est toujours le meilleur accueil qu'on puisse lui faire. Allez, milord; nous espérons vous voir à votre retour le front plus serein, et retrouver en vous cet aimable abandon auquel vos amis sont accoutumés.

Leicester, pour toute réponse, s'inclina profondément et sortit; à la porte de l'appartement, il rencontra Varney, qui le tira vivement à part, et lui dit à l'oreille : — Tout va bien.

— Masters l'a-t-il vue? demanda le comte.

— Oui, milord; comme elle n'a voulu ni répondre à ses questions ni lui donner le motif de son silence, il attestera qu'elle est atteinte d'une maladie mentale, et qu'il faut la remettre entre les mains de ses amis : l'occasion est sûre pour l'éloigner comme nous l'avons résolu.

— Mais Tressilian? répondit Leicester.

— Il n'apprendra pas son départ de quelque temps, et il aura lieu ce soir même; demain on s'occupera de lui.

— Non, sur ma vie, s'écria Leicester : ce sera ma propre main qui me vengera de Tressilian.

— Votre main, milord! vous venger vous-même d'un homme aussi peu important que Tressilian! non, milord. Il a toujours témoigné le désir de voyager dans les pays étrangers; j'aurai soin de lui : je ferai en sorte qu'il ne revienne pas de si tôt pour rapporter des histoires.

— Non, de par le ciel, Varney! s'écria Leicester. Appelles-tu peu important un ennemi qui a pu me faire une blessure si profonde, que désormais ma vie ne sera plus qu'un enchaînement de remords et de douleur? Non : plutôt que de renoncer à me faire justice de ce misérable, j'irais dévoiler tout à Elisabeth, et appeler sa vengeance sur leur tête et sur la mienne.

Varney vit avec effroi que son maître était tellement agité, que, s'il ne parvenait pas à calmer son esprit, il était capable de se porter à cet acte de désespoir, qui ruinerait en un moment tous ses projets d'ambition formés pour son maître et pour lui : mais la fureur du comte paraissait irrésistible et profondément concentrée ; ses yeux étincelaient, l'accent de sa voix était mal assuré, et l'écume coulait sur ses lèvres.

Son confident parvint cependant à le maîtriser au milieu de cette extrême agitation. — Milord, dit-il en le conduisant devant une glace, regardez-vous dans ce miroir, et voyez si ces traits décomposés sont ceux d'un homme capable de prendre conseil de lui-même dans une circonstance si grave.

— Que veux-tu donc faire de moi? dit Leicester, frappé du changement de sa physionomie, quoique offensé de la liberté de Varney. Suis-je ton sujet, ton vassal? suis-je l'esclave de mon serviteur?

— Non, milord, dit Varney avec fermeté : mais commandez à vous-même et à vos passions. J'ai honte, moi qui vous sers dès mon enfance, de voir la faiblesse que vous manifestez dans ce moment. Allez aux pieds d'Elisabeth ; avouez votre mariage; accusez d'adultère votre épouse et son amant; déclarez en présence de toute la cour que vous êtes la dupe qui a épousé une petite fille de campagne, et s'est laissé tromper par elle et son galant érudit. Allez, milord ; mais recevez d'abord les adieux de Richard Varney, qui renonce à tous les biens dont vous l'avez comblé. Il a pu servir le noble, le grand, le magnanime Leicester; il était plus fier de lui obéir que de commander à d'autres : mais ce seigneur déshonoré, qui cède au moindre coup de la fortune, dont les hardis projets se dissipent comme la fumée au plus léger souffle des passions, non, Richard Varney ne consentira jamais à le servir. Il porte une âme aussi supérieure à la sienne qu'il lui est inférieur par le rang et par la fortune.

Varney parlait ainsi sans hypocrisie, quoique cette fermeté d'âme dont il se vantait ne fût chez lui que cruauté et dissimulation profonde; cependant il sentait réellement cette supériorité dont il se vantait ; et dans ce moment, l'intérêt qu'il prenait à la fortune de Leicester animait son geste et donnait à sa voix l'accent d'une émotion peu ordinaire en lui.

Leicester fut subjugué; il sembla au malheureux comte que son dernier ami allait l'abandonner : il étendit les mains vers Varney en prononçant ces paroles : — Ne me quitte pas. Que veux-tu que je fasse?

— Que vous soyez vous-même, mon noble maître, dit Varney en baisant la main du comte après l'avoir serrée respectueusement; que vous soyez vous-même, et supérieur à ces orages des passions qui bouleversent les âmes communes. Êtes-vous le premier qui ayez essuyé les trahisons de l'amour? le premier à qui une femme capricieuse et légère ait inspiré une affection dont elle s'est ensuite jouée? Vous livrerez-vous à un désespoir insensé pour n'avoir pas été plus sage que le plus sage des hommes? Qu'elle soit pour vous comme si elle n'avait jamais existé; que son souvenir s'efface de votre mémoire comme indigne de l'avoir jamais occupée. Que le hardi projet que vous avez conçu ce matin, et que j'aurai assez de courage et de zèle pour exécuter, soit comme l'ordre dicté par un être supérieur, et l'acte d'une justice impassible ; elle a mérité la mort... qu'elle meure!

Tandis qu'il parlait ainsi, la main du comte pressait

fortement la sienne; serrant ses lèvres l'une contre l'autre et fronçant le sourcil, il semblait vouloir emprunter de Varney quelque chose de cette fermeté froide, insensible et barbare, qu'il lui recommandait. Quand Varney se tut, le comte serrait encore sa main. Enfin, avec une tranquillité affectée, il parvint à prononcer ces paroles : — J'y consens, qu'elle meure ! mais qu'il me soit permis de verser une larme.

— Non, milord, répondit vivement Varney, qui lut dans l'œil déjà humide de son maître qu'il allait laisser éclater son émotion. Non, milord ! point de larmes; elles ne sont pas de saison. Il faut penser à Tressilian.

— Ce nom seul, dit le comte, suffirait pour changer des larmes en sang. Varney, j'y ai pensé, je l'ai résolu, et rien ne pourra m'en détourner. Tressilian sera ma victime.

— C'est une folie, milord; mais vous êtes trop puissant pour que je cherche à arrêter le bras de votre vengeance. Choisissez seulement le temps et l'occasion, et ne hasardez rien avant de les avoir trouvés.

— Je ferai ce que tu voudras, dit Leicester, mais seulement ne t'oppose point à ce projet.

— Eh bien, milord, dit Varney, commencez par quitter cet air sombre et égaré qui attire sur vous les yeux de toute la cour, et que la reine, sans l'excès d'indulgence qu'elle vous a témoigné aujourd'hui, ne vous eût jamais pardonné.

— Ai-je donc montré tant de négligence? dit Leicester qui semblait sortir d'un songe; je croyais avoir composé mon maintien; mais ne crains rien, mon esprit est tranquille maintenant; je suis calme : mon horoscope sera accompli; et, pour seconder le destin, je vais user de toutes les facultés de mon âme. Ne crains plus rien pour moi, te dis-je. Je retourne auprès de la reine. Tes regards et tes discours ne seront pas plus impénétrables que les miens. N'as-tu rien à me dire de plus?

— Je vous demanderai la bague qui vous sert de sceau, dit Varney, pour prouver à ceux de vos serviteurs dont les secours me seront nécessaires que je suis autorisé par vous à les employer.

Leicester prit son anneau, et le remit à Varney d'un air sombre et hagard; il ajouta seulement à demi-voix, mais avec une expression terrible : — Quelque chose que tu fasses, agis promptement.

Cependant l'absence prolongée du comte commençait à faire naître l'inquiétude et l'étonnement dans le cercle où se trouvait la reine, et ses amis éprouvèrent une vive satisfaction lorsqu'ils le virent entrer comme un homme qui, selon toutes les apparences, avait su triompher de tous ses soucis.

Leicester fut fidèle ce jour-là à la promesse qu'il avait faite à Varney, qui dès lors se vit délivré de la contrainte où il s'était trouvé de jouer un rôle si éloigné de son caractère. Il reprit peu à peu ses habitudes graves et cet esprit satirique et observateur qui lui était naturel.

Leicester se conduisit auprès d'Elisabeth en homme qui connaissait parfaitement la force d'âme de sa souveraine et sa faiblesse sur deux ou trois points; il était trop adroit pour changer subitement le rôle qu'il jouait avant de se retirer avec Varney; mais en s'approchant d'elle, il parut affecté d'une mélancolie dans laquelle se distinguait une teinte de tendresse, et qui, dans la conversation qu'il eut avec Elisabeth, et à mesure qu'elle lui prodiguait les marques de sa faveur, se changea en une galanterie passionnée, la plus assidue, la plus délicate, la plus insinuante, et en même temps la plus respectueuse que jamais sujet ait adressée à une reine. Elisabeth l'écoutait avec une sorte d'enchantement; la jalousie du pouvoir semblait s'endormir chez elle; la résolution qu'elle avait formée d'éviter tout lien domestique, pour se livrer uniquement aux soins de son royaume, commençait à s'ébranler, et l'étoile de Dudley domina encore une fois sur l'horizon de la cour.

Mais le triomphe que Leicester obtenait sur la nature et sa conscience fut empoisonné non seulement par le murmure secret de ses sentimens révoltés contre la violence qu'il leur faisait, mais encore par diverses circonstances qui, pendant le banquet et les fêtes de la soirée, réveillèrent chez lui une pensée qui faisait son supplice.

Ainsi, par exemple, les courtisans étaient dans la grand'-salle après le banquet, attendant une superbe mascarade qui devait servir de divertissement pour la soirée, lorsque la reine interrompit tout-à-coup le comte de Leicester, dans une espèce d'assaut de saillies qu'il soutenait contre lord Willoughby, Raleigh et plusieurs autres courtisans, en disant : — Milord, nous vous ferons condamner comme coupable de haute trahison si vous continuez à nous faire mourir de rire. Mais voici quelqu'un qui possède le talent de vous rendre tous sérieux à son gré : c'est notre docte médecin Masters, qui sans doute nous apporte des nouvelles de notre pauvre suppliante lady Varney. J'espère, milord, que vous ne nous quitterez pas lorsqu'il s'agit d'une contestation entre époux ; nous n'avons pas nous-même assez d'expérience pour prononcer en pareille matière sans un bon conseil. Eh bien, Masters, que pensez-vous de cette pauvre folle?

Le sourire qui animait les lèvres de Leicester quand il parlait s'y arrêta tout-à-coup quand la reine l'eut interrompu, comme s'il y eût été sculpté par le ciseau de Michel-Ange ou de Chantrey [1]. Il écouta le rapport du médecin avec le même aspect d'immobilité.

— Gracieuse reine, répondit Masters, lady Varney

(1) Cité par Walter Scott à côté de Michel-Ange, Chantrey reçoit ici une garantie d'immortalité. Plusieurs de ses ouvrages justifient cet éloge, entre autres le buste de Walter Scott lui-même. — Éd.

garde un sombre silence ; elle ne veut pas s'ouvrir à moi sur l'état de sa santé ; elle parle de venir elle-même plaider sa cause devant vous, et dit qu'elle ne veut répondre aux questions d'aucune autre personne.

— Que le ciel m'en préserve! dit la reine; nous avons déjà assez souffert du trouble et de la discorde qui semblent suivre cette infortunée partout où elle va. N'êtes-vous pas de cet avis, milord? ajouta-t-elle en s'adressant à Leicester avec un regard où se peignait le regret de ce qui s'était passé dans la matinée. Leicester s'inclina profondément; mais, malgré tous ses efforts, il ne put parvenir à dire à la reine qu'il partageait ses sentimens.

— Vous êtes vindicatif, milord, dit-elle; nous saurons vous en punir en temps et lieu. Mais revenons à ce trouble-fête, lady Varney; comment se porte-t-elle, Masters?

— Elle est plongée dans une noire mélancolie, madame, comme je vous l'ai déjà dit, répondit Masters ; elle ne répond point à mes questions, et ne veut pas se soumettre à ce que prescrit la médecine. Je la crois possédée d'un délire qui me paraît plutôt être *hypocondriaque* que *frénétique*, et je crois qu'il faudrait que son mari la fît soigner dans sa maison, loin de tout ce tumulte qui trouble sa faible tête, et lui montre des fantômes imaginaires. Elle laisse échapper quelques mots qui la feraient prendre pour un grand personnage déguisé; quelque comtesse ou princesse peut-être... Le ciel lui soit en aide! telles sont les hallucinations [1] de ces infortunés.

— Oui, dit la reine, qu'on la fasse partir au plus vite, qu'on la confie aux soins de Varney; mais qu'elle abandonne le château sans retard. Elle se croirait ici maîtresse de tout, je vous le garantis : il est bien malheureux qu'une si belle personne ait ainsi perdu la raison; qu'en pensez-vous, milord?

(1) Illusion, vision. — Ed.

— Très malheureux, en vérité, répondit le comte en répétant ces paroles comme une tâche qu'on lui imposait.

— Mais peut-être, dit Elisabeth, n'êtes-vous pas de notre avis sur sa beauté? Et, dans le fait, j'ai vu des hommes qui préféraient l'œil mâle et majestueux de Junon à ces belles délicates qui penchent la tête comme un lis dont la tige est brisée. Oui, milord, les hommes sont des ennemis qui trouvent plus de charmes dans le combat que dans la victoire; et, semblables à de braves champions, ils aiment mieux les femmes qui savent leur résister. Je pense comme vous, Rutland, que donner pour femme à Leicester une pareille figure de cire, ce serait vouloir lui faire désirer la mort au bout de la lune de miel.

En disant ces mots elle jeta sur le comte un regard si expressif que, malgré les reproches de son cœur sur son odieuse duplicité, il eut encore assez de force pour dire à l'oreille d'Elisabeth que l'amour de Leicester était plus soumis qu'elle ne le croyait, puisqu'il s'adressait à quelqu'un à qui il ne commanderait jamais, mais obéirait toujours.

La reine rougit, lui imposa silence, mais ses yeux disaient au contraire qu'elle espérait n'être point obéie.

En ce moment le son des trompettes et le roulement des tambours qui se fit entendre du haut d'un balcon annonça l'arrivée des masques, et délivra Leicester de l'horrible état de contrainte et de dissimulation dans lequel sa politique tortueuse l'avait placé.

Les masques qui entrèrent étaient divisés en quatre bandes séparées, composées de six personnages principaux, et de six porte-flambeaux qui se suivaient à quelque distance. Elles représentaient les différentes nations qui avaient successivement occupé l'Angleterre.

Les Bretons aborigènes, qui entrèrent les premiers, étaient conduits par deux druides, dont les cheveux blancs étaient couronnés de chêne, et qui portaient dans leur main une branche de gui. Les masques qui suivaient ces deux prêtres vénérables étaient accompagnés de deux bardes habillés de blanc, avec leurs harpes, qu'ils pinçaient par intervalle, en chantant des hymnes en l'honneur de Bélus ou du soleil. Ceux qui représentaient les Bretons avaient été choisis parmi les plus grands et les plus robustes gentilshommes de la cour. Leurs masques étaient ornés d'une longue barbe et d'une longue chevelure; leurs vêtemens étaient de peaux d'ours et de renards; toute la partie supérieure de leurs corps était couverte d'une étoffe de soie couleur de chair, sur laquelle on voyait des figures grotesques d'astres, d'animaux et autres objets emblématiques, ce qui leur donnait une parfaite ressemblance avec nos ancêtres dont les Romains attaquèrent les premiers l'indépendance.

Les fils de Rome, qui vinrent pour civiliser autant que pour conquérir, suivaient le groupe des Bretons. Le costumier de la fête avait parfaitement imité les grands casques, l'habit militaire de ce peuple illustre, leur bouclier épais et étroit, et cette épée courte et à deux tranchans qui leur servit à conquérir le monde; l'aigle romaine marchait devant eux. Les deux porte-étendards chantaient un hymne consacré au dieu Mars; les guerriers venaient après eux, marchant d'un pas grave et assuré, comme des hommes qui aspirent à la conquête de l'univers.

La troisième troupe représentait les Saxons, couverts de peaux d'ours qu'ils avaient apportées des forêts de la Germanie. Leur bras était armé de la redoutable hache d'armes qui fit tant de carnage parmi les premiers Bretons; ils étaient précédés par deux scaldes chantant les louanges d'Odin.

Enfin venaient les chevaliers normands, revêtus de leur cotte de mailles et de leur casque d'acier, avec tout l'appareil de la chevalerie. Deux ménestrels, qui chantaient la guerre et les dames, précédaient ce groupe brillant.

Ces masques entrèrent dans la salle avec le plus grand
ordre. Ils s'arrêtèrent quelque temps près de la porte,
pour que les spectateurs pussent les voir mieux à leur aise,
puis ils firent le tour de la salle pour déployer leurs rangs,
et, ayant placé les porte-flambeaux derrière eux, ils se
rangèrent des deux côtés, de manière que les Romains se
trouvèrent vis-à-vis des Bretons et les Saxons en face des
Normands. Ils parurent alors se regarder d'un œil étonné;
à l'étonnement succéda la colère, exprimée par des gestes
menaçans; puis, à un signal donné par une musique militaire placée sur la galerie, ces ennemis tirèrent leurs
épées, et marchant les uns contre les autres à pas mesu-
rés, et exécutant une espèce de danse pyrrhique, ils frappèrent de leur fer l'armure de leur adversaire, en passant
l'un près de l'autre. C'était un spectacle bizarre de voir ces
différentes troupes marcher toujours en mesure, malgré
leurs manœuvres en apparence irrégulières, se mêler, se
séparer et reprendre leurs places, suivant les différens
tons de la musique.

Ces danses symboliques représentaient les divers combats qui eurent lieu entre les différens peuples par lesquels la Grande-Bretagne fut jadis occupée.

Enfin, après plusieurs évolutions qui divertirent beaucoup les spectateurs, le son d'une trompette se fit entendre, comme si c'eût été le signal d'une bataille ou d'une
victoire. Les masques cessèrent aussitôt leurs danses, et, se
rassemblant près de leurs chefs respectifs, ils parurent
attendre avec impatience, comme tous les spectateurs,
ce que la trompette annonçait.

Les deux battans de la porte s'ouvrirent, et un enchan-
teur parut : c'était le célèbre Merlin, revêtu d'un costume
étrange et mystérieux, qui rappelait sa naissance douteuse et son art magique. Devant et derrière lui folâtraient
et gambadaient plusieurs êtres fantastiques, représentant
les esprits prêts à obéir à ses ordres, et cette partie de la

fête fit tant de plaisir aux domestiques et aux autres vassaux, que plusieurs d'entre eux oublièrent le respect qu'ils devaient à la reine jusqu'à pénétrer dans la salle.

Le comte de Leicester, voyant que ses officiers auraient de la peine à les faire sortir sans occasioner quelque désordre en présence de Sa Majesté, se leva, et alla lui-même au milieu de la salle : mais Elisabeth, avec sa bonté ordinaire pour le bas peuple, demanda qu'on lui permît d'être spectateur de la fête. Leicester avait saisi ce prétexte pour s'éloigner de la reine, et pour se reposer un moment de la pénible tâche de cacher sous le voile de la gaieté et de la galanterie les déchiremens du remords et de la honte, sa colère et sa soif de vengeance. Il imposa silence au peuple par ses gestes et ses regards; mais au lieu de retourner auprès de Sa Majesté, il s'enveloppa de son manteau, et se mêlant à la foule, il resta en quelque sorte un spectateur obscur de la mascarade. Merlin, s'étant avancé au milieu de la salle, fit un signe avec sa baguette magique aux chefs des bandes rivales de s'assembler autour de lui, et leur annonça par un discours en vers que l'île de la Grande-Bretagne était maintenant gouvernée par une vierge royale à laquelle les destins leur ordonnaient de rendre hommage, et d'attendre d'elle seule une décision sur les titres que chacun d'eux cherchait à faire valoir pour être reconnu la souche première dont les habitans actuels de l'île, sujets de cette princesse angélique, tiraient leur origine.

Dociles à cet ordre, les différentes bandes se mirent en marche au son d'une musique grave et harmonieuse, et passèrent successivement devant Elisabeth, lui offrant, lorsqu'elles étaient devant son trône, les hommages les plus respectueux, à la manière des nations qu'elles représentaient. Elle les recevait avec la même grâce et la même courtoisie qui avait distingué toutes ses actions depuis son arrivée à Kenilworth.

Les chefs des différens quadrilles alléguèrent alors, chacun pour les siens, les raisons qui leur donnaient droit à la prééminence; et lorsque Elisabeth les eut tous entendus, elle leur fit cette gracieuse réponse : — Elle était fâchée, dit-elle, de ne pas être mieux instruite pour décider la difficile question que le fameux Merlin lui avait proposée; mais il lui semblait qu'une seule de ces nations ne pouvait prétendre à la prééminence sur les autres, pour avoir le plus contribué à former les Anglais qu'elle gouvernait, puisque son peuple semblait avoir reçu de chacune d'elles quelques unes des nobles qualités de son caractère national : —Ainsi, ajouta-t-elle, l'Anglais doit aux anciens Bretons son courage et son indomptable passion pour la liberté; aux Romains, sa valeur disciplinée dans la guerre, son goût pour les lettres, et sa civilisation dans la paix; aux Saxons, ses lois sages et équitables; aux chevaliers normands, sa courtoisie et son généreux amour pour la gloire.

Merlin répondit sans hésiter — qu'il était en effet nécessaire que toutes ces vertus et toutes ces qualités se trouvassent réunies chez les Anglais, pour les rendre la plus parfaite des nations, et la seule digne de la félicité dont elle jouissait sous le règne d'Elisabeth d'Angleterre.

La musique se fit alors entendre, et les quadrilles ainsi que Merlin et sa suite commençaient à se retirer lorsque Leicester, qui était à l'extrémité de la salle, et qui par conséquent se trouvait engagé dans la foule, se sentit tiré par son manteau, pendant que quelqu'un lui disait à l'oreille : — Je désire avoir avec vous sans délai un moment d'entretien.

CHAPITRE XXXIX.

« Que se passe-t-il donc dans mon cœur agité ?
« Pourquoi du moindre bruit est-il épouvanté ? »
SHAKSPEARE, *Macbeth*.

— Je désire un entretien avec vous. — Ces mots étaient simples en eux-mêmes, mais lord Leicester était dans cet état d'agitation où l'esprit troublé voit dans les circonstances les plus ordinaires un côté mystérieux et alarmant; il se retourna avec vivacité pour examiner la personne qui les avait prononcés.

L'extérieur de cet individu n'avait rien de remarquable; il était vêtu d'un pourpoint et d'un manteau court de soie noire, et sa figure était couverte d'un masque noir de même étoffe. Il paraissait avoir fait partie de la foule de masques qui étaient entrés dans la salle à la suite de Merlin, quoique son déguisement n'eût rien de l'extravagance qui distinguait tous les autres.

— Qui êtes-vous? et que me voulez-vous? dit Leicester, non sans trahir par l'accent de sa voix l'agitation de son âme.

— Je ne vous veux aucun mal, milord; au contraire, vous verrez que mes intentions ne peuvent que vous être avantageuses et honorables, si vous savez les apprécier. Mais il faut que je vous parle en particulier.

— Je ne puis parler avec un inconnu qui ne se nomme point, répondit Leicester, commençant à concevoir des craintes vagues sur la demande de cet étranger; et ceux qui sont connus de moi doivent prendre un moment plus opportun pour me demander une entrevue.

Il voulut s'éloigner; mais le masque l'arrêta.

— Ceux qui parlent à Votre Seigneurie de ce qui intéresse son honneur ont des droits sur vos momens, quelques occupations que vous soyez forcé de quitter pour les écouter.

— Comment, mon honneur? Qui ose le mettre en doute? dit Leicester.

— Votre conduite, milord, pourrait seule donner des motifs de l'accuser, et c'est à ce sujet que je désirais vous parler.

—Vous êtes un insolent, dit Leicester; vous abusez de la licence de ce temps d'hospitalité qui m'empêche de vous punir. Quel est votre nom?

—Edmond Tressilian de Cornouailles, répondit le masque ; ma langue a été liée par une promesse pendant vingt-quatre heures. Ce délai est écoulé... Je puis parler maintenant, et c'est par égard pour Votre Seigneurie que je m'adresse d'abord à elle.

L'étonnement qui pénétra Leicester jusqu'au fond du cœur lorsqu'il entendit prononcer ce nom par l'homme qu'il détestait le plus, et par lequel il se croyait si cruellement outragé, le rendit un instant immobile; mais sa stupeur fit place sur-le-champ à un besoin de vengeance aussi impérieux que la soif du voyageur dans le désert. Cependant il lui resta assez d'empire sur lui-même pour ne pas percer le cœur du scélérat audacieux qui, après l'avoir réduit au désespoir, osait, avec tant d'effronterie, venir essayer jusqu'où pouvait aller sa patience. Déterminé à cacher pour le moment toute apparence d'agitation, afin de saisir les desseins de Tressilian dans toute leur étendue et d'assurer sa vengeance, il répondit d'une voix que la colère concentrée rendait presque inintelligible :

— Que demande de moi M. Tressilian?

— Justice, répondit Tressilian d'un ton calme, mais avec fermeté.

— Justice! dit Leicester; tous les hommes y ont droit. Vous surtout, M. Tressilian, plus que tout autre; soyez sûr que justice vous sera faite.

— Je n'attendais pas moins de la noblesse de votre caractère, dit Tressilian, mais le temps presse; il faut que je vous parle cette nuit même. Puis-je aller vous trouver dans votre appartement?

— Non, dit Leicester d'un air farouche, ce n'est ni dans une maison, ni surtout dans la mienne, que nous devons nous voir; c'est sous la voûte des cieux.

— Vous êtes troublé ou irrité, milord, reprit Tressilian; je ne vois rien cependant qui puisse exciter votre colère; le lieu de notre rendez-vous m'est indifférent, pourvu que vous m'accordiez une demi-heure sans interruption.

— Un temps plus court suffira, je l'espère, répondit Leicester; trouvez-vous dans *la Plaisance* dès que la reine se sera retirée dans ses appartemens.

— Il suffit, dit Tressilian; et il s'éloigna, laissant Leicester dans une sorte de transport qui semblait remplir son âme entière pour le moment.

— Le ciel, disait-il, se montre enfin propice à mes vœux; il livre à ma vengeance le misérable qui a imprimé sur mon nom un affront ineffaçable, qui m'a fait éprouver des transes si cruelles. Je ne dois plus me plaindre de mes destinées, qui me donnent le moyen de découvrir les ruses par lesquelles il croit encore m'en imposer; je saurai dévoiler et châtier à la fois sa scélératesse. Il faut que je retourne reprendre mon joug; il sera léger pour moi maintenant, car à minuit au plus tard sonnera l'heure de ma vengeance.

Au milieu de ces réflexions qui assiégeaient l'esprit de Leicester, il traversa de nouveau la foule, qui s'entr'ouvrit devant lui, et reprit sa place à côté de la reine, envié et admiré de tout le monde. Mais si le cœur de celui que tous enviaient eût pu être dévoilé à cette nombreuse assemblée, si l'on eût pu découvrir les sombres pensées de sa coupable ambition, de son amour trahi, de sa vengeance terrible, et le projet d'un cruel attentat, se succédant alternativement comme les spectres dans le cercle d'une infernale magicienne, quel eût été, depuis le plus ambitieux courtisan jusqu'au serviteur le plus obscur, quel eût été celui qui aurait désiré changer de place avec le favori d'Élisabeth, le seigneur de Kenilworth?

De nouveaux tourmens l'attendaient près de la reine.

— Vous arrivez à temps, milord, dit-elle, pour prononcer sur une dispute qui s'est élevée entre nos dames. Sir Richard Varney vient de nous demander la permission de quitter le château, avec son épouse malade, se disant assuré de l'agrément de Votre Seigneurie, pourvu qu'il puisse obtenir le nôtre. Certes, notre intention n'est pas de l'empêcher de donner ses soins affectueux à cette pauvre jeune femme; mais il faut que vous sachiez que sir Richard s'est montré aujourd'hui tellement épris des charmes de nos dames, que voici notre duchesse de Rutland qui prétend qu'il ne conduira sa femme que jusqu'au lac, où il la jettera pour qu'elle aille habiter les palais de cristal dont nous a parlé la nymphe enchantée, et qu'il viendra ensuite, veuf et content, sécher ses larmes et réparer sa perte avec les dames de notre suite. Qu'en dites-vous, milord? Nous avons vu Varney sous trois ou quatre déguisemens différens. Mais vous qui le connaissez tel qu'il est en effet, pensez-vous qu'il soit assez méchant pour traiter sa femme d'une manière aussi cruelle?

Leicester était confondu, mais le danger était urgent, et une réponse absolument nécessaire. — Ces dames, dit-il, pensent trop légèrement de leur sexe si elles supposent qu'une femme puisse mériter un pareil sort, ou trop sévèrement du nôtre si elles pensent qu'un homme puisse infliger à une femme innocente un pareil châtiment.

— Entendez-le, mesdames, reprit Élisabeth; comme le reste des hommes, il cherche à justifier leur cruauté à notre égard en nous accusant d'inconstance.

— Ne dites pas *nous*, madame, répliqua le comte ; je dis que les femmes ordinaires, comme les planètes d'un ordre inférieur, ont leurs révolutions et leurs phases ; mais qui osera accuser le soleil de mutabilité, ou Élisabeth d'inconstance?

La conversation prit peu de temps après une direction moins dangereuse, et Leicester continua à y prendre une part active, malgré les angoisses de son âme. Élisabeth trouva cet entretien si agréable que la cloche du château avait sonné minuit avant qu'elle se fût retirée, circonstance rare dans ses habitudes régulières. Son départ fut le signal de la séparation générale. Chacun se rendit à son appartement pour songer aux réjouissances du jour, ou pour jouir par anticipation de celles du lendemain.

L'infortuné seigneur de Kenilworth, l'hôte magnifique qui donnait ces superbes fêtes, se retira pour s'occuper de soins bien différens. Il ordonna au valet qui le suivait de faire venir Varney sur-le-champ. Le messager revint quelque temps après ; il lui apprit que Varney avait quitté le château depuis une heure, et qu'il était sorti par la poterne avec trois autres personnes, dont l'une était enfermée dans une litière.

— Comment a-t-il pu sortir du château après que la garde a été placée? Je croyais qu'il ne partirait qu'à la pointe du jour.

— Il a donné à la garde des raisons satisfaisantes, répondit le domestique, et, à ce que j'ai entendu dire, il a montré l'anneau de Votre Seigneurie.

— C'est la vérité, dit le comte, mais il s'est trop pressé. Est-il resté ici quelqu'un de sa suite?

— On n'a pu trouver Michel Lambourne, milord, répondit le valet, lorsque sir Richard Varney allait partir ; et son maître était fort irrité de son absence. Je viens de le voir à l'instant occupé à seller son cheval pour courir après son maître à toute bride.

— Dites-lui de venir ici sur-le-champ, dit Leicester ; j'ai un message pour son maître.

Le domestique sortit ; Leicester se promena pendant quelque temps dans l'appartement, livré à une rêverie profonde.

— Varney est trop zélé, dit-il ; il m'est attaché, je pense ; mais il a aussi ses propres desseins, et il est inexorable lorsqu'il s'agit de les faire réussir. Si je m'élève, il s'élève ; il ne s'est déjà montré que trop empressé à m'affranchir de l'obstacle qui me ferme le chemin de la royauté ! Cependant je ne veux pas m'abaisser jusqu'à supporter cet affront. Elle sera punie, mais après y avoir réfléchi plus mûrement. Je sens déjà même par anticipation que des mesures trop précipitées allumeraient dans mon cœur les feux de l'enfer. Non, pour le moment, une première victime suffit, et cette victime m'attend.

Il prit une plume, de l'encre et du papier, et traça ces mots en toute hâte :

« SIR RICHARD VARNEY,

» Nous avons résolu de différer l'affaire confiée à vos
» soins, et nous vous enjoignons expressément de ne pas
» aller plus loin pour ce qui regarde notre comtesse, sans
» nos ordres ultérieurs. Nous vous commandons aussi de
» revenir à Kenilworth aussitôt que vous aurez placé en
» lieu de sûreté le dépôt qui vous a été remis ; mais, dans
» le cas où ces soins vous retiendraient plus long-temps
» que nous l'imaginons, nous vous ordonnons de nous ren-
» voyer, par un prompt et fidèle messager, notre anneau,
» dont nous avons besoin sur-le-champ. Nous attendons
» de vous l'obéissance la plus exacte, et, vous recomman-
» dant à la garde de Dieu, nous restons votre ami et bon
» maître.

» R. LEICESTER. »

Donné en notre château de Kenilworth, le dixième jour de juillet, l'an de grâce 1575.

Comme Leicester finissait et fermait cette lettre, Michel Lambourne, botté jusqu'aux hanches, portant son manteau de cavalier attaché autour de lui par une large ceinture, et sur la tête un chapeau de feutre semblable à celui d'un courrier, entra dans son appartement, sous la conduite du valet.

— En quelle qualité sers-tu? dit le comte.

— En qualité d'écuyer du grand-écuyer de Votre Seigneurie, répondit Lambourne avec son assurance ordinaire.

— Trêve à ton impertinence, dit Leicester; les plaisanteries que tu peux te permettre devant sir Richard Varney ne sauraient me convenir : dans combien de temps pourras-tu atteindre ton maître?

— Dans une heure, milord, si le cavalier et le cheval tiennent bon, dit Lambourne, passant subitement d'un maintien presque familier à celui du plus profond respect.

Le comte le mesurait des yeux attentivement : — J'ai entendu parler de toi, ajouta-t-il ; on dit que tu es actif dans ton service, mais trop adonné au vin et trop querelleur pour qu'on puisse te confier rien d'important.

— Milord, dit Lambourne, j'ai été soldat, marin, voyageur et aventurier. Ce sont des métiers dans lesquels on jouit du temps présent, parce qu'on n'est jamais sûr du lendemain. Mais, quoique j'aie pu mal employer mes propres loisirs, je n'ai jamais oublié ce que je dois à mon maître.

— Fais que je m'en aperçoive en cette occasion, et tu t'en trouveras bien. Remets cette lettre promptement et soigneusement dans les mains de sir Richard Varney.

— Ma commission ne s'étend pas au-delà? dit Lambourne.

— Non, répondit le comte ; mais je mets la plus grande importance à ce qu'elle soit exécutée avec zèle et promptitude.

— Je n'épargnerai ni mes soins ni mon cheval, répondit Lambourne ; et il se retira immédiatement. — Ainsi voilà à quoi aboutit cette audience secrète qui m'avait fait concevoir tant d'espérance! murmura-t-il en traversant la longue galerie et en descendant par l'escalier dérobé. Mort de ma vie! je pensais que le comte avait besoin de mon assistance pour quelque intrigue secrète, et voilà qu'il me donne une lettre à porter! Cependant, qu'il en soit suivant son plaisir; et, comme Sa Seigneurie le dit fort bien, ceci pourra m'être utile pour une autre fois. L'enfant rampe avant de marcher, et c'est ainsi que doit faire un apprenti courtisan; mais donnons un coup d'œil à cette lettre, qu'il a fermée si négligemment. Ayant accompli son dessein, il frappa des mains dans son ravissement, en s'écriant : — Notre comtesse! notre comtesse! j'ai découvert un secret qui va faire ma fortune ou me perdre. Mais avance, Bayard, ajouta-t-il en conduisant son cheval dans la cour; avance, car mes éperons et tes flancs vont renouveler connaissance dans l'instant.

Lambourne monta donc à cheval, et quitta le château par la poterne, où on le laissa passer en conséquence des ordres que sir Richard Varney avait laissés à cet effet.

Aussitôt que Lambourne et le domestique eurent quitté l'appartement, Leicester changea ses vêtemens magnifiques contre d'autres plus simples, s'enveloppa de son manteau, et, prenant à la main une lampe, descendit par le passage secret à une petite porte qui donnait sur la cour, près de l'entrée de *la Plaisance*. Ses réflexions avaient un caractère plus calme et plus décidé qu'elles ne l'avaient eu depuis long-temps, et il chercha à prendre, même à ses propres yeux, le rôle d'un homme plus offensé que coupable.

— J'ai souffert le plus grand des outrages! — tel était

le sens de ses méditations ; — et cependant j'ai refusé d'en tirer la vengeance immédiate qui était en mon pouvoir, pour me restreindre à celle de l'honneur. Mais faudra-t-il que l'union profanée en un jour par cette femme perfide m'enchaîne pour jamais, et m'arrête dans la noble carrière à laquelle mes destinées m'appellent ? Non, il y a d'autres manières de briser de pareils liens sans attenter aux jours de celle qui m'a trahi. Devant Dieu je suis affranchi de l'union qu'elle-même a détruite. Nous serons séparés par des royaumes ; les mers rouleront entre nous, et les vagues, qui ont englouti dans leurs abîmes des flottes entières, seront seules les dépositaires de ce funeste secret.

C'était par des raisonnemens de cette nature que Leicester cherchait à concilier sa conscience avec un plan de vengeance adopté si précipitamment, et avec ses desseins ambitieux, devenus tellement inséparables de tous ses desseins et de toutes ses actions qu'il n'était plus en son pouvoir de se résoudre à les abandonner. Sa vengeance prit à ses yeux une couleur de justice et même de générosité et de modération.

Dans cette disposition d'esprit, l'ambitieux et vindicatif Leicester entra dans la magnifique enceinte de *la Plaisance*, éclairée par la lune dans tout son éclat. Ses rayons brillans étaient réfléchis de toutes parts sur la pierre de taille blanchâtre dont les balustrades et les autres ornemens d'architecture étaient construits. On ne pouvait apercevoir dans le ciel d'azur le plus léger nuage ; de sorte que le tableau qu'il avait sous les yeux était presque aussi visible que si le soleil n'eût fait que de quitter l'horizon ; les nombreuses statues de marbre blanc paraissaient, au milieu de cette lumière pâle, comme autant de spectres sortant du tombeau avec leurs linceuls. Les fontaines lançaient dans les airs leurs brillans jets d'eau, qui retombaient dans leurs bassins en une pluie argentée par les rayons de la lune. La chaleur du jour avait été brûlante, la douce brise de la nuit soupirait le long de la terrasse avec un souffle aussi léger que celui de l'éventail qu'agite une jeune beauté. Les rossignols avaient construit de nombreuses demeures dans le jardin adjacent, et tous ces chanteurs des nuits d'été se consolaient du silence qu'ils avaient observé pendant le jour par d'inimitables concerts, dont les accords, tantôt vifs et joyeux, tantôt pathétiques, semblaient exprimer le ravissement que leur faisait éprouver le spectacle paisible et délicieux auquel ils ajoutaient le charme de leur voix mélodieuse.

Rêvant à toute autre chose qu'au bruit des eaux, à la clarté de la lune et aux chants du rossignol, Leicester se promenait à pas lents d'un bout de la terrasse à l'autre, enveloppé de son manteau, et son épée sous le bras, sans rien apercevoir qui ressemblât à une forme humaine.

— J'ai été dupe de ma générosité, dit-il, si j'ai souffert que le scélérat m'échappât, — et peut-être encore pour aller délivrer son amante adultère, qui est si faiblement escortée.

Tels étaient ses soupçons, qui s'évanouirent bientôt lorsqu'il aperçut un homme qui avançait lentement, après avoir franchi le portique, et dont l'ombre obscurcissait les objets devant lesquels il passait en s'approchant.

— Frapperai-je avant d'entendre encore le son de cette voix odieuse? pensa Leicester en saisissant la poignée de son épée. — Mais non, je veux savoir où tendent ses vils projets : quelque horreur qu'il me cause, j'observerai d'un œil calme les replis de ce reptile impur avant de me servir de ma force pour l'écraser.

Sa main quitta la garde de son épée, et il s'avança lentement vers Tressilian, rassemblant pour cette entrevue tout le sang-froid dont il était capable : un instant après ils se trouvèrent face à face l'un de l'autre.

Tressilian fit un profond salut, que le comte lui rendit par un signe de tête dédaigneux en lui disant :

— Vous vouliez me parler en secret, monsieur : me voici, j'écoute.

— Milord, dit Tressilian, ce que j'ai à vous communiquer m'intéresse si vivement, et je désire si ardemment trouver en vous une attention patiente et même favorable, que je chercherai d'abord à me justifier de tout ce qui pourrait prévenir Votre Seigneurie contre moi : vous me croyez votre ennemi?

— N'en ai-je pas quelques motifs apparens? répliqua le comte, voyant que Tressilian attendait une réponse.

— Vous êtes injuste, milord; je suis ami du comte de Sussex, que les courtisans nomment votre rival; mais je ne suis ni sa créature ni son partisan, et je me suis aperçu depuis long-temps que les cours et leurs intrigues ne conviennent ni à mon caractère, ni à mes idées.

— Sans doute, répondit Leicester; il est d'autres occupations plus dignes d'un savant de la réputation de M. Tressilian; l'amour a ses intrigues aussi bien que l'ambition.

— Je vois, milord, reprit Tressilian, que vous mettez trop d'importance à mon ancien attachement pour la malheureuse femme dont je dois vous parler, et peut-être pensez-vous que je viens défendre sa cause plutôt dans un esprit de rivalité que par un sentiment de justice.

— Quelles que soient mes idées à cet égard, monsieur, poursuivez. Jusqu'à présent, vous ne m'avez parlé que de vous; c'est un sujet certainement très grave et très important, mais qui ne m'intéresse pas personnellement d'une manière assez sérieuse pour que j'abandonne mon repos pour m'en entretenir. Epargnez-moi de plus longs détours, monsieur, et dites ce que vous avez à dire, si en effet vous avez à me parler de choses qui me regardent. Quand vous aurez fini, j'ai en retour une communication à vous faire.

— Puisqu'il en est ainsi, je vais parler sans autre préambule, milord; et comme ce dont j'ai à vous entretenir touche de près votre honneur, je suis assuré que vous ne regarderez point comme perdu le temps que vous passerez à m'entendre. J'ai à demander compte à Votre Seigneurie de l'infortunée Amy Robsart, dont l'histoire ne vous est que trop connue. Je regrette de ne pas avoir pris ce moyen dès le commencement, et de ne pas vous avoir fait juge entre moi et le scélérat par lequel elle est outragée. Milord, elle est parvenue à s'affranchir d'une captivité illégale; sa vie était en danger, elle a espéré que ses représentations produiraient quelque effet sur son indigne époux; elle m'avait arraché la promesse de ne point chercher à la défendre jusqu'à ce qu'elle eût employé tous ses efforts pour lui faire reconnaître ses droits!...

— Monsieur, dit Leicester, oubliez-vous à qui vous parlez?

— Je parle de son indigne époux, milord, et mon respect ne peut trouver un langage moins sévère. Cette malheureuse femme est soustraite à mes regards, et séquestrée dans quelque endroit secret de ce château, si elle n'est pas déjà enfermée dans quelque retraite plus convenable à l'exécution d'un projet criminel. Cela doit cesser, milord; je parle en vertu de l'autorité que je tiens de son père; ce fatal mariage doit être publié et prouvé en présence de la reine; Amy doit être affranchie de toute contrainte, elle doit librement disposer d'elle-même; permettez-moi d'ajouter que l'honneur de personne n'est aussi intéressé que celui de Votre Seigneurie à ce qu'on fasse droit à de si justes demandes.

Le comte resta pétrifié de l'extrême sang-froid avec lequel l'homme dont il croyait avoir reçu le plus sanglant affront plaidait la cause de sa coupable amante, comme si

elle eût été la plus innocente des femmes, défendue par
un avocat désintéressé. Son étonnement n'était pas diminué par la chaleur que Tressilian semblait mettre à réclamer pour elle ses honneurs et le rang qu'elle avait
dégradé, et les avantages qu'elle devait sans doute partager avec l'amant qui soutenait sa cause avec tant d'effronterie. Plus d'une minute s'était écoulée depuis que Tressilian avait cessé de parler, avant que le comte fût revenu
de l'excès de sa stupeur; et si l'on considère les préventions dont son esprit était préoccupé, on ne sera pas surpris que sa colère l'emportât sur toute autre considération.

— Je vous écoute sans interruption, M. Tressilian, dit
le comte, et je bénis Dieu d'avoir épargné jusqu'à ce jour
à mes oreilles la douleur d'entendre la voix d'un scélérat
aussi effronté. La verge du bourreau est un instrument
qui conviendrait mieux pour vous châtier que l'épée d'un
gentilhomme. Cependant, scélérat, mets-toi en garde;
défends-toi.

En parlant ainsi, il laissa tomber son manteau, frappa
Tressilian fortement du fourreau de son épée, et, la tirant
sur-le-champ, se mit en devoir de l'assaillir. Sa violence
avait d'abord jeté Tressilian dans une surprise pareille à
celle que le comte avait montrée en l'écoutant. Mais cette
surprise fit place au ressentiment, lorsque des injures si
peu méritées furent suivies d'un coup qui écarta sur-le-
champ toute autre idée que celle du combat. Tressilian
tira aussitôt son épée, et, quoique se servant de cette arme moins adroitement que le comte, il était cependant
assez fort pour soutenir le combat avec courage, d'autant
mieux qu'il avait plus de sang-froid que Leicester, puisqu'il ne pouvait s'empêcher d'attribuer sa conduite à une
véritable frénésie ou à l'influence de quelque inexplicable
illusion.

Le combat continuait depuis plusieurs minutes sans
qu'aucun des deux rivaux eût reçu de blessure, lorsque

tout d'un coup on entendit des voix et des pas précipités sous le portique qui donnait sur la terrasse.

— Nous sommes interrompus, dit Leicester à son antagoniste; suivez-moi.

Au même moment on entendit une voix qui disait : — Le coquin a raison ; ce sont des gens qui se battent.

Leicester conduisit Tressilian dans une espèce d'enfoncement, derrière une fontaine, qui servit à les cacher pendant que six yeomen de la garde de la reine passaient dans une allée de *la Plaisance;* et ils entendirent l'un des soldats qui disait aux autres : — Nous ne pourrons jamais les trouver ce soir au milieu de ces jets d'eau, de ces cages à écureuil et de ces trous de lapin ; mais si nous ne les rencontrons pas avant de parvenir à l'autre extrémité, nous reviendrons sur nos pas, et nous posterons une sentinelle à l'entrée de ce parterre, pour nous assurer de nos ferrailleurs jusqu'à demain.

— Belle besogne ! vraiment, dit un autre : tirer l'épée si près de la résidence de la reine, et dans son propre palais, pour ainsi dire. Il faut que ce soient quelques brétailleurs pris de vin. Ce serait une pitié de les rencontrer. Leur faute emporte la peine d'avoir la main coupée, n'est-pas? Ce serait cruel de perdre la main pour avoir touché une lame d'acier, qui va si bien au poignet.

— Tu es toi-même un querelleur, Georges, dit un autre; mais fais-y bien attention, la loi est telle que tu l'as dit.

— Oui, dit le premier, si l'on suit la loi dans toute sa rigueur, car ce château n'est pas le palais de la reine ; il appartient à lord Leicester.

— S'il n'y a que cette considération en leur faveur, la peine pourrait être aussi sévère, dit un autre : car si notre gracieuse maîtresse est reine, comme elle l'est véritablement, grâce à Dieu ! lord Leicester n'est pas loin d'être roi.

— Tais-toi, coquin, dit un troisième, sais-tu si l'on peut t'entendre?

Ils continuèrent leur chemin, faisant une espèce de perquisition négligente, et beaucoup plus occupés en apparence de leur conversation que du soin de découvrir les perturbateurs nocturnes.

Dès qu'ils eurent quitté la terrasse, Leicester, faisant signe à Tressilian de le suivre, s'échappa sous la direction opposée à celle que les soldats avaient prise, et traversa le portique sans être aperçu. Il conduisit Tressilian à la tour de Mervyn, où il avait alors repris son logement, et lui dit avant de le quitter:

— Si tu as assez de courage pour terminer ce combat ainsi interrompu, tiens-toi près de moi, lorsque la cour sortira demain; nous trouverons un moment, et je te donnerai le signal quand il en sera temps.

— Milord, dit Tressilian, dans une autre circonstance j'aurais pu vous demander le motif de cette étrange fureur qui vous anime contre moi; mais l'insulte que vous m'avez faite ne peut être effacée que par le sang, et, fussiez-vous parvenu au rang le plus élevé auquel votre ambition aspire, je vengerai mon honneur outragé.

Ce fut ainsi qu'ils se séparèrent; mais les aventures de la nuit n'étaient point encore terminées pour Leicester. Il fut obligé de passer par la tour de Saint-Lowe, afin de gagner le passage secret qui conduisait à son appartement, et il rencontra lord Hunsdon avec une épée nue sous le bras.

— Et vous aussi, milord, dit le vieux capitaine, vous avez été éveillé par cette alerte...? Voilà qui va bien: de par tous les diables! les nuits sont aussi bruyantes que les jours dans votre château. Il n'y a pas deux heures que j'ai été éveillé par les cris de cette pauvre folle de lady Varney que son époux emmenait de force. Je vous promets qu'il a fallu vos ordres et ceux de la reine pour m'empêcher de me mêler de cette affaire, et de briser les côtes de votre favori. Maintenant voilà des querelles et des combats dans *la Plaisance*... Comment appelez-vous cette terrasse pavée, où sont toutes ces fanfreluches?

La première partie du discours du vieillard fut pour le comte un coup de poignard. Il répondit qu'il avait entendu le bruit des épées, et qu'il était descendu pour mettre à l'ordre les insolens qui avaient l'audace de se battre si près de la reine.

— Puisqu'il en est ainsi, dit Hunsdon, j'espère que Votre Seigneurie m'accompagnera.

Leicester fut obligé de retourner à *la Plaisance* avec le vieux lord; là Hunsdon apprit des hommes de la garde, qui étaient sous ses ordres immédiats, les recherches inutiles qu'ils avaient faites pour découvrir les auteurs de cette alarme. Il les régala d'imprécations pour leurs peines, et les traita de paresseux et de vauriens.

Leicester jugea aussi convenable de paraître fort courroucé de l'inutilité de leurs perquisitions; mais à la fin il donna à entendre à lord Hunsdon qu'après tout ce ne pouvait être qu'un ou deux jeunes gens qui avaient bu outre mesure, et qui étaient suffisamment punis par la frayeur qu'ils avaient dû éprouver en se voyant ainsi poursuivis.

Hunsdon, qui lui-même aimait assez la bouteille, convint que le vin devait excuser une grande partie des sottises qu'il causait. — Mais, ajouta-t-il, à moins que Votre Seigneurie ne montre un peu moins de libéralité dans l'ordonnance de sa maison, et ne mette ordre à la distribution du vin, de l'ale et des liqueurs, je vois que pour en finir je serai obligé de loger dans le donjon quelques uns de ces braves garçons, et de les régaler avec les verges; et sur cela je vous souhaite une bonne nuit.

Content de s'en voir débarrassé, Leicester prit congé de lui à l'entrée de son logement, où ils s'étaient rencontrés; et, revenant ensuite dans le passage dérobé, il reprit la lampe qu'il y avait déposée, et dont la lueur le guida jusqu'à son appartement.

CHAPITRE XL.

« Gare ! de mon cheval je ne serai plus maître,
« S'il voit si près de lui quelque prince paraître :
« Car, pour vous dire en vers la pure vérité,
« Par son illustre mère il était allaité,
« Lorsque, dans son château fier de voir une reine,
« Le noble Leicester fêta sa souveraine. »
BEN JOHNSON, *les Hiboux masqués.*

LE divertissement qu'on préparait à Elisabeth et à sa cour pour le jour suivant était un combat entre les Anglais et les Danois, que devaient représenter les fidèles et courageux habitans de Coventry, conformément à un usage long-temps conservé dans leur antique bourg, et dont les vieilles chroniques garantissent l'authenticité.

Les citoyens, divisés en deux troupes, Saxons et Danois, retraçaient en vers grossiers, accompagnés de coups assez rudes, les querelles de ces deux braves nations et le courage magnanime des amazones anglaises, qui, d'après l'histoire, eurent la plus grande part au massacre général des Danois, qui eut lieu dans la saison de l'été, en l'an de grâce 1012. Ce divertissement, qui fut long-temps le passe-temps favori des habitans de Coventry, avait, à ce qu'il paraît, été interdit par le rigorisme de quelques ministres d'une secte puritaine, qui se trouvèrent avoir beaucoup d'influence sur les magistrats. Mais presque tous les habitans du bourg avaient adressé des pétitions à la reine pour qu'on leur rendît leur amusement national, et pour obtenir la permission de le renouveler devant Sa Majesté. Quand on agita cette question dans le conseil privé, qui suivait ordinairement la reine pour expédier les affaires, la demande des habitans de Coventry, quoique désapprouvée par quelques uns des membres les plus sévères, trouva grâce devant Elisabeth. Elle dit que des plaisirs de ce genre occupaient d'une manière innocente beaucoup de gens qui, s'ils en étaient privés, pourraient employer leurs loisirs à des jeux plus pernicieux ; et que les prédicateurs, quelque recommandables qu'ils fussent par leur science et leur sainteté, déclamaient avec trop d'amertume contre les passe-temps de leurs ouailles.

Les habitans de Coventry eurent ainsi gain de cause. En conséquence, après un repas que maître Laneham appelle un *déjeuner d'ambroisie*, les principaux personnages de la cour à la suite de Sa Majesté se rendirent en foule à la tour de la Galerie, pour être spectateurs de l'approche des deux troupes ennemies, anglaise et danoise.

A un signal donné, la barrière du parc fut ouverte pour les recevoir. Ils entrèrent tous ensemble, fantassins et cavaliers, car les plus ambitieux parmi les bourgeois et les laboureurs étaient vêtus de costumes bizarres, imitant ceux des chevaliers, afin de représenter la noblesse des deux nations. Cependant, pour prévenir les accidens, on ne leur permit pas de paraître sur de véritables coursiers ; seulement ils pouvaient se munir de ces chevaux de bois qui donnaient anciennement à la danse moresque ses principaux attraits, et qu'on voit de nos jours paraître encore sur le théâtre, dans la grande bataille qui termine la tragédie de M. Bayes. L'infanterie suivait avec des accoutremens non moins singuliers. Toute cette parade pouvait être considérée comme une espèce d'imitation burlesque de ces spectacles plus splendides dans lesquels la noblesse jouait un rôle et imitait aussi fidèlement que possible les personnages qu'elle voulait représenter. La fête dont nous parlons avait un aspect tout différent, les acteurs étant des personnes d'un rang inférieur, et qui se piquaient tous d'avoir les costumes les plus bizarres et les plus fantasques. Aussi leurs accoutremens, que la crainte de trop retarder le cours de notre histoire ne nous laisse pas le loisir de décrire, étaient assez ridicules ; et leurs armes, quoique capables de porter des coups vigoureux, n'étaient que de longues perches au lieu de lances, et des bâtons au lieu de sabres. Quant aux armes défensives, la cavalerie et l'infanterie étaient pourvues de casques solides et de boucliers d'un cuir épais.

L'ingénieux ordonnateur de la fête était le capitaine Coxe, ce célèbre original de Coventry, dont le recueil de ballades, d'almanachs, et de petites histoires reliées en parchemin et fermées par un bout de ficelle, est encore si recherché des antiquaires. Il s'avançait bravement sur son cheval, à la tête des bandes anglaises : il avait l'air fier, dit Laneham, et brandissait son long sabre comme il convenait à un guerrier expérimenté qui avait servi sous le père de la reine, le roi Henry, au siége de Boulogne. Ce général fut par conséquent le premier à entrer dans la carrière ; il passa près de la galerie, à la tête de ses compagnons, et, baissant respectueusement devant la reine la poignée de son épée, il exécuta au même moment une courbette telle que n'en avait jamais fait encore cheval de bois à deux jambes.

Il défila ensuite avec toute sa troupe de fantassins et de cavaliers, et les rangea habilement en ordre de bataille à l'extrémité du pont, attendant que ses antagonistes fussent préparés pour le combat.

Il n'y eut pas long-temps à attendre ; car les Danois, infanterie et cavalerie, nullement inférieurs aux Anglais en nombre et en courage, arrivèrent presque au même moment ; à leur tête marchait la cornemuse du nord, instrument national, et ils obéissaient aux ordres d'un chef habile, qui ne le cédait qu'au capitaine Coxe dans la guerre, si toutefois il n'était pas son égal. Les Danois, en qualité d'agresseurs, se postèrent sous la tour de la Galerie, en face de celle de Mortimer ; et lorsqu'ils eurent bien pris toutes leurs mesures, on donna le signal du combat.

Dans la première charge, les combattans se montrèrent assez modérés ; car les deux partis avaient la crainte de se voir repoussés jusque dans le lac ; mais à mesure que des renforts arrivaient, l'escarmouche devint une bataille furieuse. Ils se précipitèrent les uns sur les autres, ainsi que l'affirme maître Laneham, comme des béliers *enflammés par la jalousie;* ils se heurtaient avec tant de fureur que les adversaires se renversaient souvent l'un l'autre, et les sabres de bois et leurs boucliers se rencontraient avec un bruit terrible ; dans plusieurs occasions il arriva ce que redoutaient les guerriers les plus expérimentés : les balustrades qui protégeaient les côtés du pont n'avaient été, peut-être à dessein, que légèrement assurées ; elles cédèrent aux efforts des combattans qui se heurtaient les uns les autres, de manière que le courage du plus grand nombre se trouva suffisamment refroidi par le bain qu'ils prirent.

Ces accidens auraient pu devenir plus sérieux qu'il n'eût été convenable dans un engagement de cette nature; car plusieurs des champions qui essuyèrent ce désagrément ne savaient pas nager, et les autres se trouvaient embarrassés de leurs armures de toutes pièces en cuir et en carton; mais on avait prévu le cas, et il y avait plusieurs bateaux tout prêts à accueillir les infortunés guerriers, et à les débarquer sur terre ferme. Là, mouillés et découragés, ils se consolaient avec l'ale chaude et les liqueurs fortes qu'on leur versait libéralement, et ils ne témoignaient plus aucun désir de recommencer un combat si dangereux.

Le capitaine Coxe seul, après avoir deux fois été précipité, lui et son cheval, du pont dans le lac, mais capable de braver tous les périls où se sont jamais trouvés les héros favoris de la chevalerie, tels que les Amadis, Bélianis, Bévis, et même son propre Guy de Warwick, le capitaine Coxe lui seul, nous le répétons, après deux semblables mésaventures, se précipita de nouveau dans le plus épais de la mêlée; ses vêtemens et la housse de son cheval de bois étaient complètement trempés; cependant deux fois il ranima par sa voix et son exemple le courage des Anglais qui fléchissaient; de sorte qu'à la fin leur victoire sur les Danois devint, selon toute justice et convenance, complète et décisive. Il était bien digne d'être immortalisé par la plume de Ben Johnson, qui, cinquante ans après, trouva qu'un *masque* joué à Kenilworth ne pouvait être représenté sans l'ombre du capitaine Coxe sur son redoutable coursier de bois.

Ces amusemens champêtres et un peu grossiers pourraient ne pas s'accorder avec l'idée que le lecteur s'est formée d'un divertissement représenté devant cette Elisabeth qui fit fleurir les lettres pendant son règne d'une manière si brillante, et devant une cour qui, gouvernée alors par une femme distinguée par le sentiment des convenances comme par son esprit et sa sagesse, se faisait remarquer par son raffinement et sa délicatesse.

Mais soit que, par politique, Elisabeth voulût paraître prendre part aux amusemens populaires, soit que son père Henry VIII lui eût transmis quelques uns de ses goûts, il est certain qu'elle rit de bon cœur de la manière dont les gens de Coventry retraçaient ou plutôt parodiaient les mœurs chevaleresques. Elle appela auprès d'elle le comte de Sussex et le lord Hunsdon, dans le dessein peut-être de dédommager le premier des longues audiences particulières qu'elle avait accordées au comte de Leicester; et elle engagea la conversation avec lui sur un passe-temps plus convenable à ses goûts que ces spectacles burlesques. Le plaisir que la reine semblait prendre à rire et à plaisanter avec ses généraux fournit à Leicester l'occasion qu'il attendait pour s'éloigner de la présence royale. Il choisit si bien son temps que cette démarche parut aux courtisans un effet de générosité, comme s'il eût voulu laisser à son rival un libre accès auprès de la personne de la reine, au lieu de profiter de ses droits comme maître absolu du château pour se placer continuellement entre sa souveraine et ses rivaux.

Leicester cependant songeait à toute autre chose qu'à se montrer rival si courtois; car dès qu'il vit que la reine conversait avec Sussex et Hunsdon, derrière lesquels se tenait sir Nicolas Blount, ouvrant la bouche d'une oreille à l'autre à chaque mot qu'on prononçait, il fit un signe à Tressilian, qui suivait de l'œil tous ses mouvemens.

Il s'avança du côté du parc, fendant des flots de spectateurs, qui, la bouche entr'ouverte, admiraient la bataille des Anglais et des Danois. Lorsqu'il se fut dégagé de la foule, non sans quelque difficulté, il tourna la tête pour reconnaître si Tressilian avait été aussi heureux que lui, et, le voyant suivre de près, il se dirigea vers un petit bosquet où se trouvait un domestique avec deux chevaux sellés. Il sauta sur l'un, et fit signe à Tressilian de monter sur l'autre. Tressilian obéit sans proférer un seul mot.

Leicester piqua des deux, et galopa sans s'arrêter jusqu'à un lieu à l'écart, environné de chênes touffus, à la distance d'un mille du château, et d'un côté tout-à-fait opposé à celui où la curiosité attirait tous les spectateurs. Il mit alors pied à terre, attacha son cheval à un arbre, et prononçant seulement ces mots : — Ici nous ne courons pas risque d'être interrompus, il mit son manteau sur la selle, et tira son épée.

Tressilian imita son exemple, mais il ne put s'empêcher de dire : — Milord, tous ceux qui me connaissent savent que je ne crains pas la mort lorsque mon honneur est compromis. Je crois pouvoir sans bassesse demander, au nom de tout ce qui est honorable, pourquoi Votre Seigneurie a osé me faire un affront tel que celui qui nous place dans cette position l'un à l'égard de l'autre?

— Si vous n'aimez pas de pareilles marques de mon mépris, répondit le comte, mettez sur-le-champ l'épée à la main, de peur que je ne réitère le traitement dont vous vous plaignez.

— Il n'en est pas besoin, dit Tressilian. Que Dieu soit juge entre nous, et que votre sang retombe sur votre tête si vous périssez!

Il avait à peine fini sa phrase qu'ils se joignirent, et le combat commença.

Mais Leicester, qui possédait à fond la science de l'escrime, avait assez appris à connaître, la nuit précédente, la force et l'adresse de Tressilian pour combattre avec plus de prudence, et chercher une vengeance sûre plutôt que précipitée. Le combat durait depuis plusieurs minutes avec une adresse égale de part et d'autre, lorsque Tressilian, en portant un coup furieux que Leicester détourna heureusement, se mit dans une position désavantageuse. Le comte le désarma et le renversa par terre. Leicester sourit d'un air féroce en voyant la pointe de son épée à deux pouces de la gorge de son adversaire. Lui mettant le pied sur la poitrine, il lui ordonna de confesser les crimes infâmes dont il s'était rendu coupable envers lui, et de se préparer à la mort.

— Je n'ai à me reprocher ni crime ni infamie dans ma conduite à ton égard, répondit Tressilian, et je suis mieux préparé que toi à mourir. Use de ton avantage comme tu le voudras, et puisse Dieu te pardonner! Je ne t'ai donné aucun motif pour me poursuivre de ta haine.

— Aucun motif, s'écria le comte, aucun motif? Mais pourquoi discuter avec un être aussi vil? Meurs comme tu as vécu!

Il avait levé le bras dans le dessein de porter le coup fatal, lorsqu'il se sentit tout d'un coup saisir par-derrière.

Le comte se tourna en fureur pour s'affranchir de cet obstacle inattendu, et vit, avec la plus grande surprise, qu'un jeune garçon d'un aspect singulier s'était emparé de son bras droit et s'y attachait avec une telle ténacité qu'il ne put s'en débarrasser sans des efforts considérables, qui donnèrent à Tressilian le temps de se relever et de reprendre son épée. Leicester revint sur lui avec la même rage dans les regards, et le combat aurait recommencé avec plus d'acharnement encore, si le jeune garçon ne se fût précipité aux genoux du comte, et ne l'eût conjuré, d'une voix aigre et perçante, de l'écouter un instant.

— Lève-toi, et laisse-moi, dit Leicester, ou, par le Dieu du ciel, je vais te frapper de mon épée! Quel intérêt te pousse à me priver de ma vengeance?

— Un intérêt puissant, dit le jeune garçon sans s'intimider, puisque ma folie est la cause de cette sanglante querelle, et peut-être de malheurs plus terribles encore. Oh! si vous voulez jouir d'une conscience pure, si vous espérez dormir en paix et à l'abri du tourment des remords, veuillez seulement parcourir cette lettre, et ensuite faites selon votre plaisir.

Parlant avec une énergie à laquelle sa voix et ses traits singuliers ajoutaient quelque chose de fantastique, il montra à Leicester une lettre fermée par une longue tresse de cheveux. Quelque aveuglé qu'il fût par la rage de se voir privé d'une manière si étrange du plaisir de la vengeance, un mouvement presque involontaire fit que le comte céda à la demande que lui faisait avec tant d'instances un être si extraordinaire. Il lui arracha la lettre des mains, pâlit en regardant l'adresse, délia d'une main tremblante le nœud qui l'attachait, et jetant les yeux sur ce qui y était écrit, il chancela, et il allait tomber à la renverse, s'il ne se fût appuyé contre un tronc d'arbre. Il y resta un instant, les yeux fixés sur la lettre, la pointe de son épée tournée contre terre, et sans paraître songer à la présence d'un ennemi auquel il avait montré un courroux si impitoyable, et qui aurait pu à son tour l'attaquer avec avantage. Mais Tressilian avait l'âme trop noble pour une pareille vengeance. Il était, comme le comte, immobile de surprise, attendant la fin de cette scène étrange, mais se tenant prêt à se défendre en cas de besoin contre quelque attaque inattendue de Leicester, qu'il soupçonnait de nouveau être en proie à une véritable frénésie. A la vérité il reconnut facilement dans le jeune garçon son ancienne connaissance Dick Sludge, dont la figure ne s'oubliait pas aisément lorsqu'on l'avait vue une fois; mais il ne pouvait s'imaginer comment il était arrivé dans un moment si critique; il ne comprenait pas davantage pourquoi il avait mis tant d'énergie à son intervention, et surtout comment elle avait pu produire un tel effet sur Leicester.

Mais la lettre seule eût suffi pour en produire de plus surprenans encore. C'était celle que la malheureuse Amy avait écrite à son époux, afin de lui exposer les motifs qui l'avaient forcée de fuir le château de Cumnor, et la manière dont elle avait exécuté son projet. Elle lui apprenait qu'elle s'était réfugiée à Kenilworth pour implorer sa protection, et lui détaillait les circonstances qui l'avaient conduite dans la chambre de Tressilian, le conjurant de lui désigner sans retard un asile plus convenable. Elle terminait par les protestations les plus solennelles d'un attachement inviolable et d'une soumission absolue à sa volonté en toutes choses; demandant pour toute faveur de ne plus être livrée à la garde de Varney.

La lettre tomba des mains de Leicester lorsqu'il l'eut parcourue. — Prenez mon épée, Tressilian, dit-il, et per cez-moi le cœur, comme je voulais percer le vôtre il n'y a qu'un moment !

— Milord, dit Tressilian, vous m'avez fait une grande injustice, mais une voix secrète au fond de mon cœur m'a toujours répété que ce devait être par quelque inconcevable méprise.

— Méprise fatale ! dit Leicester ; et il remit la lettre à Tressilian : on m'a fait prendre un homme d'honneur pour un scélérat, et un serviteur infidèle et dissolu a passé à mes yeux pour le meilleur des hommes. Misérable enfant, pourquoi cette lettre ne me parvient-elle qu'aujourd'hui ? où s'est donc arrêté celui qui en était chargé ?

— Je n'ose vous le dire, milord, repartit le jeune garçon en s'éloignant pour se mettre hors de sa portée, mais voici le messager.

Au même moment arriva Wayland ; et, questionné par Leicester, il détailla toutes les circonstances de sa fuite avec Amy ; les attentats qui avaient forcé cette infortunée à prendre la fuite, et le désir qu'elle avait toujours montré de se mettre sous la protection du comte. Il invoqua le témoignage des domestiques de Kenilworth, qui ne pouvaient pas avoir oublié les questions empressées qu'elle avait faites sur le comte de Leicester aussitôt après son arrivée.

— Les scélérats ! s'écria le comte, et cet infâme Varney, le plus scélérat de tous ! et Amy est dans ce moment même en son pouvoir !

— Mais il n'a pas reçu, j'espère, dit Tressilian, des ordres funestes pour elle ?

— Non, non, reprit le comte précipitamment ; j'ai dit quelque chose dans un accès de rage, mais cet ordre a été pleinement révoqué par un courrier parti à la hâte ; elle est maintenant... elle *doit* être en sûreté.

— Oui, dit Tressilian, elle *doit* être en sûreté, et je *dois* en être assuré. Ma querelle particulière est terminée avec vous, milord; mais j'en ai une autre à vider avec le séducteur d'Amy Robsart, qui a fait de l'infâme Varney un manteau pour couvrir ses crimes.

— Le *séducteur* d'Amy! répliqua Leicester d'une voix terrible; dites son époux, son époux trompé, aveuglé, son indigne époux! Elle est comtesse de Leicester, je le jure sur ma parole de chevalier. Il n'est aucune sorte de justice que je ne sois prêt à lui rendre. Je n'ai pas besoin de dire que je ne crains pas les moyens dont vous pourriez vous servir pour m'y contraindre.

La générosité de Tressilian ne lui permit pas de s'arrêter à aucune considération personnelle, et toutes ses pensées se concentrèrent tout d'un coup sur le sort d'Amy Robsart. Il n'avait pas une confiance illimitée aux résolutions changeantes de Leicester, dont l'âme lui paraissait trop agitée pour se laisser gouverner par la froide raison; et, malgré les assurances du comte, il ne pouvait croire Amy hors de danger tant qu'elle serait entre les mains de ses créatures.

— Milord, dit-il avec calme, je n'ai point l'intention de vous offenser, et je suis loin de chercher une querelle; mais les devoirs que j'ai à remplir envers sir Hugh Robsart me forcent d'aller sur-le-champ instruire la reine de ce qui se passe, afin que le rang de la comtesse soit reconnu comme il doit l'être.

— Non, monsieur, répliqua le comte fièrement : ne soyez pas assez audacieux pour intervenir dans une affaire qui m'est personnelle; la voix seule de Dudley proclamera l'infamie de Dudley. Je vais tout déclarer à Élisabeth elle-même, et puis je vole à Cumnor-Place, aussi vite que s'il y allait de la vie.

En parlant ainsi il détacha son cheval, mit le pied à l'étrier, et courut vers le château à toute bride.

— Portez-moi avec vous, M. Tressilian, dit Flibbertigibbet en le voyant monter à cheval avec la même précipitation : mon histoire n'est pas encore finie ; j'ai besoin de votre protection.

Tressilian consentit à sa demande, et suivit le comte d'un pas moins rapide. Pendant le chemin, l'enfant lui avoua, avec toutes les marques d'un profond regret, que, s'étant imaginé avoir des droits à la confiance de Wayland, et piqué de la manière dont il éludait toutes ses questions au sujet de la dame qu'il avait accompagnée, il s'était vengé en lui dérobant la lettre qu'Amy lui avait remise pour le comte de Leicester. Son intention était de la lui restituer ce soir-là même, se croyant certain de le rencontrer, puisque Wayland devait jouer le rôle d'Arion dans le divertissement.

Il avait été un peu alarmé en voyant le nom que portait l'adresse ; mais il avait réfléchi que Leicester ne devant revenir au château que dans la soirée, Wayland lui-même n'aurait pu la remettre plus tôt.

Mais Wayland ne parut plus, ayant été, comme nous l'avons dit, chassé du château par Lambourne ; Flibbertigibbet, après l'avoir cherché en vain, et n'ayant pu trouver l'occasion de parler à Tressilian, commença à être fort inquiet sur les suites de son espièglerie, en se voyant le détenteur d'une lettre adressée à un personnage aussi considérable que le comte de Leicester. La réserve ou plutôt la crainte que Wayland avait laissé entrevoir à l'égard de Lambourne et de Varney, lui fit juger que la lettre devait être remise entre les mains du comte lui-même, et qu'il pouvait faire tort à la dame en la donnant à quelque domestique. Il avait inutilement tenté d'approcher de Leicester ; les insolens valets auxquels il s'était adressé dans ce dessein l'avaient constamment repoussé, à cause de la singularité de ses traits et de la pauvreté de ses vêtemens.

Il avait été bien près de réussir lorsque, dans ses perquisitions, il avait trouvé dans la grotte la cassette qu'il savait appartenir à la malheureuse comtesse, pour l'avoir aperçue dans le voyage; car rien n'échappait à son œil vigilant. Après avoir inutilement cherché à la remettre à Tressilian ou à la comtesse, il l'avait placée, comme nous l'avons vu, dans les mains de Leicester lui-même; mais il ne l'avait malheureusement pas reconnu sous le déguisement qu'il portait alors.

Enfin Dick était sur le point de parvenir à son but, le soir de la mascarade; mais, au moment où il allait aborder le comte, il avait été prévenu par Tressilian. Doué d'une finesse d'ouïe égale à celle de son esprit, Flibbertigibbet les avait entendus se donner un rendez-vous dans *la Plaisance,* et avait résolu d'ajouter un tiers à leur entretien. Il forma le dessein de les épier; car il commençait à être inquiet sur le compte de la dame, d'après les bruits étranges qui déjà se répandaient parmi les domestiques.

Un incident imprévu l'empêcha de suivre le comte de près, et, lorsqu'il arriva sous le portique, il trouva aux prises les deux adversaires. Il se hâta aussitôt de donner l'alarme à la garde, se doutant bien que sa propre espièglerie devait être la cause de cette querelle, qui pouvait avoir des résultats funestes. Caché sous le portique, il entendit le second rendez-vous que Leicester donnait à Tressilian. En conséquence, il les avait épiés tous deux avec la plus grande attention, pendant le combat des gens de Coventry, lorsqu'à son grand étonnement il avait reconnu Wayland, déguisé avec grand soin, mais qui ne l'était pas assez pour tromper l'œil curieux de son ancien camarade. Ils sortirent de la foule pour s'expliquer sur leur position mutuelle. Dick avoua à Wayland tout ce que nous venons de raconter; et l'artiste l'informa, à son tour, que sa profonde inquiétude sur le sort de la dame l'avait ramené près du château, aussitôt qu'on lui avait appris dans un village situé à environ vingt milles, où il était dans la matinée, que Varney et Lambourne, dont il redoutait la violence, avaient tous deux quitté Kenilworth la nuit précédente.

Au milieu de leur conversation, ils virent Leicester et Tressilian se dégager de la foule; ils les suivirent jusqu'à l'endroit où ils montèrent à cheval. Ce fut alors que Dick, dont la légèreté est déjà connue de nos lecteurs, arriva assez à temps pour sauver la vie à Tressilian. L'enfant achevait son histoire lorsqu'ils descendirent à la tour de la Galerie.

CHAPITRE XLI.

« Voyez-vous du soleil la flamme matinale
« De la trompeuse nuit chasser l'obscurité?
« Sur le mensonge ainsi prévaut la vérité. »
Ancienne comédie.

Lorsque Tressilian traversa le pont qui venait d'être le théâtre d'un divertissement si tumultueux, il ne put s'empêcher de remarquer que l'expression de tous les visages avait singulièrement changé pendant sa courte absence. Le combat burlesque était terminé; mais les combattans, ayant encore leurs déguisemens, s'étaient formés en divers groupes, comme les habitans d'une ville qui vient d'être agitée par quelque nouvelle étrange et alarmante.

La cour extérieure lui offrit le même aspect. Les domestiques, les gens de la suite du comte, les officiers subalternes de la maison, étaient rassemblés, et se parlaient à voix basse, tournant sans cesse leurs regards vers les croisées de la grand'salle, d'un air à la fois inquiet et mystérieux.

La première personne de sa connaissance particulière que rencontra Tressilian fut sir Nicolas Blount, qui, sans lui laisser le temps de faire des questions, lui adressa ces paroles :

— Dieu te pardonne, Tressilian, tu es plus fait pour être bon campagnard que bon courtisan. Tu n'as pas l'empressement convenable à un homme de la suite de Sa Majesté. On te demande au château, on te désire, on t'attend ; personne ne peut te remplacer dans cette affaire ; et voici que tu arrives avec un marmot sur le cou de ton cheval, comme si tu étais la nourrice de quelque petit diable à la mamelle, auquel tu viens de faire prendre l'air.

— Comment ! qu'y a-t-il donc ? dit Tressilian en lâchant l'enfant, qui s'élança à terre avec la légèreté d'une plume, et en descendant lui-même de cheval en même temps.

— Ma foi, personne ne sait ce dont il s'agit, répliqua Blount ; je suis moi-même en défaut, quoique j'aie l'odorat aussi fin que qui que ce soit. Seulement milord de Leicester vient de traverser le pont en galopant comme s'il eût voulu tout écraser sur son passage ; il a demandé une audience à la reine, et il est dans ce moment enfermé avec elle, ainsi que Burleigh et Walsingham : on t'a fait demander ; mais personne ne sait s'il est question de trahison ou pire encore.

— Il dit vrai, de par le Dieu du ciel, dit Raleigh qui parut en ce moment; il faut que vous vous rendiez sur-le-champ en présence de la reine.

— Point de précipitation, Raleigh, dit Blount ; souviens-toi de ses bottes. Au nom du ciel, va-t'en à ma chambre, et mets mes bas de soie couleur de rose. Je ne les ai portés que deux fois.

— Fort bien, fort bien, répondit Tressilian ; mais, mon cher Blount, prends soin de cet enfant, traite-le avec douceur, et veille à ce qu'il ne s'échappe pas ; il peut être de la plus grande importance.

— En parlant ainsi, il suivit Raleigh en toute hâte, laissant l'honnête Blount, qui, tenant Flibbertigibbet d'une main et la bride du cheval de son ami de l'autre, le suivit quelque temps des yeux.

— Personne, dit-il, ne m'appelle à ces mystères, et Tressilian me laisse ici jouer le rôle de palefrenier et de garde-enfant. Je puis passer sur le premier point, car j'aime naturellement un bon cheval; mais être tourmenté du soin d'une pareille créature! — D'où venez-vous, mon joli petit compère?

— Des marais, répondit l'enfant.

— Et qu'y as-tu appris, mon petit luron?

— A attraper des oies à larges pattes et à jambes jaunes.

— Peste! dit Blount en regardant les énormes rosettes de ses souliers, puisqu'il en est ainsi, le diable emporte celui qui te fera d'autres questions.

Pendant ce temps, Tressilian traversa le grand salon dans toute sa longueur. Il était rempli des groupes formés par les courtisans étonnés, qui chuchotaient d'un air mystérieux; tous avaient les yeux fixés sur l'entrée de l'appartement particulier de la reine. Raleigh montra la porte, Tressilian y frappa, et fut admis sur-le-champ. Tous les assistans tendaient le cou pour pouvoir pénétrer de l'œil dans l'intérieur de l'appartement; mais la tapisserie qui couvrait la porte retomba trop soudainement pour que la curiosité pût se satisfaire.

En entrant, Tressilian se trouva, non sans éprouver une vive émotion, en présence d'Elisabeth. Elle se promenait à grands pas, en proie à une agitation violente, qu'elle semblait dédaigner de cacher, pendant que deux ou trois de ses conseillers les plus intimes échangeaient entre eux des regards inquiets, et attendaient pour parler que sa colère fût apaisée. Devant le fauteuil royal, où elle avait été assise et qui se trouvait écarté de sa place par la violence avec laquelle elle s'en était élancée, Leicester, à genoux, les bras croisés sur sa poitrine, les regards fixés vers la terre, était immobile et muet comme une statue sur un tombeau; à côté de lui, lord Shrewsbury, alors comte-maréchal d'Angleterre, tenait à la main le bâton de sa dignité. L'épée de Leicester, détachée du baudrier, était devant lui sur le plancher.

— Eh bien, monsieur! dit la reine en s'approchant de Tressilian, et frappant du pied avec le geste et l'air de Henry VIII lui-même, vous connaissez cette belle affaire; vous êtes complice de la déception dont nous sommes le jouet; vous avez vous-même été une des principales causes de l'injustice que nous avons commise.

Tressilian tomba à genoux devant la reine, son bon sens lui montrant le risque de chercher à se défendre dans un pareil moment d'irritation.

— Es-tu muet, Tressilian? continua-t-elle; tu connaissais cette intrigue; tu la connaissais, n'est-il pas vrai?

— J'ignorais, madame, que cette infortunée fût comtesse de Leicester.

— Et personne ne la reconnaîtra en cette qualité, dit Elisabeth. Mort de ma vie! comtesse de Leicester! Dites dame Amy Dudley! heureuse si elle n'a pas sujet de signer: Veuve du traître Robert Dudley.

— Madame, dit Leicester, traitez-moi selon votre bon plaisir; mais ne punissez point ce gentilhomme, qui est entièrement innocent.

— De quoi lui servira ton intercession? dit la reine; et quittant Tressilian, qui se releva lentement, elle s'élança vers Leicester, qui restait toujours agenouillé. — De quoi peut-elle lui servir? répéta Elisabeth; ô toi, doublement infidèle, doublement parjure! toi, dont la scélératesse m'a rendue ridicule aux yeux de mes sujets, et odieuse à moi-même! Je voudrais m'arracher les yeux pour les punir de leur aveuglement.

Burleigh se hasarda à parler.

— Madame, dit-il, rappelez-vous que vous êtes reine, reine d'Angleterre, mère de vos sujets ; ne vous abandonnez pas au torrent de cette colère impétueuse.

Elisabeth se tourna vers lui ; une larme brillait dans son œil fier et courroucé : — Burleigh, dit-elle, tu es un homme d'état ; tu ne comprends pas, tu ne peux pas comprendre combien cet homme a versé sur moi de douleur et de mépris.

Avec la plus grande circonspection, avec la vénération la plus profonde, Burleigh prit la main de la reine, dont il voyait le cœur prêt à se briser, et la tira à l'écart dans l'embrasure d'une fenêtre éloignée des spectateurs.

— Madame, dit-il, je suis ministre, mais je suis homme néanmoins. J'ai vieilli dans vos conseils, je ne désire et ne puis désirer ici-bas que votre gloire et votre bonheur. Je vous conjure de vous calmer !

— Ah ! Burleigh, dit Elisabeth, tu ne sais pas... Et ses larmes coulèrent en dépit de ses efforts.

— Je sais, je sais tout, ma glorieuse souveraine. Oh ! prenez garde de ne pas donner lieu à d'autres personnes de soupçonner ce qu'elles ignorent !

— Ah ! dit Elisabeth, qui s'arrêta comme si de nouvelles pensées fussent venues se présenter à son esprit, Burleigh, tu as raison, grandement raison ; tout, excepté le déshonneur ; tout, excepté l'aveu de ma faiblesse ; tout, excepté de paraître trompée, dédaignée : mort de ma vie ! cette seule pensée me jette dans le désespoir.

— Montrez votre courage accoutumé, madame, dit Burleigh, et élevez-vous au-dessus d'une faiblesse que jamais un Anglais ne soupçonnera dans son Elisabeth, si la violence de ses regrets ne lui en porte jusqu'au fond du cœur la triste conviction.

— Quelle faiblesse, milord ? dit Elisabeth avec hauteur ; prétendriez-vous aussi insinuer que la faveur dont j'honorais ce traître orgueilleux puisait sa source dans... Mais ne pouvant plus long-temps soutenir le ton de fierté dont elle s'était armée, elle se radoucit en disant : — Pourquoi chercher à t'en imposer, à toi, mon fidèle et sage serviteur?

Burleigh s'inclina pour baiser affectueusement la main d'Elisabeth; et, chose rare dans les annales des cours, une larme sincère tomba de l'œil du ministre sur la main de sa souveraine.

Il est probable que l'assurance intime qu'avait Elisabeth d'inspirer cet intérêt à Burleigh l'aida à supporter sa mortification et à restreindre son extrême ressentiment; mais elle y fut encore plus portée par la crainte que son emportement ne trahît en public l'affront et le dépit que, comme reine et comme femme, elle désirait si vivement cacher. Elle quitta Burleigh, et se promena dans la salle d'un air sévère, jusqu'à ce que ses traits eussent recouvré leur dignité habituelle, et son maintien cette majesté qui la rendait si imposante.

— Notre souveraine est redevenue la sage Elisabeth, dit Burleigh à voix basse à Walsingham ; remarquez ce qu'elle va faire, et prenez garde de lui résister.

Elisabeth s'approcha alors de Leicester, et dit d'un ton calme :

— Lord Shrewsbury, nous vous déchargeons de votre prisonnier. Lord Leicester, relevez-vous et reprenez votre épée. Un quart d'heure de contrainte sous la surveillance de notre maréchal n'est pas, il nous semble, un châtiment bien sévère pour la fausseté dont vous vous êtes rendu coupable envers nous pendant si long-temps. Nous allons entendre maintenant la suite de cette affaire. Elle se plaça sur son fauteuil, et dit : — Vous, Tressilian, approchez, et dites-nous tout ce que vous savez.

Tressilian raconta son histoire avec sa générosité na-

turelle, supprimant autant que possible tout ce qui était
de nature à nuire à Leicester, et passant sous silence
leurs deux combats. Il est probable qu'en agissant de cette
manière il rendit au comte le plus grand service; car si
la reine eût trouvé dans ce moment-là quelque grief qui
lui eût permis d'exhaler sa colère contre Leicester, sans
faire paraître des sentimens dont elle rougissait, il aurait
pu s'en trouver mal. Elle réfléchit quelque temps lorsque
Tressilian eut cessé de parler, et dit ensuite :

— Nous prendrons ce Wayland à notre service, et nous
placerons l'enfant dans les bureaux de notre secrétariat,
afin qu'il apprenne à respecter les lettres par la suite.
Quant à vous, Tressilian, vous avez eu tort de ne pas
nous communiquer la vérité tout entière, et la promesse
qui vous liait était à la fois imprudente et coupable envers nous. Cependant, ayant donné votre parole à cette
malheureuse dame, il était du devoir d'un homme et d'un
gentilhomme de la garder fidèlement : après tout, nous
vous estimons pour la conduite que vous avez tenue dans
cette affaire. Lord Leicester, c'est maintenant à votre tour
de nous dire la vérité, chose que vous avez trop négligée
depuis quelque temps.

En conséquence, elle lui arracha par des questions successives toute l'histoire de sa première connaissance avec
Amy Robsart, leur mariage, sa jalousie, les causes sur
lesquelles elle était fondée, et beaucoup d'autres particularités. La confession de Leicester, car on pouvait bien
lui donner ce nom, lui fut arrachée par fragmens; néanmoins elle fut assez exacte, excepté qu'il omit entièrement d'avouer qu'il eût consenti aux desseins criminels de
Varney sur la vie de la comtesse. Toutefois cette idée était
ce qui l'occupait alors le plus, et quoiqu'il se reposât en
grande partie sur le contre-ordre très positif qu'il avait
envoyé par Lambourne, son dessein était de partir en
personne pour Cumnor-Place, dès qu'il aurait pris congé

de la reine, qui, à ce qu'il s'imaginait, allait quitter Kenilworth sur-le-champ.

Mais Leicester comptait sans son *hôte*. Il est vrai que sa présence et ses aveux étaient fiel et absinthe pour la maîtresse qui l'avait tant aimé. Mais privée de toute autre vengeance plus directe, la reine s'aperçut que ses demandes donnaient la torture à son infidèle amant, et elle les continuait dans cette intention, sans faire plus d'attention à ses propres souffrances que le sauvage n'en fait à ses mains que brûlent les tenailles ardentes dont il déchire les chairs de son ennemi.

A la fin cependant, le comte altier, semblable à un cerf aux abois, donna à entendre que sa patience était épuisée. — Madame, dit-il, j'ai été bien coupable, plus coupable peut-être que vous ne l'avez dit dans votre juste ressentiment; néanmoins, madame, permettez-moi d'ajouter que mon crime, s'il est impardonnable, n'a pas été commis sans provocation, et que si la beauté et une dignité affable pouvaient séduire le faible cœur de l'homme, je pourrais citer l'une et l'autre comme les motifs qui m'ont déterminé à cacher ce secret à Votre Majesté.

La reine fut si frappée de cette réponse, que Leicester eut soin de prononcer de manière qu'elle ne pût être entendue que d'elle seule, qu'elle ne sut qu'y répondre dans le moment, et le comte eut la témérité de poursuivre son avantage.

— Votre Majesté, qui s'est déjà montrée si indulgente, me permettra d'invoquer sa clémence royale en faveur de ces expressions qui, hier matin même, n'étaient regardées que comme une bien légère offense.

La reine lui répliqua avec colère, et tenant les yeux attachés sur lui en lui répondant : — De par le Dieu du ciel ! milord, s'écria-t-elle, une pareille effronterie passe toutes les bornes, et lasse ma patience ; mais elle ne servira de rien. Holà ! milords ! venez apprendre une nouvelle : le mariage clandestin de lord Leicester m'a dérobé un époux, et un roi à l'Angleterre. Sa Seigneurie est tout-à-fait patriarcale dans ses goûts ; une seule femme ne saurait lui suffire, et il *nous* réservait l'honneur de sa main gauche. Maintenant, n'est-ce pas le comble de l'insolence que je n'aie pu l'honorer de quelques marques de ma faveur sans qu'il ait eu aussitôt la présomption de croire ma couronne et ma main à sa disposition ? Vous, milords, vous avez cependant une meilleure opinion de moi, et je sens pour cet homme ambitieux la même compassion que pour un enfant qui voit une bulle de savon éclater entre ses mains. Nous allons rentrer dans la grand'salle... Milord de Leicester, nous vous ordonnons de nous suivre et de vous tenir près de nous.

Toute la cour réunie dans la salle était impatiente de curiosité, et quel fut l'étonnement universel lorsque la reine dit à ceux qui se trouvaient près d'elle : — Les réjouissances de Kenilworth ne sont pas encore épuisées, milords et mesdames ; il nous reste à célébrer les noces du noble propriétaire.

Il y eut un murmure de surprise :—Rien de plus vrai, nous en donnons notre parole royale, dit la reine ; il nous en a fait un secret afin de nous réserver le plaisir de cette surprise. Je vois que vous mourez de curiosité de connaître quelle est l'heureuse épouse de Leicester ; c'est Amy Robsart, la même qui, pour compléter la fête d'hier, a figuré dans le divertissement comme la femme de son serviteur Varney.

—Au nom de Dieu, madame, dit le comte en s'approchant d'elle avec un mélange d'humilité, de mortification et de honte qu'on lisait sur son visage, et parlant assez bas pour n'être entendu que d'elle seule, prenez ma tête, comme vous m'en menaciez dans votre colère, et épargnez-moi ces insultes ; ne foulez pas aux pieds un ver déjà écrasé.

— Un ver, milord! dit la reine du même ton; dites un serpent, c'est un plus noble reptile, et la comparaison serait plus exacte. Vous connaissez un serpent engourdi par le froid qui fut réchauffé dans le sein de quelqu'un...

— Pour l'amour de vous, madame, pour moi-même, dit le comte, pendant qu'il me reste encore quelque raison...

— Parlez haut, milord, dit Elisabeth, et d'un peu plus loin, s'il vous plaît; qu'avez-vous à nous demander?

— La permission, dit le malheureux comte d'un ton soumis, de partir à l'instant pour Cumnor-Place.

— Pour ramener ici votre épouse, probablement? C'est assez bien vu; car, d'après ce que nous avons entendu dire, elle est en assez mauvaises mains. Mais, milord, vous ne pouvez y aller en personne... Nous avons arrêté de passer quelques jours dans ce château de Kenilworth, et vous n'aurez pas l'impolitesse de nous priver de la présence de notre hôte pendant le séjour que nous comptons y faire... Sous votre bon plaisir nous ne pouvons pas nous soumettre à un tel affront aux yeux de nos sujets... Tressilian ira à Cumnor-Place pour vous, et un gentilhomme de notre chambre l'accompagnera, afin que lord Leicester ne redevienne point jaloux de son ancien rival.

— Qui veux-tu avoir pour compagnon de voyage, Tressilian?

Tressilian prononça avec une humble soumission le nom de Raleigh.

— Vraiment, dit la reine, tu as fait un bon choix. Raleigh est un jeune chevalier; et délivrer une dame de prison, c'est une heureuse aventure pour son début... Il faut que vous sachiez, milords et mesdames, que Cumnor-Place ne vaut guère mieux qu'une prison. D'ailleurs il y a là certains chevaliers félons que nous désirerions avoir sous bonne garde en notre pouvoir... Monsieur notre secrétaire, vous leur remettrez l'ordre de s'assurer des personnes de Richard Varney et d'Alasco; qu'on les amène ici morts ou vifs ; prenez avec vous une escorte suffisante, messieurs ; conduisez la dame à Kenilworth en tout honneur ; ne perdez pas un moment ; et que Dieu soit avec vous.

Ils s'inclinèrent respectueusement et sortirent.

Qui pourra décrire la manière dont la fin de cette journée fut employée à Kenilworth? La reine, qui semblait n'y être restée que dans le seul dessein d'insulter et de mortifier le comte de Leicester, se montra aussi habile dans ces raffinemens de vengeance féminine qu'elle l'était dans l'art de gouverner ses peuples avec sagesse. La cour obéit aux intentions de la souveraine, et le seigneur de Kenilworth éprouvait, au milieu de ses fêtes et dans son propre château, le sort d'un courtisan disgracié, par la manière froide et peu respectueuse des amis qui se tenaient prêts à le quitter, et par le triomphe mal caché de ses ennemis avoués. Sussex, fidèle à la franchise militaire de son caractère, Burleigh et Walsingham, par une sagacité pénétrante, et quelques dames touchées de la compassion qui distingue leur sexe, furent les seules personnes de cette cour nombreuse qui montrèrent à Leicester le même visage qu'elles avaient eu le matin.

Leicester avait été tellement accoutumé à considérer la faveur des cours comme le but principal de sa vie, que tous ses autres sentimens furent pendant quelque temps comme perdus dans les tourmens que faisait éprouver à son esprit altier cette continuité de petites humiliations et de mépris étudiés dont il était devenu tout-à-coup l'objet. Mais, lorsqu'il se fut retiré le soir dans son appartement, cette longue et superbe tresse de cheveux qui avait lié la lettre d'Amy s'offrit à ses regards, et, comme par la vertu magique d'un talisman, réveilla dans son cœur des sentimens plus nobles et plus doux. Il la baisa mille fois et, en se rappelant qu'il était encore en son pouvoir d'éviter les souffrances qu'il venait d'endurer, en se retirant dans cette demeure magnifique et digne d'un prince, avec la charmante et tendre compagne qui devait partager son sort futur, il sentit qu'il pourrait s'élever au-dessus de la vengeance qu'Elisabeth s'était plu à tirer de lui.

En conséquence Leicester, le jour suivant, montra une si noble sérénité d'âme, il parut si occupé des plaisirs de ses hôtes, et cependant si indifférent pour leur conduite personnelle à son égard ; il fut si respectueux avec la reine, il supporta avec tant de patience tous les dégoûts dont elle cherchait à l'abreuver, qu'Elisabeth changea de procédés, et, quoique toujours froide et hautaine, elle ne lui fit plus aucun affront direct. Elle fit entendre aussi avec quelque aigreur à ceux de sa suite qui pensaient lui faire la cour en se conduisant d'une manière peu respectueuse avec le comte, que tant qu'ils resteraient à Kenilworth ils devaient avoir pour lui les égards auxquels des hôtes étaient obligés envers le seigneur du château. Enfin tout changea tellement de face en vingt-quatre heures que les courtisans les plus expérimentés et les plus déliés, prévoyant qu'il était possible que Leicester rentrât en faveur, ré gèrent leur conduite de manière à pouvoir un jour se faire un mérite de ne l'avoir pas abandonné au jour de son adversité. Il est temps cependant de laisser ces intrigues, pour suivre dans leur voyage Tressilian et Raleigh.

Outre Wayland, ils avaient avec eux un poursuivant d'armes de la reine, et deux vigoureux domestiques. Ils étaient tous six bien armés, et voyageaient aussi vite que le permettait la nécessité de ménager leurs chevaux, qui avaient devant eux un long chemin à faire. Ils cherchèrent à se procurer quelques renseignemens sur Varney ; mais ils ne purent en recueillir aucun, parce qu'il avait voyagé pendant la nuit.

Dans un petit village qui était à douze milles de Kenilworth, où ils s'arrêtèrent pour faire rafraîchir leurs chevaux, un pauvre ecclésiastique, curé-desservant du lieu, sortit d'une petite chaumière, et les supplia, si quelqu'un d'entre eux entendait la chirurgie, qu'il voulût bien entrer un instant pour voir un homme qui se mourait.

Wayland, l'empirique, offrit de faire de son mieux. Pendant que le curé le conduisait à l'endroit désigné, il apprit que le blessé avait été trouvé sur la grande route, à un mille du village, par les laboureurs qui allaient à leurs travaux dans la matinée précédente, et que le curé lui avait donné un asile dans sa maison. Sa blessure, qui provenait d'un coup de feu, était évidemment mortelle. Mais avait-il été blessé dans une querelle particulière, ou par des voleurs, c'est ce qu'on n'avait pu savoir, car il avait une fièvre violente, et ne tenait aucun discours suivi. Wayland entra dans un appartement sombre; et le curé n'eut pas plus tôt tiré les rideaux du lit, qu'il reconnut dans les traits défigurés du mourant la figure de Michel Lambourne. Sous prétexte d'aller chercher quelque chose dont il avait besoin, Wayland courut prévenir ses compagnons de voyage de cette circonstance extraordinaire; et Tressilian et Raleigh, remplis des plus vives inquiétudes, se rendirent en toute hâte à la demeure du curé, pour assister aux derniers momens de Lambourne.

Ce misérable était alors dans les angoisses de la mort, dont un meilleur chirurgien que Wayland n'aurait pu le sauver; car la balle lui avait traversé le corps de part en part. Il avait encore quelque usage de ses sens; il reconnut Tressilian, et lui fit signe de se pencher sur son lit. Tressilian s'approcha. Après quelques murmures inarticulés, dans lesquels on ne pouvait distinguer que les noms de Varney et de lady Leicester, Lambourne lui dit de se hâter, de peur d'arriver trop tard. Ce fut en vain que Tressilian chercha à obtenir du malade de plus amples renseignemens; il parut tomber dans le délire, et quand il fit encore signe à Tressilian pour attirer son attention, ce ne fut que pour le prier d'informer son oncle Giles Gosling, aubergiste de l'*Ours-Noir*, qu'il était mort dans son lit, après tout. Un instant après en effet une dernière convulsion termina sa vie, et cette rencontre ne servit qu'à faire concevoir à nos voyageurs, sur le sort de la comtesse, les craintes vagues que les dernières paroles de Lambourne devaient naturellement produire. Ils poursuivirent leur route avec la plus grande vitesse, requérant des chevaux au nom de la reine lorsque ceux qu'ils montaient furent trop fatigués pour aller plus loin.

CHAPITRE XLII.

« L'airain trois fois répète un son de mort ;
« On entendit une voix gémissante,
« Et le corbeau, de son aile pesante,
« Frappa trois fois les créneaux de Cumnor. »
MICKLE.

Il faut maintenant revenir à cette partie de notre histoire où nous annoncions que Varney, profitant de l'autorité du comte de Leicester et de la permission de la reine, se hâta de se prémunir contre la découverte de sa perfidie, en éloignant la comtesse du château de Kenilworth. Il se proposait de partir le matin de bonne heure ; mais, réfléchissant que le comte pourrait se radoucir dans l'intervalle, et chercher à avoir une autre entrevue avec la comtesse, il résolut de détruire par son départ immédiat toute possibilité d'un évènement qui devait probablement se terminer par la découverte de ses projets et sa ruine complète. Dans ce dessein, il fit appeler Lambourne, et fut excessivement irrité d'apprendre que ce fidèle serviteur était sorti du château pour aller prendre ses ébats dans le village voisin ou ailleurs. Comme il ne pouvait tarder à revenir, sir Richard laissa des ordres pour qu'il se préparât à l'accompagner dans un voyage, ou à le rejoindre s'il ne rentrait qu'après son départ.

Cependant Varney le remplaça provisoirement par un domestique nommé Robin Tider, auquel les mystères de Cumnor-Place étaient connus en partie, parce qu'il y avait suivi le comte plus d'une fois. Cet homme, dont le caractère ressemblait à celui de Lambourne, quoiqu'il ne fût ni aussi adroit ni aussi dissolu, reçut de Varney l'ordre de seller trois bons chevaux, de préparer une litière, et de se tenir prêt à partir. L'excuse assez naturelle du dérangement de l'esprit de sa femme, auquel tout le monde ajoutait foi, expliquait la manière secrète dont on l'éloignait du château ; et il comptait sur les mêmes prétextes, dans le cas où les cris et la résistance de la malheureuse Amy le forceraient à se justifier. L'assistance de Tony Foster était indispensable, et Varney alla s'en assurer.

Foster, d'un caractère naturellement aigre et d'une humeur insociable, fatigué d'ailleurs du voyage qu'il avait fait de Cumnor-Place à Kenilworth pour annoncer la fuite de la comtesse, s'était séparé de bonne heure de la foule des buveurs. Il s'était retiré dans sa chambre, et dormait profondément lorsque Varney, complètement équipé pour la route, et une lanterne sourde à la main, entra dans l'appartement. Il s'arrêta un instant pour écouter ce que son compagnon murmurait en dormant, et il distingua parfaitement ces mots : — *Ave Maria, ora pro nobis.* Non, ce n'est pas cela : délivrez-nous du mal. Oui, c'est ainsi qu'il faut dire.

— Il prie dans son sommeil, pensa Varney, et confond ses anciennes superstitions avec ses nouvelles ; il aura un plus grand besoin de prières avant que j'aie fini avec lui... Holà ! ho ! saint homme, bienheureux pénitent, éveille-toi, éveille-toi ; le diable ne t'a pas encore renvoyé de son service.

En même temps Varney secoua le dormeur par le bras; ce mouvement changea le cours des idées de Foster, et il se mit à crier : — Au voleur! au voleur! je mourrai pour la défense de mon or; de mon or si péniblement gagné; de mon or qui me coûte si cher: où est Jeannette? ne lui est-il rien arrivé?

— Que veux-tu qu'il lui soit arrivé, braillard imbécile? dit Varney; n'as-tu pas honte de faire tant de bruit?

Foster se trouvait alors entièrement éveillé, et, s'asseyant sur son lit, il demanda à Varney ce que signifiait une pareille visite à une telle heure : — Elle n'annonce rien de bon, ajouta-t-il.

— Fausse prophétie! très saint Anthony, repartit Varney; elle annonce que l'heure est venue de changer ton bail en un acte de propriété. Que dis-tu de cela?

— Si tu me l'eusses dit à la face du jour, dit Foster, je m'en serais réjoui, mais à cette heure funeste, par cette triste clarté, quand la pâleur de ta figure forme un sinistre contraste avec la légèreté de tes paroles, je ne puis m'empêcher de penser bien plus à ce que tu vas me prescrire qu'à la récompense que je vais gagner.

— Comment! vieux fou; il ne s'agit que de reconduire à Cumnor-Place ton ancienne prisonnière.

— Est-ce là tout? dit Foster; ton visage a la pâleur de la mort, et ce ne sont point des vétilles qui peuvent t'émouvoir. Est-ce véritablement là tout?

— Oui, tout, et peut-être une bagatelle en sus, dit Varney.

— Ah! reprit Foster, ta pâleur augmente encore à chaque instant.

— Ne fais pas attention à ma figure, dit Varney, tu ne la vois qu'à la triste clarté de cette lanterne. Lève-toi et agis; pense à Cumnor-Place, qui va devenir ta propriété. Comment donc! tu pourras fonder une boutique de conférences hebdomadaires, et de plus doter Jeannette aussi richement que la fille d'un baron. Soixante-dix livres sterling et au-delà.

— Soixante-dix-neuf livres cinq shillings et cinq pence et demi, outre la valeur du bois, dit Foster ; et aurai-je tout cela en propriété ?

— Tout, mon camarade, y compris les écureuils. Un Bohémien ne coupera pas un morceau de bois, un enfant ne prendra pas un nid d'oiseau sur tes domaines sans t'en payer la valeur. Allons, voilà qui est bien ; prends tes hardes aussi vite que possible. Les chevaux sont prêts, tout est prêt, excepté cet infernal scélérat de Lambourne, qui est allé faire quelque orgie je ne sais où.

— Voilà ce que c'est, sir Richard, dit Foster ; vous ne voulez pas suivre mes conseils ; je vous ai toujours dit que ce libertin d'ivrogne vous manquerait lorsque vous en auriez besoin. J'aurais pu, à sa place, vous fournir quelque jeune homme sobre et rangé.

— Quoi ! quelque hypocrite de la congrégation, à la parole lente et aux longues phrases ? hé bien, nous pourrons aussi l'employer. Dieu soit loué ! nous aurons besoin de laboureurs de toute espèce ; c'est bien ; n'oublie pas tes pistolets ; voyons, maintenant, partons !

— Où allons-nous ? dit Tony.

— A la chambre de milady, et fais attention qu'il faut qu'elle parte avec nous. Tu n'es pas homme à t'effrayer de ses cris.

— Non, si nous pouvons nous appuyer de quelque passage de l'Écriture ; et il est dit : Femmes, obéissez à vos maris. Mais les ordres de milord nous mettent-ils à couvert si nous employons la violence ?

— Tiens, voilà son anneau.

Ayant ainsi réfuté les objections de son associé, Varney se rendit avec lui dans l'appartement de lord Hunsdon, et donnant connaissance de leur dessein à la sentinelle comme d'un projet sanctionné par la reine et le comte de Leicester,

Foster et lui entrèrent dans l'appartement de la malheureuse comtesse.

L'horreur d'Amy peut se concevoir quand elle fut réveillée en sursaut et vit à côté de son lit Varney, l'homme du monde qu'elle craignait et détestait le plus. Ce fut même une consolation pour elle de s'apercevoir qu'il n'était pas seul, quoiqu'elle eût plus d'un motif pour redouter aussi son compagnon.

— Madame, dit Varney, ce n'est pas le temps de faire des cérémonies; lord Leicester, forcé par l'urgence des circonstances, vous envoie l'ordre de nous accompagner sans délai à Cumnor-Place; voici son anneau que je vous montre comme le signe de sa volonté formelle.

— C'est une imposture, répondit la comtesse; tu as volé ce gage, toi qui es capable de toutes les scélératesses, depuis la plus atroce jusqu'à la plus basse.

— Ce que je vous dis est vrai, madame, reprit Varney, et si vrai que, si vous ne vous préparez pas immédiatement à nous suivre, nous serons obligés d'employer la violence pour exécuter nos ordres.

— La violence! tu n'oserais pas en venir à ce moyen, lâche que tu es! s'écria la malheureuse comtesse.

— C'est ce qui me reste à prouver, madame, dit Varney, qui avait compté sur la terreur comme sur le seul moyen de subjuguer cette âme altière; ne me forcez pas d'en venir à cette extrémité, ou vous trouverez en moi un valet de chambre un peu rude.

Ce fut cette menace qui fit pousser à la pauvre Amy des cris si effrayans que, si ce n'eût été la conviction qu'on avait qu'elle était folle, elle aurait vu accourir à son secours lord Hunsdon et d'autres personnes; mais s'apercevant que ses cris étaient inutiles, elle s'adressa à Foster dans les termes les plus touchans, et le conjura, au nom de l'honneur et de l'innocence de sa fille Jeannette, de ne pas souffrir qu'elle fût traitée avec tant d'indignité.

— Comment donc, madame, dit Foster, les femmes doivent obéir à leurs maris, c'est l'Ecriture qui leur en fait la loi. Et si vous vous habillez vous-même pour venir avec nous sans résistance, personne ne vous touchera du bout du doigt tant que je pourrai tirer un pistolet.

Ne voyant arriver aucun secours, et rassurée même par la réponse de Foster, malgré son ton bourru, la comtesse promit de se lever et de s'habiller s'ils voulaient se retirer dans la chambre voisine. Varney alors l'assura qu'elle n'avait rien à craindre pour son honneur et sa sûreté tant qu'elle serait entre ses mains, et il promit de ne point l'approcher, puisque sa présence lui était si désagréable. Son époux, ajouta-t-il, serait à Cumnor vingt-quatre heures après elle.

Un peu consolée par cette assurance, quoiqu'elle ne crût pas pouvoir y compter beaucoup, la malheureuse Amy s'habilla à la clarté de la lanterne que laissa Varney en quittant l'appartement.

Amy se leva en versant des larmes, tremblante, et implorant le ciel avec des sensations bien opposées à celles qu'elle éprouvait jadis lorsqu'elle se parait avec toute la satisfaction d'une beauté qui connaît le pouvoir de ses charmes.

Elle employa le plus long temps possible à s'habiller, jusqu'à ce que, épouvantée de l'impatience de Varney, elle fut obligée de déclarer qu'elle était prête.

Au moment de se mettre en marche, la comtesse se tint près de Foster, avec une expression si marquée de la frayeur que lui inspirait Varney, que celui-ci lui protesta avec un serment solennel qu'il n'avait nullement l'intention de l'approcher.

— Si vous consentez, dit-il, à obéir patiemment à la volonté de votre époux, vous ne me verrez que rarement. Je vous laisserai aux soins du guide que votre bon goût me préfère.

— La volonté de mon époux ! s'écria-t-elle ; mais c'est la volonté de Dieu, et ce motif doit me suffire... Je suivrai M. Foster avec la docilité d'une victime qu'on mène au sacrifice. Foster est père ; du moins je serai traitée avec décence, sinon avec humanité. Quant à toi, Varney, je te le répète, quand ce devraient être mes dernières paroles, tu es étranger à ces deux sentimens.

Varney se contenta de répondre qu'elle avait la liberté du choix, et marcha devant pour montrer le chemin. La comtesse s'appuyant sur Foster, et presque traînée par lui, fut conduite de la tour de Saint-Lowe à la poterne, où Tider attendait avec une litière et des chevaux.

La comtesse se laissa placer dans la litière, et vit avec satisfaction que, pendant que Foster se tenait près de la voiture, conduite par Tider, l'odieux Varney restait à quelque distance en arrière ; bientôt elle le perdit de vue dans l'ombre de la nuit.

Amy profita des sinuosités de la route pour jeter un dernier regard sur ces tours majestueuses dont son époux était le seigneur, et qui çà et là brillaient encore de l'éclat des lumières de la fête. Mais, quand il ne fut plus possible de les apercevoir, elle laissa retomber sa tête sur son sein, et, s'enfonçant dans la litière, se recommanda aux soins de la Providence.

Outre le désir qu'avait Varney d'engager la comtesse à poursuivre tranquillement le voyage, il entrait aussi dans ses vues d'avoir un entretien sans témoins avec Lambourne, par qui il espérait d'être rejoint bientôt.

Il connaissait le caractère de cet homme résolu, avide et cruel de sang-froid, qu'il regardait comme l'agent le plus propre à exécuter ses desseins.

Il était déjà à plus de dix milles de Kenilworth, lorsqu'il entendit enfin le galop d'un cheval ; c'était celui de Michel Lambourne.

Impatienté comme il l'était de ce retard, Varney fit

à son valet licencieux un accueil plus dur que jamais.

— Vaurien d'ivrogne, lui dit-il, ta paresse et ton inconduite te mettront avant peu la corde au cou, et je voudrais que ce fût dès demain.

Ce ton de réprimande ne plut guère à Lambourne, qui avait la tête exaltée outre mesure, non seulement par une copieuse libation de vin, mais encore par l'espèce d'entretien confidentiel qu'il venait d'avoir avec le comte, et surtout par la connaissance du secret dont sa curiosité s'était emparée.

Oubliant toute sa docilité pour Varney, il osa lui répondre qu'il ne souffrirait pas de propos insolens du meilleur chevalier du monde. Lord Leicester l'avait retenu pour une affaire d'importance, et cette raison devait suffire à Varney, qui après tout n'était qu'un domestique comme lui.

Varney ne fut pas médiocrement surpris de ce ton d'impertinence; mais, l'attribuant à l'ivresse, il feignit de ne pas s'en apercevoir, et commença à sonder Lambourne pour savoir s'il consentirait à écarter le seul obstacle qui s'opposait à ce que le comte parvînt à un rang assez élevé pour récompenser ses plus fidèles serviteurs au-delà de tous leurs désirs.

Michel Lambourne ayant l'air de ne pas comprendre ce qui lui était proposé, Varney lui indiqua clairement que c'était la personne transportée dans la litière qui était l'obstacle en question.

— Oui-dà, sir Richard; faites bien attention à ceci, répondit Michel : il y a des gens qui en savent plus long que d'autres, entendez-vous, et il y en a qui sont plus méchans que d'autres. Je connais les intentions de milord sur ce point mieux que vous, car il m'a tout confié. Voici ses ordres dans cette lettre, et ses derniers mots sont ceux-ci : — Michel Lambourne, m'a-t-il dit, car Sa Seigneurie me parle comme à un homme qui porte l'épée, et ne me traite pas d'ivrogne et de coquin, comme tel et tel qui se laissent gonfler par leurs nouvelles dignités ;— il faut, m'a-t-il dit, que Varney conserve tout le respect possible pour ma comtesse... Je vous charge d'y veiller, M. Lambourne, et de redemander expressément mon anneau à Varney.

— Oui! reprit Varney ; a-t-il en effet parlé ainsi? tu sais donc tout?

— Tout, tout; et vous ferez sagement de rester mon ami tant que le soleil luira pour nous deux.

— Personne n'était présent pendant que milord te parlait? demanda Varney.

— Pas un être vivant, reprit Lambourne ; pensez-vous que milord confierait ses secrets à tout autre qu'à un homme éprouvé comme moi?

— En vérité! dit Varney ; et s'arrêtant, il promena ses regards sur la route qu'éclairait la lumière de la lune. Ils traversaient une vaste bruyère. La litière était à un mille devant eux, et trop éloignée pour qu'ils pussent être vus ou entendus par ceux qui l'escortaient. Derrière eux régnait un morne silence ; tout annonçait qu'ils étaient sans témoins. Varney reprit son entretien avec Lambourne.

— Tu voudrais donc, lui dit-il, te tourner contre ton maître, contre celui qui t'a ouvert la carrière des faveurs de la cour, contre celui dont tu as été en quelque sorte l'apprenti, Michel; qui t'a, en un mot, montré les profondeurs et les écueils de l'intrigue?

— Ne m'appelez pas Michel tout court, répondit Lambourne; j'ai un nom qui peut être précédé de *monsieur* tout aussi bien qu'un autre; et quant au reste, si j'ai été en apprentissage, mon temps est fini, et je suis résolu de passer maître à mon tour.

— Reçois d'abord tes gages, insensé, dit Varney ; et prenant son pistolet, il traversa d'une balle le corps de Lambourne.

Le misérable tomba de cheval sans pousser un seul soupir; Varney, mettant pied à terre, fouilla ses poches, et en tourna la doublure pour faire croire à ceux qui le rencontreraient qu'il avait été assassiné par des voleurs. Il s'empara de la lettre du comte, et prit aussi la bourse de Lambourne, qui contenait encore quelques pièces d'or. Mais, par un singulier mélange de sentimens, il la porta jusqu'à une petite rivière qui traversait la route, et la jeta dans l'eau aussi loin qu'il put. Tels sont les étranges retours d'une conscience qui semble tout-à-fait subjuguée. Cet homme cruel et sans remords se serait cru dégradé s'il avait gardé quelques pièces d'or qui avaient appartenu au misérable qu'il venait de tuer sans pitié.

Le meurtrier rechargea son pistolet après en avoir essuyé la platine et le canon pour faire disparaître tout indice d'une explosion récente, et il suivit tranquillement la litière de loin, satisfait de s'être si adroitement débarrassé du témoin importun de plusieurs de ses intrigues, et du porteur d'un ordre qu'il n'avait aucune intention d'exécuter, et que par conséquent il désirait être censé n'avoir pas reçu.

Le voyage s'acheva avec une rapidité qui prouvait le peu de cas qu'on faisait de la santé de la comtesse. On ne s'arrêtait que dans des lieux où tout était subordonné à Varney, et où le conte de la folie qu'on attribuait à Amy aurait été cru sans difficulté si elle eût essayé d'implorer la compassion de ceux qui l'approchaient; ainsi Amy ne vit aucun espoir de se faire entendre de ceux avec qui elle se trouvait momentanément seule, et d'ailleurs la présence de Varney lui faisait trop d'horreur pour qu'elle osât violer la condition sous laquelle il devait ne l'escorter que de loin pendant la route.

Les fréquens voyages secrets que Varney avait faits à

Cumnor avec le comte de Leicester lui avaient donné un grand crédit sur la route; il se procura facilement et promptement des chevaux toutes les fois qu'il en eut besoin : de sorte que la litière se trouva près de Cumnor la nuit qui suivit le départ de Kenilworth.

Ce fut alors que Varney s'approcha de la litière, comme il l'avait fait par intervalles pendant le voyage, et demanda : — Que fait-elle?

— Elle dort, répondit Foster; je voudrais être arrivé, ses forces s'épuisent.

— Le repos la rétablira, reprit Varney; elle dormira bientôt plus longuement... Il faut penser à la loger en lieu sûr.

— Pourquoi pas dans son appartement? dit Foster; j'ai envoyé Jeannette chez sa tante, avec une bonne réprimande. On peut se fier à nos vieilles servantes, car elles détestent cette dame de tout leur cœur.

— Nous ne nous fierons pourtant pas à elles, mon ami Tony. Il nous faut l'enfermer dans la chambre où tu caches ton or.

— Mon or! dit Foster avec un air alarmé; que voulez-vous dire? de quel or voulez-vous parler? Dieu m'assiste! je n'ai point d'or; je voudrais en avoir.

— Que la peste t'étouffe, brute stupide! qui se soucie de ton or? Si j'en avais envie, n'aurais-je pas cent moyens plus sûrs pour m'en emparer? En un mot, ta chambre à coucher, que tu as fortifiée d'une manière si curieuse, sera le lieu de réclusion de la comtesse; et toi, rustre, tu t'enfonceras dans le duvet de ses matelas. Je puis te promettre que le comte ne réclamera jamais le riche ameublement de ses quatre chambres.

Cette dernière considération rendit Foster plus traitable; il demanda seulement à Varney la permission de prendre les devans pour tout préparer, et, pressant son cheval de l'éperon, il laissa la litière sous l'escorte de Tider et de Varney, qui la suivait à la distance d'une soixantaine de pas.

Quand elle fut arrivée à Cumnor, la comtesse demanda vivement Jeannette, et parut très alarmée quand on l'informa qu'elle ne serait plus servie par cette aimable fille.

— Mon enfant m'est cher, madame, dit Tony avec son air refrogné, et je ne me soucie pas que Jeannette apprenne à mentir et à tramer des fuites; elle n'en sait déjà que trop là-dessus, n'en déplaise à Votre Seigneurie.

La comtesse, fatiguée et encore effrayée des circonstances qui avaient précédé son voyage, ne répondit rien à cette insolence; mais elle témoigna avec douceur le désir de se retirer dans sa chambre.

— Oui, oui, murmura Foster, c'est une chose raisonnable; mais, avec votre permission, vous n'irez pas dans cet appartement tout rempli de vanités mondaines. Vous dormirez cette nuit dans un lieu plus sûr.

— Plût au ciel que ce fût dans ma tombe! dit la comtesse; mais nous frémissons, malgré nous, à l'idée de la séparation du corps et de l'âme.

— Vous n'avez, madame, aucune raison de frémir de cette idée, reprit Foster; milord vient ici demain, et sans doute vous rentrerez dans ses bonnes grâces.

— Mais viendra-t-il? viendra-t-il en effet, bon Foster?

— Oh! oui, bon Foster! reprit le vieux Tony; mais quel Foster serai-je demain, lorsque vous parlerez de moi à milord, quoique tout ce que j'ai fait n'ait été que pour obéir à ses propres ordres?

— Vous serez mon protecteur; un protecteur un peu brusque, il est vrai, mais cependant mon protecteur. Oh! si Jeannette était ici!

— Elle est mieux où elle est, répondit Foster; il y a assez d'une dame comme vous pour embrouiller une tête: mais voulez-vous prendre quelques rafraîchissemens?

— Oh! non, non; ma chambre, ma chambre: j'espère du moins que je pourrai la fermer en dedans.

— De tout mon cœur, répondit Foster, pourvu que je puisse l'assurer en dehors; et, prenant une lumière, il conduisit la comtesse à une partie du bâtiment où elle n'avait jamais été, et lui fit monter un escalier très élevé : une des vieilles les précédait avec une lampe.

Parvenus au dernier degré de l'escalier, dont la hauteur était prodigieuse, ils traversèrent une galerie en bois de chêne, très étroite, au bout de laquelle était une porte épaisse qui défendait la chambre du vieil avare. Cette chambre était dépourvue de tout ce qui pouvait être utile ou commode pour une femme, et il ne lui manquait que le nom de prison.

Foster s'arrêta sur le seuil de la porte, et remit la lampe à la comtesse, sans permettre que la vieille même la suivît. Amy, prenant la lampe, entra aussitôt, ferma la porte, et l'assura par le moyen des nombreux verrous qu'y avait adaptés Foster.

Varney, pendant ce temps-là, s'était tenu au bas de l'escalier : mais, entendant fermer la porte, il arriva sur la pointe du pied, et Foster lui montra de l'œil, avec un air de satisfaction, une machine cachée dans le mur, qui, jouant avec aisance et sans bruit, abaissait une partie de la galerie de bois comme un pont-levis, de manière à couper toute communication entre la porte de sa chambre et le palier de l'escalier tournant qui y conduisait. La corde qui mettait cette machine en mouvement était ordinairement placée dans la chambre de Foster, afin qu'il pût se précautionner contre une *invasion* du dehors. Mais, maintenant qu'il s'agissait d'y retenir un prisonnier, il l'avait fixée au palier, après avoir abaissé le pont.

Varney considéra la machine avec attention, et plongea plusieurs fois ses regards dans l'abîme qu'ouvrait la chute de la trappe.

Il y régnait une sombre obscurité, et il était très profond, puisqu'il descendait jusqu'aux dernières caves, comme Foster le dit à l'oreille de Varney. Celui-ci, après avoir mesuré des yeux à plusieurs reprises ce sombre gouffre, suivit Foster dans la salle du château.

Lorsqu'ils y furent arrivés, il dit à Tony de faire apporter le souper et du meilleur vin, en ajoutant qu'il allait chercher Alasco : — Il y aura de l'ouvrage pour lui, dit-il, et il faut le mettre de bonne humeur.

Foster le comprit, mais il se contenta de pousser un gémissement sans faire aucune remontrance. La vieille assura Varney qu'Alasco avait à peine bu et mangé depuis son départ, et qu'il était resté continuellement enfermé dans le laboratoire, parlant comme si la durée du monde dépendait de ce qu'il y faisait.

— Je lui apprendrai que le monde attend autre chose de lui, dit Varney en saisissant un flambeau pour aller chercher l'alchimiste.

Il revint après une assez longue absence; il était très pâle, mais il avait encore sur ses lèvres son sourire habituel.

— Notre ami, dit-il, s'est exhalé!

— Comment! que voulez-vous dire? demanda Foster; se serait-il enfui avec mes quarante livres sterling qui devaient se multiplier plus de mille fois? j'aurai recours à la justice.

— Je t'indiquerai un moyen plus sûr de les recouvrer, dit Varney.

— Comment? quel moyen? s'écria Foster. Je veux ravoir mes quarante livres... Je croyais certainement les voir se multiplier, mais je veux du moins mes avances.

— Va donc te pendre, et plaider contre Alasco à la grande chancellerie du diable, car c'est là qu'il a porté sa cause.

— Quoi donc? que voulez-vous dire? serait-il mort?

— Oui, il est mort, et il a le visage et le corps enflés... Il venait de mélanger quelques unes de ses drogues infernales; le masque de verre dont il se couvrait ordinairement le visage est tombé, le poison subtil s'est insinué dans son cerveau et a produit son effet.

— *Sancta Maria!* s'écria Foster; je veux dire, ajouta-t-il en se reprenant, Dieu nous préserve, dans sa miséricorde, de l'avarice et de tout péché mortel!... Mais croyez-vous que la transmutation avait eu lieu? avez-vous aperçu des lingots dans les creusets?

— Non, je n'ai regardé que le cadavre : c'est un spectacle hideux; Alasco est enflé comme un homme exposé depuis trois jours sur la roue... Bah! verse-moi un verre de vin.

— Je veux y aller, dit Foster, je veux examiner moi-même... Il prit la lampe, alla jusqu'à la porte, et là, hésitant, il s'arrêta : — Ne venez-vous pas avec moi? demanda-t-il à Varney.

— Et pourquoi? répondit Varney; j'en ai assez vu et assez senti pour m'ôter l'appétit. J'ai ouvert la fenêtre cependant et renouvelé l'air; il est sorti des tourbillons de vapeurs sulfureuses, et d'autres matières étouffantes, comme si le diable y eût été.

— Et cette mort ne serait-elle pas l'œuvre du démon lui-même? ajouta Foster toujours en hésitant; j'ai entendu dire qu'il est tout-puissant dans ces momens-là et avec de telles gens.

— Si c'est en effet ce Satan auquel tu crois qui te trouble l'imagination, reprit Varney, tu peux être tranquille : à moins que ce ne soit un démon tout-à-fait déraisonnable; il a eu deux bons morceaux ces jours-ci.

— Comment, *deux* morceaux! que voulez-vous dire? demanda Foster; que voulez-vous dire?

— Tu le sauras avec le temps, répliqua Varney; et puis cet autre banquet : mais tu l'estimeras un mets trop délicat pour le gosier du diable. *Elle* aura ses psaumes, ses concerts célestes, ses séraphins, n'est-ce pas?

A ces mots Foster s'approcha lentement de la table.

— Bon Dieu, sir Richard, dit-il à voix basse, faut-il donc en venir là?

— Oui sûrement, Tony, si tu veux gagner la propriété de ce domaine.

— J'avais toujours prévu que cela finirait ainsi, dit Foster; mais comment ferons-nous, sir Richard? car pour tout au monde je ne voudrais pas porter la main sur elle.

— Je ne puis t'en blâmer, dit Varney; j'aurais la même répugnance à le faire moi même; nous devons regretter Alasco et sa manne, et ce chien de Lambourne.

— Comment! où est donc Lambourne? demanda Foster.

— Ne m'adresse pas de questions; tu le reverras un jour si ta croyance est vraie. Mais revenons à des affaires plus sérieuses. Je veux t'apprendre un piége pour prendre une fauvette, Tony; cette trappe là-haut, cette machine de ton invention, ne peut-elle point paraître sûre, quoique ses supports soient enlevés?

— Oui, sans doute; elle peut rester tendue aussi long-temps qu'on n'y appuie pas le pied.

— Et si la dame voulait passer dessus pour s'échapper, le poids de son corps ne la ferait-il pas trébucher?

— Il suffirait d'un rat, répondit Foster.

— Eh bien, alors elle mourrait en essayant de se sauver. Que pourrions-nous faire à cela, toi ou moi, mon brave Tony? Allons nous coucher... nous nous concerterons demain.

Le lendemain, à l'approche du soir, Varney appela Foster pour exécuter leur plan.

Tider et les vieux domestiques de Tony furent envoyés au village sous un prétexte, et Foster lui-même visita la prison de la comtesse, comme pour voir si elle ne manquait de rien.

Il fut tellement ébranlé par sa douceur et sa patience qu'il ne put s'empêcher de lui recommander instamment de ne pas mettre le pied sur le seuil de la porte jusqu'à ce que lord Leicester arrivât : — Et j'espère, ajouta-t-il, que ce sera bientôt.

Amy promit qu'elle se résignerait à sa captivité avec patience; et Foster alla rejoindre son complice après avoir ainsi soulagé en partie sa conscience du poids qui l'accablait.

— Je l'ai avertie, pensa-t-il; sûrement c'est un piége inutile que celui qu'on laisse apercevoir à l'oiseau.

Il laissa donc la porte de la chambre sans la fermer en dehors, et enleva les supports de la trappe, qui resta en équilibre par la simple adhésion de son extrémité contre les parois du palier.

Ils se retirèrent au rez-de-chaussée pour attendre ce qui allait arriver ; mais ils attendirent vainement. Enfin, Varney, après s'être promené à grands pas, le visage caché sous son manteau, se découvrit soudain en disant :
— Certes, jamais femme ne fut assez folle pour négliger une si belle occasion de s'échapper.

— Peut-être est-elle résolue d'attendre que son mari soit venu, répondit Foster.

— C'est vrai, très vrai, s'écria Varney en sortant ; je n'y avais pas encore pensé.

En moins de deux minutes, Foster entendit le pas d'un cheval dans la cour, et un coup de sifflet semblable au signal ordinaire du comte. L'instant d'après, la porte d'Amy s'ouvrit, et soudain la trappe s'abaissa. Il y eut le bruit prolongé d'une chute, un faible gémissement, et tout fut fini.

Alors Varney vint à la fenêtre, et d'une voix dont l'accent exprimait un mélange affreux d'horreur et de raillerie, il dit à Foster :

— L'oiseau est-il pris? Est-ce fait?

— Puisse Dieu nous pardonner ! répondit Foster.

— Comment, imbécile! ajouta Varney, ta tâche est

remplie, et ta récompense assurée; regarde dans le caveau, que vois-tu?

— Je ne vois qu'un monceau de vêtemens blancs, semblables à un tas de neige, dit Foster : ô mon Dieu! elle soulève le bras.

— Jette quelque chose sur elle pour l'achever, ton coffre-fort, Tony; tu sais qu'il est lourd.

— Varney, tu es un démon incarné, reprit Foster. Il n'y a plus besoin de rien; elle n'existe plus.

— Voilà tous nos embarras terminés, s'écria Varney en entrant dans la chambre où il avait laissé son complice; je ne croyais pas si bien imiter le signal du comte.

— Oh! s'il y a une vengeance dans le ciel, tu as bien mérité d'en recevoir ton châtiment, s'écria Foster, et tu le recevras; tu l'as tuée par ses plus tendres affections. C'est noyer un agneau dans le lait de sa mère.

— Tu es un fanatique imbécile, reprit Varney; pensons maintenant à donner l'alarme. Il faut laisser le corps où il est.

Mais leur scélératesse ne resta pas long-temps impunie : car pendant qu'ils se consultaient, Tressilian et Raleigh survinrent, s'étant introduits dans la maison par le moyen de Tider et des autres domestiques, qu'ils avaient rencontrés au village et forcés de les accompagner.

Foster s'enfuit en les voyant entrer; et comme il connaissait tous les passages de la maison, il échappa à toutes les recherches; mais Varney fut surpris, et au lieu d'exprimer aucun remords, il sembla prendre un infernal plaisir à désigner le lieu où étaient les restes sanglans de la comtesse, défiant qu'on pût lui prouver qu'il eût aucune part à sa mort.

A la vue du corps meurtri de celle qui était encore un moment auparavant si belle et si chérie, le désespoir de Tressilian fut si terrible que Raleigh se vit obligé d'employer la violence pour l'arracher à ce tableau douloureux, et de veiller lui-même à tout ce qu'exigeait ce fatal évènement.

Bientôt Varney ne chercha plus à dissimuler ni son crime ni ses motifs, alléguant, pour expliquer sa franchise, que, quoique la plus grande partie de ce qu'il avouait n'eût pu lui être imputée que sur des soupçons, cependant ces soupçons mêmes auraient suffi pour le priver de la confiance de Leicester et renverser tous ses plans d'ambition.

— Je ne suis pas né, dit-il, pour traîner dans l'exil et la proscription le reste d'une vie déshonorée, et pour faire de ma mort un spectacle destiné à la populace.

D'après ces paroles, on craignait qu'il ne voulût attenter à ses jours, et l'on éloigna de lui tous les moyens dont il aurait pu se servir pour les abréger. Mais, comme certains héros de l'antiquité, il portait toujours avec lui une dose de poison actif, préparé sans doute par le docteur Démétrius Alasco, et qu'il avala pendant la nuit.

On le trouva mort le lendemain matin, et il ne parut pas avoir souffert une longue agonie; car son visage présentait encore, après le trépas, son expression habituelle de rire moqueur. — La mort, dit l'Écriture, n'a point de chaînes pour le méchant.

Le sort de son complice resta long-temps inconnu. Cumnor fut abandonné après le meurtre; car les domestiques prétendirent avoir entendu, dans le voisinage de ce qu'on appelait *la chambre de lady Dudley*, des cris, des gémissemens et d'autres sons extraordinaires.

Après quelques années, Jeannette, ne recevant aucune nouvelle de son père, devint la maîtresse de sa fortune, et la partagea avec Wayland, jouissant alors d'une bonne réputation et employé dans la maison d'Élisabeth.

Mais ce ne fut que long-temps après leur mort que leur fils aîné, faisant quelques recherches dans le manoir de Cumnor, découvrit un passage secret fermé par une porte de fer qui s'ouvrait derrière le lit, dans la *chambre de lady Dudley*. Elle conduisait dans une espèce de cellule où l'on trouva un coffre-fort rempli d'or, et sur lequel était un squelette. Le sort de Tony Foster devint manifeste ; il avait fui dans ce lieu secret et oublié la clef en dehors, victime lui-même des moyens qu'il avait employés pour garder cet or, au prix duquel il avait vendu son salut.

Sans doute les gémissemens et les cris entendus par les domestiques n'étaient pas entièrement imaginaires ; c'étaient ceux du misérable qui, dans son agonie, appelait à son secours.

La nouvelle de la destinée cruelle de la comtesse de Leicester interrompit tout-à-coup les plaisirs de Kenilworth. Leicester se retira de la cour, et s'abandonna long-temps à ses regrets. Mais comme, dans sa dernière déclaration, Varney avait épargné son ancien patron, le comte devint plutôt l'objet de la pitié que du ressentiment de la reine. Elisabeth le rappela enfin à la cour ; il fut de nouveau distingué comme homme d'état et favori. Le reste de sa carrière est bien connu dans l'histoire ; mais il y eut une espèce de justice céleste dans sa mort, si, d'après un bruit généralement accrédité, il fut victime d'un poison destiné à un autre.

Sir Hugh Robsart mourut bientôt après sa fille. Il avait légué son héritage à Tressilian ; mais ni l'espoir d'une vie indépendante à la campagne, ni les promesses de faveur que lui fit Elisabeth pour l'attacher à sa cour, ne purent l'arracher à sa profonde mélancolie. Enfin, ayant pourvu à l'existence des anciens amis et des vieux domestiques de sir Hugh, il s'embarqua pour l'expédition de Virginie avec son ami Raleigh, et, jeune d'années, mais vieux de chagrins, il mourut d'une mort précoce dans une terre étrangère.

Quant aux personnages secondaires de notre histoire, il est nécessaire seulement de dire que l'esprit de Blount devint plus brillant à mesure que ses rosettes jaunes se flétrirent, et qu'il se conduisit en vaillant officier dans la guerre, qui était son véritable élément plutôt que la cour.

Quant à Flibbertigibbet, son esprit délié lui valut des distinctions, et la faveur de Burleigh et de Cecil.

L'esquisse de cette histoire se trouve dans les *Antiquités du comté de Berks*, par *Ashmole*, et il en est question souvent dans les ouvrages qui font mention de Leicester.

L'ingénieux traducteur de Camoëns, Williams-Julius Mickle, a fait, sur la fin tragique de la comtesse, une élégie touchante, intitulée *Cumnor-Hall*, qui se termine par ces vers :

> Le cœur ému, la craintive bergère
> De Cumnor-Hall contemple les débris,
> Et ne va plus de son parc solitaire
> D'un pied léger fouler le vert tapis.
> Le pèlerin, quand vient la nuit obscure,
> Du vieux château s'éloigne avec terreur,
> Et chaque fois que la brise murmure,
> Il croit entendre un accent de douleur [1].

---

[1] Nous aurions pu ajouter au récit des fêtes de Kenilworth quelques détails empruntés aux ouvrages cités ici, et à la relation de Laneham; mais nous avons mentionné ces diverses publications originales dans la Notice historique.

Ed.

FIN DE KENILWORTH.

www.ingramcontent.com/pod-product-compliance
Lightning Source LLC
Chambersburg PA
CBHW070358230426
43665CB00012B/1168